KB200510

다인종 다문화 시대의
미국 문화 읽기

다인종 다문화 시대의
미국 문화 읽기

태혜숙 지음

이후

차례

2부 미국 문학

3부 미국 영화

일러두기

1. 한글과 외래어 표기는 국립국어원 표준국어대사전 표기 및 '외래어 표기법'(1986년 1월)을 따랐다. 단, 원칙대로 표기할 경우 현실과 지나치게 동떨어진 음이 나오면 실용적 표기를 취했다.

2. 단행본, 정기간행물, 앨범명에는 겹낫쇠(『』)를, 논문이나 논설, 기고문, 선언서, 단편소설, 에세이, 시 등에는 홑낫쇠(「」)를, 단체명과 영화명, 일부 법령의 경우 꺾쇠(〈 〉)를 사용했다. 그 외, 노래 제목이나 영문 논문에는 큰따옴표(" ")를 사용했으며, 영문 단행본이나 정기간행물의 경우 이탤릭체로 표기하였음을 밝힌다.

3. 인용문에서 인용문의 저자가 혼잣말이나 부가 설명을 하기 위해 사용한 괄호는 대괄호([ ])로 표기하였으며, 저자가 독자의 이해를 돕기 위해 부가 설명을 한 부분은 소괄호(())로 표기하였다.

4. 본문에 나오는 소설이나 영화 등의 영문 제목은 국내 번역물이 있을 경우 가능한 그 제목을 따랐으나, 외래어 표기에 적합하지 않거나 부득이한 경우 독음이나 번역을 달리 했음을 밝힌다.

5. 본문과 주석에서 저자의 강조는 고딕체로 표기하였다.

6. 별다른 설명 없이 본문 중 괄호 안에 쪽수만 표기한 경우, 바로 앞의 본문에 언급된 책(또는 글)의 해당 쪽수임을 밝힌다.

　바야흐로 다문화 시대다. 다문화주의는 1960~1970년대 미국 민권 운동에 의해 촉발된 인디언, 흑인, 치카노, 아시아계 미국인 등 인종적 소수자들에 대한 '차별철폐조치'로, 또 다문화주의 교육정책 및 제도로 결실을 보았다. 21세기에 접어들면서 미국 다문화주의는 지구적 다문화주의로 확장 중이며 한국 사회에도 점점 큰 영향력을 발휘하고 있다. 한국의 다문화 담론은 미등록 이주 노동자와 다문화 가정 사이에서 '문화'를 부각하고 '노동'을 삭제하는 형태로 진전되어 이주자들에 대한 차별을 온존시키고 있는 실정이다. 이러한 현실은 인종화된 젠더 차별, 젠더화된 인종차별을 명백한 자본주의 비판과 연결시키는 의제를 제기하게 한다. 이 의제는 미국의 주류인 자유주의적 다문화주의를 전면적으로 재구성하는 '비판적 다문화주의'를 우리에게 요청한다.

이 책에서는 오늘의 현실을 다문화 시대의 '전 지구적 자본주의 가부장 체제'로 규정하고, 미국 문화를 '비판적인 다인종 다문화 관점'에서 읽어 보고자 시도하였다. 이 시도는 이론적이고 방법론적 성찰이 결핍된 겉핥기식 미국 문화 논의나, 차이들의 평화로운 공존을 외치는 자유주의적 다문화주의에 입각한 미국 문화 논의를 비판하고 극복하기 위한 것이다. 먼저 왜 다시 미국 문화인가? 지금 우리가 미국 문화를 읽으려 하는 것은 21세기 인류의 삶을 궁핍하게 만든 '전 지구적 자본주의 가부장 체제'를 바꿀 수 있는 가치와 원리를 찾기 위해서다.

그러한 목적을 성취하기 위해 이 책에서는 미국 문화를 다인종 다문화 서사들multiethnic narratives이 경합하는 장으로 면밀하게 읽는다. 그러한 읽기가 우리의 주체적 자아 형성 과정에 주요한 역할을 한다고 보기 때문이다. 미국 문화에 구현된 백인종 우월주의적 개인주의나 자유민주주의, 자유주의적 다문화주의라는 사회와 주체 구성의 원리는 우리의 내면에 이미 깊숙이 깔려 있다. 그래서 그 원리들과 대면하는 과정은 바로 미국의 역사, 문학, 영화, 음악이라는 다양한 문화 서사들을 비판적으로 읽는 문화정치학적 과정이 된다.

이 책에서 '다문화' 관점 대신 '비판적인 다인종 다문화 관점'을 주장한 것은 다양성과 이질성의 단순한 인정에 그쳐온 '다문화' 혹은 '다문화주의' 담론에서 인종의 차원이 순치되고 있다는 판단에 따라 인종의 비판력을 좀더 생생하게 부각하기 위해서다. 소위 에스니시티ethnicity는 각 인종의 문화적 특성을 가리키는 표현으로, 소수 인종에만 국한된 것이 아니며 위계적인 것도 아니다. 그럼에도 앵글로색슨 족 외의 '인종 문화성'은 그동안 경멸받고 무시되어 왔다.

하지만 '비판적인 다인종 다문화 관점'에서 보면 백인 미국 외에 토착 미국, 아프리카계 미국, 치카노 미국, 아시아계 미국 영역도 엄연히 미국 문화를 구성하는 요소들이다. 이 다양한 영역들이 거쳐 왔던 충돌과 상호작용의 복잡한 과정을 살펴봄으로써 좀더 포괄적인 미국, 미국적 정체성, 미국적 서사를 구성하고, 편협한 미국주의를 넘어 초국가적 상호 보충, 공존 가능성, 복합적인 연관성을 체득하게 할 수 있을 것이다. 바로 이것이 이 책의 목적이자 의의다.

이 책에서는 '비판적인 다인종 다문화 관점'을 추동하는 원리로서 자급, 영성, 몸을 제시한다. '자급'은 '전 지구적 자본주의 가부장 체제'가 파괴해 온 생태적 삶의 방식을 지속 가능하게 하는 비자본주의적인 다양한 활동들을 가리킨다. '영성'은 노동과 동떨어진 관념론적인 것이 아니라 물질과 소비 위주의 자본주의적 삶과는 다른 삶을 사는 데 필요한, 자연과 노동과 함께 하는 것으로 정의된다. '몸'은 섹슈얼리티와 노동이라는 양 축의 교직을 생생하게 현현시키는 육체적 장이자 문제 틀로서 중요하게 다루어진다. 미국 문화를 새롭게 읽기 위해서는 이 세 가지 패러다임을 서로 긴밀하게 연결시켜 생태, 노동, 섹슈얼리티 사이의 복합적 관계를 인식할 필요가 있다. 자급과 영성과 몸이라는 패러다임은, 생태적 감성과 영성을 지니고 있지만 섹슈얼리티를 자원으로 삼아 노동할 수밖에 없는 인종과 계급 문제를 주요 의제로 삼을 수 있게 하기 때문이다. 그러한 의제 구성에는 현 자본주의에 대한 비판 의식이 이미 개입되어 있다.

현 자본주의에 대한 비판적 인식은 지구화의 방향을 바꾸어 낼 반자본주의적 혹은 비자본주의적 실천이라는 '공통의 이해관계'를 통해 얻을 수 있다. 여성주의자들을 비롯해 서로 다른 공동체와 문화에 소속된 다양한 사람들이 주변부적 차이들로 고립·분산되는 적대적인 대치관계에 빠지지 않으면서 동시에 차이들 사이 또 주변과 중심 사이의 조화를 안이하게 말하지 않는, 서로 연결되기 위한 대화의 공간은 바로 이 '공통의 이해관계'로 가능해진다. 이 '공통의 이해관계'는 인종, 계급, 성별에 따라 다양한 노동을 일상적으로 행하는 남녀들의 '노동자성'에서부터 출발한다. 노동자성이라는 기반은 북반구와 남반구의 수많은 하위 주체들subalterns 사이의 정치적 연대 또한 가능하게 할 것이다.

이와 같은 정치적 연대는 한국사회의 농촌 남녀, 도시의 비정규직 남녀 노동자들, 이주 노동자들, 나아가 미국의 유색 남녀 노동자들이 서로 제휴하는 잠정적인 연대, 새로운 집단성을 바탕으로 한 연대로 규정할 수 있을 것이다. 허울 좋은 자유주의 권리 혹은 인권 담론에 연연하기보다 다양한 노동들을 일상적으로 수행하는 가운데 다문화사회라는 진일보한 사회 구성을 아래로부터 상상하는 지평과, 정의와 책임 담론으로 무장한 사람들의 연대, 이것이야말로 현 지구화에 대항하는 운동의 첨경이자 민주주의를 심화하는 기획의 기반이 된다. 가부장적 사회 구성에 대한 확고한 비판 의식을 견지하고서 이 급진적 동력의 자장에 합류하려는 인식과 실천이야말로 '전 지구적 자본주의 가부장 체제'에 금을 낼 수 있다.

이러한 구상을 가지고 쓰게 된 이 책은 분과 학문의 닫힌 경계를 풀고 그 경계를 넘고자 한 시도의 결실이기도 하다. 방대한 내용을 뼈대와 통일성을 가지고 논의함으로써 산만하지 않게 하고, 지루해질 수 있는 내용에 생동하는 기운을 불어넣는 작업은 그리 쉽지 않았다. 대학과 학계는 젊은이들에게 21세기 삶의 가치와 비전을 제시하는 교육의 공익적이고 원대한 기치를 실현하는 데 고심하기보다 '전 지구적 자본주의 가부장 체제'의 가차 없는 행진을 위한 촉매로 봉사하느라 쓸데없이 바쁘다. 도무지 맑은 정신을 유지하기 힘들게 하는 번잡스러움으로 가득한 대학 현실은 이 책의 많은 내용을 진득하게, 좀더 밀도 있고 탄탄하게 논의하는 것을, 다양한 분야의 지식들을 멋지게 융합시키는 작업을 시시각각 방해하였다. 그래서 영미 문학 전공이라는 분과 학문의 틀을 깨고 나와서 역사, 영화, 음악 분야와 통섭consilience하려는 야심 찬 도전은 번번이 내게 좌절과 실망을 가져다주었고 급기야 몸을 아프게 하였다.

하지만 나의 실험은 특별한 기쁨과 벅찬 감동을 안겨 주는 것이기도 했다. 특히 랩 음악을 들으며 미국의 소수 인종 젊은이들의 고뇌와 저항 정신을 느낄 수 있었던 것은 크나큰 수확이었다. 음악을 통해 그들에게 가까이 다가갈수록 '공통의 이해관계'보다 더 깊은 곳에 자리한 '공통의 영혼' 같은 것을 느꼈다. 국가와 세대와 인종을 가로지르는 그 소중한 느낌은 오랜 시간 함께 고생하며 분투한 이후 출판사 여러분들 덕택이다. 교양과 학술의 경계를 허무는 이후의 책들 서가에 마침내 이 책을 꽂는 것으로 고마운 마음을 대신한다.

프롤로그:
다인종 다문화
관점으로
미국 문화 읽기

프롤로그

다인종 다문화 관점으로
미국 문화 읽기[1]

1. 다인종 다문화 관점과 그 방법론

1) 왜 미국 문화인가?

굳건하게 보이던 이데올로기와 민족국가의 장벽들이 무너져 내리고 있다. 국가들 사이의 경계를 무너뜨리며 종횡무진 움직이는 자본의 영향 아래 모든 것이 동질화되는 동시에 파편화된다. 전 지구적 통합이 추진되는가 하면 인종·민족 간의 분리가 횡행한다. 이 이중적 양상을 관통하는 것은 인간과 자원에 대한 자본의 무차별적 통제다. 이제 그 통제는 소위 제4세계에까지 뻗치고 있다.[2] 지구화라는 이 현

---

1) 이 책의 프롤로그는 『여성학 논집』 26집 1호 (2009년 6월), 41~71쪽에 게재된 「미국 문화 읽기와 '비판적인 다인종 다문화 페미니즘」의 일부를 이 책의 내용에 맞게 수정·보완한 것임을 밝혀 둔다.

상은 일찍이 아시아, 아프리카, 라틴아메리카의 땅과 부족들을 둘러싸고 군사적 쟁탈을 일삼았던 서구 민족국가들에 의해 추진되어 왔다. 최근에 지구화라고 이름 붙여진 서구 자본주의의 발전은 비서구의 자연과 자원을 탈취하는 폭력적 행위로 점철된다. 그 암흑의 핵심에 특히 인종적으로 소수인 여성들의 섹슈얼리티와 노동이 있다. 오늘날 화려한 자본주의 문화를 선도하는 서구 혹은 세계 시민사회는 바로 자연, 이민족, 여성의 식민화[3]에 기반을 둔 '자본주의적 가부장 체제'라 규정할 수 있다.

최근에 더욱 가속화하고 있는 지구화는 물질적·정치적 실천이기도 하지만 인종화, 젠더화, 계급화를 통해 인종(민족) 정체성을 복잡하게 만드는 문화적 과정이기도 하다. 그 문화적 과정에서 부상한 것이 바로 '다문화' 담론이다. 초국가적 유동성과 관련된 이 담론은 모든 문화적 다양성을 존중하는 것 같지만 세계 시장에서 문화적 차이들을 표준화하고 동질화하는 데 일익을 담당한다. 차이들은 서로 연결되지 못하고 파편화된다. 이렇게 다양성이 제대로 인정되지 않은 채 차이들이 지속되는 상황으로 말미암아, 인간과 자연 사이, 남성과 여성 사이, 전 세계 여성들 사이에 상호연관성이 존재했던 곳에 분리가 심

2) 여기서 '제4세계'란 16세기 서구 자본주의가 주도한 세계적인 제국주의적 흐름과 동떨어진 채 자급자족하는 삶을 유지하며 서구 제국주의 문화와 접촉하지 않았던 세계, 즉 산촌과 숲에 살았던 부족민들, 토착민들의 공동체를 가리킨다. 최근 다국적 제약회사들은 대대로 전해져 온 약초에 대한 이들의 민간 지식에 특허권을 설정하는 식으로 약탈을 일삼고 있다. Gayatri Spivak, *A Critique of Postcolonial Reason: Toward a History of the Vanishing Present* (Harvard University Press, 1999), pp. 380~385; Chandra Talpade Mohanty, "'Under Western Eyes' Revisited: Feminist Solidarity through Anticapitalistic Struggles", *Signs: Journal of Women in Culture and Society*, vol. 28, no. 2 (2002), pp. 511~514 참조.

3) Maria Mies, *Patriarchy and Accumulation on a World Scale: Women in the International Division of Labour* (Zed Books, 1986) 참조.

화되고 있다. 이러한 현실에서 왜 다시 미국 문화 읽기인가?

이 물음은 지금 한국에 살고 있는 우리에게 미국 문화 읽기가 왜 필요하며, 타자의 문화인 미국 문화를 어떻게 읽어야 하는가 하는 두 가지 문제와 연결된다. 이 두 가지 문제 제기는 기존 미국 문화 논의들에서 부족했던 이론적·방법론적 성찰을 촉구하고 있다. 미국은 그저 하나의 국가가 아니라 지구화 시대의 문화 논리, 혹은 문화적 과정의 정점에 있는 제국적 국가다. 그래서 전 지구적 자본주의 가부장제 체제 하에서 미국 문화 읽기란 현 지구화 추세에 대항하는 운동을 위한 인식과 실천을 구성하는 것에서부터 시작할 수 있다.[4] '지금, 이곳'의 현실에 대한 인식과 고려에서 출발하는, 또 아울러 주체의 주체됨에 대한 성찰에서 나온 문제 설정, 즉 우리의 주체적인 문제의식 때문에 미국 문화를 읽는 것이다. 그러한 맥락에서의 미국 문화 읽기는 미국(그들의) 문화/한국(우리의) 문화라는 이분법적이고 대립적인 주체/타자의 관계를 넘어서는 새로운 사고, 주체의 입지에 확실하게 서면서도 배타적이지 않은 읽기의 시각, 탈동일시를 꾀하면서도 대립이라든가 분리로 떨어지지 않는 창의적 발상을 요구한다.

미국 문화는 지금 우리의 일상이 되고 있으며, 우리는 이미 미국 문화의 일부를 이루고 있다. 미국 문화에 구현된 주체의 원리인 개인주의나 자유민주주의라는 사회 구성의 원칙은 우리 안에 깊숙이 들어와 있다. 그래서 우리는 예컨대 이슬람 테러리즘을 야만이라고 비판하

---

4) '반대anti'의 담론이 가진 비판적·대립적oppositional 입장을 포괄하면서도 그 반대 담론이 본의 아니게 초래하는 현 지구화에 대한 역전된 합법화에 빠지지 않고, 동시에 규범/주류를 내파하는 운동성을 살려내기 위해 '대항counter'이라는 용어를 쓴다. 이 용어는 특히 '자유주의적 다문화주의' 입장에 서 있는 기존의 미국 문화 논의를 비판하는 문제의식을 담고 있다.

는 미국의 논조에 무의식적으로 동조함으로써 부지불식간에 서구 문명의 폭력을 지지하고 있기까지 하다. 그러니 우리의 내적 세계를 구성하는 지배적인 원리를 거부하고 야만에 동참하지 않기 위해서는 미국 문화를 면밀하게 읽을 필요가 있다.

이러한 문제의식에 따라 프롤로그에서는 먼저 미국 문화를 '서사narrative'로 개념화하고 서사 읽기의 문화 정치학을 제시한다. 그리고 '다인종 다문화multiethnic' 국가라는 규정에 따라 '미국 문화의 지형도'를 그려 본다. 이 지형도에 따라 미국 문화의 영역들을 구성해 본 다음, 미국 문화를 새로 읽기 위한 방법론으로 '공통성과 차이의 문화정치학'을, 그 이론적 입장으로 '비판적인 다인종 다문화 관점'을 제시한다.

2) '서사' 읽기의 문화정치학

지구화 시대 새로운 한국인의 내면을 형성하는 것으로서 미국 문화 읽기는 우리 역사와 문화를 구성하는 작업과 직결된다. 한국의 상황에서 한국인으로서 미국 문화를 이해하고 분석하는 것을 문화 읽기라고 표현할 때, 그 문화 읽기는 구체적으로 어떤 의미를 갖는가? 우리가 타자의 문화와 접촉할 때는 먼저 그 실제 사례를 말하거나 자료 및 텍스트를 소개하는 문화 체험 단계를 거친다. 그 다음 문자 텍스트와 영상 텍스트를 통해 다른 문화의 배경 지식을 습득함으로써 해당 문화의 내용과 표현을 이해하는 문화 서술 단계에 이른다. 앞의 두 단계에서 문화 내용의 기본적 의미를 구체적으로 이해하는 데 성공한다면, 그 문화의 맥락을 구성하는 문화 체계, 혹은 문화적 지식 구조를 심층적으로 파악해 내는 마지막 단계를 경험하게 될 것이다. 세 번째 단계의 문화 읽기는 문화적 지식 능력의 습득과 함양, 문화적 주체의 분석적·비판적 사고력을 요청한다. 따라서 대상(목표) 문화의 다양한 텍스트들을 통합적으로 사유할 수 있는 능력을 필요로 한다.[5] 이러한 문화 읽기란 그야말로 복합적인 사유 능력을 요구하는 것이다.

이러한 사유 능력을 가지고 미국 문화를 읽는다고 할 때, 일단 문화는 서사로 개념화된다. 서사로서 문화라는 개념은 우리의 내적 형성에 관여하는 측면과, 서사들이 경합하는 장이라는 두 측면을 갖는다. 먼저 서사로서의 문화는 우리의 내적 형성 작용에 핵심적인 역할을 한다. 서사란 주체가 자신의 경험을 기억하고 성찰하는 가장 기본적이고 가장 강력한 방식이다. 그러므로 미국 문화를 수용/흡수하는 과정에서도 우리 자신의 주체적 힘이, 우리 나름의 문화적 주체성이 처음부터 개입된다. 안으로부터의 느낌에 의존하는 표현과 의미를 전달하는 서사 형식에서는 감정과 체험의 리듬, 주어진 정보 또는 체험의 시나리오를 타자의 기준이 아니라 자기 감정의 필요에 의하여 받아들이고 자기화한다. 따라서 너무 이질적이거나 우리의 내면을 침해하는 것 같은 외국 문화가 야기하는 소외의 문제는 흡수되는 자료 자체의 문제라기보다 그 자료를 주체적인 인식과 감각 활동 속에서 어떻게 다루었는가 하는 문제다. 반성적 사유나 역동적 교감 능력이 결핍되어 밖에서부터 오는 다른 주체의 원리나 가치 같은 것을 이물질로 보고 배격하거나 배제하는 주체에게는 좀 더 고양된 혹은 열린 지평으로 나아가지 못한 원초적인 개체적 주체성만 남는다.

---

5) 김경한, 「영문학 기반 문화 교수-학습모형 개발」, 『영미문학교육』 제11집 2호(2007), 13쪽.

따라서 서사의 면밀한 읽기야말로 주체적 자아 형성 과정의 핵심을 이룬다. 주체적 자아란 사물과 세계를 수용하고 또 그것을 구성하는 터전이자 바깥 세계로 나가는 통로의 역할을 한다. 계속 열려 있고 움직이고 있는 순수한 활동으로서의 자아는 상당 정도 한 전통의 문화적 관습과 그 역사적 퇴적에 의해 결정된다. 그러나 그 자아는 객관적 사물의 지배를 받기보다 사유 활동의 일부가 됨으로써 새로운 창조성을 발휘할 수도 있고, 엄밀한 반성의 조건하에 다른 주체화된 요소들과 결합하여 새로운 것으로 수정되기도 한다. 그래서 서사 텍스트의 꼼꼼한 읽기를 통해 읽는 나의 마음과 저자의 마음이 합쳐져 새로운 마음이 탄생한다.[6] 한국인의 내적 형성에 참여하는 외래(미국) 문화의 참다운 의미는 바로 거기에 있다. 그렇지 않을 경우, 인간 정신의 훈련은 이물질인 개념과 이념의 주입으로 끝나며 감각적인 온전한 몸의 수행[7]과 연결되지도 못한다.

문화를 서사로 개념화할 때, 문화는 또한 서사 행위narration가 일상적으로 실천되고 서사적 결과물narratives이 경합하는 공간이 된다. 한 국가와 민족의 역사적 경험에 대한 인식과 기억은 주체 입장에 따라 다르기 때문에 서사들은 경합하기 마련이며, 경합의 결과 어떤 특정 서사들만이 유통됨으로써 특정한 헤게모니가 구축되고 유지된다. 따라서 다양한 서사들의 경합 과정과 경합의 결과들이 문화의 핵심을 이룬다. 이러한 문화 서사들은 정치적 대표에, 즉 특정 국가의 국민에 포함/배제되는지 여부에 영향을 미치면서 또 그것을 변화시키는 재

---

6) 김우창, 「한국의 영문학과 한국문화」, 『안과 밖』(1998 창간호), 39쪽.
7) 내적 형성이 몸으로 수행되는 구체적 양태는 음악 퍼포먼스, 영화에서 재현되는 다양하고 섬세한 몸 동작에서 살펴볼 수 있다.

현의 힘을 갖는다. 지배적 민족에 기반을 둔 국가 헤게모니는 인종, 젠더, 섹슈얼리티와 긴밀한 관련 속에서 사회적으로 구축된다. 또한 그러한 헤게모니적 서사 공간은 특정한 지역, 특정한 역사적 시점에서 표면화된 의식구조뿐만 아니라 무의식적 욕망을 동시에 드러낸다.

민족과 국가[8]는 끊임없는 서사 행위와 실천을 통해 갱신되며 그 통일성은 민족 – 국가의 주변부에 억압된 이질적 존재들에 의해 심문받는다. 민족 – 국가 서사는 "상징적 힘으로서 [스스로의] 통일성"을 재현하지만, "결코 우리[민족]의 외부나 그 너머에" 존재한 적이 없으며 "문화적 담론의 내부에서 출현하는" 다양한 내부 – 외부의 다른 서사는 그러한 통일성이 근본적으로 불가능한 것임을 드러낸다.[9] 다시 말해, 사람들을 하나의 '우리'로 묶어 주는 상징적 아교로서 민족 – 국가의 통일성은 언제나 일시적이며, 사실은 통일성보다 혼종성을 그 실제 특징으로 한다. 민족 – 국가에 관한 서사들은 서로 경합할 수밖에 없으며 '상상의 공동체'의 구성된 경계는 가변적인 것이라서 민족 – 국가의 문화란 계속해서 재정의되는 과정을 겪는다. 따라서 민족 – 국가의 주변에서 부상하는 대항 서사들에 주목할 필요가 있으며 그 서사들의 젠더화된 비대칭 또한 유념해야 한다.

이상 살펴본 서사로서의 '문화' 개념을 따른다고 할 때, 그 문화 영역을 언급할 필요가 있을 것이다. 문화영역은 고정되어 있는 것이 아니라 계속 동요하고 변화하는 역동적인 것이다. 이를테면 예전의 문화영역이란 일상 세계를 초월하고 각 사회의 가장 최상의 지식과 생

---

8) 바바의 'nation'은 민족을 말하는데, 프롤로그에서는 민족과 교차하면서도 상충하는 국가의 층위를 부각하기 위해 '민족 – 국가'라는 용어를 쓴다.

9) Homi K. Bhabha, *Nation and Narration* (New York · London: Routledge, 1990), pp. 1~4.

각을 담은 고도의 심미적 형태에 국한되었다.[10] 반면 최근의 문화연구 진영에서 주장하는 '문화'란 사회경제적 영역과 역사적 경험에서 출발하지만 그것에 환원되기보다 상대적으로 독립된 형태로서 전문적/대중적인 영역을 망라하는 인식적·감성적 실천 행위를 의미하는 쪽으로 확대된다.[11] 말하자면 최근의 문화영역은 일상의 삶과 유리되거나 그것을 초월하는 것이 아니라 '일상의 삶의 방식'과 밀접하게 연결되어 있으며 삶의 전 영역에 걸쳐 있는 것이다. 이렇게 확장된 문화영역은 서구에서나 우리 문화 현실에서나 지배적인 문화 형식으로 떠오른 대중문화를 문화 논의에 새롭게 배치할 것을 요구한다.

이 재배치에서 중요한 사안은 대중문화와 고급문화 사이의 대립적 이분법을 답습하지 않는다는 것이다. 그렇게 하기 위해서는 여러 문화영역들을 단절시키기보다 그 교류와 상호작용을 가능하게 하는 태도가 필요한데, 바로 이 지점에서 문화 서사cultural narrative 개념이 유효하다. 예컨대 역사와 문학은 물론, 영화와 음악도 그 장면이나 노래, 몸동작의 의미와 감성을 읽어 낼 수 있다는 점에서 문화 서사 영역이 된다. 그리하여 서로 다른 네 가지 문화 장르 사이의 중첩 또는 상호 가로지르기가 활발하게 일어나 인간의 풍성한 감각 작용을 다각도로 표현할 수 있게 된다. 이것은 고급문화와 대중문화를 막론한 다양한 문화영역들이 '서사성'이라는 공통성을 기반으로 하고 있기 때문에 가능하다. 역사, 문학, 영화, 음악은 이 공통성을 기반으로 각기

---

10) Matthew Arnold, *The Function of Criticism at the Present Time* (New York, London, Macmillan and company, 1895)참조.
11) 레이먼드 윌리엄스Raymond Williams를 비롯한 영국 문화 연구 진영이 이와 같은 문화 개념의 확대에 앞장섰다.

고유의 표현 양식과 내용을 갖고 있다. 그래서 각 문화영역에서의 생산물들이 지니는 가치나 효과를 질적으로 세심하게 판단할 수 있게 한다. 그러므로 이 네 장르를 통한 미국 문화 읽기는 미국 문화를 좀 더 복합적이고 다층적으로 이해할 수 있게 할 것이다.

그런데 현재 미국의 다국적 독점자본은 전 세계를 대상으로 대중문화의 보급망을 장악하고 있고, 문화 전반의 상업화를 주도하고 있다.[12] 이 무차별한 상품화의 위험을 숙고하지 않은 채 현란한 할리우드 영화나 미국의 대중음악 및 소설에 환호하고 그것을 즐기는 사이, 전 지구적 자본주의 가부장 체제는 그 교묘한 지배와 착취의 메커니즘을 슬그머니 위장한다. 20세기 후반부터 미국의 공식 담론이 된 다문화주의multiculturalism만 해도 문화를 정치 경제와 분리시키는 끈질긴 자유주의 논리인 문화주의를 소비문화, 상품 문화 시대에 적절한 형태로 재생한 것에 지나지 않는다. 그러므로 현재의 지배적인 정치 경제 논리를 비판적으로 인식하면서 미국 문화의 잠재력을 좀 더 치밀하게 규명해야 할 것이다. 대중문화건 고급문화건 '문화적인 것'에 대한 관심은 정치적 관심을 약화하고 대체하기보다 그러한 경향에 저항하는 **비판적인 문화정치학**을 표방해야 한다.

미국 학계에 파고든 다문화주의의 영향 아래 그동안 문화를 지배해 온 백인 남성과는 다른, 차이들의 정치Politics of Differences를 실현하는 유색인종(여성) 문화나 제3세계의 다양한 지역 문화들이 열렬히 환영받고 있다. 이제 백인 남성의 가치에 동화하라고 하기보다 백인 남성과는 다른 차이들이 품고 있는 가치와 희망을 마음껏 말하라고 한

---

12) 그 자세한 실태에 대해서는 전규찬, 「미국 중심 미디어 제국 구축의 연대기」, 『문화/과학』 51호 (2007년 가을), 178~192쪽 참조.

다. 그리하여 '용광로'가 아니라 '샐러드 접시'라는 미국의 표상에서 드러나듯, 온갖 인종적 소수자들의 문화적 차이들은 제대로 이해되기보다 그저 새로 버무려지는 가운데 상품으로 소비되는 징후가 역력하다. 포스트 냉전 시대에 표면적으로는 거의 모든 전 세계 국가들이 민주주의를 표방하는 사이, 동서 문화를 비롯해 여러 이방 문화들의 조화로운 민주적 공존을 너무 안이하게 가정하는 다문화주의 담론 자체가 착취와 지배를 무마하고 있다.[13]

이렇게 '문화적인 것'을 통해 한층 더 교묘하게 이루어지는 착취와 지배는 비교적 최근의 대중문화이건 위대한 전통의 맥을 고수하는 소위 '정전'[14]에 속하는 고급문화이건 그 문화영역에 상관없이 3백 년의 미국 문화 전반을 관통하고 있는 백인 부르주아 남성 중심성을 날카롭게 포착해 낼 것을 우리에게 요청한다. 미국은 출발부터 다인종 다문화multiethnic 사회였다.[15] 다인종 다문화 국가로서 미국은 그 이질적 구성으로 들끓고 있다. 하지만 미국은 여전히 하나의 국민국가로 정의된다. 백인종이라는 지배 인종이 구가하는 미국의 국가 헤게모니는 계급, 젠더/섹슈얼리티와의 관계 속에서 사회적으로 구축되어 지금도 그 효과를 발휘하고 있다.

그러한 문화적 과정을 비판적이고 윤리적인 문화 정치 의식을 가

---

13) 그런 다문화주의 담론을 주장해 온 국내 논자로는 김성곤, 『영화 속의 문화』, (서울대 출판부, 2004) 김상률, 『차이를 넘어서』(숙명여대 출판국, 2004); 김상률, 『폭력을 넘어서』(숙명여대 출판국, 2008), 70쪽: "서로 다른 문화적 정체성 간의 상호인정과 조화를 추구하는 20세기 후반의 다문화주의"

14) 정전canon이란 종교에서의 경전처럼 위대하고 올바른 가치 기준이나 규범을 제공하는 것으로, 미국 문학의 정전에 속해 온 작품들 대다수가 백인 남성 작가들의 것이었다.

15) Ronald Takaki, *A Different Mirror: A History of Multicultural America* (Boston: Back Bay Books, 1993).

지고 주시하노라면, 굳건한 백인성을 폭파할 수 있는 길이 보이기 시작할 것이다. 완강한 백인성을 폭파할 수 있어야 지구 곳곳의 여러 다른 인종적 문화적 집단들 사이의 연대와 제휴를 모색할 수 있고, (신)제국주의적 문화와는 다른 대안적 문화 형태를 실현할 수 있다. 처음부터 다인종 다문화 국가였던 미국에 초점을 맞추어 미국 문화를 다시 읽는다면, 우리는 백인 부르주아 남성 중심적인 현 지구적 다문화주의 추세와는 다른 방식의 지구화를 향한 자원과 에너지를 찾아볼 수 있을 것이다. 다인종 다문화적 미국 사회는 다른 어떤 사회보다도 인종과 문화의 역동적인 실험장이 되어 왔기 때문이다.

여기서 '다문화'라는 규정대신 '다인종 다문화'라는 용어를 사용하는 것은 다양성과 이질성의 단순한 인정에 그쳐온 '다문화' 혹은 '다문화주의' 담론에서 인종의 차원이 문화로 환원되고 있다는 판단에 따라 인종의 차원을 좀더 생생하게 부각하기 위해서다. '인종 문화성'이라고 번역되는 에스니시티ethnicity라는 용어는 원래 그리스의 'ethnos'라는 용어에서 유래된 것으로 이교도, 비기독교인 집단과 사람들을 일컬었다.

에스니시티는 생물학적 차이나 피부색에 따른 인간 차별을 의미하는 인종race의 본질론적 함의에 갇히지 않고 특정 인종 집단이 독특하게 구성해 낸 문화적인 차이에 대한 인식을 담고 있다. 그러한 '인종 문화성'은 시대마다 다양하게 나타나며 위계적인 것도 아니다. 따라서 '에스닉ethnic'이라는 형용사는 소위 '소수 인종'에만 적용되는 게 아니라 자기 특권적인 백인 앵글로색슨 족에도 적용되는 것이다. 유럽계 백인 집단도 하나의 에스닉 집단에 불과한데 스스로 다수화·주류화하여 다른 에스닉 집단들을 지배하여 왔을 뿐이다. 그러므로 '소수 인종' 대신 '에스닉' 혹은 '인종 문화' 라고 써야 할 것이다.

　백인을 비롯한 모든 인종 집단들 자체가 '에스닉' 한 특성을 지니고서 미국 문화영역을 구성한다. 토착 미국[16](Native America, 인디언성, 홍색), 아프리카계 미국(African America, 아프리카성, 흑색), 치카노 미국(Chicano America, 치카노성, 갈색), 아시아계 미국(Asian America, 아시아성, 황색)의 네 가지 문화영역[17]도 미국 문화의 본질로 규정된 와스프(White-Anglo-Saxon-Protestant, WASP) 영역과 접촉하는 가운데 미국 문화를 형성하여 왔다. 이 네 가지 문화영역들은 와스프 영역과 갈등을 일으키면서도 결합하며 그러한 갈등과 결합의 이중적 양상은 네 영역들 사이에서도 마찬가지로 나타난다. 미국 문화를 구성하는 다양한 영역들은 사회적 복합성과 역동성을 가지고서 서로 상호작용하고 충돌하는 복잡한 과정을 거쳐 왔던 셈이다. 이 과정에 초점을 맞춤으로써 미국 문화를 좀 더 복합적이고 다층적으로 읽을 수 있고, 이를 통해 예전의 미국 문화 읽기에서 얻지 못했던 통찰을 접하게 될 것이다.

---

16) '인디언이 아니라 '토착 미국인' 이다!' 1부 부록 참조.

17) 문학에 국한된 논의이긴 하지만 이 네 영역을 다루는 책으로는 A. Robert Lee, *Multicultural American Literature: Comparative Black, Native, Latinola and Asian American Fictions* (Edinburgh UP, 2003)이 있다. 국내에서는 임진희, 「한국계 미국 문학 연구—생태 미학을 통한 국가의 형상화」, 『영어영문학』 제49권 2호 (2003), 369~391쪽; 박인찬, 「최근 미국 소설의 지형도: 백인 작가들을 중심으로」, 『안과 밖』 22권 (2007년 상반기), 277~296쪽 참조. 백인이 잘못 붙인 명칭인 '인디언' 이나 '미국 원주민' 에 배어 있는 식민주의적 함의를 비판하는 뜻으로 '토착 미국인Native American' 이라는 용어를 쓴다. '치카노' 는 멕시코 후손으로 미국에서 태어난 사람, 즉 스페인, 인디언, 앵글로 피가 섞인 사람을 묘사하는 말이다. '치카노' 라는 용어의 남성 중심성을 드러내고 비판하는 용어가 여성을 가리키는 '치카나' 다. 라틴 아메리카 사람들을 가리키는 라티노, 라티나도 같은 맥락에 있다.

3) 무엇을 어떻게 읽을 것인가?

1960년대 미국을 휩쓸었던 다양한 인종 집단의 민권운동은 백인 헤게모니 때문에 불붙었다. 유럽계 백인이 아니라는 이유로 차별받아 온 토착 미국, 아프리카계 미국, 치카노 미국, 아시아계 미국과 같은 여러 인종 문화 집단들은 1960년대 민권운동에서 정치적 권리 증진과 문화적 주권을 주창하였다. 각기 다른 인종 문화성에 근거한 이들의 민족주의는 인종차별주의에 대항하는 정치적 의식의 기반이 되며 인종적 연대를 위해 집단 내부의 동질성을 가정한다.[18] 이들의 저항적 민족주의는 새로운 독립국가의 수립과 같은 정치적 주권을 지향하는 것이 아니라 백인 중심적 국가의 지배에 맞서 각 인종 문화 집단의 주권과 자결권을 주창한다는 점에서 인종 문화 민족주의라 할 수 있다.

인종 문화 민족주의에 따라 새로운 염원과 에너지를 담아내는 대항적 인종 문화 서사들은 미국이라는 국가를 다시 쓰는 과정에서 백인종의 단일한 문화적 기준으로는 다양한 인종들을 통합할 수 없다는 것을 증언함으로써 미국 문화를 재정의하는 작업에 착수한다. 또한 인종이라는 축에 이미 교직되어 있는 계급과 젠더를 비판적으로 인식하면서 에스닉 엘리트 남성 중심의 인종 문화 서사들을 비판하고 새로운 확장을 꾀하게 한다. 또한 강력하게 젠더화하는 문화적 과정인 인종(민족)주의에 개입하고 협상을 벌이는 미국 유색인종 여성 주체들의 다양한 서사는 또 다른 종류의 열린 문화적 지점으로서 헤게모니

---

18) Nira Yuval-Davis, "Ethnicity, Gender Relations and Multiculturalism", reprinted in Rodolfo D. Torres, Louis F. Miron, Jonathan Xavier Inda eds. *Race, identity, and citizenship: a reader*, (Malden: Blackwell, 1999), p. 114.

적 백인 국가를 다시 사유하게 한다.[19)

이렇게 토착 미국, 아프리카계 미국, 치카노 미국, 아시아계 미국 문화 서사들은 주류 백인 중심 문화 서사들과 내내 경합하여 왔지만 타인종 혹은 혼혈성, 혼성성을 부정하는 백색 이데올로기, 백인성, 백인 중심주의 가치 지향에 의해 가장자리로 밀쳐져 왔다. 이 주변부 문화들이 주류 백인 문화를 비판하며 열망하는 것은 새로운 가치 지향, 가치 체계, 문화 체계를 통해 인종들의 새로운 질서를 세우는 일이다. 네 문화영역들은 (가부장적) 백인성을 기반으로 하는 미국이라는 국가에 대한 비판 의식을 가지고 미국의 안도, 바깥도 아닌 중심과 주변 사이의 경계선 위에서 아메리카라는 이름의 공간에 필적할 바람직한 공동체를 주장하고 상상할 수 있는 능력을 갖는다. 그러한 능력은 "다문화의 실현을 가로막는 미국 내부의 차별적인 현실과 지구화 과정에서 작동하는 미국의 제국주의적 유령과 그로 인한 폐해, 아픔과 모순을 포착하고 그에 대한 전망"[20)을 바탕으로 "미국의 건국 원칙에서 드러나듯 미국인들이 꿈꾸었지만 그들 스스로 파괴하고 지키지 않은 이상"을 여전히 신뢰하는 것에서 비롯된다.[21)

네 영역의 에스닉 남녀 주체들이 다시 쓰는 미국이라는 국가의 서사들은 폭력과 차별로 얼룩진 인종적(민족적) 경계들의 완고함에 도전해 초대륙적 제휴들을 만들어 나갈 수 있는 자원과 에너지를 담아 낼

19) 박미선, "지구 지역 시대 젠더 이론의 쟁점: 여성, 민족, 국가, 그리고 문화 서사의 정치", 『탈경계 인문학』 창간호(2008년 여름), 34쪽.

20) 박인찬, 「중심인가 주변인가: 지구화 시대의 아시아계 미국 소설」, 『안과 밖』 19권 (2005년 하반기), 277~278쪽.

21) 박인찬, 「한국계 미국 소설의 좌표와 문학간 소통의 모색」, 『안과 밖』 20권(2006년 상반기), 141~142쪽.

것이다. 그렇다면 이 네 영역은 궁극적으로는 아시아, 아프리카, 라틴 아메리카 사이의 초국가적 연대를 구축하는 다리가 되어 평등과 상호 존중을 토대로 하는 진정한 다원적 지구 공동체의 미래상을 그려 주고 있는 것인지도 모른다. 다인종 다문화 서사로서의 미국 문화 읽기는 바로 이 미래상에 접근해 나가는 한 가지 방안이기도 하다.

이와 같은 미국 문화 읽기에서는 토착 미국, 아프리카계 미국, 치카노 미국, 아시아계 미국의 다인종 다문화 서사들에 중요한 위치를 부여한다. 미국주의, 미국 제일주의, 미국 국가주의 속에서 미국 사회는 지금도 계속 분열하고 변화하고 있는 중이며 다양한 인종과 문화의 전시장이자 역동적인 각축장으로서 실험을 거듭하고 있다. 하나의 주류 백색 코드에 저항하며 맞서 싸우는 소위 '주변부'의 (지워져 왔던) 목소리들은 끈질기게 살아남아 위협으로 작용하면서도 어떤 관점에서는 해방을 독려할 수 있는 잠재력을 갖는다. 그러므로 네 **영역의 서사들**이야말로 미국의 국가적 정체성, 공동체, 액티비즘[22])의 상호관련성을 둘러싼 다양한 사유 지평을 생생하게 보여 줌으로써 현 지구화가 야기한 문제들을 풀어나가는 실마리를 제공해 줄 수 있을 것이다.

1960년대 이후 지금까지, 토착 미국인, 아프리카계 미국인, 치카노들, 아시아계 미국인들은 해방을 외치는 다양한 목소리를 내어 왔다. 그 목소리는 지금의 미국을 형성하는 복잡다단한 경험을 새롭게 기술할 수 있는 방법을 탐구하도록 자극을 주었다. 이 자극은 21세기 우리에게 여전히 통찰과 도전을 제기한다. 우리가 그것들을 잘 갈무리할 때 미국의 '운명'은 자국의 이익 때문에 전쟁을 일삼는 야만적인 국

---

22) '액티비즘'이란 행동주의 혹은 행동을 가리키는데 큰 범위의 사회운동들에 비해 운동을 구성해 가는 다양한 활동들을 강조하는 용어다.

가가 아니라, '대륙의 문화들이 힘차게, 그러면서도 아름답게 교차하는 곳'이 될 수 있다. 이 논문에서 제시하는, 미국을 구성하는 와스프 외의 다른 인종 문화성들은 아메리카 대륙을 비롯해, 아프리카, 아시아 등의 대륙에 그 연원을 두고 있다. 따라서 토착 미국, 아프리카계 미국, 치카노 미국, 아시아계 미국의 민족주의는 그 뿌리를 대륙의 지리에 두고 있다고 할 만하다.

　미국이라는 장소를 사유하고 논평하는 다른 새로운 방법들을 지속적으로 찾아내는 데 필요한 것은, 유사성과 차이의 문화정치학 혹은 **공통성과 차이의 문화정치학이다.**[23] 공통성과 차이의 문화정치학에서는 미국 내 다양한 문화를 좀 더 완전하게 그리기 위해 주변부의 목소리들에 귀 기울이는 비판적인 접근 방식을 중시한다. 이 접근 방식을 이루는 세부 사항은 다음과 같다. 지속적이고도 세심한 독해를 필요로 하는 문학적·예술적 생산 형식의 중요성을 계속 강조하면서도 엘리트 고급문화에 갇히지 않고 삶의 방식으로서 문화라는 폭넓은 개념에 따라 대중문화를 포괄하는 방식, 몇몇 이야기들이나 텍스트들이 다른 것들보다 더 커다란 확신과 반향이 있다는 질적 판단을 하면서도 좀 더 광범위한 문화 속에 엄존하는 서로 다른 양상들을 연결짓고 소통시킬 수 있는 가능성을 확장하는 방식, 내적인 분열들(차이들)이 미국 정체성의 관습적인 또는 확립된 개념 규정들과 어떻게 연관되는지를 숙고하면서 지배적인 목소리도 참여시킬 수 있는 방식 등이다.

---

23) Neil Campbell and Alasdair Kean, *American Cultural Studies: An Introduction to American Culture* (Routledge, 1997); 정정호 외 옮김, 『미국 문화의 이해』(학문사, 2002). 캠벨과 킨이 '차이의 문화정치학'이라는 용어 대신 '유사성과 차이의 문화정치학'이라는 용어를 쓰는 이유는 곧 밝혀질 터인데, 이것보다는 '공통성과 차이의 문화정치학'이 더 정확한 용어다.

이러한 방식은 예컨대 정전 작가들의 작품들을 아예 배격하기보다 새로운 눈으로 다루고자한다. 따라서 노래, 연설, 설교, 다큐멘터리, 영화, 음악과 정전을 연결시키고 수많은 목소리들, 다양하고도 각기 다른 이야기들 사이의 상호작용을 조화나 화합으로 두루뭉술하게 봉쇄하는 게 아니라 그들 사이의 긴장, 갈등, 충돌, 모순을 세심하게 짚어내는 것을 중시한다. 이와 같은 접근법이 초점을 맞추고 있는 것은 특히 미국 주류 문화의 가장자리에서부터 발화되는, 타자적 특성들에 내장된 대안적 사유 방식, 즉 새로운 대항 형태다.

미국의 국가적 정체성은 백인 부르주아 남성들 스스로 자임한 '명백한 운명'[24]이라는 미국 이데올로기 혹은 신화로 규정되어 왔으며, 나머지 다른 인종, 계급, 젠더에 속하는 사람들은 그러한 국가적 정체성에서 주변화되어 왔다. 그렇지만 이 주변화된 이들은 미국이라는 국가의 정체성을 형성하는 데 각기 중요하게 공헌하여 왔다. 그들은 이제 예외주의, 명백한 운명, 인종, 젠더, 생태학, 정체성의 이데올로기라는 주제를 가지고 각자가 행한 역할을 논의하고 가시화하는 다양한 문화 활동들에 앞장서고 있다. 주변화된 타자가 자신들의 눈으로 미국 문화를 다시 읽을 때, 미국의 건국 이야기를 비롯한 거대한 메타서사의 총체화 충동에 역행하는 다양성과 다원주의와 종속된 지식이 드러나게 될 것이며, 이를 통해 좀 더 큰 미합중국이라는 공공 영역을 구성해 낼 수 있을 것이다.

---

24) 존 오설리번John O' Sullivan은 1845년 『데모크래틱 리뷰Democratic Review』에서 대륙으로 영토를 확장하는 것이 미국인에게 예외적으로 주어진 특별하고도 '명백한 운명'이라고 주장했다. 그 자세한 원문의 국내 번역본으로는 한국미국사학회 엮음, 『사료로 읽는 미국사』 (서울: 궁리 출판사, 2006), 134~137쪽 참조.

여기서 중요한 요소인 '인종'은 "적대와 연합의 혼합", "투쟁하는 상이한 목소리들의 혼합"(캠벨 외, 136)을 가리키는데 그러한 혼성, 혼종, 잡종, 경계 지대는 분명 새로운 가능성을 지니고 있다. 인종이 서로 다른 개인들과 집단들 사이에서 벌어지는 연합과 적대라는 대조적인 운동에서부터 공통성과 차이에 입각한 인종 정치학이 확보될 수 있다. 그럴 때, 미국 문화의 통합성보다는 복잡성과 내적인 분열을 인식하게 되고, 고정되고 단일한 미국 문화가 아니라 복수적이고 다성적인 미국 문화를 보게 될 것이다.

차이와 경쟁으로 구성되는 미국 정체성은 다층적인 불완전함을 갖기 마련이다. 그렇지만 백인 중심의 미국인들의 삶 속에 예컨대, 아프리카계 미국을 다시 위치시켜, 미국 내에서 아프리카계 미국인이 차지하는 입장과 힘을 숙고할 수 있다면, 이미 만들어진 미국에 흡수되지 않고, 미국을 새로 만들 수 있는 힘을 제시할 수 있을 것이다. 아프리카계 미국과 같은 "미국 문화의 변두리에는 복합 문화적이고 복합 관점적이고 비판적인 인식 방식이 존재한다. 사람들은 그러한 방식에서 새로운 관점들을 획득할 수도 있고 또한 위계질서가 가정되거나 부과되지 않은 채 차이를 견지하는 문화적 잡종성(민족성, 다원성과 관련되는)의 가능성을 포착할 수도 있다"(캠벨 외, 29). 바로 이 점이 미국 문화의 강점이기도 하다.

그런데 주류 백인 문화와 아프리카계 미국 문화 사이의 차이를 비롯해 토착, 치카노, 아시아계 미국 문화가 지니는 주류와의 차이뿐만 아니라 주변부 사이의 차이들도 서로 소통하지 못한 채 고립, 분산되어 온 것이 사실이다. 차이들을 체계적으로 파악하고 대응할 수 있는 인식 틀이 결여되어 있기 때문에 차이에 대한 문제의식은 새로운 틀을 열지 못하고, 부분적인 비판으로 파편화되어 정당한 비판력을 제대로 행사하지 못하고 있다. 말하자면 차이, 다름, 문화적 특수성을 강조하다 보니 '소통에 대한 믿음', '서로 공유할 수 있는 공통의 기반'을 상실한 채 의도치 않게 자기 게토화에 빠진 것이다.[25] 그래서 차이를 드러내고 확인하기에 머무르지 말고, 차이들을 자리매김할 수 있는 인식틀과 또한 차이들을 소통시킬 수 있는 방법론이 필요하다 하겠다.

다층적인 역사와 문화의 흐름들을 상호 연결하고 폭넓게 조망하는 새로운 미국 문화 읽기는 주류/비주류, 중심/주변, 다수/소수를 서로 연결시켜 비교 대조하며 재평가함으로써 가능할 것이다. 처음부터 다인종 다문화 국가였던 미국에서 백인 헤게모니가 배제해 왔던 다른 여러 인종 문화들의 자리와 관계를 그림으로 그려 보면 다음과 같다.

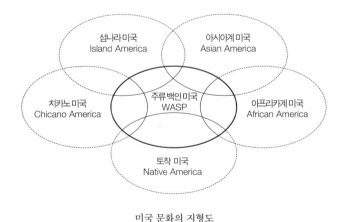

미국 문화의 지형도

---

25) 이를테면 "아시아계 집단 간의 제휴와 연대, 나아가서는 미국 주류 비평계와의 경쟁과 교류"(박인찬, 2006, 129쪽)가 거의 없는 것이 그 단적인 예다.

이 그림에서 네 주변부 영역은 각기 주류 백인 미국(WASP) 영역과 연결되어 있으며 공통성과 함께 차이 또한 갖는다. 이러한 인식을 바탕으로 이 그림에서는 백인 문화를 정전화한 '백인 정전 미국a white canonical America'을 미국 전체라고 정의하는 아메리카니즘을 비판하고 그것을 확장하기 위해 네 주변부 영역들에 관심을 갖는다. 동시에 그 네 영역들 사이의 관계와 그 네 영역들과 백인종 미국 사이의 관계는 서로 중첩되면서도 차이를 갖는 것으로 설정되어 있다.[26]

그림의 중앙에 있는 와스프 미국의 국가주의적 서사는 전체 미국이라는 큰 그림에서 본다면 일부를 이룰 뿐이며, 하나의 에스닉한 것에 지나지 않는다. 백인 미국 집단은 다른 네 주변부 집단과 더불어 미국의 다문화성을 만드는 데 동참해 왔던 셈이다. 이와 같은 상호 문화 횡단의 역동적 과정을 거쳐 더 큰 공공 영역으로서 미국 문화라는 틀이 형성된다. 그 틀 속에서 다양한 영역들이 서로 다른 목소리로 만들어내는 합주를 듣는 것이 '지금, 다시' 미국 문화를 읽는 의의가 될 것이다. 변주들을 통해 합주를 들을 수 있고 합주 속에서도 변주들을 들을 수 있는 능력을 함양하는 미국 문화 읽기는 중심과 주변부의 위계적 경계를 허물고 진정한 다문화 사회로 나아가는 길을 제시한다.

---

26) 로버트 리Robert Lee는 자신의 책에서 '섬나라 미국Island America' 영역의 소설들을 소개하고 분석하고 있는데 자신의 책 부제에서는 이 부분을 넣지 않고 있다. 하와이, 푸에르토리코, 필리핀군도, 도미니크공화국, 아이티와 같은 태평양의 많은 섬들로 된 이 영역도 앞으로 본격 거론되어야 한다고 보아 그림 속에 일단 집어넣었음을 밝혀 둔다. 진한 실선 동그라미가 미국의 주류 문화론자들이 주장하는 미국 문화의 현황을 나타내며 다른 인종 문화 서사들로 이 현황이 확대됨을 시사하기 위해 미국 문화의 새로운 테두리를 점선으로 표시하였다. 또한 현재의 이 지형도가 망라하지 못한 아프리카계 미국과 치카노 미국, 토착 미국과 아시아계 미국, 치카노 미국과 아시아계 미국, 토착 미국과 치카노 미국 문화 사이의 중첩은 네 영역의 배치를 서로 바꾸는 동그라미로써 가능해진다는 점을 지적해 두고자 한다.

토착 미국, 아프리카계 미국, 치카노 미국, 아시아계 미국인들이 만들어 온 다양한 인종(민족) 서사에서 미국이라는 국가는 어떻게 그려지고 있는가? 국가의 물질적 · 문화적 실천들의 압력 아래 살고 있는 다양한 주체의 다문화 다인종 서사는 (주로 문화적 소속과 연관되는 인종(민족)과 국가는 반드시 일치하지 않지만 여하튼) 국가와 인종(민족)을 어떻게 다시 써서 국가와 인종(민족)에 관한 우리의 상상계를 변화시킬 수 있을 것인가? 이러한 질문을 통해 다양한 인종과 문화의 전시장이자 역동적인 각축장으로서 실험을 거듭하고 있는 미국에 시선을 돌림으로써 한국에도 유효한 시사점을 찾을 수 있다. 예컨대, 한국에서 이주 노동자들에게 행하는 인종차별적인 다문화주의의 실상을 극복하는 데 미국 문화 읽기가 실마리를 제공할 수 있을 것이다.

4) 비판적인 다인종 다문화 관점

앞에서 미국 문화를 새로 읽기 위한 방법론으로서 '공통성과 차이의 문화정치학'을 제시한 바 있다. 여기서는 그 이론적 입장으로 '비판적인 다인종 다문화 관점'을 주장하고자 한다. 앞서 언급하였듯이 다양한 인종 문화성의 해명을 핵심 의제로 설정하는 이 책에서는 미국의 주류를 이루는 다문화주의에 비판적 입장을 취한다. 미국의 다문화주의는 인종의 차이를 문화의 차이로 환원하며 인종의 차원이 갖는 비판력을 은근 슬쩍 거세하기 때문이다. 그러한 인식 때문에 '다문화'가 아니라 '다인종 다문화'라는 용어를 쓴다고 밝힌 바 있다.

미국 학계를 주도하는 다문화주의자들로는 '시민권' 주제를 다문화주의와 연결시키는 윌 킴리카Will Kymlicka, '인정의 정치'를 주장하는 찰스 테일러Charles Taylor, '대화적 다문화주의'를 주장하는 세일라

벤하비브Seyla Benhahib 등이 있다.[27] 이들은 이상적인 자유주의 맥락에서 다양한 문화 사이의 차이를 인정하며 그 진정한 인정을 위해 '지평의 융합'이나 '공통의 가치 기준'을 도모한다. 하지만 다문화주의의 이론적 타당성을 제대로 판단하기 위해서는 도모하는 주체가 누구인지를 문제삼아야 할 것이다.

미국의 주류 다문화주의자들은 손쉽게 차이들을 나열하고 그것들의 비판적 가능성을 대충 전제한다. 그리하여 문화적 차이들이 주류에 의해 인정되는 순간, 주류에 동화되거나 통합될 여지를 제공한다. 이들의 무난한 지향은 자본주의를 민주주의라고 신화화하는 관념론에, 이상적 자유주의에 근거하고 있다. 이와 같은 미국의 주류 다문화주의는 문화적 차이들의 비판적 잠재력을 길들이고 관리하기 위해 다원주의를 제도화하는 한 형태다.[28] 또한 그것은 배제와 억압과 착취와 관련된 인종적 차이들을 문화적인 차이들로 환원시키고 물화시키며 본질화(Yuval-Davis, 116)한다.

맥라렌MacLaren, 킨첼로Kincheloe와 스타인버그Steinburg, 골드버그Goldberg등은 기업화된 학계가 동원하는 문화적 상대주의 혹은 본질주의로서 다문화주의를 비판하면서 '비판적인 다문화주의'를 주장한다(태혜숙, 220~221). 차이들의 평화로운 공존이나 적대적인 대치 관계라는 이분법에 빠지지 않으면서 다문화 사회의 가능성을 탐색하는 비판적 다문화주의자들의 노력은 중요하다. 그렇지만 비판적 다문화주

---

27) 그 자세한 내용은 내가 쓴 「다문화주의, 민주주의, 한국의 이주 여성」, 『대항지구화와 '아시아' 여성주의』(서울: 울력, 2008), 206~220쪽 참조.

28) Chandra Talpade Mohanty, *Feminism without Borders: Decolonizing theory, Practicing solidarity* (Duke University Press, 2003); 문현아 옮김, 『경계 없는 페미니즘: 이론의 탈식민화와 연대를 위한 실천』, (서울: 도서출판 여이연, 2005), 300쪽.

의 진영은 '전 지구적 자본주의 가부장 체제'에 대한 체계적인 인식을 바탕으로 그 체제에 대한 비판적이고 대항적인 입장을 분명하게 명시하지 않는다. 그래서 제도화된 인종차별주의가 젠더에 특수한 방식으로 작동하는 경위를, 즉 젠더 억압이 인종적 억압과 결합되어 유색인종 남녀에게 차별적으로 작동하는 방식들을 좀 더 구체적으로 해명하는 페미니즘 시각[29]을 간과한다.

이와 같은 비판적 다문화주의자들의 한계를 극복하기 위해 이 프롤로그에서는 '비판적인 다인종 다문화 관점'을 주장한다. 이 관점에서는 문화적 차이들의 잠재력을 중시하면서도, 배제와 억압과 착취와 연결되어 있는 차이들의 인종적 요소를 상기하기 위해 '다인종 다문화'라는 용어를 사용하며, (백인종 남녀와 다르면서도 얽혀 있는) 유색인종 남녀의 삶과 경험을 작동시키는 인종과 젠더와 계급의 역학을 세심하고도 치밀하게 다루고자 한다. 그 역학은 국가 및 민족의 물질적·문화적 실천에서 가장 비가시화되어 온 유색인종 하위 주체[30] 여성들의 다양한 위치와 관점에 가장 잘 각인되어 있다. 그러므로 역사와 서사의 주체로서 유색인종 하위 주체 여성들이 백인종 헤게모니 문화 및 국가와 벌이는 교섭 양상에 주목함으로써 다중적 억압 체계가 교차하는 양상을 구체적으로 해명할 수 있을 것이다.

기업화된 미국 대학과 학계는 유색인종의 현존 자체가 압도적인

---

29) Patricia Hill Collins, "What's in a Name? Womanism, Black Feminism, and Beyond," reprinted in Rodolfo D. Torres, Louis F. Miron, Jonathan Xavier Inda eds. *Race, identity, and citizenship: a reader* (Malden: Blackwell, 1999), p. 135.

30) subaltern, 다원화된 민중이나 하층 계급 사람들 대신 '하위 주체'라는 용어를 사용하는 것은 그들에게 상정되는 일원화된 동질성과 통합성에 반대하고 성, 계급, 인종적으로 하위인 다양한 존재들의 이질성, 유동성, 혼성성을 부각하기 위해서다.

도전으로 다가오는 현실에서 전 지구적 자본주의를 계속 진행시키는 촉매로 봉사한다. 이러한 대학과 학계는 '시장에 기반을 둔 자본주의적 시민권'(모한티, 269)으로써 인종과 차이 담론을 길들이고 관리하는 데 급급하다. 그러므로 이와 같은 소위 '강단 자본주의' 현실을 제대로 본다면 우리는 비판적인 다인종 다문화 기획을 **인종화된 젠더, 젠더화된 인종이 구성하는 문화적 차이들과 차별들을 자본주의 비판과 연결시키는 실천**이라는 맥락 속에 두어야 한다.

오늘날 수많은 사람들이 겪고 있는 복합적인 차별의 물적, 이데올로기적 토대는 전 지구적 신자유주의의 상업화와 식민화 기제다. 이를 극복하기 위해서는 유색인종들, 또는 유색인종과 백인종 사이의 대화를 가능하게 하는 기반으로써 '공통의 이해관계'를 제시할 필요가 있다. 여기서 '공통의 이해관계'는 '자본주의'를 '민주주의'라고 신화화하며 착취를 가리고 있는 관념론적 다문화주의자들의 동화주의, 통합주의, 다양성 속의 조화와는 다른 지평에 있으며 현 자본주의에 대한 유물론적 인식을 바탕으로 하는 것이라 하겠다. 공허한 자유주의와는 다른 지평에서라야 성, 계급, 인종적인 '아래로부터의' 문화적 차이들이 탈정치화 · 탈역사화되지 않고, 대화와 공존이라는 이름하에 암묵적으로 관리 가능한 것으로 순치되지도 않는다.

이와 같은 맥락에 있는 '비판적인 다인종 다문화 관점'은 '계급'을 하나의 분리된 실체로서가 아니라 인종과 젠더와 얽혀 있는 하나의 구성 요소로 분명하게 인식한다. 계급은 인종 및 젠더와 상호작용한다. 인종과 젠더는 계급의 구조적 · 이데올로기적 구성 요소들이다. 이렇게 계급과 인종과 젠더의 역학을 치밀하게 다루려는 '비판적인

다인종 다문화 관점'은 미국이라는 국민국가 안에 있으면서 그 공식
서사를 비판하는 이질적으로 이중적인 위치에 서 있다. 그 이중적 위
치 때문에 역사적 경험의 다중적 양상에 복합적으로 접근할 수 있는
것이다. 미국의 인종과 계급, 또 인종과 계급을 가로지르는 일련의 관
계들에 주목할 때, 미국 남녀들의 다양한 문화뿐만 아니라 불평등한
권력관계 역시 드러난다. 그러한 관계 속에 있는 미국 남성과 여성 사
이의 차이 또는 차별을, 여성들 사이의 차이 또는 차별을 함께 작업하
게 해주는 기반이 바로 앞서 언급한 '공통의 이해관계'이다. 이 기반
은 다양한 인종 문화적 미국인들 사이의 차이를 더 큰 역사적 · 정치
적 비전과 연결시킨다.

  미국 문화란 다중적이고 서로 경합하는 서사들로 구성되어 있다.
백인 지배의 다양한 형태들은 대다수 남성들과 여성들의 경험을 틀
짓는다. 토착 미국인의 학살과 재위치화, 아프리카계 미국인의 노예
화와 노동 착취, 1848년 이후 멕시코 땅 점유와 치카노의 예속, 아시
아계 미국인들에 대한 법적 제재 등은 인종, 계급, 젠더의 축에 따라
다양하게 구성되는 집단 혹은 공동체의 미국 남녀들에게 영향을 끼쳐
왔다. '비판적인 다인종 다문화 관점'에서 그 영향의 망들이 미국이
라는 국가의 커다란 서사를 엮어가는 양상을 심도 있게 설명하노라면
처음부터 다인종 다문화 국가였던 미국의 새로운 가능성을 포괄적으
로 입증해 낼 수 있을 것이다.

  그 가능성을 입증하기 위해 '비판적인 다인종 다문화 관점'은 반인
종차별적 · 반자본주의적인 페미니즘적 사회정의를 실천하는 데 전
념하는 액티비즘의 전통에 따라 사회변화를 위한 의식 있는 행위 주
체로서 하위 주체들을 중시한다. 1960년대 이후, 1990년대까지 진전

되어 온 미국 문화 읽기에서 보듯, 특히 유색인종 하위 주체들은 더 이상 상징이나, 대상, 피해자로 머물지 않는다. 미국이라는 국가의 안에 있는 것 같지만 실제로는 바깥으로 밀쳐져 왔던 이들의 이중적 시각은 지배적 인종, 성, 계급 주체들이 구현할 수 없는 사유와 감성을 내포하고 있다. 그러므로 유색인종 하위 주체들의 서사적 실천을 더 많이 발굴하고 더 비중 있게 다룰 필요가 있다. 이들 하위 주체들이 다시 쓰는 미국 이야기는 미국의 공식 서사에서 누락되고 생략된 것들을, 중심/주변 사이에 상호작용하는 역동적인 장들을 부상하게 함으로써 미국이라는 국가적 서사를 다시 써 낼 수 있게 하기 때문이다.

그렇지만 '비판적인 다인종 다문화 관점'이 중시하는 유색인종 하위 주체의 서사들은 다른 성, 인종, 계급 주체의 서사들과 다양한 관계 속에 얽혀 있기 때문에 **따로 논의될 게 아니라 서로 연결시켜 비교하는 가운데 함께 논의되어야 한다.** 미국 내 다양한 문화들 사이의 접촉과 변형에 대한 포괄적인 연구가 진척되어야 할 이 시점에서 '비판적인 다인종 다문화 관점'은 그러한 연구를 집결시키는 하나의 이론적 입장이 될 수 있을 것이다. 이 관점을 좀 더 세부적으로 구성하는 세 가지 해석 틀은 '자급', '영성', '몸'으로 구성된다.

2. 세 가지 해석적 패러다임

1) 자급

백인 엘리트 남성들의 경험과 세계관을 중심으로 기술되고 읽혀온 미국의 역사와 문화는 타자들의 노동에 기반을 두어 왔다. 이러한 미국의 현실에 비판하고 도전하려는 시도들을 상쇄하기 위해 미국 내 다양한 에스닉 문화를 추켜세우며 팔아먹는 것이 바로 다문화주의 논리다. 미국 다문화주의는 약탈적인 신제국주의의 문화적 변형에 가깝다. 그러므로 이에 맞서 싸우기 위해서는 삶과 문화 활동의 근간이 어떠해야 될지, 그 가치와 원리가 전면적으로 새롭게 탐색되어야 한다. 그 가치와 원리를 여기서는 '자급'이라고 제시한다.

인류의 발전을 상징하는 자본주의 경제는 실상 주변부 인종, 국가, 농업을 식민화하고, 주변화하고, 착취함으로써 성립한 세계 체계다. 그 체계의 정점을 이루는 것이 바로 미국 자본주의다. 미국에서 19세기 중반은 북부를 중심으로 자본주의 도시 문명 건설이 한참이던 때였다. 이미 18세기부터 신대륙에서는 영불 전쟁을 거쳐 서부로의 팽창을 이루었고 멕시코 전쟁을 통해서는 남부로의 확장을 이루었다. 이러한 약탈, 침략, 살육의 역사는 19세기까지 이어진다. 이 와중에 북부의 남부에 대한 내부 식민화 작업에 일격을 가한 것이 바로 남북전쟁이다.

남북전쟁은 공업이 농업을 식민화하는 구조가 미국 내부에 정착되는 결정적인 계기가 된다. 노예해방을 통해 흑인에게 자유와 인권을 보장한다는 것은 그저 표면적인 이유에 불과했다. 노예 농업에 근거한 문화 체계와 성장하는 산업 자본주의 체계 사이의 갈등과 모순은 북부 산업주의의 승리로 끝을 맺었고, 이로 말미암아 남부 농업 문화가 역사의 뒤안길로 사라지게 된다. 미국 남부의 자연과 땅을 식민화했던 강력한 기제가 바로 전쟁이다.

이후 전쟁 논리는 미국 자본이 보호를 받으며 성장할 수 있는 내적 논리가 되었고, 그 힘과 권력은 지구적 삶의 전 영역으로 뻗쳐 나간다. 이러한 미국 자본의 공격 앞에 백인 여성 농민과 노동자, 하층 백인 남성 병사, 토착 미국인, 집시, 흑인, 치카노, 아시아계 미국인들은 억압을 받으면서도 각자의 방식으로 각 지역 에스닉 공동체를 지키며 저항해 왔다. 이들이 가없는 역경 속에서도 생존하고 살아남아 자신들의 기억과 서사를 전승시킬 수 있었던 힘은 바로 자급적 노동의 가치를 중시하는 자급의 관점, 자급의 정치에서 나온다.

'자급의 관점the subsistence perspective'[31]을 좀 더 자세히 살펴보자. 성장, 축적, 팽창을 도모하는 자본주의 이면에는 자원의 빈약함과 회소성이라는 전제가 깔려 있고 그 자원을 자기 보호적인 측면에서 미리 좀 더 많이 확보해 놓으려는 이기적 욕구가 깔려 있다. 미국을 비롯해 19세기 서구 자본주의 국가들의 무제한 성장은 강제적이고 폭력적인 방식으로 타자, 즉 여성, 자연, 이민족을 식민화하는 과정 없이는 실현될 수 없었다. 이 식민화는 여성, 자연, 이민족을 착취하는 동시에 자원화함으로써 그들의 삶과 생명을 소진시켰다. 그러면서 여성과 자연의 자급적 요소를 고갈시켰다.

자본의 진짜 전쟁은 자급에 대한 전쟁이다. 이 전쟁은 주변화된 여성적 생명 · 자급 노동을 식민화하는 전쟁일 뿐만 아니라 언어, 문화, 식량, 사유, 이미지, 상징을 식민화하는 전쟁이다. 그리하여 단일하고 획일적인 노동, 언어, 문화, 식량, 사유, 약, 교육이 다양한 자급 방식을 대체한다. 따라서 자급의 관점은 문화의 단일화에 저항하는 것을 뜻하고, 자급적 기반을 무너뜨리려는 백인 남성 중심의 전쟁을 종식시키는 것을 뜻한다.[32] 자급의 관점은 이익과 축적을 위해 자원을 고갈시키면서 자연을 파괴하는 자본 전쟁을 종식시키고자 하며 자급적

---

31) 마리아 미즈Maria Mies와 벤홀트-톰젠Bennholdt-Thomsen이 공동으로 주장한 관점이다. Maria Mies and Veronika Bennholdt-Thomsen, *The Subsistence Perspective: Beyond the Globalised Economy*, trans. Patrick Camiller, Maria Mies and Gerd Weih (Zed Books, 1999).
32) 앞의 책, p. 19.

기반 위에서 인간들 사이에, 인간과 자연 사이에, 노인과 젊은이 사이에, 남성과 여성 사이에 상호 존중하며 공존하는 관계를 지속시켜 나가고자 한다.

이러한 상호 관계의 삶을 위해서는 공/사, 생산노동/재생산노동 사이의 분리와 위계를 깨뜨리고 일상 삶을 유지하기 위한 다양한 노동 형태를 인정하고 동등하게 분담해야 한다. 그러기 위해서는 백인 남성 중심적 자본주의 경제 패러다임에서 비가시화된 부분을 가시화해야 하며 은폐되어 있는 농민과 여성의 자급 노동을 자연과 함께 새로운 경제적 토대로 재설정해야 한다. 미국 백인 남성들이 이끌어 가고 있는 전 지구적 자본주의 가부장 체제의 경제 모델은 다음과 같은 **피라미드식 빙산 구조**[33])에서 보듯 자연과 여성과 유색인종 같은 타자들을 식민화하고 착취해 왔다.

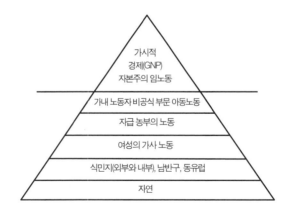

전 지구적 자본주의 가부장 체제의 경제 모델

33) 앞의 책, p. 31.

이 빙산 모델은 농부의 자급 노동이나 여성의 가사 노동과 같이 자본주의 가부장제 경제를 지탱해 주고 있음에도 보이지 않던 영역을 보여 준다. 그동안 가려져 왔던 커다란 부분이 새로 배치됨으로써 가시화되는 것이다. 그리하여 자연과 식민지를 비롯해 자본주의 임노동을 지탱해 온 주변 노동들이 제자리를 찾고 새로운 가치를 부여받는다. 이 그림에서 보듯, 주변 노동 중에서도 여성의 가사 노동은 농부의 자급 노동보다 더 큰 부분을 차지한다. 빙산 모델은 가사 노동 및 생계 유지를 위한 (재)생산[34] 활동(소농을 포함하여)을, 또는 가장 밑바닥에 있는 진정한 의미의 토대라 할 수 있는 자연을 전 지구적 자본주의 가부장적 세계 경제 체제를 받쳐 주는 토대로 재설정하고 있다.

이 작업은 자본주의적 임노동의 저변에서 생존 및 자급 생산을 계속해 온 여성, 농민, 에스닉 소수자들의 일에 제자리를 찾아 주고 생명을 위한 일상 노동의 가치를 인정하는 기반이 된다. 이렇게 새로 배치된 빙산 모델과 그에 따른 '자급의 관점'은 미국 백인 남성들이 주도하는 전 지구적 자본주의 가부장제 사회를 돌리고 있는 축적과 성장, 개발과 발전 논리 대신, 생존과 자급의 원리에 가치를 두고 자원을 조금만 쓰면서 자연을 보전하고 인간다운 삶을 살자고 주장한다.

이 자급의 관점은 작고 제한된, 탈중심화된 지역을 중심으로 실천될 수 있다. 전 지구적 자본주의 가부장 체제는 교환가치의 증진을 도모하지만 자급의 관점은 사용가치의 증진을 위한 자급적 생산과 지역 중심의 교환을 강조하기 때문이다. 가사 경제(재생산노동 및 생명 유지 활동 중심)와 이미 결합되어 막강한 힘을 발휘하고 있는 정치 경제(생산 노

---

34) '(재)생산'이라는 용어는 생산과 재생산 사이의 이분법을 해체하여 재생산이 생산에 부수적인 게 아니라 또 다른 생산이라는 생각을 반영하되 그 이분법의 흔적을 상기시키기 위한 것이다.

동 중심)에 부단히 연루하고 개입하여 여성 및 소농, 에스닉 소수자들의 자급 노동을 가치화해야 한다. 가사 경제와 정치 경제, 재생산노동과 생산노동 영역이라는 이분법적 항목들은 주변/중심이라는 위계 관계 속에 있지만, 이러한 개입을 통해 주변/중심의 위계 관계를 계속 역전하고 치환한다면, 각 항목의 가치에 상호 변환transvaluation이 일어나게 될 것이다. 위계적이고 대립적이던 생산노동과 재생산노동 영역은 펼쳐지고 겹쳐져 서로에게 스며들어야 한다.

앞서 빙산 모델에서 보았듯이, (재)생산 노동 행위는 자본주의적 임노동이라는 눈에 보이는 부분을 지탱하면서도 눈에 보이지 않는 커다란 영역이다. 이러한 (재)생산 노동을 진정한 경제적 토대로 적극 재설정해 낼 때, 그것은 제대로 가치화될 수 있다. 여기서 "'노동'은 자본의 가치화(말하자면 잉여가치 생산을 경유해 자본의 가치를 증가시키는)를 뜻하지 않고 대신에 일반적으로 공동체, 환경, 사회적 삶……의 '가치화'를 뜻한다."[35] 이러한 가치화는 점점 더 하이퍼리얼[36]하게 되어가는 '사회적인 것' 안에 집요하게 살아서 삶과 생명의 (재)생산을 유지하고 지속시키는 자급 노동력 자체(지성, 육체성, 미적 감수성, 정신적·육체적 건강)의 환원 불가능한 계기로서 '자연적인 것'을 개념화할 것을 요청한다. 이러한 개념화를 실천의 바탕으로 삼아, 생산노동 영역과 금융 영역을 작동시키는 주요 (남성주의) 통화들(개념들)과 대치하고 그것들을 대체할 수 있는 새로운 개념적 통화를 계속 만들어 내어 그

---

35) James O' Conner, *Natural Causes: Essays in Ecological Marxism* (New York: Guiford, 1998), p. 322.
36) hyper-real, 장 보드리야르가 만든 개념으로 실재하지 않는 현실이 현실을 지배하는 현상을 가리킨다. 미디어에 의해 하이퍼 리얼이 확산되면서 현실의 문화적 현상이 된다는 뜻이다.

통화를 유통시키는 문화정치학 작업[37]을 해야 한다.

이렇게 새로운 통화들이 기존 남성주의 통화들과 끊임없이 순환되는 사이, 재생산노동과 생산노동 영역이 펼쳐지고 겹치고 스며듦으로써 그 이분법이 안에서부터 허물어질 수 있다. 바로 이것이 전 지구적 자본주의 가부장제를 내파해 가는 문화정치적 방법이기도 하다. 이 방법은 자급 노동력의 잠재적 저항성을 입증한다. 이 잠재력은 그저 착취만 당하는 것으로 여겨져 왔던 자급적 노동력을 대항 지구화 운동과 연결시킬 수 있는 접점이 될 것이다.

이와 같은 자급 노동력은 미국 역사와 문화에서 보듯 결국 오랜 세월 수없이 '아래로부터' 다양한 노동을 해 온 유색인종 하위 주체 남녀들에게 속해 있다. 지구화 시대 자급적 노동력은 '아래로부터' 자연과 공존하면서 '자연적인 것'을 저항 원천으로 삼는 한편, 다양한 형태의 (재)생산 노동들과 생존/자급 활동의 장점을 창조적으로 살려 내면서 그 저항성을 살려 낼 것이다. 하지만 이들이 일상적으로 해 온 다양한 노동의 이야기를 '정치적' 목소리로 많은 사람들에게 들려주는 일이 과제로 남는다. 따라서 백인 엘리트 남성 중심인 주류 백인 문화와 그 주변에 있는 미국 내 다양한 에스닉 문화 양쪽을 횡단하고 있을 그 목소리를 대항 지구화의 지평으로 끌고 올 문화정치학 작업은 더욱 중요해진다.

---

37) 음경 선망이라는 현 사회의 군건한 기본 통화를 바꾸어 내기 위해 지배적인 음경 선망과 대치하고 대면하는 자궁 선망 담론을 새로 쓸 만한 통화로 기능하게 할 수 있다. 그 자세한 내용은 가야트리 스피박, 『다른 세상에서』 (여이연, 2003)의 제 5장 참조.

2) 영성

서구 근대 자본주의가 일삼아 온 무분별한 확장, 팽창, 개발 정점에 미국이 있다. 그러므로 미국을 비판하는 것은 지구화로 지칭되는 새로운 발전 모델이 야기한 전례 없는 생태 위기의 주된 원인을 규명하는 좋은 출발점이다. 폭력적인 자연 정복과 약탈적인 물질주의를 가져온 미국의 맹점을 이해하기 위해서는 '영성spirituality'을 새롭게 개념화해야 한다. 정신주의적, 내세 지향적, 추상적, 신비주의적 원리가 아니라 자연과 인간에 내재되어 있는 생명력으로서 '영성'은 백인 남성 중심의 서구적 근대, 또 탈근대를 추동시켜 온 기계적 물질주의를 극복하기 위한 핵심적인 가치가 될 수 있다.

그렇지만 '영성'에 대해 비판적 거리를 유지하는 논자들이 염려하듯, 물질주의적materialistic 물질주의를 극복하기 위해 제안된 '영성'은 관념론으로 또다시 선회하는 경우가 많다. 그렇게 되지 않으려면 '영성'은 자연에서 출발하여 자연과 함께하면서 우리의 일상적 생산, 활동, 노동과 어우러져야 한다. 그래야만 타자들의 노동에 기생하면서 지배자 위치를 유지해 온 백인 남성 중심 시각과는 다른 관점에서 '영성'을 바라볼 수 있다.

'자유'를 찾아 미국에 왔다는 미국인들의 심성 구조를 관통하는 근본적인 맹점은 이와 같은 '영성'의 맥락에서 파헤쳐질 수 있다. 미국인들이 말하는 '자유'와 '독립'은 어떠한 지배자도 없이 마음대로 살겠다는 개인적 '의지'와 편협한 '이성', 개인의 소유 권리 수준에 머문다. 그래서 '자유'와 '독립'은 인간의 좀 더 깊숙한 곳에 있는 광활한 영혼, 성령, 무의식을 배격하는 편협하고 비뚤어진 정신과 의지에 밀접하게 연루되어 있다.

영국 소설가 D. H. 로렌스는 미국인의 이러한 정신과 대조되는 영혼의 세계를 "어두운 숲"으로 형상화한다. 로렌스의 비유는 근대적 자본주의의 인간 세계보다 깊고 어둡고 광대하며 신비한 자연 세계에 그 연원을 두고 있다.[38] 오랜 세월 숲 속에서 살았던 인류의 기억을 담아내는 "어두운 숲"의 비유는 자연의 일부로서 인간 존재를 환기시켜 준다. 영혼의 세계에 머무는 '영spirit'이라는 것도 만물에 다양한 형태로 존재하는 것이며 영들끼리 교섭하는 가운데 존재 확장을 가능하게 하는 내재적 기반이다. 여기서 '영'이란 존재가 전체성wholeness을 성취하는 원천이다. 그래서 '영'은 정신과 육체, 정신과 물질의 이분법에 따라 정신 영역에 초월적으로 거주하는 영혼과는 다르다.

로렌스는 인간에게 본원적으로 있는 신성한 영의 세계가 반자연적 · 반육체적 · 반여성적 기독교에서 말하는 성령Holy Spirit과는 다른 것임을 표상하기 위해 '거룩한 유령Holy Ghost'이라는 말을 새로 만들어 쓴다. 이것은 기독교 유일신인 하나님처럼 단일한 모습으로 초월적 영역에 가만히 있다기보다 인간의 내면을 왔다 갔다 하며 살아 움직이는, 하나가 아닌 복수의 신들gods로 구성되며 다양한 모습을 띤다. "나는 내 안의 신들과 다른 남녀 안의 신들을 인식하고 그 신들에 복종하고자 늘 노력할 것이며 (…) 신들이 오갈 수 있게 하는 용기를 가져야 한다"(22)는 로렌스의 발언은 남성과 여성이 각기 다른 모습으로 다양하게 있는 영의 세계를, 신들의 세계를 인식하고 거기에 부응함으로써 존재의 온전한 전체성을 구현할 수 있음을 말한다.

---

38) D. H. Lawrence, *Studies in Classic American Literature* (New York,: Penguin Books, 1983), p. 22.
   이후 이 책에서의 인용은 본문 중에 쪽수만 표기한다.

여기서 더 나아가 로렌스는 육체 및 물질세계와 절연된 정신을 상기하는 기독교적 의미를 아예 철폐하기 위해 '영성'을 '피'(blood, 90~91)로 은유화한다. 그러면서 생명력, 관능적·성적 에너지, 그리고 존재의 깊은 곳에서 용솟음치는 피와 살의 육감적인 생기를 연상시키고자 한다. 이러한 의미를 갖는 로렌스의 '영성'은 유기체인 인간이 자기 존재의 고유한 개체성을 깨닫고("나는 나다", 22), 각 개체의 전체성을 실현해 나가는 밑바탕이자 기본적인 원동력이다. 존재의 깊은 곳에서부터 우러나오는 '영성'은 인간과 물질, 인간과 자연의 관계를 왜곡시키지 않고 바로 잡을 수 있도록 해 준다. 이 '영성'이라는 발본적인 원동력을 깨닫지 못하고 부인하면서 인간의 의지와 합리성만으로 이룩된 근대 자본주의 가부장제 문명은 근본적인 결함을 안고 있는 셈이다.

인간에게 본원적인 '영성'을 부정하거나 망각하며 아메리카 정복과 서부 개척에 앞장섰던 미국 백인 남성들은 자연을 지배하는 데 급급하였다. 이 자연 지배는 인간의 인간 지배와 연결되며 타인종 토착민들, 유색인종 사람들, 그리고 여성을 백인 남성의 정복 대상으로 삼아 지배하고 착취하였다. 이러한 경향은 일찍이 "야만적인 인디언들을 근절하라"(21)는 벤저민 프랭클린Benjamin Franklin의 구호에서도 잘 드러났다. 19세기 미국 고전문학을 대표하는 『주홍글씨The Scarlet Letter』(1850)에 나오듯 독립적인 백인 여성을 마녀화하는 것도 그와 비슷한 맥락에 있다.

유럽에서 미국으로 건너온 백인 남성들은 자연, 타자와 소통하고 교감하고 공존하기는커녕, 자신들과는 다른 세상을 지배와 이익을 위한 도구나 대상으로만 보았다. 이들이 꾀한 근대화·문명화는 자연과 인간의 신성함을 위배하는 과정이었다. 지배, 정복, 살상, 전쟁으로 얼룩진 미국의 근대적 문명화와 자본주의화가 영성을 억압하고 부정해 왔다는 점에서 그 '영성'은 여신 숭배나 모계 사회의 신성함과 연결되는 모호한 정신주의가 아니라 '전 지구적 자본주의 가부장 체제'가 맞닥뜨린 생태 위기를 극복할 원리이자 가치가 될 수 있다. '영성'은 근대적 사유 체계의 이분법에 따른 인간 중심주의 극복과 연관된다. '영성'은 분리된 것들을 연결시켜 만물의 상호 연관성이나 그 전체성을 깨닫게 하는 원리이자 가치다.

남성도 여성도 자연과 함께 호흡하는 영적 존재다. 자연은 인간이 통제하는 대상이나 자원이 아니라 그 자체로 의미 있는 현존이며 인간도 자연 속에 수동적으로 있다기보다 자연과 적극 상호작용하는 존재다. 남녀 모두 자연과 함께 호흡하며 자연과 사회를 가꾸고 일구어 가는 주체인 것이다. 그런데 근대 이후 자본주의의 급격한 발전은 자연, 소수 인종, 여성의 주체성을 거세하고 식민화했다. 그러므로 자연과의 밀접한 연관 속에서 여러 종류의 생존 노동을 주체적으로 해 온 사람들의 다양한 활동이 드러나야 한다. 그럴 때, 일상적 노동과 물질세계와는 아무 상관없이 관념적으로 수용되는 '영성'이 아니라 자연과 상호 교류하며 노동하는 주체들에게서 발현되는 '영성'을 현 지구화에 대항하는 새로운 사회 구성의 동력으로 위치 지을 수 있을 것이다.

이처럼 자연과 노동이 함께 하는 '영성'이란, 동양의 정신주의에 오리엔탈리즘적으로 열광하는 일부 서구인들의 사치스러운 내세적 정신주의 편향과도 다르다. 예컨대 인도의 비전秘傳, 명상, 요가, 주술, 대안적 건강법은 새로운 세계 시장에서 인도의 정신적·영적 자원을 상품화한 것인데, 인도의 문화 전통에서 떨어져 나와 파편화된 정신주의에 지나지 않는다. '영성'이란 "내세의 신이나 초월적인 것이 아니라 일상생활에, 노동에, 우리를 둘러싼 모든 것에, 우리의 내재성에" 있고, 삶의 기본 욕구에서 출발하는 대다수 세계 여성들의 일상의 활동 속에 뿌리박은 물질주의를 근거로 한다.[39] 여기서의 '물질주의'란 상품화된 자본주의에서 오로지 교환을 위해 생산되는 상품이 갖는 추상적 물질성이 아니라, 인간이 생존하기 위해 행하는 활동이나 노동 과정에서 자연이 제공하는 물질과의 상호작용을 통해 자연과 그 밖의 모든 존재들과 공존하게 하는 물질성을 가리킨다.

반다나 시바는 『살아 있다는 것』[40]에서 정신과 물질 사이의 대립을 없애는 이러한 '영성'을 생명 보존과 여성적 생명력에 연결시키고 있다. 그래서 지금부터는 시바의 여성적 원리로서의 '영성' 개념을 비판적으로 검토하는 가운데 다인종 다문화 시대에 미국 문화를 읽는 데 필요한 해석 틀로서 자연과 노동과 함께 하는 '영성'의 가치를 제시하고자 한다.

우선 시바의 여성적 원리를 적극성과 수동성으로 이분화된 남성성/여성성이라는 서구적 의미로 보아서는 안 된다. 여성적인 "샤크티 Shakti"는 남성적 형식인 "푸루샤 Purusha"와 함께 창조적 에너지의 역동적 상호작용을 통해 자연 "프라크리티 Prakriti"를 생산해 낸다. 따라서 이 여성적 원리는 여성들에게서만 찾아볼 수 있는 자질이 아니라

---

39) 마리아 미즈와 반다나 시바 공저 『에코 페미니즘 Ecofeminism』의 「서론: 우리가 이 책을 함께 쓴 이유」 참조. 손덕수 · 이난아 옮김. 『에코 페미니즘』, (창작과 비평사, 2000), 30, 33쪽.

40) Vandana Shiva, Staying Alive: Women, Ecology and Development in India (London: Zed Books, 1989). 이후 이 책에서의 인용은 본문 중에 (시바, 쪽수)로 표기한다.

자연, 여성, 남성 모두에게 내재된 활동성과 창조력의 원리가 된다. 이 여성적 원리에 대한 믿음은 인도 사회의 오랜 문화 전통을 유지시켜 왔다.

『살아 있다는 것』에서 설명하고 있듯 자연은 어떤 차원에서는 여성적 원리의 상징적 화신으로 받아들여지고 있으며, 또 다른 차원에서는 생명을 생산하고 생계를 제공할 수 있도록 여성적 원리에 따라 양육되는 것으로 받아들여진다. 말하자면 인도의 문화 맥락에서는 모든 것에 스며들어 있는 원동력이 발현된 상태가 자연(프라크리티)이다. 프라크리티로서의 자연은 모든 생명체의 창조, 재생, 지탱의 순환 구조 속에서 활동적이고 강력한 생산적인 힘이 된다. 여기에서 창조적 힘과 창조된 세계는 분리된 것이 아니라 역동적으로 상호 관련되어 있다. 따라서 여성적 원리의 화신이자 창조적 표현으로서 자연(프라크리티)의 특징은 창조성, 활동성, 생산성, 형태 및 형상의 다양성, 인간을 포함하는 모든 존재 사이의 연결성과 상호 관련성, 인간적인 것과 자연적인 것 사이의 연속성, 생명의 신성함이라 하겠다.(시바, 38~42)

이와 같은 여성적 원리의 회복은 여성, 자연, 비서구 문화에 가해진 복합적인 지배와 약탈에 대응하기 위한 것이다. 그 실천은 자연과 여성을 지배함으로써 인간다움을 상실한 남성들을 해방시키는 것에서부터 시작해야 한다. 또한 여성적 원리의 회복은 자연, 여성, 남성을 창조적인 존재로 회복시키고 그들의 지식을 회복시킨다는 의미다. 다시 말해, 자연을 죽어 있는 재료가 아니라 살아 있는 유기체로, 여성들을 생산적이며 활동적인 존재로, 남성들을 신성하고 살아 있는 삶을 창조하기 위해 실천하고 활동하는 사람으로 보는 것을 뜻한다.(105~106) 그럴 때 '영성'은 생명을 보전하고 보호하며, 삶과 생명을 유지하는 여성의 노동 활동을 주시하게 된다. 거기서 실현되는 여성적 원리는 충분히 사회적인 것일 뿐만 아니라 인류 존속을 위한 필수 가치가 된다.

생태 가치를 실현하는 대안 모델로 자급적 농촌의 삶을 보자. 이곳에서 자연과 여성은 유기적 공동체의 양육자면서, 수질과 숲의 관리자며 동시에 농부로 살아간다. 자연과 여성은 수동적인 관계가 아니다. 숲(자연)과 직접 물질적인 관계를 맺는 능동적인 관계다. 따라서 제3세계 농촌 여성의 위치와 경험에서 출발하는 '영성'이란 지구화의 거센 압박 앞에서도 자연과 직접적이고 능동적인 관계를 통해 삶과 공동체를 지키고 꾸려 가는 제3세계 여성들의 문화적·정치적·정신적 역량으로, 대항 지구화의 실질적인 원동력으로 자리한다.[41] 그것은 한마디로 모든 존재들 사이의 연결성, 상호 관련성, 연속성을 인식할 수 있게 하는 능력이다.

이러한 '영성'은 여성적 원리이면서도 여성만의 것이 아니라 남성의 것도 된다. 이 영성을 지닌 생태 사회의 새로운 대안적 주체는 전 지구적 자본주의 가부장제의 폭력과 착취 속에서도 자연과 물질적 관계를 능동적으로 유지하면서 생존 지식과 문화 능력을 갖게 된 일부 여성들과 남성들이다. 하지만 이처럼 영성이라는 개념을 확장하다 보면, 여성적 원리를 파괴해 온 가부장제의 역사적 작동과 여성들이 계급에 따라 각기 다르게 인식되고 형상화되는 원리에 대한 분석을

---

41) 시바는 생태 위기에 대처하는 실천적 모델로, 무제한적인 이익과 축적을 위한 파괴적인 상품 생산이 아니라 필요한 만큼만 먹고 입는 삶, 즉 삶의 기본 욕구와 생명의 신성함을 바탕으로 생존하고 공존하기 위한 제3세계의 자급적 농업에 집중한다. 특히 *The Violence of Green Revolution: Third World Agriculture, Ecology and Politics* (zed book, 1992) 참조.

등한시함으로써 여성적 원리를 본질론적으로 일원화하는 결과를 빚고 만다.[42]

　서구 자본주의 가부장제 문화보다 훨씬 통합적이었다는 식민지 이전 인도의 자급적 문화 공동체에도 어떤 온전한 형태가 이미 주어져 있는 것은 아니다. 그 문화 공동체 역시 이미 가부장제 요소들에 자본주의적 요소가 들어가 있는 복잡하고 복합적인 생활공간이었다. 인간은 연속성, 통일성, 조화를 본능적으로 추구하고 지향하지만 실제 삶에서는 인종, 계급, 젠더의 축에 따른 각각의 이해관계와 관심사에 의해 불연속성, 이질성, 적대성, 모순, 불일치가 팽배하기 때문이다. 모든 생명의 상호 관련성을 인지하게 하는 '영성'은 개별 존재들이 인종, 계급, 젠더 관계 속에서 겪는 일상적인 다양한 체험들과 부딪히는 가운데 생성되어야 한다.[43]

　그러므로 미국 문화를 읽을 때, 살아 움직이고, 갈등하며, 선택하는 개별 남녀들의 구체적인 일상생활을 담아내는 이야기, 노래, 시 등의 다양한 문화 서사들에 귀를 기울이는 것은 '영성'을 자연, 노동과 함께 하는 것으로 맥락화하는 좋은 방법이다. 생태 위기에 맞서는 새로운 가치로서의 영성은 여성적 원리(혹은 역으로 남성적 원리)에 귀착되기보다 자연의 주체로서, 노동의 주체로서 남녀에 귀착되어야 하며,[44] 지구화에 저항하는 지역의 공동체 정치라는 비전[45]을 가지고 있어야

---

42) 김임미, 「에코 페미니즘의 논리와 문학적 상상력」, 영남대학교 대학원 박사 학위 논문 (2003년 12월), 48쪽 참조.

43) Marti Kheel, "Ecofeminism and Deep Ecology: Reflections on Identity and Difference," in Irene Diamond and Gloria Feman Orenstein eds. & intro, *Reweaving the World: The Emergence of Ecofeminism* (San Francisco: Sierra Club Books, 1990), p. 136.

44) Diamond and Orenstein xi; Ynestra King, "Healing the Wounds: Feminism, Ecology, and the Nature/Culture Dualism," in Diamond and Orenstein eds., p. 116.

하며, 자연의 재현이 젠더, 인종, 계급, 섹슈얼리티의 재현들과 얽히는 과정을 풍부하게 보여 주어야 할 과제[46]를 안고 있기 때문이다.

자본주의적 상품 생산 바깥으로 주변화되면서 토착민, 부족민, 유색인종 남녀들의 목소리는 역사적으로 잘 들리지 않게 되었다. 가장 음지에 있고 잘 보이지 않아 대상화되기 쉬웠던 이들이야말로 역사와 자연의 행위 주체들[47]이다. 이들은 주체들이면서도 자연을 지배하거나 착취하기보다 자연과 창조적인 방식으로 상생하는 길을 택해 왔다. 주류 백인 남성 중심의 서사를 거슬러 가는 이들의 서사들은 자연과 노동과 함께 하는 '영성'의 가치를 대항 기억의 형태로 생생하게 구현하고 있을 것이다. 그러한 면모를 면밀하게 살펴봄으로써, 우리는 미국 백인종의 개인주의적 자아상을 넘어서 자연과 인간, 인간과 인간, 남성과 여성을 '상호의존'과 '총체성' 같은 복합 관계의 그물망 속에서 연결하는 사유의 지평을 열 수 있다. 이는 국가와 인종(혹은 민족)에 관한 우리의 상상계에 근본적인 변화를 초래할 것이다.

3) 몸

다인종 다문화 시대의 미국 문화 읽기에서 또다른 주요한 해석 패러다임으로 '몸'이라는 틀을 제안할 수 있다. 서구적 가치 체계는 그동안 정신/육체의 이분법에서 정신을 우위에 놓아 왔다. 이러한 가치 체계에서 배제되고 억압된 몸을 새로운 주체 이해의 기반으로 삼는

---

45) Lee Quinby, "Ecofeminism and the Politics of Resistance," in Diamond and Orenstein eds., p. 123.

46) Gretchen T. Legler, , "Ecofeminist Literary Criticism," Karen J. Warren ed. *Ecofeminism: Women, Culture, Nature* (Bloomington: Indiana UP, 1997), p. 227.

47) Ariel Salleh, *Ecofeminism as Politics: Nature, Marx and the Postmodern* (London & New York: Zed Books, 1997), p. xvi.

것은 미국 비판의 출발점이 될 수 있다. 몸은 주체성을 주조하고 억압의 체험을 각인할 뿐만 아니라 여성성/남성성의 역할을 선택함으로써 욕망을 현시하며 감성을 내장한다. 몸은 단순한 자연적 대상인 것도, 또 문화에 대립하는 것도 아니다. 몸을 문화적 개입/변혁/생산에 열려 있는 유기적 대상으로 볼 때 몸의 물질성을 새롭게 사고하는 길이 열린다.

몸이야말로 주체의 근본적인 물질성을 환기한다. 이 물질성은 유기적 존재의 불완전성이나 사회적 질서에의 순응성을 함축하면서도 새롭고 놀라운, 예측할 수 없는 것을 발생시키는 능력 또한 내포한다. 몸의 물질성을 이렇게 이해할 때 개별적이고 구체적인 몸들이 중요하게 된다. 즉 몸은 성의 측면에서뿐만 아니라 문화, 인종, 계급 측면에서 특수성을 지닌 차이들이 여러 겹으로 각인되는 구체적인 장소다. 몸은 고정된 본질이나 자연적으로 부여된 것이 아니라 다중적 코드들이 횡단하는, 그래서 운동성을 가질 수 있는 '장field' 이다.

이러한 몸의 문제 틀에서는 다른 모든 몸의 유형들을 판단하는 규범(이상)으로 특정한 유형의 몸을 상정하지 않으며 가능한 모든 몸 유형들의 복수적인 '장' 을 제시할 수 있다. 여기서 '장' 은 불연속적이고 비동질적이며 다양한 퍼스펙티브(perspective, 혹은 관점)와 관심사에 따라 확립되고 조정되는 유연성과 탄력성을 발휘한다. 예컨대 우리의 몸에 미치는 젠더 규범들의 효과는 강력하지만 우리 몸이 그 규범들을 반복적으로 수행하는 가운데 다시 작업할 여지 또한 갖는다.[48] 우리 몸은 사회 역사적 변화에 열려 있고, 그 개방성이야말로 기존 틀

---

48) Judith Butler, *Bodies that Matter: on the Discursive Limits of "sex"* (Routledge, 1993), p. 29.

을 전복할 수 있는 강력한 힘의 원천이 된다. 엘리자베스 그로츠가
『탄력적인 몸들』[49]에서 역설하고 있는 몸의 '탄력성'도 우리 몸의 사
회 역사적인 개방성에 대한 논의와 연결된다. 이렇게 본다면 정신과
육체 사이의 고질적인 이분법을 넘어서는 새로운 사유와 상상의 지평
을 구축하기 위해서라도 '몸'의 문제 틀은 중요하다.

이와 같은 맥락에서 강조되는 몸의 물질성과 탄력성을 바탕으로
성차sexual difference를 각인하는 몸의 구체적인 양상에 관심을 기울일
필요가 있다. 섹스/젠더 구분에 깔려 있는 생물학적 몸, 즉 문화 이전
의 대상으로서 몸 개념을 비판하고 자본주의 가부장제 문화권에서 재
현되고 이용되는 몸에 관심을 가지면서도 양성 간에 존재하는 근본적
이고도 환원시킬 수 없는 '차이들'을 고려하는 것은 중요하다. 푸코
나 생태주의 이론가처럼 성적으로 특수한 몸 자체의 물질성을 고려하
지 않으면서 몸 자체를 강조할 때, 결국 남성의 몸을 상정하기 십상이
기 때문이다. 또한 언제나 이미 성차와 얽혀 있기 마련인 계급, 인종,
섹슈얼리티, 국가, 문화의 차이들이 복합적으로 각인되는 '몸'의 문
제 틀을 적극 고려하지 않는다면, 은연중 백인 남성과 백인 여성 주체
의 몸을 규범으로 상정하게 된다는 점도 인지해야 한다.

성적 주체로서 남녀의 경험 자체는 계급, 인종, 세대, 성적 취향, 그
밖의 사회 문화적 분할 등이 내재적으로 교차되어 구성된다는 점에서
다중성을 갖는다. 이 다중성은 일반적인 수사로 끝날 것이 아니라 구

---

49) Elizabeth Grosz, *Volatile Bodies: Toward a Corporeal Feminism* (Indiana University Press, 1994).
그로츠의 성차화된 몸sexed body에는 분명 생물학적 차원이 있지만 그 생물학은 본질론적인 결정
성에 갇힌 게 아니라 열린 물질성을 갖는 것이라서, 상당한 사회 역사적 변형에 열려 있다. p.199
참조.

체적인 경험과 교차되는 이론으로 나타나야 할 것이다. 경험이나 주체성 수준에서, 또 실천적이고 육체적인 능력 수준에서 몸들 사이에 수많은 차이들이 존재할 뿐만 아니라 그 차이들도 상당한 사회 역사적 변화를 겪는다. '성차'를 포괄하는 '차이들'에서는 본질주의나 보편주의처럼 동일성으로 환원되는 차이와 달리, 차이들의 다양한 타자성이 인정된다. 몸들의 성적 특성에 얽혀 있는 인종적·계급적·문화적 특성을 가시화함으로써 몸에 관한 백인 남성과 백인 여성 중심의 제한된 지식을 근본적으로 바꿀 수 있는 계기가 마련될 것이다.

그동안 '몸'은 백인성을 당연하다는 듯 전제해 왔다. 이제는 이러한 백인성에 가려져 보이지 않던 흑인성, 인디언성, 치카노성, 아시아성(Black, Red, Brown, Yellow)과 같은 특수한 유색(여성) 몸들이 함축하는 각기 다른 역사성과 문화적 창조성을 탐색해야 한다. 문화적·인종적·계급적으로 특수하게 젠더화된 몸들을 제시하게 하는 몸의 문제 틀은 대항 지구화 운동에 필요한 새로운 사유 지평과 문화적 자원을 찾는 데 중요한 출발점이 된다. 다중적 몸의 문제 틀에 따라 성적 존재로서 미국의 유색인종 남녀들의 몸을 재현한다는 시각 또한 중요하다. 이러한 시각은 섹슈얼리티의 축과 맞물려 있으면서 모순적으로 각축하기도 하는 노동하는 유색인종(여성)의 '인종화된racialized' 노동 문제를 부각시킨다.

1960년대 미국에서 일어난 민권운동 중에서도 에스닉 민족주의 운동은 유색인에 대한 인종화racialization로 대표되는 억압을 극복하고 백인성의 규범에 도전하는 획기적인 계기가 되었다. 그러나 민족주의 운동 진영에서 본질론적인 유색성(흑색, 홍색, 갈색, 황색)을 아름답고 힘 있는 것이라 주장한다고 해서 그 유색성이 바로 긍정적인 가치가 되는 것은 아니다. 오늘날과 같은 포스트모던 대중문화 시대에서 유색성은 차이와 재현의 문화정치를 통해 구성되어 가는 것으로 보아야 한다.[50] 여기서 '유색성'은 미국 사회와 문화를 주도하고 지배하는 백인성을 비판하고 넘어설 뿐만 아니라 진정한 다문화 사회의 구성 원리가 된다.

'유색성'이란 문명과 대립되는 "'원시적인 것'을 나타내기 때문이 아니라 지배 체제에 도전하고 그것을 와해하려는 혁명적 에토스에 참여하도록 고무하기 때문에 살아 있는 것"[51]이다. 유색성이 이런 성격을 지닐 때만 "'흑인성'을 '사랑하는 것'은 '정치적 저항'"이 될 수 있으며, 흑인의 삶을 지배해 왔던 자기 증오와 "죽음의 힘을 거슬러 움직임으로써 흑인의 삶을 다시 주장하는 데 필요한 조건을 창출"[52] 할 수 있다. 그러기 위해서는 미국 유색인종 사람들의 상상력 속에서 문명이나 아름다움과 같은 긍정적인 힘으로서가 아니라 무서운 공포로 자리 잡고 있는 백인성을 분석하고 해체하는 작업[53]이 필요하다. 이와 더불어 여전히 백인 이데올로기를 답습하고 있는 최근 미국 대중문화와 비정전 작품들, 오래된 정전 작품들에 나타나는 상투적인 유색 남성성과 유색 여성성을 비판하고 재형상화하는 작업이 이루어져야 한다.

---

50) bell hooks, "Post-modern Blackness", in *Yearning: Race, Gender, and Cultural Politics* (South End Press, 1990), pp. 23~32 참조.

51) bell hooks, *Black Looks: Race and Representation* (South End Press, 1992), p. 37. 훅스가 천명하는 흑인성은 유색성으로 확장될 수 있고, 또 그렇게 되어야 한다.

52) 앞의 책, p. 20.

53) 앞의 책, p. 169, p. 177.

이런 비판적 재형상화는 백인성을 폭파한 문화 터전 위에서 다양한 인종성을 새로 배치하는 작업이다. 이때 백인 남성 중심의 자본주의 가부장제에 대한 도전과 변화라는 큰 틀을 견지해야 한다. 그래야만 유색인 남성과 유색인 여성 사이에, 또 소수의 백인 남녀와 유색남녀 사이에 발생할 수 있는 쓸데없는 분리와 소모를 방지할 수 있다. 또한 생산적인 비판과 제휴를 통해 백인 이데올로기로서 백인성을 해체하고 폭파할 수 있다. 성차화되고 또 인종화되는 것으로서 '몸' 은 미국인 중에서도 가장 비가시화되고 왜곡되는 **유색인종(여성)의 섹슈얼리티와 노동 문제**를 동시에 고려할 수 있는 중요한 문제 틀이다.

미국의 유색인종 출신 페미니즘 이론가들은 **다중적 억압의 동시성** 개념을 주장하고 그것을 이론으로 구체화하는 데 앞장서 왔다. 단지 서구 백인 중심의 이론계가 이들의 선구적인 작업에 별로 관심을 두지 않았을 뿐이다. 일찍이 바바라 스미스Barbara Smith는 1970년대 중반에 〈콤바히 리버 컬렉티브Combahee River Collective〉를 조직하여 이성애주의를 포함해 흑인 여성을 억압하는 다중적 체계들을 인식하고 그 억압 체계들의 타파를 주장한 바 있다.[54] 글로리아 안잘두아Gloria Anzaldua와 체리 모라가Cherrie Moraga와 같은 치카나 이론가들도 이성애 중심주의의 억압성을 강하게 비판한다. 이 때문에 미국 유색인종

---

54) 그 주장은 「흑인 페미니스트 선언서Black Feminist Statement」에 나타난다. 그 전문은 이 책 1부 부록에 나온다. 이 선언서가 실린 *This Bridge Called My Back: Writings by Radical Women of Color* (Persephone Press, 1981)에는 미국 내 유색인종 여성들의 다양한 관점들이 제시되어 있다. 이 선집의 126쪽에서 스미스는 "정말로 급진적인 것은 나와 다른 사람들과 제휴하려고 노력하는 일이다. 나는 인종, 성, 계급, 성 정체성 모두를 한꺼번에 다루는 것을 급진적이라고 믿는다. 이것은 예전에 한번도 실행되지 않았기 때문에 정말로 급진적인 것이다."라고 말하고 있다. Barbara Smith & Beverly Smith, "Across the Kitchen Table: A Sister-to-Sister Dialogue", in Cherrie Moraga and Gloria Anzaldua eds., *This Bridge Called My Back: Writings by Radical Women of Color* (Persephone Press, 1981), p. 126.

페미니즘 이론은 레즈비어니즘에 경도되거나 섹슈얼리티의 문제에 국한되는 한계를 갖는다는 인식이 널리 퍼지게 되었다. 하지만 이 선구적인 이론가들이 섹슈얼리티만을 강조하고자 한 것은 아니었다. 억압 체계 중 하나로서 이성애주의는 어떤 식으로든 이론화되어야 한다는 입장을 견지한 것이었다.

미국 내 유색 여성들이 일상 삶에서 늘 부딪치는 억압의 다중성과 동시성 문제는 그 이후 이론적으로 좀 더 다져지게 된다. 로즈 브루어 Rose Brewer는 이 문제를 "상호관계 속의 계급, 문화, 젠더, 인종에 뿌리를 두고 있으면서 그것을 조직 원리로 하는 페미니즘을 발전시키기"[55]로 구체화하면서 젠더를 인종과 계급에서 탈맥락화해서도 안 되고, 인종과 젠더를 계급으로 환원시켜서도 안 되며, 젠더와 계급 이슈가 인종 안에 묻혀서도 안 된다고 주장한다. 그러면서 억압의 다중성과 동시성 문제는 젠더와 계급의 인종화 현상을 탐색하는 것이라고 정식화한다. 브루어의 이와 같은 정식화는 스미스와 달리 억압 체계로서 이성애주의를 간과하고 있기는 하지만 젠더, 계급, 인종의 복합적인 관계를 세부화하고 있다는 점에서 중요하다.

이러한 맥락에서 유색 여성 섹슈얼리티를 검토한다고 할 경우, 섹슈얼리티가 단순히 성의 문제가 아니라 다중적 억압 체계들의 교차 지점이라는 것이 대전제가 되어야 한다. 섹슈얼리티를 억압들이 만나는 구체적인 장소로 볼 때 그 억압 체계 중의 하나로 이성애주의가 포착된다. 예컨대 "흑인 여성들의 섹슈얼리티를 연구함으로써 억압

---

55) Rose M. Brewer, "Theorizing Race, Class and Gender: The new scholarship of Black feminist intellectuals and Black women's labor", in Stanlie M. James & Abena P. A. Busia eds., *Theorizing Black Feminisms: the visionary pragmatism of black women* (Routledge, 1993), p. 16.

체계로서 이성애주의, 계급, 인종, 국가, 젠더가 수렴하는 중요한 지점에서 어떻게 섹슈얼리티가 형성되는가를 알 수 있다."[56]

백인 우월주의적 남성 중심의 재현 체계 속에서 소위 검은 몸은 성적 일탈이나 비정상성, 동물적인 성적 탐욕으로 기호화되어 왔다. '검은 몸'에는 타인종과의 성적 결합이나 동성애가 지배적인 백인 남성 중심 체제를 무너뜨릴 수도 있다는 공포가 투사되어 있다. 유색 남녀의 검은 몸은 성적 야만인의 이미지로 형상화되어 섹슈얼리티에 관한 관음증적 쾌락과 폭력의 대상이 되고 있다. 그런 만큼 특히 흑인 여성의 몸과 섹슈얼리티를 논의할 때, 백인 남성 중심 사회가 '정상'으로 상정하고 있는 이성애 중심주의를 인종차별주의와 연관된 권력 체계로 보아야 한다.[57]

그러므로 유색 페미니즘 입장에서 '몸'의 문제 틀은 레즈비언 섹슈얼리티에 경도되기보다 좀 더 열린 자세로 유색 여성 섹슈얼리티의 다양한 경험과 역사를 마주할 것을 요구한다. 즉, "남성에 대한 욕망을 배제하지 않으면서도 그것을 특권화하지 않는 다형태의 에로틱a polymorphous erotic"[58]으로서 유색 여성들의 섹슈얼리티를 상상하는 작업을 의미하는 것이다.

유색 여성의 몸들에 다양하게 잠재되어 있는 에로틱한 섹슈얼리티를 다중적 억압 체계들과 연관시켜 검토할 때 유색 여성의 섹슈얼리티를 '성애화sexualizing'하는 동시에 '탈성애화desexualizing'하는 이중

---

56) Patricia Hill Collins, *Black Feminist Thought: Knowledge, Consciousness, and the Politics of Empowerment* (Routledge, 2000), p. 128.

57) 앞의 책, pp. 129~130.

58) Cheryl Clarke, "Living the Texts Out: Lesbians and the Uses of Black Women's Traditions", in *Theorizing Black Feminisms*, p. 224.

구조가 드러나게 된다. 여기서 성애화한다는 것은 유색 여성의 몸을 포르노그래피, 매매춘, 손쉬운 강간의 대상으로 삼는 것을 말한다. 또한 '탈성애화'는 예컨대 흑인 여가장 이미지와 유모로서의 흑인 여성 mammy 신화에서 보듯 흔히 남자들이 하는 힘들고 고된 '남성적인' 일들을 해내며 한 가구를 책임지고 끌어가는 유색 여성의 노동·모성 능력을 고무하면서 그 대신 여성성과 섹슈얼리티를 부인하는 형태로 나타난다.

이와 같은 '탈성애화'는 바깥일을 찾다가 어쩔 수 없이 들어가게 되는 포르노그래피를 비롯해 여러 성 산업이나 매춘을 유색인종 여성의 지나친 성욕 탓이라고 비난하는 '성애화'와 동시에 진행된다. 이렇게 왜곡된 '탈성애화'나 '성애화' 모두 유색 여성의 몸을 통제하고 식민화하는 가운데 유색 여성의 노동 능력을 착취할 뿐만 아니라 여성성과 섹슈얼리티를 억압한다.

한편, 20세기 후반에 이르러서는 섹슈얼리티에 대한 두려움과 매혹이 투사되는 대상이자 제국주의자의 향수를 달래 주는 이국적이고 상업화된 유색 여성 이미지들이, 발전된 영상 매체의 망을 타고 전 지구적으로 전파되고 있다. 이러한 문화적 재현물은 유색 여성의 몸에 돈만 지불하면 누구라도 접근할 수 있었던 과거에 대한 향수를 표현하며, 이국적인 유색 여성에 대한 성적 환상을 자극한다.

그때 유색 여성의 성적 행위의 주체성은 에로티시즘에 기반을 둔 것이 아니라 냉혹하고 폭력적으로 성적 힘을 사용하는 기존 남근 중심적 이성애주의를 반복할 뿐이다. 이렇게 백인 소비자가 좋아할 만한 원시적이고 야성적인 유색 여성 섹슈얼리티를 구가하는 문화 상품들은 인종차별주의적이고 성차별주의적인 것으로 비판되어야 한다.[59] 더 나아가 성적 주체들로서 새로운 자기 정의와 재현을 만들어 내려는 유색 여성들 편에 선 문화적 실천이 요청된다.

미국 유색 여성들 편에서 주체적으로 유색 여성성을 재형상화하는 문화정치적 과제가 진척되려면, 여성 섹슈얼리티를 전 지구적 자본주의 가부장제의 성 경제와 연관시키려는 노력이 필요하다. 바로 그러한 노력 중에 유색인종 페미니즘 이론가들은 앞서 언급한 '서로 교차하는 다중적 억압 체계'라는 패러다임을 고안해 냈다. 이 패러다임은 포르노그래피, 매매춘, 강간을 중심으로 유색 여성 경험을 구성하는 몸의 정치에는 인종차별주의적/성차별주의적/이성애 중심주의적인 국가주의 이데올로기들이 얽혀 있다는 점을 부각한다. 또한 이러한 성의 정치학이 국제적 고용 구조에서 인종적·젠더적으로 가장 하위에 위치한 유색 여성들로 하여금 저임금을 받는 임시직 노동자나 거의 무보수인 가내 노동자로 더 제한되고 더 질병에 무력한 가난한 생활을 하게 만드는 메커니즘임을 보여 준다.

이 메커니즘을 분석하다 보면, 서구 식민주의의 질긴 잔재가 그 인종적·성차별적·계급적 편견들을 재편하는 가운데 만들어 낸 '젠더화된 지구적 인종차별 체계global gendered apartheid'[60]가 드러난다. 이 체계는 미국 내부에서 유색 여성의 섹슈얼리티와 노동을 규제하는 착취와 폭력이 한 국가의 성 문제를 넘어서는 전 지구적 통제 형식임을, 미국 안팎의 유색 여성 집단들에 공통된 억압과 착취를 구성하는 기

59) bell hooks, *Black Looks: Race and Representation*, pp. 61~62.

60) Peggy Antrobus, "Women in the Carribean: The Quadruple Burden of Gender, Race, Class and Imperialism", in Achola O. Pala ed., *Connecting Across Cultures and Continents: Black Women Speak Out on Identity, Race and Development* (United Nations Development Fund for Women, 1995), p. 55.

초임을 일러 준다. 미국 내부의 유색 여성들은 아시아 여성들, 아프리카 여성들, 라틴아메리카 여성들만큼 기근에 방치된 것은 아니지만 '젠더화된 지구적 인종차별 체계'에서 벗어나 있지 않으며 이 체계의 미국적인 조직화에 영향을 받고 있다. 미국 내 유색 여성의 경험은 지구적 맥락 속에서 분석될 때라야 진정한 해방으로 이어질 수 있다.

전 지구적으로 진행되고 있는 공통된 억압과 착취 구조 속에서 미국의 유색 여성 집단들은 각기 다양한 몸의 역사와 경험을 갖는다. 흑인 여성들은 자신들과 공통된 억압 경험을 가지면서도 또 다른 경험을 갖는 다른 치카노, 인디언, 아시아계 여성들과 제휴할 수 있다. 그런데 이러한 제휴의 여지 또한 '공통성'과 '차이'에 대한 복합적인 인식에 의해 가능할 것이다. 다인종 다문화 시대의 미국 문화를 다시 읽는 가운데 미국 유색인종에 초점을 맞추는 몸의 문제 틀은 섹슈얼리티와 노동의 두 축을 팽팽하게 견지하게 함으로써 지배와 저항의 사회적 관계들을 근본적으로 재개념화할 것을 촉구하며 그 위에서 급진성, 혁명성, 탈식민성을 새롭게 정의하게 한다.

1부
미국의 역사

백인 남성 중심의 미국 역사를 넘어서

이 책에서는 미국 역사를 단순히 배경으로서의 역사적 사실을 기술하는 공식 역사가 아니라 미국이라는 국가의 건설과 관계되는 또 하나의 문화적 서사로 본다. 우리가 현재 서 있는 위치에서 구성되는 문제의식이 과거에 대한 특정한 질문을 불러일으키고, 우리가 과거에 어떤 방식으로 접근할지를 결정한다. 과거를 검토하는 것은 우리가 어떤 미래를 원하는지와 연결된다. 내가 원하는 미래는 우리의 삶과 그 터전을 점점 더 피폐하게 만들고 있는 현 '신자유주의 세계화' 추세에 대항하는 다른 에너지, 자원, 힘 같은 것을 역사 속에서 찾아 지금과는 다른 세상을 만들어 가는 것이다.

'건국의 아버지' 이야기를 중심으로 미국을 이해하고 그것을 절대적 진실로 받아들이는 사람도 있고, 그 이야기는 특정 인종과 계급과 젠더에 속한 사람들만이 믿고 싶어하는 신화일 뿐이라고 생각하는 사람도 있다. 이 두 부류의 사람들은 미국의 과거도 미래도 모두 달리 보기 마련이다. 1부에서는 미국 역사를 새로운 관점에서 다루려고 한다. 백인 남성 엘리트들의 국가주의적 관점에서 배제되고 생략되고 은폐되어 온 것들을 드러내어 그것들을 역사 기술에 개입시킴으로써 기존 역사를 다시 쓰려는 것이다.

최근의 미국 역사 기술은 백인 남성들의 진보와 발전 이야기 속에 묻혀 버린 인종 말살·계급 착취·성적 억압 같은 손실을 언급하는 진전된 모습을 보여 준다. 하지만 잠깐 언급하고 그냥 지나치는 식의 재빠른 처리는, 유감스럽지만 진보와 발전에 불가피했다는 식으로 그 손실을 변명하거나 묵인하는 결과를 빚고 만다. 이런 역사 기술을 답습하지 않기 위해 1부에서는 아래로부터, 또 왼쪽으로부터의 미국 역사를 민중의 시각에서 집대성한 하워드 진의 입장,[1] 다문화적 미국의 역사를 포괄적으로 쓴 로날드 타카키의 입장,[2] (백인) 여성의 시각으로 미국 역사를 쓴 자료와 논문들을 제공하고 있는 『여성의 미국 Women's America』의 입장,[3] 주로 소수 인종 여성들의 시각을 부각하는 『불평등한 자매들Unequal Sisters』의 입장[4]을 서로 되비추는 가운데 좀 더 정확하고 풍부한 미국의 역사를 이야기하고자 한다.

미국은 처음부터 인종 문화적으로 다양한 집단들로 구성된 사회였다. 이 다인종 다문화multiethnic 사회를 구성하는 유럽계 미국인들, 토

---

1) 하워드 진, 『미국 민중사』 1권, 2권, 유강은 옮김 (도서출판 이후, 2006). 이 책에서의 인용은 본문 중에 (진, 권수 쪽수)로 표기하겠다.

2) Ronald Takaki, *A Different Mirror: A History of Multiculural America* (Bay Back Books, 1993), 이 책에서의 인용은 본문 중에 (타카키, 쪽수)로 표기하겠다.

착 미국인들, 아프리카계 미국인들, 치카나 미국인들, 아시아계 미국인들은 서로 다른 공동체의 기억을 가지고 있으며, 그 기억 속 이야기들이 모여 더 큰 서사를 구축한다. 각 에스닉 집단이 그려 내는 풍부하고도 복잡한 그림을 보려면 먼저 각 집단의 이야기들이 다양하게, 그리고 자유롭게 나와야 한다. 또 그 이야기들은 따로 논의되기보다 서로 연결되어 비교됨으로써 유사성과 차이에 대한 이해를 높일 수 있어야 한다.

이 새로운 서술 방식은 바로 다인종 다문화 관점에서 가능할 것이다. 서로 다른 공동체에 대한 기억을 담고 있는 이야기들이 다인종 다문화 관점을 통해 더 큰 서사로 이어질 때, 미국의 과거에 대해 알고

---

3) Jane Sherron De Hart & Linda K. Kerber eds. & intro., *Women's America* (Oxford, 2004). 이 책은 미국 역사를 여성의 관점에서 네 기간으로 나누어, 다양한 인종과 계급의 미국 여성 삶에 대한 사료들 및 시대마다 중요한 논점들을 다루는 논문들을 섞어 함께 편집해 놓고 있다. 젠더/섹슈얼리티에 얽혀 있는 인종, 계급의 측면을 언급하기는 하지만 사회적 범주로서 젠더라는 틀을 중심으로 여성이 본 미국을 부각하며 젠더 중심적이다. 미국 여성 삶의 다양한 면면들을 같은 층위에서 서로 병행하는 것으로 놓고 있다. 다시 말해 그 다양한 면들은 지배, 차별, 종속, 갈등, 착취의 관계와 어떻게 연결되는지에 대한 큰 그림 없이 평면적으로 나열되고 있다. 물론 미국 역사의 전 시기에 걸쳐 새로 발견된 자료들이나 미국 여성사 새로 쓰기를 진척시키는 개별 논문들 자체는 가치를 지닌다. 이후 이 책에서의 인용은 본문 중에 (『여성의 미국』, 쪽수)로 표기하겠다.

4) Vicki L. Ruiz & Ellen Carol Dubois, *Unequal Sisters: A Multicultural Reader in U. S. Women's History* (Routledge, 2000). 1990년에 발간되기 시작했으며 2000년에 나온 것은 세 번째 개정판이다. 3판은 식민 시절부터 최근에 이르기까지 미국의 백인 여성들을 비롯해 유색 인종 여성들의 삶을 인종과 계급, 젠더의 역학에 따라 조명하는, 총 39편의 개별 논문들을 편집해 놓고 있다. 이 논문들을 선정하고 수록한 기준은 이 책의 서론에 나타나듯 다문화적 미국을 유색 여성의 관점에서 읽는다는 방향성에서 나온다.(이 책의 4판은 2008년에 출간됐는데, 부제를 *An Inclusive Reader in U. S. Women's History*로 바꾸고 3판의 논문들 중 몇 편을 빼고 몇 편을 새로 추가했다. 편집자들이 그렇게 부제를 바꾼 이유는 21세기의 트랜스젠더적 트랜스국가적 삶을 보건대 '다문화적' 보다는 탄력적이고 광범위한 '포괄적' 이라는 용어가 더 타당하다고 생각했기 때문이다. 내가 보기에는 3판에 비해 4판은 그 비판적 날이 무뎌지고 두루뭉술해진 듯해서 3판을 참조한다.) 이후 이 책에서의 인용은 본문 중에 (『불평등한 자매들』, 쪽수)로 표기하겠다.

있던 바를 고쳐 배워 그것을 "미국의 모든 민족[인종]들의 좀 더 포괄적이고 정확한 역사로 대체"(타카키, 426)할 수 있을 것이다. 이 새로운 역사 기술 작업은 미국 역사가 처음부터 인종화·계급화·젠더화를 복잡하게 겪어 왔다는 점을, 미국의 자유, 평등, 민주주의 자체가 백인 남성 중심이었다는 점을 인식하는 데서 출발한다.

노예화, 착취, 인종 말살의 이야기는 미국이라는 국가의 발전 이야기 속에 묻혀 버린 채 언급조차 되지 않거나 잠깐 언급되고 그냥 흘려보내기 일쑤다. 지금부터라도 적어도 가해자 편에 서지 않으려면 어떻게 해야 하는지를 고민하는 것이 "생각 있는 사람이 할 일"(진, 1권 32)이다. "가난한 이들의 외침이 항상 정의롭지는 않지만, 그들의 말에 귀를 기울이지 않는다면 정의가 무엇인지 결코 알지 못할 것"(33)이다.

그러므로 민중의 입장에 서서 승리의 기록을 날조하지도, 끝없는 패배와 실패의 순환에 사로잡히지도 않아야 하며, "덧없이 스쳐 지나간 일일지언정 사람들이 저항하고, 함께 힘을 모으며, 때로는 승리한 과거의 숨겨진 일화들을 드러냄으로써 새로운 가능성을 강조"(33)해야 한다. 그럴 때 "수세기에 걸친 전쟁의 견고함에서가 아니라 덧없이 지나간 공감의 순간들"(53)에서 우리의 미래를 발견할 수도 있기 때문이다.

이러한 주장을 하는 하워드 진은 '우리는 하나'라는 국가주의적 기억이 "정복자와 피정복자, 주인과 노예, 자본가와 노동자, 인종 및 성별상의 지배자와 피지배자 사이에서 (때로는 폭발하지만 대부분은 억압되는) 이해관계의 격렬한 갈등"(32)을 감추고 있으며, 이러한 세계에서 선택하고 강조하는 행위인 역사 기술을 할 때 어느 편에 설 것인가 하는 피할 수 없는 문제와 맞닥뜨린다고 보았다. 그는 피해자의 편에서 미국의 역사를 기술하는 것에 대해 이렇게 말하고 있다.

> 나는 아라와크 족의 시각에서 본 아메리카 대륙 발견의 역사를, 노예의
> 관점에서 본 헌법 제정의 역사를, 체로키 족의 눈에 비친 앤드루 잭슨
> Andrew Jackson의 역사를, 뉴욕의 아일랜드 인들이 본 남북전쟁의 역사
> 를, 스코트 부대의 탈영병들이 본 멕시코 전쟁의 역사를, 로웰 방직 공
> 장에서 일하는 젊은 여성들의 눈에 비친 산업주의 발흥의 역사를, 쿠바
> 인들이 본 스페인 · 미국 전쟁의 역사를, 루손섬(필리핀 군도의 본섬)의 흑
> 인 병사들 눈에 비친 필리핀 정복의 역사를, 남부 농민의 시각에서 본
> 금박시대Gilded Age의 역사를, 사회주의자들이 본 제1차 세계대전의 역
> 사를, 평화주의자들의 시각으로 본 제2차 세계대전의 역사를, 할렘 흑
> 인들의 눈에 비친 뉴딜의 역사를, 라틴아메리카의 날품팔이 노동자들
> 이 느낀 전후 미 제국의 역사를 서술하고자 한다(32).

하워드 진은 이와 같은 입장에 따라 미국 민중사를 포괄적으로 써
내는데 여기서 '민중' 은 계급이라는 축에만 고정되어 있는 게 아니라
인종과 젠더의 축과 상호 교차하며 복잡하게 구성되는 것이다. 그래
서 하워드 진이 쓴 미국 역사에는 시기마다 중요한 사건들에 개입하
는 다양한 주체들의 상호작용에 대한 인식이 묻어나온다. 하워드 진
은 딱히 인종과 계급과 젠더의 역학이라는 용어를 내걸고 있지는 않
지만 20세기 후반의 새로운 역사 기술은 인종, 계급, 젠더를 동시에
작동시켜야 한다는 시대 변화를 민감하게 반영하고 있다.

다문화 관점에 따라 미국 역사를 새로 쓴 로날드 타카키의 책 『다
른 거울A Different Mirror』도 각 에스닉 집단을 서로 비교하고 대조하는

가운데 인종과 계급, 젠더의 범주에 대한 인식을 놓지 않는다. 이처럼 최근의 미국 역사 기술은 인종과 계급과 젠더라는 범주를 고려하지 않고서는 역사를 제대로 이야기할 수 없다는 관점을 수용하면서 변모하고 있다. 인종과 계급과 젠더의 역학이 미국 역사를 새롭게 인식하는 사유의 지평을 갈무리해 주고 있는 것이다.

미국 역사를 기술할 때 남녀 사이의 권력관계에 초점을 둔다면 백인 중산층 여성의 관심사만을 반영함으로써 흑인 노예 여성이나 이민자 아내들을 배제하게 된다. 마찬가지로 유색 여성에만 초점을 둔다면 또 하나의 인종적 환원론에 빠져 그 집단의 주변성과 비가시성을 더 부각하는 결과를 빚게 된다. 따라서 서로 다른 인종, 계급, 문화에 속한 미국 여성들 사이의 권력관계에 초점을 맞춰서 다양한 여성 집단들을 서로 연결하고 비교해야 한다. 흑백만이 아니라 다른 유색인종 여성들의 경험을 끌어들이는 다인종 다문화적 틀로 다양한 인종 문화들 사이의 접촉과 변형에 대한 연구가 진척되어야 할 것이다.

다인종 다문화 관점은 계급을 분리된 실체로서가 아니라 인종과 젠더와 얽혀 있는 구성요소로 고려한다. 계급은 인종과 젠더와 상호작용한다. 인종과 젠더는 계급의 구조적·이데올로기적 구성 요소들이다. 이러한 인식에 따른 새로운 역사 기술을 통해 우리는 객관성과 중립성이 아니라 당파성을 갖는 역사적 실천을, 정통 공식 교리들을 거스르는 다중적 목소리들을 풀어놓는 역사적 실천을, 무엇보다 내적으로 서로 다르지만 연합하는 정치 공동체를 함양하는 역사적 실천을 파악해 낼 수 있다.

다인종 다문화 틀을 작동시키는 인종과 계급과 젠더의 역학은 유색인종과 백인종, 노동자와 자본가, 남성과 여성 사이의 차이와 차별뿐만 아니라 인종적·계급적·문화적 집단 내부 사람들 사이의 차이 및 갈등에 주시하면서도 각 범주들을 가로질러 구축되는 유대와 제휴의 입장을 도모하게 한다. 이 입장은 지배/피지배, 평등/불평등, 주류/소수자, 중심/주변부의 이분법적 분리와 구분을 그대로 둔 채 약자 혹은 희생자의 편에 서는 데 반대한다. 또한 미국이라는 국민국가 안에 있으면서 그 공식 서사를 비판하는 이질적인 이중적 위치에서 형성되는 역사적 경험의 다중적 양상에 복합적으로 접근하게 한다.

미국의 다양한 인종과 계급 사이의 관계, 또 그것들을 가로지르는 일련의 변증법적 관계에 주목할 때, 미국 남녀의 다양한 문화와 함께 불평등한 권력관계가 드러난다. 또한 미국 남성과 여성 사이의 차이와 차별에 주목함으로써 여성들은 여성 내부의 차이와 차별을 넘어 함께 작업할 수 있는 공유된 관점, 공통된 이해관계를 형성할 수 있다. 그리하여 미국인들 사이의 다양한 차이는 더 큰 역사적·정치적 비전과 연결된다. 우리는 피부색을 선택하지는 못하지만 투신 영역을 선택할 수 있고, 부모를 선택하지는 못하지만 정치를 선택할 수는 있기 때문이다.

미국 역사란 다중적이고 서로 겹치는 서사들의 역사다. 백인 지배의 다양한 형태들은 대다수 남성들과 여성들의 경험을 틀 짓는다. 토착 미국인의 학살과 재위치화, 흑인의 노예화와 노동 착취, 1848년 이후 멕시코 땅 점유, 아시아계 미국인들에 대한 법적 제재 등은 인종, 계급, 젠더의 축에 따라 다양하게 구성되는 집단 혹은 공동체의 미국 남녀들에게 영향을 미친다. 그 영향의 망들이 미국이라는 국가의 커다란 서사를 엮어 가는 양상을 설명하다 보면 처음부터 다인종 다문화적 국가였던 미국의 실상이 포괄적으로 드러날 수 있을 것이다.

이 새로운 설명 방식은 반인종차별적·반자본주의적인 페미니즘적 사회 정의를 실현하는 액티비즘의 전통에 따라 사회 변화를 위한 의식 있는 행위 주체로서 여성들을 중시하고 여성들의 행위들을 형성하면서 서로 경쟁하고 갈등을 일으키는 정체성들을 검토한다. 이런 방식은 역사적으로 지배적인 형태의 페미니즘을 바라보는 내부자의 관점과 외부자 관점을 동시에 함축한다. 이 이중적 관점을 통해 미국의 인종차별주의에 반대하는 중산층 백인 여성들의 노력들을, 유색 여성들의 반인종차별주의 투쟁의 역사와 견주어 논의할 수 있다. 따라서 앞으로는 이 관점에 입각해 기존 미국 역사 기술에서 가장 미진하게 언급되어 왔던 유색 하위 주체 여성들의 분석적·역사적인 목소리를 발굴하여 더 비중 있게 다룰 것이다.

　그렇지만 유색 하위 주체 여성들의 서사는 권력, 교환, 지배와 다양한 관계를 맺고 있기 때문에 따로 논의될 게 아니라 중심과 연결되고 비교되는 가운데 함께 논의되어야 한다. 이러한 상호작용의 망들이 좀 더 포괄적인 의미에서의 국민적 서사를 이루어 가기 때문이다. 미국 역사 속에서 가장 억압받고 착취되어 왔던 유색 하위 주체 여성들의 목소리에 관심을 갖는 것은 미국 역사 기술이 지니는 가능성들의 윤곽을 수정하고 보완하며 확장할 것이다.

　유색 하위 주체 여성들의 삶의 이야기를 발굴하고 재조명하는 작업은 미국 프런티어 논의에서 흔히 나오는, 비백인·비중산층 경험을 무시하는 젠더 개념을 비판하고 '비유럽계 관점'에서 프런티어라는 개념을 재정의하는 작업과 연관된다. 미국에서 유색인종의 삶은 미국 프런티어에 함축되어 있는 팽창의 정치 및 정책들과 결부되어 있다. 그래서 그 프런티어에 내재된 섹스·젠더, 인종, 문화나 계급 이슈들을 비판적으로 인식하는 개념적 틀을 가지고 그 틀 내부에서 유색 하층 여성들의 삶을 검토해야 한다.

1부에서 부각하고자 하는 유색 하위 주체 여성들의 삶은 그저 주변부의 이색적인 경험담 수준이 아니라 "젠더, 인종, 문화나 계급을 역사적 분석의 범주들로 통합하는, 프런티어 역사에 대한 접근법", "통합적 에스노 역사적 접근법"[5]에서부터 제대로 이야기될 수 있다. 이러한 접근법은 인디언, 흑인, 치카노, 아시아계 미국인들이 각 시대, 각 지역의 터전에서 생활하고 이동했던 구체적인 삶과 만나야지만 구체화될 수 있을 것이다.

이러한 생각에 따라 1부 미국 역사에서는 『여성의 미국』이라는 책에서 제시한 바 있는 시대 구분(1. 전통적 미국: 1600~1820 2. 미국 프런티어들의 산업화 시대: 1820~1900 3. 강력한 산업국가의 건설: 1900~1945 4. 불의에 대한 투쟁: 1945~2000)[6]을 따른다. 시대별로 먼저 당시의 주요 사건들을 주도했던 백인 남성들의 생각, 태도, 실천을 살펴보고, 다음으로 그러한 주류에 의해 억압받고 통제되었던 유색 남성이나 백인 여성의 경험 세계와 대응을, 마지막으로 유색 하위 주체 여성들의 목소리와 반응을 차례로 기술할 것이다.

---

5) Antonia I. Castañeda, "Gender, Race, and Culture: Spanish Mexican Women in the Historiography of Frontier California" in *Unequal Sisters*, p. 71

6) ① '전통적 미국 시대' 는 최초 정착민 시절부터 인디언 전쟁, 독립 전쟁을 거쳐 본격적인 산업자본주의 및 미국 민주주의의 틀을 확립해 가는 시기 직전의 농경 사회를 그 특징으로 한다. ② '미국 프런티어들의 산업화 시대' 는 중서부, 남부로의 팽창과 함께 산업화와 도시화가 주도적 추세가 되는 시기다. ③ '강력한 산업국가의 건설' 시기는 동서 유럽권의 이민자 유입, 증가하는 도시화, 급격한 기술 발전, 성장하는 소비문화를 그 특징으로 하며 ④ '불의에 대한 투쟁' 시기는 냉전, 에스닉 주권 확보, 인종차별, 민권, 보수주의의 재등장, 핵무기 경쟁, 복지권, 노동권, 여성의 재생산권이라는 이슈를 둘러싼 투쟁을 그 특징으로 한다. *Women's America*, pp. 1~5 참조.

01

전통적 미국

1600-1820

01 건국의 백인 아버지들을 의심하라

이 시기는 먼저 인디언을 제거하고 흑인 노동력 확보를 위해 노예 제도를 정착시켜 나가는 초기 단계, 독립 전쟁과 독립선언을 통해 (백인 부르주아 남성에 국한된 것이기는 하지만) 인권을 바탕으로 미합중국이라는 독립국가를 출범시키는 단계, 헌법과 양당제 같은 민주주의 제도 하에서 경제적 자유를 실현하는 미국 자본주의의 기틀을 잡아 나가는 세 단계로 나눠 볼 수 있다.

1607년에 백인 정착민들이 버지니아에 처음 도착했을 때, 또 1620년에 순례자 아버지들Pilgrim Fathers이 메이플라워호를 타고 플리머스에 도착했을 때, 백인 이주자들은 그 땅에 살고 있던 인디언 부족들에게서 여러 가지로 도움을 받아야만 했다. 인디언들의 도움으로 어느 정도 새 땅에 적응하게 된 백인들은 인디언들과 공존하기보다 땅을 빼앗고 인디언들을 쫓아 버리거나 저항하는 이들을 살상하였다. 인디언 살상을 합리화하는 논리는 인디언들을 야만화, 악마화하는 청교도의 칼빈주의 교리에서 나왔다. 유럽(영국) 문명에 뿌리를 둔 청교도들은 자신들의 소유욕을 충족시키기 위해 종교의 논리를 활용했다. 결국 인디언 부족은 자기 땅에서 쫓겨났고 그 땅에 미국이라는 국가가 자리를 잡았다.

초기 식민지 시대의 주요 인사들은 매사추세츠 만 식민지 총독이 된 존 윈스럽(John Winthrop, 1588~1649), 주지사 브래드퍼드(William Bradford, 1590~1657), 매더(Cotton Mather, 1663~1728) 목사 등이다. 이들은 상당한 교육을 받은 영국 부유층 출신의 앵글로색슨 계열 남성들이었다. 그들은 인디언들을 야만인으로 규정하는 인종 전략으로 인디언 부족들에 대한 공격을 합리화하였고 공격에서 살아남은 인디언들을 백인 문명화의 대상으로 삼아 백인 규범이나 가치관에 동화하라고 강요하였다. 이러한 인종 전략은 인디언들을 통제하고 지배하기 위한 것이었다.

미국이 영국의 식민지였던 시절의 총독, 주지사, 목사의 뒤를 이어 프랭클린, 제퍼슨, 워싱턴 등은 청교도주의의 과도한 종교적 열성을 순치시키고 인간의 도덕 덕목을 합리적인 용어로 표현해 주는 계몽주의를 채택하였다. 벤저민 프랭클린(Benjamin Franklin, 1706~1790)은 분노하는 신의 수중에서 벌벌 떠는 죄인에게 요구되는 회개와 순종 대신 13개 덕목(중용, 침묵, 질서, 결단, 검소, 근면, 성실, 정직, 절제, 청결, 평정, 정숙, 겸손)을 제시하였다.

프랭클린은 종교적 가치를 전파하기 위해서가 아니라 인간 존재의 근본 동기, 즉 성공하려는 욕망을 달성하는 데 실제적으로 유용하기 때문에 이 덕목들을 실천하라고 권고하였다. 청교도들은 지상에서의 번영을 신의 은총의 징표이자 천국에서 보상받을 가능성의 징조로 여긴 반면 프랭클린은 현세의 물질적 번영을 지상에서 행복을 누리게 하는 수단으로 보았다. 말하자면 프랭클린은 '현세에서의 결실을 보장하는 근면'이라는 식으로 청교도 개념을 현대화한 셈이었다.

프랭클린은 정직과 근면을 통한 물질적 출세를 기준으로 인간의 가치를 측정하려는 활동적인 '상인의 태도'를 보여 준다. 시대에 뒤떨어진 귀족층에서부터 역동적이며 실리에 밝은 중산층으로 정치 경제적 힘이 옮겨 가던 때에 성장한 프랭클린은 새로운 질서를 기꺼이 대변하였다. 프랭클린은 막강한 부, 역사적 명성, 교육, 전통적 고귀함 등이 부족한 중산층 출신이었기 때문에 근면과 노력을 통한 부의 증진과 교육적 성과를 중요하게 여겼다. 프랭클린에게 도덕적 미덕은 인간이 성공할 수 있게 해 주는 실용적인 상품이었다. 신의 분노에 대한 두려움이나 신의 보상을 바라서가 아니라 개인적 행복과 사회적 복지의 열쇠이기 때문에 추구되어야 하는 것이다.[1)]

역사가 짧은 식민지는 온건, 근면, 신의 영광과 같은 청교도 개념뿐만 아니라 눈앞의 무궁무진한 기회에 대면하여 생동하는 낙관주의적 욕망을 합리화하는 사상도 필요했다. 개발해야 할 새로운 대륙을 가진 식민주의자는, 칼빈주의의 천국과 지옥에서 벗어나 예정설, 은총, 원죄와 같은 추상적인 관념의 견지에서가 아니라 수확고, 수입, 도시 건설 등의 견지에서 자기 삶을 생각할 만큼 너그러울 수 있었다. 미국 문화의 뿌리를 이루는 이질적이고 모순적인 청교도주의와 계몽사상은 이러한 역사적 배경에서 병행할 수 있었다.

합리성과 실용성이라는 가치로 무장한 식민지의 백인 남성이었던 프랭클린은 인디언의 '폭동'을 진압하기 위해 변경에 나가게 되었을 때, 이렇게 썼다.

> 우리는 광장 한복판에다 큰 모닥불을 지피고 있는 인디언들의 모습을 발견했다. 인디언들은 남녀를 막론하고 만취 상태에서 서로 욕설을 퍼부으며 싸우고 있었다. 무서운 고함 소리를 질러 대며 추격하고 불붙은 나무토막으로 서로를 때리는 어두침침한 육체는 모닥불 빛에 음울하게

---

1) 『가난한 리처드의 연감Poor Richard's Almanack』에서 가난한 리처드가 신봉하는 소박한 처세 격언 ("낭비하지 않으면 모자라지 않다", "한 푼을 절약하면 한 푼을 번 것이다", "근면은 행운의 어머니", "오늘 한 개는 내일 두 개의 가치가 있다")은 식민지 초기의 청교도들에 위력을 떨친 에드워드 테일러(Edward Taylor, 1645?-1729) 목사의 명상적인 분위기와 조너선 에드워드(Jonathan Edwards, 1703~1758) 목사의 공포 분위기(「성난 신의 수중에 있는 죄인들Sinners in the Hands of an Angry God」)와는 사뭇 대조적이다.

비쳤다. 거의 벌거벗은 그 육체들은 우리들이 익히 상상할 수 있는 지옥의 풍경과 아주 흡사했다. 이 소동을 진압할 방도는 전혀 없어 보였다. 우리는 그만 숙소로 돌아오고 말았다. 한밤중에 그들 중 많은 무리가 우리 숙소로 와서 럼주를 요구하며 고래고래 소리를 질렀지만, 우리는 못 들은 척하였다.

지난밤의 소동으로 빚어진 무례를 깨달았는지, 다음 날 인디언들은 사과를 하기 위해 세 명의 심의관들을 보내 왔다. 그중 한 명이 과실을 시인하면서도 그것을 럼주의 탓으로 돌렸다. 그러면서 그는 럼주를 변명하려고 애쓰며 이렇게 말하였다. "모든 것을 만들어 낸 위대한 정령은 무슨 쓸모가 있기에 만물을 만들어 내신 것입니다. 그러니 그 쓸모가 무엇이건 간에 항상 모든 것은 사용되지 하지 않으면 안 됩니다. 자, 신이 럼주를 만들어 냈을 때, '이 럼주는 인디언들을 취하게 하기 위한 것'이라고 말씀하신걸요. 그러므로 그리 하지 않으면 안 됩니다."

실로, 이 지상을 경작할 자들을 위해 이들 "야만인을 근절하는 것to extirpate these savages"이 사실상 신의 섭리라면, 럼주가 그 수단이 될 수도 있을 것이다. 예전에 이 해안에 거주하고 있던 모든 종족을 절멸annihilate시켰던 것도 럼주니까 말이다.[2]

이와 같은 인디언 근절의 논리가 바로 식민 시기 백인 중상층 남성의 논리였다. 이에 반해 실제로는, 적어도 1820년 전까지는 소수지만 "인디언들과 백인들이 종종 서로 아주 가까이에 정착해 살기도 했으

---

2) D. H. Lawrence, *Studies in Classic American Literature* (Penguin Books, 1923, 1977), p. 21에서 재인용하여 내가 번역했다. 고딕 강조는 나의 것이다.

며 그들 모두에게 풍족해 보이는 자연환경 아래서 평화롭게 살고 있었다. 그들은 공동의 문제를 알게 되었고 당연히 서로 사귀게 되었다."(진, 1권 244) 사실 인디언의 이웃이던 일부 가난한 백인 개척민들은 산업화와 상업, 인구와 철도 및 도시의 증가, 토지 가치의 상승, 사업가들의 탐욕과 맞닿아 있는 후일의 본격적인 이주 및 개척과 큰 상관없이 자급하며 평화롭게 살 수 있었다.

그렇지만 "식민지 백인 지배층은 동부 해안 지대의 비옥한 땅을 독점함으로써 땅이 없는 백인들을 서부 변경으로 보내어 인디언들과 충돌시키고 해안 지대 부자들을 위해 인디언 문제에 대한 완충 역할"(109)을 하게 하였다. 다시 말해 엘리트들은 '안정'이라는 명목으로 인디언과 전쟁을 벌임으로써 중산층 백인들의 지지를 얻는 동시에 가난한 백인들을 인디언과 맞서게 함으로써 백인종 사이에 있어날 수 있는 계급 충돌을 다른 곳으로 돌리는 효과를 거두었던 것이다.

그렇지만 결국 버지니아 사람들은 백인들과 거의 접촉이 없었던 인디언들에게 강제 노동을 시키는 방식으로는 자신들에게 필요한 노동력을 충족시킬 수 없었다. 초기 백인 정착민들은 "인디언들에 비해 수적 열세였고, 우월한 무기로 인디언을 대량으로 학살한다고 해도 보복당할 우려가 있었다. 인디언을 생포해서 노예로 만들 수도 없었다. (…) 유럽에서 건너온 백인 하인들은 아직 수가 충분치 않았다. 게다가 이들은 노예 신분이 아니었으므로, 신세계에서 이주권을 얻어 새로운 출발을 하는 데 필요한 몇 년 동안의 노동계약 이상으로는 일을 하려 들지 않았다."(58) 그래서 당시 이미 유럽에서 실행되고 있었던 흑인 노예무역을 활용해 흑인을 노예화하는 것이 식민지의 유일한 대안이었다.

당시 아프리카에서는 공동체 생활이 지속됐고, 사유재산이라는 관념 자체가 생소했다. 따라서 노예가 존재하였다고는 하지만 유럽의 농노와 비슷했다는 점에서 미국에서 정착되기 시작한 노예제도의 노예와는 다르다. "평생 벗어날 수 없고, 정신적으로 손상을 가하며, 가족의 유대를 파괴하고, 미래에 대한 어떤 희망도 가질 수 없는 아메리카의 대농장이나 광산 노예제"는 역사상 가장 잔인한 형태의 노예제다. 이러한 노예제를 만든 두 가지 요소는 "자본주의적 농업에서 기인하는 끝없는 이윤을 향한 광란"과 "피부색에 따라 백인은 주인, 흑인은 노예라고 가차 없이 구분하고 인종적 증오심"(63)을 고무하는 잔인한 인종주의다.

1661년 버지니아 법령은 흑인 노예를 "그 소유자가 마음대로 처분할 수 있는 재산"이라고 규정하였다. 1662년 버지니아 법[3]에서 백인 남자의 강요에 의해 흑인 여자가 낳은 아들을 어머니의 신분에 따라 노예로 규정하고 벌금형을 부과하는 것도 흑인 노동력을 확보하기 위한 의도였다. 식민지 엘리트들로 구성된 백인 지배층은 단기 계약 백인 하인, 혹은 노동자들보다 평생 언제라도 값싸게 부려먹을 수 있는 노예 노동이 얼마나 유용한 것인가를, 또 이 노동력을 안전하게 확보하기 위해 인종주의라는 것이 얼마나 유용한 것인가를 일찍이 간파하였던 것이다. 역사상 유례없이 잔인하고 폭력적인 인종주의를 바탕으로 하는 미국 특유의 노예제도는 노예 반란의 위험, 인디언의 적대

---

3) 영국 남자가 흑인 여자와 관계해 갖게 된 아들이 노예인가 자유인인가는 상당한 논란을 일으켜 왔다. 그래서 현 최고 종교회의는 다음과 같이 그 문제를 법으로 규정하고 선포하는 바이다. 이 나라에서 태어나는 아이는 모두 그 어머니의 신분에 따라 노예, 혹은 자유인이 된다. 그 혹은 그녀는 [보통] 벌금(*오백 파운드의 담배)의 두 배를 물어야 한다. *Women's America*, p. 67.

행위, 백인 빈민들(하인, 소작인, 도시 빈민, 무산자, 군인, 선원)의 계급적 분노가 커져 가면서 폭력과 그 위협이 증대되는 당시 식민지 상황에서 형성되었다.

영국에 그 뿌리를 두고 있는 백인 식민지 지배 엘리트는 인종적 편견뿐만 아니라 위계적 계급 구조도 식민지에 가지고 왔다. 그들이 신세계에서 가장 두려워했던 것은 인종적·계급적으로 하층인 백인 빈민과 흑인 노예의 결합이었다.(진, 1권 110) 그래서 그 둘을 서로 싸우게 하기 위해서 "인종적 멸시라는 눈가리개를 통해 자유 백인을 위험한 흑인 노예들에게서 분리시키는 인종주의"(112)를 강화할 필요가 있었다. 또한 "당시 성장하고 있었던 소농장주, 독립 자영농, 도시 상인들이라는 중간 계층은 큰 부자와 극빈층 사이에서 농장주들에게 힘을 더해 주는 대가로 적은 보수를 받으면서 백인 극빈층, 흑인 노예, 변경의 인디언 등에 대한 튼튼한 완충지대"(113) 역할을 해 주었다.

이러한 지배층의 전략에도, 세금 때문에 땅을 소유할 수 없었던 하층 백인들은 격심한 노동과 비인간적 대우에 시달리던 흑인들과 함께 분노와 좌절감, 불만으로 가득한 '어지러운 다중'[4]이 되어 17세기 중반에 무장 폭동을 일으켰다. 실패한 이 폭동[5]은 흑인들과 백인 하인들을 다시 주인들에게 돌려보냈다.

---

[4] a giddy multitude, 제퍼슨이 쓴 용어다.

[5] "베이컨Bacon의 반란"이라는 이 폭동은 1676년 버지니아에서 백인 정착자들을 인디언들에게서 보호하기 위해 백인 하층민들로 구성된 인디언 토벌대에 흑인들도 가담하면서 일어났다. 인디언들이 아니라 버클리 주지사를 감금하는 등, 버지니아 백인 사회 내부의 계급 갈등이 식민지 정부 전복 시도로 번진 사건이다. 이와 같이 식민지 정부를 위협한 반란은 1760년까지 18번에 걸쳐 일어났고 사우스캐롤라이나에서 뉴욕에 이르기까지 흑인 반란이 6번 있었으며 그 밖의 여러 가지 원인으로 일어난 폭동도 40번이나 있었다.(『미국 민중사』 1권 131쪽)

불만을 키워 가며 반항심을 갖게 된 골치 아픈 하층 백인 하인들보다 흑인들을 다루는 것이 더 쉽다. 그 때문에 당대 백인 지배층은 1680년 이후에는 흑인들에게 회합이나 이동의 자유를 전면 금지하는 법령을 만들어 흑인들을 더욱 가혹하게 압박하는 전략을 쓰게 된다. 이러한 과정은 백인 노동자와 흑인 노동자 사이의 문화적 간극을 갈수록 넓혀 놓는다. 그래서 1712년, 흑인과 인디언이 합세해 폭동을 일으키기도 하였으나 몇 번의 산발적인 시도로 끝나고 만다.

17세기 중후반, 18세기 초중반을 어지럽게 했던 폭동들의 저변에 있던 인종적 · 계급적 갈등은 '보스턴 차 사건'에서 나타나듯 영국에 반대하는 '탈식민'의 움직임을 통해 적절하게 봉합된다. 영불전쟁 비용을 식민지에서 충당하려는 영국 정부의 인지세법(일명 타운센드 법)과 징용에 반발하는 미국인들의 저항이 점점 거세지고 있었던 1770년 3월 5일, 영국군이 보스턴 세관 앞에 모인 시위 군중들에게 총격을 가해 다섯 명이 죽고 여러 명이 다친 사건이 '보스턴 학살'이다. 또한 영국 정부의 '차茶' 조례에 반대하던 보스턴의 하층계급 백인들이 1773년 12월 16일 밤에 인디언으로 분장한 뒤 보스턴 항에 정박해 있던 영국 배를 습격해 7만 5천 달러어치나 되는 동인도 회사의 차를 바다로 집어던진 사건이 '보스턴 차 사건'이다.

이로써 1774년 9월 5일에 제1차 대륙회의에서 독립운동에 대한 의사를 결집하여 1775년 4월 19일의 렉싱턴과 콩코드 전투에서 식민지 민병대와 영국 군대 간의 첫 교전이 시작된다. 뒤이어 1775년 5월 10일 제2차 대륙회의에서 조지 워싱턴을 지도자로 선정하고 전쟁을 결의한다. 그리고 마침내, 1776년 7월 4일, 독립국가 합중국을 위해 작성된(제퍼슨이 만든 초안에 프랭클린과 애덤스가 가필한) 「독립선언서」가 선포된다.

미국 「독립선언서」에서 선포된 생명, 자유, 행복 추구의 권리는 인간의 자연권이었다. 그 권리는 재산이나 사회적 신분과 무관하게 신의 섭리에 의해 모든 인간에게 주어지는 취소할 수 없는 양도물이었다. 정부란 인권을 보장하도록 특정한 권리를 위임받아 권위를 인정받은 단순한 대리인, 즉 국민의 공복이었다. 「독립선언서」에 표현된 계몽 정신의 정치적 효과는 이론적으로는 특권과 예속이라는 개념을 모두 몰아내고, 계급 없는 사회를 성취하는 것으로 나타나야 했다.

그렇지만 독립 전쟁 때와 같이 식민지의 운명이 불안정한 상태에서, 분투하는 나라에 꼭 필요했던 지도력을 갖춘 사람은 제퍼슨(Thomas Jefferson, 1743~1826)과 같은, 교육받은 부유한 사람들이었다. 그들은 공익에 대한 탁월한 인식과 분별력을 가지고 있었으며 빈틈없이 현실적이었기 때문에 경험을 매우 중시하였다. 그런데 그 경험의 대부분이 유럽 노선을 추종하는 것이었다. 그래서 다수는 통제되어야 한다는 생각, 권력은 상층 계급에 집중되어야 한다는 생각에 따라 보수적인 성향을 강하게 띠게 된다. 물론 강력한 중앙정부가 공통의 이해를 대표할 수 있다는 생각을 바탕에 깔고 있기는 하다.

당시 정치인들의 연설이나 독립선언서는 상층 및 하층계급 간의 계급적 긴장을 완화시키고 영국에 대항하는 결속을 형성하기 위한 방법을 찾아내 실행했다는 점에서 호소력을 가졌다. 즉 "불만 사항을 나열함에 있어 사람들에게 영국에 대한 분노를 갖게 만들기에 충분할 만큼 구체적이고, 반란자들 사이에 계급 충돌을 피할 수 있기에 충분할 만큼 모호하며, 저항 운동에 대한 애국 정서를 구축하기에 충분할 만큼 감동적으로 모든 계급을 고무하는 언어"(진, 1권 133)를 찾아낸 것이다.

"독립선언서가 단합된 민중을 위한 것이라는 혁명의 신화에 최고의 설득력을 부여"(136)한 것도 그러한 언어를 절묘하게 구사한 덕분이었다. "인류의 역사에서 한 민족이 다른 민족과의 정치적 결합을 해체할 필요가 있게 되면 (…) 그 이유를 선언해야 한다."는 독립선언서의 첫 구절을 비롯해 두 번째 문단에 나오는 정부와 인민의 관계에 대한 다음의 강력한 철학적 선언은 담론이 지니는 강력한 이데올로기적 수사의 힘을 입증한다.

> 모든 사람은 평등하게 태어났으며, 조물주는 몇 개의 양도할 수 없는 권리를 부여했는데, 그 권리 중에는 생명과 자유와 행복의 추구가 있다. 이 권리를 확보하기 위해 인류는 정부를 조직했으며, 이 정부의 정당한 권력은 인민의 동의에서 유래한다. 또 어떠한 형태의 정부이든 이러한 목적을 파괴할 때는 언제든지 정부를 변혁 내지 폐지하여 인민의 안전과 행복을 가장 효과적으로 가져올 수 있는, 그러한 원칙에 기초를 두고 그러한 형태로 기구를 갖춘 새로운 정부를 조직하는 것은 인민의 권리다.

이어서 "이 땅에 절대 전제정치를 세우는 것을 직접적인 목적으로 한, 악행과 착취를 되풀이한 역사"인 국왕에 대한 불만을 열거하고 있다. 즉 식민지 정부의 해체, 재판관에 대한 통제, 인민을 괴롭히는 많은 관리들과 점령군의 파견, 다른 지역과 식민지와의 교역 차단, 식민지인의 동의 없는 세금 부과, 식민지에 대한 전쟁 수행, 죽음과 폭정을 완수하기 위한 외국 용병 대부대의 수송 등을 열거하며 국왕을 비난했다. "정부에 대한 인민 통제, 반란과 혁명의 권리, 정치적 폭정과 경제적 속박 및 군사적 공격에 대한 분노"를 표출하는 언어는 "대다수 식민지인을 결속시키고 상호 간에 불만을 가진 사람들조차도 영국에 반기를 들도록 설득하기에 매우 적합한 언어였다."(139)

그러나 인디언, 흑인 노예, 여성은 독립선언서에 표현된 단합된 이해 집단에서 제외되었다. "국왕은 우리들 사이에 내란을 선동했고, 변경 주민에 대해서는 연령, 남녀, 신분의 차이를 막론하고 무차별로 살해하는 것을 전쟁의 규칙으로 하는, 무자비한 인디언을 자기편으로 만들려고 했다."는 구절을 보면 인디언은 모든 사람이 부여받았다는 "생명과 자유와 행복의 추구" 대상에서 제외되었다는 것을 알 수 있다.

제퍼슨의 독립선언서 초안에 있던, 국왕이 아프리카에서 식민지로 노예를 실어 나르는 "저주스런 상행위를 금지하거나 억제하려는 모든 입법 시도를 억압하고 있다"고 비난하는 구절은 대륙회의에서 삭제된다. 미국의 흑인 노예들을 의식해서다. "모든 사람은 평등하게 태어났다"고 하지만 실제로는 흑인 남녀, 인디언 남녀는 물론, 백인 여성도 그 "사람"에 포함되지 않았다.

이러한 배제를 강조하는 것은 독립선언서가 주장하는 생명, 자유, 행복을 추구할 권리가 백인 남성에게만 국한되었다는 점을 비난하며 그 당시에 불가능했던 도덕적 책임을 건국의 백인 아버지들에게 부과하기 위해서가 아니다. "독립선언서가 일부 아메리카인 집단은 동원하고 다른 사람들은 무시하기 위해 작동한 방식"(140)을 이해하기 위해서다. 독립선언서에서처럼 "튼튼한 합의를 만들어 내기 위한 영감적 언어는 그런 합의 과정에서 발생되는 심각한 이해의 충돌을 가리기 위해, 또 많은 사람들이 배제되고 있음을 숨기기 위해, 오늘날에도 여전히 이용되고"(140) 있다.

보스턴 학살, 보스턴 차 사건으로 촉발된 미국 독립 전쟁에서 보듯, 미국의 독립 자체는 외국 군주가 부과하는 억압적인 법률과 부당한 세금에 반대하여 개인의 자유와 재산을 보호하기 위한 투쟁에서 출발하였다. 토머스 제퍼슨은 미국 독립선언서에서 민주주의와 자유에 대해 영감에 찬 호소를 한 정치가로, 봉건 유럽의 구속에 종속되지 않고 자신의 운명을 결정하는 미국 농부와 장인들의 권리를 옹호하였다. 당시 다른 자유주의자들처럼 제퍼슨은 정치적 자유는 사유재산을 보장하는 광범위한 소유 제도를 통해서만 보호될 수 있다고 생각했다. 소유권과 같은 자연권에서 시민권이 도출된다고 본 것이었다. 제퍼슨은 모든 미국인에게 그들의 경제적인 독립을 보장하기 위하여 최소한 20헥타르의 토지를 주어야 한다고 주장하였다.

하지만 변경 지역의 소농과 중소 사업가들을 이상화[6]한 제퍼슨은 실제로는 흑인 노예들의 노동으로 살아갔던 버지니아 주의 대농장 소유주였다. 남부의 노예제도가 자신의 양심을 괴롭혔지만 제퍼슨은 인간 존재를 사유재산으로 소유할 권리가 인간의 자연권에 포함된다고 믿었다. '제퍼슨적 민주주의'에서 백인의 자유는 흑인 노예제도에 기반을 두고 있었다. 흑인도 명백히 인간이지만 또한 재산이었으며, 인권이 재산권과 충돌할 때는 재산이 먼저였기 때문이다.[7] 인디언들, 흑인들, 이민자들, 여성들은 1790년의 귀화법Naturalization Act에 의해 공화국의 정당한 시민들이 될 수 없었다.

---

6) 미국 독립 전쟁과 새로운 독립국가의 출범은 "소규모 자작농들에게는 약간의 이익을 주며, 가난한 백인 노동자와 소작농들은 이전 상태 그대로 살아가게 만들었다." 『미국 민중사』 1권 161쪽.

7) John Miller, *The Wolf by the Ears: Thomas Jefferson and Slavery* (Free Press, 1977), p. 13.

제퍼슨은 1822년에 267명의 노예를 소유하고 있었으며 노예 감독관이 흑인 노예 여성에게 아이를 돌볼 시간을 충분히 주지 않는다고 불평했다. 2년마다 흑인 노예 여성이 낳는 아이가 흑인 남성이 최대로 거두는 수확보다 더 큰 이익을 안겨 준다고 생각했기 때문이다. 제퍼슨은 노예제도가 흑인이나 백인에게 미치는 나쁜 영향을 잘 알고 있었고 개인적으로 죄의식을 느꼈다. 그래서 노예제도의 점진적 폐지를 권고하였다.

그러나 제퍼슨은 노예제도가 폐지된 뒤에 흑인은 미국 사회를 떠나야 한다고 보았다. 두 인종은 결코 공존할 수 없다고, 피부색이나 본성과 지성의 차이 때문에 흑인은 열등하다는 견해를 공공연히 개진하기도 하였다. 제퍼슨은 흑인들이 백인의 인종적 순수성을 위협한다고 믿었고 타인종 간의 결혼을 걱정했다. 흑인에 대한 제퍼슨의 이러한 생각은 독립선언서에서 주장하는 인권이 백인 남성에 국한되는 것임을 확실하게 입증한다.

인디언들에 대한 제퍼슨의 생각은 버지니아 주지사였던 1781년에 그들도 백인들과 똑같이 미국인이며 두 민족은 함께 우애 있게 오래 존속할 것이지만 호전적인 인디언들은 멸종되어야 한다고 주장한 데서 드러난다(타카키, 47). 제퍼슨은 토지의 공동 소유제를 파괴하는 '문명'으로 인디언들을 끌어들임으로써 인디언을 길들여야 한다고 생각했다. 이러한 사고는 제퍼슨이 인디언들의 생존보다는 백인의 팽창에 더 많은 관심을 가지고 있었다는 사실을 보여 준다. 또한 인디언들을 문명화하는 것도 어디까지나 백인 정착민들이 좀 더 편하게 땅을 획득할 수 있는 전략으로 고안된 것이었다.(타카키, 48) 광활한 아메리카 땅에서 백인들이 마음대로 근대 자본주의 발전의 길을 닦기 위해서 인디언들은 물러나야 했다.

제퍼슨을 비롯한 영국령 식민지의 유력한 백인 인사들은 1776년경에 향후 2백 년 동안 아메리카에서 엄청나게 쓸모 있다고 입증된 중요한 발견을 했다. '합중국'이라는 국가, 상징, 법적 통일체를 창설함으로써 대영제국의 총신寵臣들로부터 토지와 이윤, 정치권력을 넘겨받을 수 있음을 알게 된 것이다. 이 과정에서 그들은 자유, 공공의 평화를 주장하고 군중 행동이나 수많은 잠재적인 반란을 온정주의적 명령으로 견제하였다. 이러한 견제를 통해 균형을 이루어 내는 가운데 새로운 특권 지도층은 통치에 대한 대중적 지지를 얻을 수 있었다.(131) 새 정부 수립에서 나타난 미국식 양당 제도(버지니아 출신의 남부 노예 소유주 민주공화파 제퍼슨과, 북부 화폐 소득자 뉴욕 출신의 상인 연방파 워싱턴, 해밀턴, 애덤스, 먼로)가 도모하는 견제와 균형, 합의라는 것도 인종적·계급적·젠더적 이해관계들을 억압한 결과였다.

미국 혁명기에 전체 인구의 3분의 1을 차지한 소농과 해외 경쟁에서 자신들의 일자리를 보호받아야 할 도시 숙련공들은 부유한 보수파를 지지함으로써 자신들의 이해관계를 관철하고자 하였다. "부유한 엘리트의 이해에 봉사할 뿐만 아니라, 폭넓은 지지 기반을 구축하기 위해 소자산가, 중간 소득 숙련 기능공 및 농민들에 대해서도 충분한 보상을 해 주는"(182) 미국식 체제의 복잡성을 보여 주는 실례가 헌법이다. 따라서 "이 문서는 단순히 고상하고 질서정연한 사회를 수립하려 애쓴 현명한 사람들의 작품이 아니라, 대중의 지지를 확보하기에 충분할 정도로만 민중에게 권리와 자유를 부여하면서 자신들의 특권을 유지하려고 노력한 특정 집단의 작품이 된다."(180)

찰스 비어드Charles Beard는 정부는 지배 집단의 경제적 이해를 대변한다는 점, 헌법은 이런 이해에 봉사하고자 의도된 것이라는 점을 경고해 왔다. 그렇다면 소수가 다수의 사람들에 비해 훨씬 부유하며, 재산이 전혀 없는 사람도 많은 사회에서 재산은 과연 어떻게 보호될 수 있을 것인가?

소수의 백인 지배 엘리트는 흑인과 인디언, 매우 가난한 백인들과 자신들 사이에서 완충 역할을 하는 중간층 사람들에게 "최소한의 강압적 수단과 최대한의 법률"(182)로 애국심과 통일의 팡파르를 울리게 하여 자신들의 재산을 보호했다. 미국 헌법의 역사는 지배층의 권익을 보호하기 위한 수많은 수정안으로 점철되어 있다. 1791년 제1차 연방회의를 통해 권리장전이라는 일련의 수정안("연방의회는 (…) 언론이나 출판의 자유를 제한하는 (…) 어떤 법률도 제정할 수 없다")을 통과시킨 지 8년 만에 그것을 위배하는 선동 금지법[8]을 통과시키는 등, 지금까지도 계속 수정 조항을 덧붙이고 있다. 이러한 미국 헌법의 역사야말로 헌법에 기반을 둔 민주주의 제도의 허구를 여실히 보여 준다.

이 점은 미국 건국의 백인 아버지들이 이룩한 민주주의 신화에 의문을 갖게 한다. 그들은 "현상을 유지하는 것, 즉 당시 지배 세력 간의 균형을 제외하고는 다른 균형을 원하지 않았다. 확실히 그들은 노예와 주인, 무산자와 유산자, 인디언과 백인 간의 평등한 균형을 원하지 않았다."(186) 건국의 백인 아버지들과 헌법이 원하지 않았던 것은 또한 '남성과 여성 간의 평등한 균형'이었다. 독립선언서에 나오는 "모든 사람은 평등하게 태어났다"는 구절은 말에 지나지 않는 공허한 선언이었을 뿐, 혁명 후 뉴저지를 제외하고는 어느 주 헌법도 여성에게

---

8) Sedition Act, 정부나 연방의회, 대통령을 비방하거나 중상하는 발언을 하거나 글을 쓰는 행위를 범죄로 규정하는 법.

선거권을 허용하지 않았으며, 뉴저지에서도 1807년에 그 권리를 폐지했다.(201)

02 건국 초기, 백인 여성들의 위치

전통적 미국 시대에 백인 여성들이 남성과 친밀한 관계를 맺는 가운데 겪어야 했던 억압은 잘 드러날 수 없었고, 그것은 너무 개인적인 것이라 근절하기도 어려웠다. "일부일처제 가족을 노동과 사회화의 실질적 단위로 삼은 사적 소유와 경쟁에 기반을 둔 사회"는 여성의 특수한 지위(생물학적 특수성)가 특히 유용하다는 사실을 알았고 그것을 잘 이용했다.(189~190) '여성의 영역'이라는 이데올로기적 통제가 식민 시기와 초창기 개척 시대보다 그 이후에 강화된 것도 그 때문이다.

자신의 생각을 드러내거나 독자적인 행동을 하는 백인 여성들은 '이단'으로 몰려 추방당하거나 '마녀'라고 박해를 받았다. 1637년에 있었던, 청교도의 가시적인 선행보다 내적인 영을 중시한 도덕률 폐기론자 앤 허친슨Anne Hutchinson의 재판 기록을 통해 이 시대, 교회와 국가 사이의 밀접한 관계에 개입하는 여성의 의식과 반응을 읽을 수 있다.

1634년에 식민지로 이주해 왔던 허친슨은 주일 예배 후 자기 집에서 목사의 설교를 요약하고 토론하며 비판하는 모임을 가졌다. 그 모임에는 남녀를 막론하고 많은 사람들이 모였다. 허친슨을 따르는 여자들은 그녀의 산파 능력을 존경했으며 목사들의 설교에 대한 허친슨의 비판을 공유했다. 그 모임에 왔던 남자들은 종교적인 근거에서뿐만 아니라 정치적 · 경제적 근거에서 청교도 지도부를 비판하였다. 이 때문에 긴장이 야기되었고 1637년 11월 뉴타운Newtown 법정에서 존 윈스롭 주지사는 배심원 없이 허친슨을 조사, 심문했다. 재판 결과 허친슨과 남편은 로드 아일랜드Rhode Island로 추방되었다. 그들은 1643년에 인디언의 손에 죽었다.

다음은 1637년에 있었던 앤 허친슨의 재판 기록을 발췌한 것이다. 우리는 이 기록에서 규범적인 젠더 역할에 도전하는 허친슨의 명민함을 볼 수 있다. 이러한 허친슨의 도전에 불만을 느끼고 그 불만을 허친슨의 종교적 · 정치적 행위에 대한 비판과 결합시키는 윈스롭 주지사의 태도 또한 주목해 볼 만하다.

앤 허친슨 부인에 대한 뉴타운 법정에서의 조사

윈스롭 주지사: 허친슨 부인, 당신은 공화국과 교회의 평화를 어지럽게 했던 사람들 중 한 사람으로 여기 불려 왔소. 당신은 이 소란의 원인들인 견해들을 조장하고 파헤치는 데 큰 몫을 했던 여자라고, 법정이 주시해 왔고 검열해 왔던 자들과 친분과 애정을 나누고 있는 여자라고 알려져 있다오. 우리가 듣기로는 교회와 목사의 명예에 편견을 조장하는 여러 일들에 대해 말하고 있다더군. 당신은 당신 집에서 모임을 열어 하나의 회합assembly을 유지해 왔소. 여성에게 적절하지도 않고not fitting for your sex, 하나님이 보시기에 용인할 수 없는 일이라고 비난받아 온 회합 말이오. 당신이 그러한 비난을 묵살하고 같은 일을 계속하는 바람에 우리는 당신을 불러 사태를 이해하는 게 좋겠다고

생각했고, 만약 당신이 잘못된 길에 들어서 있다면 우리가 당신을 가라앉혀 당신이 여기 우리들 사이에서 공동체에 기여할 수 있는 구성원이 될 수 있도록 해야겠다고 생각했소. 만약 당신이 당신의 길을 가겠다고 고집을 피운다면 당신이 더 이상 우리를 골치 아프게 하지 않도록 법정은 조치를 취할 것이오. 그러니 당신은 이미 법정에서 다루어져 왔던 견해들이나 파당을 당신이 실제로 고수하고 동의하는지 여부를 밝혀야 할 것이오. 말하자면 당신은 휠라이트Wheelwright 목사의 설교와 청원을 정당하다고 생각하는지 아닌지만 말하면 되겠소.

허친슨: 나는 당신 면전에서 대답하라고 여기 불려 왔어요. 하지만 난 아직 내 죄목이 무엇인지 들은 바가 없습니다.

주지사: 나는 몇 가지를 이미 말했고 더 말할 수도 있소.

허친슨: 하나를 대 보시지요, 주지사님.

주지사: 내가 이미 몇 가지를 말하지 않았소?

허친슨: 도대체 내가 무슨 말을 했고, 또 무슨 짓을 했다는 말씀인지요?

주지사: 당신 행실로 말할 것 같으면, 당신이 들어온 바 이 파당의 당사자들인 사람들을 지지했잖소.

허친슨: 그건 양심의 문제입니다, 주지사님.

주지사: (…) 당신이 위법자들인 그들을 지지한다면 당신도 똑같이 법의 위반자가 되는 셈이요.

허친슨: 그들이 무슨 법을 위반했는데요?

주지사: 하나님의 법과 국가의 법이요.

허친슨: 어떤 구체적인 세목에서인지요?

주지사: 주님이 부모님을 공경하라고 한 데서 특히 그렇지요. (…) 당신은 이 공경을 깨 버렸소.

허친슨: 내가 무슨 법을 깼단 말씀인지요?

주지사: 다섯 번째 계명 말이요.

(…)

주지사: 당신은 그들에게 조언을 해 주었잖소.

허친슨: 어떤 조언이요?

주지사: 부모에게 불경하도록 말이오.

허친슨: 주지사님, 내 부모님의 허락을 받지 않는다고 해서 내가 주님
과 부모님을 경외하지 않는 것은 아니랍니다.

주지사: 다른 종교를 갖고 있는 공화국의 아버지들을 받아들인다면, 당
신은 당신 부모를 욕보이는 것과 같으니 의당 벌을 받을 만하지요.

허친슨: 내가 그들을 받아들인다면, 그들이 그들 부모를 욕보였듯이 나
도 그렇게 된다는 말씀이군요.

(…)

주지사: 우리는 여성들과 담론을 주고받을 의사는 없어요. 하지만 이것
만은 말해야겠소. 당신은 그들에게 붙어서 이 파당을 확대하려는 노
력을 함으로써 우리를 불명예스럽게 한 것이오.

허친슨: 인정할 수 없어요. 나는 절대로 당신을 불명예스럽게 만들지
않았습니다.

주지사: 그럼 왜 당신은 매주 정해진 요일에 집에서 그러한 모임을 계
속 주선하고 있는 것이오?

허친슨: 그렇게 하는 게 나로서는 합법적이니까요. 주지사님도 모든 실
천들에서 매번 정당한 이유를 스스로 찾으실 텐데, 왜 유독 저만 비
난하시나요? 그 모임은 내가 처음 만든 것도 아니에요. 내가 이 마을
에 오기 전부터 이미 있었다고요.

주지사: 그래서 당신은 너무도 당연한 우리의 노력을 비난하는 것이로
　　　 군. 당신 모임이 그러한 실천에 부응한다면 잘못된 것일 리가 없소.
　　　 하지만 당신 모임에는 여자들만 모이는 게 아니라 때때로 남자들도
　　　 모인다니, 다른 종류의 모임이라는 점을 나는 말하는 바이오.
허친슨: 우리 모임에 남자라고는 결코 없었습니다.
주지사: 당신 모임에 남자가 없다고, 당신이 그 점을 유감으로 여긴다
　　　 고 인정하더라도 당신 행동이 정당해지는 것은 아니오. 무슨 권리로
　　　 당신은 그 모임을 계속하는 것이요?
허친슨: 나는 『디도서 _Titus_』에 분명한 규칙이 하나 나와 있다고 생각합
　　　 니다. 나이든 여자가 젊은 여자를 가르쳐야 한다는 것이죠. 그러니
　　　 나 역시 젊은 여인들을 가르치는 데 시간을 보내야 한답니다.
주지사: 지금 나더러 당신이 하는 모든 말을 인정하고, 그 모임에 참석
　　　 했던 이들까지 불러 당신에게 계속 배우러 다니라고 권하는 게 옳단
　　　 말이오? (『여성의 미국』, 81~82)

　앤 허친슨에 대한 이러한 심문과 추방은 여성을 악으로 보고 배제
하고 혐오해서 마녀사냥을 하고 처형하기도 했던 초기 식민 시절 청
교도 공동체의 실천과 유사한 맥락에 있다. 1692년 매사추세츠 주 세
일럼Salem에서 2백 명(그중 4분의 3이 여성)이 기소되어 20명(그중 4분의 3
이 여성)이 처형되는 사건이 있었다. 마녀 처형에는 특정 집단의 가장
큰 공포가 투사되어 있다. 그래서 그것은 집단 악몽에 가깝다. 마녀
처형은 청교도 사회의 가장 소중한 가치였던 위계와 질서를 위협하는
것들, 즉 여성을 비롯한 한 사회의 주변부 타자들에 대한 백인 남성
주류 사회의 두려움을 단적으로 보여 준다.

캐롤 칼슨Carol F. Karlsen이 당시 마녀라고 지목되어 처형된 여성들을 분석한 결과를 보면 '상당히 가난한' 층과 겨우 먹고사는 형편의 백인 여성들이나 흑인 노예 여성들이 마녀사냥의 손쉬운 표적이었지만 부유층 여성들이라고 해서 반드시 더 보호받는 것도 아니었다는 것을 알 수 있다. 지금도 그렇지만 당시에도 인종과 계급을 막론하고 여성들은 비난받기 쉬운 위치에 놓여 있었다. 그중에서도 부유층의 유산을 승계할 만한 부계 혈통이 없는, 다시 말해 남자 형제나 아들이 없는 여성들이 손쉬운 마녀사냥의 표적이 되었다. 코네티컷 주 하트포드Hartford의 캐서린 해리슨Katherine Harrison, 매사추세츠 주 샐리스버리Salisbury의 수잔나 마틴Susanna Martin의 행적에서 보듯, 재산을 가부장적으로 고수하려는 의도가 마녀사냥의 기초였던 것이다.[9] 1691년, 1705년 버지니아와 메릴랜드 법에서 보듯, 식민 시절 백인 여성이 소수 인종 남성과 맺는 상호 인종 간의 성관계는 추방과 벌금형으로 처벌되었다.

> [1691] 영국 여자나 다른 백인 여자들과 결혼하는 니그로들, 물라토들, 인디언들뿐만 아니라 서로 불법적으로 함께 하는 니그로들, 물라토들, 인디언들 때문에 이제 점점 더 늘어날 저 보기 싫은 혼합물과 피상적인 서출庶出을 막기 위해 **다음과 같이** (…) **규정한다.** (…) 자유로운 영국 남녀나 다른 백인 남녀가 니그로, 물라토, 인디언 남녀(자유롭건 노예건 상관없이)와 결혼할 경우, 3개월 안에 그 자치령에서 영원히 추방될 것이다.
> **더 나아가 다음과 같이 규정한다.** (…) 자유로운 영국 여자가 니그로나

9) Carol F. Karlsen, "The Devil in the Shape of a Woman: The Economic Basis of Witchcraft" in *Women's America*, pp. 83~96 참조.

물라토에 의해 사생아를 낳는다면 한 달 안에 15파운드를 지불한다. (…) 그리고 그 금액을 지불하지 못할 때 앞서 말한 교회 위원들의 소유가 되어 5년 동안 교회 재량대로 처분될 것이다. 그리고 앞서 말한 15파운드의 벌금, 혹은 그 여자를 처분할 때 받을 금액이 얼마이건 그 3분의 1은 국왕에게 (…) 3분의 1은 교구에 (…) 3분의 1은 그 정보원에게 지불될 것이다.

[1705] 더 나아가 다음과 같이 규정된다. 이 식민지 영역 내부에 있는, 영국 국교회의 목사나 다른 목사, 혹은 어느 누구라도 이제부터 의도적으로 백인 남자를 니그로 여자나 물라토 여자와 결혼시키거나 백인 여자를 니그로 남자나 물라토 남자와 결혼시키려 해서는 안 된다.(『여성의 미국』 67~68)

최근들어 18세기 미국 혁명 지도자들의 지체 높은 백인 부인들(마사 워싱턴, 돌리 매디슨, 애비게일 애덤스)이 〈자유의 딸들〉을 조직해 벌였던 영국 상품 불매 운동이 조명받고 있다. 애비게일 애덤스(Abigail Adams, 1744~1818)는 미국 제2대 대통령 존 애덤스의 부인이었다. 뉴잉글랜드의 애비게일은 지역의 명문가 출신이었으며, 식민 시대 모든 여성들이 그랬듯이 대학에 가지 못하고 집에서 교육을 받았다. 하지만 애비게일은 문학, 역사, 정치철학을 포함한 다양한 분야에 걸친 책을 폭넓게 읽고 불어까지 공부하는 등 당시 남성들에게 뒤지지 않는 식견과 논리성과 필력을 갖춘 것으로 알려져 있다.

애비게일은 1764년에 열아홉의 나이로 존 애덤스와 결혼하여 후일 제6대 대통령이 되는 존 퀸시 애덤스를 포함, 네 명의 자녀를 낳았다.

미국이 영국에서 독립하여 국가를 세우고 헌법을 만들 당시, 정치 활동을 위해 집을 떠나 있던 남편과 주고받은 편지들(1부 부록 참조)에서 애비게일은 남편을 비롯한 정치 지도자들이 여성들의 권리를 보장해야 한다고 주장하였다. 여성들에 대한 남성들의 가부장적 권력 행사를 영국의 전제정치에 비유하는 애비게일은 글을 통해 미국 여성의 권리를 주장한 최초의 여성으로 평가된다.

비단 애비게일 애덤스뿐만 아니라 혁명 시절 공화국의 여성들은 전례 없는 다양한 가능성, 독립, 자립 능력을 보여 주었다. 정치적으로나 개인적으로 미국 민주공화국 정부는 백인 여성에게도 고도의 학식, 정치적 세련됨을 요구하였다. 여성들의 후원과 함께 공화국을 유지하는 것은 그 시대의 정치적 도전이자 지적·교육적 도전이었다. 혁명기 공화국의 백인 여성 모델은 유능하고 자신만만한 것이었다. 합리적이고 독립적이며 학식 있고 관대하며 자립적인 백인 여성들의 예를 들어 보자.

첫 번째, 1780년 신문 기사 중에 "숙녀들이 돈을 모으러 다니다니 이보다 괴상망측한 일은 없다"는 구절은 애국 병사들이 입을 셔츠를 만들 비용을 가만히 앉아서 기다릴 게 아니라 집 문을 두드려 모으러 나선 여성 캠페인을 비난한 것이다. 이 캠페인 활동을 적극적으로 벌인 공화국의 몇몇 숙녀들은 결국 30만 달러를 모았다. 두 번째, 사라 오스본Sarah Osborne은 남편과 함께 군대를 따라 다니며 음식을 준비하고 세탁을 했으며 요크타운에서는 빗발치는 총탄을 무릅쓰고 군인들에게 음식을 날랐다. 사라 오스본은 조지 워싱턴에게 "총탄들이 여자인 제가 멜빵 바지 입었다고 남자인 줄 알고 속아 넘어가지는 않던데요?"라고 말했다고 한다. 의회는 사라 오스본에게 남편과는 별도로 군인 연금을 신청하게 했다. 세 번째, 레이철 웰즈Rachel Wells는 혁명기에 뉴저지 주에서 전쟁 채권을 샀는데 필라델피아로 잠시 갔다가 전쟁이 끝난 후 뉴저지로 돌아왔다. 그런데 전시에 뉴저지 주민이 아니었다고 자신에게 수익금을 주지 않자, "나는 전쟁 중에 돈으로 할 만큼 했다(…)"고 하며 대륙회의에 수익금을 달라고 청원하였다.(『여성의 미국』, 114~117)

그렇지만 린다 커버Linda K. Kerber가 잘 밝혀 주고 있듯이, 혁명기의 평등주의 원칙은 전반적으로 노예제도나 결혼 제도의 실천들과 상충하고 있었다.[10] 1787년의 연방 헌법은 노예제도를 오히려 강화하고 안정화하였으며, 남녀 관계를 규정하는 구영국법Coverture을 거의 그대로 두었다. 결혼 관계와 관련된 전통적인 영국 실천을 보면 남편은 아내의 몸에 마음대로 접근할 수 있을 뿐만 아니라 재산을 비롯해 그 밖의 모든 문제들에서 남편에게 동의하도록 압력을 가할 수 있었다. 기혼 여성은 남편의 시민 정체성에 의해 "커버"된다고 이해되었다.

구영국법에서 유부녀의 신분과 관련된 법은 아버지만 자녀의 후견인이 되고 아내가 가져온 재산도 남편이 관리하는 것으로 되어 있다.[11] 기혼 여성은 남편의 허락 없이는 계약도 맺을 수 없었으며 남편이 죽을 때까지는 유언도 쓸 수 없었다. 혁명 공화국은 만인의 "생명,

---

10) 이하 논의는 Linda K. Kerber, "The Republican Mother and the Woman Citizen: Contradictions and Choices in Revolutionary America", in *Women's America*, pp. 119~127 참조. 이 글에서의 인용은 본문 중에 (Kerber, 쪽수)로 표기하겠다.

11) 여성의 재산권을 아예 부정한 구영국법을 거의 그대로 따른 미국 동북부와 달리, 미국 서남부는 스페인과 프랑스 법을 따랐다. 미국 서남부는 제퍼슨이 1803년 루이지애나 매립을 통한 영토 확장으로 미합중국의 정치체제를 본격화하기 전에는 기혼 여성의 자산을 '공동체 자산'으로 여겨 남편이 마음대로 처분하지 못하게 하였다. *Women's America*, pp. 26~27 참조.

자유, 재산"을 보호한다고 약속했다. 하지만 이와 같은 구영국법 하에 있는 공화국 기혼 여성들은 재산을 빼앗겼으며 아무도 그들을 보호해 주지 않았다.[12] 유부녀의 신분법이란 혁명 이데올로기와도, 새로이 발전하는 자유로운 상업 사회와도 이론적으로 양립 불가능한 것이었다. 모든 재산을 관리하고 통제하는 남편은 아내에게 억압적 권력을 행사할 수 있었다. 그 권력을 누리기 위해서는 남편과 아내 사이의 비대칭적 재산 관계를 가능하게 하는 법을 그대로 놓아두어야 했다. 또한 남편들이 기혼 여성의 정치적 선택에 쉽사리 압력을 가할 수 있으려면 여성에게 투표권을 주어서도 안 되었다.(Kerber, 121)

여성의 시민권 주장은 유부녀의 신분법에 저항하는 것이다. 애국적인 남자들은 그 법적 체계에 직접 도전하기는커녕 여성의 시민권과 관련된 쟁점을 언급하는 것을 회피하였다. 모든 자유로운 남성은 부자건 가난하건, 백인이건 흑인이건, 가정 관계에서 얼마간 이득을 보고 있었기 때문에 그 쟁점을 협상하자고 나설 필요가 없었다. 이러한 분위기 속에서 정치적 페미니즘이나 여성답지 못한 공격적 섹슈얼리티를 연상시키는 주체적이고 독립적인 지식인 여성은 적대시될 수밖에 없었다. 오직 공화국과 가족을 섬기기 위해 자신의 정치적 지식을 사용하기로 약속한, 교육받은 중산층 어머니들만이 그 적대를 모면할 수 있었다.

공화국 정부는 덕망 있는 시민들이 필요했다. 공화국의 어머니는 또한 공화국의 아내였고 덕망 있는 남자를 선택해 남편의 실수를 교

---

12) 이러한 상황 속의 영국 여성 문제를 다룬 메리 울스톤크래프트Mary Wollstonecraft의 『여권 옹호 Vindication of the Rights of Woman』는 1792년에 발간되었다. 울스턴크래프트는 사생아를 낳은 경험이 있고 당시 영국의 지성인 고드윈Godwin과 결혼하지 않은 채 동거하면서 글을 썼다.

정하고 아들들을 교육시켰다. 여기서 '덕망virtue' 이란 '남성다움 virility' 이라는 의미망을 갖고 있어 정치적 행위는 이데올로기적으로도 남성주의적masculine인 것으로 정의된다. 또한 정치적 목소리를 내려면 독자적인 재산이 있어야 한다. 반면 교육받은 여성은 이런 것들 없이도, 즉 남성주의적이지 않고도 어머니로서 결혼의 신성함을 지켜내고 덕망 있는 아이들을 잘 키워 냄으로써 조국의 독립에 기여한다는 것이다. 이것이 바로 공화국의 모성 이데올로기다.

미국 혁명기와 공화국 확립기의 백인 여성들은 가정 내 관계를 정치에서 배제하는 확고한 사회적 제한이나 공사 이분법을 넘어서기 위해 정치적 공동체 속으로 자신들을 밀어넣었다. 그런 점에서 '공화국의 모성' 은 혁명 정치학과 민주적 이행에 일치하는 중요하고도 진보적인 발명품이었다. 이것은 여성의 영역을 변경시켰으며 시민적 정치 문화에 참여하는 여성들의 주장을 정당화하였다. 이 시기 여성들의 정치적 행동은 비정상적인 것이나 당혹스러운 것이 아니라, 가치 있는 것으로, 공화국의 힘의 원천으로 재정의되었다.(125)

그러나 공화국의 모성은 유부녀의 신분법이라는 맥락 속에서 최소한의 정치적 세련됨과 이해관계만을 합법화한다. 공화국의 모성은 공화국의 보수적 전통을 확립하는 것에 지나지 않았다. 이 시기 대부분의 중산층 백인 여성들은 이와 같이 편협한 정치적 역할을 수행하는 길 외에 다른 대안이 없었다. 남북전쟁 전 민주주의는 흑인 노예의 노동이라는 경제적 기초에 의거하고 있었다. 마찬가지로 제퍼슨을 비롯한 백인 남성이 말하는 평등한 사회란 아들과 남편을 공화국의 덕망 있는 시민으로 키우고 훈육시키는 일에 헌신하는 일련의 사람들, 즉 백인 여성들의 공경이라는 도덕적 기초에 의거하고 있었다. 이 시대 여성들의 정치적 지식과 판단은 가정과 가족 내부에 속하는 것이라야 했다. 여성들은 안의 세계와 바깥의 세계를 연결해서는 안 되었다.

공화국의 백인 어머니들이 보여 주듯, 여성의 제한된 정치화는 독립 전쟁 후 미국인들이 취한 일련의 보수적 선택들 중 하나였다. 미국인들은 자신들의 혁명적 급진주의가 지닌 의미를 제대로 직면하지 않고 회피했다. 이러한 결정 아닌 결정에 의해 당시 미국인들은 혁명과 반혁명의 피로 물든 프랑스의 고뇌를 면하기는 했지만, 남북전쟁을 비롯해 20세기 후반의 인종 폭동에 이르는 피의 세기와 대면해야만 했다. 또한 공화국의 약속들은 여전히 백인 여성을 피해 갔고 가정성과 시민 행동주의, 모성과 시민권을 대립시키는 구도도 좀처럼 바뀌지 않았다.(126)

백인 하층 계급 여성들의 활동은 무시되거나 숙녀다운 행동으로 잘못 치장되어 언급되었다.[13] "노동계급 여성은 의사소통의 수단이 거의 없었으며 자신들의 처지에서 느꼈을 반항의 정서를 기록할 수단조차 전혀 없었다.[14] 여성들은 매우 어려운 환경에서 많은 아이를 출산했을 뿐만 아니라 집에서도 일을 했다. 독립선언서가 나올 무렵 필라델피아에서는 4천 명의 여성과 어린이들이 지역 공장을 위해 집에서 실을 뽑고 있었다. 여성들은 또한 소매상이나 여관 주인 등 여러 직종에 종사하고 있었다. 여성 중에는 제빵업자, 양철공, 양조업자,

---

13) 마거릿 코빈Margaret Corbin, 데버러 샘슨 거밋Deborah Sampson Garnet, 몰리 피처Molly Pitcher 의 행적이 최근에 밝혀지고 있다.

14) 1750년경 백인 남성의 90퍼센트가 글을 읽고 쓸 수 있었음에 반해, 읽고 쓸 수 있는 백인 여성의 비율은 40퍼센트밖에 되지 않았다.

무두질장이, 밧줄 제조공, 벌목꾼, 인쇄공, 장의사, 목세공, 코르셋 제조공 등도 있었다.(진, 1권 201)

　백인 하층 계급 여성들이 북부에서 험한 일을 하고 있는 사이, 흑인 노예는 남부 농장에서 일하고 있었다. 그 노동의 하루 일과는 "날이 밝기가 무섭게 목화밭에서는 일손을 필요로 했다. 정오에 차가운 베이컨을 씹어 먹도록 주어지는 10분이나 15분을 빼고 나면 너무 어두워서 시야를 볼 수 없을 때까지 한순간도 게으름 피우는 게 허용되지 않는다. 보름달이 뜰 때 노예들은 종종 자정까지 일을 한다"고 밝혀진다. 들판을 떠난 후에도 흑인 노예들에게는 할 일이 남아 있었다. "각자 자신의 허드렛일을 해야 한다. 어떤 사람은 노새를 먹이고 또 다른 사람은 돼지를 먹인다. 또 다른 사람은 장작을 팬다. 그밖에 [면화를] 포장하는 일도 촛불을 켜놓고 한다. 결국 밤늦은 시간에야 숙소에 가서 긴 하루의 노고에 지쳐 잠든다."(타카키, 111)

　그렇지만 흑인은 감각만 발전되어 있고 상상력이 부족하며 지적으로 열등하다고 본 제퍼슨에게 당당하게 반론을 펼치며 노예제도의 위선을 꾸짖은 흑인 남성이 있었다. 벤저민 반네커Banjamin Banneker는 제퍼슨에게 "영국인들이 당신을 노예 상태로 두기 위해 무기를 총동원했을 때를 상기하라고 말하고 싶소. (…) 대놓고 영국인들을 혐오하게 했던 가장 큰 범죄 행위를 당신이 버젓이 저지르고 있으니 (…) 생각만 해도 비루하기 짝이 없소"[15]라고 말했다. 혁명기 미국의 흑인 남성에 관한 기록들은 앞으로 더 많이 발굴되어야 할 것이다.

---

15) 더 자세한 내용은 *A Different Mirror*, pp. 73~74 참조.

03 이질적 문화를 이어 준 유색 여성들

제퍼슨에 의해 무시당한 것은 흑인 남성만이 아니었다. 식민 시절 흑인 여성이었던 필리스 휘틀리Phillis Wheatley도 그랬다. 휘틀리는 혁명기 미국에 살았던 프랑스 관리에 의해 "열일곱의 나이에 어울리지 않는 상상력으로 열정어린 많은 시를 썼다"(타카키, 72)고 칭찬받았다. 휘틀리는 1773년에 발간한 『종교적 · 도덕적인 여러 주제들에 관한 시Poems on Various Subjects, Religious and Moral』에서 아프리카 사람들도 백인들처럼 기독교적 미덕을 발휘하고 구원받을 수 있다고 주장했다.

> 내 이교도 땅에서 나를 끌어내어
> 나의 미개한 영혼에게
> 신이 있음을, 또 구세주가 있음을
> 이해하도록 가르친 것은 자비였다네.
> 나는 한 번도 구원을 추구하지도, 알지도 못하였으니
> 어떤 이는 검은 우리 인종을 경멸하는 눈으로 바라보며
> "저들의 피부색은 흉악스럽다"고 한다네.
> 기독교도인들이여, 기억하시라. 카인처럼 검은 니그로들도
> 다듬어져서 천사의 행렬에 합류할 수 있음을.(타카키, 72)

> 나의 주님이시여, 당신은 내 노래를 들으며
> 자유에 대한 나의 사랑이 어디서 솟아나는지,

감성적인 마음으로 받아들여야만 이해되는
공동선을 향한 이 소망들이 어디서 흘러나오는지,
궁금해합니다. 그동안 삶의 풋내기였던 나는
아프리카라는 환상적으로 행복한 자리에서
잔혹한 운명에 의해 탈취되었어요.
엄청난 고통으로 찢어지게 괴로울 게 틀림없는데,
어떠한 슬픔이 내 부모의 가슴 속을 헤집고 있을까요?
사랑하는 아기를 빼앗긴 아버지의 영혼은 강철이 되어
웬만한 비참함으로는 꿈쩍도 하지 않을 텐데
그러한 처지의 내가 기도할 수 있을까요?
다른 사람들은 독재자의 위력을 절대 느끼지 말기를.(타카키, 73)

휘틀리는 혁명기 아메리카에 대해서는 다음과 같이 외쳤다.

아메리카여, 더 이상 잘못들의 서글픈 흐름 속에,
고쳐지지 않는 불평과 슬픔 속에 있지 말기를,
아메리카여, 무법의 손을 지닌 변덕스런 독재가
만들어 냈던, 그리하여 이 땅을 노예화하려 했던
철의 족쇄를 더 이상 두려워하지 말지니.(타카키, 73)

17세기 인디언 여성들도 흑인 여성들처럼 백인 남성 중심 사회에서 대부분 무시되고 비가시화되었다. 백인 사회의 백인 여성들에 비해 인디언 사회의 인디언 여성들이 더 존중받고 더 중요한 자리를 부여받았다는 것은 익히 입증된 사실이다. 그러나 문제는 인디언 여성들이 미국이라는 나라의 건국 과정에서 어떤 식으로 변모해 갔냐는 점이다. 기독교화된 인디언 여성의 삶 이야기[16]를 통해 그 변모의 과정과 의미를 짚어 볼 수 있다.

17세기 정착지 보스턴 근교의 백인 가정에서 하녀로 일했던 임신한 인디언 여성 마리아는 예정보다 빨리 산기를 느끼자 백인 여주인이 말리는데도 인디언 오두막으로 가 버렸다. 마리아는 자신의 출산을 위해 여주인을 떠나 같은 마을 인디언들과 동행할 것을 선택했다. 사실 마리아 자신은 뉴잉글랜드 토착민이 아니라 '스페인계' 인디언이었다. 스티븐 프렌치Stephen French라는 주인 집을 나온 마리아는 매우 다른 종류의 집, 즉 인디언 오두막을 향했다. 오두막에는 찰스 부부가 살고 있었다. 찰스는 이틀 후에 마리아의 안주인 한나 프렌치에게 유감스럽게도 마리아가 유산하고 말았다는 소식을 전했다. 찰스와 한나는 아기의 시신을 찾으러 갔으나 남아 있는 것은 이미 썩어 버린 살덩어리 뿐이었다. 마리아의 아기가 어떻게 된 것인지를 놓고 아기를 돼지한테 던져 버렸다는 둥 온갖 억측이 있었다. 하지만 훌륭한 영국 부인 두 사람과 인디언 여인 한 사람이 마리아가 오두막집 근처로 가는 모습을 보았다는 증언 때문에 별 일 없이 넘어갔다. 마리아가 미혼이라는 점이 문제시되지 않은 것도 흥미로운 일이었다.

스티븐의 영국식 가정과 인디언 오두막 사이의 거리는, 인디언 오두막에 대한 영국인의 두려움이나 환상을 드러낸다. 뉴잉글랜드 가정을 '작은 공화국'이라고 하는 보통의 인식에서 인디언 가정은 경멸의 대상이다. 이러한 태도는 식민주의자의 편견과 관계가 있다. 식

---

16) Ann Marie Plane, "Creating a Blended Household: Christian Indian Women and English Domestic Life in Colonial Massachusetts" in *Women's America*, pp. 29~37.

민주의자들은 영국 가정 이데올로기(결혼이 확보해 주는 몇몇 권리들에 속박되어 있는)를 해석하고 변형하며 저항하는 토착민들의 방식에는 관심도 없고, 그 의미를 파악하지도 못한다.

당시 인디언 여성은 백인 여성에 비해 결혼의 속박에서 훨씬 자유로웠고, 결혼 여부가 아이의 부계나 생계에 아무 영향도 미치지 못했다. 기독교로 개종한 인디언들은 상당한 유동성을 가지고 있던 토착민의 가족 구성을 안정화하는 효과를 거두었다. 식민지 당국은 하인이 아닌 미혼 남성에게 다른 오두막으로 이리저리 옮겨 다니지 말고 스스로 오두막을 세우라는 명령을 내렸기 때문이다. 계절마다 움직이며 필요할 때마다 새로 집을 짓는 인디언의 오두막 구조는, 고정되고 정연한 영국 가정과 큰 대조를 이루었다. 1675년경 마리아는 기독교로 개종하여 백인화된 여성이었지만 백인의 가정 모델을 따르기를 거부했다. 그러한 저항에 영국 정착자들은 많이 당혹스러워했지만 토착 여성은 그러한 주체성, 독립성으로 말미암아 영국 여성이 가정 안에서 획득할 수 있는 것보다 더 큰 힘을 누릴 수 있었다.

1760년대 미국 남서부 평원 지대 푸에블로 인디언과 비푸에블로 인디언들[17] 사이에 끊임없이 접전이 벌어지고 있었다. 인디언들에게는 포로를 자기 부족의 일원으로 관대하게 받아들이는 전통이 있었다. 전前자본주의적인 인디언 사회에서 포로, 입양, 결혼의 형태로 다른 부족 여성들을 서로 교환하는 관계는 스페인이나 영국이 아메리카 대륙을 식민화하기 이전부터 있어 왔다. 여성과 아이를 매개로 하는 부족 간의 교환은 부족 사이의 연대를 도모하면서도 각 인디언 부족

---

17) 아파치, 포니Pawnees, 아아스Aas, 크로우Crows, 코만치, 우테스Utes, 나바조Navajos

의 가부장적 질서를 유지하는 기제였다. 유목 생활을 주로 하는 인디언들은 뉴멕시코에 마을을 형성하고 정착한 스페인 사람들, 토착 멕시코 사람들을 자주 공격함으로써 서로 다른 인종 문화들 사이에 갈등의 소지를 낳았지만 동시에 상호 문화성을 고무하기도 하였다.

1760년에 코만치 인디언들은 뉴멕시코 마을의 파블로 비랄판도Pablo Villalpando의 요새를 포위 · 공격하였고 파블로의 둘째딸 마리아가 코만치 인디언들에게 잡혀갔다. 그때 마리아의 남편은 살해되었지만, 아들 줄리아노Juliano는 기적같이 죽음을 면했고 포로로 잡히지도 않았다. 코만치 인디언들은 마리아를 포니 족에게 팔았는데 마리아는 거기서 아들 '앙뜨완느Antoine'를 낳았다. 그러다가 마리아는 포니 족을 방문한 프랑스 무역인이자 세인트루이스의 창설자 장 살레Jean Sale와 동거하게 되어 아들 랑베르Lambert를 낳았다. 마리아를 세인트루이스로 데리고 가 결혼한 살레는 마리아와의 사이에 세 아이를 더 두었다. 살레는 프랑스로 돌아갔다가 무슨 연유에서인지 다시 아메리카로 돌아오지 않았다. 그 사이 마리아는 번창하는 가문의 모피상으로 잘살다가 1830년에 아흔을 넘은 나이로 딸 헬렌의 집에서 죽는다.

이와 같은 마리아의 삶은 유럽 남자와 토착 멕시코 남자 사이에서 벌어지는 여자들의 교환 관계를 잘 보여 준다. 당시 "포로로 잡혀간 여자들과 아이들은 사회적 무역에서 가축이나 곡식보다 훨씬 큰 가치를 갖는 '상품들'이자 그들 자체로 핵심적인 문화 횡단적transcultural 행위자들이었다. 여성들은 착취와 (문화적) 협상 사이의 끔찍하면서도 때로 예기치 않은 식민적 변증법에 참여하였다." [18] 인디언 부족들의 토착 전통에서 시작되어 스페인의 군사적 · 경제적 착취에 의해 강화된 포로 교환 체계는 갈등하는 서로 다른 인종 문화의 경계 지대에 위치한 공통적인 정치경제를 구성하는 요소로 전개되었다(32). 여자와 아이를 종속시키는 토착 가부장적 사회구조도 불평등한 권력관계의 초석 역할을 하고 있었다. 그 구조 때문에 마리아는 포로로서 백인과 유색인종 남자들 사이를 왕래해야 했다.

그렇지만 마리아는 인간들 사이의 모든 착취적 관계들의 패러다임인 남성 군사주의의 희생자이면서도 두세 문화 사이를 횡단하면서 그 문화들과 협상을 벌이는 가운데 자신의 행위 주체성을 적극적으로 실현한다. 마리아는 강제적으로 인디언 문화, 유럽 문화와 접촉하게 되었지만 그 과정에서 자기 삶의 기회를 확장하고 협상하고 행동하는 주체로서 자신의 능력을 발휘하게 되었던 것이다. 이 포로 여성의 후손들은 혼혈의 부정성을 넘어 뉴멕시코 문화와 인디언 문화, 정착 문화와 유목 문화 사이의 경계를 허물고 각 가치를 공유하는 문화 횡단적 주체로서 새로운 가능성을 갖는 셈이다.

이제부터는 마리아의 삶과 비슷하면서도 달랐던 스페인계 멕시코 여성의 삶에 대해 알아보자. 남북전쟁 이후 미국 국가주의 열정에 따라 백인 역사가들은 앵글로색슨 북방 인종과 문명이 라틴 인종과 스페인 · 멕시코 문명보다 훨씬 우월하다고 결론짓는다. 그러한 역사 기술은 분명 편협하고 잘못된 것이다. '멕시코' 여성과 대조적으로 '스페인' 여성을 낭만화하는 관행도 잘못된 것이기는 마찬가지다. 캘리포니아인들 대다수가 스페인 · 멕시코 · 인디언 종족이 복잡하게 혼합된 메스티소mestizo[19]로서 국적도 스페인이 아니라 멕시코다. 그

---

18) James Brooks, "This Evil Extends Especially to the Feminine Sex: Captivity and Identity in New Mexico, 1700~1846" in *Unequal Sisters*, pp. 20~21

런데도 캘리포니아 엘리트 지주 출신 여자들은 유럽, 유럽·미국인과 결혼했을 때 자신들이 '스페인' 사람인 양했고, 하층 출신 백인 여성들을 '멕시코인'이라고 불렀다.[20]

18세기 말 제국 스페인의 먼 외곽에 위치한 군사 요새의 군인 가족들Amerindian families은 전쟁, 정복, 탈지역의 프런티어 모험으로 가득한 삶을 살았다. 그러한 프런티어 경험 중에서도 스페인계 멕시코 여성들의 삶은 남성 선교사, 군인, 군 당국의 기록들, 일기, 보고서, 저널, 법원 기록, 신문, 금 광산 문헌, 가족 컬렉션 등에 의해 간접적으로만 알려져 왔다. "양키, 중서부, 남부 백인 여성 선구자들이 적응해야만 했던 새로운 환경의 일부로서 아메리카 인디언과 멕시코 여자들"(68~69)의 상호 인종적, 상호 문화적 접촉과 결혼은 성적이고 경제적인 것이었다.

이처럼 스페인계 멕시코 여자들의(상호 인종적 결혼을 포함한) 상호 인종적 접촉의 본질을 규명하기 위해서는 이 여성들의 역사적 경험을 검토하고, 특히 정복과 인종차별주의에 의해 강화되어 이들에게 가해진 성폭력을 검토할 수 있는 분명한 틀(69)이 필요하다. 스페인계 멕시코 여성들은 인종적으로 열등하다고 여겨져 성적 비순수성이나 매춘과 동일시되었기 때문에 쉽게 강간당했다. 그들이 노예가 되거나 죽임을 당하거나 죽도록 일해야만 했던 것도 그 때문이다.

일방적으로 북미 문화나 북미 사회를 중심으로 한 분석에서 벗어나야 한다. 프런티어에서의 비백인·비중산층 경험들을 무시하는 젠

---

19) 메스티소는 멕시코, 토착(아스텍과 마야), 유럽 피가 섞인 사람을 묘사하는 말이다.

20) "Gender, Race, and Culture: Spanish Mexican Women in the Historiography of Frontier California", Antonia I. Castañeda, pp. 58~60.

더 개념을 불식하고, 비앵글로 관점에서 미국 프런티어 개념을 정의하는 방법(69)을 찾아내야 한다. 그 한 가지 방법은 스페인계 멕시코의 원형이라는 맥락에서 다른 인종 간 결혼을 통한 인종 문화적인 접촉을 살펴보는 것이다. 그리고 이러한 멕시코의 원형을 영미식의 원형으로 바꿨던 정치적 · 법적 제도로 당시의 경제적 변화를 살펴보는 (70) 것이다. 이 작업은 18세기 미국 여성의 다양한 삶의 이야기에 '인종, 계급, 섹스/젠더, 문화를 병합하는 통합적인 해석 틀'을 개입시킬 것을 요청한다.

02

미국 프런티어들의
산업화 시대

1820~1900

01 끝없이 팽창하는 미국, 신음하는 노동자와 유색인종

19세기 미국은 더 이상 구대륙 법의 제재를 받지 않고 고도의 산업 경제 사회를 창조할 수 있는 자유를 누리게 되었다. 이 자유는 "애팔래치아 산맥의 서쪽 인디언 땅을 사유재산으로 바꿀 자유, 원할 때마다 누구든지 장사할 자유, 외부 권력기관에 세금을 물지 않고 차와 같은 생산물을 수입할 자유, 자신의 통화를 발행할 자유, 자신의 제조업을 발전시킬 자유, 일반적으로 말해 시장을 확대할 자유"(타카키, 80)를 말한다. 그런데 이 시장의 확장을 위해 인디언, 흑인, 이민자들, 여성들의 시민권은 부인되어야 했다. 시민권을 가지고 있었던 백인 하층계급 남성들도 19세기 미국의 번영으로 혜택을 받을 수 없었다. 19세기 미국 산업사회에서 인디언, 흑인, 이민자, 대다수 여성보다 나은 위치에 있었던 백인 하층계급 남성 노동자들의 비참한 상황은 다음과 같은 질문을 던지게 한다.

> 한 조각의 햇빛도 들어오지 않아 병균의 번식처가 되어 버린 지저분하고 세균이 득실거리는 셋방에서 가난 때문에 사람들이 곪아 터지고 있다면 그것은 살인이 아닌가? 알려지지 않은 수천 명이 이루 말로 다 할 수 없는 곳에서 비참하게 죽어 갔다. 그러나 순전히 법률적인 견지에서만 보자면, 법률 제도 전체는 이런 상황을 극복할 수 있는 방법을 전혀 알지 못했으니, 거듭 말하건대 법률은 진보적인 인류애의 윤리나 이상을 표상하지 않았기 때문이다.(진, 1권 413~414)

착취는 중립성과 공정성이라는 외양을 갖춘 법에 의해 이루어졌으며, 지배 체제는 1830년대와 1840년대 잭슨 식 민주주의에서 구축된,

정치적 무질서를 없애려는 잘 조직된 양당 체제에 의해 유지되었다. 양당을 구성하는 정치인들은 건국의 백인 아버지들의 후예답게 질서와 균형을 유지하기 위해 민중을 겨냥해 미사여구를 남발하고 민주주의라는 신성한 표어를 과장되게 입에 담았다. 양당 의원들은 급속한 성장이 정치적 소요를 불러 올 수 있으며 그러한 소요의 시대에는 새로운 형식의 정치적 지배가 필요함을 재빨리 알아차렸다.[1] 그 지배의 형식은 너무 많은 변화를 가져오는 개혁이 아닌 '모호성의 새로운 정치'라는 형태로 나타났다. 이 정치 형태는 "질서 유지라는 중립성을 가장하면서 부자들의 이해에 봉사"하는 것이었으며 "국가의 목표는 상층계급의 분쟁을 평화롭게 해결하고 하층계급의 반란을 통제하며 체제의 장기적인 안정을 향상시키는 정책을 채택하는 것"(진, 1권 444)이었다. 모건, 록펠러, 카네기, 제이 굴드 등 1870년대 미국 부자들도 이와 같은 미국 민주주의 정치체제를 기반으로 부를 쌓았던 셈이다.

그런데 민주주의와 결합된 19세기의 시장 혁명은 미국을 좀 더 다문화적으로 만드는 길 또한 열어 주었다. 시장 혁명에 의해 아일랜드인들이 엄청나게 유입되었고 멕시코 전쟁은 멕시코 땅의 상당 부분을 미국 남서부 영토에 병합시켰으며 아시아로의 팽창은 중국 이민을 고무하였다. 미국 사회는 이러한 새로운 집단들을 수용함으로써 제퍼슨이 바라마지 않았던, 동질적인 백인종으로 구성된 미국 사회라는 비전에 도전하는 인종 문화적으로 다양한 '어지러운 다중'을 창출하였다.

---

1) 우리는 미국 공화당과 민주당 중에서 민주당을 진보 정당이라고 여겨 왔지만 미국 정치체제의 역사적 형성 과정에서 보듯, 사실 둘 사이에는 큰 차이가 없다. 두 당 모두 미국 건국 과정에서 생겨났고, 가부장적, 인종주의적, 중상층 계급 위치를 점유하고 있다는 점에서 건국의 백인 아버지들을 계승하고 있다. 19세기에 확고하게 자리를 잡아 가는 양당 체제는 그 속성에서 벗어나기 힘들다.

19세기 미국의 자본주의 경제는 서로 다른 인종들을 결속시켰으며 그들의 역사를 미국이라는 좀 더 큰 통일체에 집어넣었다. 뉴잉글랜드의 방직 공장에서 아일랜드 이민 여성들은 예전에 인디언 땅이었던 곳에서 흑인 노예들이 따낸 면화로 옷감을 만들었으며, 아일랜드 남성들은 캘리포니아의 멕시코 노동자들이 보내는 가죽으로 구두를 만들어 냈다. 중국과 아일랜드 철도 노동자들은 서부 인디언들의 삶을 영원히 바꾸어 버린 대륙 횡단 철도를 놓았다.

19세기 미국은 세계 각지에서 몰려온 다양한 인종들의 국가가 되어 가고 있었다. 하지만 시장 혁명과 서부 확장으로 인종과 문화적 다양성이 커지자 내부 경계를 확고히 하려는 목소리도 높아졌다. 확실하게 외부로 규정될 대상은 인디언, 흑인, 치카노, 아시아계 이민자들과 같은 유색인종 남녀들이었다.(타카키, 80~83) 전통 미국 사회에서 차별받았던 인디언 남녀, 흑인 남녀, 백인 하층계급 남녀, 백인 여성 집단은 19세기 미국 프런티어의 개척과 팽창 속에서 치카노 남녀, 아시아계 남녀들로 그 범주가 더 다양해졌다.[2] 그 다양한 인종의 남녀들은 19세기 미국의 발전과 번영을 몸과 노동으로 떠받쳐 온, 보이지 않는 토대였던 셈이다.

전통 미국 사회에서의 미국 독립 전쟁을 기점으로, 19세기 미국의 역사는 피로 얼룩진 전쟁의 연속이었다. 인디언 땅을 '조약'이라는 법적 형식을 통해 빼앗는 강탈 전쟁, 서남부 멕시코 땅을 점유하기 위

---

2) 19세기 미국 이민사에서 아일랜드인들과 유대인들은 중요한 비중을 차지하며 같은 백인이면서도 앵글로색슨 족 백인에 의해 주로 종교와 문화적인 이유에서 차별받기도 했지만 백인과 피부색으로 확연히 구별되는 토착 미국인, 아프리카계 미국인, 치카노 미국인, 아시아계 미국인이 받는 차별과는 그 정도가 달랐다. 따라서 이 책에서는 아일랜드인들과 유대인들을 다루지 않는다.

한 멕시코 전쟁, 미국 남부를 접수하기 위한 남북전쟁, 19세기 후반의 계급 전쟁 등이 19세기 내내 계속되었다.

1828년에 대통령이 된 앤드류 잭슨이 〈인디언 추방법Indian Removal Act〉을 제정하여 백인 발전에 걸림돌이 되는 인디언 섬멸 전쟁에 앞장 서자 인디언들은 스토니 마운틴까지 밀려났다. 잭슨이 인디언을 축출한 것은 인디언을 문명화하는 데 실패했고, 인디언들의 '외래' 정부를 미국 땅에 용납할 수 없었기 때문이었다. 그러면서도 인디언들을 '공정' 하고 '인간적' 으로 대한다는 명분을 유지하기 위해 인디언들에게 땅을 배당하는 정책을 제시하였다.

1830년 1월에 미시시피 주 정부는 콕토Chocktow 부족의 주권을 폐기하였고 같은 해 9월에 콕토 인디언의 땅을 몰수하였다. 그러면서 인디언들에게 주 정부의 땅을 불하받아 그 땅에 살거나 아니면 땅값을 받아 미시시피 너머로 가라고 하였다. 일부 인디언 추장들은 조상의 땅을 떠날 수 없다고 반대하며 협상 자리를 떠나 버렸다. 주 정부는 남은 인디언 추장들에게 떠나지 않으면 공격하겠다고 협박하며 조약을 강요하였다.

주 정부는 쌍방의 평등한 협상인 것처럼 위장된 허울뿐인 조약을 통해 엄청난 수익을 얻었다. 콕토 인디언들은 1,040만 에이커의 땅을 주 정부에 양도하고 5백만 달러를 받았는데 주 정부는 그 땅을 백인 정착자들에게 8백만 달러에 되팔았다. 나중에 이 사실을 안 콕토 인디언들이 연방정부에 소송을 해 3백만 달러를 돌려받았지만 그 돈은 대부분 변호사 비용으로 지불되고 말았다.(88~93) 이렇게 합법성을 위장한 전략적 조약으로 인디언들의 많은 땅은 법적으로는 '시장' 에서 거래되었지만 계속해서 급격하게 축소되었다.

19세기 중반 이후에는 인디언 담당자 프랜시스 아마사 워커Francis Amasa Walker가 입안한 보호구역reservation 정책에 따라 인디언들은 보호구역에서 살았다. 이 정책은 인디언들만 따로 사는 보호구역을 정해 거기서 인디언 식의 공동생활을 하게 하자는 평화 정책의 일환이었다. 이러한 분리 정책을 시정하고자 생긴 법이 〈도스법(Dawes Act, 1887)〉이다. 이 법은 인디언 보호구역 땅에서 각 인디언 가장에게 160에이커의 땅을 주고 남는 땅은 백인들에게 팔아 그 수익을 인디언의 복지에 쓴다는 내용이었다. 〈도스법〉의 의도는 인디언들이 부족 공동체의 삶과 제도를 포기하고 개인 땅 소유자로서 근면절약하며 열심히 일하게 함으로써 그들을 백인 문명에 동화시키려는 데 있었다.

그러한 미 정부의 땅 배당 정책으로 인디언들은 독립적인 자급 농부로 살 길을 잃었다. 인디언들은 결국 2백 달러 이하의 변변찮은 소득 때문에 빈궁하게 살다가 할 수 없이 땅도 팔고 임금노동자가 되고 말았다(238). 사실 평원 지대에 위치해 있었던 대부분의 보호구역 땅은 축산이나 대규모 농업에 효과적이었기 때문에 160에이커의 땅은 아무 쓸모가 없었다. 〈도스법〉은 시작부터 인디언에게는 잘못된 법안이었다.[3]

19세기 미국은 산업국가로 발전하고 팽창하기 위해서 인디언들의 땅이 필요했다. 그리고 그 땅에서 막대한 부를 가져다 줄 '면화[4]'를 거둬들이기 위해서는 흑인 노예들의 노동력이 필요했다. 미국 경제에 노예제가 기여하는 부분이 압도적이었기 때문에 미국 정부는 노예제를 지지할 수밖에 없었다. 1790년경 남부에서 매년 천 톤 생산되던 면

---

3) 〈도스법〉은 1934년까지 존속했다.

화는 1860년대에 이르면 백만 톤에 이르게 된다. 같은 기간 동안 노예는 5십만 명에서 4백만 명으로 늘어났고 노예 반란도 늘어났다. 이에 따라 남부 각 주는 노예들에 대한 가혹한 통제 조치를 취하게 된다. 1850년에 통과된 〈도망 노예법Fugitive Slave Act〉은 멕시코 전쟁으로 얻은 영토(특히 캘리포니아)를 자유 주nonslave state로 연방에 편입토록 한 남부 주들의 양보에 보상하기 위한 것이었다.

　인디언들과 마찬가지로 흑인 역시 공화국 내부에 있으면서도 백인 정부의 공공연한 인종차별 정책으로 고통을 받았다. 1821년에 뉴욕 주, 1838년에 펜실베이니아 주는 백인 남성 모두에게 투표권을 주었으나 흑인들에게는 부여하지 않았다. 흑백 간의 성적 결합에 대한 혐오감과 흑인성에 대한 부정 때문에 흑인들은 투표권을 가질 수 없었고 공화국의 시민 지위도 인정받지 못했다. 인종 간의 결합을 두려워한 백인들은 학교도 인종별로 분리해서 운영했다.

　이러한 미국 정부의 정책에 반대하는 〈미국 반노예제 협회〉가 창립된 것은 1833년이었다. 백인 노예 폐지론자인 윌리엄 로이드 개리슨William Loid Garrison은 1831년에 보스턴에서 『해방자The Liberlator』라는 저널을 발간하여 미국의 노예제도를 비판하는 글을 실었다. 개리슨에게 독립선언서와 노예제 폐지는 긴밀하게 연관되어 있었다.

---

4) 미국에서 생산된 면화를 비롯한 농산물 생산은 수송 비용 때문에 정체되어 있다가 19세기 들어 수송 수단이 발전하자 빠른 속도로 진전된다. 1860년대에 이르면 철도와 선박 같은 발전된 운송 수단이 서부, 남부로 뻗쳐 나가 동북부로 원재료와 생산물을 보내고 북부의 공장에서 생산되는 제품들은 남부로 보내는 교역이 그 어느 때보다 활발해진다. 이 시장 혁명을 결정적으로 자극했던 것은 '면화'다. 면화는 19세기 중반에 이르러 전체 수출량의 반 이상을 점유하는 주요 수출 품목이 된다. 면화 무역 수입으로 서부의 식량과 북부의 제조업 및 서비스 산업이 굴러갔다. 면화 수입은 미국 경제 전체에 사업 비용을 댈 수 있었다. 이러한 면화 수출 부문의 괄목할 만한 성장과 발전은 바로 인디언 땅의 몰수와 노예제도 확장에 근거하고 있었다.

1833년에 개리슨이 작성한 〈미국 반노예제도 협회〉[5]의 취지 선언서에서 「독립선언서」는 중요한 역할을 했다. 개리슨은 그 선언서에서 「독립선언서」의 주장을 환기시켰다. 즉, 노예제 폐지를 반세기 전에 이루어진 미국 독립 정신과 직접 연관시킴으로써 노예제 폐지 문제를 전체 미국 역사의 연속선상에 놓았던 것이다. 인디언 문제가 미국 전체의 문제로 인식되지 못했던 점과 비교하면 큰 대조를 이룬다.

노예제에 반대하는 백인 중에는 개리슨과 같은 북부 백인 남성 지식인뿐만 아니라 남부 백인 여성들도 있었다. 앤절리너 그림케(Angelina Grimke, 1805~1879)는 개리슨에게 편지를 보냈고 그 편지가 『해방자』에 실림으로써 공식적으로 노예제 문제가 제기되었던 것이다. 앤절리너의 아버지는 당시 사우스캐롤라이나 대법원 판사였으며, 수백 명의 노예를 둔 부유한 농장주였다. 앤절리너는 어린 시절부터 집안의 농장에서 벌어지는 노예에 대한 비인간적 대우와 가혹한 처벌을 부당하게 생각했다. 남부의 상류층 집안 여성이 노예제 폐지를 주장했기 때문에 앤절리너의 편지는 당시 대단한 관심을 불러일으켰다.

그러나 열띤 논쟁과 비판으로 19세기 중반 미국을 달구었던 미국 백인 남녀들의 노예제 폐지 운동은 미국 백인 정치 지도자들이 결정한 남북전쟁에 의해 또 다른 물결을 타게 된다. 내트 터너Nat Turner의 반란 같은 흑인 노예 반란으로 골머리를 앓던 미국 정부는 법률과 법정, 군대 및 국가 정치 지도자들의 인종적 편견을 뒤에 업고서 남부 각 주에서 일련의 통제망을 확고하게 하느라 여념이 없었다. 이렇게 경직된 체제를 종식시키고 노예제를 넘어 자본주의적 부를 이루어 나

---

5) 이 협회의 취지 선언문은 한국미국사학회 엮음, 『사료로 읽는 미국사』, (궁리, 2006), 122쪽 참조.

가려면 1859년 존 브라운John Brown이 소규모로 시도한 노예 반란[6]의 전면화나 정치 지도자들이 일으키는 전쟁이 필요했다. 존 브라운을 처형한 연방정부는 남북전쟁을 일으켜 정부의 명령으로 노예제도를 폐지하였다.

그렇지만 "위로부터의 해결은 지배 집단의 이해관계가 허용하는 정도까지만 가능하기 마련이다."(진, 1권 304) 노예제는 백인들이 지배하는 조건에 한해서만, 북부 산업 엘리트들이 정치적 · 경제적으로 필요한 한에서만 종식되었다. 산업 경제의 요구와 신생 공화당의 정치적 야망, 인도주의라는 미사여구를 완벽하게 결합시킨 인물이 바로 에이브러햄 링컨이었다. 링컨은 선배 제퍼슨이 그랬듯, 노예제에는 반대했지만 흑인을 동등한 존재로 보지 않았고, 노예를 아프리카로 돌려보내자고 하였다.(331)

1861년에 미국 정부가 노예주들을 상대로 전쟁에 착수한 것은 노예제를 종식하기 위해서라기보다 광대한 영토와 시장, 자원을 계속 유지하기 위해서였다. 승리하기 위해서는 십자군이 필요했다. 미국 정부는 자신들의 자유를 좀 더 의미 있는 것으로 만들기 위해 흑인들과 인종 평등에 관심을 갖게 된 백인들을 동원한 것이다. 북부의 백인 노동자들은 남북전쟁을 그리 지지하지 않았지만 1863년의 〈징병법 Conscription Act〉[7] 때문에 어쩔 수 없이 참전해야 했다. 1863년 여름에

---

6) 터너의 폭력적인 봉기 이후 남부 내의 방위 체제는 더욱 견고해져 외부인만이 반란을 일으킬 수 있었다. 용기와 결단력을 지닌 백인 존 브라운이 그런 인물이었는데, 존 브라운은 버지니아의 하퍼스 페리Harpers Ferry에 있는 연방 병기고를 점령해 남부 전역에서 노예 반란을 일으킨다는 대담한 계획을 세웠다. 흑인 남성 지식인으로 노예제 반대 운동을 이끌었던 더글러스는 성공 가능성이 희박하다며 그 계획에 반대하기는 했지만, 훌쩍 큰 키에 백발이 성성하고 병든 이 60세 남자를 존경했다.

7) 부자는 3백 달러를 내면 군 복무를 피할 수 있었다. 징병법에 반발한 가난한 백인 노동자들은 징병 본부를 파괴했고, 부자들의 저택을 공격했으며, 흑인들을 살해하기도 했다.

뉴욕과 다른 도시에서 수천 명의 입을 통해 전해진 "징집병들의 노래 Song of the Conscripts"의 한 단락은 다음과 같다.

> 에이브러햄 아버지,
>
> 30만이 넘는 우리가 가고 있다.
>
> 찢어지는 가슴과 쓰라림을 안고 단란한 집을 떠난다.
>
> 가난하다는 죄 때문에 포고령에 굴복해야 하다니.
>
> 가난한 우리는 자유를 살 재산이 하나도 없으니. (진, 1권 409)

남북전쟁이 예상보다 길어지면서 연방군이 처한 위험한 상황을 타개하기 위해 링컨은 게티즈버그에서 미국 독립 정신을 상기하며 미국인들의 애국심에 호소하는 게티즈버그 연설을 하게 된다.[8] 독립 국가를 세운 선조의 노고에 기대고, 존폐 위기에 처한 국가에 대한 애국심에 호소하는 이 연설이 지닌 두루뭉술한 수사적 힘에 의해 흑인과 백

---

8) 게티즈버그 연설문(1863년 11월 19일)의 전문은 다음과 같다. "87년 전 우리 선조들은 자유라는 이념으로 이 땅에 새로운 나라를 세웠고 인간은 모두 평등하게 태어났다는 믿음을 위해 헌신했습니다. 지금 우리는 엄청난 내전에 휩싸여 자유와 평등을 바탕으로 세운 이 나라가 존립할 수 있느냐 없느냐의 갈림길에 서 있습니다. 우리는 내전의 격전지였던 바로 이곳에서 모였습니다. 우리는 자유롭고 평등한 나라를 만들기 위해 목숨을 바친 이들에게 이곳을 영원한 안식처로 마련해 주려고 모인 것입니다. 이 일은 우리가 마땅히 해야 할 일입니다. 그러나 넓은 의미에서 우리는 이곳을 신성화할 수 없습니다. 죽기를 무릅쓰고 여기서 싸웠던 용사들이 이미 우리의 미약한 힘으로는 더 이상 어떻게 할 수 없을 정도로 이곳을 신성화했기 때문입니다. 오늘 이 자리에서 우리가 하는 말은 그리 오래 기억에 남지 않을 것입니다. 하지만 그분들의 희생은 결코 잊히지 않을 것입니다. 그러므로 살아 있는 우리는 그분들이 고귀하게 이루려다 못다 한 일을 완수하는 데 전념해야 합니다. 우리는 이곳에서 우리에게 남겨진 위대한 과제, 즉 명예롭게 죽어 간 용사들이 죽음을 두려워하지 않고 헌신했던 대의를 위해 더욱 헌신해야 하고 용사들의 희생이 헛되지 않도록 결의를 굳건히 다져야 합니다. 또한 하나님의 가호 아래 이 나라가 자유롭게 다시 탄생하리라는 것과 인민의, 인민에 의한, 인민을 위한 정부는 이 세상에서 결코 사라지지 않으리라는 것을 믿어야 합니다."

인 노동계급 남성들은 다시 힘을 내어 나라를 구하기 위해 나란히 싸웠다. 그들이 싸운 것은 더 많은 평등을 획득하기 위해서였지만 상황은 그리 순조롭지 않았다.

19세기 미국이 급성장하는 과정에서 동부 도시들이 발전하였고 공장들은 늘어갔다. 이에 필요한 원자재를 확보하려면 태평양으로 진출해야 했는데 그 길목에 멕시코가 자리하고 있었다. 1820년대에 미국인들은 멕시코 국경을 침범하며 '텍사스'라고 알려진 영토에 정착하고 있었다. 그들 중 많은 무리가 면화를 경작하기 위해 새로운 땅을 찾아 미국 남부에서 온 노예 소유주였다. 1830년에 멕시코 정부는 노예 제도를 불법화하고 미국인이 텍사스로 들어오는 것을 금지하였다. 하지만 이런 금지에도 미국인들은 국경을 계속해서 넘어왔다. 1835년에 이르자 멕시코인은 4천 명인 데 반해 미국인은 2만 명이나 되었다.

스티븐 오스틴Stephen Austin은 텍사스를 '미국화'하여 그 영토를 성조기 아래 두자고 미국 사람들을 자극하였다. 오스틴은 당시의 갈등을 '스페인·인디언·흑인종이 뒤섞인 잡종'과 '앵글로 미국 인종의 문명' 사이 갈등으로 보면서 "유일한 방법은 전쟁뿐이다. 다른 어떤 대책도 없다"며 폭력의 불가피성을 선포했다. 1836년에 텍사스의 미국인 175명이 멕시코 정부에 맞서 무장봉기를 일으켰다가 대부분이 죽었다. 이 사건이 바로 그 유명한 '알라모Alamo 전투'다. 론 스타 공화국Lone Star Republic을 세운 샘 휴스턴Sam Houston은 "알라모를 기억하라"며 멕시코 정부가 파견한 산타안나Santa Anna 군대를 공격했다. 이 공격에서 미국인은 단 두 명만 죽고 멕시코인들은 630명이나 죽었다. 멕시코의 텍사스는 1845년에 미합중국에 병합되었고 1846년 5월에 미국 의회는 멕시코에 선전포고를 결정했다.

'명백한 운명'으로 찬양된 미국 팽창주의의 돌격은 캘리포니아에서는 소노마Sonoma라는 작은 도시에서 시작되었다. 1846년 6월 6일 30명의 미국 군인에 의해 체포된 마리아노 발레조 장군[9]이 두 달 후에 집에 돌아와 보니 소 천 마리, 말 6백 마리를 비롯해 많은 값나가는 것들이 사라지고 없었다. 1840년에 이르기까지 많은 양키들이 부유한 삶을 꿈꾸며 발레조의 세계로 몰려들어 왔다. 미국인들은 가족들을 데리고 멕시코 땅으로 들어왔다. 발레조 장군을 체포한 미국 반란자들은 멕시코의 부당하고 자의적인 통치에 맞서 미국 정착자들의 이익을 방어한다고 주장했지만, 그것은 사실과 달랐다.

1846년에 멕시코 땅에 들어왔던 수백 명의 미국인들은 말하자면 양키 이민자들이었다. 그들은 선조들이 인디언 땅을 빼앗았던 것처럼 멕시코 땅을 빼앗으려고 했다.(타카키, 166~168) 이 미국 외국인들은 멕시코 사람들을 게으르고 낭비가 심한데다 계산 능력이 없으며, 먹고 마시는 일과 춤, 축제에만 열중하는 무능한 사람들로 폄하하고 무시했다. 멕시코 사람들의 환대의 정신과 자연과 더불어 사는 삶이 얼마나 가치 있고 중요한 것인가를 잘 몰랐기 때문이다.

발레조를 무력하게 만든 미국 반란자들은 베어 플래그Bear Flag 공화국을 설립한 지 얼마 안 되어 캘리포니아를 미합중국 땅으로 선포했고 캘리포니아의 항구들을 점령했다. 이를 통해 멕시코와의 전쟁

---

9) 발레조Mariano Vallejo 장군은 캘리포니아 태생으로 17만 5천 에이커의 땅을 소유하고 있었고 군 복무로 스페인과 멕시코 정부에게 땅을 받았다. 발레조 장군은 가부장적이기는 했으나, 하인을 친구로 받아들일 정도였고, 부를 중요하게 여기기는 하였지만 자본주의적 축적을 위해서가 아니라 '빛나는 한가로움'과 같은 유한 계층 삶의 양식을, 전원적이고 품위 있는 귀족적 삶의 양식을 유지하기 위해 필요한 것으로 받아들였다. 발레조 장군은 소노마 요새의 지휘관으로서, 캘리포니아 영토를 미국과 러시아의 팽창에 맞서 지켜 온 스페인과 멕시코의 긴 역사를 대변한다.

에 필요한 명분을 확립하였다. 멕시코와 미국의 전쟁에서 핵심 목표는 캘리포니아를 병합하는 것이었다. 이 영토에는 19세기 미국이 시장 혁명을 이루어 가는 데 필요한 광물, 가죽, 고래 기름, 농산물 등과 같은 원자재들의 중요한 원천이 있었기 때문이다.

멕시코 전쟁에 찬성하는 기사들이 『일리노이 스테이트 레지스터Illinois State Register』, 『아메리카 평론American Review』, 『헤럴드Herald』, 『뉴욕상업저널New York Journal of Commerce』, 『콩그레셔널 글로브Congressional Globe』, 『이글Eagle』 등에 실렸다. 시인 월트 휘트먼Walt Whitman은 『이글』에, "그렇다. 멕시코를 철저히 응징해야 한다! (…) 우리가 자진해서 싸움을 걸지는 않겠지만 우리 역시 팽창하는 방법뿐만 아니라 분쇄하는 방법도 알고 있음을 온 세상에 가르쳐 주겠다는 정신으로 무기를 들자!"(진, 1권 276)라고 썼다.[10] 이와 같은 호전성을 야기한 것은 "미국이 더 많은 사람들에게 자유와 민주주의의 축복을 주게 될 것이라는 사고였다. 이것은 인종적 우월함이라는 사고와 뉴멕시코 및 캘리포니아의 아름다운 땅에 대한 동경, 태평양을 가로지르는 상업적 모험심의 사고가 뒤섞인 생각"(276)이었다.

반면 〈미국 노예제 반대 협회〉는 "멕시코의 광활한 영토에 미국의 노예제를 확대하고 영속시키려는 진저리나게 무시무시한 목적을 위해 수행되는 것"(『북극성Nothern Star』, 1848)이라며 멕시코 전쟁에 반대했

---

10) 이 시기 전쟁에 반대하는 신문 기사로는 1846년 5월 12일자 뉴욕 『트리뷴Tribune』에 실린 기사가 있다. "우리는 쉽게 멕시코군을 격퇴하고 수천 명씩 학살하며 멕시코의 수도까지 추격할 수 있을 것이다. 우리는 멕시코의 영토를 정복하고 '합병'할 수 있다. 그러나 그렇게 해서 어쩌자는 것인가? 칼로 제국을 팽창시킨 뒤, 그리스와 로마의 자유가 파괴됐던 역사에서 우리는 아무 교훈도 배우지 못했단 말인가? 멕시코에 대한 여러 번의 승리, 그 영토의 절반에 가까운 '합병'이 우리가 지금 누리는 것보다 더 많은 자유와 더 순결한 도덕성, 더 번창하는 산업을 줄 것이라고 믿는 사람이 누가 있는가?" 『미국 민중사』 1권 284쪽.

다. 전쟁이 막 시작될 무렵인 1846년 여름, 매사추세츠 주 콩코드에 살던 작가 헨리 데이비드 소로Henry David Thoreau도 멕시코 전쟁에 반대해 매사추세츠 주의 인두세 납부를 거부하다가 투옥되어 하룻밤을 감옥에서 보냈는데 고모가 인두세를 대납하는 바람에 석방되었다.

2년 뒤 발간한 유명한 에세이 『시민 불복종Civil Disobedience』에서 소로는 말한다. "법은 털끝만큼도 인간을 정의롭게 만들지 못했으며, 법에 대한 존중이라는 수단을 통해 착한 사람들조차 나날이 불의의 대리인이 된다. 이것은 법에 대한 부당한 존중이 낳는 일반적이고 자연스러운 결과로, 한 무리의 군인들이 (…) 자신들의 뜻과는 반대로, 더욱이 자신들의 상식과 양심에 반대되는 방향으로 (…) 행군하는 광경을 볼 수 있다." 그러나 19세기 중반 미국 지식인들의 반전론은 멕시코 전쟁을 막기에는 한계가 있었다.

필립 포너Philip Foner에 따르면 뉴욕, 보스턴, 로웰에서 텍사스 병합에 반대하는 아일랜드인 노동자들의 시위가 일어났다. 5월 들어 멕시코와 전쟁이 벌어지자 뉴욕의 노동자들은 전쟁에 반대하는 집회를 소집했으며 많은 아일랜드 노동자들이 모여들었다. 집회는 전쟁을 노예 소유주들의 음모라고 주장하면서, 분쟁 지역에서 미국 군대를 철수하라고 요구했다. 그해 〈뉴잉글랜드 노동자협회New England Workingmen's Association〉의 총회에서는 멕시코 전쟁을 비난하면서 "우리는 농촌 사람들의 노동을 강탈하는 남부 노예 소유주들을 먹여 살리려고 무기를 들지는 않겠다"(284)고 선언했다.

당시 테일러 장군이 이끄는 군대의 절반은 최근에 이민 온 사람들이었는데, 대부분 아일랜드인과 독일인이었다. 사실 그들 대다수는 애국심 때문이 아니라 군대에서 진급하여 사회적 신분을 상승시키고 돈도 벌고자 했던 지원병들이었다. 엄격한 규율에 대한, 또 극히 포악하고 야만적인 장교들에 대한 반발 때문에 탈영은 계속 늘어났다. 전쟁을 치르는 동안 총 탈영병 수는 정규군 5,331명과 지원병 3,876명을 합해 9,207명이었다. 전쟁이 끝나고 참전 군인들이 고향으로 돌아오자, 정부가 군인들에게 지급한 토지 보증서를 사들이기 위해 투기업자들이 몰려들었다. 많은 병사들은 돈이 급한 나머지 160에이커의 땅을 50달러도 안 되는 금액에 팔아 버렸다. 투기업자들은 전쟁에서 피를 흘린 불쌍한 군인들의 곤궁한 상황을 이용해 엄청난 재산을 모았다. 승리의 영광은 투기업자들과 대통령, 장군들을 위한 것이었을 뿐, 탈영병이나 전사자, 부상자들을 위한 것은 아니었다.

윈필드 스콧Winfield Scott 장군이 멕시코시티를 점령한 지 몇 달 후, 리오그란데 강을 텍사스의 국경으로 받아들이고 그 남서부 영토를 천오백만 달러에 미국에 양도한다는 "과달루페 히달고Guadalupe Hidalgo 조약"을 맺는 것으로 멕시코 전쟁은 끝난다. 이로써 미국은 캘리포니아, 뉴멕시코, 네바다와 콜로라도, 애리조나, 유타 일부를 획득하게 되었다. 텍사스와 합치면 이 땅은 멕시코 땅의 절반이다. 미국 백인 정치 엘리트뿐만 아니라 많은 미국인들에게 멕시코 전쟁과 정복은 미국이 아메리카 대륙에서 자임한 '황야에서의 심부름'을 태평양으로 확장한 것이었다. 또한 미국 앵글로색슨 족의 우월성을 입증하는 것이었고, 미국의 '명백한 운명'이라는 교리를 실천하는 것이었다.

19세기 후반 미국은 막대한 정치 경제력을 획득하였지만 대다수 백인 남성 노동자들을 비롯해 유색인종 남녀들에게 자유와 평등의 혜택은 그다지 돌아오지 않았다. 재건기 흑인들의 경우만 봐도 경제력도 문제였지만 시민권도 보장되지 않았다. 남북전쟁 후 헌법 수정 조항 13조, 14조, 15조[11] 등을 포함하여 1860년대 말과 1870년대 초에 걸쳐 자유와 평등의 이념을 실현하려는 수많은 법안들이 통과되었고 드디어 1875년에 〈민권법Civil Rights Act〉이 제정되어 호텔, 극장, 철도 및 각종 공공시설에서의 흑인 차별이 금지되었다. 그러나 그 법안들은 유명무실했다. 〈짐 크로우Jim Crow법〉[12]에 의한, 일상적으로 은밀히 자행되는 사회적·문화적·정치적·경제적 차별과 억압은 더욱 교묘한 형태로 계속되었다.

짐 크로우의 주도 세력이 백인 하층계급이었음은 무엇을 의미하는가? 이러한 인종 갈등을 통해 이익을 얻는 계층은 누구인가? 법으로도 보호받지 못하고 땅도 없어 노동자가 된 흑인들은 자신들의 노동력을 판 결과 새로운 노예화를 경험하게 된다. 이 현상은 19세기 말에 거대화된 자본과 노동의 갈등이 격화되면서, 또 다른 전쟁인 계급 전쟁을 예고하고 있었다는 맥락에서 이해되어야 할 것이다. 두보이스William Edward Burghardt Dubois는 이 새로운 자본주의를 전 세계 모든 '문명화된' 나라에서 일어나고 있는 착취와 매수 과정의 일부라고 보았다. 두보이스는 또한 "거대 자본의 독재가 권한을 엄격하게 축소시킨 투표에 의해 유화되고 오도당한, 문명화된 땅의 국내 노동자들은

---

11) 그 내용은 각기 다음과 같다. 헌법 수정 조항 13조 "노예제도 또는 강제 노역 제도는 당사자가 정당하게 유죄 판결을 받은 범죄에 대한 처벌이 아니면 미국 또는 그 관할에 속하는 어느 장소에서도 존재할 수 없다", 14조 "미국에서 출생하거나 귀화한 사람은 모두 미국 시민이다", 15조 "미국 시민의 투표권은 인종, 피부색 또는 과거의 예속 상태 때문에 미국이나 주에 의해 거부되거나 제한되지 아니한다."

12) 〈짐 크로우법〉은 노예해방 이후, 공립학교나 대중교통수단을 포함한 공공장소에서의 분리 정책, 상점 분리 정책, 군대 분리 정책 등과 같은 흑백 분리 정책을 통해 인종차별주의를 정당화했다. 이 법은 1964년 〈민권법Civil Rights Act〉과 1965년 〈투표권법Voting Rights Act〉이 제정되었을 때, 실질적으로 무효화되었다. http://en.wikipedia.org/wiki/Jim_Crow_laws

고임금과 정치적 지위에 의해 매수되어 약소국의 백인, 황인종, 갈색
인종, 흑인 노동자들을 착취하는 데 하나가 되었다"(368)고 주장했다.

  19세기 내내 흑인 노동자, 백인 노동자, 중국인 노동자, 유럽 이민
노동자, 여성 노동자 등의 도움과 희생을 통해 미국의 경제는 대대적
으로 성장했다. 짧은 기간 동안 이루어진 과도한 성장은 경제 위기를
자주 야기했고 특히 19세기 마지막 25년 동안 노동자, 농민들의 소요
와 반란은 끊이지 않았다. 그 25년 동안 인류 역사상 가장 거대한 경
제성장의 행진을 지속하기 위해 북부와 남부의 산업 및 정치 엘리트
들은 법, 군대, 경찰 등 국가 체제의 힘을 총동원하여 인종, 성별, 출신
국적, 사회계급에 따르는 위계질서를 공고하게 하고자 하였다. 이에
맞서서 노동자들은 거대한 노동자 봉기를 일으켰다. 1886년 5월 4일
의 시카고 헤이마켓Haymarket 시위에 모인 3천 명의 노동자들을 해산
시키기 위해 경찰과 군대는 폭탄까지 터뜨렸으며, 다음 해에 선동자
였던 8명의 무정부주의자 중 4명을 사형시켰다. 최대의 경제 위기로
은행 642개가 파산하고 사업체 만 6천 개가 폐업했던 1893년, 피츠버
그에 인접한 홈스테드의 카네기 철강 공장 노동자 3천 명이 시위를
벌였다.[13)

  다인종 노동자들의 피와 땀 덕분에 1890년에 이르러 미국 제조업
생산량은 급속하게 증가했다. 영국과 독일의 제조업 생산량을 합쳐
도 미국의 생산량을 따라갈 수 없었다. 1840년에 농업 노동자 70퍼센

---

13) 시카고 시위에서는 하루 8시간 노동을 요구했는데 시위 중 수십 명의 사상자가 발생하는 유혈 사태
  가 일어났고 그해 〈미국노동총연맹(AFL)〉이 창설된다. 1890년에는 대기업의 횡포와 시장 독점을
  막기 위한 〈서먼 반트러스트법〉이 제정되었다. 하워드 진의 주장대로 "셀 수 없이 많은 이런 투쟁
  에서 놀라운 점은 그들이 원하는 모든 것을 쟁취하지 못했다는 사실이 아니라, 그토록 커다란 역경
  을 뚫고 감히 저항했으며 패배하지 않았다는 사실이다." 『미국 민중사』 1권 460쪽.

트, 제조, 무역, 건설 종사자가 15퍼센트였는데 1900년에는 농업 노동자가 37퍼센트, 제조, 무역, 건설 종사자가 35퍼센트를 차지하였다. 1891년, 프런티어는 더 이상 존재하지 않는다고 공식적으로 선언되었다. 이 시기를 기점으로 미국에서는 '공짜 땅'이 사라졌고 기술 발전, 도시 삶, 공장 제도가 새로운 산업 질서의 현실이 되었다.

이 '자유로운 공짜 땅' 덕분에 '창의적인 정신', '들끓는 에너지', 개인주의, 민주주의를 특성으로 하는 미국인의 기질이 창조되었다. 소위 야만과 문명이 만나는 지점으로서 프런티어는 미국 백인들이 프런티어의 새로운 기회를 붙잡기 위해 서부로 진격하면서 그 단순성과 접촉하는 사이 원래 유럽인들이었던 그들을 미국인으로 탈바꿈시켰던 것이다.

02 "우리는 땅과 인간의 권리를 주장한다"

체로키 족은 조지아 주 북부, 앨라배마 주 북동부, 테네시 주 동남부, 노스캐롤라이나 남서부 지역을 포괄하는, 미국 동남부의 광대한 영토에서 살고 있었던 토착 미국인 부족이다. 체로키 족이 백인과 동화하는 쪽을 택한 것은 그렇게 해야 조상 땅을 그나마 지킬 수 있으리라는 생각 때문이었다. 백인 정부와 협상했던 체로키 족의 한 분파가 1835년에 맺었던 "뉴 에초타 조약Treaty of New Echota" 때문에 체로키 족은 '눈물의 행렬'이라는 수난을 겪어야 했다. 체로키 인디언의 '눈물의 행렬'은 1838년 가을에 시작되었는데 서부까지 수천 킬로미터에 걸쳐 행진해야 했다. 그 과정에서 만 5천 명의 체로키 족 중 4천 명이 죽었다. 조상 대대로 함께 했던 특별하고도 신성한 땅에서 이렇게 쫓겨나는 것이 어떤 의미였는가는 체로키 노래에 잘 나타난다.

> 당신의 길은 어두워지는 땅에서
> 고지의 검은 관을 향해 뻗쳐 나가리
> 그 관이 당신을 위한 것이 될지니……
> 이제 당신의 영혼이 희미해지더니
> 창백하게 되었다네.
> 어둠이 다가올 때, 네 영靈은
> 자라지 못하고 쇠하여
> 결코 다시 나타나지 못하리.(타카키, 97)

미 정부와 조약을 맺은 사람들은 체로키 부족의 남성들이었다. 일부 엘리트 인디언 남성들은 그나마 인디언의 삶을 유지하는 방편이라고 생각하고 조약에 임했으나, 결국 미국과 체결한 이 조약은 1830년대에 대대적으로 이루어지기 시작한 인디언 추방의 빌미가 되었다. 19세기 초중반의 이러한 실패는 결국 19세기 말 운디드니Wounded Knee 학살 사건으로 대단원의 막을 내렸다. 네바다의 피라미드Pyramid 호수에서는 자신을 메시아라 주장하는 수Sioux 부족의 우보카Wovoka 가 계시를 받았다며 동료 인디언들에게 "유령 춤Ghost Dance"을 추자고 말했다.

인디언은 모두 춤춰야 한다. 언제 어디서나 계속 춤을 춰야 한다. 내년에 봄이 오면 위대한 정령이 오시리라. 온갖 짐승을 데리고 오시리라. 들짐승은 어디서나 가득 뛰놀고 죽은 인디언은 모두 다시 살아나 젊은 사람같이 튼튼해지리라. 늙은 사람은 젊어지고 눈먼 사람은 눈을 뜨며 좋은 시절을 맞이하리라. 위대한 정령이 이 길로 오실 때 인디언은 백인들에게서 벗어나 높이 산으로 오르리. 백인은 인디언을 해칠 수 없구나. 인디언이 높은 곳에 오르고 나면 큰 홍수가 나리라. 모든 백인은 물에 빠져 죽는구나. 물은 흘러가고 지상에는 인디언과 짐승들만이 남으리니. 마술사는 계속해 춤추라고 신탁을 내리며 화창한 날이 열리리라. 춤추지 않고 내 말을 믿지 않는 인디언들에게 화 있을진저. 점점 왜소해져 한 자 크기로 줄어들리라. 왜소한 자들이여. 나무로 변해 불에 탈지니라.[14]

우보카의 메시지는 인디언들의 땅과 버펄로뿐만 아니라 인디언 식 삶의 방식을 회복하자는 것이었다. 수 족 보호구역에서 유령 춤추기는 인디언들의 상상력을 사로잡았고 인디언들은 좌절감을 치유하려는 듯 열광적으로 유령 춤을 추었다. 워싱턴의 인디언 관할국Indian Affairs Bureau은 "앉아 있는 황소Sitting Bull"와 "큰 발Big Foot" 추장을 체포하라는 명령을 내렸고 이에 저항하던 수 족 인디언들은 운디드니에 있는 캠프로 수송되었다. 미국 군인들은 인디언들에게 무기를 내놓으라고 했고 인디언들은 무기를 모두 내놓았다. 군인들이 윽박지르는 바람에 긴장감이 고조되자 "노란 새Yellow Bird"라는 인디언이 사람들을 안심시키기 위해 유령 춤을 추었는데 미국 군대는 인디언들에게

---

14) 디 브라운, 최준석 옮김, 『나를 운디드니에 묻어주오』 (나무 심는 사람, 2002), 650~651쪽.

총을 난사하기 시작했다. 인디언들은 캠프를 도망치기 시작했고 군인들은 인디언들을 추격해 거의 몰살시켰다.(타카키, 228~230) 1890년에 일어났던 운디드니 학살은 프런티어의 종식을 폭력적으로 상징하는 사건이었다. 와이오밍과 네브래스카의 수 족은 그렇게 역사 속에서 사라지고 말았다.

백인 정부의 정책에 미약하게 대처했던 인디언 남성들에 비해 흑인 남성들은 1820년대에 미국 백인 정부의 노예제도에 반대하는 첫 번째 전국대회를 열었다. 데이비드 워커David Walker라는 흑인 남성은 1823년에 『워커의 호소Walker's Appeal』를 간행했으며 이후 『자유 저널Freedom Journal』, 『북극성Northern Star』이라는 노예 폐지론 잡지들도 발간되었다. 노예 폐지 운동에 앞장섰던 흑인 남성(엄밀히 말하면 흑백 혼혈 남성) 중에 이제는 많이 알려진 프레더릭 더글러스[15]는 흑인 여성 운동 진영에서도 우호적으로 받아들일 만큼 선구적인 의식을 지닌 저술가이자 운동가였다. 더글러스는 노예제라는 치욕스러운 제도가 남부의 문제만이 아니라 미국 전체의 문제라는 점을 잘 알고 있었다. 더글러스는 1852년 7월 4일에 다음과 같은 독립기념일 연설을 했다.

---

15) Frederick Douglass, *Life and Times of Frederick Douglas* (New York, 1989); *Narrative of the Life of Frederick Douglas* (New York, 1968; originally published in 1845), p. 26. 프레더릭 더글러스는 메릴랜드 백인 농장주인 아버지 토머스 올드Thomas Auld와 흑인 어머니 사이에서 태어났다. 그의 자서전에서 보듯, 아버지는 교육과 자유에 대한 열망이 강했던 혼혈 아들의 의지를 꺾으려고 애썼지만 실패한다. 남북전쟁이 끝나 노예 신분에서 해방된 더글러스는 아버지를 찾아가 생일을 가르쳐 달라고, 자신이 도망친 것은 아버지에게서가 아니라 노예제도였다고 말함으로써 부자의 반목이 제도 탓이었음을 깨닫는 듯 깊은 재회의 시간을 갖는다. 더글러스에 관한 좀 더 자세한 설명은 *A Different Mirror*, pp. 121~126 및 국내 번역본 프레더릭 더글러스, 안유희 옮김, 『노예의 노래: 흑인 노예 해방 운동가 프레더릭 더글러스의 증언』(모티브, 2003) 참조.

동료 시민 여러분, 실례를 무릅쓰고 질문을 하나 드리겠습니다. 왜 오늘 제가 이 자리에서 연설을 하라고 부탁받았을까요? 저나 혹은 제가 대표하는 사람들이 여러분 국가의 독립과 도대체 무슨 관계가 있습니까? 독립선언서에 구현된 정치적 자유와 타고난 정의라는 위대한 원칙들이 우리에게도 베풀어지는 것입니까? 그렇다면 저는 우리의 보잘것없는 공물을 국가의 제단 앞에 바치고, 은혜를 고백하고, 여러분의 독립이 우리에게 가져다준 축복에 헌신적인 감사를 표하라고 이 자리에 초청받은 것입니까? (⋯)

여러분의 7월 4일은 미국 노예에게는 과연 무엇일까요? 저는 다른 날보다 노예를 끊임없이 희생시키는 지독한 불의와 잔인성을 생생하게 폭로하는 날이라고 대답하겠습니다. 노예가 보기에는 당신들의 경축이란 허위이고, 당신들이 자랑하는 자유란 신성치 못한 방종이며, 당신들 국가의 위대함이란 오만한 허세이고, 당신들의 기쁨에 찬 소리는 공허하고 무정하며, 폭정에 대한 당신들의 비난이란 철면피한 뻔뻔스러움이고, 자유와 평등을 부르짖는 당신들의 외침은 공허한 조롱거리이며, 장엄한 종교 행렬과 의식으로 치장된 당신들의 기도와 찬송, 설교와 감사 기도는 노예가 보기에는 한갓 허풍, 속임수, 기만, 불경, 위선일 뿐입니다. (⋯) 야만인들의 나라 이름을 더럽힐 범죄를 가리기 위한 얄팍한 덮개에 지나지 않는 것입니다. 지금 이 순간 합중국 국민들만큼 충격적이고 유혈적인 죄를 저지르는 국가는 지구상 어디에도 없습니다.

마음 내키는 어디든 가서 둘러보십시오. 구세계[16]의 군주제와 전제정을 돌아보고 남아프리카를 두루 여행하며 악폐를 샅샅이 뒤져 보십시

---

16) Old World, 아메리카 대륙을 제외한 아시아, 유럽, 아프리카.

오. 여행에서 최후의 악폐를 이 나라에서 매일 벌어지고 있는 악습과 비교해 보십시오. 그러면 당신은 나와 함께 미국이 지긋지긋한 야만성과 파렴치한 위선에서 타의 추종을 불허한다고 말하게 될 것입니다.(진, 1권 323~324)

흑인들은 백인 노예 폐지론자들의 무의식적인 인종차별주의와도 끊임없이 싸워야 했고 자신들만의 독립적인 목소리로 노예제도 폐지도 주장해야 했다. 흑인들은 무장봉기에 기꺼이 가담하고자 했지만, 동시에 자신들의 대의를 향상시킬 수 있는 기존의 정치적 장치(투표, 헌법)를 활용할 준비도 되어 있었다. 당시 대다수 흑인들은 백인들의 양심과 도덕에 호소하는 개리슨주의자들과 달리 노예제도를 폐지하기 위해서는 도덕적인 압력만으로는 충분하지 않다고 생각했다. 선거에서부터 반란에 이르기까지 폭력과 비폭력을 막론하는 모든 종류의 전술이 필요하다고 보았기 때문이다.

남북전쟁 직전인 1860년에 도시의 많은 (7만 명 정도) 흑인 남성들은 농장의 노예와 달리 어느 정도 자유를 누리고 있었다. 그들은 대체로 힘겨운 하급 미숙련 노동을 했지만 '자유 노예들'이라고 불렸고 상당한 정도의 독립을 누리고 있어서 노예제도를 약화시키는 데 사실상 기여하였다. 그들은 전혀 '삼보' [17]처럼 행동하지 않았고 자유 의지와 판단에 따라 북부군과 동조해 싸웠기 때문이다. 전쟁이 끝난 후 남부

---

17) '삼보Sambo'라는 상투형은 백인들이 만들어 낸 것이다. 흑인들은 게으르고, 미성숙하고, 아이 같고, 무책임하고, 정이 많고, 별 고민 없이 행복하게 살아가는, 인종적으로 열등하고 종속적인 부류여서 통제와 훈육이 필요하다는 생각을 반영하는 말로 인종차별적이고 상투적인 흑인 남성상을 말한다. 많은 백인 노예주들의 이면에 노예 반란에 대한 두려움이 깊이 자리 잡고 있었고 이 공포를 상쇄하기 위해 이런 '삼보' 이미지가 필요했다. *A Different Mirror*, pp. 106~120 참조.

흑인 남성들은 교육과 투표권도 원했지만 무엇보다 경제력을 원했다. 미국 의회는 시민권과 투표권은 기꺼이 주겠다고 했지만 땅을 원하는 흑인들에게 땅을 주는 법령을 제정하는 것은 거부했다. 엉클 스마트Uncle Smart라는 자유 흑인은 북부의 선생에게 "선생님, 우리가 원하는 것은 땅이라고 링컨에게 말해 주세요. 우리의 땀과 우리 등의 피로 풍성해질 바로 그 땅 말이에요"[18]라고 말했다.

흑인들은 자신들의 처지를 누구보다도 잘 알고 있었다. "우리한테 땅을 달라. 그러면 우리는 우리 스스로를 돌볼 수 있다. 하지만 땅이 없으면 옛날 우리 주인들이 그들 마음대로 우리를 고용하거나 아니면 굶어죽을 수밖에 없다"[19] 노예 출신인 토머스 홀은 인터뷰에서 다음과 같이 말한다. "링컨은 우리에게 자유를 주었다고 칭찬받았지만 과연 그가 그렇게 한 걸까요? 링컨은 우리에게 자유를 주었지만 우리가 스스로를 돌보며 살 수 있는 기회는 주지 않았어요. 우리는 여전히 일자리와 음식, 의복을 남부 백인들에게 의존해야 하니, 링컨은 우리를 노예제보다 나을 것이 전혀 없는 예속 상태의 궁핍과 빈곤으로 몰아넣었을 뿐입니다." (진, 1권 348)

사실 1864년에 군대 지시로 4만 명의 흑인들이 땅을 받았다. 하지만 남북전쟁이 끝난 후 사면 받은 남부 농장주들은 그 땅을 다시 되찾아서 예전의 자기 노예들을 그 땅에서 일하게 했다. 흑인들은 땅을 내놓지 않겠다고 총을 들고 맞섰으나 연방군이 재빨리 그 저항을 진압

---

18) "Do, my missus, tell Linkum dat we wants land-dis bery land dat is rich wit de sweat ob we face and de blood ob we back." *A Different Mirror*, p. 132.

19) "Gib us our own land and we take care ourselves, but wiout land, de old massas can hire us or starve us, as dey please." *A Different Mirror*, p. 133.

해 땅은 다시 백인 농장주들에게 돌아갔다. 백인들은 흑인들이 땅을 갖지 못하게 해야 계속 그들을 부려먹을 수 있다는 점을 일찌감치 간파하였던 것이다. 땅이 없는 흑인들은 백인 농장주한테 고용되어 농장 일을 하거나 성장하는 도시에 가서 공장이나 제분소의 노동자로 일하는 수밖에 없었다. 재건 시기에 목재소, 석탄 광산, 철도 회사에 가서 일하는 흑인들이 40만 명에 육박했으며, 이러한 흑인 노동 인구는 남부 지역 인구의 약 40퍼센트를 차지했다.(타카키, 135~136)

19세기 백인 여성들 대다수는 가정성 혹은 여성 영역 이데올로기로 억압을 받았고 제한된 삶을 살았다. 하지만 그 중에는 기독교 신앙에 호소하는 방법으로 노예제 폐지 운동에 참여하였던 여성도 있다. 앤절리너 그림케는 『남부 기독교 여성에게 보내는 호소Appeal to the Christian Women of the South』(1836)를 출판함으로써 본격적으로 노예제 문제에 개입했다. 앤절리너의 강연은 대단한 인기를 누렸는데 1837년 7월 매사추세츠 주의 회중 교회 목사들 연합은 남녀 청중을 끌어모으는 앤절리너의 행동을 비여성적이라고 비난하는 「목사의 편지Pastoral Letter」를 발행했다. 이 사건은 앤절리너에게 노예제 폐지 운동과 여권운동을 병행하게 하는 계기가 되었다. 앤절리너는 노예제 폐지 문제에 대해 여성들도 어디서나 발언할 권리를 주장했으며 상원·하원의원과 같은 백인 지배 엘리트들에게 그 문제에 관해 호소하고 간청하는 청원서(1부 부록, '오하이오 주에 사는 여성들이 보내는 청원서' 참조) 보내기 운동을 시작했다. 그런데 기독교적 인도주의 입장에서 노예제 폐지라는 대의에 동참하자는 백인 여성의 논리는 미국이라는 국가 자체의 근간에 있는 백인 우월주의와 가부장적 온정주의를 근본적으로 비판하지는 못했다.

1840년에 런던에서 열린 세계 반노예제 대회에 미국 대표로 참석했던 몇몇 백인 여성들은 발언권을 거부당했다. 그 때문에 노예제 폐지 운동에 적극 앞장서 왔던 여성들은 노예제 폐지 운동의 남성 중심성을 비판하면서 독자적인 여성 대회를 열어 여성의 권리를 선포하고 그것을 위해 싸우는 여성운동을 조직하게 되었다. 1848년 7월, 뉴욕주 북서부에 있는 작은 읍 세네카폴스Seneca Falls에서 미국 최초로 여성의 권리를 요구하는 대회가 열렸다. 이 대회에 참석한 3백 명 이상의 남녀 대표들이 엘리자베스 케이디 스탠턴Elizabeth Cady Stanton이 작성한 「감정 선언Declaration of Sentiment」에 서명했다. 세네카폴스 선언은 의식적으로 「독립선언서」를 모델로 했다. 「독립선언서」와 마찬가지로 이 선언은 3부로 이루어져 있다. 세네카폴스 선언은 가시적인 성과를 내지는 못했고 백인 여성 중심이라는 한계를 갖고 있지만, 백여 년 이상 여성운동가들과 페미니스트들에게 영감의 원천이 되고 있다. 다음 글은 「감정 선언」 주요 부분을 발췌한 것이다.

세네카폴스, 뉴욕
1848년 7월 19일~20일

지구상의 사람들 사이에서 가족의 한 부분을 이뤄왔던 이들이 이제까지 그들이 점유해 왔던 것과 다른 지위를, 자연법과 자연신nature's God의 법이 그들에게 부여한 지위를 떠맡겠다는 인류사적 요청을 하고 있다. 바로 이때, 인류의 견해를 점잖게 존중하는 마음이 있다면 사람들을 그러한 길로 가게 한 여러 원인을 생각하지 않을 수 없다.

우리는 다음을 자명한 진리라고 생각한다. 모든 남녀는 동등하게 태어나며, 조물주에게 양도할 수 없는 권리를 부여받는다는 것. 그 권리 중에는 생명, 자유, 행복의 추구가 있다는 것, 이 권리를 확보하기 위해 정부가 제도화되며 지배받는 자의 동의로부터 그 정당한 권력이 나온다는 것 말이다. 어떠한 통치 형태이건 이러한 목적들을 파괴하는 방향으로 나아간다면 그 통치에 대한 충성을 거부하고 새로운 정부 제도를 주장하는 것이 그로 인해 고통을 받는 사람들의 권리다.

(…)

인류사는 반복해서 남성이 여성에게 해를 입히고 강탈한 역사이며, 그 목적은 여성에 대한 절대적인 폭정을 확립하는 데 있다. 이를 입증하기 위해 다음 사실들을 공정한 세상에 제출하도록 하자.(이후 남성 중심적 기성 질서에 대한 15항목의 불만이 제시된다.)

남성은 선출 투표권에 대한 양도할 수 없는 권리를 여성이 행사하는 것을 결코 허용하지 않았다.

남성은 여성이 목소리를 내지 못할 때 만들어진 법률에 복종하라고 여성들에게 강요하였다.

남성은 토착민과 외국인 둘 다 가지고 있는, 가장 무지하고 타락한 사람들에게조차 주어지는 권리를 여성에게서는 철회하여 왔다.

남성은 여성에게서 시민의 으뜸가는 권리를, 즉 투표권을 빼앗아 버려 여성이 법률에서의 대표성을 갖지 못하게 함으로써 모든 면에서 여성을 억압하여 왔다. 남성은 기혼 여성을 법의 눈으로 보자면, 죽은 시민으로 만들어 왔다.

남성은 재산상의 모든 권리를, 심지어 여성이 벌어들인 임금도 빼앗아 왔다.

(…)

남성은 할 수 있는 모든 방식으로 여성의 능력에 대한 확신을 파괴하였고 자부심을 약화시켜, 여성이 의존적이고 비천한 삶을 살게 하였다.

이 나라의 절반이 빼앗긴 권리나 여성들의 사회적 · 종교적 타락의 견지에서 보자면, 또 앞서 언급한 부당한 법률의 관점에서 보자면 여자들은 자신들이 악화되었고 억압받았고, 사기를 당해 가장 신성한 권리들을 빼앗겼다고 느낀다. 그 때문에 우리는 다음을 주장한다. 여성들은 미국 시민으로서 자신들에게 속하는 모든 권리와 특권들에 대한 즉각적인 권한을 갖는다.

우리 앞에 놓여 있는 위대한 과업에 착수할 때, 우리는 어떠한 잘못된 관념도, 잘못된 재현도, 조롱도 있을 수 없다고 생각한다. 하지만 우리는 우리의 목적을 실행하기 위해 우리 능력 안에 있는 모든 도구를 사용할 것이다. 우리는 대행자들을 고용할 것이며 논문들을 배포하고 주법과 미국 법에 청원할 것이며 우리를 위해 일하는 설교단과 언론을 동원하려고 애쓸 것이다. 우리는 이 나라의 모든 부분을 포용하는 일련의 집회들이 이 대표자 회의를 따르기를 바란다.

다음 결의안들은 루크레티아 모트Lucretia Mott, 토머스와 매리 앤 맥클린톡Thomas and Mary Ann McClintock, 에이미 포스트Amy Post, 캐서린 스테빈스Catharine A. F. Steibbins와 그 밖의 사람들에 의해 토의되었고 채택되었다.[20]

1. 자연의 위대한 교훈은 "사람은 자기 자신의 진정한 실질적인 행복을

---

20) 이후 13개의 결의안이 열거된다. 여기서는, 1, 2, 3, 10, 11, 13을 소개한다.

추구한다"는 것이다. 블랙스톤Blackstone은 논평에서 자연의 이러한 법은 인류와 동시대의 것이며 신이 스스로 명한 것이어서 그 밖의 어떤 법보다 우월하다고 지적한다. 자연 법은 모든 나라, 모든 시대에 지구상의 모든 것을 묶어 준다. 어떠한 인간의 법도 자연법에 위배된다면 아무런 타당성도 지니지 못한다. 타당한 법들은 바로 이 원천에서 그 힘을, 그 타당성을, 그 권위를 즉각적으로 파생시킨다.

2. 그러한 법들이 어떤 방식으로건 여성의 진정하고 실질적인 행복과 갈등을 일으키는 것은 자연의 위대한 교훈과 모순된다…….

3. 여성의 양심이 명하는 대로 사회에서 직위를 점유하는 것을 막아 여성을 남성보다 열등한 지위에 있게 하는 모든 법들은 자연의 위대한 교훈과 모순된다…….

(…)

10. 선출 투표권에 대한 여성들의 신성한 권리를 여성들 자신에게 확실하게 하는 것은 이 나라 여성들의 의무다.

11. 평등한 인권은 능력과 책임에서 인종의 동일성이라는 사실에서 기인한다.

(…)

13. 우리 대의의 박진감 있는 성공은 설교단의 독점을 깨고 다양한 무역, 전문직, 상업에서 여성이 남성들과 동등하게 참여할 수 있게 하는 남녀의 열정적이고 지칠 줄 모르는 노력에 의존한다. (『여성의 미국』, 215~216)

백인 중산층 여성들을 중심으로 19세기에 촉발된 미국 여성운동의 결과 참정권 획득에는 실패했지만 기혼 여성의 재산권 확보에는 성공했다. 1848년 뉴욕 주에서 통과된 첫 번째 〈기혼여성 자산법〉이 결혼한 딸의 자산을 낭비하는 사위들에게서 그 재산을 지키려는 많은 남성 법률가들의 지지를 받았다는 것은 아이러니다. 뉴욕 법은 1860년의 수정을 거쳐 아이들에 대한 공동 후견인 권한을 여성에게 확실하게 보장하였다.(1부 부록, '여성의 재산권을 인정한 법률' 참조) (백인) 여성은 자신만의 별도 계좌로 장사나 사업을 하고 어떤 노동이나 서비스도 수행할 수 있게 되었다. 그러나 농장 여성들이 수행하는 노동을 비롯해 가족 안에서의 여성 노동은 정식 수입원이나 생계 노동으로 인정받지 못했다. 또한 「감정 선언」의 주장에 따른 〈기혼여성 재산법〉 제정은 가난한 백인 여성에게나, 노예 신분에서는 해방되었어도 변변한 일자리도 재산도 땅도 없는 흑인 여성들에게는 무의미한 것이었다.

19세기 중반 멕시코 사람들은 오랫동안 살아왔던 땅에 계속 살면서 갑자기 언어, 관습, 법, 생활 습관도 다른 이방인들 사이에 던져졌다. 국경이 이동되었으며 수천 명의 멕시코 사람들이 미국 안에 들어와 있는 자신들을 발견하였다. 과달루페 히달고 조약은 멕시코 사람들이 미국에 남아 있어도 되고 새 남부 국경을 넘어 이동해도 된다고 했다. 남는다면 미국 시민의 모든 권리를 누리도록 보장한다고 해서 대부분의 멕시코 사람들이 남았다. 하지만 그들은 이상한 소외감을 느껴야 했다. 원래 살던 자신의 땅에 살고 있는데도 불시에 외국인이 되고 만 것이다. 미국 법에 익숙하지도 않고, 영어도 잘하지 못하는 멕시코인들은 미국 상인들이나 변호사들의 기업가적인 계획과 계산 때문에 땅의 소유권 문제를 제대로 다루지 못해 땅을, 가축을, 숲을 잃고 일용 노동자로, 프롤레타리아로 전락한다. 미국 시장 혁명이 주도한 남서부 확장 때문에 멕시코 땅뿐만 아니라 멕시코인들의 노동역시 전유될 수밖에 없었던 것이다.

1850년대 후반부터 소 떼에게 풀을 먹이던 땅을 농작물을 대량 생산하는 땅으로 전환시킬 재정 자원이 부족했던 멕시코 지주계급에게 '시장의 게임'은 불리했다. 때문에 축산업은 사양길을 걷는다. 멕시코인들을 더욱 위축시킨 것은 새로운 세금 제도였다. 예전에는 생산물에 대한 세금만 내면 되었는데 이제 땅에 대한 세금까지 매기도록 제도가 바뀌자 멕시코인들은 세금 낼 돈을 마련할 수 없어 땅을 팔아야만 했다. 이렇게 땅을 잃게 되자 멕시코인들은 조상 대대로 살아왔던 땅에서 박탈되고 소외됨으로써 쓰라린 심정을 느끼게 되었다. 다음의 멕시코 노래를 들어 보자.

> 멕시코 · 텍사스 사람인 그는
> 그란데 강의 북쪽 지역에 사는 재미나는 남자라네.
> 이 지역에서 멕시코 아버지에게서 태어난 그에게
> 이제 더 이상 땅이 없다네.
> 그는 때때로 가슴속 깊은 곳에서 비탄에 빠져
> 그란데 강의 양쪽 지협 부분을 발로 쾅쾅 구른다네.
> 지겹게 읊어 대던 그리고 링고Gringo lingo를 말할 수 없다네,
> 그것이 혀를 비틀리게 하며 그를 아프게 한다네.
> 사람들은 그더러 텍사스 시민이라고 한다네!
> 하지만 왜 사람들은 그를 '멕시코 기름Grease'이라고 부를까?
> 그는 부드러운 말과 강한 행동을 이해하지 못한다네,
> 멕시코 · 텍사스 사람인 그에게는 땅이 없다네.(타카키, 184)

미국의 캘리포니아 병합은 태평양, 아시아로 향하는 미국의 팽창을 이끌었을 뿐만 아니라 아시아인들을 미국으로 이주하게 하였다. 캘리포니아의 비옥한 땅을 경작할 노동력이 필요했으며, 그 농토에서 생산되는 농산물과 태평양에서 잡히는 수산물을 수송하는 대륙 횡단 철도를 건설할 노동력 역시 필요했던 것이다. 야생의 땅을 잘 개간하여 농산물을 키우는 능력으로 말할 것 같으면 중국인을 따를 인종이 없었다. 당시 중국은 영국과의 아편전쟁에 필요한 전비를 충당하기 위해 농민에게 과도한 세금을 징수하였고 이에 반발하여 일어난 농민반란에 휩싸여 있었다. 그러한 분쟁으로 곤궁을 겪게 된 중국인들 중 용감한 젊은이들은 '황금 산'의 소문이 들려오는 곳을 향해 돈을 벌러 고향을 떠났다. 이들은 대다수가 기혼이었고 부인과 가족을 남겨 두고 혼자 이민을 가서 돈을 버는 대로 귀국할 생각을 가지고 있었다.

지금도 그렇지만 19세기 중반에도 중국 젊은이들은 미국행을 알선하는 '노동 브로커'의 선전에 따라 풍부한 자원과 넓은 땅, 많은 가축들이 유혹하는 '미국의 꿈'에 들떠 미국행을 감행하였다. 이 중국 이민자들은 알려진 바와 달리 강제로 납치되어 외국에 실려 간 자유롭지 못한 종속 쿨리Coolie 노동자가 아니라 자유로운 노동자로, 빌린 뱃삯을 나중에 벌어 갚아 나가는 시스템을 통해 자발적으로 미국에 갔던 자유 노동자였다. 1849년에 325명, 다음 해에 450명이 더 갔는데 차츰 늘어나 1870년에는 미국의 중국인들이 6만 3천 명에 달했고 대부분(77퍼센트)이 캘리포니아에 살았다.[21)]

초기 중국 이민 남성 노동자들은 캘리포니아에서 환영을 받았다.

---

21) 1930년에는 40만 명이었다. *A Different Mirror*, p. 194.

하지만 예전의 멕시코 광부들처럼 외국 광부에게 부과되는 세금을 내야 했으며 세금을 내면서도 시민은 되지 못했다. 백인들에게만 시민권을 준다는 1790년의 연방법 때문이었다. 중국 이민 노동자들은 이삼십 명이 모여 같이 지내며 광산에서 일했는데 수입이 변변치 않자 철도를 부설하는 쪽으로 일자리를 옮겼다. 1865년에 〈중앙 태평양 철도 회사〉에 고용된 이들은 "조용하면서도, 평화롭고, 부지런하여, 철도 부설에 요구되는 어떤 일이라도 배우려는 자세를 지니고 있으며 파업의 위험도 없고 해서 믿을 만하다"(196)고 칭찬받았다. 이에 경쟁의식을 갖게 된 백인 노동자들은 중국 노동자들을 그만 고용하라고 회사에 요구했지만 회사는 백인 노동자들한테 싫으면 나가라고 했고, 중국 노동자들에게는 매달 31달러씩을 지불했다.(197)[22]

회사 전체 노동자 수의 90퍼센트에 달하는 만 2천 명의 중국 이민 남성 노동자들 중 5천 명은 1867년에는 45달러의 임금과 여덟 시간의 노동을 요구하며 파업을 벌였으나 회사의 분리 정책과 캠프에 갇혀 아무것도 먹지 못하게 되면서 일주일 만에 굴복하고 말았다. 〈중앙 태평양 철도〉는 많은 고초와 희생을 바탕으로 중국 노동자들이 성취한 업적이었다. 철도가 다 완성된 1869년 이후 중국 노동자들은 샌프란시스코로 갔다. 남부 농장 일을 하던 중국 노동자들도 샌프란시스코로 모여들었다. 그곳에는 중국 노동자의 4분의 1이 살았고 만 2천 명의 중국 노동자들이 부츠와 구두, 담배, 모직, 재봉업의 반을 담당했다.(198)

그렇지만 중국 이민 노동자들은 같은 일이라도 임금을 덜 받는 '인

---

22) 당시 중국에서 한 달 급료는 5달러 정도였다.

종에 기초한 임금제도' 하에서 저임금 미숙련 직종에 집중되어 있었다. 또한 백인 노동자들의 '에스닉 적대감ethnic antagonism' 때문에 중국인들은 가게, 식당, 세탁소 운영과 같은 자영업 쪽으로 전환하여 갔다.(201) 미국에서의 황색 프롤레타리아트 개념에 따르면 중국인들은 영원히 폄하되는 신분의 노동력을 구성했다. 사실 그들은 영원히 외국인으로 남을 수밖에 없는 이주 노동자들로, 독특한 산업(예비)군이었다. 그리하여 중국 이민 노동자들은 유럽 이민 노동자들과 달리 정치적으로 박탈된 노동력을 구성하였다. 당시의 미국 자본은 미국을 단일 인종 사회로, 미국인을 백인으로 정의했던 지배 이데올로기를 통해 중국인들을 굴종적인 노동자로 폄하하면서 값싼 노동력을 마음껏 이용했다.

중국 이민 남성들은 아무리 열심히 일을 해도 저축하기가 쉽지 않았고, 고향에 돌아가기도 힘들었다. 고국의 친척들은 이들을 미국 사람이 되었다는 둥, 자신들을 잊어버렸다는 둥 원망하였다. 이 때문에 중국 이민 남성들은 다음과 같은 회한을 표현했다.

> 내 삶의 반이 흘러갔건만
> 나는 아직도 정착하지 못한 채 길을 잃고 헤매다
> 창녀질이나 도박의 명수가 되고 있다.
> 매독이 나의 삶을 거의 끝장냈다.
> 돈을 꾸러 친구들에게 손을 벌렸지만
> 아무도 나를 동정하지 않았다.
> 창피하고 끔찍하다. 긴 악몽을 꾸고 난 후
> 이제 나는 깨어나야 한다.(타카키, 220~221)

이 구절은 아시아인들을 필요로 하면서도 배제하는 '독재적인 법' 때문에 평등한 기회도 갖지 못하고, 고향에 돌아가지도 못해 쓰라린 심정으로 자신을 갉아먹으며 살고 있는 중국 이민 남성들의 현실을 보여 준다.

중국 이민 남성들은 온갖 허드레 노동을 감당하면서도 시민이 되지 못했고 '칭크Chink'라고 경멸받았다. 아시아계 사람들에게 새겨진 이와 같은 인종적 열등성은 인디언, 흑인에게 이미 형상화되어 있었던 것이다. 실로 태평양 연안에서 새로 온 신참 중국 이민자들은 예전에 흑인들에게 부여된 인종적 특징을 그대로 지닌 존재로 여겨졌다. 중국인들은 실눈을 한 뱀파이어, 돼지 꼬리, 검은 피부, 두터운 입술, 이단, 도덕적인 열등, 야만 등과 동일시되었다. 백인들은 아이 같고, 욕정이 많은 중국인들이 자신들과 뒤섞이는 것을 두려워했다. 이는 백인과 '니그로, 물라토 혹은 몽골리언'과의 결혼 금지로 나타났다. 심지어 어떤 백인들은 중국인들에게서 인디언을 연상해 중국인들을 특별 체류지로 보내야 한다고 주장했다. 인디언, 흑인, 중국인들은 미국의 주류 백인종과 확연하게 구분되는 '유색인'이라는 정체성을 공유했다.

문제는 "미국의 산업과 국가 발전이 점점 더 많이 중국인들의 노동에 의존한다면 백인 노동자들에게는 무슨 일이 생길 것인가?"(203) 하는 것이었다. 19세기의 마지막 이십 년 동안 극렬했던 파업, 투기 자본으로 인한 경기 침체, 경제 위기, 실업으로 중국인들의 이민을 금지하는 〈중국 이민 배제법(Chinese Exclusion Act, 1882)〉이 제정되었다. 하지만 그 시기에 매년 유럽 이민자들은 80만 명씩 들어왔다. 정직하고 부지런하며, 한결 같고, 진지하며 수고를 감내하는, 깨끗하고 법을 잘 지키는 중국인들을 고용하는 회사에 맞서 중국인들에 반대하는 목소리를 낸 것은 바로 아일랜드인, 이탈리아인, 유태인들과 같은 유럽 이민자들이었다. 그렇다면 중국 이민을 금지하는 법 제정에는 인종보다 훨씬 더 깊이 숨어 있는 두려움이 작용했다고 볼 수 있다. '아시아 노동자 산업예비군'의 존재는 백인 사회 내부의 계급 갈등을 악화하리라는 두려움을 불러 일으켰다.(207) 중국인들을 고용하는 회사 때문에 백인 노동자들이 사면초가에 몰렸기 때문이다. 다시금 '어지러운 다중'의 망령이 미국 사회를 배회하고 있었다.

03 유색 여성들에게 더 가혹했던 미국 개척사

19세기 초중반 앵글로 미국의 개척사에서 중요한 사건이었던 체로키 부족의 '눈물의 행렬'은 체로키 인디언 여성의 관점에서는 어떻게 이해되고 있었을까? 이러한 질문은 체로키 족 여성이 19세기 체로키 족의 운명을 좌우한 백인 남성들과 인디언 남성들에 대응하면서 축적했던 경험과 역할을 살펴봄으로써 답할 수 있을 것이다. 그 답은 당대 인디언 사회의 문화적 변동이 갖는 의미 또한 제공한다.[23]

미 정부와 조약을 체결한 사람들은 체로키 부족 남성들이었다. 당

---

23) 이하 19세기 토착 미국인 여성 삶 이야기는 Theda Perdue, 「체로키 여성들과 눈물의 행렬 Cherokee Women and the Trail of Tears」in *Unequal Sisters*, pp. 93~104에 실린 자료들에서 나온 것이다.

시 여성들은 백인과의 조약 협상을 위한 회의 현장에 있었으나 그 절차에는 참여하지 않았다. 그 시간에 식사 준비를 하거나 아이들을 돌보았을 것이다. 원래 모계 중심 사회의 처가살이 형태로 결혼 관계를 유지해 온 인디언 사회에서 여성들은 집뿐만 아니라 자신이 경작할 수 있는 만큼의 땅에서 키운 여러 생산물에 대한 권한을 지니고 있었다. 또한 여성들은 돌아다니며 생산물을 사고파는 능력도 보여 주었다. 한마디로 인디언 여성들은 앵글로 여성들과 달리 결혼 때문에 자신의 권한이 전혀 축소되지 않았다.

19세기 초반 체로키 인디언 여성들은 땅 문제를 놓고 회의를 열었다. 회의를 마친 후 그 중 13명이 문서에 서명하였고 그 문서를 체로키 족 인디언 남성들에게 전하였다.

현재 추장과 전사들의 회합 자리에 있는 체로키 숙녀들은 지금 모여 있는 사랑하는 그들에게 다음과 같이 말하는 것을 어머니로서의 의무라고 생각했다. 회의에 참석한 전사들에게, 우리 체로키 부족의 사랑하는 자식들과 남자 우두머리들에게 말하노니 신이 우리에게 거주하고 양식을 키우라고 준, 우리가 지금 가지고 있는 땅에서 당신들 모두를 키웠다. 우리는 한때 광활했던 우리 땅을 계속 팔다 보니 땅이 얼마 남지 않았다는 것을 알고 있다. 지금까지 우리는 그 문제에 관여하는 것을 우리의 의무라고 생각하지 않았다. 아버지와 어머니가 의지하고 자식들이 먹고살 것을 키워야 할 땅을 판다고 하더라도 말이다. 우리는 우리 자식들 일부가 미시시피 강을 건너가기를 원한다는 것을 알고 있지만, 우리는 잘 모르는 나라에 가서 살고 싶지 않다. 자식들의 그러한 행위는 당신들의 어머니들을 파괴하는 것과 같다. 당신들의 어머니와 자매

들은 당신들에게 더 이상 우리 땅과 헤어지지 말기를 요구하고 간청하는 바이다.(『불평등한 자매들』, 96)

　1818년에 미국 정부가 장려한, 개인들에게 체로키 땅을 배당하는 문제를 논의하는 부족 회의에서 체로키 여성들은 다시 한 번 다음과 같은 발언으로 대응했다.

　우리는 지금 우리가 소유하고 있는 땅의 경계가 자꾸 좁아지고 있다는 가슴 아픈 소식을 들었다. 저 위의 대령大靈이 우리 자식들을 키우고 우리의 자라나는 세대를 지지하라고 우두머리 남자들과 전사들에게, 우리에게 우리의 공통된 권리로 땅을 주었다. 그러므로 우리는 우두머리 남자들과 전사들에게, 우리의 사랑하는 자식들에게, 우리 체로키 부족이 이 땅의 첫 정착자였을 때 우리의 공통된 권리였던 것을 마지막까지 고수할 것을 겸손하게 청하는 바이다. 그래서 우리는 흙의 권리를 주장한다. (…) 우리는 여태까지처럼 우리나라에서 공동으로 열린 우리 회의에 전원 합의로 참여한다.『불평등한 자매들』, (96)

　토착 미국인 여성들 중에는 오다리스Oo-dah-less라는 체로키 족 여성처럼 상업적 사업가로서 능력을 발휘하여 재산을 가지고 있는 여성들도 있었다. 또한 1835년, 〈인디언 추방법Removal Act〉에 의해 추방될 사람 명부의 3분의 1이 여성 가장이었다(『불평등한 자매들』, 98). 이렇게 여성들이 적극적이고 주체적으로 활동을 할 수 있는 길을 열어 놓고 있었던 인디언 가족 구조는 백인 사회와 접촉하고 그것에 동화되면서 인디언 여성의 권한이 축소되는 방향으로 변모한다. 즉 사냥꾼, 전사,

장사꾼으로서의 인디언 남성상은 개척지의 백인 농부들처럼 개인이 소유하거나 개인에게 할당된 땅을 차지해 경작하는 농부라는 상으로 변화한다. 이에 따라 인디언 남성들의 에너지와 야망과 공격성은 가정성domesticity 이데올로기에 기반을 둔 백인 사회의 가부장적 정치 경제력을 확보하는 방향으로 변하게 된 것이다.

그리하여 인디언 여성들은 아이들과 함께 바깥일에서 배제되고 가정에서 보호받는 열등하고 약한 대상이 되었다. 또한 전통적인 마을 회의를 통해 자유로운 의견을 수립하던 방식 대신 체로키 부족 회의는 미 정부 조직을 모방해 더 형식화되고 중앙집중화된 정치 조직을 갖추어 나갔다. 그리하여 체로키 부족 회의가 몇몇 엘리트 남성들의 수중에 들어가게 되었고 정치 경제력의 집중화 현상이 나타났다. 1826년에 소집된 헌법 대표자 회의에서 초안을 잡아 1827년에 비준된 인디언 헌법에서는 '자유로운 남성'에게만 투표권을 준다고 되어 있었다.

이렇게 하여 19세기 중반에는 독립적으로 사업을 하는 인디언 여성은 찾아보기 힘들게 되었다. 땅을 지키며 땅에서부터 자급해 왔던 체로키 여성들은 '눈물의 행렬' 과정에서 수천 킬로미터를 걸어야 하는 비참한 상태에 놓였다. 인디언 여성들은 무법 상태에서 백인 군인들에게 놀림 받고 윤간 당하거나 사산하는 경우도 많았다. 이런 형편에다 체로키 족 여성들은 남성들이 좌절감과 무력감 때문에 휘두르는 가정 폭력까지 겪어야 했다. 이는 체로키 족이 미합중국과의 정치적 관계에서 (남성) 앵글로 정치 체계를 채택함에 따라 그러한 체계의 기반인 경제적 자원과 군사력이 결여된 인디언 여성에게 닥칠 수밖에 없는 변화였다. 인디언 남성들은 백인의 정치관계를 비판적으로 보는 데 실패함으로써 이 변화를 초래하는 데 일조하였다.

　노예제 폐지 운동가이자 흑인 여성운동가인 소저너 트루스Sojouner Truth는 백인 남녀 및 흑인 남성을 대상으로 "나는 여자가 아니란 말인 가요?Ain' t I a Woman?"라는 도발적인 질문을 던지면서 「감정 선언」의 백인 중산층 (여성) 중심성을 비판한다. 트루스는 (정확히 알려져 있지 않으나) 1797년 무렵 뉴욕 얼스터Ulster에서 노예로 태어나 '이사벨라'라고 불렸으며 미시건 주 배틀 크릭Battle Creek에서 1883년에 사망했다. 트루스는 자라나면서 네 번이나 팔려 다녔고, 1826년 뉴욕 주 법이 발표되기 전, 노예 신분을 풀어 주겠다던 주인이 약속을 지키지 않자 탈출을 감행했다. 그때부터 약 20년 후, 트루스는 '이사벨라'라는 이름을 버리고 진리가 머무는 사람이라는 뜻의 '소저너 트루스'라는 이름을 택했다. 하나님의 대변자이자 설교자로서 트루스는 노예제도의 죄악을 고발하는 연설 여행을 다녔다. 1851년 오하이오 애크론Acron 여성 인권 대회에서 했던, 「나는 여자가 아니란 말인가요?」라는 짧은 연설은 흑인 여성의 위치에 대한 자의식을 실감나게 드러내고 있다. 그 전문은 다음과 같다.

　　자, 여러분들, 시끌벅적한 곳에 아무래도 나쁜 무엇인가가 있는 법이겠지요. 내 생각에 남부의 니그로들과 북부 여성들 모두 권리에 관해 이야기하고 있으니 백인 남성들은 조만간 곤란한 처지에 처할 거예요. 그런데 여기서 말하는 이 모든 이야기는 도대체 무엇에 관한 것이던가요? 저기 있는 남자가 말하기를, 여자들은 마차를 탈 때도, 더러운 물구덩이를 넘어갈 때도 도움을 받아서 어느 곳에 가든 가장 좋은 자리를 잡아야 한다고 합니다. 그런데 내가 마차를 탈 때나 진흙 구덩이를 넘어

갈 때 나를 도와 내게 가장 좋은 자리를 주려고 하는 사람은 아무도 없더군요. 그럼 나는 여자가 아니란 말인가요? 나를 보세요! 내 팔뚝을 보세요! 나는 밭을 갈았고, 농작물을 심었으며 가축을 우리로 끌어 모았는데요, 어떤 남자도 나를 앞설 수 없답니다! 그럼 내가 여자가 아니란 말인가요? 나는 음식과 일자리를 얻을 수 있을 때면 남자만큼 많이 먹고 많이 일할 수 있고, 채찍질도 그만큼 참아 낼 수 있답니다! 그럼 내가 여자가 아니란 말인가요? 나는 열세 명의 아이들을 낳았는데 그 아이들의 대부분이 노예로 팔려 나갔어요. 내가 어머니의 슬픔으로 통곡할 때, 예수님 말고는 아무도 그 외침에 귀 기울이지 않았어요! 그럼 나는 여자가 아니란 말인가요?

그때 사람들은 머릿속의 이것에 대해 말하곤 합니다. 사람들은 이것을 뭐라고 부르지요? [누군가 속삭이기를, 지성이라고 하는군요.] 그래요, 맞아요. 그런데 그게 여성의 권리나 니그로의 권리와 무슨 상관이 있던가요? 내 잔에는 0.473리터밖에 안 차고 여러분의 잔에 0.95리터쯤이 있다면 나더러 나의 그 얼마 안 되는 잔을 채우지 못하게 할 정도로 여러분이 인색하게 굴 생각은 아니겠지요?

그때 저기 검은 옷을 입은 작은 남자 분이 여자들은 남자들만큼 많은 권리를 가질 수 없다고 말하는군요. 그리스도가 여자가 아니라서 그렇다네요! 여러분의 그리스도는 어디서 왔지요? 여러분의 그리스도가 어디서 왔나요? 하나님과 여자로부터 왔지요! 남자는 그리스도와 아무 상관도 없고요.

하나님이 만든 최초의 여자 이브가 혼자서 세상을 뒤집어 놓을 정도로 강력하다면 이 여자들이 함께 이 세상을 뒤집어 다시 올바르게 놓을 수 있어야겠지요! 이제 그들이 그렇게 하기를 요구하고 있으니 남자들은 여자들을 그리 하도록 내버려 두는 게 나을 거예요.

내 말을 들어 주셔서 감사하고요, 이제 늙어 가는 소저녀는 더 할 말도 없군요.(1851)[24]

흑인 노예 여성이었던 해리엇 제이컵스의 진술을 보면 "노예제도는 남자에게도 끔찍한 것이지만 여자들에게는 훨씬 더 끔찍하다. 흑인 여성은 모두의 공통된 짐 말고도 여성만이 특이하게 겪는 잘못과 고통과 치욕을 겪는다."[25] 15살이었던 제이컵스는 주인에게 농락당했다. 제이컵스는 "그는 오로지 비열한 괴물만이 생각할 수 있을 더러운 이미지들로 내 어린 정신을 가득 채웠다"고 회상했다. "그는 나를 자기 재산이라고, 모든 일에서 그의 의지를 따라야 한다고 (…) 말했다. 나는 내 (…) 독재자가 소유할 아이들의 어머니가 된다는 생각만 해도 몸서리쳐졌다. 나는 주인이 새 희생양이 생기자마자 이전의 희생자들을 없애 버리려고 그들을 멀리 팔아 버린다는 것을 알고 있었다. 특히 애들이 생기면 아직 젖도 떼기 전에 몇몇 여자들이 팔려 가는 모습을 지켜보아야 했다. 그는 노예가 낳은 자식이 그 자신이나 자기 부인이 보는 곳에 오래 남아 있는 것을 절대 용납하지 않았다." 이러한 성적 착취는 남부에서 광범위하게 퍼져 있었다. 많은 물라토 mulatto 인구가 존재하는 것은 그러한 성적 남용을 계속해서 상기하는 생생한 증거가 된다.

---

24) Sandra Gilbert/Susan Gubar eds., *The Norton Anthology of Literature by Women* (W.W. Norton & Company, 1985), p. 253. 여기서의 현대화된 영어 판본에 따라 번역함.

25) Harriet A. Jacobs, *Incidents in the Life of a Slave Girl, written by herself* (Cambridge, Mass., 1987; originally published in 1857)

중국 이민자들 중에서 여성은 이중의 소수자다. 1900년에 미국에 있었던 중국인 9만 명 중 5퍼센트인 4천5백 명이 여성이었다. 중국 여성들은 여성은 남성에 비해 열등하다는 관념이 지배적인 환경에서 전족과 같은 육체적 고통을 받는다고 알려져 왔다. 그러나 중국 이민 여성이 공적 목소리를 내고 있는 드문 사례도 있다. 그 중 한 명이 메리 테이프Mary Tape였다. 상하이의 고아원에서 자란 메리는 열한 살에 선교사들을 따라 미국에 이주했다. 샌프란시스코 차이나타운 외곽의 〈숙녀 구호 단체Ladies' Relief Society〉에서 5년을 살았고 영어가 유창했으며 옷도 서구식으로 입었다. 테이프 부부는 딸이 미국에서의 삶을 제대로 준비할 수 있도록 교육받기를 원했는데 유럽계 이민자를 교육시키는 샌프란시스코 교육 체계는 아시아 사람들을 받아들이지 않으려고 했다.

중국 아이들이 백인 아이들에게 '정신적·도덕적으로 큰 해를 끼친다'는 근거로 딸 메이미Mamie의 입학을 허가하지 않자 테이프 부부는 교육부에 소송을 제기하였고 승소하였다. 그러나 교육부는 차이나타운에 중국계 아이들을 위해 인종적으로 분리된 학교를 세움으로써 법원의 판결을 이행하지 않았다. 이에 격분한 메리 테이프는 교육부 당국자들에게 다음과 같은 편지를 썼다.

당신들이 내 아이가 공립학교를 다니지 못하게 하려고 온갖 핑계를 꾸미고 있는 모습이 선하군요. 선생님들, 제발 내게 말해 주겠어요? 중국인으로 태어난 게 수치라도 되는가요? 하나님이 우리 모두를 만든 게 아니었던가요!!! 내 아이가 중국 후손이라는 이유로 학교를 다니지 못하게 하다니 무슨 권리로요! (…) 당신들은 불쌍한 어린아이 하나 때문에 공공 재정을 어리석게 낭비해 왔군요. 내 아이가 걸어 다니기 시작한 이래 그 아이의 놀이 친구들은 모두 백인이었어요. 내 아이가 백인 애들과 함께 노는 것은 괜찮았지만 같은 교실에서 그 애들과 함께 공부하는 것은 괜찮지 않단 말씀인가요? (⋯) 중국인이 어떻게 살고 무슨 옷을 입든 문제될 게 없다고 봐요. 그런데도 중국인들은 하나같이 미움을 받아요. (⋯) 메이미 테이프는 당신이 만든 중국 학교에는 절대로 다니지 않을 거예요. 절대로요!!! 선생님, 나는 인종 편견에 사로잡힌 사람들이 지배하는 곳에 어떠한 정의가 있는지를 세상 사람들에게 꼭 보여줄 거예요.[26]

테이프는 아시아계 유색인종 중에서도 중상층 계급에 속한 경우였다. 교육 당국의 인종 분리 정책을 비판하는 테이프의 목소리는 정당하고 단호하였다.

독신으로 지내던 중국 남성 노동자가 어렵게 아내를 구해 가정을 꾸리는 경우도 있었지만, 결혼시켜 준다는 브로커의 거짓 약속에 속아 사창가로 팔려 나가 매매춘에 종사하던 여자들도 있었다.[27] 1870년 캘리포니아의 중국 여자 3,536명 중 61퍼센트나 매춘부로 등록되어 있었던 것은 중국 이민 남성들로 구성된 '독신자들의 식민지'가 성매매를 필요로 했고 여성 비하 관념이 드센 중국의 하층계급 아버지들이 딸들을 팔기도 하였기 때문이다. 중국 이민 여성으로서 그 딸들의 미국 이야기는 4장 3절에서 좀 더 자세히 나온다.

---

26) Mary Tape, "Claiming an Education" in *Women's America*, pp. 282~283.
27) 그 자세한 일화는 4장에 나온다.

03

강력한 산업 국가의 건설

1900~1945

01 해외 프런티어로 눈 돌리는 백인 남성들의 행진

19세기 후반 미국은 프런티어의 종식을 공식적으로 선언하고 해외로 눈을 돌리게 된다. 해외 국가들에 대한 미국의 개입은 20세기 전반에 미국이 세계의 강국으로 발돋움하는 데 기여했다. 또한 미국은 해외로 관심을 돌림으로써 급성장한 산업사회의 폭발적인 계급 갈등, 경제 위기, 저소비와 같은 복잡한 국내 문제를 해소하는 효과가 있었다. 파업과 저항으로 이어지는 반란의 에너지를 외부의 적에게 돌릴 수 있었기 때문이다. 다른 한편으로 미국과 스페인의 전쟁, 필리핀(괌) 전쟁은 순전히 영토를 정복하기 위한 전쟁이 아니라 미국 상품을 팔 수 있는 해외시장 개척의 전초전으로서 문화 개방을 강요하기 위한 것이었다. 이처럼 해외 전쟁으로 선점하는 '문호 개방'을 통해 다른 국가들과의 관계에서 유리한 고지를 차지하는 방식은 유럽의 전통적 제국 건설보다 더 세련된 제국주의 방식이라 할 수 있다. 미국이 1897년에 하와이를 병합하고, 1898년에 쿠바와 푸에르토리코에 개입한 것도 해외시장을 개척하는 동시에 자원 확보 망을 탄탄히 함으로써 19세기 미국의 번영을 계속 유지하기 위한 전략이었다.(진, 1권 514~515)

그러나 해외에서의 모험을 통해 애국심을 고양시키거나 선거로 에너지를 흡수하는 전략만으로 미국 체제의 근본적인 문제를 가리기에는 한계가 있었다. 전쟁과 국수주의는 계급적 분노와 착취를 유보시킬 수는 있었지만 완전히 억누르지는 못했다. 1898년에 미숙련 노동자 조직과 〈서부 노동 연맹〉이 창설된다. 1913년에는 콜로라도에서 석탄 파업이 일어나 파업 중 13명이 사망하는 등 총 66명이 희생된 '러들로Ludlow 학살 사건'이 일어난다. 이후 윌슨 대통령하 연방 정부는 새로운 법안을 마련해서 체제 안정, 질서, 중립성, 공정성의 이름으로 "불확실성과 골칫거리의 시기에 자본주의 체제를 안정화하기 위한" 개혁에 착수한다.

윌슨 대통령이 내건 "혁신주의 시대의 개혁"이란 마지못해 하는 개혁이며 "근본적인 변화를 만들어 내는 게 아니라 민중의 봉기를 진정시키기 위한 것"(596)으로 체제를 안정시키고 변화하는 상황에 적응하려는 노력이었다. 이 혁신적 개혁이 애초에 의도했던 것은 "자본주의 최악의 결점을 보완함으로써 체제의 안정을 기하고, 사회주의 운동의 칼날을 무디게 만들며, 자본과 노동 간의 격렬한 충돌이 더해 가는 시기에 계급 평화를 위한 일정한 조치를 부활시키는 것"(604)이었다.

윌슨의 이러한 개혁 노선은 민주주의 수호를 돕는다는 명분으로 제1차 세계대전에 참전하는 것으로 나타난다. 제국주의 국가는 특히 자국의 노동계급이 전쟁에서 희생되는 면보다 그 전리품의 일부를 받을 수 있는 가능성을 부각시켜 국민을 설득하고 호소하여 참전 결정을 내리게 된다. 그 전쟁은 제국을 위한 전쟁, 자원을 위한 전쟁이지 결코 노동계급을 위한 전쟁이 아니었다. 그런데도 국수주의 논리에 현혹된 미국 노동과 자본 진영은 단합하여 민주주의라는 이름으로 전 세계를 상시적인 전쟁 상태로 몰아가는 기이한 국가 체제를 20세기에 확립하게 된다. 주기적으로 불황이 야기되고 위기가 찾아오는 미국 자본주의는 부자와 빈자 사이의 인위적인 이익 공동체를 만들어 내기 위해 국제적이고 주기적인 전쟁을 필요로 하였다.(진, 2권 18~19) 그러한 전쟁은 간헐적인 운동을 통해 모습을 드러내는 가난한 사람들의 진정한 이익 공동체를 일거에 무산시켰다.

1917년 방첩법, 선발징병법, 〈미국 수호 연맹〉 등의 국수주의 법과 단체가 기승을 부렸으며 1918년 종전까지 미군 병사 5만 명이 죽었다. 미국은 약소국의 수호자로서 이런 희생을 감수한다고 했지만 실상은 대기업과 국가가 밀착된 가장 정교한 파시즘적 자본주의 지배체제를 확립해 나가고 있었다.(98~99) 다음 인용문은 20세기 전반 내내 미국이 이런저런 명목으로 약소국에 개입한 목적이 무엇이었는지 그 실상을 잘 보여 준다.

미국은 스페인의 지배를 받는 쿠바가 자유를 쟁취하도록 돕는 척하면서 군사 기지와 투자, 간섭권 등을 통해 자체 세력을 쿠바에 이식했다. 미국은 하와이와 푸에르토리코, 괌을 강탈했으며 필리핀 사람들을 정복하기 위해 야만적인 전쟁을 수행했다. 미국은 수용과 위협으로 일본이 미국에 시장을 '개방' 하게 했다. 미국은 중국을 착취하는 데 있어 다른 제국주의 강대국들과 동등한 기회를 누리기 위해 중국에서 문호 개방 정책을 선포했다. 미국은 중국에 대한 서구의 지배를 강요하기 위해 다른 나라들과 함께 베이징에 군대를 파견했고 30년 이상 주둔시켰다.

미국은 중국에 문호 개방을 요구하면서도(먼로 독트린과 수많은 군사 개입을 통해) 라틴아메리카에서는 문호 폐쇄(즉 미국을 제외한 모든 나라에 문을 걸어 잠근다는 정책)를 고집했다. 미국은 파나마 운하를 건설하고 장악하기 위해 콜롬비아에 대항하는 혁명을 교묘하게 부추겨 파나마라는 '독립' 국가를 만들어 냈다. 미국은 1926년에 혁명을 무력화시키기 위해 니카라과에 해병대 5천 명을 파병하고 7년 동안 주둔시켰다. 또한 1916년에 도미니카공화국에 네 번째로 개입했으며 8년 동안 군대를 주둔시켰다.

미국은 1915년에 또다시 아이티에 개입해서 19년 동안 군대를 주둔시켰다. 1900년부터 1933년 사이에 미국은 쿠바에 네 차례, 니카라과에 두 차례, 파나마에 여섯 차례, 과테말라에 한 차례, 온두라스에 일곱 차례 개입했다. 1924년에 이르면 라틴아메리카 20개 나라 가운데 절반의 국가 재정이 미국에 의해 어느 정도 좌우되고 있었다. 1935년에 이르면 미국의 철강과 면화 수출의 절반 이상이 라틴아메리카에서 판매되었다.(진, 2권, 98~99)

이러한 미국 자본주의 체제에 대한 자국 사회주의의 도전은 1901년 사회당의 결성으로 집결되었다. 사회당은 한때 당원이 10만 명에 육박했고 340개 지방자치제에 1,200명의 공직자를 보유하기도 했다. 유진 뎁스Eugene Victor Debs가 기고하던 사회당의 주요 신문 『이성에의 호소』는 50만 명의 독자를 갖고 있었고, 전국 곳곳에 다른 많은 사회당 신문이 있어서 모두 합쳐 백만 명이 사회당의 신문을 구독했다. 사회주의는 주로 유태인과 독일인 사회주의자들로 구성된 도시 이민의 소규모 집단을 벗어나 미국적인 것으로 확대 발전되었다. 오클라호마, 텍사스, 루이지애나, 아칸소 등에서는 55종의 사회당 주간지가 발간되었고 여름 캠프에는 수천 명이 모여들었다. 이들 서남부의 급진파는 미국 역사상 가장 강력한 지역 사회주의 운동을 만들어 낸 무명의 사람들로 구성되어 있었다.

1904년에 사회당 당원 가운데 여성은 3퍼센트에 불과했고, 그중 엠마 골드만[1]과 헬렌 켈러는 이름뿐인 투표권이나 민주주의를 비판하면서 투표보다 더 직접적이고 즉각적인 행동을, 투표소 바깥의 지속적인 투쟁을 신뢰했다. 여성문제에서는 산아제한을 주장하고 피임

방법을 널리 알리려 한 마거릿 생어Magaret Sanger의 영향력이 컸다. 사회당은 1910년대 내내 벌어졌던 여성참정권 운동에 거리를 두었을 뿐만 아니라 인종 문제를 놓고도 별다른 행동을 취하려 하지 않았다. 사회당은 인종 간의 절대적 평등을 역설만 했을 뿐, 그러한 평등을 이루기 위해서는 특별한 조치가 필요하다는 생각을 하지도 않았고 실천하지도 못했다.

흑인들은 1903년에 흑인에 대한 여전한 린치, 채무 노역, 법적 차별, 공민권 박탈 등에 항의하기 위해 〈전국 아프리카계 미국인 협의회National Afro-American Council〉를 창설하였다. 그 이후 일리노이 주 스프링필드에서 일어난 인종 폭동은 1910년 〈전국 유색인 지위 향상 협회(National Association for the Advancement of Colored People, NAACP)〉를 결성하는 도화선이 되었다. 이 협회의 주요 활동은 법 제도와 교육 문제에 집중하고 있었지만 그 기관지 『위기The Crisis』의 초대 편집장이었던 두보이스가 주장한 "지속적이고 용감한 선동이야말로 자유로 가는 길"이라는 정신을 따르고 있었다. 비슷한 시기에 〈전국 유색인 여성 협회〉도 결성되어 인종차별뿐만 아니라 성차별 문제에 항의하고 그것을 개선하고자 하였다.

제1차 세계대전의 여파는 미국에 또 한 번의 경제 호황과 물질적 풍요를 가져다주었다. 민주주의를 수호한다는 명분으로 제1차 세계

---

1) 골드만은 미국과 스페인 전쟁의 실상을 "저 잔학한 스페인들에 대한 분노로 우리의 가슴이 얼마나 타올랐습니까! (…) 그러나 포연이 걷히고 주검이 매장되면서 전쟁의 대가가 물가와 임대료 인상이라는 형태로 돌아왔을 때, 다시 말해 우리가 애국심의 향연에서 깨어나 제정신을 차렸을 때, 우리는 스페인·미국 전쟁을 가져왔던 원인이 설탕 가격이라는 사실을 불현듯 깨닫게 되었습니다. (…) 미국 자본가들의 이익을 보호하기 위해 미국 국민의 생명과 피, 돈을 쏟아부었다는 사실을 말입니다." 라고 연설한다. 『미국 민중사』 1권 549쪽.

대전에 참전했던 미국은 유럽 제국의 해체를 목격하였으며 제국주의 패권이 북아메리카 대륙으로 옮겨가는 기운을 감지했다. 1880년대에 북서 유럽계 이민자들이 많이 유입되었다면, 20세기 첫 20년 동안에는 동남 유럽계 이민자들이 많이 유입되었다. 1901년에서 1914년 사이에 유태인이 집중적으로 유입되었다. 그리하여 1892년에서 1924년 사이에 미국 역사상 가장 많은 이민자들이 미국으로 몰려들었고 흑인들과 다양한 인종의 이민자들은 미국의 생산력을 배가시켰다.

전후 1920년대 미국 사회는 라디오, 자동차, 항공기, 영상물의 발전에 힘입어 생활양식의 변화, 세대 간의 격차, 성에 대한 인식의 변화를 경험하고 있었다. 바야흐로 중산층 중심의 대중 소비문화가 등장한 것이다. 그 화려함과 격변의 이면에는 그동안의 모든 이상적 가치에 대한 믿음을 상실하고 회복할 수 없는 정신적 외상을 얻게 된 개인과 문명에 대한 환멸과 불신으로 고통을 받는 그 개인의 내면적 삶이 있었다. 소비문화가 확산되는 분위기에서 그 고통은 문화 향락주의로 극복될 수 있을 것 같았다. 그리하여 1920년대는 지배 백인 계층의 풍요 속에서도 이주민, 소수 인종들의 빈곤이 강화되는 계급 차별의 시대이기도 했지만, 20세기 초 뉴올리언스의 허름한 술집에서 해방 노예들에 의해 연주되기 시작한 재즈가 〈오리지널 딕시랜드 Original Dixieland〉라는 백인 밴드에 의해 대중화되고 상업화된 재즈 시대, 흑인 민속 문화의 부흥 속에서 흑인성을 재정의하는 '할렘 르네상스 시대'이기도 했다.

새로운 것을 향해 흥청거리며 희망적이던 분위기, 또 게토의 더러움을 대부분 은폐했던 카바레와 문학적 불빛은 1929년의 대공황에 의해 사그라졌다. 일순간에 경제와 희망이 와해되었고 현란한 베일이면의 음울한 현실이 드러났다. 1930년대는 실업과 가난의 시대, "붉은 10년red decade"으로 규정된다. 공황은 대부분의 사람들을 넘어 뜨렸으나 흑인을 비롯한 유색인종 남녀들에게는 짚고 넘어질 것도 없었다. 흑인들은, 북부에서도 그랬지만 남부에서는 더욱 깊은 가난 속으로 떨어졌다. 메이슨 딕슨 라인[2] 밑에 살았던 흑인 대다수가 소작인으로 목화를 경작하고 있었다. 1929년에 파운드당 18센트 하던 면화가 1933년에 6센트로 떨어지자 남부의 흑인들은 생계를 유지하기가 어려웠고, 3분의 2가 파산하거나 더 큰 빚을 지게 되었다. 북부의 도시에서 흑인들의 실업률은 50퍼센트였는데 백인의 그것에 비해 30퍼센트에서 60퍼센트가 더 높았다. 실업 흑인 인구의 18퍼센트가, 백인은 그 10퍼센트가 구호에 의존했다.

프랭클린 루즈벨트 대통령하에 〈농업 조정 행정부〉와 〈국가 회복 행정부〉가 벌인 뉴딜 정책(1932)도 유색인종 남녀들에게는 별로 도움이 되지 않았다. 백인 농부와 백인 노동자를 우선하는 정책이었기 때문이다. 경제 위기와 뉴딜의 실패는 특히 NAACP 내부 흑인들 사이에 논쟁을 일으켰다. 두보이스는 '자발적 인종 분리'를 통해 흑인의 경제 시스템을 구축하자고 주장하기도 했다. 뉴딜 개혁에도 불구하고 흑인들의 할렘 지역은 별로 달라지지 않았기 때문이다. 존 콜리어John Collier가 만든 〈인디언 재조직법(Indian Reorganization, 1934)〉도 인디언 부족의 삶을 나아지게 하지 않았다. 이와 같이 백인 남성 위주로 더욱

---

2) 메이슨 딕슨 라인Mason and Dixon Line은 펜실베이니아와 메릴랜드의 식민지 경계 다툼을 해결하기 위해 영국인 측량사 C. 메이슨과 J. 딕슨이 1763~1767에 설정한 것이다. 이 선 북쪽 주들은 '자유 주'가 되고, 남쪽 주들은 '노예 주'가 된 뒤 지금까지 미국의 북부와 남부를 가르는 상징적 분계선이 되었다.

강고해지는 미국 자본주의 가부장제 체제에서 흑인을 비롯한 유색인종 남성과 백인 하층 계급 여성들, 유색인종 여성의 삶에 어떠한 변화가 일어났는지 차례로 살펴보기로 하자.

02 미국 하위 주체 남녀들의 수난

북부로 이주한 흑인들

20세기 초반에 대다수 흑인 남성들은 남부를 떠나 북쪽으로 이동해 갔다. 그들은 노예 신분에서 해방되었지만 땅이 없어 백인 지주 밑에서 일해야 했으며 홍수나 곤충 피해를 입으면서 빚은 더 늘어 갔다. 한마디로 경제적으로 종속된 상태에 처하게 된 것이다. 남부 전체가 이동의 열기로 들떴고 남아 있는 흑인들은 외로움을 느껴야 했다. 제1차 세계대전 때 일시적으로 유럽 이민자 숫자가 줄자, 북부의 공장 관리인들은 노동자를 구하려고 남부로 급파되었고 남부의 흑인들은 수백 명씩 기차를 타고 중서부, 북동부(디트로이트, 클리블랜드, 시카고, 뉴욕)의 공장 지역으로 실려 갔다.

흑인들은 공장에서 일을 배우면서 점차 돈을 많이 벌게 되었고, 아이들도 학교에 다니며 남부에 남아 있는 어머니에게 돈을 보내기도 했다. 돈보다도 더 중요한 것은 인종 규범에 순종적인 흑인 구세대가 사라지고 구세대와 다른 유형의 흑인들이 생겨났다는 사실이다. 남북전쟁 후 태어난 젊은 흑인 세대는 노예제도를 직접 경험하지 못했다. 그들에게 노예제도는 먼 과거의 제도이자 생활방식일 뿐이었다.

새로운 흑인 세대는 농장의 무서운 감독하에 훈육을 받은 고분고분하고 유순한 붙박이 하인이자 노동자가 아니었다. 새로운 흑인 세대는 현재 삶에 불만을 가지고 더 넓은 세상을 보고 싶어했다. 이 젊은 흑인들은 변화를 원했으며 인간 대접을 받고자 했다. 그들은 노예제를 대신하여 남부에 남아 있던 '짐 크로우'와 '인종 분리', 그리고 린치라는 인종 폭력에서 벗어나야 했다. 편협한 인종차별과 억압 때문에 어머니, 누이, 딸은 강간당하고, 인간 대접을 받으려는 아버지, 형제, 아들은 멸시받고 교수형을 당하거나 총알 세례를 받는 지긋지긋한 남부를 떠나 북부에서 새 삶을 찾고자 했다.

> 그래, 우리는 북부로 간다네.
> 어느 주로 가건 나는 상관하지 않는다네
> 린치 당하고 불태워지며 총을 맞고 교수형되는
> 이 증오의 남부 땅에서
> 딕슨 라인을 넘어가기만 하면 된다네.(타카키, 345)

북부로 간 젊은 흑인들은 일자리도 일자리지만 모험을 즐기려는 내적 충동을 분출해야 했다. 1930년에 이르러 북부의 도시로 간 2백만 명의 흑인들은 미국 역사의 방향을 바꾸어 놓았다. 흑인들의 도시 이주는 노예 해방 다음으로 미국의 흑인에게 일어난 일대 사건이었다.(타카키, 347) 흑인들은 역사상 처음으로 자신들을 위한 의식을 가지고 행동하고 있었다. 흑인들은 흑인 스스로 자유를 얻었다기보다 북부에 의해 선물로 자유를 얻게 되었지만, 1930년대의 이동은 자신들의 뜻에 따른 것이었다.

흑인들의 이주는 희망뿐만 아니라 낯선 곳에 대한 두려움 또한 내포하고 있었다. 그래도 불안보다는 자유에 대한 기대가 더욱 컸다. 남부에서 흘러 들어오는 흑인 행렬의 입구 역할을 했던 시카고의 경우 1900년에는 3만 명이던 흑인 인구가 20년 후에는 10만 9천 명이 되었다.(348) 제1차 세계대전으로 유럽 이민은 끊겼는데 노동력은 더 많이 필요해졌다. 그래서 흑인들은 개인 서비스 일보다 공장, 포장 일로 진출할 수 있었다.

시카고가 '흑인 메트로폴리스'였다면 뉴욕은 '할렘의 고향', '세계의 니그로Negro 수도'였다. 흑인들은 뉴욕에 17세기부터 있었고 1790년에 이미 할렘 인구의 3분의 1을 차지하고 있었다. 1890년에는 잠시 백인 중심의 부자 동네로 변모했다. 그런데 그 이후 할렘이 급속히 변해 빈 아파트가 많아지자, 흑인 부동산 중개업자인 필립 페이튼 Philip Payton이 백인 소유의 아파트들을 남부에서 유입된 흑인들에게 임대하였다. 그러면서 백인들은 그 지역을 떠나게 되고 할렘은 흑인들의 고향처럼 되었다. 할렘 아파트들은 주인들이 집을 수리하지 않아 형편없었고 지나치게 밀집되어 있었지만 흑인들은 인종차별에 대한 두려움 때문에 다른 곳으로 이주해 갈 수 없었다. 백인 주인들은 이 점을 악용해 대부분 저임금 일자리에 있는 흑인들에게 집세를 올려 받았다.(353)

할렘은 모든 곳의 흑인들을 자석처럼 끌어당기는 '새로운 흑인 르네상스'의 중심지였다. 랭스턴 휴즈Langston Hughes는 "이 세상에서 가장 위대한 니그로 도시인 할렘을 보고 싶었다"고, "할렘으로 가는 지하도의 스릴을 영원히 기억할" 것이라고 말했다. 할렘에 모여든 흑인 지식인들은 흑인 민속 문화에서 영감을 받은 흑인만의 독특한 문학을 창조했다. 이 중산층 흑인 지식인들에게 할렘은 '새로운 니그로' 의 약속을 펼쳐 보이는 곳이었다. 도시를 향하는 니그로들의 엄청난 움직임은 점점 분명한 엘리트층을 형성하는 기반이 되었고, 농부, 학생, 사업가, 전문직, 예술가, 시인, 음악인, 탐험가, 일꾼, 설교자, 범죄인, 착취자, 사회적 추방자들이 세상에서 가장 큰 니그로 공동체로 모두 함께 모여들었다. 이들은 흑인의 자존심에 기초한 새로운 공동체를 형성하고 있었다. 할렘에서 흑인들은 집단 표현과 자기 결정의 기회를 최초로 포착하고 있었다.(357~358)

'새로운 니그로' 는 미국 문명의 협력자이자 참여자이며, 흑인 지식인들은 이 위대한 운동의 선두에 있는 사람들이었다. 흑인 지식인들은 미국의 미래를 다른 거울로 비춰볼 수 있었다. 그러나 흑인들은 먼저 자신의 흑인성을 받아들이는 법부터 배워야 했다. 흑인 지식인의 비극적 문제는 '부인' 에 있었다. 미국에서의 진정한 흑인 예술을 가로 막고 있는 장벽은 흑인 내부에 있는 백인성을 추구하려는 충동, 미국 표준화의 틀 속에 인종 정체성을 부어 넣으려는 욕망, 되도록 백인에 가까운 미국인이 되려는 욕망이었다. 이러한 '인종적으로 가로막고 있는 산racial mountain' [3]을 극복하기 위해 휴즈는 "나는 니그로다, 나는 아름답다"고 용감하게 외쳐야 한다고, 미국 표준화에 맞서 자신이 되는 것을 두려워하지 않는 보통 흑인의 삶을 찬양해야 한다고 주

---

[3] 랭스턴 휴즈가 쓴 용어다. 아프리카계 미국인의 감성을 창조하기 위해 할렘을 떠나 남부 흑인 민속 문화의 '흙' 과 접촉하고자 했던 작가 조라 닐 허스톤Zora Neale Hurston이 남성 중심의 흑인 르네상스에서 느꼈던 답답함을 타카키는 '젠더 마운틴(gender mountain, 366)' 이라는 용어로 잘 지적해 낸다.

장했다. 휴즈는 아프리카적이면서 아메리카적인 정체성을, 두 대륙의 강들에서 만들어지는 인종적 자아를 창조하려고 분투했다.

나는 강들을 알고 있습니다.
나는 세상만큼 오래된, 사람의 핏줄 속 피의 흐름보다 더 오래된 강들을 알고 있습니다.
나의 영혼은 강처럼 깊이 자라났습니다.
여명이 창창했을 때 나는 유프라테스 강에서 목욕을 했습니다.
나는 콩고 강 근처에 내 오두막을 지었고 거기서 편안하게 잠을 잤습니다.
나는 나일 강을 바라보았고 나일 강 위로 피라미드를 지어 올렸습니다.
에이브 링컨이 뉴올리언스로 내려갔을 때
나는 미시시피 강의 노래 소리를 들었고
뉴올리언스의 진흙 가슴이 해질녘에 온통 붉게 바뀌는
모습을 보았습니다.

나는 강들을,
오래된 어둑어둑한 강들을 알고 있습니다.

나의 영혼은 강들처럼 깊이 자라났습니다. (타카키, 360)

이러한 희망과 에너지의 분출은 대공황에 의해 사그라졌고 뉴딜 개혁안이 속속 통과되고 있던 1935년 3월 19일에, 할렘은 폭발하고 말았다. 1만 명의 흑인이 거리를 휩쓸면서 백인 상인들의 재산을 파괴했다. 경찰 7백 명이 투입되었고, 흑인 2명이 살해되었다. 이 힘든 시기에 랭스턴 휴즈는 「다시 미국이 되게 하라Let America Be America Again」라는 시를 썼다.

> (…) 나는 우롱당하고 뿔뿔이 밀려난 가난한 백인,
> 나는 노예제의 흉터를 간직한 흑인,
> 나는 내 땅에서 쫓겨난 인디언,
> 나는 내가 찾는 희망을 부여잡고 있는 이민자다……
> 옛날과 똑같은 어리석은 계획만을 보게 되는
> 이 냉혹한 세상에서, 힘센 자가 약자를 짓밟는 세상에서……
>
> 오, 미국이 다시 미국이 되게 하라……
> 아직 한 번도 오지 않은 땅이……
> 반드시 와야 할 땅이…… 모두가 자유로운 땅이 되게 하라.
> 나의 땅…… 가난한 사람들의, 인디언의, 흑인의,
> 나의 땅……
> 미국을 만든 사람들,
> 땀과 피, 신념과 고뇌를 쏟은 사람들,
> 주물공장에서 일하는 손, 빗속에 밭을 가는 쟁기가
> 우리의 거대한 꿈을 다시 돌려주어야 하리라.
>
> 그래, 당신 마음대로 내게 무슨 추악한 이름이든 붙여라……
> 자유의 강철은 녹이 슬지 않는 법.
> 민중의 삶에 들러붙어 피를 빨아먹는 거머리들로부터

우리는 우리의 땅을 다시 찾아야 하리라,

미국을!(진, 2권 91~92)

휴즈는 20세기 초반 미국 사회에서 성공, 기회, 출세에 연연하는 미국의 꿈이 아니라 진정으로 자유롭고 평등한 세상에 대한 희망과 열정을 담고 있는 미국의 꿈을 다인종 다문화 관점에서 노래하고 있다.

국경을 넘는 멕시코인들

멕시코 남성들은 강 건너 북쪽의 미국을 약속의 땅인 양 동경했고 20세기 초반에 국경을 넘어오는 숫자는 점점 더 늘어났다. 그러한 이주는 19세기 후반 멕시코 내부에서 일어났던 도시로의 인구 이동과 피폐한 농촌 현실에서 기인했다. 민영 토지 개발 회사에 땅 관리를 맡겨 그 땅의 3분의 1을 떼어 주는 1883년의 토지법 때문에 소규모 농부들은 소작인으로 전락해 회사에 착취되고 있었다. 1910년 멕시코 혁명이 일어나고 뒤이어 내란이 계속된 것도 그 때문이었다. 가난과 전쟁의 공포에 시달리던 멕시코 사람들은 이러한 상황에서 벗어나고자 꿈의 땅으로, 동경하던 미국으로 넘어갔다.

1895년에 〈멕시코 국제 철도 회사〉가 멕시코 쪽으로 14,484킬로미터의 철로를 확장함에 따라 텍사스 국경과 멕시코가 기차로 연결되었다. 덕분에 멕시코 사람들은 밤기차를 타면 새벽에 미국에 도착할 수 있었고, 지리적으로도 문화적으로도 미국과 멕시코를 넘나들 수 있게 되었다.

쏜살같이 달리는 기차 엔진이

이보다 더 좋은 일을 할 수 없으리

해질녘에 집에 있다가

새벽에 낯선 나라에 와 있으니.

   그러나 멕시코인들은 친숙한 풍경과 소리들에서 점점 멀어지고 있
는 현실에 슬픔과 동시에 음울함을 느꼈다.

아! 얼마나 애통한지!

미국인들이 놓은……

기차를 멕시코 사람들이

보아야 한다는 것은.

칙칙폭폭하는 기차 소리를

들어 보게.

사람들을 싣고 가지만

결코 다시 데려다 주지는 않는

기차 말이네. (타카키, 316)

   기차가 수천 명의 멕시코 사람들을 엘 노르트El Norte까지 실어 날랐
다. 대개 농업 노동자계급 출신이었으며, 15세에서 44세의 젊은이들
이 많았고 여자들도 있었다. 가족을 데리고 가는 경우도 있었지만, 남
자 먼저 가서 일자리와 거주할 곳을 찾은 후에 가족을 불러들이는 경
우가 대부분이었다. 남서부의 멕시코 인구는 37만 5천 명에서 116만
명으로 늘어났다. (1910년대에 2만 5천 명, 1910년대에서 1920년대 사이에 17만

명, 1920년대에 50만 명이 도착했다) 엘 노르트에 10분의 1이, 나머지는 텍사스, 애리조나. 뉴멕시코, 캘리포니아, 미시간, 일리노이까지 가서 정착했다. 주로 캘리포니아의 중개인들을 통해 기차에 실려 미국에 들어온 멕시코 이민자들은 가족과 헤어지는 슬픔을 겪으면서 고국을 떠나온 심정을 다음과 같이 표현하고 있다.

조국을 떠났다고
나를 비난하지 마세요.
가난과 생계
탓이라오.
내가 태어났던
어여쁜 과나후아또여, 안녕
나는 너한테서 멀리 떨어져 나와
미국으로 간다네

이제 떠나가는
나의 사랑스런 조국이여, 안녕.
나는 먹고 살 일자리를 구하러
미국으로 간다네
안녕, 내 마음속에 품고 있는
나의 사랑하는 땅이여.(타카키, 317)

20세기 초반에 멕시코 노동자들이 미국 국경을 넘어올 수 있었던 것은 미국에서 철도 건설, 목화 밭, 순무 밭, 호텔 서비스, 도로 포장 등에 멕시코인의 노동력이 필요했기 때문이다. 미국으로 이주한 멕시코 사람들은 철도 공사건 도로 공사건, 목화 들판에서건, 호텔에서건 일이 있는 곳 어디에서나, 무슨 일이든지 했다. 1918년에 로스앤젤레스에서 앵글로 백인들의 육체 노동자 비율은 6퍼센트인 데 비해 치카노들은 70퍼센트가 미숙련 육체 노동자였다. 허드렛일을 시키려고 멕시코인들을 불러들인 것이었다. 사실 그 때문에 1920년 엘 파소El Paso에서 앵글로 백인들의 전문직·관리직 비율은 30퍼센트인 데 비해, 치카노는 5퍼센트밖에 되지 않았던 것이다.

치카노들은 도시보다 농장에서 더 많이 일했다. 이들이 중국계나 일본계보다 덜 공격적이라고 생각되어 농사일에 선호되었기 때문이다. 1920년대에 캘리포니아의 20만 농업 노동자 중 적어도 4분의 3이 멕시코인이었다.(타카키, 321) 치카노 농업 노동자들은 텍사스에서도 없어서는 안 되는 노동력이었다. 텍사스 주에 있는 20만 명에서 30만 명에 이르는 이주 노동자 중에 백인은 10퍼센트, 흑인은 5퍼센트, 그리고 멕시코인이 85퍼센트였다. 멕시코인들은 타고난 농부라고 칭찬받았다. 텍사스 주에서 저임금에 하루 종일 농장에서 목화 따는 일은 몹시 힘든 일이었다. 게다가 농장 일은 계절 따라 이동하는 것이라 치카노는 계속 이동해야 했다. 캘리포니아 치카노 중 많은 이들이 오하이오, 인디아나, 미네소타, 아이오와, 다코타, 미시간 주로 이동해야 했다. 이 이주 노동 캠프는 샤워 시설도 없어 더럽고 비참한 상황이었지만 농장주들은 신경 쓰지 않았다. 일꾼들은 어차피 계속 이동한다는 것이 좋은 핑계 거리였다.

노동자로서 미국 사회에 들어왔던 치카노들은 자신들이 사회적으로는 배제되어 있다는 사실을 알게 되었다. 그들은 인종 분리의 경계 때문에 고립되어 있었다. 치카노들과 백인들이 텍사스의 목장에서 함께 일하며 친구처럼 지낸다고 해서 그것이 평등을 의미하는 것은 아니었다. 치카노들은 백인에게 공손한 태도를 보여야 했으며, 공공 건물은 '백인의 영토'였기 때문에 조심해서 행동해야 했다. 그리고 백인종의 문화 동질성을 위협한다는 이유로 아이들을 백인과 다른 학교에 보내야 했다. 백인과 분리된 학교에 다니면서 치카노 아이들은 노동력 공급을 돕기 위한 교육을, 순종적인 노동자가 되기 위한 교육을 받았다. 가정 과목과 육체 훈련 중심의 과목들로 짜여진 교육 과정은 아이들에게 자존감이나 자신감을 키워 주는 교육과는 거리가 멀었다.

1924년에 법적으로 정당하게 미국에 들어온 멕시코인 숫자는 87,648명(329)이었는데 이것은 동남부 유럽 이민자 수의 45퍼센트에 달했다. 값싼 노동에 대한 미국의 요구 때문에 치카노 인구를 허용했으면서도, 백인 사회는 치카노들이 백인종 중심의 사회적 경계를 침입한다고 생각했다. 치카노의 높은 인구 증가율도 위협이었지만 치카노 남성과 백인 여성 사이에서 혼혈아가 증가하는 현상도 큰 우려를 낳았다. 이러한 '미국 남서부의 멕시코화'에 맞서서 인종적 순수함을 지켜야 한다는 주장이 드세어졌다. 주류 잡지들과 신문들은 인종 문화적 다양성을 히스테리하게 부인하는 데 앞장섰다. 1930년 3월 『새터데이 이브닝 포스트Saturday Evening Post』의 사설은 "우리나라를 계속 멕시코인 구호소로 만들 의무는 없다"고 썼다.

멕시코 사람들을 배제하라는 요구는 백인 노동자들 사이에 큰 공명을 얻었다. 백인 노동자들은 치카노를 일자리에서의 경쟁 대상으로 보고 국경을 폐쇄하라고, 더 나아가 멕시코인들의 고용을 거부하라고 주장했다. 멕시코인들은 '값싼 노동'일 뿐 '완전한 미국인'이 될 수 없다고 본 것이다. 〈미국 노동 총연맹American Federation of Labor〉의 기관지 『옹호Advocate』는 1920년대 내내 멕시코 이민 제한을 요구했다. 하지만 농장주들은 값싼 노동을 제공하는 멕시코인들이 필요했고 멕시코 노동자를 감독하는 관리직으로 올려 주겠다며 백인 노동자들을 설득했다. 농장주들은 백인 두뇌가 멕시코의 갈색 두뇌 위에 있다며, 백인들은 더럽고 품위 없는 일을 해서는 안 된다고 선언했다. 농장주들은 노동력이 필요할 때만 멕시코 인들을 고용했고 필요하지 않을 때는 국경, 국적을 들먹이며 돌려보내 버렸다.

대공황 때 멕시코 노동자들의 임금은 35센트에서 14센트로 삭감되었다. 그러자 이들은 노동 투쟁에 적극 참여했고 수동적이고 순종적이라 생각했던 당국자들을 놀라게 했다. 가장 강력한 파업은 1933년 산호아킨 밸리San Joaquin Valley에서 일어난 투쟁이었는데, 만 2천 명이 임금 삭감에 저항했다. 그때 지역 신문은 치카노를 멕시코로 송환해 버리겠다고 협박하였다. 치카노 파업자들은 이에 굴하지 않았고, 특히 치카나들이 적극적이었다. 결국 파업은 성공했으나 굶주리며 압박받는 수만 명의 멕시코 이민자들은 남아도는 멕시코인들이 백인 실업을 초래한다는 비난을 받고 멕시코로 돌아가게 되었다. 멕시코인들의 이주 노동은 결국 백인들을 위한 고용 프로그램이었다.

유럽, 아프리카, 아시아 이주민들과 달리 멕시코 이주민들은 앵글로 백인들보다 훨씬 전에 북미 대륙의 남서부에서 살면서 미국과 멕시코 사이의 경계를 오가던 사람들이라 경계 의식이 희박했다. 이들은 송환 프로그램에 별로 개의치 않고 소위 엘 노르트의 '바리오barrio'에서 멕시코 공동체와 문화를 다시 창조해 가고 있었다. 멕시코계 미국 세계를 구가하는 그들만의 공동체 '바리오'에서는 외국 땅에 산다는 이방인 느낌을 갖지 않아도 되었다. '바리오'의 치카노들은 멕시코의 서로 다른 지역에서 왔고 미국 체류 기간도 서로 달랐지만, 미국과 멕시코의 두 문화를 아우르는 독특한 공동체 생활을 유지해 나갔다.

멕시코인들은 9월 16일 멕시코 독립 기념일을 축하하기 위해 플라자에서 퍼레이드를 벌이고 불꽃놀이를 하며 멕시코 노래를 부르고 밴드에 맞춰 춤추는 축제를 열었다. 두 국가의 애국가를 부르고 두 나라 국기 모두를 게양했다. 치카노의 종교는 구세계와 신세계의 가톨릭 신앙을 독특하게 섞어 놓은 것이었고, 멕시코인의 성모 마리아는 얼굴색이 가무잡잡한 여성이었다. 이 사람들을 함께 묶어 주는 것은 인종뿐만 아니라 계급이었다.

대부분의 가난한 미숙련 노동자들은 바리오에서 환영받았다. 사람들은 서로 도왔으며 유대하고 상호 협력했다. 그래서 일상 삶에서 사람들은 편안함을 느낄 수 있었다. 이 땅은 미국 땅이고 멕시코인들은 돌아가야 한다는 미국인들의 큰 목소리를 잊을 수는 없지만, 잊고 용서해야 한다는 마음으로 살았다. 이것은 고통스러운 일이었다. 하지만 치카노들은 미국 시민이 되더라도 여전히 멕시코인들이었다. 멕시코인들의 머리카락이나 말하는 언어에는 백인들과는 명백히 다른 차이가 분명 있었다. 국적은 '미국인'이지만 멕시코인들 안에는 어쩔 수 없는 '멕시코' 피가 흘렀다.

더욱 축소된 토착 미국인들

20세기 초반 토착 미국인들은 흑인들이나 치카노들, 백인 여성들보다 훨씬 더 축소된 삶을 살았다. 사실 〈인디언 재조직법(1934)〉은 인디언을 동화시키려고 하기보다, 인디언은 인디언으로 남게 하여 토착 미국 문화와 미국 백인 문화를 공존하게 한다는 좋은 의도로 시작되었다. 그런데 연방 정부는 50만 마리의 양을 방목하던 나바조 족 구역에서 생기는 침적토가 콜로라도 강을 막고 보울더Boulder 댐을 막히게 한다고 나바조 족의 양 떼를 강제로 줄이게 하였다. 그러나 그 지역의 침적토 문제는 양이 풀을 너무 많이 뜯어 먹어서가 아니라 가뭄때문이었다. 어쨌든 이렇게 양 떼를 줄이는 프로그램 때문에 나바조 족 인디언들은 뉴딜 노동 프로그램을 따르는 노동자로 전락했으며, 연방 정부에 의존하게 되었다.

백인 중심의 뉴딜 정책 때문에 토착 미국인들만의 독특한 전통과 생활 방식을 유지하기가 사실상 힘들어졌다. 그나마 토착 미국인들이 하던 소 키우는 일마저 인디언을 관할하는 미 당국의 무지 때문에 사양길에 접어들었다. 나바조 족은 이미 1890년대부터 소 떼가 풀을 많이 먹어서가 아니라 가뭄 때문에 땅이 못쓰게 되는 것이라고 정부 전문가들에게 누누이 말하여 왔다. 하지만 그 관료들은 토착 미국인들의 말을 귀 기울여 듣지 않았다.

나바조 족 인디언들은 가뭄 끝에 새벽이나 저녁에 하늘에 이는 검은 구름의 모습을 살펴보는 오랜 전통을 갖고 있었다. 그들은 오랜 기다림 끝에 비가 쏟아지면 풀이 다시 자란다는 것을 잘 알고 있었다.

새벽으로 만들어진 집,
어스름 저녁 빛으로 만들어진 집,
검은 구름으로 만들어진 집이여……

어두운 구름이 집 문간에 있다네.

거기서 어두컴컴한 구름이 행렬을 짓고 있나니

지그재그 번개가 높은 데서 치는구나……

나는 행복하게 걸을 수 있다네

비가 흠뻑 와서 나는 행복하게 걸을 수 있다네

식물들이 무성하게 자라니 나는 행복하게 걸을 수 있다네.(타카키, 245)

그러한 대지에 대한 토착 미국인의 믿음은 일자리 창출 중심인 미국 정부의 뉴딜 정책에 의해 끝까지 견지되지 못했다. 그렇다고 토착 미국인 문화가 완전히 사라진 것은 아니었다. "땅은 영원하리"라는 토착 미국인의 노래가 말하듯, 토착 미국인 문화는 나름대로 존속되고 변형되어 나갔다.

백인 하층 계급 여성들의 부서지는 몸

20세기 전반 미국 사회의 백인 여성들, 특히 하층계급 여성들은 어떠한 처지에 있었을까? 이민자들의 높은 출산율과 대조되는 토박이 미국인들의 낮은 출생률은 시오도어 루즈벨트 대통령으로 하여금 '인종 자살'이라는 한탄을 하게 했다. 그러면서 본토 미국 백인 여성들에게 이타적인 모성의 기능을 수행하라고 권고했다. 이러한 동향을 여성의 눈으로 본다면 달리 보일 것이다. 여자들에게 피임 지식을 제공해야겠다고 결심한 마거릿 생어의 자서전을 읽노라면 유색 남성들과 다른 측면에서 미국 백인 및 유색 여성들이 겪어야 했던 고통과 억압을 깨닫게 된다.

생어는 피임을 옹호하는 신문을 발행했다가, 피임에 대한 정보 유출을 금지하기 위해 1873년에 제정된 〈컴스톡Comstock 법〉 위반으로 체포되었다. 겨우 풀려난 생어는 1914년에 남편과 세 아이들과 함께 영국으로 피신하였다. 거기서 생어는 유명한 영국 심리학자이자 성 전문가인 해블록 엘리스Havelock Ellis를 만났다. 엘리스는 생어에게 커플들이 출산과 분리된 성경험을 통해 성관계의 질을 높여야 한다는 확신을 주었다. 뉴욕으로 돌아온 생어 부부는 산아제한 활동을 재개하였고 1916년에 〈브라운스빌Brownsville 클리닉〉을 개업하였다. 그 클리닉의 간호사이자 생어의 자매였던 에덜 번Ethel Byrne의 단식투쟁은 생어에 대한 재판으로 이어졌다.

'공공의 골칫거리'라고 기소된 생어는 노역소에서 30일을 살아야 하는 형을 선고받았다. 생어는 간수들이 보이지 않을 때면 성 보건에 대해 다른 여자 죄수들과 이야기를 나누곤 하였다. 생어는 출소 후 이혼했고, 1921년에 창립한 〈미국 산아제한 연맹〉에 많은 돈을 대 준 부유한 석유 회사 남자와 결혼하였다. 이후 피임에 대한 생어의 생각과 연구에 뜻을 같이 한 부유한 페미니스트 캐서린 맥코믹Katherine McCormick의 지원으로 1950년대 초반에 비로소 피임약 개발이 가능해졌다. 피임이 여성의 자유와 해방을 위해 얼마나 주요한 사안인가 하는 것은 생어의 자서전[4]의 다음 구절들을 보면 분명해진다.

각성과 반항

1921년 초반에 내가 하는 간호사 활동과 사회 서비스 활동은 내 주변의

---

4) Margaret Sanger, *My Fight for Birth Control* (New York: Farra & Reinhart, 1931), in *Women's America*, pp. 372~376.

여성들이 겪고 있는 비참함을 덜어 주는 데 아주 일시적인 것이기 때문에 쓸모없고 무익하다는 점을 일순간에 깨달았다. (…)

가장 어려운 문제들이 생기는 곳은 여기 어머니들 사이에서다. 저 밑바닥에서부터 생겨난 도둑질, 더러움, 위증, 잔인함과 함께 하는 사회 추방자들 말이다.

무지와 태만은 날마다 일어난다. 아이는 태어난 지 몇 시간 만에 죽고 엄마는, 네다섯 명의 아이들을 먹이기 위해 아침 일찍부터 밤늦게까지 일한다. 식구들이 지낼 방도 충분치 않은데 하숙생을 할 수 없이 받아들인다. 여덟 살, 열 살 된 소녀들이 더럽고, 나쁜 냄새를 풍기는 역겨운 남자들과 같은 방을 쓴다. (…)

이런 분위기 속에서 낙태와 출산이 대화의 주요 주제가 된다. 나는 토요일 밤마다 50명에서 백 명 정도의 여성이 싼 값에 낙태를 해 준다고 알려진 의심스러운 사무실로 몰려가는 모습을 보아 왔다. 거기서 어떻게 해 주느냐고 여러 여자들에게 물어보았더니 모두, 재빨리 한 번 검진한 다음 자궁에 탐침(probe, 探針)을 집어넣고는 몇 번 돌리면서 난자를 휘저은 다음 집으로 돌려보낸다고 대답했다. 보통 출혈은 다음 날 시작되고 4주 혹은 5주 동안 지속되는 경우도 있었다. 가끔 구급차가 그 출혈 환자를 병원으로 실어 갔다. 그 여자가 다시 집으로 돌아온다면 아주 운이 좋은 경우였다.

이러한 사태는 악몽이었다. 도무지 말이 되지 않는다. 어머니의 삶이 그렇게 낭비된다는 것은 이치에 맞지 않는다. 여성의 생명력을 소진시켜 35살이 되기도 전에 쓰레기 더미에 던져 버리는 셈이니 부당하기 짝이 없다.

나는 사방에서 불행과 두려움이 음습해 오는 모습을, 일자리를 잃을까

봐 무서워하는 남자들, 더 나쁜 조건들이 닥쳐올까 봐 떠는 여자들을
보았다. 또 한 번의 임신이라는 위협이 1921년에 내가 만난 모든 가난
한 여자들의 머리 위에 칼처럼 매달려 있었다. 내가 맞닥뜨린 질문은
늘 같은 것이었다. 이 사태를 모면하고, 벗어나기 위해 나는 무엇을 할
수 있을 것인가? (…)

색스Sacks 부인은 28살이었고 남편은 32살의 미숙련 노동자였다. 세
아이들은 다섯 살, 세 살, 한 살이었는데 그리 건강하지 못했다. 아이들
을 깨끗하게 씻기고 입히며 좋은 공기와 음식을 제공하여 점잖은 남성
과 여성으로 자라게 하느라 아버지가 번 돈과 어머니의 온갖 정성을 모
조리 쏟아 부어야 했다.

색스 부부는 아이들에게, 또 서로에게 헌신적이었다. 색스 부인은 다시
임신하자 이웃 사람들의 충고대로 이 약 저 약을 먹었고 너무 다급한
마음에 친구가 빌려 준 어떤 도구도 사용했다. 남편이 집에 돌아왔을
때 아이들은 바닥에 쓰러져 있는 어머니를 둘러싼 채 울고 있었다.[5]

(…)

나는 그 황량한 집을 나와서 걷고 또 걸었다. 간호 가방을 들고 몇 시간
이고 생각하고 또 후회하면서 걸음을 멈추지 못했다. 나의 양심이 무서
웠고 나 자신을 비난하는 영혼과 대면하기가 겁났던 것이다. 새벽 3시
에 집에 도착했을 때도 나는, 내가 전혀 의식하지 못하는 무거운 짐의
무게를 여전히 붙들고 있었다.

(…) 창가에 서서 밖을 내다보았을 때, 저 잠자는 도시의 불행과 문제들

---

5) 생어는 이때 이 집에 가게 되는데, 다시는 이런 고통을 받지 않게 할 비밀을 가르쳐 달라고 애원하는
색스 부인의 현명하고 지적인 인식에 감탄하며 나중에 다시 와서 그렇게 하겠다고 약속한다. 하지만
얼마 안 되어 색스 부인은 죽고 말았고, 생어는 그 약속을 지키지 못한다.

이 파노라마처럼 내 앞에 떠올랐다. 너무 많은 아이들로 북적되는 집, 유아기에 죽어 가는 아이들, 과로하는 어머니들, 아기 육아실들, 소홀하게 다루어지는 배고픈 아이들, 그 작은 아이들에게 필요한 위안과 관심을 줄 수 없는 어머니들…….

(…) 해야 할 일이 한 가지 있었다. 고함치며 경고를 울리면서 소동을 일으키는 것이다! 미국의 여성다움을 각성시켜 세상의 모성을 자유롭게 하자! 나는 무의식적으로 짊어지고 왔던 간호 가방을 방 너머로 팽개쳤고 간호사 제복을 찢어서 한구석에 던져 버리고는, 고통을 일시적으로 덜어 주는 모든 일을 영원히 부인하기로 결심했다.

나는 여성들의 불행이 별처럼 광대하게 널려 있는 가운데, 다시는 여성의 아픈 몸을 간호하러 가지 않을 것이다. 피상적인 치료를 그만둘 것이고, 여성이 필요로 하는 것들이 무엇인지 명백하게 알고 있으면서도 얼굴을 돌리는 의사들과 간호사들, 사회 활동가들과의 관계도 끝장낼 것이다. 그들이 이러한 사실을 보게 만들어져야 한다. 여자들은 반드시 피임 지식을 가져야 한다. 그들은 자기 몸에 대해 알 권리를 갖고 있다. 바깥으로 나와 집 계단에서 나는 외칠 것이다. 세상 사람들에게 이 가난한 여성들의 삶에서 무슨 일이 벌어지고 있는지 말할 것이다. 사람들은 내 말을 듣게 될 것이다. 어떤 대가를 치르더라도 사람들이 내 말을 듣게 할 것이다.

백인 여성 지식인으로서 마거릿 생어는 이처럼 삶의 처참함을 몸으로 감내하는 백인 하층계급 여성 삶의 실상을 알리고자 했으며 그들의 삶을 개선하기 위해 산아제한 운동에 앞장섰다. 백인 하층계급 여성들이 겪었던 고통과 비참함은 당시 유색 인종 여성들이 겪었던 차별과 고통 못지않게 격심한 것이었다. 제국으로 발돋움하는 강력한 국가를 건설하는 시점에서는 인종보다 성을 통제하는 것이 더 핵심적인 요소로 부상했기 때문이다.

03 백인 남성 체제에 대응하는 유색 여성들

그러한 일면은 백인과 결혼한 인디언 여성의 사례에서 살펴볼 수 있다. 백인 남성과 결혼한 오필리어 파퀘트라는 인디언 여성의 이야기[6]는 혼혈 결혼 이면에 있는 백인 사회의 가부장 구조를 잘 보여 준다. 오필리아 파퀘트라는 인디언 여성에 대한 1921년 오리건 주 대법원 판결을 보자. 오필리어의 백인 남편 프레드는 인디언 여성과 살고 있는 백인 남성에게 닥칠 괴로움과 힐난을 피하기 위해 인디언 추장의 허락을 받아 인디언 식 결혼 절차를 밟음으로써 다른 인종 남녀 간의 결혼을 형식적으로 공표하였고 30년 이상을 같이 살았다.

그 사이 마을 사람들도 두 사람의 결혼 관계를 인정하였고 두 남녀는 혼혈법 위반으로 처벌받지도 않았다. 1919년에 프레드가 유언장 없이 죽었을 때 그 재산은 오필리어에게 당연히 상속되어야 했는데 프레드의 비도덕적이고 무능한 동생 존이 소송을 걸었다. 오필리어가 자신은 남편과 결혼 절차를 밟아 삼십 년 이상을 함께 살았고, 인디언을 차별하는 오리건 주 혼혈법이 연방 헌법 제14조 수정 조항

---

6) Peggy Pascoe, "Ophelia Paquet, a Tillamook Indian Wife: Miscegenation Laws and the Privileges of Property" in *Women's America*, pp. 275~280 참조.

을 위배한다고 맞섰다. 그러자 모든 인종에게 똑같이 적용되는 오리건 주 혼혈법은 차별이 아니라며 오리건 주 대법원은 두 사람의 결혼이 무효라고 판결했다. 그리하여 유산은 모두 존에게 넘어가게 되었다.

파퀘트 사례에서 보듯 혼혈법은 다른 인종 간의 (성적) 관계 형성을 막지는 않았다. 프레드와 오필리어는 삼십 년 이상을 함께 살았고 부부로서 사회적으로 인정도 받았다. 그러나 백인 남성과 유색인종 여성 간의 결혼 인정이 유산 상속의 핵심 관건이 되자 미국 법은 결혼을 무효화함으로써 재산을 인종 경계 내부에 유지하도록 권력을 행사했다. 백인 우월주의를 재산의 승계와 연관 짓는 과정에서 혼혈법은 중요한 권력을 행사했다. 이를 볼 때 인종 자체가 일종의 자산임을 알 수 있다. 대부분의 백인들은 자신들의 '백인성' 속에 투여된 재산권이 공공연히 인정되기를 원한다. 바로 이 권리가 법원에 의해 인정되고 지지되며 정부도 그 목적을 위해 유지되는 것이었다.

다른 인종 간의 결혼은 인정하지 않지만 다른 인종 간의 '불법적인 섹스'는 그만큼 금지하거나 처벌하지 않는다. 다른 인종 간의 관계를 섹스 행위로 축소시키고 나아가 매춘과 연관시켜 타 인종 간의 섹스를 결혼과 구분하는 것은 유색인종 여성을 '불법 섹슈얼리티'와 연루시키는 오랜 편견과 차별 탓이다. 유색 여성이 여기에서 벗어나기란 거의 불가능하다. 재산과 결혼의 정치경제 사이에는 미국 법에서의 인종과 성 구분과 위계가 함축하는, 경제력의 특권적 확보를 통해서 권력을 유지하는 기제가 숨어 있다.

백인과 다른 인종 간의 결혼을 금지하는 혼혈법은 1660년부터 20세기까지 지속되었다. 혼혈법은 미국에서 흑인 노예제도와 함께 생거났고 남북전쟁 이후에는 더욱 중요해 졌다. 그 법은 인종 분리에서 구체화되는 백인 우월주의 제도의 결정적인 '최종 선bottom - line'을 형성하였기 때문이다. 흑인종과의 결혼을 금하던 혼혈법은 이후 토착 미국인, 중국계, 일본계와 같은 '몽골리안들'과 말레이인들(혹은 필리핀인들)에게로 확대된다. 심지어 사우스타코다 주는 '코리아 Coreans', 애리조나 주는 힌두교도, 조지아 주는 '서부' 또 '아시아계' 인디언들, 오리건 주는 '카나카(Kanakas, 혹은 토착 하와이인들)'와의 결혼을 금지하기까지 했다. 오리건 주는 백인 외의 다른 인종 사람들의 피를 4분의 1 이상 가지고 있거나 인디언 피를 2분의 1 이상 가지고 있는 경우 등, 혼혈 정도의 수학적인 정확성을 요구할 정도였다. 혼혈법은 1967년에 폐지될 때까지 41개 주를 망라하며 3백여 년 동안 실행되었다.

혼혈법의 구조와 기능은 다른 인종 간의 성적 행위 자체보다 결혼 제도에 더 근본적으로 연결되어 있었다. 사실 법적으로 금지된 것은 다른 인종 간의 섹스라기보다 결혼이었다. 좀 더 깊은 의미에서 보자면 모든 혼혈법은 유산을 상속받을 권리와 아이들의 적법성을 포함해 사회적 체면과 경제적 이익을 보장하는 사회적 · 경제적 단위로서 결혼을 특권화하기 위해 고안된 것이었다. 법원은 결혼과 경제적 특권 사이의 연결을 강화하는 역할을 했다. 백인 남성과 결혼한 오필리어의 이야기에서 보듯 법원은 다른 인종의 남녀가 결혼 절차를 밟았는데도 타인종 여성에게는 그 결혼으로 인한 정당한 권리를 주지 않았던 것이다.

인디언들은 곤경에 처한 오필리어를 위해 존에게 소송을 걸었다. 그리고 인디언들과의 관계를 고려하고 평등을 주장하는 연방법을 무기로 파퀘트 부부의 땅을 오필리어의 뜻에 따라 팔게 했고[7] 그 돈의 반을 오필리어에게 주라는 판결을 받아냈다.

이 판결은 부동산을 관리하는 여성의 능력을 간과했으며, 문제의 재산을 처음부터 프레드의 소유라고 전제했다는 잘못을 지니고 있다. 프레드는 결혼 기간 대부분을 하는 일 없이 지냈고 오필리어는 바구니 만들기, 과일 따기, 우유 팔기, 여러 임금노동을 했다. 오필리어는 그 수입으로 땅 값을 지불하였고 세금도 냈다. 그런데도 일상적인 가사노동을 비롯해 오필리어의 경제적 기여는 조금도 인정되지 않던 것이다.

한편 1935년에 흑인 여성 엘라 베이커Ella Baker와 마블 쿡Marvel Cooke은 『위기』에 흑인 여성들의 상황을 다음과 같이 기고했다. "인간의 노동력이 노예 임금에 매매, 교환될 뿐만 아니라 인간의 사랑도 시장에서 사고파는 상품이 되었다. 팔 것이 노동력이든 사랑이든, 여성들은 아침 8시에 도착해 오후 1시, 아니 고용될 때까지 그 자리에서 기다린다. 비가 오는 날이나 화창한 날이나, 더우나 추우나, 여성들은 시간당 10센트나 15센트, 20센트에 일하려고 기다린다." (진, 2권 90)

대다수 흑인 여성들이 이렇게 열악한 상황에서 살기는 하였지만 대의정치에서 중시되는 투표자 숫자라는 맥락에서 보면 무시할 수 없는 정치 세력을 형성하고 있었으며 교육받은 엘리트 여성 계층도 생겨나고 있었다. 20세기 초반부터 백인 여성참정권 운동과 제휴하여 열심히 활동해온 흑인 여성참정권 운동가들이 1920년에 마침내 헌법 수정조항 19조 비준이라는 성과를 거두게 된 것도 그러한 배경에 힘

---

7) 땅이 팔릴 때까지 오필리어는 그 땅에서 살 수 있었다.

입은 바 크다. 하지만 19조에 공언된, 시민의 성sex을 근거로 투표권을 부인하지 않는다는 법적 조항은 흑인 여성들에게는 해당되지 않고 있었다. 이와 같은 법 조항과 현실 사이의 괴리는 인종을 근거로 시민권을 거부하지 않는다는 헌법 수정 조항 15조(1869)가 비준되었어도 흑인 남성들에게 시민권이 발동되지 않았던 오랜 역사적 경험을 보건대 익히 예상되는 것이었다.[8] 그래서 19조의 비준은 1930년대 흑인 여성들에게는 정치나 운동에의 개입을 마무리하는 종착점이 아니라 오히려 출발점이 된다.[9] 따라서 그동안 미국 역사 서술에서 비가시화된 1930년대 흑인 여성들의 지속적인 정치적 액티비즘을 다시 봄으로써 정치적 주체로서 흑인 여성의 면모를 접할 수 있을 것이다.

19조가 비준되었어도 실현되지 않는 투표권은 흑인 여성들에게 좌절과 환멸을 가져다주었다. 1920년대 중반에 이르러 불만에 가득찬 흑인 여성 운동가들은 주류 대의정치로부터 분리되어 나온, 〈짙은 피부색 인종 여성들의 국제 협의회The International Council of Women of the Darker Races〉, 범아프리카주의, 마커스 가비Marcus Garby 운동으로 선회하기도 한다. 하지만 이러한 급진적인 비주류 운동뿐만 아니라 대의정치 과정에 지속적인 관심을 기울여 온 흑인 여성 지도자들의 활동

---

8) 캐리 챕먼 캣트Carrie Chapman Catt, 앨리스 폴Alice Paul, 이다 허스티드 하퍼Ida Husted Harper는 1903년 〈전미 여성참정권 연합The National American Woman Suffrage Association〉을 이끈 백인여성 운동가들이다. 메리 처치 터렐Mary Church Terrell, 이다 바네트 웰즈 Ida B. Wells, 내니 헬렌 버러즈Nannie Helen Burroughs와 같은 흑인 여성 운동가들은 백인 여성참정권 운동가들의 인종차별주의적 태도를 간파하였고 〈전미 유색 여성 연합(The National Association of Colored Women, NACW)〉으로 흑인 여성의 정치 세력화를 꾀한다.

9) Evelyn Brooks Higginbotham, "In Politics to Stay: Black Women Leaders and Party Politics in the 1920s" in *Unequal Sisters*, p. 292. 이후 이 글에서의 인용 쪽수는 본문 중에 (Higginbotham, 쪽수)로 표시함.

역시 살펴볼 필요가 있다. 그들은 분리주의와 동화주의의 이분법에 빠지지 않으면서도 주어진 인종 체제 앞에서 체념하거나 그것을 수용하지 않고 현실 정치를 통해 광범위한 변화를 가져올 수 있는 잠재력을 발휘하고자 했기 때문이다.

짐 크로우Jim Crow의 세계에서 벗어나 자유를 상징하는 여성 투표권을 현실화하는 것은 사회적 이동성이나 고용 기회의 증진 못지않게 큰 의미를 지닌다. 흑인 도시 이주가 늘어가고 유색인종 투표권자의 절대적 숫자가 엄청나게 증가하는 가운데 여성 투표권의 법적 · 현실적 인정은 하나의 집단으로서 흑인 여성들에게 더 큰 가능성을 부여할 수 있는 기회였다. 흑인 여성들은 투표권을 통해 자신들의 영향력과 액티비즘에 대한 자각을 확장시킬 수 있기 때문이다.(Higginbotham, 295) 이 시대 『시카고 디펜더Chicago Defender』와 같은 신문과 『전미 노트National Notes』와 같은 잡지, 『발티모어 아프리카계-미국인Baltimor Afro-Amercian』과 같은 주간지는 정치 문화의 송달자로서, 정치적 사회의 기관으로서 흑인 여성들의 정치의식을 제고하였다.[10]

이에 힘입어 결성된 〈전미 유색 여성 연합〉은 흑인 여성들을 참정권 운동의 전선에 서게 하였으며 미래의 정치활동을 위한 도약대가 되었다. 1920년대에 이 연합은 여성 클럽 운동 조직의 허브를 대표하여 미국 전역의 흑인 공동체에서 여성 조직들 사이의 연결을 확립했으며 의사소통 채널을 열었다. 1926년에 41개주의 연계 클럽을 가지

---

10) "흑인 언론의 역할은 백인 신문들에서 제시되는 부정적인 흑인 이미지들과 싸우는 것이었다. 흑인 언론은 흑인 열등성을 긍정하는 힘들에 맞서 싸우는 지향성을 제공했다. 1920년대 흑인 여성들의 정치적 행위들을 기사화하는 가운데 흑인 언론은 또한 흑인 정치문화 내부에서의 흑인들의 뛰어난 위치라는 개념을 다시 강화하였다." 앞의 글, p. 295.

게 되어 커다란 영향력을 행사하게 되자 〈전국 공화당 위원회the Republican National Committee〉가 대통령 당선을 위해 당시 회장 홀리 브라운Hallie Brown을 끌어들이는 등, 도움을 요청하고 〈전미 유색여성 연합〉은 이 요청을 수락하였다.(296)

이로써 흑인 여성들의 공화당 클럽이 곳곳에 계속 생겨났으며 시민적·정치적 사안들의 전위로서 활동할 길을 전국적으로 확장시켜 나갔다. "우리는 우리를 지지해 줄 정치 안에 있으며, 정치 안에서 버팀목이 될 것(We are in politics to stay and we shall be a stay in politics, 299)"이라는 그 클럽의 슬로건은 선거 기간 동안의 일시적인 당정치에 국한되지 않는, 흑인 여성들의 정치적 액티비즘을 시사한다. 1920년대 흑인 여성들의 클럽들에 확산된 정치 운동은 〈공화당 유색여성 전국 연맹(The National League of Republic Colored Women, NLRCW)〉을 형성하였고 워싱턴 모임을 가졌으며 1928년 대통령 선거에도 큰 영향을 미쳤다.

이렇게 정치적 동원에 기여했고 정치적 범위를 확장했던 20년대의 활동은 공화당의 정치적 캠페인에 치우쳤다는 비판을 받는 가운데 대공황과 백인 중심 뉴딜 정책이라는 1930년대의 정치 경제적 변화에 의해 먹구름에 휩싸인다. 백인 여성 조직들과 공화당에 대한 흑인 여성 운동가들의 불만과 좌절은 컸다. 하지만 그들은 정치를 완전히 포기하지 않았다.(301) 그들이 염원하는 새로운 지도자들, 제휴들, 전략들이 1960년대에 현실로 다시 강력하게 나타난 것만 봐도 알 수 있다.

치카노 도시 노동력에 포함되어 있던 치카나들은 주로 미국 서부의 옷 공장, 가공 음식 공장, 통조림 공장 등에서 일했다. 하지만 미국 서부의 노동 상황은 멕시코에서와 많이 달랐다. 자정쯤에 일이 끝나고 새벽에 다시 일을 시작해야 했으며 냉장 시설인 공장 내부도 추운데다 기계 공정이라 속도도 엄청 빨랐다. 치카나들은 같은 일을 해도 앵글로 백인들보다 적은 임금을 받았다. 하녀로 고용되면 아침 설거지부터 시작해서 밤늦게까지 청소, 세탁, 다림질을 해야 했다. 치카나들은 들판에서 일하면서 아이도 키우고 살림도 돌보아야 했다. 이러한 1세대의 딸들, 즉 1920~1930년대에 성인이 된 멕시코계 여성 세대는 어떤 문화정치적 의식을 가지고 있었을까?

치카나들은 이 시대 멕시코 이민들의 삶을 주로 연구한 선구자들(마누엘 가미오Manuel Gamio, 폴 테일러Paul Taylor, 에모리 보가더스Emory Bogardus)의 연구에서 또 때때로 미간행 현장 노트에서 여기저기 산발적으로 발견할 수 있다. 이 시기 멕시코계 여성들의 삶에 대한 기록은 흑인 여성들의 경우와 달리 극히 부족하다. 그러므로 살아 있는 여성들과의 인터뷰를 통한 구술사 형식 속에서 최대한 그들의 삶의 특징적인 양상에 접근할 수밖에 없다. 에스닉 정체성, 미국화, 세대 갈등의 맥락에서 1920~1930년대 멕시코계 미국 여성들의 삶을 추적한 빅키 루이즈Vicki L. Ruiz의 논의[11]를 여기서 살펴보겠다.

이민자들을 미국화하는 매개체는 교육, 고용, 미디어였다. 이민사의 맥락에서 미국화란 국가기관이나 종교 집단이 지닌 일련의 이상화된 가정들, '아메리카'를 미국만을 가리킨다고 보는 관료주의적 또 기독교 중심적인 편협한 정의에 따른다. 1920~1930년대에 성인이 된 멕시코계 미국 여성에게 미친 미국화의 영향력도 이 가정과 정의의 자장, 즉 미국의 꿈 안에서 행사된다. 이 꿈은 제한된 이동성, 에스닉

---

11) Vicki L. Ruiz, " "Star Struck": Acculturation, Adolescence, and Mexican American Women, 1920-1950, in *Unequal Sisters*, pp. 346-361. 이하 논의는 이 글의 내용을 요약 정리한 것이며, 직접 인용할 경우 (Ruiz, 쪽수)로 표기했음을 밝힌다.

편견의 현실과 모순을 일으킨다. 또한 멕시코와 좀더 연관되어 있는 부모 세대와 차세대의 갈등도 당시 멕시코계 여성의 정체성 형성에 큰 부분을 차지한다.

인터뷰 결과를 보면 이 시대 멕시코계 성인 여성들은 대다수 미국 시민이며 남서부 학교를 다니고 대부분 노동계급에 속한다. 핵가족 형태로 아버지는 주로 농장 일을, 또 하급 노동을, 어머니는 주부로서 공장에서 혹은 남의 가정에서 시간제 일을 한다. 2세대 젊은 여성들은 서로 다른 세대와 문화 사이에서 복합적인 협상을 벌인다. 이들에게는 학교에서 스페인어를 말할 수 없다는 것과 미국사에 관해서만 배운다는 것이 큰 고통이었다. 이러한 현실에 순응할 것을 주장하는 교사들이나 부모들은 앵글로적인 것에 대한 강력한 믿음을 가지고 그 문화에 동화할 것을 요청하는 셈이다. 하지만 이 요구 때문에 아이들의 자기 존중감은 손상되었으며 교육에 대한 그들의 열정 역시 어두워졌다.

미국의 꿈이 표상하는 것은 열심히 노력하면 물질적 보상을 얻고 주류 사회로 수용될 수 있으리라는 믿음이었다. 이 믿음을 현실화하기 위해 멕시코 여성들은 타이피스트, 속기사, 서기, 통조림 및 의류 공장 일, 포장 회사 일을 했다. 가족의 생계 때문에 8학년이 끝나고 바로 일하는 경우도 많았다. 이렇게 일하는 아동들의 비중은 35퍼센트 정도였으며, 그들의 수입은 전체 가구 수입의 35퍼센트 정도를 차지했다. 여성들은 어린 나이였지만 이러한 일을 통해서나마 독립심, 활동의 자유, 자기주장의 기회를 얻었다.

소비문화에 길들여진 멕시코계 여성들은 주체성에 변화를 겪게 된다. 멕시코계 여성들은 중산층의 풍요로운 생활을 열망하게 만들고 그 생활에 필요한 상품들을 구매하게 부추기는 영화나 로맨스 잡지와 같은 미디어의 힘에 노출되어 있었다. 교육과 고용의 동기 자체가 라디오, 축음기, 재즈 레코드, 유행하는 의류를 구매하고 소비하고 싶은 욕구를 충족시키는 것이 될 정도였다. 이러한 소비주의의 영향을 입은 당시 미국 신여성들을 '플래퍼flapper' 라고 불렀다. 이 플래퍼 스타일에 대해 멕시코계 공동체에서는 "단발머리 소녀들The Bobbed-Haired Girls" 이라는 발라드로 반응을 보인다.

> 붉은 밴드를
> 나는 싫어한다네.
> 이제 플래퍼들이
> 옷에다 밴드를 사용하네.
> 산 안토니오의 소녀들은
> 맷돌로 옥수수 가는 일에 게으르다네.
> 그녀들은 단발머리를 하고
> 밀짚모자를 쓰고
> 걸어 다니고 싶어 한다네.
> 수확기가 끝났고
> 면화도 그렇다네.
> 플래퍼들이 이제 즐기려고
> 거리를 쏘다닌다네. (Ruiz, 352)

당시 미국의 소비주의는 바리오들, 학교들, 공장들, 에스닉 언론들 곳곳에 침투해 있었다. 그 영향이 커서 어린 소녀들이 심지어 부모들의 요구와 감시를 거부하고 집을 떠나 성산업에 진출하는 경우도 많았다. 멕시코계 부모 세대는 이러한 성적 느슨함을 타락한 미국 문화의 영향이라고 여겼으며, 주류 백인 사회는 무지하고 빈곤한 인종적 특성 때문이라고 했다. 인터뷰를 했던 멕시코계 여성들은 과거 멕시코 전통을 떠나 새로운 미국 사회에서 나름대로 모험을 하는 가운데 새로운 기대들을 만들고, 선택을 하며 그 선택들과 함께 사는 법을 배웠다고 말한다. 그렇게 하려면 하급 직업의 기능만을 배우는 교육이 아니라 전 지구화 시대 상품 문화의 근원을 파악하고 멕시코라는 라틴아메리카 국가가 지켜온 문화와 전통에 대한 새로운 접근을 통해 좀 더 중요한 기본적인 것들을 배우는 교육이 또한 필요할 것이다. 이러한 면에서 아시아계 미국 여성들이 받아 온 교육은 어떠했는지 살펴보자.

아시아계 이민을 막기 위해 제정된 1924년 이민법 하에서 중국 남자는 백인 여성과 결혼할 수도 없었거니와 미국 태생 중국계 처녀들이 부족한데도, 중국에서 아내를 데려오는 것도 허용되지 않았다. 그래서 1922년 샌프란시스코에 도착한 드문 사례인 왕 아 소Wong Ah So, 로 쉬 로우Law Shee Low, 제인 쾅 리Jane Kwong Lee라는 광동 지역 출신 중국 이민 여성들의 이야기[12]에 주목할 필요가 있다. 왕 아 소와 로 쉬 로우는 가난한 촌락의 가부장적 문화권에서 자라난 순종적이고 효성 깊은 딸인 반면 제인 쾅 리는 부유한 집안 출신으로 교육을 더 받기 위해 미국에 왔던 도시화된 미혼의 '신여성'이었다.[13]

왕 아 소의 부모는 결혼 알선자의 소개로 중국에 온 남자 세탁부 휴

---

12) Judy Yung, "Unbound Feet: From China to Sanfrancisco's Chinatown" in *Women's America*, pp. 302~310.

이 요우Huey Yow한테 450멕시코 달러를 받고 딸을 그의 아내로 미국에 보냈다. 부모는 딸이 가족에게 돈을 보내 줄 수 있기를 희망하였다. 미국에 도착한 왕 아 소는 남편이 포주한테 5백 달러를 받고 자신을 '성노예'로 넘겨주기로 했다는 사실을 알게 됐다. 왕 아 소의 남편은 왕 아 소를 보호해 준다는 명목으로 포주에게 천 달러를 빌리도록 강요했다. 그후 왕 아 소는 프레즈노Fresno에 있는 다른 포주한테 2천 5백 달러에 팔려 갔다.

중국의 가족은 왕 아 소에게 돈을 보내 달라고 편지를 썼고 왕 아 소는 빚이 많았는데도 3백 달러를 보냈다. 그때 쓴 편지에서 왕 아 소는 자신도 성병 때문에 매일 치료를 받아야 하는 힘든 나날이지만 내년에 반드시 빚을 다 갚아 세상이 가족을 멸시하지 않도록 딸의 역할을 다하겠다고 다짐하고 있었다. 어느 잔치 자리에서 왕 아 소의 아버지의 친구가 그녀를 알아보았고, 왕은 열흘 후에 그곳을 빠져나왔다. 왕은 〈침례교 미션 가정〉을 운영하는 도날디나 캐머너Donaldina Camerner의 도움으로 그곳에 기거하게 되었다.

이 기독교 단체의 목표는 중국 여성들을 기독교 여성으로 갱생시켜 사회에 진입시키는 것이었다. 이 단체는 거래가 아닌 사랑으로 결혼하거나, 고등 교육을 추구하거나, 선교 활동가가 되도록 왕 아소를

---

13) 샌프란시스코의 차이나타운에서 여성해방의 나팔이 울린 것은 1902년 11월 2일이었다. 열여덟 살 학생이자 열렬한 개혁 여성인 시에 킹 킹Sieh King King이 남녀로 가득찬 극장에서 전족foot-binding에 반대하는 젊은이의 격정으로, 처녀를 노예화하는 제도를 용감하게 비난하며 남녀평등을 선포한 바로 그때부터였다. 시에 킹 킹이 미국의 중국계 여성을 위해 옹호했던 전족 폐지, 교육, 평등권, 공공 참여는 차이나타운의 개신교 선교사 여성들의 개혁 활동과 중국 여성의 도시 경제 참여로 가능했다. 1929년에 이르러 중국계 미국 여성들은 사회적 제한을 받지않고 공적 영역에도 진입하였다. 전족도 더 이상 실행되지 않았고 매춘도 근절되었으며 상당한 수의 중국 여성들이 집 바깥에서 일하면서 자신들과 딸들의 교육에 신경을 썼으며 공동체에서도 더욱 가시적인 역할을 했다.

도왔다. 왕 아 소는 1년 동안 중국어와 영어로 읽고 쓰기를 배우고 살림을 비롯한 여러 기술을 배웠다. 그리고 기독교도가 된 뒤 아이다호의 상인이자 기독교도인 중국 남성 루이 쾅Louie Kwong과 결혼하기로 한다. 왕 아 소의 이야기는 중국 독신 사회의 특정한 욕구를 채워 주는 창녀들로 미국에 온 중국 여성들의 어려움과 그 해결 방식을 보여준다. 이와 같은 1920년대의 중국계 여성 거래는 중국인 배제 법, 성매매 반대법, 도날디나와 같은 개신교 선교사들의 노력으로 점차 쇠락하였다.

로 쉬 로우는 열여덟 살에 샌프란시스코의 의류 판매자이자 기독교도인 34살의 노총각과 그의 고향 마을에서 목사 주례로 신식 결혼을 한 다음 미국으로 갔다. 로 쉬 로우와 같은 이민 여성들은 열심히 일하면서 삶이 나아지기를 바랄 뿐이었다. 이들 이민 여성들은 차이나타운의 경계 안에 있는 가정 영역을 벗어나지 못하면서도 살림꾼, 임노동자, 문화 담지자로서 남편에게 없어서는 안 될 파트너였다. 차이나타운에서의 여성들에 대한 변화하는 사회적 태도와 함께, 바로 그 점 때문에 몇몇 중국계 이민 여성들은 가정과 공동체 내부의 성 역할을 새롭게 바꾸어 나갔다.

로 쉬 로우는 샌프란시스코에 도착하여 남편과 원룸에서 살면서 열한 명의 아이를 낳았는데 그중 여덟 명이 살아남았다. 남편이 식당에서 일하는 동안 로 쉬 로우는 집에서 요리, 세탁, 청소, 바느질을 했다. 남편은 집안일이나 육아를 하지는 않았지만 1950년대에 심장이 나빠지기 전까지는 식당의 제1주방장 일을, 캘리포니아에서는 과일 따기를, 대공황 때는 집에서 바느질 일감을 맡았고, 제2차 세계대전 중에는 조선소에서 일하는 등 가장의 책임을 다했다. 또한 가정 폭력이나 자녀들에 대한 성차별 없이 아내와도 좋은 관계를 유지해 갔다. 아이들이 다 자랐을 때, 로 쉬 로우는 재봉 공장에서 일했다. 로 쉬 로우는 토요일마다 중국 영화를 보러 나갔지만 차이나타운을 벗어나지 못한 채, 영어를 배우거나 사회 활동에 참여할 시간도 내지 못했다. 로 쉬 로우는 시어머니가 없는 집안에서 가정을 유지하고 아이들을 훈육하는 책임을 떠맡았으며 대체로 부지런하고, 검소하며 충실한 아내였다. 로 쉬 로우와 같은 아시아계 미국 여성은 미국에 거주하는 중국인 가정의 삶을 확립하고 유지하는 과정에서 남편에게 복종적이었지만 자신의 인격이나 몸에 대한 손상을 묵과하지는 않았다.

제인 쾅 리는 왕 아 소와 로 쉬 로우보다 더 순탄하게 미국 삶에 정착했다. 제인 쾅 리는 영어를 말하는 교육받은 여성이었고 가족에 대한 책임도 없었기 때문이다. 게다가 그녀는 부유한 친척들에게 도움을 받아 자신의 길을 개척할 수 있었다. 학기 중간에 미국에 도착해 잠시 일자리를 찾아보았는데, 몸으로 하는 일이나 가사 서비스 일밖에 주어지지 않아 차이나타운 공장에서 수놓는 일, 도매 상가에서 채소 분류하는 일, 새우 껍질 벗기는 일, 지역 통조림 공장에서 과일 분류하는 일, 집에서 가운 바느질하는 일 등을 해 보았다.

당시 샌프란시스코는 미국에서 여덟 번째로 큰 도시이자 태평양 연안의 주요 무역 항구로서 일자리가 많았다. 이 일자리들은 인종과 젠더에 의해 위계화되는 노동시장의 요구에 따라 채워졌다. 노동자, 하인, 공장 노동자, 세탁부, 소상인이 된 중국 남성이 그 하위를 차지했는데, 젠더의 약점을 갖는 중국계 이민 여성들은 더 낮은 임금으로 옷 공장과 음식 공장에서 일하였다. 이에 비해 교육을 받았고 영어를 잘했던 제인은 중국 기독교인들과 괜찮은 계약을 맺어 일하다가 밀즈 대학의 장학금을 받아 공부를 하면서 중국 학교에서 시간제로 가르쳤으며 중국 교회에서 성인들에게 영어를 가르쳤다. 제인은 밀즈 대학에서 사회학 학사를 받은 후 결혼해 두 아이를 낳았고 대학에 복귀해 1933년에 사회학과 경제학 석사 학위를 받았다. 그런 다음 지역 공동체 서비스에 헌신해 중국 YWCA에서 수년간 일했으며 차이나타운 신문의 언론인이자 통·번역자로 일하면서, 공동체의 중국 여성들에게 도움을 주고자 하였다.

제인은 대부분의 일하는 이민 여성들이 겪는, 가사와 육아 노동과 또 그러한 노동에 부가되는 다른 노동들로 인한 '착취'를 넘어서서 자기 계발은 물론 공동체 활동에 자기 에너지를 쏟는 진취적이고 적극적인, 새로운 여성상을 보여 주었다. 그런데 그러한 중국계 미국 신여성의 부상에는 당대 미국 사회에서 내건 혁신주의적 개혁과 밀접한 개신교 교회와 YWCA 활동이 자리 잡고 있었다. 그 역사적 자장 속에 있는 제인의 이력을 보건대, 비주류에 대한 온정적 가부장주의를 바탕으로 하는 기독교적 선의의 사회 활동이 미국 정치문화의 뿌리 깊은 보수성과 맞닿아 있다는 점을 간과해서는 안 될 것이다. 제한된 시각을 갖는 제인 식의 사회 활동이 과연 아시아계 이민 여성의 평등과 해방을 어떻게 고무할 것인가 하는 질문이 나올 수 있기 때문이다. 이 질문은 좀 더 근본적으로 미국 유색 여성이 어떤 방향으로 미국의 개인주의, 국가주의, 제국주의를 비판할 것인가 하는 문제와 연결된다.

04

불의에 대한 투쟁

1945-2000

01 제국의 기세에 편승하거나 맞서며

20세기 후반의 미국 역사는 제2차 세계대전, 68혁명, '신자유주의 세계화'를 중심으로 이야기될 것이다. 제2차 세계대전은 역사상 유례없이 잔혹했던 독일의 전체주의, 군국주의, 인종주의가 패하고 그와는 다른 무엇인가를 대변하는 영국, 소련, 미국 정부가 승리한 전쟁으로 여겨져 왔다. 그렇지만 과연 그 승리는 제국주의와 인종주의, 전체주의와 군국주의에 타격을 주는 것이었을까? 미국의 전시 정책이 생명과 자유와 행복의 추구라는, 전 세계 보통 사람들의 권리를 존중하는 것이었을까? 이런 질문은 미국 내부의 프런티어가 종식되자 끊임없이 해외에서 전쟁을 일으킴으로써 국내문제를 해외로 돌려온 미국이라는 국가의 인종적·계급적·젠더적 차별 구조를 비판적으로 보는 데서 비롯된다.

미국의 제2차 세계대전 참전은 인종 소수자들의 권리를 보호하는 절차이자 원리인 민주주의를 위한 투쟁으로 재정의된다. 미국은 6백만 명의 유태인을 학살한 히틀러의 반인종주의에 맞서 싸웠고, 다카우 수용소에서 유태인을 해방시켰기 때문이다. 미국의 참전은 인종주의를 극복하고 민주주의를 실천하는 국가적 경험이었던 셈이며, 이로써 미국주의는 전 세계 민주주의를 수호하기 위한 투쟁으로 확장된다. 미국은 제2차 세계대전을 통해 자국이 전 세계를 위해 민주주의와 반인종주의를 수호하는 백인 문명의 대표임을 자임한다.

그런데 미국의 반인종주의 임무는 미국 본토에 대한 공격으로 간주되었던 진주만 기습 이후 백인 남성 정치 엘리트들이 보여 준 행동에 의해 자가당착에 빠진다. 군사 지도자들과 민간 지도자들은 프랭클린 루스벨트 대통령에게 서부 해안에 있는 12만 명의 일본계 미국인을 재배치 캠프로 이동시키라는 압력을 행사했다. 루스벨트 대통령은 이 압력이 부당하다는 것을 알면서도 1942년 2월에 "행정 명령 9066"을 발부하였다. 힘겹게 일구어 온 집과 사업체를 떠나 171대의 기차에 실려 서부 오지의 열 개 수용소로 강제로 끌려간 일본 태생 부모들(Issei, 1세대)과 미국 태생 아이들(Nisei, 2세대)은 심리적 충격과 국가에 대한 불충이라는 수치심에 직면해야 했다. 고뇌, 분노, 수치, 혼란, 좌절로 뒤엉킨 감정의 이면에는, 상대적으로 적은 수의 마이너리티로서 일본계 미국인들이 감수해야 했던 '어쩔 수 없다', '참아야 한다'는 체념이 깔려 있었다. 이들이 겪은 고통에 대한 인정은 1980년대에, 배상은 1990년대에 와서야 가능했다.

제2차 세계대전 중에 일본계 미국인들은 인종차별주의와 전쟁 히스테리 때문에 곤혹스러운 처지에 있었다. 당시 진정한 미국인임을 입증하고 더 나은 미래를 위해 군복무를 자원했던 일본계 미국인은 3만 3천 명 정도였는데, 이들로 구성된 442연대는 특히 태평양 전선 및 유럽 전선에서 혁혁한 무공을 세워 미군이 승리하는 데 큰 역할을 하였다. 치카노 미국인 13,499명도, 21세에서 44세 사이의 인디언 6만 명도, 1940년에 총 23만 명 중에 5천 명이었다가 1944년에 70만 명으로 늘어난 흑인 병사들도 백인들과 함께 열심히 싸웠다. 아시아계, 라틴계 미국인들도 제2차 세계대전이 자신들의 지위를 개선해 주기를 희망하면서 더 평등한 미국을 위해 싸웠다. 타카키의 주장대로 "제2차 세계대전은 해외에서의 파시즘과 국내에서의 인종차별주의에 맞서 '이중의 승리'를 거두기 위한 싸움을 함께 하자고 모든 인종의 미국인들에게 도전을 제기하고 있었다"(다카키, 395). 이와 같은 국가의 목적 아래 하나로 결집된 의식은 미국의 인종적·문화적 다양성을 통합시켜 미국인들로 하여금 같은 국민으로서 싸울 수 있게 하였다.

두보이스는 제2차 세계대전이 '인종적 평등을 위한 전쟁'이며, '백인뿐만 아니라 아시아, 라틴아메리카, 아프리카를 위한 민주주의 투쟁'이라고 보았다. 하지만 흑인 병사들로만 부대를 구성하는 인종 분리 정책에 직면한 흑인들은 다음과 같이 외쳤다. "짐 크로우 군대는 자유로운 세상을 위해 싸울 수 없다", "미국 니그로는 좀 더 나은 날에 대한 공허한 약속들 때문에 피 흘리는 게 지겹다. (…) 국내에서 민주주의를 누리지도 못하면서 외국의 민주주의를 위한 싸움에 왜 우리가 목숨을 바치겠는가?"(395) 제2차 세계대전 때 징병 거부자는 천만명 중 4만 3천 명[1]이었고 6천 명은 감옥에 갔다.[2] 그렇지만 미국의 공식 역사에서 이들의 목소리는 거의 들을 수 없다.

여기서 미국이 참전을 결정한 이유가 과연 민주주의를 위한 것이었는지 다시 한 번 의문을 제기할 필요가 있다. 2장에서 살펴보았듯 1861년의 남북전쟁은 4백만 명의 흑인 노예를 해방시키기 위한 전쟁이 아니었다. 미국이 제2차 세계대전에 뛰어든 것도 유태인에 대한 히틀러의 인종주의적 공격을 물리치기 위한 것이 아니었다. 미국이 전쟁에 전면적으로 뛰어든 계기는 1941년 12월 7일, 하와이 진주만의 미 해군기지에 대한 일본의 공격이었다. 미국의 참전은 "인종주의를 종식시키기 위해서가 아니라 미국식 체제의 근본 요소를 유지하기"(진, 2권 113) 위한 것이었다. 1, 2, 3장에서 살펴보았듯이 미국식 체제의 근본 요소는 인종적·계급적·젠더적 차별 구조를 작동시켜 수백년간 유지해 왔던 백인 남성 지배 체제를 사수하는 것이다.

---

1) 1차 대전 때보다 세 배.

2) 1차 대전 때보다 네 배.

전후 미국은 그저 힘 있는 국가가 아니라 전 세계를 대상으로 한 제국으로 발돋움할 기회를 확실하게 포착해야 했다. 전후 시대는 발전된 과학 기술과 생산성의 향상을 바탕으로 평화와 번영을 누리는, 고도의 소비주의 시대로 전환될 수 있었다. 풍부한 정치적·경제적·문화적 자원이 미국 사회 전체로 확산되면서 대학 입학률은 치솟았고 중산층은 아름답게 가꾸어진 교외로 이사했으며 출산율도 증가했다.

이렇게 눈에 띄는 변화들은 미국 사회와 문화 곳곳에 드리워진 어두운 그림자를 가리는 수단이 되기도 했다. 대부분의 유색인종 가족들은 백인 중심의 교외로 이사를 가고 싶어도 가지 못하였으며, 현모양처라는 이상화된 여성상과 어울리지 않게 대부분의 여성들은 여전히 힘들게 바깥일을 해야 했다. 이 어두운 그림자는 국내 공산주의자들에 대한 두려움을 조장하는 사회 분위기 때문에 더욱 어두워졌다. 1950년대 매카시 시대에 정부 기관, 노동조합, 대학 등에서 공산주의자를 색출하려는 움직임이 고조되었다.[3] 또한 정통 주류 지배층인 와스프(White-Anglo-Saxson-Protestant, WASP)의 미국적 정체성에 맞지 않는 게이와 레즈비언, 급진적 페미니스트들은 '비미국적un-American' 정체성을 조장함으로써 국가의 기강과 안보를 위험에 빠뜨린다는 이유로 숙청 대상이 되었다. 주류와 다른 의견은 국가에 대한 불충이라 매도되면서 비주류의 목소리는 거의 매번 침묵을 강요당했다.

1960년대는 비미국적인 주변부의 목소리가 한꺼번에 분출된 시대였다. 비미국적인 주변부 사람들이 지난 2백 년간 무분별하게 이루어진 미국의 성장 과정에서 축적된 복잡한 문제들을 동시다발적으로,

---

3) 이 일을 위해 〈반미 활동 위원회The House Un-American Activities Committee〉가 구성되었고, 정부 기관에서 일하던 로젠버그Rosenberg 부부는 1952년에 스파이 혐의로 처형되었다.

전면적으로, 대규모로 들고 나섰다. 1960년대 미국에서는 그동안 막강한 권력을 누리고 권위를 행사해 온 백인 남성 중심 체제에서 배제되고 소외되었던 인종적·계급적 젠더 소수자들이 미국 체제를 근본적으로 새로 구성하기 위해 일어섰다. 1960년대는 획일적이고 억압적인 미국 백인 남성 중심의 가치관과 2백여 년간 미국이 닦아 온 자본주의적 삶의 방식을 허물어뜨리고, 이질적이며 다원적인 사회, 진정으로 평등하고 자유로운 사회를 구성하려는 거대한 의식이 분출된 전환기였다.

자유와 평등의 나라라는 미국에서 특히 전국의 흑인들은 공허한 원칙 선언, 이행되지 않은 정치 공약들, 점진주의, 명목상의 인종차별 폐지, 실행되지 않는 대법원의 판결 등에 더 이상 참을 수 없어 사실상의 평등을 성취하기 위한 행동에 나섰다. 흑인들은 단순한 설득부터 무저항주의, 공공연한 혁명적 폭력까지 다양한 방법을 사용하였다.

흑인들처럼 대규모는 아니었지만 비슷한 맥락에서 치카노, 인디언, 아시아계 이민자 같은 소수 인종들도 차별적인 관습과 싸우기 시작했다. 또한 흑인 인권 운동에 참여했던 인원 못지않게 많은 여성들을 중심으로 여성해방 운동이 전국적으로 일어났다. 기존 관습과 근면 성실의 자본주의적 생활방식에 반기를 드는 청년 학생 운동이 록 음악과 히피 공동체를 중심으로 일어났으며 기존 남녀 관계나 결혼 관계에 고착된 이성애 중심의 획일적 섹슈얼리티를 근본적인 문제로 삼는 동성애자들의 인권 운동도 펼쳐졌다.

이와 같은 1960년대 미국 에스닉 집단들의 대항 운동은 당시 전 세계에서 동시다발적으로 퍼져 나갔던 68혁명의 정신[4]을 미국에 실현시킨 예라 하겠다. 68혁명은 1950년대와 1960년대 냉전 체제의 근간이었던 자본주의, 제국주의, 권위주의에 반대하는 구호 아래 서구 자본주의와 동구 사회주의 체제 둘 다를 비판하고 자본주의도 사회주의도 아닌 새로운 사회를 만들고자 했던 세계 최초의 혁명이었다. 그래서 세계 곳곳에서 인종차별과 베트남전쟁, 권위주의와 기성 제도에 맞서는 거리의 정치와 함께, 새로운 삶과 사회의 모습을 일상생활 속에서 실험하는 다양한 문화 기획이 동시에 추진되었다.

68혁명은 "상상력에게 권력을"이라는 기치를 내걸고 삶의 양식 전반에 걸친 변혁을 추구하고자 하였다. 이 세계적인 혁명은 "정치와 일상이 뒤섞이고, 문화와 정치가 만나고, 일상 속에서 정치의 의미를 새로이 일깨우는 '일상의 혁명'이었다. 뿐만 아니라 그것은 개인의 해방과 집단의 해방을 동시에 겨냥한 전대미문의 것이었다. 결국 68혁명은 삶의 모든 영역을 완전히 바꾸려는 시도이자, 기존 사회질서에 맞서는 대항적인 구상을 보유한 '총체적인 해방 기획'이었다."[5]

이러한 68혁명의 기획은 신좌파와 구좌파, 개인주의와 집단주의, 개인적 표현과 공동체주의, 비계급적 쟁점과 계급적 쟁점 사이에 있는 문화정치적 모순을 회피하거나, 양자 중 하나를 택일하는 것이 아니라 통합할 것을 요구하였다. 다시 말해 자본주의 질서와 국가사회주의 질서를 일상적으로 재생산하는 장소였던 성과 가족을 포함한 일상 문화 전체의 급진적 전복을 꾀하면서 가부장주의, 권위주의, 관료주의, 생태 위기, 계급 모순, 인종 모순 전반을 겨냥하는, 전혀 새로운

---

4) 68혁명은 미국과 서유럽을 넘어 체코나 유고와 같은 동유럽권, 아시아와 남미까지 퍼져 나갔다.
5) 잉그리트 길혀-홀타이, 정대성 옮김, 『68운동』, (들녘, 2006), 198쪽.

종류의 인식과 행동을 요청하였다.[6] 그러나 68혁명의 정신과 기획은 세계 어느 지역에서도 제대로 뿌리를 내리지 못한 채, '신자유주의 세계화'라는 자본의 반격에 그 충격의 대부분이 흡수되고 말았다.

68혁명의 주체들은 대체, 전이, 심화, 확산되어 가는 자본의 모순을 비판하였지만 자본은 그 비판을 체제 정당화의 논리로 통합함으로써, 결과적으로 자본을 도와주는 결과를 빚고 말았다. "상상력에게 권력을"이라는 68혁명의 구호에 함축된, 위계적인 산업과 노동 중심의 "대중 사회에 대한 거부, 관료제와 권위에 대한 저항, 자율성과 자발성, 개성, 창의성, 독창성의 숭배"와 수평적인 네트워크 및 프로젝트 지향성[7]이 1970년대 이후에는 새로운 자본주의 정신이 되어 자본주의를 재정상화한 것이다. 미국이라는 국가 체제는 자본주의의 이러한 놀라운 통합력에 지원을 아끼지 않았다. 따라서 이 국가 체제의 인종적 · 계급적 · 젠더적 차별 구조들을 어떻게 해야 변형시킬 수 있을까 하는 문제는 미국의 역사를 이야기할 때 지속적으로 상기해야 할 사안이다.

1960년대 후반과 1970년대 초반에 있었던 교도소 반란은 흑인 폭동, 청년층의 봉기, 반전운동 등 이 나라에서 벌어지는 소요에 크게 영향을 받았다.(진, 2권 292) 1969년 11월 9일 78명의 인디언들은 연방 교도소가 있는 샌프란시스코 만의 앨커트래즈 섬에 상륙해 섬을 점령했다. 베트남 전쟁에서는 대부분이 저소득 집단인 백인, 흑인, 인디언,

---

6) 심광현, 「68혁명의 문화 정치적 모순과 이행의 문제: 19세기 혁명이념의 장기 지속과 68혁명의 역사적 의의」, 『마르크스주의 연구』 제5권 제2호 (2008), 99~133쪽.
7) 서동진, 「자본주의의 심미화 기획 혹은 새로운 자본주의의 소실매개자로서의 68혁명」, 『문화/과학』 53호 (2008년 봄), 208~210쪽.

중국, 멕시코계 일반 병사들 사이에서 5만 명에서 10만 명의 탈영병이 생겨났다. 미국이라는 국가의 억압 체제에 도전한 이들의 목소리 또한 1960년대 미국 대항 문화 운동의 한 부분으로 탐색되어야 한다.

68혁명에 대한 정부의 대응은 "근본적인 변화는 추진하지 않은 채, 폭발적인 상황을 제어하고, 투표함과 공손한 청원, 공식적으로 승인된 조용한 집회 등의 전통적인 냉각 정치로 분노의 방향을 돌리려고 노력"(184)하는 것이었다. 또한 정부가 제시한 "민권 법안들은 투표권에 강조점을 두었지만, 투표는 인종주의나 빈곤의 근본 해결책이 아니었다. 할렘의 흑인들은 오래전부터 투표에 참여해 왔지만 여전히 쥐가 들끓는 슬럼가에 살고 있었다."(188) 1967년, 전국의 흑인 빈민가에서 최대의 도시 폭동이 일어났다.

1960년대에 중산층과 하층 남녀 흑인들 사이의 계급 차이는 두드러지게 벌어지기 시작했다. 1970년대와 1980년대에 2천4백만 명으로 늘어난 노동인구 때문에 하층계급 흑인들의 실업 문제는 갈수록 더 심각해지고 있었다. 사회복지 프로그램으로 연명하는 흑인 여성 가구도 늘어 가는 실정이었는데 레이건 정부는 복지 예산을 줄였다. 맬컴 엑스가 일찍이 선포한 바, "내가 이 나라의 게토들을 움직여 나가는 사이, 흑인 형제들과 자매들이 물질적 풍요의 거대한 대양 한가운데 있는 가난하고 외로운 섬에서 시들어가는 모습을 보았다. 그런데도 이 나라는 니그로들의 빈곤 문제를 다루기 위해 아무것도 하지 않고 두 손 놓고 있었다. 그때 나는 미국의 꿈이 악몽으로 바뀌는 모습을 보았다."(타카키, 410)

아프리카계 미국인들의 '실패'는 '모범 소수민족Model Minority'으로 미화된 아시아계 미국인들의 '성공'과 대조를 이루어 왔다. 하지만 아시아계 미국인들의 성공은 과장된 것이다. 그들은 캘리포니아, 하와이, 뉴욕 등 생활비가 많이 드는 지역에 집중적으로 살고 있었는데 가족 구성원 여러 명의 수입이 합산되는데다 개인 수입도 미국의 평균치에 미달했다. 여성의 경우 숙련 기술이 없고 영어도 부족한 경우가 많아 특정 인종 지역에서 저임금을 받으며 일하는 경우가 더 많았다. 아시아계 미국인들의 근면, 절약, 노력의 미덕이 찬양받는 사이, 흑인들의 가난은 복지에 기대 살려는 흑인들의 태도 때문이라는 식으로 비난받았다. 둘 다 잘못된 판단이다.

아시아계 미국인들의 '성공'과 아프리카계 미국인의 '실패'를 비교하는 논리는 군수산업에 집중해 온 냉전 경제 때문에 빚어진 1980년대의 실업과 빈곤 문제를 은폐하는 결과를 가져왔다. 미국은 전후 핵무기와 그 밖의 다른 무기 개발에 엄청난 돈을 퍼부었고 레이건 대통령 때의 전략적 핵무기 프로그램은 엄청난 재정 적자를 야기했다. 미소 경쟁 관계를 유지하기 위해 과도하게 군사비를 지출하면서 미국의 국가 재원은 고갈되었으며 경쟁력 있는 소비 상품을 생산하는 능력은 저하되었다. 이러한 추세는 무역 불균형을 야기하였고 많은 흑인들을 고용했던 제조업의 가치는 하락하였다.

이러한 냉전 경제의 정치 경제적 현실은, 토착 미국인들의 인디언 보호구역에까지 뻗치고 있었다. 백인 정착지가 '스토니 마운틴'을 향해 서부로 확장되어 갔던 19세기 내내 인디언들은 보호구역으로 이동해 갔다. 뒷날 이 보호구역 중 많은 지역들에 에너지 소모적인 미국 경제와 핵무기 개발 프로그램에 중요한 지하자원이 매장되어 있다는 사실이 밝혀졌다.

미국의 우라늄 중 55퍼센트가 인디언 땅에 묻혀 있었고 최근 개발된 광산의 거의 백 퍼센트가 인디언 영토에 있다. 남서부 광산업은 라구나 푸에블로Laguna Pueblo 인디언들의 20퍼센트를 고용했다. 〈광산 노동자 연합 노동조합The United Mine Workers Union〉은 우라늄 광산 노동자들의 대략 80퍼센트가 폐암으로 죽을 것이라는 전망을 내놓았다. 광산 지대 가까이 살고 있는 토착 미국인들은 주변 공기와 물이 방사능 오염에 노출되어 있어서 발암률이 50퍼센트 더 높다고 한다.

1980년에 이르면 전체 인디언 인구의 반 이상인 74만 명의 인디언들이 보호구역을 떠나 뉴욕, 샌프란시스코, 오클랜드, 시애틀, 털사, 세인트 폴, 시카고, 로스앤젤레스 같은 시로 옮겨 갔다. 1940년에는 전체 인디언 인구의 13퍼센트인 2만 4천 명만이 도시에 살았다. 그러다 1953년에서 1972년 사이에 〈인디언 업무 재배치 프로그램 사무국 Bureau of Indian Affairs Relocation Program〉 주관하에 인디언들은 대대적으로 보호구역을 떠나 여러 도시로 흩어졌다. 미국의 도시들에서 군수산업이 활발해졌기 때문이다. 이주 인디언들에게 일자리와 주거 문제를 도와주는 〈자발적 재위치 프로그램Voluntary Relocation Program〉의 기초는 바로 이와 같은 '분산을 통한 병합'이었다.

최근 이민자들의 80퍼센트는 아시아계와 라틴아메리카계 사람들이다. 2000년대 미국 노동인구의 인종 분포는 백인 44퍼센트, 흑인 16퍼센트, 아시아계 11퍼센트, 히스패닉 29퍼센트 비율을 보인다. 21세기의 이러한 인종 다양성이 지니는 의미는 특히 캘리포니아에서 잘 입증된다. 치카노들이 대부분을 이루는 히스패닉이 4천5백만 명인데, 이는 캘리포니아 주 인구의 20퍼센트에 달한다.

최근에 미국에 도착한 히스패닉들은 앵글로들보다 젊다. 앵글로들은 장년층의 다수를 이루는 대신, 적절한 교육을 받지 못한 젊은 히스패닉들이 대규모 노동력을 구성하는 것은 하이테크 미국의 미래에 어두운 그림자를 던진다. 인종적 소수 집단 젊은이들의 교육 문제가 여실히 불거진 것은 1992년 로스앤젤레스 폭동 때 흑인, 히스패닉을 중심으로 일어났던 약탈, 방화였다. 그 무분별한 폭력은 미국 백인 남성 중심의 자본주의 가부장 체제의 핵심을 건드리지 못한 채, 그들과 아시아계 미국인들 사이의 인종 갈등으로 치닫게 된다.

이러한 인종 갈등이 나아갈 방향에 대해 당시 『뉴스위크』지는 "미국은 다인종적 미래를 향해 급속하게 움직이고 있다. 미래에는 아시아인, 히스패닉, 카리브해 섬사람, 그 밖의 많은 이민자 집단이 변화하는 다양한 사회의 모자이크를, 미국의 인종 관계와 관련된 낡은 어휘로는 묘사할 수 없는 모자이크를 구성할 것이다"라고 제대로 분석하고 있다. 또한 흑인 공동체 조직가 테드 왓킨스Ted Watkins가 지적하듯 "이번 폭동은 1965년의 봉기보다 더 심각하고 위험했다. 여러 인종 집단들이 개입되었기 때문이다." 여기서 중요한 것은 경계가 없는 인종 폭동, 국적이 없는 인종 폭동에서 드러나는, 인종들 사이의 연결 의식이다.

로스앤젤레스 인종 폭동은 미국의 경제 문제를 격렬하게 부각시켰다. 로스앤젤레스를 비롯한 미국 전역의 도시에 퍼져 있는 인종 적대감은 불경기와 실업 증가로 점화된 것이다. 이 경기 침체는 미소 갈등이 없어지면서 군수 방어 산업 분야 노동자들이 대량 해고된 결과였다. 경제가 어려워지고 일자리가 줄어드는 경제 위기가 미국 사회에 인종차별주의의 불길을 또다시 지핀 것이다.

사실 미국과 소련의 갈등을 해소한 냉전 경제의 종말은 길게 보면 전 지구의 변화와 진전에 긍정적이었다고 할 만하다. 냉전의 종말로 핵무기 개발에 쓰이던 수많은 물자가 소비재 생산으로 돌려지면서 미국 경제가 재활성화될 수 있었기 때문이다. 그런데 21세기 벽두에 또다시 촉발된 이라크 전쟁은 부시가 대변하는 자본가 계급 백인 남성 중심의 이익과 특권을 수호하려는 시도였으며 경제의 재활성화 가능성도 사라져 버렸다.

전쟁을 일삼는 체제를 끝없이 지향하는 백인남성 엘리트들에게서 더 이상 기대할 게 없다면, 식민지 버지니아의 '어지러운 군중'으로부터 로스앤젤레스의 수많은 에스닉 집단에 이르기까지, 노동자로 묶여 미국을 형성해 왔고 계속 반목하면서도 서로 접촉하고 있는 다양한 인종과 문화를 지닌 사람들이 새로운 전망을 갖고 나서야 한다. 자본주의 비판 의식을 확고하게 가지되 그것을 미국 국가주의와 연결시키면서 가부장적 자본주의를 넘어서는 관점과 구상을 모색하는 방향으로 나아가려는 노력이 필요하다.

앞서, 실패한 68혁명을 새로운 자본의 이데올로기를 매개하는 역사적 고리로 이해할 필요가 있다고 했다. 그래야만 1970년대 이후 더욱 박차를 가해 온 미국 소비 자본주의의 심미화 기획과 그 기획을 통한 미국화의 욕망 생산 구조[8]가 '신자유주의 세계화'와 맺는 밀접한 관계를 바로 볼 수 있기 때문이다. 1970년대까지 포디즘적 대량 생산,

---

[8] 신문, 잡지, 영화, 방송, 케이블, 인터넷, 인터액티브 미디어 산업이 은행권, 투자회사, 석유 회사, 군수산업과 제휴 밀착하고 있는 미국의 거대화된 미디어 복합 기업들(타임워너, 디즈니, CBS, 비아콤, GE 등)은 고삐 풀린 자본의 결정력을 발휘하면서 그에 따르는 민주주의의 불능과 종속을 심화시키고 있다. "신문과 방송, 통신을 가로지르는 미디어 제국 질서의 합종 연횡식 구축 과정에서 국가의 지원을 빠트릴 수 없고", "미국 내부의 일방적 규제 완화 조치는 국가 경계를 뛰어넘는 미디어 기업의 전 지구적인 팽창과 결코 따로 뗄 수 없기" 때문이다. 전규찬, 「미국 중심 미디어 제국 구축의 연대기」, 『문화/과학』 51호 (2007년 가을), 185, 186쪽.

대량 소비, 복지국가 정책[9]의 삼박자는 고도의 경제성장과 높은 생활 수준을 가능하게 했다. 그러나 1970년대 중반에 이르러 미국은 최악의 위기를 맞게 된다. 이 위기를 타개하기 위해 미국 정부는 노자 간의 타협과 사회보장 제도를 핵심으로 하는 수정 자유주의 기조를 거부하고 자본에 무한한 자유를 허용하는 신자유주의를 채택하게 되었던 것이다.

신자유주의는 미국 내부에서만 작동하는 것이 아니다. 신자유주의는 자본의 자유로운 흐름을 막는 국민국가의 규제 장치를 제거하고 그 자리에 초국적 기업의 요구와 금융자본의 코드를 이식한다.[10] 이 신자유주의 정책 덕분에 값싼 노동력을 찾아 제3세계 국가들에 진출한 다국적기업들은 기업 활동과 자본 증식에서 무한한 자유를 누릴 수 있었다. 1970년대와 1980년대에 미국 자본을 차용하면서 '발전'을 추구하던 제3세계 국가들은 1990년대 금융 자본주의 시대에 들어와서 빚을 감당하지 못하고 파산 위기에 봉착했다. 이러한 악순환은 지금도 계속되고 있다. 이제 위기와 전쟁을 상시적으로 야기하는 낭비적인 자본주의를 넘어서는 관점과 방안을 모색해야 할 때다. 그러한 관점과 방안은 '백인 남성 지배 체제에 함축된 국가주의'를 비판

---

9) 대공황 때 자본에 거의 무한한 자유를 허용해 왔던 고전적 자유주의의 폐해를 극복하기 위해 노자간의 타협과 사회보장 제도를 지향한 뉴딜 정책은 전후 계속 되었으니 1970년대 초반까지는 케인스주의의 수정 자유주의 기조를 유지했던 셈이다.

10) 세계의 새로운 강자로 등장한 미국의 주도하에 이미 1944년에 브레턴우즈 협약이 맺어지며 잇달아 IMF, GATT, 세계은행이 설립되어 서구 자본에 의한 세계 지배 체제가 작동하고 있었다. 브레턴우즈 협약은 2차 세계대전 전승국들이 모여 미국 달러를 기준으로 고정환율제를 채택하고 외환 거래를 국가 통제하에 두는 새로운 국제 화폐 질서를 탄생시킨다. 1970년대에 이르러 이 선진국들이 자본의 국제 이동에 대한 국가 통제를 철폐함으로써 신자유주의 무한 경쟁으로 돌입하게 되었고 악성 환투기가 국제적으로 극성을 부리게 된 것이다.

하는 맥락에서 마련되어야 한다. 이 맥락이 에스닉 민족주의 운동에서 어떻게 관철되고 있는지를 다음에 살펴본다.

02 마이너리티 운동의 불꽃

소수 인종들의 인종적 정의를 위한 운동은 1955년 몽고메리의 버스 보이콧 운동[11]에서 시작되었다. 이 운동에서 젊은 흑인 목사 마틴 루터 킹은 버스 보이콧 운동 및 흑인 민권운동의 지도자로 부상하게 되었다. 1963년 노스캐롤라이나 주 그린스보로Greensboro에서는 흑인 학생들이 울워스Woolworth 식당에 죽치고 앉아 흑인의 식당 출입을 금지하는 데 대한 항의 시위를 벌였다. 여기서 〈학생 비폭력 조정 위원회(Student Non-violent Coordinating Committee, SNCC)〉가 조직되었으며 식당의 연좌시위는 남부 전체로 퍼져 나갔다. 그린스보로의 시위가 있은 지 1년 후에 남부의 주를 가로지르는 버스들과 터미널을 통합하기 위한 시민 불복종 행위인 '자유기사단Freedom Rides' 운동이 일어났다. 흑인들은 민권운동을 지지하는 백인들과 함께 노래를 부르면서 같은 버스를 탔다. 이들은 남부에서 인종차별주의 백인 폭도들에게 심하게 맞았으나 폭력으로 대응하지 않았다. 1963년에 이들에게 동조하는 수십만 명의 사람들이 차별에 항의하기 위해 워싱턴으로 행

---

11) 앨라배마 주 몽고메리Montgomery에서 42살 된 흑인 재봉사 로자 파크스Rosa Parks가 백인에게 할당된 앞좌석에 앉았다. 로자는 일어나 뒤로 가라는 운전사의 요청을 거부했고, 결국 체포된다. 이에 대한 항의로 시작되었다.

진했다. 이때 킹 목사는 평등의 땅 미국에서 흑백이 함께 사는 비전을 제시하였다.

1964년 여름, 유권자 등록을 위한 대선전을 위해 남부로 갔던 백인 학생들 중 반이 유태인이었다. 미시시피에서 이들 중 유태인 학생 두 명이 제임스 체니James Chaney와 함께 살해되었다. 흑인들을 위한 민권 투쟁은 유태인을 포함해 모든 사람들을 위한 평등 싸움이었기 때문에, 또 유태인들이 인종차별로 겪었던 고초를 기억하며 차별 타파에 대한 의무감을 느꼈기 때문에 흑인과 유태인 간의 제휴가 가능했다. 그러나 이 제휴는 곧 깨지고 말았다. 민권운동의 방향이 정치 권리의 요구에서 경제 평등을 위한 요구로 바뀌자 두 집단 사이의 계급 차이가 표면화되었기 때문이다. 북부 할렘에 있는 가게 중 30퍼센트가 유태인 소유였는데, 1964년 할렘 폭동 때 흑인들은 유태인이 소유한 가게들을 약탈했다. 아이러니하게도 인종적 진전은 흑인과 유태인 사이의 긴장 관계 조성에 기여했다.

임차인, 하인, 피고용자이던 흑인들이 소수이기는 하지만 교사, 사회복지사, 공무원의 중산층 엘리트 계층에 진입하기 시작했다. 그러나 게토에서 일자리가 없어 빈둥거리는 하층 흑인들의 삶은 개선될 기미가 보이지 않고 있었다. 이러한 현실은 인종과 얽혀 있는 계급 문제의 중요성을 인식하게 하였다. 그리하여 학교, 버스, 간이식당, 공공 기관들에서의 인종 통합을 거쳐 평등을 위한 투쟁으로 나아가고자 했던 민권운동의 목표는 고용 기회 평등 요구로까지 확장되었다. 1964년에 공공 숙박 시설과 고용에서의 차별을 금지하는 〈공정한 고용 기회 위원회Fair Employment Opportunity Commission〉가 설립된 것도 그런 까닭이다.

하지만 민권운동은 인종 불평등의 구조를 이루는 경제적 기초를 바꾸어 낼 수 없었다. 인종적 불평등의 경제적 기초는 린치를 가하는 백인 폭도들이나 경찰 공격과 달리, 실체는 없지만 그보다 더 무서운 적이었다. 수없이 많은 법과 법원 명령이 차별을 금지하는 동안에도 흑인들의 빈곤 문제는 사라지지 않았다. 식당에 앉을 권리를 획득했지만 햄버거를 주문해 먹을 돈이 없었다. 이렇게 소외된 게토 흑인들의 피폐하고도 음울한 세계가 바로 맬컴 엑스Malcolm X의 삶이었다. 맬컴 엑스는 마약과 범죄로 8년 형을 받았고 1964년에 "미국의 꿈이 악몽으로 바뀌는 모습을 보았다"고 말했다. 맬컴 엑스의 "블랙 파워 운동"은 킹 목사와 달리 인종 분리주의를 주장하며, 비폭력이 아니라 폭력을 사용한다. '통합보다 분리'를 내건 "블랙 파워 운동"은 1966년 이후 세력을 얻어 갔고 킹 목사도 인종뿐만 아니라 계급에 기초한 불평등 문제, 서로 밀접하게 얽혀 있는 경제적 · 인종적 문제에 대해 깊이 통찰하게 되었다.[12]

토착 미국인들은 1960년대 민권운동의 일환으로 "인디언 부족들은 계속적인 생존권을 요구한다Indian Tribes: A Continuing Quest for Survival"는 구호를 내걸고 토착 미국인의 역사와 법적 제도를 제고할 것을 주장하는 미국 인디언 운동(American Indian Movement, AIM)을 벌였다. 아메리카 대륙의 토착민이었던 인디언들은 부족 운동을 일으키기까지 오랜 삶의 터전이었던 땅과 자원을 계속 수탈당해 왔다. 1960년대에 일어난 토착 미국인 운동은 같은 시대, 경제적 인종차별을 해소하려 했던 흑인 민권운동과 달리, 미 연방 정부와 주 정부로부터 간섭받지

---

12) 킹 목사의 변화는 그가 암살되는 주요 원인이 된다. 자세한 내용은 〈흑표범당에 권력을Power to the Black Panthers〉이라는 다큐멘터리 참조.

않는 문화적 · 정신적 자치권을 주장하였다. 1961년에 인디언 64개 부족 출신 7백 명의 인디언들이 시카고에 모여 인디언들의 언어와 문화를 보존하기 위한 법적 · 제도적 자율성을 보장하는 정책과 제안을 제시하고 근간이 되는 신조를 밝혔다. 그때 선포된 「인디언 목적 선언서Declaration of Indian Purpose」의 내용을 발췌하면 다음과 같다.

미국 인디언 서약

1. 우리는 다른 모든 진정한 미국인들처럼 미국적 정부 형태의 지혜와 정의에 대한 확고부동한 절대적 믿음을 가지고 있다.

   (…)

4. 인류사의 이 결정적인 시기에 미국 인디언들은 하나가 되어 미국의 대통령과 동료 시민들에게 우리와 우리 후손들이 영원히 이 원리들에 입각할 것이라고 맹세한다.

   (…)

우리 인디언 부족은 삶의 방식을 선택할 권리를 가져야 하며 민주적인 태도로 통치되어야 한다. 우리 인디언 문화가 미국 사회에 의해 흡수되어 위협받고 있으니, 우리는 우리의 소중한 유산을 보존할 책임이 있다고 믿는다.

신조

우리는 정신적 · 문화적 가치들을 보유하고자 하는 모든 민족의 타고난 권리를 믿으며, 어느 민족이건 정상적으로 발전하기 위해서는 이 가치들의 자유로운 실현이 필수적이라 믿는다. 백인들이 우리 땅에 와서 땅을 빼앗아 가기 전 수천 년 동안, 우리는 타고난 이 권리를 행사했다.

오늘날 인디언들이 살고 있는 세상은 좀 더 복잡하다. 하지만 신세계에 처음 정착했고, 과거에서부터 파헤쳐져 이제야 밝혀지고 있는 위대한 문명을 세웠던 인디언 부족은 이러한 복잡성을 구가할 수 있음을 오래전에 입증했다.

미국의 역사와 발전이 불확실성, 좌절, 절망을 낳았던 속박, 부당한 영향력, 압력, 정책들에 인디언들을 종속시켜 왔음을 보여 준다고 믿는다. 미국 대중이 이 조건들을 이해하고, 건전하고 일관성 있는 정책과 프로그램을 채택하는 행위를 취하는 쪽으로 움직일 때라야, 그러한 파괴 요소들이 제거될 것이며 인디언이 정상적인 성장을 계속하고 현대 사회에 최대한 기여할 것이다.

우리는 좀 더 위대한 미국의 미래를 믿는다. 우리가 사랑했고, 생명과 자유, 행복을 추구하는 미국의 미래 말이다. 인디언과 모든 다른 미국인이 협동할 미래에는 인디언 부족이 성장해 자유로운 사회의 구성원으로 발전하는 문화적 분위기가 창출될 것이다.

우리가 요구하는 것은 자선이나, 선의의 온정주의가 아니다. 우리는 우리 상황의 본질을 인식했고, 그것이 정책과 행동의 기초가 되어야 한다는 점을 요구할 뿐이다.[13]

이 선언서에서 보듯 1960년대 미국 인디언들은 획일적인 백인 중심 문화로부터 자신들의 문화를 지키고 위대한 미국의 미래에 동참하기를 원했다. 하지만 그러기 위해 미국 정부가 어떤 형태여야 할지를 비판적으로 고찰하는 태도는 부족해 보인다. 이 점은 당시 치카노들

---

13) American Indian Chicago Conference, University of Chicago, June 13~20, 1961, 5~6.

의 선언서인 「아스틀란의 계획EL PLAN DE AZTLÁN」에서도 비슷하게 나타난다. 이 선언서는 멕시코계 미국인들을 위해 치카노 민족주의와 자율을 옹호하는 문건이다. 이 문서는 1969년 3월에 콜로라도 주 덴버에서 로돌포 곤잘레스Rodolfo Gonzales의 〈정의를 위한 십자군〉에 의해 주최된 대표자 회의인 〈제1차 치카노 민족 해방 회의 청년 학술회〉에 의해 채택되었다. 그 내용은 다음과 같다.

> 우리는 자랑스러운 역사적 유산뿐만 아니라 우리 영토에 대한 '그링고들' [14])의 잔인한 침략 또한 의식하고 있다. 새로운 민족 정신으로, 머나먼 옛날에 우리 선조들이 살았던 아스틀란 북쪽 땅의 주민이자 문명인들로서, 우리는 선조의 땅을 다시 주장하고 태양의 민족을 신성하게 하면서 다음과 같이 선언한다.
>
> 우리 피의 부름이 우리의 힘, 우리의 책임, 우리의 불가피한 운명이라고 선언한다. 우리는 우리 집, 우리 땅, 우리 이마의 땅, 우리의 마음에 의해 정당하게 요청된 과제들을 결정할 자유와 주권을 누린다. 아스틀란은 외국인인 유럽인들에게 속하지 않고 씨앗을 심고, 밭에 물을 주고, 곡식을 거두는 사람들에게 속한다. 우리는 갈색bronze 대륙을 어른거리는 변덕스런 프런티어들을 인정하지 않는다.
>
> 형제애가 우리를 연합하게 하며 형제들에 대한 사랑이 우리를 하나의 민족으로 만들어 준다. 때가 되면 우리의 부를 착취하고 우리의 문화를 파괴하는 외래 '가바초' [15])에 맞서 싸우는 민족 말이다.

---

14) gringo 영미인들에 대한 반감을 표시하는 용어
15) gabacho 프랑스계 외국인을 가리키는 단어이다. 프랑스 국적에 상관없이 외국인에 대한 반감을 표현할 때 사용된다.

우리 손에 마음을 품고, 또 흙을 담고서 우리는 우리 메스티소 민족의 독립을 선언한다. 우리는 갈색 문화를 가진 갈색 민족이다. 세계 앞에서, 북미 앞에서, 갈색 대륙의 모든 우리 형제들 앞에서, 우리는 하나의 민족이며 자유로운 푸에블로[16]의 연합이며 아스틀란[17]이다.

라사[18]를 위하여, 라사 외에는 아무것도 없다.

프로그램

아스틀란의 영적 계획은 대중 동원과 조직에 민족주의를 사용해야 한다는 주제를 설정한다. 일단 아스틀란 계획의 개념과 철학에 헌신하기만 한다면, 사회적·경제적·문화적·정치적 독립이 억압과 착취와 인종차별주의에서 전면적으로 해방되는 유일한 길이라는 결론을 내릴 수 있다. 그렇다면 우리의 투쟁은 우리의 바리오들[19], 캄포들[20], 푸에블로, 땅, 경제, 문화, 정치적 삶을 통제하기 위한 것이 되어야 한다. 아스틀란 계획은 바리오, 캄포, 란체로[21], 작가, 선생, 노동자, 전문가와 같은 치카노 사회의 전체 수준들을 대의[22]에 헌신하게 한다.

민족주의

조직의 핵심인 민족주의는 모든 종교적·정치적·계급적·경제적 파

---

16) pueblo 나라나 민족까지 포함하는 더 추상적인 '온 나라'라는 뜻
17) Aztlán 먼 옛날에 멕시코 선조들이 살았다는 전설적인 땅 이름, 이 선언문에서는 이상적인 치카나 공동체를 상징함
18) la Raza 아스틀란의 후예들로 이루어진 같은 핏줄의 공동체성을 강조하는 '혈족'의 뜻을 지님
19) barrios 멕시코계 사람들이 다닥다닥 붙어사는 도시나 동네
20) campos 농장을 중심으로 하는 시골 혹은 농촌
21) rancheros 카우보이, 목장 노동자
22) La Causa 혁명적인 운동, 즉 치카노 운동

당들이나 경계들을 초월한다. 민족주의는 치카노 운동의 모든 구성원들이 동의할 수 있는 공통분모다.

조직의 목표

1. **통합성**: 라사의 해방에 투신한 우리 민족의 바리오들, 푸에블로, 캄포, 땅, 가난한 자, 중산층, 전문가들을 통합적으로 사유한다.

2. **경제**: 우리 삶과 공동체에 대한 경제적 통제는 공동체, 푸에블로, 우리 땅에서 착취자를 몰아냄으로써만, 또 우리 자신의 재능과 땀과 자원을 통제하고 개발함으로써만 가능할 수 있다. 물질주의를 무시하고 휴머니즘을 받아들이는 문화적 배경이야말로 건강한 성장과 발전을 위한 경제적 기초를 유지할 협동적 구매 행위와 자원과 생산의 배분 행위에 기여할 것이다. 정당한 우리 땅들은 싸워서 지켜야 한다. 땅과 그 소유권은 민족의 복지를 위해 공동체의 소유가 될 것이다. 책임의 경제적 유대는 민족주의에 의해 확보되어야 하며 치카노는 그 단위들을 수호한다.

3. **교육**: 역사, 문화, 이중 언어 교육, 기여들은 우리 민족에게는 상대적인 것이어야 한다. 공동체가 학교, 교사, 행정가, 상담자, 프로그램들을 관할한다.

4. **기관들**: 기관들은 거지에게 주는 물건이나 빵부스러기가 아니라 본래 상태로 되돌린다는 기초 위에서 충만한 삶과 복지를 위해 필요한 서비스를 제공함으로써 우리 민족을 섬길 것이다. 과거의 경제적 노예상태, 정치적 착취, 에스닉의 문화적·심리적 파괴와 인권 및 시민권의 부인을 본래 상태로 되돌려놓는 것 말이다. 민족을 섬기지 않는, 우리 공동체의 기관들은 공동체 안에서 아무 자리도 차지하지 못

한다. 기관은 민족에 속한다.

5. 공동체의 **자기 방어**는 민족의 연합된 힘에 의거해야 한다. 전선의 방어는 바리오들, 캄포들, 푸에블로들, 란치토스[23]에서 나올 것이다. 민족의 보호자로서 그들은 개입을 통해 존경과 위엄을 부여받을 것이다. 대신에 그 보호자들은 자신들의 민족을 위해 책임과 생명을 바친다. 자신들을 민족을 위해 전선에 나선 사람들은 사랑과 형제애 carnalismo때문에 그렇게 한다. 현재 우리 형제들이 복무하는 기관들은 그링고들을 위해 일자리와 정치적 지역 개발 사업을 제공하지만, 미래에는 오로지 우리의 해방운동을 위해서만 그렇게 할 것이다. 청소년 범죄 행위란 더 이상 없을 것이며 혁명적 행위들만 있을 것이다.

6. 우리 민족의 **문화** 가치는 우리의 정체성과 운동의 도덕적 지조를 강화한다. 우리 문화는 한 마음과 한 뜻으로 해방을 향하는 혈족의 가족을 연합하고 교육시킨다. 우리는 우리 작가, 시인, 음악가, 예술가들이 우리 민족에게 호소하며 우리의 혁명적 문화와 관계되는 문학과 예술을 생산할 것이라 믿는다. 삶과 가족, 고향의 문화 가치들은 영미의 달러 가치 체계를 패배시키고 사랑과 형제애의 과정을 고무하는 하나의 강력한 무기 역할을 잘 해낼 것이다.

7. **정치적 해방**은 우리 편에서의 독립적인 행위를 통해서만 이룰 수 있다. 양당 체계는 같은 여물통을 먹고사는 두 마리 동물이기 때문이다. 우리가 다수인 곳에서는 통제할 것이며, 우리가 소수인 곳에서는 압력 집단을 대표할 것이다. 우리는 민족적으로는 '혈족의 가족'이라는 하나의 당을 대표할 것이다. (…) 마지막으로 아스틀란 계획

---

23) ranchitos 우리의 작은 마을

은 해방의 계획이다El Plan de Aztlán is the plan of liberation![24]

　이와 같은 치카노 선언서에서 표명되는 정신적 문화 가치와 전통은 오랜 역사 속에서 선조로부터 이어져 온 '영적인' 것이다. 이에 비해 주류 백인 남성의 가치들은 물질주의적이다. 「아스틀란의 영적 계획」이라고도 불리는 치카노 선언서는 구체적인 정치 혹은 정부 형태를 제시하지는 못했다. 하지만 이 선언은 물질, 생산, 이익이 주도하는 세계에 맞서 싸울 수 있는 '영성'에 대한 적극적인 개념화를 요청한다.

　전후 미국 사회의 또 다른 소수자 집단인 미국 여성들 중에서 백인 중산층 여성들은 1960년대 소수 인종 남녀들보다 외면적으로는 평온해 보였다. 그들은 전후 냉전 체제가 가져다 준 물질적 풍요를 누리는 가운데, 사회적인 일을 통해서보다 집과 자녀를 돌보는 '여성다운' 삶에서 안전함을 느꼈다. 그래서 선배 여성들이 힘겹게 쟁취한 교육과 직업의 권리를 포기하고, '여성다운' 삶에 순응하면서 살아가려 애썼다. 이렇게 된 것은 원자탄의 무서운 위력을 겪은 뒤, 냉전 체제의 긴장과 불안감에서 벗어나기 위해 모두들 가정과 자녀에게서 위안을 찾으려 했기 때문이다. 모두 외롭고 무서웠으며 결혼, 가정, 자녀를 애타게 갈구하였고 서둘러 결혼했다. 전후 남성들이 속속 직장에 복귀한 것도 여성들이 가정으로 돌아가게 된 원인이었다.

　이러한 과정의 핵심 기제를 '여성의 신비'로 분석한 책이 바로 1963년에 출간된, 베티 프리단Betty Friedan의 『여성의 신비The Feminine

---

24) 영어 원문은 다음의 사이트를 참조했다. http://studentorgs.utexas.edu/mecha/archive/plan.html

Mystique』였다. 법제도적 '평등'을 요구한 세네카폴스 선언으로 촉발된 1세대 여성운동과 달리, "개인적인 것이 정치적인 것"이라는 구호에 따라 2세대 여성운동의 불씨를 지핀 것이 바로 이 책이었다. 『여성의 신비』는 여성 개개인들의 의식에 변화를 가져오는 데 그치지 않고 〈전미 여성 조직(National Organization for Woman, NOW)〉[25]을 촉발시키는 도화선이 되었다. 이 책은 전후 수많은 미국 여성들이 남몰래 씨름하고 있었던 '이름 붙일 수 없는 문제'를 저자의 생생한 체험담으로 들려주었다.

> 이 문제는 미국 여성들의 가슴 깊이 여러 해 동안 묻혀 있었다. 그것은 낯선 동요였고, 불만족이었으며 (…) "과연 이것이 전부일까?" 하는 물음을 묵묵히 자신에게조차 던지기를 두려워했다. (…) 지난 15년 동안 여성을 위해, 여성에 대해 씌어진 수백만 편의 글 가운데 이런 갈망에 대해 다룬 글은 한 편도 없었다. 전문가들이 쓴 칼럼과 책, 잡지는 여성들에게 현모양처로 자기 본분을 완성하는 길을 찾으라고 가르쳐 왔다. 여성들은 전통 프로이트식 궤변 속에서, 자신들의 여성스러움을 자랑으로 여기는 것을 넘어서는 운명을 바랄 수 없다고 수도 없이 들어 왔다. (…) 교외의 멋진 저택에 사는 주부, 이것만이 젊은 미국 여성들이 꿈꾸는 자화상이며, 전 세계 모든 여성들이 부러워하는 여성상이었다. (…) 제2차 세계대전이 끝난 뒤 15년 동안, 이런 여성상에 대한 신비의 성취는 당대 미국 문화의 핵심으로 칭송되었고 영속적인 것으로 여겨

---

25) NOW의 창립과 활동 과정을 프리단이 직접 말해 주고 있는 에필로그 「브라버너스, 전쟁이 아닌 사랑」(베티 프리단, 김현우 옮김, 『여성의 신비』, 이매진, 2005, 618~633쪽) 참조. 이후 이 책에서의 인용은 (『여성의 신비』, 쪽수)로 표기함을 밝힌다.

졌다. (…) 유일한 꿈은 완전한 현모양처가 되는 것이고, (…) 인구 조사서 빈칸에 '직업: 가정주부' 라고 자랑스레 적어 넣었다. (…) 1950년대와 1960년대에 문제를 느낀 여성들은 결혼 생활이나 자신에게 뭔가 잘못이 있다고 생각했다. (…) 부엌 바닥에 윤을 내면서 신비스러운 만족감을 느끼지 못한다면 도대체 자기는 어떻게 된 여성이란 말인가? 그런 여성은 자기 불만을 인정하기가 부끄러웠다. 그래서 얼마나 많은 다른 여성들이 같은 불만을 함께 느끼고 있는지 결코 알 길이 없었다. (…) 그런데 1959년 4월의 어느 날 아침, 나는 뉴욕에서 24킬로미터 떨어진 교외의 새 주택가에서 다른 어머니 네 명과 함께 커피를 마신 일이 있었다. 그중 네 아이를 가진 어머니가 절망에 찬 어조로 바로 '그 문제' 를 조용히 말하는 것을 들었다. (…) 그 자리에 있던 여성들은 자신들이 모두 똑같은 문제, 설명할 수 없던 그 문제를 느끼고 있다는 사실을 갑작스레 깨달았다. 서로 주저하면서, 그 문제에 대해 서로 이야기하기 시작했다. (…) 나는 '이름을 붙일 수 없는 이 문제' 가 헤아릴 수 없이 많은 미국 여성을 괴롭히고 있다는 사실을 점점 더 인식하게 되었다.[26]

그러나 프리단의 분석은 프리단 자신의 좌파 정치 활동과 노동운동 경험을 은폐하고 있으며, 교외에 사는 백인 중산층 여성의 경험 위주라는 한계[27]를 갖는다. 1940년대에 프리단은 노동 시위 현장을 찾아다니면서, 상당히 높은 지위의 여자들이 연설하고 그것을 남자들이 경청하는 노동조합 모임을 보도한 노동 저널리스트였다. 그 보도에

---

26) 베티 프리단, 『여성의 신비』, 54~55, 58~61쪽.

27) Daniel Horowitz, "Betty Friedan and the Origins of Feminism in Cold War American" in *Women's America*, pp. 481~495) 참조.

따르면 상사나, 상사의 생각을 소화한 남성 노동자에 의해 열등한 족속으로 대접받거나 낮은 임금을 받기를 거부하는 여자들이야말로 '투사'였다. 그 노동조합은 1940년대 미국에서 공산주의자가 이끄는 단체 중에서 가장 큰 것이었고, 전후에는 가장 급진적인 조합으로 성장하게 된 〈미국 전기 라디오 기계 노총(United Electrical, Radio and Machine Workers of America, UE)〉이었다. 그 취재를 바탕으로 1952년에 프리단은 『여성 노동자들을 위한 UE의 투쟁들UE Fights for Women Workers』이라는 소책자를 썼다. 이 소책자는 1959년에 최초의 미국 여성사 연구인 『투쟁의 세기Century of Struggle』를 간행한 엘리너 플렉스너Eleanor Flexner에게 노동자 의식과 여성 의식을 동시에 일깨워 주었던 바로 그 책자였다.

그런데 프리단은 『여성의 신비』 1973년판에서 자신이 『여성의 신비』를 쓸 때까지는 "여성문제를 의식조차 못 했다"고 말하고 있다. 그러한 프리단의 발언은 1940년대와 1950년대 초반에 참여했던 〈일하는 여성들을 위한 노동조합〉 활동과, 1960년대 여성해방 운동 사이의 연관을 흐리면서 우리에게 다음과 같은 질문을 하게 한다. 즉 정치적 해결을 옹호하는 데 그토록 많은 에너지를 쏟아 왔던 여성이 어째서 『여성의 신비』에서는 성인 교육과 자기실현을 해결책으로 제시하면서 사회 문제를 심리적 문제로 바꾸어 버렸을까? 흑인, 치카노, 노동계급 여성들의 삶을 개선하기 위해 싸워 왔던 여성이 어떻게 미국의 문제들을 풍요로운 교외 백인 여성들의 삶의 견지에서 보는 책을 쓰는 것으로 만족했던 것일까?[28]

프리단이 1940년대와 1950년대 초반의 좌파 경험을 삭제한 이유는 1960년대 민권운동과 공산주의의 제휴를 문제 삼았던 사회 분위기

탓이었다. 1963년에 미국은 베트남에서 반공산주의 전쟁을 시작하였고 FBI의 에드가 후버 국장은 공산주의의 영향력에서 국가를 보호한다는 명목으로 마틴 루터 킹을 도청하고 있었다. 그러한 1960년대 중반에 프리단이 자신의 좌파 경력을 드러내고 언급했다면 백인 중산층 여성을 대상으로 하는 책의 호소력과 영향력은 축소되었을 것이며 자신은 물론 자신이 출범시킨 NOW도 위험에 빠졌을 것이다.

프리단의 페미니즘 입장은 노동계급 여성과 흑인 여성에 관심이 없고 전문직 중상층 백인 여성의 경험과 관점에만 치우쳐 있다는 점, 경제 분석과 노동계급에 대한 좌파적 관점을 중산층의 문화와 심리 문제로 대체했다는 점에서 비판받아 왔다.[29] 『여성의 신비』 개정판에 덧붙인 에필로그 「브라버너스, 전쟁이 아닌 사랑」에서는 그 비판을 의식한 듯, "우리에게는 흑인들이 하는 것과 똑같은 정치 운동과 사회운동이 필요하다"(『여성의 신비』, 618)고 하면서도 자신은 "여성운동을 계급이나 인종의 견지에서 보지 않았다"(621)고 말했다.

---

28) 호로비츠는 페미니즘에 대한 당대 전반의 적대감을 완화하여 좀 더 광범위한 층의 독자를 확보하기 위한 프리단의 수사학적 전략이거나 장기적인 관점에서 보아 프리단의 탈급진화 과정이라는 두 가지 가능성 모두를 열어 두고 있다. 호로비츠의 책(*Betty Friedan and the Making of The Feminine Mystique: The American Left, the Cold War and Modern Feminism*, University of Massachusetts Press, 1998)은 프리단과의 관계를 나쁘게 만들어, 프리단의 전기를 쓰려고 했던 호로비츠의 계획은 수포로 돌아갔다.

29) 거다 러너Gerda Lerner라는 권위 있는 미국 여성사 역사학자는 베티 프리단과 동시대 백인 여성으로서 『여성의 신비』를 기쁜 마음으로 읽었지만 "당신은 대학 교육을 받은 중산층 여성 문제들만 언급합니다. 이러한 접근은 수년 동안 참정권 운동의 결점 중 하나였고, 여성의 일반적 향상을 더디게 하였다고 봅니다. 일하는 여성들, 특히 흑인 여성들은 여성의 신비가 부과하는 불이익뿐만 아니라 경제적 차별의 더 시급한 불이익 속에서 노동을 하고 있습니다. 그러한 불이익을 문제의 고려에서 생략하거나 그 불이익을 해결할 수 있는 부분을 무시하는 것은 해서는 안 되는 일입니다. 일하는 여성들의 절박한 필요, 인원, (노동조합원이라면) 조직 경험 때문에 그들은 여성 문제를 제도적으로 해결하려는 시도에서 가장 중요하니까요"라고 비판한다. *Women's America*, pp. 490~491.

프리단이 결국 다시 강조하는 것은 NOW의 창립 선언서에서도 밝혔듯이, "남성과 동등한 협력자로 모든 권한과 책임을 행사하면서, 미국 사회의 주류 속에 여성들이 충분히 참여하게 할 행동을 취하자"는 것이었다. 그러면서 프리단은 극좌파와 극단주의자들이 여성운동 내부뿐만 아니라 전반적인 사회운동에 분리와 대립을 야기하고 있으며, "계급투쟁이나 인종차별 같은 낡고 부적절한 이데올로기를 잘못 끌어오고 있다"(629)고 비판한다. 결국 프리단이 표방하고 대표하는 자유주의 페미니즘은 1950년대와 1960년대 냉전의 문화정치학에 따라, 1940년대와 1950년대 좌파적 정치 경제를 개인의 권리 향상과 심리 문제로 대체하는 과정에서 생겨난 것이다. 이러한 페미니즘은 제국주의적 자본주의를 민주주의라 호도하고 있는 미국의 국가주의를 근본적으로 비판하지 못한다. 이와 같은 이론적 한계는 비단 프리단만이 아니라 미국의 지성 일반이 견지하고 있는 자유주의의 맹점이다.

20세기 후반 미국 백인 여성들의 해방운동은 1950년대와 1960년대에 이름붙일 수 없었던 여성 문제가 이론적으로 성찰됨에 따라 점점 더 다양해진다. 미국 자유주의 페미니즘을 비판하며 급진화했던 대표적인 집단은 '남성을 미워하는 여자들'로 쉽사리 오인되었던 '레드스타킹들redstockings'이었다. 1969년에 형성된 뉴욕의 이 급진적 여성 집단은 스스로를 '레드스타킹들'이라고 불렀다. 이 명칭은 오래전에 영국에서 지적·문학적 관심을 가지고 있는 여자들을 가리키는 데 사용했던 '블루스타킹bluestocking'을, 혁명을 뜻하는 '레드'와 조합한 것이었다. 이 집단이 1969년 7월 7일에 선언서(1부 부록, 「레드스타킹들의 선언서」 참조)를 발표함으로써 '이름 붙일 수 없는 문제'가 이름을 갖게 되었다. 그 이름은 역사상 가장 오래된, 계급 억압보다 더 오래된 '남성우월주의'다. 성 억압이 억압의 가장 기초적인 형태라는 사실은 급진적 페미니스트라고 알려진 여성들에게 기본적이고 필수적인 신조가 된다.

〈레드스타킹들〉은 남성우월주의에 의해 억압을 받는 계급으로서 여성에 동일시하는 여성들의 연합을 강조한다. 이들과 비슷하게 여성과 동일시하는 여성의 경향을 띠면서도 동성애 공포증에 기반을 둔 강제적 이성애의 횡포와 억압에 좀 더 관심을 가지고 그에 맞서고자 하는 경향은 '레즈비어니즘Lesbianism'이라고 정의된다. 베티 프리단은 이들의 존재로 말미암아 이제 막 성장하기 시작한 여성운동의 두 번째 물결이 분열될까 봐 경계하였다. 1970년에 〈급진적 레즈비언들 Radiacalesbians〉이라는 일단의 레즈비언 집단은 더 이상 여성들 사이의 분열에 대한 공포 때문에 강제적 이성애 제도의 문제를 묵과하지 말고 동성애 공포증을 본격적으로 다룰 것을 요구하면서 역시 선언서 (1부 부록, 「급진적 레즈비언들의 선언서」 참조)를 발행한다.

03 유색 여성들의 해방 선언들

그러나 유색 여성들의 입장에서는 백인 여성들이 강조하는 제도화된 '남성우월주의' 문제나 '이성애적 섹슈얼리티'의 문제는 따로 다루어질 문제가 아니다. 이미 처음부터 얽혀 있는 인종과 계급 억압 체계를 동시에 보아야 하는 것이다. 흑인 민권운동을 선도했던 폴리 머레이(Pauli Murray. 『여성의 미국』, 537~538)의 행적을 보면 그 점을 이해할 수 있다. 폴리는 흑인 노예, 노예를 소유한 백인, 체로키 인디언, 자유인 신분인 아프리카계 미국인들의 피가 혼합된 가족에서 태어났다. 폴리 머레이는 노스캐롤라이나 더햄Durham의 조부모 집에서 고아로 컸고, 더햄 시의 인종 분리 학교를 1926년에 졸업한 다음, 힘들게 뉴욕 시의 헌터Hunter 대학에 입학하였으나 대공황 시기에 일자리가 없어 영양실조와 결핵으로 거의 죽을 뻔했다.

머레이는 1933년에 헌터 대학을 졸업한 직후 뉴딜 정책 때 세워진 얼마 안 되는 여성 캠프 중 하나인 캠프 테라Camp Terra에서 잠시 읽는 법을 고쳐 주는 일과 노동자들의 교육 프로젝트 일을 했다. 머레이는 "세상사가 나 같은 젊은 니그로들에게 새로운 호전성을 심어 주고 있었다"고, "유태인에 대한 나치의 태도와, 니그로들에 대한 미국 남부의 억압 사이에 어쩔 수 없이 존재하는 유사점을 드러내는 데는 구태여 공산주의가 필요하지도 않았다"고 쓰고 있다. 법으로는 금지되어 있지만 일상생활에서 존속되는 인종차별 제도는 자국의 내부에서 은밀하게 맹약하는 파시즘을 묵인하면서 해외 파시즘을 비난하는 미국 정책의 위선을 보여 주고 있었다.

1938년에 머레이는 인종 관계와 농장 소작제에 관한 사회학자의 연구에 끌려 노스캐롤라이나 대학 법대에 입학 허가 신청서를 냈는데, 주 법이 인종을 이유로 불합격 통보를 했다. 머레이는 이에 굴하지 않고 사회정의를 위한 활동을 펼친다. 그 과정에서 세금을 내지 않았다고 배심원도 없이 재판받는 흑인 소작인 오델 월러Odell Waller를 도와주는 일에 개입함으로써 워싱턴 하워드Howard 대학 법대의 리언 랜섬Leon Ransom 교수의 관심을 끌게 되었다. 하워드 대학이 머레이에게 장학금을 주기로 하자 머레이는 "짐 크로우를 파괴한다는 한 가지

의도"를 갖고 법대에 입학했다.[30]

머레이는 민권운동을 여성들의 평등을 위한 투쟁과 연결시켰다. 하워드 대학 재학 시절에 인종차별과 싸우면서 발견한 성차별주의와 워싱턴의 한 인종 분리 식당에 항의하며 "앉아 있기 운동"을 지도한 경험[31]은 머레이의 자서전에 잘 나타나 있다.

> 하워드 법대가 내게 짐 크로우에 반대하는 효과적인 투쟁을 위한 기회를 제공하였다면, 내가 재빨리 "제인 크로우"라고 이름붙인 차별적 성 편견이라는 쌍둥이 악을 처음 의식하게 되었던 곳도 바로 그곳이었다. 참으로 아이러니하다. 인종차별주의에 전념하다 보니 그때까지 더 교묘하고, 더 모호하게 작동했던 성차별주의를 알아차리지 못했던 것이다. 여학생들만 있는 헌터 대학에서는 여자들이 전문직이나 리더십 위치에서 우세하였다. 성차별이라는 짐을 인식했던 것은 〈공공 사업 촉진국(WPA)〉에서의 경험 때문이었다. WPA의 노동자 교육 프로젝트 단장이었던 힐다 스미스Hilda Smith도 여자였고, 지역 프로젝트 단장과 직속 감독도 여자였다. 그래서 여성이 불평등한 대우를 받는다는 생각은 하지 못했다. 하지만 지금은 남자들이 지배하는 니그로 법대의 친숙한

---

30) 머레이는 1962년에 존 F. 케네디의 〈여성 지위 위원회Commission on the Status of Women〉의 멤버로서 인종뿐만 아니라 성을 근거로 하는 차별을 불법화하는 1964년 민권법의 통과를 환영했다. 동료인 메리 이스트우드Mary Eastwood와 함께 「제인 크로우와 법Jane Crow and the Law」이라는 에세이를 썼고 이 논의는 1971년에 성을 근거로 하는 차별은 특권이 아니라 차별이라는 대법원 판결을 가능하게 하였다. 이처럼 머레이는 인종적·젠더적 정의의 수호자로, 법 영역에서 계속 경력을 쌓아 나갔고, 1977년 1월에는 〈미국 시민 자유 연합American Civil Liberties Union〉의 위원을 역임하였다.

31) 민권운동의 기폭제가 된, 노스캐롤라이나의 그린스보로에서 일어났던 유명한 연좌(앉아 있기) 운동의 전초전으로 보인다.

분위기 속에서 인종 요인이 제거되었고 젠더 요인이 충분히 그 모습을 드러내게 되었던 것이다.

하워드 대학 1학년일 때 법대에는 단지 두 명의 여학생이 있었고, 둘 다 1학년이었다. 한 여학생이 첫 학기가 끝나기도 전에 학교를 그만두자, 나는 그 해 내내 유일한 여학생으로 학교를 다녔고 나머지 3년 동안 내가 수강한 과목에서도 내내 그랬다. 내가 학교를 다니던 중에 두세 명의 여학생이 등록을 했지만 상급반은 아니었다. 교수진에도 여자는 한 명도 없었고 직원 중에 유일한 전문직 여성은 (…) 수년 전에 우리 법대를 졸업한 사무 주임이었다.

남자들은 공개적으로 적대적이지는 않았다. 그들은 친절했다. 하지만 나는 곧 여자들은 농담으로 위장된 웃음거리의 대상이 된다는 사실을 알게 되었다. 개강 첫날 교수 중 한 분이, 자신은 왜 여자들이 법대에 오는지 정말 모르겠다고, '여자들이 여기 있으니 남자들은 참아야 하겠지요?' 하고 말하면서 수업을 시작했을 때 나는 경악을 금치 못했다. 그 농담은 남학생들의 큰 웃음을 자아냈다. 나는 너무 큰 굴욕감을 느껴서 아무 반응도 할 수가 없었다. (…) 교수가 고의적으로 나를 무시하는 것은 아니었다. (…) 신입생 시절 대부분 나는 침묵의 저주를 받았다. 남학생들이 논쟁에 지쳤거나 교수의 질문에 하나도 답하지 못했을 때를 빼고 말이다.

진짜 각성은 입학한 지 몇 달 후에 일어났다. 그때 나는 '모든 1학년 남학생들'을 리온 랜섬 교수 자택에 있는 흡연실에 초대하는 공식 게시판 공고를 보았다. 그 초대에 여자를 배제한 것에 대한 해명을 들어 보고자 랜섬 교수의 연구실로 찾아갔다. 그는 내게 남학생과 법조계 인사들에게 국한된, 법대 남학생 동아리 〈시그마 델타 타우Sigma Delta Tau〉

는 법대에 하나의 장#을 확립했고, 그 흡연실의 목적은 유사한 전망을 갖는 신입생 남학생들을 두루 살펴보는 것이라고 장황하게 말했다. 젊은 법대 남학생들은 경험 있는 변호사들과의 만남을 통해 전문직에서 승승장구 경력을 쌓을 수 있을 것이다. 나는 랜섬 교수에게 "우리 여학생들은 어떻게 하고요?"라고 물었다.

(…) 나는 랜섬과 다른 몇몇 남자들의 민권에 대한 헌신 때문에 마음 속 깊이 그들을 감탄해 마지않았다. 스스로 인종적 굴욕을 겪어 왔던 남자들이 그들의 전문직 단체에서 여자를 배제하는 것을 묵인할 수 있다는 점을 알게 된 셈이었다. 이러한 발견은 내가 '페미니즘'이라는 용어의 뜻을 알기도 전에 오래 전부터 내 안에서 싹트고 있는 페미니즘 의식을 일깨웠던 것이다. (…)

젠더라는 우연이 내게서 군복무를 면해 주어 방해받지 않고 내 경력을 자유롭게 추구하게 해 준 사실은 남녀가 통합해 싸우는 싸움을 수행할 여분의 책임감을 느끼게 해 주었다. 많은 다른 하워드 여대생들이 비슷한 책임감을 느끼고 있었고 이것은 65명의 하워드 남학생들이 극적으로 학교를 떠남으로써 고무되었다. 그들은 군복무를 위해 떠난다는 것을 알리기 위해 캠퍼스를 함께 행진하였다. 우리 흑인 형제들이 기꺼이 싸우고자 한 조국을 더 자유로운 곳으로 만드는 것이 우리 여자들의 임무라고 생각되었다.(『여성의 미국』, 538~539)

머레이의 인식에서 돋보이는 점은 인종, 계급, 젠더의 얽힌 체계를 통합적으로 보고자 하면서도 백인 중심적인 미국 사회에서 남녀를 막론하고 흑인이라는 유색인종이 겪는 차별을 인식함으로써 흑인 남성들과의 연대의식을 끝까지 견지하는 태도다.

이와 같은 연대의식은 〈콤바히 리버 컬렉티브Combahee River Collective〉[32]가 1977년 4월에 펴낸 「흑인 페미니스트 선언서Black Feminist Statement」에서 '혁명적인 흑인 남성과의 연대'로 유지되고 있다. 이 선언서는 흑인 페미니즘의 이론과 정치, 역사와 운동에 대한 이론적이고 개념적인 성찰을 보여주는 가운데 성, 계급, 인종의 축들이 얽혀 있는 다중적이고도 동시적인 억압들, 다른 제3세계 여성들과 노동하는 여성들과의 연대의식, 반인종차별주의적인 동시에 반성차별주의적인 관점, 가부장제 외에도 자본주의와 제국주의의 정치 경제적 체계에 대한 인식을 중요하게 논의하고 있다.(1부 부록, 「흑인 페미니스트 선언서」 참조)

흑인 페미니스트 선언서는 흑인 여성에게만이 아니라 백인 남성 중심 체제에 맞서 싸우는 유색인종 남녀들에게, 또 백인 남녀들에게, 또 아시아, 아프리카, 라틴아메리카의 제3세계 남녀들에게 현 세계화의 방향을 바꾸어 내는 데 필요한 통찰을 선구적으로 던져주고 있다. 그렇지만 미국 흑인의 위치에서 어쩔 수 없이 배어 나오는 국가주의적 제국주의적 시선은 여전히 해결해야 할 과제로 남아 있다.[33] 이러한 시선은 억압체계들의 다중성과 교차성, 동시성을 구체적으로 해명하는 문제, 자본주의적 가부장 체제에 대한 좀더 체계적인 인식, 현 지구화에 대항하는 남반구 하위 주체들의 관점과는 분명 거리가 있다.

---

32) 이 공동체는 보스턴 지역의 흑인 페미니스트 집단이다. 이 이름은 남북전쟁 중인 1863년 6월 2일에 사우스캐롤라이나의 포트 로얄Port Royal 지역에서 해리엇 터브먼이 개념화하고 이끌었던 게릴라 행위에 기원을 두고 있다. 이 게릴라전으로 750명 이상의 노예들이 해방되었다. 이것은 미국 역사상 여성이 계획하고 지도한 유일한 군사 캠페인이다.
33) 「흑인 페미니스트 선언서」 내용을 진전시킨 이론적 논의들에 대해서는 프롤로그에서 제시한, 다인종 다문화 시대의 미국 문화를 읽는 데 필요한 세 가지 해석적 패러다임 중 3) 몸 참조.

혹인 페미니스트 여성들이 집단적으로 제기한 앞의 문제의식들과 관련해 치카나들은 어떠한 삶의 궤적을 보여주고 있는지 살펴보자. 20세기 후반 미국 사회에서 수많은 유색 인종 여성들이 그랬던 것처럼 제니 차베즈도 1960년대와 1970년대 해방운동에 합류했다. 제니 차베즈는 멕시코계 미국 여성의 이중적 억압을 〈라 치카나스Las Chicanas〉라는 단체를 조직하면서 처음으로 인식했고 그 억압에 저항해야 했다. 제니 차베즈는 "멕시코계 미국 여자들의 이중 억압에 대해 깨닫고 말하는 데 (…) 오랜 시간이 (…) 걸렸다"고 말한다. 초창기 페미니스트 운동을 경험하며 당시 해방운동 진영에 있는 치카노 남성들의 마초 의식과 백인 여성들의 인종 우월 의식 둘 다를 비판해야 했다는 이야기는 여자들을 종속시키는 요소가 젠더만이 아니라 인종, 계급과 결부되어 있다는 진전된 인식을 생생하게 보여 준다. 다음은 제니 차베즈의 해방 운동 이야기다.

나는 뉴멕시코 대학에서 1969년에 시작된 〈멕시코계 미국 학생 연합 (United Mexican American Students, UMAS)〉의 발기인 중 한 사람이었다. 꽤 매력적인데다 남자들과 잘 어울려서 그랬는지 나는 특별한 관심을 받았다. 그러나 내가 신념을 상술하기 시작하자 조직의 남자들은 내 의견을 무시하거나 재치 있게 돌려 자기들의 논의를 이어 가곤 하였다. 그 상황이 2년간 지속되자 나는 어쩔 도리가 없어 마침내 단체를 나오고 말았다. 나는 학생 지도부로 방향을 선회했다. 거기서 나는 '급진적이고 인종차별적인 멕시코 호전파'로 간주되었고, 치카노 급진주의자들 사이에서는 밀고자로 간주되었다. 어느 편에서도 나를 도와주지 않는 상황에서 나는 도움을 갈구하며 중간에 끼어 있었다.

캄보디아 위기가 끝난 1970년 여름, "내 머리를 온통 굴리면서" 여러 곳을 여행했고 12월에 〈라 치카나스〉를 조직했다. 그 결과 운동을 하고 있던 남녀 양편에게, 그러리라고 짐작했던 것보다 훨씬 더 많은 욕을 먹었다. 일부는, 내가 현존하는 UMAS를 분열시키고 있다고 느꼈다. 일부는, 남자들을 불쾌하게 할까 봐 겁내고만 있었다. 일부는 내가 잘못되었고 내 생각을 "백인적"이라고 느꼈다. 다른 이들은 〈라 까우사La Causa〉나 〈엘 모비미엔또El Movimiento〉에 기여하려면 부엌에서부터 시작하는 도덕적 지원을 남자들에게 제공하면 된다고 느꼈다. 남녀 양쪽이 〈라 치카나스〉 조직이 타당하다고 인정하는 데 두 달이 걸렸다. 하지만 이제 우리 조직은 뉴멕시코 주에서 가장 강력하고도 유명한 조직이 되었다. 몇몇 여자들은 자신들을 비웃고 백인적이라고 욕하며 사회적으로 외면했던 마초 남자들에 강력하게 반대하는 입장을 기꺼이 견지하고 있었기 때문이다.

치카나들이 멕시코계 미국 여성의 이중적 억압에 대해 인식하고 말하는 데는 상당히 오랜 시간이 필요한 것처럼 보인다. 치카나들은 전통적으로 또르띠야[34]를 만들고 아이를 생산하는 사람들로서 옆에 있어도 말소리가 들리지 않는 존재였다. 우리 여자들은 언젠가 저 중산층 상품[내가 보기에는 "지겨운 허드렛일"에서 해방되게 하기보다는 사람들을 더 많이 억압하는]을 구매하고 싶은 마음에 하녀, 호텔 메이드, 세탁부로서 백인 사회를 위해 노예 같은 일을 하고 있었다. 우리 여자들은 남편과 자식들의 욕구도 또한 들어 주고 있었다. 피임법이 라 파밀리아(La Familia, 가족, 그것의 모든 사회적·정치적·경제적 함의와 함께)의 윤리적 개념과 위배된다고

---

34) tortilla, 멕시코의 주식인 납작하게 구운 옥수수 빵.

하니 자식들도 많았다.

모든 인민의 자유를 위한 사회적 혁명이 진전됨에 따라 치카나들도 그 와중에 자유의 정수를 맛보았다. 그 변화는 천천히 일어났다. 백인 남자 앞에서 멕시코계 미국 여자들은 멕시코 남자들의 본색을 드러낼까 봐, 멕시코 남자를 남자가 아니라고 생각할까 봐 나서서 말하기를 주저하였다. 하지만 이제 치카나는 멕시코계 미국 남성만큼은 아니더라도 충분히 교육받았고 억압을 인식하고 있다.

멕시코계 여자들은 금욕적으로 옷을 입는 양식을 바꾸어 나가고 있으며 법, 사업, 의료, 공학 관련 전문직에 진출하고 있다. 또한 자신들의 지성, 능력, 잠재력을 보여 주는 것을 더 이상 두려워하지 않는다. 그녀들은 우리의 에스닉 집단 대다수가 속해 있는 가톨릭교회를 점점 더 많이 반대하고 있으며, 모든 가톨릭 어머니들을 아기를 생산하는 공장이라며 피임을 범죄라고 하는 생각뿐만 아니라 성적 금기들에도 도전하고 있다.

텍사스 주 휴스턴에서 개최된, 〈혈족Raza을 위한 제1회 민족 음악제〉에서 있었던 '성과 치카나' 워크샵에서 다음 결의안이 나왔다.

(1) 치카나는 성에 대해 더 건강한 태도를 전개하고 성의 '악'에 대한 잘못된 관념을 타파함으로써 남자들 못지않게 진취적으로 변해 갈 것이다.

(2) 우리는 여성을 착취하는 수단으로 또 상업적 목적을 위해, 성을 사용하는 데 반대한다.

(3) 어떠한 종교 제도도 남녀 사이에 무엇이 도덕이고 비도덕인지를 제재할 권한을 가지지 말아야 한다.

멕시코계 미국 여성의 새로운 무리인 우리는 남자들에 의해, 평등의 줄타기를 시도한다고 조롱받아 왔고 아마 앞으로도 그럴 것이다. 우리는 만혼, 출산을 늦추거나 아예 아이를 갖지 않거나 또르띠아 굽기와는 다른 직업을 욕망하는 등 "백인적 생각"에 팔려 나갔다고 가족에서 추방될 수도 있다. 하지만 오늘날 모든 여자들처럼 나는 청동색 여성다움을 지닌 이 새로운 무리가 변화를 위한 전위가 되리라고 생각한다.

여자들을 평등한 존재로 존중하고 대우하는 해방된 치카노들이 당연히 있다. 하지만 그 숫자가 너무 적다. 멕시코계 미국 남자들은 억압받는 집단의 다른 남자들처럼 자신들의 마초주의(남성성을 과장되게 주장하는)를 포기하는 것을 탐탁치 않게 여겨 왔다. 그들을 비인간화하고 기계화하는 사회의 마지막 권력이 남아 있기 때문이다. 하지만 이제 그들은 여성적 젠더에 있는 형제애의 의미를 이해하고 있다. (…) 혁명의 내부에서 새로운 혁명이 시작되고 있다.(『여성의 미국』, 583~584)

치카나들이 겪는 이중적 차별은 흑인 여성들과 별반 다르지 않았다. 흑인 자매들이나 치카나 자매들처럼, 아시아 운동에 참여한 여성들은 낡은 상투형과 싸워야 했으며, 아시아 운동에서 지도권을 행사하려고 할 때는 새로운 상투형들에 직면해야 했다. 아시아계 여자들은 아시아계 남자들의 남성적 쇼비니즘, 인종차별주의, 성차별주의, 제국주의 모두에 동시에 대처해야 했다. 1971년에 간행된 다음 문서에서 주장하는 바를 읽어 보자.

미국 사회는 경제적 수입, 교육, 정치, 피부색, 성에 기초를 둔 서로 다른 수준들로 나누어진다. 각 수준별로 미리 규정된 규칙을 갖게 되며,

각 역할은 상위 수준들에 의해 강화된다. 이 다양한 층위들의 바닥에 유색 여성들이 있다. 제3세계 여자들은 인종차별주의와 성차별주의[성에 기초를 둔 차별]에 의한 지배에 직면하고 있다. 인종차별주의와 성차별주의는 미국 사회가 모든 사람을 통제하고 억압하는 수단이다. 미국 사회에서 "성공"하기 위해서는 인종과 성을 막론하고 모든 사람이 지배 집단의 가치관과 역할에 순응해야 한다. 반면 '성공'보다 '정의'를 추구하는 아시아 운동이 진전하기 위해서는 성차별주의, 인종차별주의, 제국주의를 분명하게 이해하고 그것들을 동시에 다루어야 할 것이다.

일반적인 아시아 여자들에 대한 고정관념이나 역할에는 두 가지 종류가 있다. 남자의 어떠한 변덕에도 영합하는 유순하고 복종적인 동양적 인형, 아니면 수지 왕Suzie Wong 같은 섹스 항아리, 즉 이국적 여성의 몸이 그 두 가지다. 이 둘 사이에 일 잘하는 비서, 섹시한 집사, 훌륭한 살림꾼과 하녀, 남자라면 누구든 결혼하고 싶어 하는 처녀가 놓여 있다.

아시아 운동에 참여한 여자들은 여전히 배회하고 있는 이러한 고정관념을 발견한다. 낡은 상투형뿐만 아니라 새로운 상투형 또한 그렇다. 아시아 남자들은 "자기들의 여자"가 "무겁다"고 하는 말뜻을 정의하고자 노력해 왔다. 아시아 운동에 가담하고 있는 남자들은 상투형에 묶여 있는 자신을 발견한다. 아마도 그들은 남자가 되기 위해서 권위와 책임감을 가져야 한다고 느끼는 모양이다. 이와 똑같이 그들은 많은 책임감[과 책임과 병행하는 권위되]을 떠맡는 여자들을 "여자답지 못하다"고 치부하면서 눈살을 찌푸릴 것이다. 여자들은 이러한 "여성성"의 상실을 두려워하는 경향이 있다. 그래서 여자들은 지성이 필요 없고 기대되지도 않는 서기 일이나 청소를 한다. (…) 지도자로서 여자들의 잠재력은 계발되지 않은 채 남아 있다. 그리하여 여성은 그러한 책임을 준수하는 능력에 대한 자신감을 상실한다.

권위를 지닌 직위를 운동 과정에서 획득했던 자매들은 소수이다. 그들은 사회가 만들어 놓은 상투형들에 여전히 붙잡혀 있다. 여자들에게는 지도적 위치를 획득하는 것 자체가 투쟁이다. 그러한 지위에 진입하는 데 "성공한" 여자들은 자신에게 부과된 상투형을 거부해야만 했다. 하지만 '아시아 여성'에 관한 새로운 정의가 아직 진화되지 않았기 때문에, 여자들은 "연옥"에 있는 자신을 발견한다. 몇몇 여자들은 "계집Bitches"이라는 명칭이 붙여지는 자신을 발견한다. 크고 당당하게 말하는 여자들, 지도자의 권위를 갖고 사람들을 지휘하여 존경받는 여성에게 말이다. (…)

여자들이 일단 지도부에 들어가면, 자신의 생각을 남자들이 도둑질하는 것을 발견한다. 스스로 그 생각에 이르지 못한 남자들에게 말이다. 그러면서도 여자들의 말이 들려와도 귀를 기울이지는 않는다. (…) 이 문제들은 어떻게 해결될 수 있을까? 우선 억압, 착취, 제국주의에 반대하는 운동의 반은 여자들이 맡고 있음을 인정하게 해야 한다. 새로운 혁명적 삶의 방식을 창조하기 위해 일을 진척시켜 내는 힘에서도 마찬가지다. (…) 사람들은 인종차별주의나 제국주의를 다루어야 한다. 또한 고정관념과 상투형에 종속되지 말고, 인간 존재들로 발전해야 한다. 사람들이 자신의 개념들에 확신을 갖고 발전해 나간다면 비판을 두려워하지 않을 것이며, 앞으로 나아가기 위해서는 비판과 자기비판의 필요성을 깨달을 것이다. 여자들에 맞서는 남자들이나 남자들에 맞서는 여자들이 아니라 새로운 사회를, 새로운 삶의 방식을 위해 고투하는 싸움이어야 한다. (『여성의 미국』, 585~586)

이상 4장 3절에서 살펴본 바, 흑인, 치카노, 아시아계 문화의 여성들은 주류 백인 문화에서 비슷한 위치에 처해 있으며 각기 자신들의 억압과 차별을 해결하기 위한 방식을 탐색하고 있다.[35] 그 방식의 내용도 비슷한 부분이 많은데 앞으로 그 내용은 좀더 정밀한 구체성을 확보해 나가야 할 것이다. 무엇보다 자본주의적 가부장 체제에 대한 인식에 기반을 두는 '공통의 이해관계'를 확실하게 소통하는 것은 21세기 각 인종 문화권의 과제일 것이다. 이 공통성을 공유해야 인디언, 흑인, 치카노, 아시아계 남녀들 사이의 차이들을 견지하면서도 미국이 그 정점에 있는 현 백인 남성 중심의 자본주의 가부장 체제에 대항할 수 있는 길을 열 수 있기 때문이다.

---

35) 20세기 후반 미국 사회에서 토착 미국 여성들은 독자적으로 단체를 형성하거나 선언서를 작성하지 않았다. 흑인, 치카노, 아시아계에 비해 토착 미국 여성들은 수적으로 비교되지 않을 만큼 적었기 때문에 도시에서 하나의 집단을 구성하기 힘들었을 것이다. 그렇다고 토착 미국 여성들이 다양한 문화활동을 하지 않은 것은 아니다.

내부 혁명이 외부 혁명으로
확산되는 그날까지

지금까지 백인 남성 엘리트 위주의 미국 건설과 발전 이야기에 묻혀 버린 백인 여성 및 유색 인종 남녀의 노래, 자서전, 삶 이야기, 선언서 등을 발굴해 백인 남성의 역사 이야기와 함께 읽어 보았다. 그러면서 정통 미국인(WASP)이 아니라는 이유로 '비미국인un-American' 취급을 받아 온 이들이 미국 역사를 어떻게 만들어 왔는지, 네 시기로 나누어 살펴보았다.

토착 미국, 아프리카계 미국, 치카노 미국, 아시아계 미국 남녀는 고난과 희생 속에서도 수많은 투쟁을 했다. "놀라운 점은 그들이 원하는 모든 것을 쟁취하지 못했다는 사실이 아니라, 그토록 커다란 역경을 뚫고 감히 저항했으며 패배하지 않았다는 사실이다." (진, 1권 460) 패배하지 않은 것만이 아니라, 그들은 4백여 년의 미국 역사 속에서

줄기차게 목소리를 내 왔고, 진정한 다인종 다문화 시대를 이끌어 갈 세력으로 끈질기게 부상하고 있다. 36쪽의 '미국 문화 지형도'에서 암시되듯, 주류 백인 역사가 그려 온 하나의 원에 다양하게 겹쳐지면서 그 원을 아름답고 풍부하게 확장해 내는 토착 미국, 아프리카계 미국, 치카노 미국, 아시아계 미국의 원은 아프리카, 아시아, 라틴아메리카 대륙의 기운과 소리를 미국 땅에서 새롭게 끄집어 낼 것이다. 이렇게 그려진 미국 역사는 우리 시대의 문제를 풀어 나가는 데 특별한 실마리를 제공한다.

치카나인 안잘두아가 '경계 지대'라고 찬양했던 곳에서는 같은 영토를 점유하며 둘 이상의 인종 문화들이 서로 날을 세우며 살아왔다. 그렇다면 인종적·계급적·젠더적 차별에서 비롯하는 이 날을 어떻게 다듬어 공동체의 지반 위에서 만나게 할 것인가? 치카노, 인디언, 라틴계 이민자, 권력을 누리는 앵글로, 노동계급 앵글로, 흑인, 아시아인들이 이루는 미국인의 심리는 복잡하다. 그래서 싸움은 한편으로 내면적인 것이기도 하다. 미국인이 처한 복잡하고 다중적인 상황에 대한 인식이 선행되어야 내면의 변화가 일어날 것이고, 그때 사회의 변화도 일어날 것이다. 이러한 인식은 수정된 비전을 가지고 다시 보게 된 역사에서부터 나온다. 이와 같은 '내부 혁명'이야말로 우리가 미국의 과거에 대해 들어 왔던 이야기 중 많은 부분을 '고쳐 배워' 좀 더 포괄적이고 정확한 역사로 대체해 나가는 지반이 되어야 한다.

물론 '내부 혁명'은 외부 혁명과 이어져야 한다. 그런데 1980년대 중반 이후 미국 사회 전반에 대한 개혁은 거의 끝난 것처럼 보이기도 한다. 액티비즘은 실업, 인플레이션, 치솟는 에너지 비용, 하락하는 생산성에 대한 우려 때문에 와해되었다. 하지만 그런 가운데서도 특히 여성들은 여성다움에 대한 인습적 정의에 계속해서 도전했다. 여성들은 성차별, 성폭력에 반대하는 투쟁을 계속 했고 여성의 재생산 권리를 보호하기 위해서 싸웠다. 그 사이 중상층 여성들이 의회로, 각료로, 대법원 판사로 진출했다.

이와 같은 엘리트 여성들의 공공 영역 진출은 전 지구적 자본주의 가부장제 체제를 변화시키기는커녕 오히려 공모하는 것으로 귀결되고 만 측면도 있다. 하지만 특히 유색 하위주체 여성들의 넓고 깊은 시선을 통해 이러한 현실에 대한 좀 더 근본적인 비판의식과 행동 지점을 풍부하게 형성할 수 있다. 바로 거기서 21세기 미국 사회와 문화를 새로이 형성해 가는 데 필요한 에너지와 통찰을 구할 수 있을 것이다.

미국인, 미국 역사, 미국 문화는 그 자체가 다문화적 사건이다. 이 점을 내면에서 절실하게 느끼고 인정하지 못하는 미국의 딜레마는 미국인 자신들의 내면에 대한 저항에서, 미국인을 이루는 엄청나게 다양한 자아들에 대한 부인에서 비롯된다. 미국인들은 대서양, 태평양의 여러 해변에서 왔고 미국의 다양성이야말로 미국 형성의 핵심 기제였다. 미국인의 이야기들은 서로 다른 공동체의 기억을 간직하고 있다. 그 기억들은 상충하고 반목하기도 한다. 그렇지만 그 기억들이 서로를 보듬고 모두 함께 만나는 가운데 큰 서사를 구축할 때 좀 더 나은 미국을 그려 낼 수 있을 것이다.

2부 미국 문학에서는 그러한 기억의 이야기들이 문학적 형상화를 거칠 때 어떤 새로운 통찰과 비전을 보여 주는지를 살펴보겠다.

★

인디언이 아니라 '토착 미국인' 이다!

백인이 잘못 붙인 명칭인 '인디언'에 배어 있는 식민주의를 비판하는 뜻으로 '토착 미국인Native American'이라는 용어가 많이 쓰이고 있다. 이 책도 그러한 추세를 따를 것이고 몇몇 경우에만 '인디언'을 쓰겠다. 토착 부족민들을 '인디언'이라고 부른 이유는 그들이 약 2만5천 년 전에 베링 해협을 가로지르는 땅(훗날 바다 속으로 가라앉았다)을 건너 아시아에서 알래스카로 왔다가 따뜻한 기후와 농토를 찾아 남쪽으로 이동해 수천 년에 걸친 여행 끝에 북아메리카와 중남미에 도착했기 때문이다. 하워드 진의 설명(진, 1권 46~51)에 따르면 "광대한 아메리카 대륙 곳곳으로 흩어진 그들의 수는 콜럼버스가 당도한 무렵에 이르면 대략 7천5백만 명이었고 그중 2천5백만 명이 북아메리카에 살고 있었다. 각기 다른 토양과 기후에 맞춰 그들은 수백 개의 부족 문화를 발전시켰고 언어만도 2천여 가지에 이르렀다. 그들은 농경을 개선시켰고, 자생으로는 잘 자라지 않는 옥수수를 심고 (…) 땅콩과 초콜릿, 담배, 고무뿐만 아니라 여러 종류의 채소와 과일을 독창적으로 개발했다. (…) 유럽인들이 오기 전에 이미 관개수로와 댐을 이용하고 있었고 도자기를 굽고 바구니를 엮고 면화로 옷을 만들어 입고 있었다. (…) 동북부 이로쿼이 공용어를 중심으로 굳게 뭉친 이로쿼이 촌락에서는 땅을 공동으로 소유하고 공동으로 노동했다. 사냥도 함께 했으며 잡은 짐승은 마을 성원 모두가 나누어 가졌다. 가옥 또한 공동 재산으로 간주됐고 한 집에 여러 가족이 더불어 살았다. 토지와 가옥에 대한 사적 소유라는 관념은 이로쿼이 족에게는 낯선 것이었다. (…) 이로쿼이 사회에서는 여성들이 중요한 위치를 차지하고 존중받았다. (…) 이 모든 것은 최초의 식민지 이주민들이 가지고 온 유럽의 가치, 즉 성직자와 통치자, 가부장이 지배하며 부유한 자와 가난한 자들로 이루어진 사회와는 날카로운 대조를 이뤘다. (…) 콜럼버스와 후대의 계승자들은 텅 빈 황야에 들어온 것이 아니라, 곳에 따라서는 유럽만큼이나 인구가 조밀하고, 문화가 복잡하고, 유럽보다 인간관계가 평등하고, 남자, 여자, 어린이, 자연 사이의 관계가 아마 세계 어느 곳보다도 아름답게 이루어진 공간으로 들어온 것이었다."

앞의 진술은 지금은 대체로 합당하다고 인정되고 있다. 하지만 하워드 진 자신도 지적하고 있듯이 인디언 세계에 대한 이러한 묘사가 지니는 오류, 즉 인디언들을 생태적 인간으로 일원화해 온 오류를 경계하면서 유럽 문명과의 차이를 인식하는 자세가 필요할 것이다. 또한 식민지 시기 이후 계속 진행되었을 인디언, 백인, 흑인 사이의 복잡한 문화 접촉의 구체적인 현상에 관심을 갖는 것도 중요하다. 이러한 문제의식을 담고 있는 책으로는 Shephard Krech Ⅲ, *The Ecological Indian: Myth and History* (W. W. Norton & Co., 2000) 참조.

★

여성들을 기억하세요
— 애비게일 애덤스의 편지

애비게일이 존에게(1776년 3월 31일)

(…) 저는 당신들이 이미 독립을 선언했다는 소식을 기다리고 있어요. 그리고 새로운 법 조항을 만들 때 반드시 여성들을 기억하기를 바랍니다. 또한 조상이 그랬던 것보다는 여성들에게 훨씬 너그럽고 우호적이기를 바랍니다. 남편들의 수중에 무제한적인 권력을 쥐어 주지 마세요. 모든 남자들은 할 수만 있다면 압제자가 될 수도 있음을 명심해야 합니다. 만일 여성들에게 각별한 주의와 관심을 기울이지 않는다면, 우리 여성들은 반란을 일으키고 말 것입니다. 우리는 아무런 목소리를 낼 수도 없고 대표를 뽑을 수 없게 하는 그 어떤 법에도 우리 자신을 얽매이게 하지 않을 것입니다.

남자들은 나면서부터 압제적이라는 것은 이론의 여지가 없을 정도로 완벽하게 입증된 사실입니다. 상냥하고 사랑스러운 친구(아내)를 위해 '주인님'이라는 모든 칭호를 기꺼이 포기하는 것을 행복하게 여길 남자들을 제외하고 말이지요. 그렇다면 우리 여성들을 잔혹하게 다루고 업신여겨도 처벌받지 않는 사악한 무법자들에게서 왜 권력을 빼앗지 않는 것입니까? 예나 지금이나 지각 있는 사람이라면 여성들을 단지 남성들의 하녀쯤으로 취급하는 관습을 혐오할 겁니다. 그러니 부디 우리 여성들을 신의 섭리에 따라 당신들의 보호 아래 있는 존재로 여기길 바랍니다. 또한 하느님의 본을 따서 권력을 오직 우리의 행복만을 위해 사용해 주세요.

존이 애비게일에게(1776년 4월 14일)

(…) 당신의 터무니없는 '법 해석'에 나는 웃을 수밖에 없소. 우리의 독립 투쟁이 모든 곳에서 통치의 끈을 느슨하게 만들었다고 들어 왔소. 어린아이들과 도제들은 순종하지 않고, 학교와 대학은 점점 소란해지고, 원주민들은 자기네 보호자들을 얕보며, 흑인들은 주인들에게 무례해지게 되었소. 그런데 당신의 편지는 그 밖의 모든 집단보다 더 수가 많고 우세한 또 하나의 패거리가 불만을 품게 되었다는 소식을 전해 주는구려. 당신을 너무 뻔뻔하다고 하면 다소 품위 없는 표현이기는 하나, 이 말을 굳이 지우지는 않겠소.
걱정 마시오. 남성적인 제도들을 폐지하지 않는 것은 다 이유가 있기 때문이오. 남자들의 힘이 막강하다는 것은 공론에 지나지 않는다는 것을 당신도 알 것이오. 우리는 감히 허용 범위의 극한까지 권력을 행사하지 않아요. 우리는 공정하며 상냥해야 할 의무가 있지요. 사실 우리도 신민에 불과하다는 것을 당신도 알고 있잖소. 우리는 단지 명목상으로만 가장일 뿐이오. 치맛바람의 폭정에 전적으로 우리를 복속시켜야 한다면 그것조차도 포기할 것이며, 워싱턴 장군과 우리의 모든 용감한 영웅들이 그 폭정에 항거할 것이라 믿소. 확신하건대 폭정, 제국, 왕정, 귀족정치, 과두정치 또는 폭민정 등에 반대하는 훌륭한 정치인이라면 누구나 음모를 도모할 것이오. 참으로 좋은 이야기가 아닐 수 없소.
영국 내각이 사악할 뿐만 아니라 깊숙이 침투해 있다는 생각이 문득 드는구려. 왕당파와 땅 투기자, 기회주의자, 완고한 신앙인, 캐나다인, 원주민, 흑인, 하노버인, 독일인 용병, 러시아인, 아일랜드 구교도들, 스코틀랜드 배교자들을 부추기더니 마침내 여자들까지 자극해서 새로운 특권을 요구하게 하고 반란을 일으키겠다고 협박하고 있으니 말이오.

애비게일이 존에게(1776년 5월 7일)

(…) 당신이 여성들에게 매우 관대하다고 말할 수는 없겠어요. 왜냐하면 인류를 위해 평화와 선의를 표방하고 모든 나라를 해방한다고 하면서 정작 아내들에 대한 전

권은 여전히 유지하겠다고 고집하니 말이에요.

그러나 기억해 두어야 할 겁니다.

전형적인 권력이야말로 매우 견고하기는 하지만 아주 쉽게 부러지는 다른 대부분의 것들과 마찬가지라는 것을 말입니다. 또한 당신들의 그 모든 현명한 법령과 교훈에도 우리는 우리 힘으로 스스로를 해방시키고 우리 '주인들'을 굴복시킬 수 있으며, 폭력에 의존하지 않고도 당신들의 자연적·법적 권위를 우리 발아래 던져 버릴 수 있다는 것을 기억하세요.

출처 : Charles Francis Adams, *Familiar Letters of John and His Wife Abigail during the Revolution. With a Memoir of Mrs. Adams*, (Boston : Houghton, Mufflin & Co., 1875), pp. 149~150, p. 155, p. 169.
번역문은 『사료로 읽는 미국사』, 57~60쪽.

★

오하이오 주에 사는
여성들이 보내는 청원서

존경하는 상·하원의원 여러분께

우리는 아내로서, 어머니로서, 딸로서 이 땅에서 당신들의 절대적인 통제를 받으며 살고 있는 미국인으로서, 오랫동안 억압받고 상처받은 미국인 계급을 위해 청원하지 않을 수 없으니, 우리의 말을 너그러이 참고 들어 주시기를 바랍니다. 만일 우리가 고귀하신 여러분이 지닌 미덕을 하찮게 평가한 것이 아니라면, 남성들과 자선 사업가와 애국자와 국회의원과 기독교도 국민의 수호자들에 보내는 우리의 호소를 호의적으로 들어 주리라 기대합니다. 여성 노예들을 무방비 상태의 희생자로 만든 잘못,

이름을 댈 수 없는 무수한 잘못이 우리를 공포에 떨게 합니다. 이 잘못을 억누르지 않는다면, 그리고 그들을 구원하기 위해 진심 어린 마음으로 기도하지 않는다면 우리는 여성이라고 할 수도 없습니다. 밤낮으로 그들이 받는 고통과 학대는 우리 앞에 나타나서 가사 생활의 즐거움과 대조되는 슬픈 그림자를 드리웁니다. 황량할 그들의 벽난로를 생각하면 슬픔이 가슴을 메웁니다.

그들이 겪을 고통을 생각하면 그들에게 운명지어진 지적·도덕적 타락에 눈감을 수가 없습니다. 어떻게 천사와 함께 만들어진 정신이 망가지고, 잔인해지고, 무지와 오염과 파괴로 이어지는지 생각하지 않을 수 없습니다.

그렇다면 기독교인임을 공언한 국민의 대표로서 여러분은, 우리가 애국자 제퍼슨의 말을 빌려, "신이 정당하고 정의는 영원히 잠들 수 없다는 말을 떠올리자니, 나라 걱정으로 잠들 수가 없다"고 심각한 우려를 표현할 때, 그리고 우리가 신의 명령에 순종하고자 할 때, "노예 상태로 속박된 그들이 생각난다"는 우리의 말을 이해하게 될 것입니다. 이러한 감정에 밀려서, 신의 은총을 기원하며, 하늘에는 기도로, 연방의회에는 호소로, 이들 기독교인들이 영원히 인신매매를 중단하고, 억압받은 자들의 신음 소리가, 그들이 지금 뒤집어쓰고 있는 먼지가 신에게 올라가지 않도록 줄기차게 요청할 것을 엄숙하게 맹세합니다.

우리는 귀하신 분들께 여러분의 헌법적 권한을 넘어서서 노예 주 경계 내에서 노예제에 관한 법을 제정해 달라고 부탁하는 것이 아닙니다. 여러분의 배타적인 사법권을 행사할 수 있는 워싱턴 D. C.에서라도 노예제를 폐지해 달라고 간청하는 것입니다. 인도주의, 정의, 평등권, 공명정대한 법의 이름으로 우리나라의 복리와 명예와 그동안 가꾸어 온 희망의 이름으로, 우리는 이러한 소박한 청원을 호의적으로 검토해 주기를 진심으로 간청합니다. 기독교의 땅에서나 이방인의 땅에서나 왕들은 여성들이 탄원을 하면 칙령을 철회하고, 폭군도 여성이 자비를 구하면 가볍게 여긴다고 하는데, 자유롭고 계몽된 기독교 국민들이 뽑은 의원들이라면 순진하고 무기력한 사람들이 부당하게 박탈당한 권리를 회복시키는 은혜를 베풀어 달라는 우리의 호소에 귀 기울일 것이라 믿습니다. 그리고 우리 청원자들은 우리에게 부여된 의무대로 영원히 기도할 것입니다.

번역문은 『사료로 읽는 미국사』, 129~131쪽.

★

여성의 재산권을 인정한 법률

1848년

[현재 결혼한] 여성과 앞으로 결혼할 여성이 결혼 당시에 소유할 부동산과 개인 재산, 거기서 나오는 임대 소득과 수익은 남편 마음대로 처분하지 못할 것이며, 남편의 빚을 갚는 데 쓸 수도 없고, 미혼 여성과 마찬가지로 별도 자산으로 존속할 것이다. (…)

모든 기혼 여성이 계획된 것이건 요청된 것이건 선물이나 보조금을 남편 외의 다른 사람에게 받아서 미혼 여성처럼 그 부동산과 개인 재산, 거기서 나오는 임대 소득과 수익을 그녀만 사용하는 것은 합법적이다. 그러한 여성의 재산은 남편 마음대로 처분하지 못할 것이며 남편의 빚을 갚는 데 쓰지도 못할 것이다.

1860년

[1848년 법 조항들은 유지되면서 다른 몇몇 사항들이 추가되었다.] 기혼 여성은 자신의 개인 자산을 거래하고, 팔고, 할당하고 이전할 수 있고 별도 계좌로 장사나 사업도 할 수 있으며, 노동이나 서비스도 수행할 수 있다. 또 기혼 여성이 장사로 번 수입은 (…) 그녀만의 별도 재산이 될 것이며 자신의 이름으로 사용하거나 투자될 수 있을 것이다. (…)

어느 기혼 여성이건 자신만의 별도 자산과 관계되는 모든 문제들에서 (…) 독신 여성과 똑같은 방식으로 소송을 제기할 수 있고 소송 대상자가 될 수도 있다. 또 기혼 여성은 독신과 똑같이 어느 개인이나 법인체에게 입은 손해나, 그녀의 인격이나 성품에 입은 상처에 대해서도 자신의 이름으로 소송을 제기할 수 있다. 판결에, 또 합의된 증여 절차에 따라 받은 돈은 여성만의 별도 자산이 될 것이다.

기혼 여성만의 별도 자산과 관련하여 기혼 여성이 맺은 어떠한 거래나 계약도 (…)

남편의 구속을 받지 않을 것이며 남편이나 남편의 자산을 어떤 방식으로건 책임지게
만들지 못할 것이다.
모든 기혼 여성은 남편과 함께, 자녀와 관련해 똑같은 권력과 권리와 의무를 갖고 자
녀의 공동 후견인으로 구성되고 선포된다.

Laws of the State of New York, Passed at the Seventy-First Session of the
Legislature. (Albany, 1848, pp. 307~308); Laws of the State of New York, Passed at
the Eighty-Third First Session of the Legislature. (Albany, 1860), pp. 157~159.
원문은 *Women's America* p. 217.

레드스타킹들의 선언서

1. 개인적 · 예비적인 정치 투쟁의 세기를 거친 후에 여자들은 남성우월주의에서 최
   종적으로 해방되기 위해 연합한다. 레드스타킹들은 이 연합을 구축하여 우리의
   자유를 얻어 내는 데 헌신한다.

2. 여자들은 억압받는 계급이다. 여성 억압은 전면적이어서 삶의 곳곳에 영향을 미
   친다. 여성은 성의 대상으로, 종족 번식자로, 가정의 종으로, 값싼 일꾼으로 착취
   되고 있다. 우리는 남자들의 삶을 고양시켜 주는 것이 유일한 목적인 열등한 존재
   들로 간주된다. 여성의 인간성은 부인되고 있다. 우리는 육체적 폭력 위협 속에서
   강요된 행동을 한다.
   여성은 각자 고립된 채 억압자들과 너무 밀착되어 살아 왔기 때문에, 개인적 고통
   을 정치적 조건으로 보지 못했다. 이로 인해 여성과 남성의 관계는 두 독특한 개성
   사이의 상호작용 문제이므로 개인적으로 개선될 수 있다는 환상이 창조된다. 하

지만 실제로 그러한 모든 관계는 **계급** 관계이며, 남녀 개개인의 갈등 역시 집단적으로만 해결될 수 있는 **정치적** 문제다.

3. 우리는 우리를 억압하는 자들이 남자라고 확신한다. 남성우월주의는 가장 오래되고 기본적인 지배 형태다. 착취와 억압의 모든 다른 형태(인종차별주의, 자본주의, 제국주의 등)는 남성우월주의의 확장이다. 남자들은 여자들을 지배하고 일부 남성들이 나머지를 지배한다. 역사를 보면 모든 권력 구조들은 남성 지배적이고 남성 지향적이었다. 남자들은 모든 정치·경제·문화적 제도들을 지배해 왔고 육체적 힘으로 이 통제를 지지해 왔다. 남성은 여자들이 열등한 위치에 머물도록 그 권력을 사용해 왔다. 모든 **남자들**이 남성우월주의에서 경제적·성적·심리적 이익을 얻는다. 모든 **남자들**이 여자들을 억압해 왔다.

4. 책임의 짐을 남자들로부터 제도들로, 또 여자들 자신에게로 바꾸어 버리려는 시도들이 계속 있었다. 우리는 이러한 논의를 회피라고 비판한다. 제도들만이 여성을 억압하지는 못한다. 제도는 그저 억압자의 수단일 뿐이다. 제도를 비난하는 것은 남녀가 똑같이 희생되고 있음을 함축하며, 남자가 여자의 종속에서 이익을 얻는다는 사실을 흐리게 한다. 또한 남자들에게 억압자가 되라는 강요를 받는다는 변명을 늘어놓게 한다. 이와 대조적으로, 남자가 다른 남자들에 의해 여자처럼 기꺼이 종속되고 싶어 한다고 가정한다면 어떠한 남자라도 자신의 우월한 위치를 마음껏 부인할 것이다.

우리는 또한 여자들이 자신의 억압에 동의한다거나 억압에 대해 스스로를 비난한다는 관념을 거부한다. 여성의 굴종은 세뇌, 어리석음, 혹은 정신적 질병의 결과가 아니라 남자들로부터 지속적으로 일상적으로 받는 압력의 결과다. 여성은 스스로 변화시킬 필요가 없고 남자들을 변화시키면 된다.

여자가 남자를 억압할 수 있다는 환상이야말로 가장 심각한 회피다. 이러한 환상의 근거는 개인 관계를 그 정치적 맥락과 분리시키는 가운데, 남성의 특권들에 대한 어떠한 합법적 도전도 불법화하려는 남성적 경향이다.

5. 여성은 자신의 개인적 경험을, 또 그 경험에 대한 우리의 감정을, 우리의 공통된 상황 분석의 근거로 삼는다. 우리는 남성우월주의 문화의 모든 산물들인 현존 이데올로기들에 의존할 수 없다. 우리는 모든 일반화에 의문을 제기하며 경험에 의해 확증되지 않는 것은 아무것도 받아들이지 않는다.

현재의 주요 과제는 경험을 공유하고 제도들의 성차별적 토대를 공개적으로 드러냄으로써 여성 계급의식female class consciousness을 발전시키는 것이다. 의식화는 개인적 해결을 함축하여 남성과 여성의 관계가 순수하게 개인적인 것임을 잘못 가정하는 '심리 치료'가 아니다. 의식화는 해방을 위한 우리의 프로그램이 우리 삶의 구체적인 현실에 기초를 두고 있다고 우리가 확신할 수 있게 하는 유일한 수단이다.

계급의식을 제고하기 위한 첫 번째 요구 사항은 사적으로나 공적으로 우리 자신들과 다른 여자들에 대해 정직한 태도를 취하라는 것이다.

6. 우리는 모든 여자들과 동일시한다. 우리는 최선의 관심사를, 가장 가난하고 가장 잔혹하게 착취되는 여자들의 관심사로 정의한다.

우리는 우리를 다른 여자들과 분리시키는 모든 경제적 · 인종적 · 교육적 특권, 그리고 지위상의 특권을 부인한다. 우리는 우리가 다른 여자들에 대해 지닐 수 있는 어떠한 편견이라도 인정하고 제거할 각오가 되어 있다.

우리는 내부적 민주주의를 성취하는 일에 투신한다. 우리는 모든 여자가 우리의 운동에 동등하게 참여할 기회를 갖고, 책임을 맡아 정치적 잠재력을 발전시키는 데 필요한 일이라면 무슨 일이든 할 것이다.

7. 우리는 모든 자매들에게 투쟁 중인 우리와 연합하라고 요청한다.

우리는 모든 남자들에게 남성적 특권을 포기하고 여성과 남성의 인간성을 위해, 여성해방을 지원하라고 요청한다.

우리는 우리의 해방을 위해 싸우는 과정에서 여자들을 억압하는 자들에 반대하고 항상 여자들 편에 설 것이다. 우리는 여자들에게 좋다면 '혁명적'이건 '개량주의적'이건 묻지 않을 것이다.

개인적으로 싸우는 시간은 지나갔다. 이제 우리는 모두의 길을 가고 있는 중이다.

1969년 7월 7일
레드스타킹들
(P.O. Box 748, Stuyvesant Station, New York, N.Y. 10009)
원문은 *Women's America* pp. 579~580 참조.

★

급진적 레즈비언들의 선언서

레즈비언이란 무엇인가? 레즈비언은 폭발 지점까지 응축된 모든 여성들의 분노다. 레즈비언은 종종 아주 어린 나이에 시작되는데 사회가 허용하고 싶어 하는 것보다 더 완벽하고 자유로운 인간 존재가 되려는 내적 충동에 따라 행동하는 여성이다. 레즈비언은 개인적인 필요성에서 출발하기 때문에 그 정치적 함의를 완전히 의식하지 못할 수도 있다. 하지만 레즈비언은 가장 기본적인 사회적 역할, 즉 여성적 역할에 의해 부과된 제한과 억압을 어떤 수준에서는 받아들일 수가 없다. 그리하여 레즈비언이 겪는 혼란은 자신이 사회적 기대에 부응하지 못하고 있다는 느낌을 받을 때마다 죄의식을 유도하는 경향이 있다. 그래서 결국 사회가 그저 수긍하는 바를 의심하고 분석하도록 몰아간다. 레즈비언은 종종 자신의 삶을 많은 부분 홀로 살아가면서 "이성애straight" 자매들보다 훨씬 더 일찍 인생의 본질적 외로움[결혼의 신화로 모호해 지는]에 대해 배우면서 살아가게 된다. 레즈비언은 자신에 대한 사회의 관점, 즉 자신을 받아들이든가 이 성차별주의 사회가 그녀에게 저질러 왔던 대로 사회가 그렇게 하는 것이 기능적으로 필요한 이유를 이해하든가, 하는 양자 사이의 어느 지점에 사로잡혀 있기 때문이다. 그것을 헤치고 나온 우리들은 수십 년에 걸친 어둡고 고통스러운 여행의 다른 편에서 자신을 발견한다. 여행에서 얻은 시각, 자아 해방, 내적인 평화, 자아와 모든 여성에 대한 진짜 사랑은 모든 여성들이 나누어야 할 무엇이다. 우리 모두 여자이기 때문이다.

남성 동성애처럼 레즈비어니즘도 엄격한 성 역할에 의해 특징지어지고 남성우월주의의 지배를 받는 성차별주의 사회에서만 가능한 행동 범주다. 그러한 성 역할은 우리를 남성이라는 주인 신분과의 관계에서 후원하고 섬기는 신분으로 정의함으로써 여성을 비인간화시킨다. 또한 그 성 역할은 남성들이 경제적·정치적·군사적 기능들을 효과적으로 수행하기 위해 자신의 몸과 정서를 소외시킬 것을 요구함으로써 정서적 불구로 만든다. 동성애는 성을 근거로 역할[혹은 승인된 행위 패턴]을 확립하는 특수한 방식의 부산물이다. 그런 만큼 동성애는 "현실"과 부합하지 않는 범주다. 남자들이 여자들을 억압하지 않고 성적 표현이 감정을 따르게 허용되는 사회에서는 동성애와 이성애라는 범주들이 사라질 것이다.

그렇지만 레즈비어니즘은 또한 남성 동성애와 다르며 사회에서 다른 기능을 수행한다. '다이크Dyke'는 '패곳faggot'과는 다른 종류인데도 둘 다 사회적으로 배당된 성 역할을 수행하지 못하기 때문에 "진짜 여자"나 "진짜 남자"가 아니라는 의미를 함축한다. 톰보이에게 느끼는 불만스런 찬탄과 소녀 같은 소년에게 느끼는 기이함은 같다. 즉 여성적 역할을 수행하는 여자들이 받게 되는 경멸이다. 그리고 여성을 그러한 경멸스런 역할 속에 계속 있게 하기 위해 엄청난 투자를 한다. 레즈비언은 여자들을 선 안에 가두는 단어이자 상표이며 조건이다. 이 단어가 자신의 길을 이리저리 어지럽히는 소리를 듣는 여자는 자신이 그 선 밖으로 걸어 나오고 있음을 안다.

레즈비언은 남자와 동등하게 되고자 용감하게 남자의 특권에 도전하고 자신에게 필요한 것을 주장하는 여자들을 부르기 위해 남성이 발명한 명칭이다. 이 명칭을 여성 해방에 적극적인 사람들에게 적용하기 시작한 것은 최근이다. 나이든 여자들은 그리 멀지 않은 시기에, 성공적이고 독립적으로 살면서 자기 삶을 남자를 향해 방향 짓지 않았던 여자라면 누구라도 이 단어를 듣고 살았다고 회상할 것이다. 성차별주의 사회에서는 독립 여성은 여자가 될 수 없음을, "다이크"가 되어야 함을 의미하기 때문이다. 성차별주의 사회는 여자와 인격은 모순적인 용어라고 분명하게 말한다. 하지만 대중이 생각하기에는 레즈비언과 다른 여자들 사이에는 오로지 하나의 본질적인 차이, 성적 지향의 차이만 있다. 말하자면 모든 포장을 다 벗겨 낼 때 "여자"의 본질은 남자들의 성교 대상이 되는 데 있음을 여러분이 궁극적으로 깨달아야 한다는 것이다. "레즈비언"은 남자들이 인간성을 나눠 왔던 성 범주들 중 하나다. 여자들, 특히 운동에 참여 중인 여자들이 이러한 남성적 틀로 레즈비언 자매들을 정의하는 것은 이 남성적인 문화적 조건화를 받아들임으로써 그들 자신이 남자들에 의해 억압받아 왔던 것만큼이나 자매들을 억압하는 것이 된다. 우리는 성적 관계 속에서 모든 여성들을 정의하는 남성적 분류 체계를 계속 지속할 것인가? 인격체가 되기를 열망하는 여자뿐만 아니라 여자들 사이의 진짜 사랑, 진짜 유대감, 진짜 우선성의 상황을 열망하는 여자들에게 레즈비언이라는 딱지를 붙이는 것은 여자들을 분열시키는 일차적 형태다. 레즈비언이라는 딱지는 여자들을 여성적 역할의 한계 내부에 가두며, 여자들의 밀착, 집단, 연합체 형성을 막는 폭로와 위협이다.

운동 속의 여자들은 대부분의 경우 레즈비어니즘 이슈와 대면하거나 그 토론을 막는 데 오랫동안 애써 왔다. 레즈비어니즘은 사람들을 긴장시킨다. 사람들은 그것을 적대하고 회피하며 어떤 "더 광범위한 이슈"에 통합시키고자 한다. 사람들은 차라리 레즈비어니즘에 대해 아무 말도 하지 않으려 한다. 꼭 말해야 한다면 레즈비어니즘을 "사람의 주의를 다른 데로 돌리는 것"으로 제쳐 버린다. 하지만 레즈비어니즘은 부분적인 쟁점이 아니다. 이 이슈를 제대로 다루는 것이 여성해방 운동의 성패를 절대적으로 가늠한다. "다이크"라는 명칭이 여자를 무섭게 하여 덜 호전적인 상태로 만들어 자매들과 분리시키고 남자와 가족 외의 어떤 다른 것에 우선성을 주지 않게 만드는 데 사용되는 한, 여성은 남성 문화에 의해 통제받는 셈이다. 여자들이 서로에게서 성적 사랑을 포함하는 원초적 투신의 가능성을 볼 때까지 "다이크"는 기꺼이 남자들에게 부여하는 사랑과 가치를 부인하고 자신들의 2급 지위를 긍정할 것이다. 개별 여자들에게나 운동에서나 남성의 수용 여부가 일차적인 한 레즈비언이라는 용어는 여자들을 반대하는 데 효과적으로 사용될 것이다. 여자들이 제도 내부에서 더 많은 특권만을 원한다면 남성 권력을 적대시하고 싶지 않을 것이며 여성해방을 위해 오히려 수용하려 들 것이다. 그때 가장 먼저 나타나는 것은 레즈비어니즘을 부인하는 것, 다시 말해 여성적인 것의 기초에 대한 근본적인 도전을 부인하는 것이다.

몇몇 더 젊고 더 급진적인 여자들이 정직하게 레즈비어니즘을 논의하기 시작했다고들 하지만 그것은 일차적으로 남자들에 대한 성적 '대안'으로서였다. 이것은 여전히 남자들에게 우선성을 부여한다. 여자들과 좀 더 완벽하게 관계를 맺는다는 생각에 남자들이 부정적인 반응을 보이기 때문이며, 레즈비언 관계가 분열적이고 성차별적인 성에 의해 특징지어지고 있기 때문이다. 중요한 것은 여자들이 남성이 정의한 심리 반응 패턴에서 떨어져 나오기 시작하고 있다는 점이다. 우리는 그러한 끈들의 정수를 쳐내야 한다. 우리의 사랑과 성적 에너지가 어디로 흐르건 상관없이 머릿속에서 남성과 동일시되어 있다면 인간 존재로서의 자율성을 실현할 수 없다.

자기를 증오하는 원천과 진짜 자아의 결핍이 남성적으로 주어진 우리의 정체성에 뿌리를 두고 있을 때 자아에 대한 새로운 감각을 창조해야 한다. 우리가 "여자라는" 생각에 고착되는 한, 우리는 그러한 시초의 자아, 감각, 전체 인격에 대한 감각과 갈등을 겪게 될 것이다. "여성적인" 그러한 존재를 깨닫고 수긍하는 것은 대단히 어려운 일이며, 온전한 인격체가 되기도 어렵다. 여자들만이 서로에게 새로운 자아 감각을 제공할 수 있다. 우리는 그러한 정체성을 남자들과의 관계 속에서가 아니라 우리 스스로 개발시켜야 한다. 일부는 우리를 우리 억압자들과 일 대 일의 관계 속에 묶어 두는 이성애적 구조에 직면하지 않고 여자들을 해방시킬 수 있다고 말한다. 그렇게 하는 한, 엄청난 에너지들은 얼마나 더 나은 섹스를 얻건, 남성의 머리를 얼마나 돌려놓건, 남자와의 개개 특수한 관계를 바르게 하는 데로, 그 남자를 '새로운 남성'으로 만드는 데로 흘러가게 될 것이다. 그렇게 하면 우리가 '새로운 여성'이 될 수 있으리라는 망상 속에서 말이다. 이것은 명백하게 우리의 에너지를 갈라놓으며 여성을 해방시킬 새로운 길을 찾을 수 없게 한다.

여성해방의 핵심에 놓여 있으면서 문화 혁명의 기초를 이루는 것은 여자들 사이의 관계 우선성, 서로에 대한 새로운 의식을 창조하는 여성의 우선성이다. 우리의 진정한 자아들을 발견하고 강화하며 정당화해야 한다. 그럴 때, 저 고투하는 시초의 자존심과 힘을 확신하며, 분열적인 장벽들은 녹기 시작한다. 그때 자라나는 자매들과의 유대감을 느낀다. 우리는 자신을 최고로 보고, 우리 자신의 내부에서 우리의 중심을 발견한다. 우리는 소외감, 단절감, 닫힌 창문 뒤에 있는 것 같은 답답함, 우리 안에 있는 것을 끄집어 낼 수 없다는 막막함이 사라진다는 느낌을 갖는다. 우리는 "진짜임real-ness"을 느끼며 마침내 우리가 자신과 일치한다고 느낀다. 그러한 진짜 자아와 의식과 함께 우리는 모든 억압적 동일시를 끝장내고 인간의 표현에서 최고의 자율성을 성취하는 혁명을 시작한다.

원문은 *Women's America* pp. 581~582 참조.

흑인 페미니스트 선언서

우리는 1974년 이래로 함께 해 온 흑인 페미니스트 공동체다. 지금까지 우리는 우리의 정치를 정의하고 명백히 하는 과정에 개입해 왔다. 동시에 우리는 그룹 내에서, 또는 다른 진보적인 단체 및 운동과 연합하여 정치 활동을 해 왔다. 현재 우리의 정치를 밝혀주는 가장 일반적인 선언 내용은 다음과 같다. 즉 우리는 인종, 성, 이성애, 계급 억압에 맞서 싸우는 데 적극 투신하고, 억압의 주요 체계들이 맞물려 있다는 사실에 기반을 두고 있는 통합된 분석과 실천을 우리의 구체적인 과제로 본다는 점이다. 이 억압들의 종합이 우리 삶의 조건들을 창출한다. 흑인 여성으로서 우리는 흑인 페미니즘을 모든 유색인종 여성이 직면하는 다중적이고도 동시적인 억압들과 싸우기 위한 논리적이고 정치적인 운동으로 본다.

우리는 (1) 우리 시대 흑인 페미니즘의 기원 (2) 우리의 믿음, 다시 말해, 우리 정치의
세부 영역 (3) 우리 공동체의 여성사 개요와 흑인 페미니스트들의 조직 문제 (4) 흑
인 페미니즘 쟁점과 실천이라는 네 가지 주요한 주제에 대해 논의할 것이다.

1. 우리 시대 흑인 페미니즘의 기원

최근 흑인 페미니즘의 성장을 살펴보기 전에 우리는 우리의 기원을 아프리카계 미국
여성들의 생존과 해방을 위한 사활을 건 투쟁이라는 역사적 현실에서 발견한다는 점
을 단언한다. 흑인 여성들이 미국 정치 체계(백인 남성 지배 체계)와 맺고 있는 극단
적으로 부정적인 관계는 항상 인종적·성적으로 억압된 우리의 신분에 의해 결정되
어 왔다. 안젤라 데이비스가 「노예 공동체에서의 흑인 여성의 역할」에서 지적하듯,
흑인 여성들은 그 육체적 양상에서 백인 남성 지배에 적대하는 지위를 항상 구현하
여 왔고, 그녀들과 그 공동체들에 대한 백인 남성 지배의 습격에 극적이면서도 교묘
하게 적극 저항하여 왔다. 흑인 여성운동가들은 늘 있었다. 그중 소저너 트루스, 해
리엇 터브만Harriet Tubman, 프랜시스 하퍼Frances E. W. Harper, 이다 바네트 웰즈
Ida B. Wells, 메리 처치 터럴Mary Church Terrell처럼 알려진 이도 있고, 무명의 흑
인 여성 운동가들도 무수히 있다. 그들은 자신들의 전체 삶의 조건과 정치 투쟁들의
초점을 독창적으로 만들어 내기 위해 성 정체성과 인종 정체성을 어떻게 결합할 것
인가에 대한 인식을 서로 공유했다. 우리 시대 흑인 페미니즘은 수없이 많은 세대들
에 걸쳐 우리 어머니들과 자매들이 일궈 온 개인의 희생, 투지, 활동의 부산물이다.
흑인 페미니스트는 1960년대 말에 시작된 미국 여성운동의 제2의 물결과 관계를 맺
으며 가장 눈에 띠게 전진하여 왔다. 흑인 여성, 다른 제3세계 여성, 일하는 여성들은
처음부터 페미니즘 운동에 개입하여 왔다. 하지만 그 운동 내부의 반동적인 힘들과
인종차별주의와 엘리트주의는 우리의 참여를 흐리게 만드는 데 기여해 왔다. 1973
년, 뉴욕에 위치한 흑인 페미니스트들은 분리된 흑인 페미니스트 그룹을 결성해야
할 필요성을 느꼈다. 이것이 〈전국 흑인 페미니스트 조직(NBFO)〉이 되었다.
흑인 페미니스트 정치는 특히 1960년대와 1970년대의 흑인 해방운동과도 뚜렷한 관
계를 맺고 있다. 우리 중 많은 사람들이 민권, 흑인 민족주의, 흑표범 당원과 같은 운
동들에서 활동하고 있었고 우리의 삶은 그 이데올로기와 목표뿐만 아니라 목표 달성
을 위해 사용되는 전술에도 큰 영향을 받았으며 또한 변화되었다. 우리는 백인 여성
들과 달리 반인종차별주의적인 정치를, 흑인 남성과 백인 남성들과 달리 반성차별주
의적인 정치를 발전시킬 필요가 있었다. 바로 백인 남성 좌파의 주변부에서 겪었던
우리의 경험뿐만 아니라 백인 여성 중심이거나 흑인 남성 중심인 해방운동 내부에서

겪은 경험과 각성 때문이었다.

흑인 페미니즘의 개인적 기원 또한 부인될 수 없다. 그것은 흑인 여성 개인들의 개인적인 삶의 경험에서 비롯되는 정치적 깨달음과 관계된다. 흑인 페미니스트들, 그리고 자신을 페미니스트라 정의하지 않는, 더 많은 흑인 여성들이 모두 일상생활에서 성 억압을 경험해 왔다. 어린 시절 우리는 남자 아이들과 달랐고, 달리 대접받았다는 것을 알아차렸다. 우리는 "숙녀답게" 조용히 있으라는, 또 백인들에게 덜 불쾌하게 보이도록 하라는 명령을 한결같이 받으며 살아 왔다. 우리는 자라면서 남자들에 의한 육체적 · 성적 남용의 위협을 알아차리게 되었다. 그러나 우리는 실제로 분명하게 일어나고 있는 일들을 잘 알고 있었지만 그것들을 개념화할 방법이 없었다.

(…)

'반인종차별주의적인 동시에 반성차별주의적' 이라는 두 입장의 결합이 처음에 우리를 함께 묶어 주었다. 정치적으로 발전함에 따라 우리는 이성애적 성차별주의를, 자본주의에서의 경제 억압을 말하게 되었다.

2. 우리의 믿음

무엇보다도, 우리의 정치는 흑인 여성은 내재적으로 가치 있고, 우리의 해방은 다른 누군가의 부속물이 아니라 인격체로서 자율성에 대한 우리의 욕구 때문에 필수적이라는 믿음에서 생겨난다. 이것은 너무 명백해서 단순하게 보일 수도 있겠다. 하지만 진보성을 표방하는 다른 운동도 우리의 구체적인 억압을 우선 과제로 고려한 적도 없었으며 우리의 억압을 끝장내기 위해 진지하게 활동한 적도 없었다. 우리가 받는 잔인하고 흔히 살인적인 취급을 그저 열거하기 일쑤였고, 흑인 여성들의 속성과 결부된 경멸적인 상투형들(흑인 유모, 여가장, 매력 없는 흑인 여자, 매춘부, 남자 역할을 하는 여자 동성연애자)에 이런저런 이름이나 붙이고 있을 따름이었다. 그러한 형편은 서구에서 4세기에 이르는 긴 속박의 기간 동안 우리 삶이 얼마나 미미한 것으로 판단되어 왔는지를 알려 준다. 우리를 많이 걱정하며 우리의 해방을 위해 일관성 있게 일할 유일한 사람들은 우리뿐이라는 점을 우리는 깨닫고 있다. 우리의 정치는 우리 자신, 우리의 자매, 우리의 투쟁과 활동을 지속하게 할 우리의 공동체에서 나온다.

이렇게 우리 자신의 억압에 대한 초점은 정체성의 정치 개념에서 잘 구체화된다. 가장 심오하고, 잠재적으로 가장 급진적인 정치란 우리 자신의 정체성에서 나온다고 우리는 믿는다. 흑인 여성들에게는 다른 누군가의 억압을 끝장내려는 활동에 대한 반대가 특히 혐오스럽고, 위험하며, 위협적이다. 이러한 흑인 여성 정체성의 정치야말로 혁명적인 개념이다. 왜냐하면 우리보다 앞선 모든 정치운동을 보건대 흑인 여성이야말로 해방될 가능성이 가장 낮다는 게 명백해지기 때문이다. 우리는 중요한 지위나, 여왕의 지위도, 열 걸음 뒤에서 걷는 것도 거부한다. 평등한 인간으로 인식되면 충분하다.

우리는 가부장제에서의 성 정치가 계급 정치와 인종 정치만큼 흑인 여성들의 삶에 만연해 있다고 믿는다. 또한 성 억압에서 계급이나 인종을 분리하는 것도 어렵다고 본다. 우리 삶에서 그것들은 가장 자주, 동시에 경험되기 때문이다. 우리는 인종적인 것만도, 성적인 것만도 아닌 인종적·성적 억압에 대해, 예컨대 정치적 억압의 무기로서 백인 남성들이 흑인 여성들에게 가한 강간의 역사에 대해 잘 알고 있다.

우리가 페미니스트이고 레즈비언이라고 하더라도 혁명적인 흑인 남성과 연대를 느끼며, 분리주의자들인 백인 여성들이 요구하는 파당을 지지하지 않는다. 흑인으로서 우리는 인종에 따라 연대할 필요성을 제기한다. 물론 백인 여성들은 백인 남성들과 연대할 필요성이 없다. 백인 남성들이 인종적 억압자가 아닌 한 그렇다. 우리는 흑인 남성들에 대항해 성차별주의와 싸우는 동시에 흑인 남성과 함께 인종차별에 대항해 싸운다.

우리는 모든 억압된 사람들의 해방은 가부장제 외에도 자본주의와 제국주의의 정치 경제적 체계의 파괴를 필요로 한다는 점을 인식한다. 우리는 사회주의자들이다. 왜냐하면 우리는 보스의 이익을 위해서가 아니라, 일을 하고 상품을 생산해 내는 사람들의 집단 이익이 되도록 일을 조직화해야 한다고 믿기 때문이다. 물질적인 재원은 이 재원을 생산하는 사람들 사이에 평등하게 나누어져야 한다. 하지만 우리는 또한 페미니즘적이고 반인종차별적이지 않은 사회주의 혁명이 우리의 해방을 보장하리라고 확신하지 않는다.

(…)

이미 진술했듯이, 우리는 레즈비언 분리주의 입장을 거부한다. 그 입장은 우리로서는 실행 가능한 정치적 분석이 아니기 때문이다. 레즈비언 분리주의는 너무 많은 것을 생략하며 특히 흑인 남성, 여성, 아이를 비롯해 너무 많은 사람들을 무시한다.

(…)

4. 흑인 페미니스트 쟁점과 실천

우리가 함께 하는 시간 동안 흑인 여성과 관련된 많은 쟁점을 확인하고 작업했다. 여성들의 삶, 제3세계와 일하는 사람들에 영향을 미치는 상황이면 무엇이건 우리의 관심을 끌었다. 물론 우리는 인종, 성, 계급이 동시에 억압의 구성 요소가 되는 그러한 투쟁들에 특별히 투신하여 왔다. 예컨대 우리는 제3세계 여성을 고용하는 공장에서 노동자를 조직하는 일에 개입하기도 했고, 이미 부족한 제3세계 공동체 의료를 그나마 또 삭감하는 병원 앞에서 피켓 시위를 하기도 했다. 흑인 거주 지역에 〈강간 위기 센터〉를 만들기도 했다. 복지와 탁아 문제의 조직화도 초점이 될 수 있었다. 해야 할 일과 그 일이 나타내는 무수한 쟁점들은 만연된 우리의 억압을 반영한다.

공동체 멤버들이 실질적으로 일해 온 쟁점들과 계획들은 불임의 남용, 낙태 권리, 매 맞는 여성, 강간과 의료 문제다. 우리는 또한 대학 캠퍼스와 여성 회의에서, 또 가장 최근에 여고생들에게 흑인 페미니즘에 관한 워크샵과 교육 프로그램을 실시했다.

우리의 주요 관심사 중 하나였고, 얼마 전부터 공개적으로 말하기 시작한 쟁점은, 백인 여성운동에서의 인종차별이다. 백인 여성들이 자신들의 인종차별주의와 싸우려는 노력을 거의 하지 않고 있어서 흑인 페미니스트인 우리는 계속 고통스럽다. 그 노력은 백인 여성들에게 인종, 피부색, 흑인의 역사와 문화에 대한 피상적인 이해 이상을 요구한다. 백인 여성운동에서 인종차별을 제거하는 것은 백인 여성들이 해야 할 일이다. 우리는 계속해서 그 점을 말할 것이고, 그 책임을 계속 요구할 것이다.

(…)

흑인 페미니스트이자 레즈비언으로서 우리가 수행할 명확한 혁명 과제가 있다는 점을 알고 있다. 우리는 우리 앞에 놓인 과제를 위해 일생 동안 투쟁할 준비가 되어 있다.

"A Black Feminist Statement: Combahee River Collective" in *This bridge Called My Back* (Persephone Press, 1981, 1983), pp. 210~218

2부
미국 문학

미국 문학의 중심과 주변들을 연결하며 읽기

2부에서 다루는 문학은 흔히 사실을 다룬다는 역사와 대비되어 왔다. 문학은 역사와 달리 사실에 얽매이지 않고 상상의 나래를 마음껏 펼치는 허구의 영역이라고 여겨졌기 때문이다. 하지만 역사와 문학을 문화 서사로 보고 있는 이 책에서는 두 영역을 사실과 허구, 현실과 상상으로 각기 대립시키는 이분법을 부정하고 역사와 문학 둘 다 사실이며 동시에 상상이라고 본다. 어떤 인종, 계급, 젠더에 속한 사람이 무슨 목적을 가지고 특정 국면의 미국 역사를 논의하느냐에 따라 다양한 색깔의 이야기가 나오기 마련이다. 좀 더 정확하고 포괄적인 역사 기술에 필요한 사료를 발굴하고 선별하기 위해서는, 또 부족한 자료들의 공백으로 인한 비일관성과 모순을 봉합하지 않으면서도 역사의 도도한 깊은 물줄기를 파악하기 위해서는 역사가들에게도 상상력이 요구된다. 마찬가지로 작가의 인종, 계급, 젠더에 따라 달라지는 작품들의 세계를 이해하고, 그 가치와 질을 논의하기 위해서는 작품이 나온 시대 배경과 작품이 다루는 특정 시공간에 대해 사실적으로 인식해야 한다.

1부에서는 건국의 백인 아버지 이야기를 중심으로 하는 미국 독립과 국가 형성의 역사에 누구의 미국이 반영되어 있는가를 다인종 다문화 관점에서 살펴보았다. 2부에서는 역사만큼 오랜 서사인 문학을 다룰 것이다. 소위 위대하고 중요하다는 미국 작가들의 작품들이 다양하고 분열되어 있는 복잡한 문화 양상을 어느 정도로 잘 그려주고 있는가를 중심으로 살펴볼 것이다. 처음부터 다인종 다문화 사회였던 미국의 특성상, 미국 문학을 주도해 온 백인 남성 작가의 의식 이면에는 또 무의식에는 인종적 타자들과의 관계가 자리 잡고 있다. 그래서 그 관계 속에서 미국적 정체성을 형상화하는 작업은 미국 문학에서 중요한 부분을 차지해 왔을 것이다. 물론 이 인종적 타자들과의 관계는 또한 계급적 타자들, 젠더적 타자들과의 관계와 복잡하게 얽히며 시대마다 그 양상이 다르게 나타났다.

그러면 문학적 형상화와 역사 이야기는 다 같은 것이라 아무 차이도 없다는 말인가? 둘 다 문화 서사로서 사실과 상상에 기반을 두고 있다는 공통점이 있지만 동시에 차이도 지닌다. 문학은 통찰력 있는 시대 인식을 바탕으로 온갖 상상력을 동원하여 당대 현실에 있을 법한 인물들의 다양한 일상을 구체적으로 파고든다. 특정 시대와 현실을 재구성해 삶의 새로운, 혹은 유토피아적인 미래를 암시하기도 한다. 현실을 바탕으로 현실을 넘어서는 지평을 보여 주는 그러한 작품들은 생활 세계에서 겪는 인물들의 갈등과 모순, 고난과 시련을 통해 인물들이 형성해 가는 독특하고 경이로운 내면 세계를 그려 준다. 외부 세계와 만나고 타자들과 대면해 가는 다양한 남녀들의 정서, 욕망, 감성, 의지, 충동 등이 들끓는 내밀하고 비밀스러운 세계는 역사가 전해 줄 수 없는 부분이다.

이 세계에 다가가기 위해 2부에서는 주로 소설을 살펴보겠다. 영국 문학과 구분되는 독자성을 갖춘 국민 문학으로서 미국 문학이 확립되는 것은 19세기인데, 그때 소설이 커다란 중요성을 갖게 된다. 19세기의 본격적인 근대적 산업화 이후 많은 사람들이 물질적 혜택을 입기 전까지는 미국에서도 문화란 소수 특권층만이 향유하는 것이었다. 19세기 중반부터 좀 더 많은 사람들이 문화를 향유하게 되는데 그 주된 매체가 바로 소설이었다. 인쇄기의 보급과 확대, 종이의 대량생산은 소설 장르를 융성하게 했고 일반 대중도 점차 소설을 많이 읽을 수 있게 되었다. 이제 막 글을 깨우치게 된 19세기 미국 대중이 5백 쪽이 넘는 긴 장편소설을 사랑하고 널리 읽었다는 사실이 잘 믿기지 않을 것이다. 그러나 문화 공간과 매체가 다양하게 발전하기 전이었기 때문에 재미와 교훈을 담은 소설이 대중과 가장 밀접한 문화 양식으로 대두할 수 있었다.

미국이라는 국가의 국민문학 형성기를 주도했던 미국 소설은 미국 역사와 비슷하게 인종적·계급적·젠더적 타자들과 엮여 있다. 그러면서 미국이라는 국가의 성장 서사와 연결되어 있다. 그런데 19세기 미국 소설 흐름은 사랑과 결혼이라는 주제를 배격하는 이상한 경향을 보여 준다. 미국 문학의 제1르네상스기[1]에 속하는 제임스 페니모어

---

1) 쿠퍼, 에머슨, 소로, 멜빌, 포우, 휘트먼, 웰즈, 트웨인, 제임스 등이 활동하던 시기다. 제2르네상스기는 1920년대와 1930년대를 말하며 헤밍웨이, 피츠제럴드, 포크너 등의 작가들이 활동하던 시기다.

쿠퍼James Fenimore Cooper의 『최후의 모히칸 족The Last of the Mohicans』
에서부터 허먼 멜빌Herman Melville의 『모비 딕Moby Dick』, 마크 트웨인
Mark Twain의 『허클베리 핀의 모험The Adventures of Huckleberry Finn』에
나오는 미국 백인 남성 주인공들은 한결같이 사회(구애와 결혼, 출산과 육
아를 둘러싼 초라하고 구속적인 가정생활을 함축하는)를 벗어나 자연으로(숲으
로, 바다로, 강으로) 간다. 이들은 성관계, 결혼, 책임감을 유도하는 남녀
의 만남, 가정의 보호, 문명사회 등을 회피하고 길 위에서 방랑한다.
이들은 자유로운 성인 남자가 아니라 어머니 없는 아이처럼 보인다.
유럽과는 이질적인 미국 세계에서 구애와 결혼이라는 주제는 이상하
게도 배격된다.

여성과 섹슈얼리티를 부인하는 백인 남자 주인공들에게 아내나 어
머니의 대체물로 나타나는 것은 이교도이자 자연인인 유색 남성 동
료다. 의미 있는 역사와 실질적인 과거가 아직 없었던 신세계 작가들
은, 자연을 강간하고 어두운 피부색을 지닌 사람들을 착취한 데서 연
유되는 특이한 죄의식과 악몽에 시달리며 화해를 꿈꾼다. 문화적으
로 척박한 땅에서 미국 독자들 역시 자신들의 꿈과 악몽을 투사하는
대상으로 소설을 탐독하게 된다. 그러다가 19세기 후반에 이르러 헨
리 제임스Henry James를 비롯하여, 케이트 초핀Kate Chopin, 윌라 캐더
Willa Cather, 샬럿 길먼Charotte Perkins Gilman 등의 여성 작가들은 남녀
관계 및 성 정체성 문제를 주요한 주제로 다루는 작품을 발표하기 시
작했다.

19세기 말에 이르면 북동부 백인 남성 중심의 서·남부 개척이 끝
나고 미국의 질서가 확고하게 구축됨으로써 그 국가적 질서 속에 인
디언, 흑인, 치카노, 아시아계 미국인들이 흡수되어 버린다. 복잡한

도시(문명) 발전 과정 때문에 이제 더 이상 써먹을 빈 땅은 없었고 북
아메리카 대지에서의 침략과 정복은 마침내 끝난 것처럼 보였다. 바
로 그러한 정착 시대를 배경으로 남녀 관계와 성 정체성 문제에 교차
하는 국가 정체성 문제가 19세기 후반부터 미국 소설의 주요 주제로
등장했다. 그러나 그 주제는 남북전쟁 후 흑인들에게 주기로 약속했
으나 주지 않았던 땅, 인디언 땅, 멕시코 땅에 대한 백인의 제국주의
적 · 남성주의적 침탈을 은폐하는 망각 위에서만 부각될 수 있었다.
이 망각의 강을 넘어서는 도도한 기운은 1960년대에 기적같이 샘솟
았으나 빼앗긴 땅을 찾기란 사실상 힘들었고 문화 주권성 주장으로
방향을 선회하고 조정할 수밖에 없었다.

그런데 앞에서 언급한 미국 소설들은 통속적이고 감상적인 대중문
학과 달리 위대한 문학적 가치와 예술성을 지니는 고급 문학, 소위 정
전cannon 문학으로서 지금까지 미국 대학 강단에서 또 한국의 대학 강
단에서 많이 논의되어 왔다. 초핀, 캐더, 길먼 같은 백인 여성 작가들
은 미국 페미니즘 진영이 백인 남성 중심 정전을 비판한 덕분에 비교
적 최근에 부상하게 되었다. 주로 여성 비평가들이 이들 백인 여성 작
가들의 작품을 논의했다.

이러한 논의 경향은 1960년대 대항 문화 운동 시기에 불붙었던 페
미니즘 운동으로 촉발되었다. 그 시기에 함께 일어났던 에스닉 민족
주의 문화 운동은 인디언, 흑인, 치카노, 아시아계 미국 작가들의 인
종 문화적 자의식을 일깨웠다. 인종적 · 계급적 · 젠더적으로 배제되
고 소외되어 온 주변부 유색 여성 작가들은 백인 중산층 여성 중심의
페미니즘 진영과 유색인종 남성 중심의 문화 민족주의 진영, 둘 다에
비판적 거리를 두는 작품들을 내놓기 시작했다. 그리하여 백인 남성

중심이던 미국 소설 전통은 이제 백인 여성, 유색인 남성, 유색인 여성 작가들의 비정전 작품들에 의해 그 위대함과 보편적 가치를 의심받게 되었다.

1960년대와 1970년대에 그동안 사회적 정치적 권리를 박탈당해 왔던 소수자의 시각에서 다시 쓰기 시작한 대항적인 국가 서사로서의 미국 문학은 국가주의 문화를 재정의한다. 미국이라는 국가의 안에 있는 것 같지만 실제로는 바깥으로 밀쳐져 지배적인 인종/국가와 거의 중첩되지 않는 곳에 있는 이들의 시각과 경험, 그리고 인종화 · 계급화 · 젠더화된 비대칭과 불평등에 대한 거대한 자각이 미국 문학을 새롭게 정의하는 원천이 된다. 국가 및 인종(민족)의 물질적 · 문화적 실천에서 가장 비가시화되어 온 주변부 유색 여성들은 인종적 소수자들이 문학 활동과 자기 표현의 주체로서 자신들의 관점에서 미국이라는 국가를 다시 쓰는 작업에 가장 강력한 힘을 불어 넣는다.

1970년대와 1980년대에 출판된 미국 소수 인종 집단 출신 여성 작가의 소설들은 백인 헤게모니에 대항하는 에스닉 민족주의의 남성 중심성에 대응한다는 맥락에서 저술되고 출판되고 읽혔다. 이들의 문학 작품은 종종 인종화되고 젠더화된 국가적 측면뿐만 아니라 20세기 후반 미국의 사회 현실에 뿌리를 둔 페미니즘과 문화 민족주의 사이의 긴장 역시 반영한다. 노동과 양육의 주체로서 여성을 삭제하고 추상화된 상징으로만 여성을 동원해 온 젠더 정치를 꿰뚫어 보는 새로운 서사 작업은 유색 여성들을 단순히 피해자가 아니라 구조적 제약 앞에서 일상적으로 협상을 벌이는 주체로 드러낸다. 대부분의 현대 미국 유색 여성 작가들은 급진적 페미니즘과 문화 민족주의의 교차로에서 작업하면서 독자적인 서사 행위를 통해서 인종 · 계급 · 성/젠더

/섹슈얼리티가 긋는 경계들에 다중적으로 교섭하는 새로운 주체의 의식 세계를 보여 준다.[2]

에스닉 여성들은 강력하게 젠더화하는 문화적 과정으로서 인종(민족)주의에 다양한 방식으로 교섭해 왔다. 이러한 에스닉 여성들의 문화 교섭 양상이 이제 가장 주목할 만한 지점이 된다. 에스닉 여성들의 다양한 입장과 경험에서 나온 서사들은 열린 문화 지점으로서 국가를 다시 사유하는 계기로 작동할 수 있기 때문이다. 미국 내부의 주변부 에스닉 여성들이 써 온 문학 서사는 기존 정전 작품들에서 누락된 것을 드러내면서 헤게모니적 국가 기억을 수정하고 보충하며 대체하는 편린들로 가득할 것이다. 그렇다면 미국 주변부 여성들의 경험과 시각에서 '국가'는 어떻게 다시 서술되고 재현되고 있을까? 미국이라는 국가를 재형상화함으로써 인종성을 가로질러 새로운 정체성들과 제휴들을 주조할 가능성을 보여 주고 폭력과 차별로 얼룩진 인종적 경계들에 도전해 초국가적 제휴를 만들어 가는 모습을 그려 주고 있는 것일까?

이러한 질문은 이 책이 취한 다인종 다문화 관점에서 볼 때, 비단 주변부 유색 여성 작가들의 비정전 작품들에서만이 아니라 정전 작품들에서도 제기되어야 하는 질문이다. 다인종 다문화의 관점에서 미국 소설을 다시 읽는다고 할 때 좁은 의미에서 미국이라는 국가 틀에 갇히지 않고 북아메리카 대지의 주민으로, 참다운 미국인으로 거듭나는 과정을 예시하는 것은 정전, 비정전을 막론하고 작품의 질과 가치를 검토하기 위한 중요한 척도가 될 수 있기 때문이다. 정전 작품이

---

2) 박미선, 「지구 지역 시대 젠더 이론의 쟁점: 여성, 민족, 국가, 그리고 재기억의 텍스트 정치」, 『탈경계 인문학』(2008), 1권, 42~45쪽 참조.

백인 우월주의와 미국 중심주의 이데올로기에 대한 발본적인 비판 의식을 담아 낼 수도 있고, 모든 인종 구분을 넘어 누구나 미국인이 될 수 있다는 꿈과 미래를 보여 줄 수도 있다. 반대로 비정전 작품에 구현된 모든 인종과 민족을 끌어안는 초국가적 포용성이 섣부르거나 관념적인 것이 될 수도 있다.

최근 비정전 문학과 주변부 문학이 융성하고 있다. 이는 미국 소설을 다원화하면서 백인 문학으로서의 종래 미국 문학의 종언을 예고하고, 다문화주의 패러다임의 수용을 재촉한다. 그런 점에서 일단 환영할 일이지만 그러한 현상의 이면에 개재되어 있는 심각한 문제를 직시할 필요가 있다. 비정전 문학과 주변부 문학이 토착 미국 소설, 아프리카계 미국 소설, 치카노 미국 소설, 아시아계 미국 소설 진영으로 분리, 단절, 고립된 채 파편화한 차이들의 독백이나 그들만의 문학이라는 양상을 보여 주고 있는 것이다. 그래서 중심과 주변, 또 차이들 사이의 소통 부재 상태에서 공통점을 아예 포기한 채 분화되어 특정 독자층을 겨냥하는 결과를 낳는다.[3] 비정전 작품들에 대한 미국 및 한국의 연구 경향 역시 '차이'만을 강조함으로써 에스닉 문학을 '저들의 문학'으로 주변화시키는 결과를 초래했다.[4]

---

3) 박인찬, 『안과 밖』 (2007년 상반기) 294쪽. 이 논문에서 지적된 바, 여러 갈래의 "~계" 소설들이 현지 문단에서 받는 대접과 평가는 『뉴욕 타임스』의 조사 결과(영향력 있는 최근 문인들 명단에 토니 모리슨 정도만 들어가 있다)에서 드러나듯, 다문화주의의 드높은 위세에도 미국 문단에서 백인 남성 작가들의 영향력과 활약은 여전히 강력하다. 말하자면 백인 남성 작가들이 다문화적 맥락에서 예전보다 다소 '소수화'되기는 하지만, 여전히 본격 문단의 주류를 형성한다는 점에서는 변화가 없는 셈이다.

4) 유제분, 「환상과 사실주의 미학: 미국에 있어서 에스닉 문학의 정체성과 재현의 문제」, 『영어영문학』 제49권 3호(2003), 651~669쪽 참조. 이 논문에서는 미국 주류 문학과 구분되는 맥락에서 '에스닉 문학'이라는 용어가 사용된다. 이 책의 프롤로그에서 밝혔듯이 미국 문학 자체가 다양한 인종들의 문학이라는 점에서 처음부터 에스닉한 것이므로 '미국 문학'과 '에스닉 문학'으로 구분하는 것 자체에 문제가 있다는 점을 다시 상기하는 바이다.

이러한 문제점을 해소하기 위해서는 주변과 중심을 아우르는, 좀 더 세밀하면서도 포괄적인 틀이 필요하다. 이 틀은 정전/비정전의 구분에 깔려 있는 정전 비판의 방향을 점검함으로써 정전 확장을 꾀하게 할 원리와 가치에 대한 탐색을 요청한다. 또한 일관성 있는 미국 정체성을 주장하는 확정된 지역이 아니라 "역동적이고 변화하는 지역이라는 관점"[5]에서 미국의 동부를 서부, 남부와 연결짓고 비교하며 살펴볼 것을 요청한다.

이러한 비교 작업에서 선행되어야 할 인식은 인종, 계급, 젠더의 측면에서 주변부에 있던 (그래서 미국 문학 정전에서 배제되어 왔던) 비정전 문학의 양적 확대가 반드시 정전의 원리와 가치를 비판하고 극복하는 결과로 이어지는 것은 아니라는 사실이다. 영어로 쓰인, 소수 인종 작가들의 작품들과 서구 아닌 나머지 세계의 작품들이 인정받고 논의되는 현황은 비정전 문학에 대한 소위 다문화주의적 인정을 근간으로 하고 있다. 이것은 정전/비정전 사이의 이분법적 대립을 그대로 둔 채, 비정전 작품들을 정전 문학으로 병합시키는 정전화 방향, 그리고 정전과 분리되고 구분되는 대안·대항 정전 방향이라는 대립 구도를 굳힐 뿐이다. 둘 다 정전 형성을 둘러싼 좀 더 근본적인 문제를 지우고 은폐하고 있기 때문에 바람직한 정전 비판이라고 할 수 없다.

두 방향 중에서 정전화는 중심의 시혜적인 입장에서 비정전이라는 주변을 인정하고 수용하는 가운데 정전을 형성해 온 원리에 대한 근본적인 점검과 비판을 생략하는 결과를 빚기 쉽다. 이 방향은 주변을 중심에 포섭시킴으로써 그 비판 의식을 길들인다. 따라서 기존 정전

---

5) 닐 캠벨 외, 정정호 외 옮김, 『미국 문화의 이해』(학문사, 2002), 256쪽.

의 형성 원리를 점검하고 비판하는 과정을 거쳐 소위 정전 구축의 기저에 있는 방법과 가치 자체를 재구축하는 방향으로 나아가야 한다. 미국 문학에서 정전은 백인 남성주의 시각과 입장에 따라 세계에 대한 미국 문화의 통치권을 유지하는 데 그 핵심이 있다. 그러므로 정전 형성의 방법과 헤게모니적 원리를 비판한다는 것은 미국 문화의 백인 우월주의와 미국 국가 중심주의, 제국주의적 지배와 권위에 함축된 것과는 다른 방식과 가치를 세워 나간다는 의미다.[6]

한편 비정전 문학을 대항 정전으로 정의하는 방향에서는 작품 혹은 작가의 주변적 위치 자체에서 대항 정전의 기준을 설정하므로 문제다. 이와 같은 기준 설정에는 작가의 인종 · 계급 · 젠더 경험이 작품에 투명하게 드러난다는 전제, 작품은 어떤 사회 집단의 대표 구성원으로서 작가의 경험을 즉각 표현하는 것이라는 전제가 깔려 있기 때문이다.[7] 이 전제에 따라 인종 · 계급 · 젠더의 측면에서 주변부에 속하는 작품들이 자동적으로 비정전 문학으로 구분되고 대항 정전의 요소를 당연히 갖는다고 여겨져 왔다.

그러나 주변부 여성 작가의 작품이라고 해서 반드시 반남성주의적 · 반인종주의적인 것은 아니며, 백인 남성 작가의 작품이라고 해서 모조리 남성주의적 · 인종주의적인 것도 아니다. 따라서 정전이건 비정전이건 어떤 통일성을 미리 전제하는 것은 그 작품이 처한 구체적인 역사적 맥락을 부인하고 특정 목적을 위해 그 통일성을 전유하는 결과를 빚는다. 이 점을 인식하고 인정한다면, 정전 비판의 방향은 비

---

6) Gayatri Spivak *Outside in the Teaching Machine* (Routledge, 1993), pp. 270~278 참조.

7) John Guillory, *Cultural Capital: the problem of literary canon formation* (Chicago: University of Chicago Press, 1993), pp. 9~10 참조.

정전 작품을 정전화하려고 하거나 대안(대항) 정전으로서 구축하려고 하거나, 더 나아가 정전을 깡그리 타파하려 할 게 아니라 최근 비정전 작품들을 오랜 역사적 작품들과 비판적으로 **협상하는 중요하고도 의미 있는 문화 서사 행위로 위치시키는 쪽이 되어야 한다.**

미국 문화를 비롯한 서구 문화라는 단일 전통에 절대 가치를 부여하면서 선별, 배제의 원칙에 의거하여 운용되어 온 정전을 비판하되, 그 논리를 극단적으로 밀고 나가 정전 자체를 해체해야 한다고 주장하는 것은 문제다. 정전 해체의 논리가 제도뿐만 아니라 문학이라는 범주 자체를, 또 가치를 부정하는 결과로 이어지기 때문이다. 각 에스닉 소수자들이 각기 나름의 전통과 가치를 세워 나가야 할 필요성은 인정해야한다. 하지만 기존의 정전을 아예 부인하고 자신이 속한 문화의 정전만 읽고 다른 부류의 작품에는 배타적인 태도를 취하는 태도는 정전/비정전의 이분법을 고착시킨다.

정전과 관련하여 편협하고 경직된 기호를 선별하고, 배제하는 원칙은 문제시하고 비판해야한다. 하지만 결국에는 "어떤 텍스트를 골라 읽을 것인가? 그 선별 기준은 무엇인가? 하는 문제로 돌아가지 않으면 안 된다."[8] 정전을 거부하고 비정전만 내세울 경우 첫째, 피억압의 상황이 극적일수록 더 유리한 고지를 점령하게 되고 둘째, 피억압/억압의 이분법 설정에 따라 억압 문제는 모두 억압자의 탓으로 손쉽게 해결되며 셋째, 제도 억압을 비판하는 자신은 제도에서 자유로운 것처럼 된다.[9]

---

8) 유명숙, 「정전 논쟁의 허와 실」, 『안과 밖』 (1996), 120쪽.
9) 앞의 글, 128쪽.

이러한 위험을 경계하면서 2부에서는 이 책의 프롤로그에서 제시했던 영성, 자급, 몸의 문제 틀을 중시하는 해석적 패러다임에 따라 미국 문학을 읽고자 한다. 동시에 1960년대 이후 쏟아져 나온 토착·아프리카계·치카노·아시아계 미국이라는 주변부 소설을 중심의 정전 작품들과 연결 짓고 비교하면서 미국 문학의 중심과 주변을 아우르는, 좀 더 세밀하면서도 포괄적인 틀을 구축하고자 한다. 정전과 비정전은 분리된 채 따로 놓아 둘 게 아니라 연결 고리를 찾아 서로 통합되고 보충되어야 한다. 미국 정전 작가들의 텍스트가 표방하는 백인성 뒤에 드리워져 있는 인디언성, 흑인성, 치카노성, 아시아성을 드러내어 백인성과 연결짓는 것은 또한 미국 북동부, 남부, 중서부, 서부의 지정학적 특수성을 부각하는 일이기도 하다. 이 작업을 하기 위해 2부의 각 장을 '백인 남성의 정전 작품, 유색 남성 혹은 백인 여성의 작품, 유색 여성의 작품' 순으로 배치하여 논의해 보겠다.

이 구도에 따라 5장에서는 백인과 인디언 문화를 매개하는 내티 범포Natty Bumppo라는 문화적 유형을 대중화한, 동부 출신의 제임스 페니모어 쿠퍼(1789~1851)의 『최후의 모히칸 족』(1827)에서 출발해, 인디언들이 거의 보이지 않게 된 19세기 말, 서부의 백인 이민자 여성 목소리를 중시하는 윌라 캐더(1873-1947)의 『나의 안토니아My Antonia』(1918), 그리고 토착 미국 여성 작가 레슬리 마몬 실코(Leslie Marmon Silko, 1948~)의 소설 『의식Ceremony』(1977)을 다루겠다.

6장은 백인들과 흑인들의 관계를 문학적으로 재현하고 있는 남부 백인 남성 작가 윌리엄 포크너(William Faulkner, 1897~1962)의 정전 소설 『압살롬, 압살롬Absalom, Absalom』(1936)에서 시작해, 거기서 접근하기 힘들었던 흑인 남성 인물의 내면을 파고드는 흑인 남성 작가 랄프 엘리슨(Ralph Ellison, 1914~1994)의 『보이지 않는 인간Invisible Man』(1952)을, 그리고 백인 중심 사회에서 이중으로 타자화되는 위치에 놓이는 흑인 여성의 주체성을 탐색하는 흑인 여성 작가 앨리스 워커(Alice Walker, 1931~)의 『칼라 퍼플Color Purple』(1981)을 논의한다.

7장은 미국 중서부 농민의 삶을 보여 주는 존 스타인벡(John Steinbeck, 1902~1968)의 『분노의 포도The Grapes of Wrath』(1940)에서 시작해, 가난한 농부를 부모로 둔 중서부 미국의 백인 하위 주체 여성의 삶을 다루는 아그네스 스메들리(Agnes Smedley, 1892~1950)의 『대지의 딸Daughter of Earth』(1928), 그리고 미국 서부에 밀집된 치카나들의 다양한 목소리를 담아내는 독특한 선집 『나의 등이라고 하는 이 다리This Bridge called My Back』(1981)까지 논의한다.

8장은 남북전쟁에서 탈영한 백인 하위 주체 남성이 귀향길에서 또다른 다양한 하위 주체들을 만나는 이야기인, 찰스 프레지어(Charles Frasier, 1950~)의 최근작 『콜드 마운틴Cold Mountain』(1997)에서 시작해, 제2차 세계대전을 둘러싼 일본계 미국 남성의 갈등하는 내면을 보여 주고 있는 존 오카다(John Okada, 1923~1971)의 『노 노 보이No No Boy』(1957), 그리고 중국계 미국 여성 맥신 홍 킹스턴(Maxine Hong Kingston, 1940~)이 쓴 『여성 전사Woman Warrior』(1976)를 다루어 본다.

05

백인 문화와 토착 미국 문화의
소설 속 만남

01 백인 남성의 토착 미국 문화 왜곡: 『최후의 모히칸 족』(1827)

『최후의 모히칸 족』을 쓴 제임스 페니모어 쿠퍼가 살았던 19세기 미국 동부의 해안 도시들은 '황야의 땅'이라는 신세계 이미지를 벗고 정비된 도시의 모습을 갖추어 갔다. 거기서 수십 년 동안 살아 온 사람들은 세련되고 교양 있는 문화를 형성해 가고 있었다. 작가는 현실의 백인 세계를 떠나 인디언들과 함께 생활하는 이단자가 되는 내티 범포Natty Bumppo라는 상상 속 백인 남성 인물을 창조함으로써 미국 문학에 고유한 영역을 구축하였을 뿐만 아니라 이후 미국 문화 전반에 지속적으로 큰 영향을 끼쳤다. '내티 범포'는 인디언을 무시하고 정복하기에 여념이 없었던 백인들보다 훨씬 더 험난하고 절망적으로 살았을 것이다. 그런데도 당시 백인 독자들은 백인 세계를 떠나 인디언 친구들과 함께 모험하는 내티 범포에게 열광했다. 이런 식의 인종 화해를 통해 1820년대 이후 계속된 인디언들에 대한 착취와 정복 정책[1]에 속죄하고, 인디언들의 적대감을 털어 버리고 싶었기 때문이다.

쿠퍼는 1789년 9월 15일에 미국 동부 뉴저지 주에서 태어났다. 그는 판사이자 지주였던 아버지가 뉴욕 주 북부에 설립한 개척지 쿠퍼스타운Cooperstown에서 성장했다. 1790년에 뉴욕으로 이주한 쿠퍼는 개인 교육을 받았으며 3년간 예일 대학에 다녔다. 해군으로 복역하고 1811년에 결혼한 후로는 시골 신사로 살았다. 1826년에서 1833년까지 여러 나라를 여행했고 프랑스 리용에서 미 영사로 근무하면서 개

---

1) 이 책의 1부 2장 '미국 프런티어들의 산업화 시대'에서 논의된 바 19세기 미국의 인디언 정책은 ① 1830년 미국 의회에서 통과된 인디언 추방 법안과 체로키 족의 '눈물의 행렬' ② 1887년에 제정된 도스법 ③ 1890년 사우스다코타 주 운디드니에서의 대량 학살로 정리된다.

척지에서의 모험 이야기(유럽에서 큰 인기를 얻었던 월터 스콧Walter Scott류의 역사 로맨스)를 서른세 권이나 써냈다. 그중 다섯 권으로 된 '레더스터킹Leatherstocking 소설'[2]에서는 인디언과 함께 살면서 백인과 인디언의 매개 역할을 하는 '내티 범포' 형의 주인공이 각기 다른 이름으로 나온다. 『최후의 모히칸 족』에 나오는 주인공의 이름은 호크아이Hawkeye다. 이러한 유형의 작품에는 백인종과 인디언 간의 관계를 정복과 착취가 아닌 화합과 평등으로 보고자 하는 염원이 깔려 있다.

그러면 먼저 『최후의 모히칸 족』의 줄거리를 살펴보자. 영불 전쟁[3] 3년째인 1757년에 영국 태생의 젊고 용감하고 아량 있는 영국 장교인 헤이워드 소령이 먼로 대령의 딸 코라와 엘리스를 프랑스 점령지에서 영국 측 헨리 요새로 데리고 오게 된다. 그러다 프랑스와 손잡은 '나쁜' 인디언 마구아의 습격을 받는다. 그때 사냥꾼이자 정찰병인 호크아이와 인디언 추장 '칭가치국Chingachgook', 모히칸 족의 마지막 자손인 운카스의 도움을 받고 모두 함께 먼로 대령의 요새로 무사히 가게 된다. 그 사이 운카스와 코라가 서로 사랑하게 되고 마구아도 코라에게 구애한다. 헤이워드 소령은 흑인 피가 섞인 매력적인 코라 대신 엘리스와 약혼한다. 프랑스에 항복한 먼로 대령과 영국군, 호크아이 일행은 다시 마구아의 공격을 받고 겨우 빠져 나오지만 마구아는 추격을 멈추지 않는다. 결국 코라는 마구아의 부하에게 죽고, 이 부하는

---

2) 레더스터킹 소설이란 가장 많이 알려진 『최후의 모히칸 족』을 위시해 『선구자Pioneers』, 『평원The Prairie』, 『길잡이The Pathfinder』, 『사슴 사냥군Deerslayer』등을 말한다.

3) 미국 독립 전, 그 식민지의 영토를 둘러싼 영국과 프랑스 사이의 분쟁은 전쟁으로 이어졌다. 이 전쟁 이전에 영국과 프랑스 사이에서 등거리 정책을 취하며 균형을 유지했던 인디언 부족들은 영불 전쟁 동안 영국과 프랑스 어느 한 편을 지지하게 되었고 그로 하여 내적으로 분열되고 말았다. 결국 인디언 세력은 더욱 쇠퇴하게 되었다.

다시 운카스에게 죽고, 운카스는 마구아에게 죽고, 마구아는 호크아이의 총에 맞아 죽는다. 모히칸 족의 마지막 자손인 운카스의 죽음은 인디언의 몰락을 상징하고, 살아남은 엘리스와 헤이워드는 순수 백인의 미국 역사를 이끌어 갈 것임을 암시한다.

이 작품은 총 33장으로 되어 있다. 소설의 17장에서는 마구아의 부족인 휴런Huron 족 인디언들이 프랑스군에게 항복하고 요새를 떠나가는 영국군과 부녀자를 잔인하게 공격하는 장면이 나온다. 16장까지는 백인들의 전쟁과 거기에 혼란스럽게 끼어드는 인디언 부족들의 교전이 펼쳐지다가 18장부터는 인디언 마을과 폭포, 절벽, 산야에서 펼쳐지는 도망과 추격이 전개된다.

호크아이와 칭가치국이 백인과 인디언의 조상과 전통에 관해 논쟁하는 장면이 나오는데, 호크아이의 말부터 들어 보자.

> "당신의 조상들은 해가 지는 곳[4]으로부터 와서 강[5]을 건넜고 그 땅을 차지했소. 그리고 우리 조상들은 아침의 붉은 하늘[6]로부터 와서 염호[7]를 건너, 당신 조상들[8]이 땅을 차지했던 것과 같은 방식[9]으로 자신들의 할 일을 한 것이오. 그러니 판단은 신에게 맡기고 친구들은 각자 말을 아끼도록 하지요." [10]

---

4) 서쪽.

5) 미시시피 강.

6) 동쪽.

7) 소금 호수.

8) 인디언.

9) 인디언들이 먼 과거에 그들보다 앞서 북미 대륙에 살고 있던 자들을 몰아내고 땅을 차지했다고 보고 있다.

10) e-book에서의 원문을 번역한 것이다. e-book의 쪽수는 생략했다.

호크아이의 주장에 대해 칭가치국은 "호크아이, 전사의 돌머리 화살촉과 당신들이 사람을 죽일 때 쓰는, 납 총알 사이에 정녕 아무 차이점이 없단 말인가?" 하고 반문한다. 그러자 호크아이는 "붉은 피부를 타고났는데도 어떤 인디언에게는 이성이 있구려. (…) 당신은 인디언 치고는 정의로운 사람이오" 하고 말한다.[11] 호크아이는 인디언들이 북미 대륙에 건너오기 전에 그곳에 살고 있었던 종족에게 땅을 빼앗았다는 신화적 이야기[12]에 빗대어 인디언 땅에 대한 백인의 침략 행위를 정당화하고 있으며 거기에 반문하는 칭가치국에게 천성적으로 붉은 피부색을 타고난 인디언에게도 이성이 있고 정의감이 있다는 식으로 대꾸하고 있는 장면이다. 인디언은 원래 비이성적인 존재라는 인종차별적인 생각을 은연중 드러낸다고 하겠다.

호크아이는 인디언들과 어울려 다니면서도 자신은 순수한 백인이라는 점을 거듭 강조한다. 혼혈에 대한 호크아이의 두려움과 강박은 운카스와 코라의 장례식 장면이 나오는 마지막 장 33장에서 단적으로 드러난다. 코라와 운카스가 저승에서 함께 할 거라고 애도하는 인디

---

11) There is reason in an Indian, though nature has made him with a red skin! You are a just man for an Indian.

12) '인디언들'이 북미 대륙에 왔을 때 물론 선주민들이 살고 있었다. 하지만 인디언들이 무력과 폭력으로 그 땅을 빼앗았던 것은 아니다. 인디언들은 유목 생활을 하였으므로 딱히 부족 소유의 땅이 필요 없었다. 나중에 정착하는 인디언 부족민들이 많아졌을 때도 부족의 땅은 공동 소유였고 부족의 성인 모두가 공동 참여하는 부족회의에서 다른 부족들의 분쟁을 해결했다. 그 해결 방식이 반드시 평화적인 것만은 아니어서, 인디언 부족들 사이의 싸움은 끊이지 않았지만 필요 이상의 살상을 하지 않는다든가 포로를 온건하고 합리적으로 대우한다든가 하는 원칙을 지켰다. 백인들은 인디언들의 자잘하고 지루한 싸움을 이해하지 못했고 답답하게 여겼다. 유럽과 너무나 이질적이고 적대감마저 느껴지는 낯선 신세계로 건너온 백인들은 땅에 대한 소유욕이 컸기 때문에 의견 차이를 조율하고 협상하느라 오랜 시간을 끄는 것을 낭비라고 보았고 빠르고 편리한 살상과 폭력을 택했던 것이다.

언 여인들을 보고 "호크아이는 그들의 소박한 신조의 과오를 잘 아는 사람처럼 고개를 내저었다." [13] 그러면서도 호크아이는 "이제 나는 혼자"라는 칭가치국을 위로하고 "두 사람은 손을 꽉 잡았고 무덤 앞에 고개 숙이자 눈물이 끓어올라 발밑에 떨어지면서 빗방울처럼 운카스의 무덤에 물을 뿌려 주었다." 이러한 호크아이의 행위에 진정성이 있는지 의심스럽다.

작가 쿠퍼가 그려 내고 당대 독서 대중이 열광하였던 호크아이라는 내티 범포형 인물은 백인종과 홍인종 간의 우정과 화합에 대한 진실한 염원을 담았다기보다 인디언에 대한 침략과 정복을 정당화하는 당대 백인 중심 이데올로기를 대변하는 역할에 더 가깝다. 『최후의 모히칸 족』이 제공하는 인종 관계에 대한 새로운 상상의 지평은 미국이라는 국가 형성의 바탕이 되는 백인종 중심주의와 긴밀하게 얽혀 있기 때문이다. 백인과 인디언을 매개한다는 겉치레 말을 파헤쳐 들어가 보면 내티 범포형 인물은 결국 백인 편에 설 수밖에 없다. 그러므로 지배자 편에서 손쉽게 인종 화합을 말하기에 앞서 백인종과 황인종 사이에 존재하는 인종적 · 문화적 차이를 좀 더 잘 이해하는 일이 중요하다.

호크아이는 부드러운 남자처럼 보이면서도 강인하고 용감한 남자다. 호크아이는 자연의 가혹함을 이겨 내는 월등한 기술과 힘을 갖고 있다. 또한 자기를 강하게 주장하기보다 드러내지 않으려고 한다. 하지만 궁극적으로 총을 가진 '킬러' 다. 호크아이는 프랑스 편인 인디언 마구아를 총으로 죽이는 백인 킬러의 선구자다. 또한 인디언들의

---

13) he shook his head, like one who knew the error of their simple creed.

위대한 생명을 죽이면서도 대단히 금욕적인 미국인 킬러다. 여기서 금욕적이라 함은 영토와 재산을 늘리기 위해서가 아니라, 다만 자신의 생명을 지키기 위해서 살생한다는 뜻이다. 호크아이는 인디언들의 대기와 대지에 살아 있는 "야생의 것들"을 죽임으로써만 살 수 있다. 이것이 바로 백인 미국을 주도하는 남성의 실상이다. 인디언과의 모험과 우정을 통해 전달되는 내티 범포의 영혼은 고립되어 있으며 냉혹하고, 정태적이며, 부드럽거나 평온한 적이 없다. 이것은 이후 미국 문화의 주요 주제를 구성한다. 이에 비해 자유, 평등, 민주주의란 부수적인 주제에 지나지 않는다.

　백인 남성과 인디언 남성이 친구가 되는 설정은 백인 후손의 피를 더럽힐 우려가 없다. 하지만 백인 여성이 인디언 남성과 결합하는 것은 경우가 다르다. 원시 인디언의 아름다움을 알아본 코라는 이종 잡혼異種雜婚을 감행할 만한 용감한 여성이다. 그러한 원시적이고 열정적인 코라의 성향은 비천한 노예의 후손인 어머니의 '검은' 피에서 나온다. 결국 코라는 죽고 엘리스가 살아남아 순결한 백인의 피를 존속시킨다.[14] 그

---

14) 백인 여성 작가 리디아 마리아 차일드Lydia Maria Child의 소설 『호보목Hobomok』(1832)에 나오는 백인 여성 메리는 영국 국교도 남성 브라운과의 결혼에 반대하는 청교도 아버지의 엄격함과 독선에 맞서다가 인디언 남성인 호보목과 결혼한다. 메리는 자연 친화적인 인디언 세계에 공감하여 호보목과 결혼하지만 호보목을 미개함과 연결시키는 인종주의적 생각과 완전히 결별하지는 못한다. 죽은 줄 알았던 브라운이 살아 돌아오자 호보목은 떠나고 메리는 브라운과 청교도 사회로 복귀하게 된다. 이러한 결말은 종교 화합은 허용되지만 인종 결합은 허용되지 않음을, 아버지와 싸워 이기는 데 필요했던 저당물로 호보목을 이용하는 측면을 보여 준다. 그러므로 『호보목』은 새로운 주제 영역을 과감하게 제시하기는 하였지만 인디언 남성의 재현 문제에서 『최후의 모히칸 족』과 별다를 게 없으며, 가부장적 백인 사회에서 인정받으려는 백인 여성의 욕망에 치우친 작품이라고 하겠다. 양석원, 「미국의 인종 이데올로기와 인디언의 문학적 재현: 『라스트 모히칸』과 『호보목』」, 『영어영문학』 제47권 3호 (2001), 713~733쪽 참조. 백인 남성 지배 사회를 비판하는 이면에 더 강력하게 깔려 있는 백인 여성의 인정 욕망은 유색 남녀 모두의 입장에서 비판받아야 한다.

러기 위해서는 코라를 좋아한 운카스와 마구아도 죽어야 했다. 두 젊은 인디언 남성 중에서 백인화되어 호크아이를 말없이 따라다닌 착한 인디언 운카스는 백인들에게 호전적인 나쁜 인디언 마구아와 함께 죽고, 살아남은 인디언 노인들은 작품 초반과 말미에서 각각 다음과 같이 말한다.

"그때[15]는 호크아이, 우리는 한 민족으로 다 같이 행복했소. 바다(염호)는 우리에게 물고기를 주었고, 숲은 사슴을 주었으며, 하늘은 새를 주었소. 우리는 아내를 얻어 자식을 낳았소. 우리는 대신령님Great Spirit을 섬기었소. (…) 그 시절, 여름의 꽃들은 어디에 있는가? 하나씩 떨어져 나갔고 그리하여 우리 가족은 모두 다 차례차례 저승의 땅으로 떠나갔소. 나는 언덕 위에 있지만 계곡으로 떨어진 것이오. 그리고 운카스가 나의 뒤를 따라 세상을 떠나게 될 때는 사가모아[16]의 피는 더 이상 남지 않을 것이오. 내 아들이 모히칸족의 마지막 자손이기 때문이오." (3장)

그리고 33장에서 "자, 됐네" 하고 태머넌드가 입을 열었다.

"자, 레나프Lenape의 후손들이여, 마니토Manito의 노여움이 아직 끝난 것은 아닌데 태머넌드가 더 살아서 무엇 하리오? 가시오. 백인들이 세상의 지배자이고, 아직 홍인종의 때는 오지 않았으니 말이오. 내가 너무 오래 살았소. 아침에 우나미스Unamis의 후손들이 행복하고 늠름하게 사는 모습을 보았건만 밤이 채 오기도 전에, 현명한 모히칸 족의 마지막

---

15) 백인종이 북아메리카 대륙에 오기 전.
16) Sagamore, 인디언 추장을 일컫는 말.

전사를 내 눈으로 보게 되고야 말았도다!'

이렇게 인디언의 몰락을 인디언의 목소리로 인정하며, 당시 이데
올로기적인 틀 안에서 작품은 끝난다. 그러나 그 틀을 벗어나는 대목
또한 마지막 장에 제시되어 있다. 먼로 대령은 딸 코라의 장례식에서
호크아이더러, 슬퍼하는 인디언 여인들에게 이렇게 전해 달라고 부탁
한다.

> "이 상심하고 기력이 쇠한 내가 저 친절하고 다정한 여인들에게 고마
> 운 마음을 전한다고 말해 주게. 다른 이름들로 우리 모두 참배하고 있
> 는 존재가 그들의 자비를 잊지 않을 것이라고 말해 주게. 그리고 머지
> 않아 성, 지위, 인종의 구별 없이 우리가 그 존재의 왕좌 주위에 모일 거
> 라고 말일세."

이러한 인식의 지평에 진심으로 공감하고, 인간의 존엄성을 마음
속 깊이 인정할 줄 아는 남녀들이 많아질 때, 백인 사회에 등을 돌린
'내티 범포' 형의 냉혹한 고립에서 벗어나 새롭고 역동적인 움직임을
보여 줄 수 있다. 그때라야 인디언을 좋은 인디언과 나쁜 인디언으로
양분하는 백인 이데올로기를 벗어나 마구아 같은 인디언 전사의 저항
의식을, 운카스와 칭가치국의 갈등하는 내면 세계를 좀 더 풍부하게
드러낼 수 있을 것이다.

『최후의 모히칸 족』에서는 백인 남성과 인디언 남성과의 우정이 중
요한 부분을 차지하는데도 정작 인디언 묘사는 피상적인 수준에 머물
고 있다. 하지만 『블랙 호크』(1833)에서는 당시 인디언 남성 전사의 목

소리를 좀 더 실감나게 들을 수 있다. 이 작품은 1831년~1832년의 블랙 호크 전쟁에서 미국 정부와 싸웠던 사우크Sauk 족 전사, 블랙 호크가 구술한 내용을 프랑스인과 인디언의 혼혈아인 르끌레어Leclair가 통역하고 미국인 패터슨Patterson이 편집, 가필한 최초의 미국 인디언 자서전이다. 복잡한 작품 구성 과정으로 미루어 보건대 블랙 호크의 목소리가 제대로 전달되었다고는 볼 수 없지만 쿠퍼의 작품 중에 나오는 정형화된 인디언 남성들과 달리 백인의 약속 불이행에 대해 정의의 원칙에 따라 당당하게 맞서 싸우는 인디언 남성의 저항 의식이 생생하게 살아 있다.

블랙 호크의 목소리는 야만적인 인디언 전사가 아니라, 백인 문화에 압도되지 않고 백인과 대등함을 주장하는 주체적인 인식과 정의감, 책임감을 지닌 인디언 남성의 세계를 들려 준다. 그리하여 이 자서전은 블랙 호크 전쟁이 백인 중심의 공식 역사와 달리, 인디언의 불법적인 도발 행위가 아니라 사우크 족 땅과 마을을 수호하려는 정당한 행위임을 인정하게 한다. 인디언 남성을 제한된 시각에서 일면적으로 그리고 있는 『최후의 모히칸 족』과는 달리 『블랙 호크』는 백인

---

17) 『블랙 호크』에 대한 자세한 논의로는 양석원, 「『블랙 호크』에 나타난 대안의 미국 역사와 인디언 저항의 목소리」, 『안과 밖』 (2001), 199~221쪽 참조.

18) 1851년에 발간된 19세기 정전 소설 중 하나인 허만 멜빌의 『모비 딕』에서 포경선 '피쿼드Pequod'의 선원으로 '타쉬테고Tashtego'라는 인디언 남성이 나온다. 미국을 상징하는 피쿼드 호는 백인 남성 선장(백인 항해사들) 대 유색인종 남성들의 위계질서로 이루어져 있다. 그중 최하층인 흑인 '대구Daggoo', 남태평양 출신 섬사람 '퀴퀘크Queequeg', 타쉬테고와 같은 유색인종 남성들과 함께 일하는 가운데 백인 하위 주체 남성 '이스마엘Ismael'은 그들과 유대감을 느낀다. 19세기 당시 유색인종 남성들과 백인 하위 주체 남성들은 모두들 미국의 부를 건설하기 위해 척박한 노동 현장에 동원된 셈이다. 19세기 중반에 이르러 백인 하위 주체 남성들과 함께 유색인종 남성들이 미국의 부를 축적하는 최전선에서 함께 일하고 똑같이 기여하지만 그 노고를 망쳐 버린 백인 남성 엘리트의 맹점이 '아합Ahab' 선장을 통해 잘 나타난다.

들의 미국 문학에서 결코 찾아볼 수 없는 시각과 상상력을 보여 주기 때문에 다각도로 더욱 많이 읽혀야 할 것이다.[17]

19세기 내내 진행된 인디언 정복과 말살 정책 때문에 『블랙 호크』 이후 몇몇 노래, 시 외에 인디언들의 삶은 더 이상 19세기 미국 문학의 주요한 요소로 나타나지 못한다.[18] 그 기나긴 침묵과 망각은 1960년 대 인종 소수자들의 문화 민족주의 운동 시기까지 이어진다. 인디언 들은 미국 중서부의 보호구역에서 살고 있었지만 19세기 말에도, 1920년대 미국 문학의 제2르네상스기에도 거의 나타나지 않는다.

20세기 초반에 '보이지 않는 인디언'들을 대체하며 새로 등장하는 인물은 인디언들의 땅이었다가 백인의 땅이 된 미국 중서부의 땅을 일구러 보헤미아, 동남 유럽, 러시아에서 온 이민자들이었다. 이들은 광활한 자연과 싸우고 자연과 함께 호흡하면서 농사를 짓고 가축을 기르면서 정착해 나갔다. 그들은 척박하게 살았지만 그래도 땅을 가 질 수 있었으며 하얀 피부 때문에 인디언, 흑인, 아시아 출신 이민자 들보다 인종차별을 덜 받았다. 이 유럽계 이민자들의 삶을 여성 주인 공을 통해 잘 보여 주는 작품이 『나의 안토니아』다.

02 토착 미국인들의 축출과 유럽계 이민 여성의 미국: 『나의 안토니아』(1918)

윌라 캐더는 미국 중서부 대자연을 배경으로 대평원 3부작을 썼다. 북동부 중심의 미국 문화 풍토에서 중서부의 백인 여성 작가인 캐더 는 정신적 · 지리적으로 이방인의 위치에 있었다. 캐더는 중서부 지역에서만 나올 수 있는 독특한 작품 세계를 보여 준다. 보헤미아 출신의 안토니아 쉬머다Antonia Shimerda가 미국 중서부 네브래스카로 이민 와서 뿌리내리며 살아가는 역정을 보여 주는 『나의 안토니아』는 캐더의 대평원 3부작 중 하나다. 백인 여성 작가가 백인 남성 서술자 짐 버든Jim Burden의 시선으로 이민 여성을 그리고 있다.

짐 버든은 앵글로 색슨 계통의 청교도 문화권 남성인데, 어린 시절 안토니아와 함께 살았다. 작가는 안토니아의 삶을 통하여 미국 중서부의 역사적 · 사회적 변천 과정을 보여 주는 가운데 다양한 언어와 문화적 배경을 가진 이민자들이 미국이라는 국가 형성의 중요한 원동력이었음을 보여 준다. 캐더는 이와 같은 국가적 성장 서사의 중심에 여성 인물을 배치함으로써 국가적 성장 서사를 작업할 때 전통적으로 전제하는 성 정치학에 비판적 시각을 적극 개입시키고 있다.[19] 안토니아와 같은 강인한 여성 인물은 남성적 의지가 여성적 자연을 대상화하여 정복한다는 전통적인 성적 도식을 수정하며 20세기 초반 미국 사회에서 전개되는 성 역할과 성관계의 다양한 구도를 보여 준다.

소설 책머리에서 짐 버든은 친구와 어릴 적 이야기를 각자 쓰기로 약속했고, 오랜 시간이 지난 후 친구한테 넘겨준 원고가 바로 『나의 안토니아』라고 밝히고 있다.[20] 짐 버든은 열 살 때 부모님이 돌아가셔서 버지니아 농장에서 네브래스카 주에 사는 조부모의 농장으로 와서

---

19) 윤조원, 「미국의 성장기成長期: 『나의 안토니아』가 재현하는 이질성과 다양성」, 『안과 밖』 (2005), 280쪽 참조.
20) 이 소설은 모두 5부(제1부 쉬머다 가족, 제2부 고용살이하는 처녀들, 제3부 레나 린가르드, 제4부 개척민 여자 이야기, 제5부 쿠작네 아들들)로 되어 있다. 국내 번역본으로 유일하게 나와 있는 윤명옥 옮김, 『나의 안토니아』 (디오네, 2005)를 참조하였다. 이후 번역본에서의 인용은 본문 중에 쪽수만 표시하겠다.

살게 되었다. 그곳에서 오스트리아 이민자인 오토 퍼크스와 제이크 같은 농장 일꾼과 만나게 된다. 짐은 붉은 풀밭에서 메뚜기, 작은 벌레들, 땅올빼미들, 오소리, 토끼를 보고, 따스한 흙냄새를 풍기는 감자와 옥수수를 만져 보면서 단풍나무의 아름다움을 만끽한다. 짐은 자연 속에서 땅과 밀착되어 사는 삶의 평온하고 행복한 느낌을 다음과 같이 표현한다.

> "나는 꼼짝 않고 앉아 있었다. 아무 일도 일어나지 않았다. 어떤 일이 일어날 거라 기대하지도 않았다. 나는 태양 아래 호박처럼 누워 있는 어떤 존재였다. 어떤 것도 되고 싶지 않았다. 정말 행복했다. 아마 우리가 죽어서 태양과 공기, 또는 선과 지식과 같이 어떤 완전한 것의 일부가 될 때 이런 느낌일 것이다. 어쨌든 내가 느낀 것은 행복이었다. 완전하고도 위대한 어떤 것 속으로 스며들었을 때의 기분이었다. 그런 행복은 잠처럼 자연스럽게 찾아온다." (28~29)

짐은 할머니의 심부름으로 낯설고 새로운 고장에서 조랑말을 타고 온 보헤미안 이웃에게 먹을거리(감자 한 자루, 돼지고지 한 덩이, 빵 몇 덩어리, 버터 한 통, 호박 파이 몇 개)를 갖다 주면서 안토니아와 오빠 암브로쉬, 여동생 울카, 좀 이상한 남동생 마렉과 만나게 된다. 짐은 안토니아에게 영어를 가르쳐 주는데, 영리하고 독립적인 "안토니아는 매사에 자기 나름대로 의견을 가지고 있었고, 곧 그것을 사람들에게 표현할 수 있게 되었다" (40) 짐과 안토니아는 함께 초원을 거닐면서 거리낌도 단절도 없이 황홀한 시간을 보냈다.

그렇지만 겨울의 눈과 혹독한 추위, 척박한 이민 생활의 외로움과 불행을 이기지 못한 쉬머다 씨가 자살한 후 안토니아의 삶은 달라진다. 그녀는 "공부할 시간이 없어. 난 이제 남자들처럼 일해야 해. 암브로쉬가 어떻게 혼자 모든 일을 다하겠어? 아무도 암브로쉬를 도와주지 않는다고 엄마가 불평하게 할 수 없어. 나도 오빠만큼 일해야해. 학교에는 어린 남자애들이나 가면 되겠지! 난 이 땅을 좋은 농장으로 만드는 걸 도와야 해"(123)라며 농사일을 떠맡았다. 왜 이전처럼 다정하지 않느냐고 불평하는 짐에게 안토니아는, "너한테는 모든 일이 쉬울 거야. 하지만 우리한테는 아니야."(138)라고 둘 사이의 차이를 분명하게 일러 준다.

짐네는 농장을 세 주고 조그만 시골 읍(가게, 병원, 교회가 있고 강줄기가 보이는)인 블랙 호크로 이사해, 화이트 목사의 집에서 살게 된다. 짐네의 농장 일꾼 오토와 제이크는 서부 콜로라도의 "양키 걸 광산"으로 일하러 간다. 힘든 탈곡 일을 하며 들판에서 일하던 안토니아에게 짐의 할머니가 옆집 할링 씨 집의 요리사 일자리를 마련해 주고, 그 덕분에 "안토니아는 이제 장갑을 끼고, 하이힐을 신고, 깃털 달린 모자를 쓰고 다녔다"(206) 그러다가 안토니아는 객실 차장인 래리 도노반과 사귀었으나 버려졌고, 결국 혼자 아기를 키운다.

반면 짐은 나중에 양재사가 되는 레나와 노르웨이인 정착촌 들판에서 만나 사귀기도 했으나 동부의 대학에 진학한 후 변호사가 되어 부유한 집 처녀와 결혼한다. 하지만 성공한 뒤에도 짐은 안토니아를 향한 그리움 때문에 두세 차례 안토니아를 만나러 멀리 중서부까지 다니러 간다. 작품 4부에서 안토니아를 만나러 쉬머다네 집에 온 짐은 "전에 보았을 때보다 더 말랐고 (…) 일에 찌들려 있는 듯 보였다. 하지만 그 얼굴에 드러난 신중함에는 새로운 힘이 담겨 있었고, 혈색은 여전히 건강과 열정의 빛을 그대로 드러내고"(300) 있었다. 짐이 뉴욕에 있는 외가 쪽 친척의 법률 사무소로 가기로 결정했다고 안토니아에게 말해 주자 "그건 네가 우리한테서 영원히 먼 데로 간다는 뜻이겠지. 하지만 그렇다고 내가 널 잃게 된다는 뜻은 아니야"(301) 하고 말한다. 이 말을 듣고 짐은 작품의 마지막 대목에서 이렇게 말한다.

> "있잖아, 안토니아. 내가 멀리 있을 때도 난 이 세상 누구보다도 네 생각을 많이 했어. 내 애인이든지 아내든지, 아니면 어머니든지 누이든지, 어쨌든 한 남자에게 아주 소중한 여인으로서 난 너를 생각하고 있어. 너에 대한 생각은 내 마음의 일부야. 내가 좋아하고 싫어하는 것, 나의 온갖 취향이 내가 깨닫지 못하는 많은 순간에 네 영향을 받고 있어. 넌 정말 나의 일부야."(302)

이와 같이 『나의 안토니아』는 미국 중서부 유럽계 이민 여성과 미국 동부 백인 남성 사이의 독특한 관계를 핵심으로 하고 있다. 소설 속 인간관계는 이성애 중심적 남녀 관계 및 가족 제도에 국한되지 않고, 다양한 형태에 열려 있으며 그 관계는 삶의 온기와 에너지의 원천이 되고 있다. 이 양상은 사회를 구성하게 하는 가정이라는 단위 및 기본적인 유대 관계가 우정, 동성애, 공동체적 애정 등 남녀의 결혼이 아닌 다양한 방식으로 이루어질 수 있음을 시사한다. 그리하여 이 소설은 가난 속에서 이방인으로 차별받고 소외당한 이민자들의 역사를 그들의 새 조국인 미국의 중요한 일부로 가시화하면서 성적인 것과는 다른 의미가 있는 인간관계의 양상을 잘 보여 준다.[21]

미국이라는 국가가 건설되기까지 그 힘의 상당 부분은 낯선 땅에서 어렵게 운명을 개척해 낸 이민자들과 그 후손들에서 나왔다. 이들 중에서도 안토니아 같은 이민 여성들은 인종, 계급, 젠더의 측면에서 복합적으로 타자화되지만 타자의 위치에 수동적으로 머무르지 않고, 땀 흘려 일하면서 현실 문제들에 적극 대응하고자 했다. 이민 여성들은 소외와 갖가지 시련 속에서도 꿋꿋하게 일하는, 삶의 희비극을 두루 경험하는 주체로, 또 가정의 안정과 번영을 추동하는 중심으로, 사회와 문화를 건설하는 생산적인 행위자로 당당하게 존재한다. 이들이 보여 주는 미국 중서부 지역 삶의 문화적 활력은 미국의 성장이라는 커다란 서사 속에서 이른바 미국적 정체성이라는 개념이 은밀히 전제하는 공동체적 균질성을 해체하는 효과를 거둔다.

그러면서도 주류 백인인 짐이 안토니아더러 "넌 정말 나의 일부야" 하는 데서 단적으로 드러나듯, 짐과 안토니아의 삶은 지리적 거리를 넘어 유기적인 상호관계로 연결되고 있다. 짐이 성장 과정에서 안토니아라는 이민 여성과 맺는 불가분의 상호관계와 보헤미아를 떠나 미국의 일부로 다시 태어나는 안토니아 가족의 역경을 극복하는 삶 자체가 주류 미국 사회와의 관계성 안에서 충분히 서술되고 인정되고 있다. 캐더가 짐을 통해 그리고자 한 것은 바로 다양한 이민자들과 문화적으로 접촉하고 관계를 형성하면서 성장하고 발전해 온 미국 주류 사회의 자의식이라고 할 수 있을 것이다.

그렇지만 짐과 안토니아의 관계가 형상화하는 미국 사회의 다원주의적 정체성은 긍정적인 면만 지니는 것은 아니다. 비록 짐이 안토니아의 이질성을 포용하며 그 가치를 인정하는 사람으로 스스로를 정의

---

21) 윤조원, 298쪽 참조.

하지만 동시에 짐은 주류 사회의 보수성과 맞닿아 있는 부분 또한 가지고 있다. 주류와 비주류 사이의 가깝고도 소원한 관계, "공존 속에서 끌리면서도 쉽게 결합하지 않고, 결합하지 않으면서도 하나이며, 결국 그 이질성을 포함해야 온전히 정의될 수 있으나 그 온전한 정의를 위해서는 차이들에 대한 객관적 인식이 필요한 바로 그러한 관계"[22]인 것이다. 이렇게 안토니아와 짐을 이질적 주체로 만드는 차이들은 그들의 삶 속에서 사라지지 않고, 그리하여 바로 이 차이들 때문에 두 사람은 균질화될 수 없는 각각의 정체성을 이룬다. 그러한 이질성이 미국적 정체성의 근간을 이룬다.

인종적·계급적·젠더적 차이들은 일방적인 동일시나 동화 관계 속에서 없어지거나 단순화되는 게 아니라 서로 공존하면서도 긴장 관계 속에서 접촉하고 움직이는 가운데 변화한다. 『나의 안토니아』가 형상화한 두 백인 남녀의 새로운 관계는 미국을 구성하는 다양한 차이들의 관계 맺기 방식에 소중한 통찰을 제공한다. 그러나 우리가 잊지 말아야 하는 것은 미국 중서부 땅에 서려 있는, 그 땅의 원래 주민이었지만 무참히 사라져 버린 인디언의 원혼들이다. 독립적으로 삶과 땅을 개척해 나가는 미국 여성들의 주체성과 그것을 바탕으로 한 정체성 확립에, 미국의 발전에 동참하는 백인 여성들의 씩씩함에 우리는 경이로움을 느낀다. 하지만 그것은 19세기 백인들이 인디언의 땅을 빼앗는 과정에서, 다시 말해 인디언이라는 유색인종의 희생과 몰락 위에서 가능했던 것이다. 우리는 백인 여성 작가의 작품을 읽으면서도 이 점을 잊어서는 안 될 것이다.

---

22) 앞의 글, 303쪽.

03 토착 미국 여성이 그려 낸 공동체 문화의 변형: 『의식』(1977)

대지를 빼앗긴 채 몰락의 길을 걸어갔던 미국 인디언들은 기적처럼 역사 속으로 돌아와 자신들의 목소리를 내기 시작했다. 1960년대 민권운동 시기 "인디언 부족들은 계속적인 생존권을 요구한다Indian Tribes: A Continuing Quest for Survival"는 구호를 내걸고 미국 인디언의 역사와 법적 제도를 재고해야 한다는 미국 인디언 운동이 일어나면서 미국 인디언 문학이 중요하게 부상한 것이다. 백인 남성 중심의 자본주의 가부장제 사회를 구축해 나간 미국 역사는 토착 미국인들의 오랜 삶의 터전이었던 숲과 땅을 빼앗아 철도와 공장과 탄광으로 바꾸는 과정이었다고 해도 과언이 아니다. 그리하여 북아메리카 대륙에 연면히 건재해 온 생물다양성은 돌이킬 수 없이 훼손되었고 미국 인디언들의 삶의 기반은 송두리째 무너져 내렸다. 그런데도 이러한 손상과 폭력을 몸으로 버텨 내며 살아남은 미국 인디언들은 그들만이 작업해 낼 수 있는 문학을 통해 토착 아메리카 공동체의 생존 지식과 문화를 이어 갔다.

앞서 살펴본 바 '내티 범포'의 세계에서는 흑인 피가 섞이기는 했어도 백인으로 보이는 여성과 인디언 남성은 사랑을 이루지 못하고 둘 다 죽고, 저항하는 인디언 남성의 목소리는 미미하거나 왜곡되기 일쑤이며, 토착 미국 여성은 아예 부재한 채, 그 목소리조차 들을 수 없었다. 백 년 이상 인디언 보호구역에 격리되어 살던 미국 인디언들은 1952년의 재정착 프로그램에 의해 직업을 찾아 도시로 이동하는데 젊은 인디언들은 백인 문화와 인디언 문화 사이에서 많은 갈등과 정체성 혼란을 겪는다.

소수 인종 작가의 작품으로는 처음으로 퓰리처상을 받은, 스콧 마마데이Scott Momaday의 『새벽으로 만들어진 집House Made of Dawn』(1966)은 남성 주인공 에이블Abel이 감옥에서나 그 밖의 여러 상황에 처했을 때 겪게 되는 내면의 혼란과 고뇌를 잘 그려 주고 있다. 하지만 이 소설에서도 토착 미국 여성들의 목소리는 들을 수 없다. 1970년대 이후에야 실코Silko, 어드릭Erdric, 스마일리Smiley와 같은 토착 미국 여성 작가의 작품들이 그 목소리를 다양하게 내게 된다. 여기서는 미국 인디언 여성 작가들의 최근 작품 중 실코의 『의식』[23]을 통해 인디언 남녀의 관계 혹은 인디언 여성의 내면세계가 어떻게 재현되고 있는지 살펴보고자 한다.

실코는 1948년 3월 5일 뉴멕시코의 앨버커키Albuquerque에서 태어나 어린 시절을 라구나 지역 푸에블로 보호구역에서 보냈다. 실코는 아도베 모르타르와 바위로 지은, 90년이나 된 집에서 살았다. 라구나 푸에블로 정통파에 속하는 실코의 증조할머니 아무A' mooh가 그 보호구역에 온 백인 남성과 결혼함으로써 라구나의 마몸Marmon 가문은 백인도 아니고 인디언도 아닌 혼혈 가족이 되었다. 게다가 실코의 외할아버지는 켄터키의 체로키 부족 출신인데 미국 정부의 강제 이주 정책 때문에 서부로 밀려 오클라호마로 이동하여 왔다. 푸에블로 인디

---

23) Leslie Marmon Silko, Ceremony (Penguin Books, 1977): 국내 번역본으로는 강자모가 옮긴 『의식』(동아시아, 2004)이 있다. 본문에 나오는 작품 인용의 쪽수는 원서에 나오는 것이며 나의 번역임을 밝혀 둔다.

언은 16세기와 17세기에 유럽 개척민이 북아메리카에 왔을 당시, 애리조나, 뉴멕시코, 유타의 남부, 콜로라도 남부에 걸쳐서 사막 문화를 드넓게 형성하고 있었다. 그곳은 워낙 넓은 지역이라 리오그란데 강을 분기점으로 사용되고 있던 세 개 이상의 다양한 언어에다 식민지 멕시코의 스페인어까지 쓰는 다언어 사회였다.

인디언, 멕시코인, 백인의 혈통이 섞인 실코는 혼성·혼혈의 문제를 탐구하는 글쓰기 작업을 중요하게 생각했다. 실코는 백인 문화에 종속될 수 없는 대등한 문화로서 인디언의 독자적 문화가 함축하고 있는 '인디언성' 이야말로 유목, 유랑의 역사 속에서 점철, 지속, 변천해 왔다고 본다. 그래서 그 '인디어 성'에서 거대한 미국 문화를 새로 구성할 수 있는 가능성을 찾고자 한다.[24] 따라서 실코는 토착 미국 작가라기보다 인디언, 치카노, 앵글로의 세 문화가 접촉하고 공존하면서도 충돌했던 양상과 대면하는 미국 '남서부' 작가로 자리한다.

이러한 문화 지리 속에 위치한 실코는 여러 문화 세력들의 대등한 상호작용, 그리고 역사적 격변을 수반한 식민주의적인 힘의 불균형 속에서 이루어지는 문화 접촉의 복합성, 두 상이한 문화의 접촉으로 인해 생기는 변화를 중요하게 다룬다. 그 과정을 세밀하게 형상화하는 가운데 "다인종 다문화 사회에서 이질적 문화들을 감싸 안으며 다양한 문화와 다양한 인종과 관점들을 매개할 수 있는 사유 양식과 생활양식의 가능성", "그러한 매개를 통하여 식민 문화뿐만 아니라 지

---

24) 박은정, 「현대 미국 소설에 나타난 인종 갈등과 문화 민족주의: 미국 원주민 작가 실코와 어드릭의 소수 문화의 지형 그리기: 『의식』, 『인디언 대모와 영혼의 아름다움』, 『사랑의 묘약』을 중심으로」, 『현대 영미 소설』 제9권 1호 (2002), 142쪽

배 문화를 변화시킬 수 있는 문화 변용의 가능성"[25]을 포착할 수 있을 것이다. 그렇지만 그러한 감싸 안음과 매개가 미국 비판의 요소를 약화하는 방식으로 일어나서는 안 된다.

『의식』은 백인 지배 사회와 토착 미국인 공동체 양쪽에서 소외된 주인공 타요Tayo가 인디언 전통의 의식儀式을 통해 치유되는 과정을 그리고 있다. 그 과정에서 인디언 여성이 중요한 역할을 한다. 이 작품은 자연과 몸, 몸과 마음, 여성과 남성의 유기적 관계가 살아 있다는 식으로 토착 미국인 공동체를 이상화하거나 단순화하지 않는다. 대신 전 지구적인 수탈 체제 때문에 황폐해져 가는 미국적인 삶 속에서 여러 부류의 미국 인디언들이 겪는 단절과 분열을 잘 보여 주고 있다. 또한 이 작품의 배경은 자본주의와 과학 문명의 때가 묻지 않은 원시 자연 혹은 황야가 아니라 높은 철조망으로 둘러싸인, 핵무기와 관련된 각종 시설이 위치한 '인디언 보호구역Indian Reservation' 이다. 이 사실은 중요한 의미를 지닌다.

인디언 보호구역에 살고 있는 토착 미국인 모두가 생태적으로 건강한 것도 아니며, 백인들이라고 해서 모두 억압 주체도 아니고, 여성이기 때문에 자연과 더 연결되어 있는 것도 아니다. 타요는 백인 남성과 라구나 푸에블로Laguna Pueblo 인디언 여성 사이에서 태어난 혼혈 남성인데, 문화 정체성을 찾지 못하고 방황하던 차에 제2차 세계대전에 참전해 혹독한 경험을 겪고 귀국한다. 그 이후에도 타요는 전투 피로증에 시달리며 상처받은 영혼과 몸의 고통 속에서 괴로워한다.

타요의 고통을 치유하는 과정에서 자연과 여성은 핵심 역할을 한

---

25) 김진경, 「다인종 사회에서의 매개의 가능성 탐색: 실코의 『의식』 연구」, 『호손과 미국 소설 연구』 12권 2호 (2005), 7쪽.

다. 자연은 백인 자본주의 식민주의 문화의 지배를 받고 그것에 의해 파괴되기도 하지만 인간과 평등한 생태계의 구성원으로서, 커다란 생명의 그물망을 이루고 함께 살아가며 영향을 주고받는 존재로 그려진다. "봐, 이곳이 우리가 온 곳이야. 이 모래, 이 돌, 이 나무, 이 덩굴들, 모든 야생화들 말이야. 땅은 우리가 살아갈 수 있게 하지"(45)

이러한 유구한 생태 의식과 달리 백인의 의식은 자연을 생명의 망이 아니라 인간에게 이익을 가져다주는 광물이나 상품 생산을 위한 원료로만 대한다. 작가는 생태계와의 유기적 관계를 깨뜨리는 백인은 미국의 진정한 주체가 될 수 없다고 보아 오히려 인디언이 주체가 되어 인디언이 백인을 창조하는 이야기(130~137)를 우리에게 들려준다.

작가는 인디언들이 백인을 창조했다고 이야기할 뿐만 아니라 『의식』 자체가 "우주와 이 세상과 그 아래쪽의 네 세상을 만든, 생각하는 것은 무엇이든 나타나고, 이름만 붙이면 생겨나게 하는 '사유 – 여인 Thought-Woman'의 머릿속 이야기를 옮긴 것"(1)이라고 말한다. 이는 푸에블로 부족민들이 구전과 이야기라는 집단 기억을 통해 지식과 문화를 존속시키는 가운데 드러 난 여성적인 것, 혹은 여성적인 원리가 행하는 창조력을 가리킨다고 하겠다. 가뭄과 비에 관한 전통적인 이야기에 나오는 "옥수수 어머니Corn Mother"만 해도 그렇다. 부족민들은 마을 사람들이 마술사의 유혹에 빠져 마술에 심취함으로써 무절제한 생활을 하는 데 분노하여 옥수수 어머니가 비구름을 빼앗아 간 것이라고 말한다. 비구름을 다시 찾아오는 일이 쉽지 않다고 말하는 구절은 땅과 맺는 유기적이며 상호 의존적인 관계 유지가 무엇보다 중요하다는 사실을 환기한다.

『의식』은 인간과 평등한 생태계의 일원으로 동물을 대하는 푸에블

로 부족민의 동물에 대한 존중과 사랑을 그리고 있는데 이 역시 상호
의존적 생명의 망이라는 생태적 감수성에서 비롯된다. 작가는 "사냥
의 전 과정은 사랑으로 이루어져" 있고 여기서 사랑이란 "영양 사람
Antelope People을 향한 사냥꾼과 사람들people의 사랑, 사람들이 굶어
죽지 않도록 고기와 피를 내주는 데 기꺼이 동의한 영양의 사랑"[26]을
의미한다고 설명한다. 그러므로 실코는 사람들이 사냥한 고기를 낭
비하거나 뼈를 함부로 다루면 우리 곁에 남아 있는 영양의 영혼이 분
노할 것이며 더 이상 사람들을 위해 나타나지 않을 것이라고 한다.

사냥한 사슴의 배를 가르기 전 존경의 표시로 웃옷을 벗어 사슴의
눈을 가리는 타요(51)의 모습이나, "그들을 사랑한 나머지 기꺼이 자
신을 포기한 사슴" 곁에 무릎을 꿇고 앉아 사슴의 코에 옥수수 가루
를 뿌리며 진혼 의식을 거행하는 조사이어Josiah와 로버트Robert의 모
습(51~52)은 생명에 대한 "사랑, 존경, 고마움"(51)을 보여 준다. "그의
손을 따뜻하게 해 주며 식어 가는 죽은 사슴의 몸에서 사랑"(52)을 느
낄 줄 아는 타요와 같은 토착 미국인들에게 오락이나 물질적 축적을
위해 사냥을 일삼는 백인들의 태도는 상상조차 할 수 없는 것이다.[27]

타요가 치유되는 과정에서 자연과 동물과의 상생 의식이 회복되고
인디언 여성 '밤의 백조Night Swan' 와 '체Ts' eh' 의 관계 또한 중요하게
다루어진다. 타요가 경계인으로서 경험하는 인종 갈등과 참전에서
얻은 비인간적 경험들을 억압적이고 파괴적인 남성성이 구현된 형태
라고 말할 수 있다면, 그 후 두 여성을 만나 치르는 치유 의식은 땅과

26) Leslie Marmon Silko, *Yellow Woman and a Beauty of the Spirit: Essays on Native American Life Today* (New York: Touchstone Book, 1996), p. 26.
27) 강자모, 「레슬리 마몬 실코의 『의식』」, 『현대영미소설』 제8권 1호 (2001), 12쪽.

자연과 여성과의 결합을 통해 여성적 원리를 몸과 마음으로 받아들이는 과정이라고 할 수 있다. 여기서 여성적 원리란 여성에게만 있는 고정불변의 것이 아니라, 자연과 공생하게 하고 모든 존재 사이의 연결성과 상호 관련성을 인식하게 하고, 생명의 신성함을 존중하게 하는 것이다. 타요의 경우, 밤의 백조나 체 같은 여성들의 안내를 받아들이면서 감추어져 있던 자신의 여성성을 끌어내 인정한다.[28]

체는 자연 세계를 이해하고, 생명의 소중함을 지키기 위해 섬세하게 배려하고 행동하는 여성이다. 또한 살생을 일삼는 마법사들이나 산의 사자를 죽이는 것을 놀이 정도로 생각하는 백인 남성들과 정반대편에 있는 토착 부족민 여성이다. 체가 타요를 돕는 입장에 있지만 그 관계는 일방적이거나 위계적이지 않다. 체는 '옥수수 여인'이나 대지의 화신, 육화된 자연으로 제시되는 신화적 측면을 갖지만 그렇다고 숭배 대상은 아니다.

사람들의 눈을 멀게 하는 미국 자본주의의 조잡한 마법에 대항하려는 타요의 노력은 체의 복종이 아니라 체와의 협력으로 가능해진다. 타요가 강가의 따뜻한 모래밭에서 맛보는 체와의 성적 일체감도 남녀 사이의 육체적 관계에 연유한다기보다 땅 자체와의 결합이 가져다주는 충만함에서 연유한다. 타요는 또한 비와 꽃, 산과 밀접하게 연관된 밤의 백조와의 관계에서는 보기 드문 마음의 평화를 얻는다. 이러한 과정들을 통해 타요는 깨어지기 쉬운 복잡한 세상에서 모든 이야기들이 한데 어우러지고, 모든 살아 있는 것들의 운명, 대지의 운명까지도 한데 모이는 지점에 도달하는 경험을 한다.(246)

---

28) 김임미, 「에코 페미니즘의 논리와 문학적 상상력」, 영남대학교 대학원 영문과 박사 학위 논문(2003년 12월), 139쪽.

이렇게 『의식』의 결말은 토착 미국 여성을 통해 주변의 모든 것을 포용하는 광활한 생태 의식 혹은 '영성spirituality'을 회복하는 과정을 보여 준다. 생태 의식이나 영성은 한 남성 개인의 존재와 정체성을 확립하는 데 커다란 의미를 갖는다.[29] 하지만 인디언 여성들에게 체화되어 있고 다른 사람들에게 퍼져 나가 만물을 감싸 안게 하는 작품 속의 생태적 감성이 20세기 후반 미국 사회에 설득력을 지니기 위해서는 좀 더 사회적이면서도 확장된 의식에 이를 필요가 있다. 이러한 의식의 한계는 사회(문화)/자연, 백인/인디언, 남성/여성의 이분법을 답습할 우려가 있다.

그러한 우려는 1990년대에 부쩍 부상하게 된 '생태적 인디언' 이라는 이미지와 형상으로 나타난다. 이 형상은 다양한 현대 인디언들의 삶을 일원화하고 인디언 문화를 단일한 것으로 고정시켰던 비인간화 경향과 관련이 있다. 19세기에 '야만적' 이었던 인디언을 이제 '고상한' 생태적 인간으로 격상시키는 최근 인디언 관련 생태 담론은 개별 인디언 남녀들 사이의 공통성과 다양성을 부인하고 인디언들을 정형화함으로써 인디언들에게서 문화를 박탈한다. 고상한 인디언 · 생태적 인디언은 지역마다 다양한 문화적 차이를 왜곡하고 문화 다양성을 은폐한다.[30]

---

29) 스콧 마마데이의 『새벽으로 만들어진 집』에 나오는 남성 주인공 에이블의 내적 분열과 고뇌는 의식의 흐름 기법으로 생생하게 잘 그려져 있다. 에이블의 분열된 의식 세계를 바흐친의 헤테로글로시아 개념으로 잘 분석해 주는 글로는 Guillermo Bartelt, "Hegemonic Registers in Momaday's House Made of Dawn", *Style*, Vol. 39, No. 4, Winter 2005, pp. 469~478 참조. 마마데이가 에이블의 정체성 회복에 이르는 과정을 보여주지 못한 것은 1970년대나 1980년대에 비해 1960년대 미국 인디언의 곤경이 더 심했기 때문만은 아닐 것이다. 그렇지만 이 작품에 그럴 듯한 인디언 여성 인물이 나오지 않는 것은 작품의 한계다.

30) Shepard Krech III, *The Ecological India: Myth and History* (W. W. Norton & Co, 2000), pp. 26~27.

20세기 후반 미국 사회에서 필요한 의식과 감성은 사회, 문화, 다인종의 남녀들과 절연되어 있는 자연으로 돌아감으로써 형성되는 것이 아니다. 더 이상 그러한 자연이란 없다. 전 지구적 자본주의 가부장제라는 현재의 조건하에서 가능한 새로운 관계 맺음의 원동력은 자연과 문화 사이의 상호작용을 통해, 다시 말해 문화화된 자연, 자연화된 문화라는 겹쳐지고 포개지는 과정을 통해 구해진다. 19세기 중반 이후로 1960년대에 이르는 미국 문학에서 인디언들은 거의 보이지 않았지만 그들은 항상 거기 있었고 지금도 여기 있다. 토착 미국인의 언어와 문화는 계속 성장해 왔으며 자체를 재생시키려고 애쓰고 있다.[31]

자연과 문화의 상호작용을 의식하면서 개별 여성이 내리는 결단과 선택의 사회적 범위와 함께 인종적·계급적·젠더적 의미가 지역의 상황에 따라 구체적으로 탐색되어야 한다. 특정 상황에서 이루어지는 결단과 선택에 따른 개개 토착 미국 여성의 사회적 활동과 행동이야말로 생태적 감수성 또는 '영성'으로 살고 판단하는 개체가 키워나갈 상생과 공존 능력의 의미 있는 구심점들이 될 것이다.

이러한 구심점들이 다양하게 많이 그려지고 전달될 때 혼성 문화권의 매개하는 역할의 실체가 드러날 것이다. 전 지구적 자본주의 가부장제의 전반적인 공략을 받는 가운데 토착 미국 여성들의 일상 삶은 급속히 변화해 왔다. 그러한 변화의 전반적인 궤적과 중첩되어 있는 지역 문화들의 자장 속에서 현대 토착 미국 여성들의 의식과 감성, 욕망과 욕구, 재능과 고뇌를 더 자세히 다루는 작품이 나오기를 기대해 본다.

---

31) Harlan Davidson, *We are still Here: American Indians in the 20th Century* (Harlan Davidson, 1998), pp. 208, 209, 175.

06

미국 문학에 구현된
흑백 인종 문제와 남녀 관계

01 가부장적 백인 남성이 야기한 남부 삶의 비극: 『압살롬, 압살롬!』(1936)

1609년에 흑인들이 처음으로 미국 땅을 밟은 이래 남부는 오랫동안 흑인들의 생활 터전이었다. 그러나 19세기의 가장 포악한 전쟁에서 유린당하고 패배한 이후, 미국 남부에서는 백인 중심의 남부 특유의 정신과 문화가 더욱 강조된다. 남부의 노예제도를 바탕으로 하는 귀족 문화, 지리적 균질성, 단일작물 경제에 기초를 둔 농업 형태, 앵글로색슨 혈통이 강한 백인 인구, 1880년대 이후 민주당으로 결속된 남부의 정치적 전통, 인종적 편견, 잔존하는 농업적 이상주의, 외지인들에 대한 혐오 또는 불신, 보수적인 복음주의적 개신교의 우세, 정치적·사회적 문제들에 대한 보수적 견해 등이 그 주요 내용을 이룬다. 이러한 남부 정신과 문화의 특성은 북부를 지배하는 진취성, 근면과 아량, 노력하는 자질 등과 많이 다르다.

그런데 인종주의, 지역주의, 개신교 윤리, 타인종 공포증 같은 특징은 비단 남부뿐만 아니라 미국의 다른 지역에서도 흔히 발견된다는 견해[1]도 있다. 이는 남부를 특징짓는 몇몇 신화들을 타파하려는 시도라 할 수 있다. 그러나 일련의 신화들을 파괴하는 것과 그 신화들의 역사적·문화적 영향을 제거하는 것은 별개다. 그러므로 우리가 남부를 좀 더 깊이 이해하기 위해서는 남부의 과거 역사 속에서 형성된 신화들이 그 사실 여부와 상관없이 남부 사람들의 정신과 경험 세계에 미치는 영향을 이야기하는 문학을 검토할 만하다. 남부인들은 남부 사회의 한 부분으로 남아 있는 과거에 사로잡힌 채 신화들을 계속 믿어 왔고 작가들도 그러한 분위기 속에서 살아 왔기 때문이다. 사실

---

1) 특히 William R. Taylor, *Cavalier and Yankee* (Anchor Books, 1963).

이건 아니건 남부에는 대농장 귀족, 남북전쟁 이전의 행복했던 목련 천국, 그리스적 사회와 노예제도라는 '유별난 사회제도', 패배한 대 의명분, 백인 우월주의, 남부에서 태어나야만 남부를 이해한다는 등 의 특이한 문화가 있다고 여겨져 왔다.[2]

남부 사람들은 무엇보다도 흑인 노예와 관련하여 자신들의 도덕적 결함을 이미 의식하고 있었다. 노예제도를 비난하는 북부 사람들의 지나치게 단순한 논리와 도덕적 정당성을 자만하는 듯한 어조는 지역 적인 증오감을 자극했고, 그것은 현재까지 가라앉지 않았다. 좋은 의 도기는 했지만 종종 무절제하고 선동적인 노예 폐지론자들의 공격과 박애주의자들의 감상적 태도 때문에 수세에 처한 남부는 폭력과 과장 으로 응수하지 않을 수 없었다. 그리하여 1820년대부터 1850년대까 지는 끝없는 논쟁의 난장판이 되었으며 북부에 맞서 남부를 방어하자 는 보수주의가 정착되었다.

그러한 방어적 보수주의는 미국 다른 지역의 무모하고 급진적인 낙관주의, 열광적인 프런티어 정신, 끊임없는 팽창주의를 담금질하 는 역할을 하기도 하였다. 하지만 미국 남부 백인들은 남북전쟁 이후 에도 여전히 백인 우월주의의 꿈속에서 살았다. 이 꿈들이 너무도 선 명하고 자극적이어서 남부는 변해 가는 현실에 적응하는 데 굼떴다. 미국 남부는 산업주의의 성장, 인종차별의 쇠퇴, 교육 시설의 계속적 인 향상 때문에 전통적인 남부의 지역 특성을 잃고, 균질화된 미국

---

2) 『남부의 정신 The Mind of the South』 (1954)을 쓴 윌버 캐쉬 Wilbur J. Cash는 '남부의 문화' 란 근거
가 없다고 주장하면서 대신 다양한 낭만적 특징, 개인주의, 비난에 대한 민감성, 개인의 명예에 대한
고도로 발전된 관습, 인종과 가족에 대한 자부심, 여성에 대한 기사도적 태도, 행동의 형식적 유형,
수사학에 대한 맹신, 모든 사람과 문제를 토론하려는 성향 등을 남부적 기질이라고 지적하고 있다.

사회의 소수 지역으로 남을 것이다. 이러한 변화는 가치 있는 것을 영원히 사라지게 할지도 모른다. 하지만 재능 있고 심오한 감동을 주는 남부 출신 작가들은 남부 역사의 외부적이고 표면적인 사실들 속에 감추어져 있어서 더욱 비극적인, 남부인들의 '영혼의 어두운 밤'으로 우리를 인도한다. 그 대표적인 백인 남성 작가가 바로 윌리엄 포크너William Faulkner이다.

윌리엄 포크너의 소설들은 매우 실험적이고 난해하여 읽기가 힘들지만 미국의 흑백 문제에 대한 통찰력 있는 관찰을 보여 준다. 토니 모리슨Toni Morrison은 1985년 〈포크너 학회〉에서 발표한 「포크너와 여성」에서, "작가는 역사가 다루기를 회피하거나 혹은 다루고 싶어하지 않는 것들을 찾아내어 예술적으로 재구성해야 할 임무를 가지고 있다"고 말하면서 문학 작품을 통해 그러한 재구성에 성공한 작가로 포크너를 주저 없이 꼽는다.[3]

포크너는 미시시피 주 뉴 올버니New Albany에서 태어났으며, 고향 마을에 배어 있는 남부의 역사와 문화에 큰 영향을 받았다. 미시시피는 작가 포크너의 유머 감각, 흑인과 백인의 비극적 위치에 대한 인식, 남부 인물 묘사 등에 영향을 주었다. 포크너가 네 살 때 식구들은 근처의 옥스퍼드 시로 이사했고 거기서 평생을 살았다. 라파예트 군 옥스퍼드 시는 포크너의 소설에 나오는 '요크나파토파 군Yokna-patawpha County 제퍼슨Jefferson 시'의 모델이 되었다. 포크너는 1950년에 노벨 문학상을 받았으며 1964년에 심장마비로 죽었다. 그의 대표작으로는 『압살롬, 압살롬!』(1936)[4] 외에 『소리와 분노』(1929), 『팔월의

---

3) Toni Morrison, "Faulkner and Women", in Doreen Fowler & Ann J. Abadie eds. *Faulkner and Women*, (Jackson & London: UP of Mississippi, 1986), pp. 296~297.

빛』(1932), 『내려가라, 모세여』(1942) 등이 꼽힌다.

『압살롬, 압살롬!』은 앞의 세 작품들보다 더욱 복잡한 문체와 언어로, 다층적으로 난해하게 서술되어 있다. 여기에서 『압살롬, 압살롬!』을 논의하는 것은 이 소설이 서트펜Sutpen이라는 전형적인 남부 백인 귀족 가문의 탄생과 흥망성쇠를 그리는 가운데 19세기 미국 남부 역사 속의 비극적인 흑백 관계를 '이종 잡혼miscegenation' 이라는 남부의 문화 금기로 접근하고 있기 때문이다.

『압살롬, 압살롬!』은 모두 9장으로 되어 있다. 서트펜이 죽은 지 43년 뒤에 그를 둘러싼 여러 이야기가, 처제 로자 콜필드(Rosa Coldfield, 1장과 5장), 서트펜의 친구인 콤슨 장군의 아들 콤슨 씨(Mr. Compson, 2장과 3장, 4장), 콤슨 씨의 아들이자 하버드 대학에 다니는 쿠엔틴 콤슨(Quentin Compson, 6장과 7장, 9장), 쿠엔틴의 룸메이트 쉬리브 맥캐넌(Shreve McCannon, 6장과 8장)이라는 네 명의 서술자와 작가의 관점에 의해 복잡하게 펼쳐진다. 다시 말해 이 소설에 개입하는 다양한 관점들은 중첩되어 있고 복잡한 서술구조를 만들어 간다.

소설은 약 백 년[5]에 걸쳐 서트펜 가문이 순수 백인 피를 유지하지 못하고 흑백 혼혈의 가족사로 더럽혀지면서 몰락하는 과정을 그린다. 그런데 그 과정은 하나의 관점이 아니라 가족 안의 여성(로자)의

---

4) '압살롬' 은 성경에 나오는 이스라엘의 왕 다윗의 아들 이름이다. 압살롬이 아버지의 제국에 반기를 들고 맞서 싸우려고 할 때, 다윗은 부하더러 아들을 조심해서 다루라고 경고했다. 결국 압살롬은 부하의 손에 죽고 만다.

5) 1기인 서트펜의 성장기(1808년~1833년), 2기인 서트펜의 정착기 (1833년~1850년), 3기인 서트펜의 몰락기(1850년~1869년), 4기인 서트펜 가문의 최후(1870년~1909년)로 나누어 볼 수 있다. 후반부인 7장에서야 쿠엔틴이 하버드 대학 룸메이트 쉬리브와 서트펜의 과거 이야기를 나누는 과정에서 서트펜의 출생과 성장, 성공 배경이 나온다.

원한 섞인 관점, 남부 출신 백인 남성 지성인(콤슨, 쿠엔틴)의 관점, 외부인인 북부 백인 남성(쉬리브)의 관점 등에 의해 다양하게 그려진다. 그러한 재현 과정에서 남부의 역사는 화자들의 심리 밖에 덩그러니 놓여 있는 외부 세계가 아니라, 화자들의 내적 세계 속에 깊숙이 들어와 있게 된다. 이 내면 세계는 주체에 의해 경험되고 서술된 역사이기도 하다.[6]

소설의 줄거리는 이렇다. 1808년 웨스트버지니아에서 가난한 백인의 아들로 태어난 토머스 서트펜은 소년 시절 일자리를 구걸하러 갔다가 부유한 백인 저택의 정문에서 정장 차림의 흑인 노예에게 뒷문으로 오라는 말을 듣고 계급의식과 인종 의식에 눈뜨게 된다. 서트펜은 힘 있는 자들과 싸우기 위해서는 총 몇 자루가 아니라 "땅과 검둥이, 멋진 집"을 가져야 한다는 자각을 갖게 된다. 서트펜은 서인도제도 아이티에 가서 사탕수수밭의 감독관으로 일해 돈을 모은 다음, 흑인 노예들과 프랑스 건축기사를 데리고 제퍼슨으로 귀향한다. 그러고는 인디언 부족의 땅을 헐값에 사들여서 큰 농장이 딸린 대저택 Sutpen's Hundred을 짓는다. 부자 가문의 백인 가부장으로서 권력을 누리겠다는 서트펜의 야심만만한 '계획'은 저택과 농장을 물려줄 순수한 백인 피의 아들이 있어야 완성된다. 서트펜이 몰락한 귀족 계급의 백인 여성 엘렌 콜필드와 결혼하는 것도 순수한 백인 피의 아들을 낳기 위한 것이었지, 사랑 때문이 아니었다. 엘렌은 아들 헨리와 딸 주디스를 낳고 죽는다.

아이티의 사탕수수 농장주의 딸 율라리아Eulalia와 서트펜 사이에는

---

6) 이명호, 「역사의 외상을 말하기: 『앱썰롬, 앱썰롬』」, 『현대영미소설』 10권 1호, 219, 220쪽.

아들 찰스 본Charles Bon이 있었다. 찰스와 주디스의 결혼을 둘러싼 서트펜, 헨리, 찰스 사이의 갈등이 서트펜 이야기의 주요 플롯을 이룬다. 이복형의 근친상간은 참을 수 있었지만 흑인 피는 용납할 수 없었던 헨리는 결국 아버지의 명령에 굴복해 찰스를 죽이고 도망간다. 남북 전쟁 후 서트펜은 자신의 저택과 왕조를 재건하려고 애쓴다. 그 와중에 농장 소작인 워시 존스Wash Jones의 손녀 밀리Milly를 그녀가 딸을 낳았다는 이유로 버린다. 이에 격노한 워시 존스는 서트펜을 비롯해 모두를 죽이고 자신도 죽는다. 찰스와 아버지의 시체를 거두는 주디스는 "숨이 붙어 있는 것보다 중요한 것은 없지"라고 중얼거리며 마지막으로 남은 혼혈 친족인 찰스의 손자 백치 짐 본드Jim Bond를 키운다.

43년이나 침묵하다가 쿠엔틴을 불러 서트펜의 이야기를 털어놓는 로자는 소설의 앞부분에서 서트펜은 신사가 아니었고 "말 한 필과 권총 두 자루를 지니고 오기는 했으나 그것이 정말 그의 것인지 의심스러웠으며, 이름조차 자신의 것인지 의심스러웠던 사람으로, 여기 와서는 숨을 곳을 찾았"던 사람이었다고 말한다. 서트펜은 아이를 가지려는 목적에서 로자에게 구혼한다. 그 무례함에 로자는 깊은 상처를 받고 평생 두문불출한다. 로자는 분노와 원한의 감정을 담아 서트펜을 서슴없이 '악마'라고 부른다. 하지만 로자는 가난한 백인과 흑인이 자신의 이름을 친밀하게 부르는 것도 금지할 정도로 몰락한 귀족 계급의 허위의식에 사로잡혀 있었다.

쿠엔틴의 아버지 콤슨 씨는 서트펜을 객관적으로 보려고 하고, 서트펜의 영웅적인 면을 부각하는 데 집중한다. 콤슨 씨는 몰락한 남부 역사의 현실에서 남부 사람들이 겪는 공허를 메우고 치유하고자, 다시 말해 좌절된 남부의 꿈을 보상받고자 서트펜을 미화한다. 콤슨 씨는 서트펜의 좌절을 통해 남부가 몰락할 수밖에 없었던 필연성을 인정하기도 하지만 서트펜을 영웅시하는 시각에서는 남부 백인 귀족 계급의 한계를 드러내고 있다. 로자와 콤슨 씨가 바라본 서트펜의 상반된 인상은 서트펜의 실체라기보다 서트펜에 대한 적대감과 호기심, 선망, 질시라는 감정들이 병존하는 데서 비롯한다고 보아야 할 것이다.[7]

한편 쿠엔틴은 서트펜과 직접 만난 적은 없지만 로자와 콤슨 씨의 이야기를 통해 서트펜의 실체에, 따라서 남부의 과거 역사에 다가가고자 쉬리브[8]와 함께 추측하고 상상하는 작업을 거친다. 이들의 이야기는 감정적인 반응이라기보다 남부의 역사에 지성적으로 접근하려는 젊은 세대의 노력을 대변한다. 서트펜을 둘러싼 여러 서술자 중 쿠엔틴이 중요한 것은 로자나 콤슨 씨의 이야기도 결국 쿠엔틴의 시각에 의해 정리되고 재해석되기 때문이다. 몰락한 귀족계급 출신인 쿠엔틴은 급변하는 현실에 대처하기 위해 서트펜의 삶에 자신을 투영시켜 미국 남부 삶의 현재적 의미를 찾아내고자 한다. 쿠엔틴은 과거 귀족 사회의 영광이라는 것이 자기 기만인 줄 알면서도 그것에 사로잡혀 과거로 되돌아가려 하는 자신의 욕망 때문에 절망하기도 한다. 남부 백인 남성들의 고뇌로 얼룩진 '영혼의 어두운 밤'은 바로 이러한 쿠엔틴의 비통한 내면세계를 의미한다.

---

7) 이진준, 「William Faulkner 연구:「가난한 백인」과 계급상승의 주체를 중심으로」, 1995년 서울대 박사학위 논문 참조

8) 쉬리브는 쿠엔틴과 이야기하면서 남부의 의미를 조금씩 이해하기도 하지만, "남부 사람들은 똑같다"거나 남부의 비극을 역사적인 사실이 아니라 영화 속 장면처럼 생각한다. 이야기를 마친 쿠엔틴이, 이제 남부를 이해하겠느냐고 묻자 쉬리브는 모르겠다고 답한다.

쿠엔틴은 또한 찰스와 주디스의 관계에 민감한 반응을 보이는 헨리에게 집착한다. 『소리와 분노』라는 작품에 이미 나온 바 있듯이, 쿠엔틴 역시 아버지의 강력한 법과 권력을 부인하고 누이동생 캐디 Caddy에 대한 근친상간적 욕망을 실현하고 싶어 하기 때문이다. 쿠엔틴은 찰스와 주디스의 근친상간 관계를 용인하는 헨리와 자신을 동일시함으로써 백인 귀족계급 혈통의 순수성을 지키는 방법이라며 자신과 캐디와의 관계를 정당화한다.

　　그런데 헨리는 백인 남녀 사이의 근친상간은 용인해도 뿌리 깊은 백인 중심적 인종주의는 극복하지 못했기 때문에 흑인 남성과 누이동생의 이종 잡혼은 인정할 수 없었다. 헨리는 찰스에게 인종과 관련된 정치적 동기, 계급과 관련된 경제적 동기, 성과 관련된 심리적 동기가 착종된 복합적 사회 기제로서 '린치'를 가한 셈이다.[9] 헨리는 이종 잡혼의 결과 흑인 피가 섞인 찰스의 후손들이 계급적으로 우세하게 되는 것을 견딜 수 없었고, 거기에 동참하는 백인 여성을 용납할 수 없었던 것이다. 쿠엔틴은 이러한 헨리의 심정에 충분히 공감하기 때문에 헨리의 행적을 집요하게 추적하지만 비극적인 고뇌와 그 결과로부터 빠져 나오는 극적인 계기를 마련하지는 못한다.

　　서트펜의 원대한 계획 중 가장 중요한 것은 가문을 보전하는 것이었다. 그러나 자식들을 죽음으로 몰고 간 비극을 견뎌 내고 살아남는 사람은 찰스의 손자인 백치 짐 본드와 그를 돌보는 주디스다. 이러한 결말은 잘못된 흑백 관계로 인한 암울한 비극 속에서도 약자들 사이의 돌봄 관계에 기반을 둔 새로운 세상을 희미하게나마 예시한다고

9) 김준년, 「존 스타인벡의 캘리포니아 소설을 통해 본 정전 텍스트의 불안과 비정전 비평의 위안」, 『영어영문학』 제 53권 3호, (2007), 486쪽.

하겠다.

서트펜은 살아 있는 사람, 고통을 느끼고 몸부림치고 울부짖는 살아 있는 사람으로서 아들 찰스를 이해할 마음이나 의지가 아예 없다. 찰스의 분노와 고뇌, 찰스의 비극에 대해 쿠엔틴이나 작가는 공감어린 시선을 보내지만 『압살롬, 압살롬!』의 주요 관심사는 어디까지나 백인 남녀의 반응과 고뇌이기 때문에 찰스의 내면 세계는 깊이 있게 다루어지지 못한다.

찰스 본은 엄밀히 말해 흑인도 아니고, 흑백 사이에 처한 경계인이다. 그런데도 서트펜에 의해 아예 흑인이라고 단정되며 그 존재는 철저히 지워져야 했다. 그런 의미에서 남부 백인 중심 사회에서 흑인은, 존재하기는 하되 그 존재가 부인되고 보이지 않는다. 보이지 않을 뿐만 아니라 식민지 흑인들과 그들의 역사는 심각하게 왜곡되기도 한다.

『압살롬, 압살롬!』 7장에서 서트펜은 열네다섯 살에 서인도제도로 가서 프랑스령의 사탕수수 노예 농장의 감독관으로 일하다가 1827년에 아이티에서 발생한 흑인 노예 반란을 진압하는 것으로 묘사되어 있다. 그런데 서트펜이 어떻게 아이티까지 가게 되었는지, 또 아이티의 흑인 민중 혁명을 어떻게 진압하게 되었는지는 설명되어 있지 않다. 게다가 역사적으로 1827년은 아이티 혁명이 완료된 지 30년이나 지난 시점이다.

그런 점에서 『압살롬, 압살롬!』의 아이티 묘사는 단순한 실수라기보다 식민화와 제국주의에 대한 남부 백인의 집단적 무의식이 불러낸 식민 욕망, 제국적 무의식의 결과다. 이 욕망과 무의식은 "언어의 마술에 감춰진 불온한 역사의식" [10]이라는 심각한 결함을 드러낸다. 미국 남부에서 백인 농장을 건설하는 데 외부의 식민지가 그 토대가 되었고 식민지 흑인들과 맺은 인간관계 때문에 서트펜 가문이 혼혈이 된 것이라면, 이 혼혈이야말로 폭력으로 점철된 미국 역사와 국가의 혼성화 과정을 단적으로 보여 주는 것이다.

『압살롬, 압살롬!』에 그려진 미국 남부의 혼혈 가족사는 인디언에게 빼앗은 아메리카의 땅에서, 아프리카 식민지에서 잡아온 흑인 노예의 노동력으로, 또 카브리해에서 잡아 온 흑인 노예들과 그 자원을 바탕으로, 미국이라는 이종 잡혼의 '혼성 국가'를 건설하는 과정에서 치러야 했던 비극을 담고 있다. 그렇다면 이 소설의 인종 관계는 국가적 경계 안의 흑백 문제만이 아니라, 제국과 식민지라는 전 지구적 관계 속에서 제국으로 부상하는 미국의 형성 과정을, 폭력이 아니면 살아날 수 없는 미국의 역사를 말해 준다고 하겠다.

이렇게 폭력으로 점철된 혼혈의 역사가 은폐하고 회피하려고 하는 바를 이제는 좀 더 직접 대면해야 한다. 그렇게 하려면 피상적인 상투형이나 속내를 도무지 알 수 없는 외부 인물이 아니라 내부자의 풍부한 시선을 재현하는 인물을 필요로 한다. 격렬하게 갈등을 일으키며 번민하는 살아 있는 인간이며, 인격적이고 개인적인 주체인 흑인 남녀 또는 흑백의 경계에 확실하게 가두어지지 않는 다양한 경계인들이 백인 남녀들과 비슷한 비중을 가져야 한다. 그래야만 미국이라는 혼성 국가를 제대로 그릴 수 있을 것이다.

포크너가 찰스 본의 내면적 고뇌를 쿠엔틴의 고뇌만큼 실감나게 그리지 못한 것은 찰스 본을 외부자의 시선으로만 보았기 때문이기도

---

10) 김상률, 「포크너의 역사의식과 폭력: 『압살롬, 압살롬!』을 중심으로」, 『폭력을 넘어서』 (숙명여대 출판국, 2008), 169쪽.

하다. 하지만 찰스 본을 과도한 섹슈얼리티로 백인 여성을 넘보는 야만적이고 폭력적인 강간자라는 상투적인 흑인 남성 이미지와 연결시킨 탓이 더 크다. 이제 포크너가 본격적으로 다루지 못했던, 흑인 남녀들의 정서, 고뇌, 욕망, 감성에 다가가기 위해 남성을 '삼보'와 '강간자'로 보고, 흑인 여성을 모성적 '여가장'이나 과도한 섹슈얼리티를 동물처럼 발산하는 '매춘부'로 보는 상투형들이 흑인 남녀 작가들의 작품들에서는 어떻게 다루어지고 있는지를 살펴보자. 이 작업은 포크너의 작품 세계를 비판하는 동시에 보충해 줄 수 있을 것이다.

02 주인공이 된 흑인 남성 주체의 번민: 『보이지 않는 인간』(1952)

『보이지 않는 인간』은 흑인 남성 작가 랄프 엘리슨의 유일한 소설이다. 여기서 '보이지 않는 인간'이란 인종으로 구분되고 분리되는 백인 중심 사회에서 확연하게 눈에 띠며 분명 존재하는 데도 보이지 않는 흑인의 존재 방식을 가리킨다. 엘리슨은 1914년에 미국의 변경인 중남부 오클라호마 주 오클라호마 시에서 건설업과 자영업에 종사하는 아버지와 교회 청지기 어머니 사이에서 장남으로 태어났다. 엘리슨의 부모는 아들에게 인종차별을 면하게 하고자 남부를 떠나 1911년에 미국의 공식 주로 편입되었던 개척지 오클라호마에 정착했다. 엘리슨이 태어날 무렵에는 흑인 차별이 그다지 심하지 않았으나 유년기를 거치면서 인근 텍사스와 앨라배마 같은 남부 주에서 인종차별법이 들어오자 사정이 달라졌다.

　세 살에 아버지를 잃은 엘리슨은 가난과 인종차별이라는 이중고를 겪어야 했고 프레더릭 더글러스 흑인 고등학교를 다니면서 일도 해야 했다. 1933년에 미국 남부의 터스키기Tuskegee 흑인 대학에 입학해 음악을 전공하면서 조각과 문학에도 심취하였다. 그는 1936년 뉴욕 할렘에 가서 시인 랭스턴 휴즈, 선배 소설 작가 리처드 라이트와 친분을 맺는다. 이 교우는 엘리슨의 인종 의식과 상상력에 큰 영향을 끼쳤다. 엘리슨은 흑인 구전 문학 전통과도 접맥되며, 미국 흑인들의 문화적 가치와 자율성을 나타내는 블루스, 재즈, 영가, 노동요 등의 음악에 관심과 애착을 보였고, 이는 엘리슨을 위대한 작가로 성장시키는 문화적 토양이자 굳건한 디딤돌이 되었다.[11]

　『보이지 않는 인간』은 1940년대 뉴욕의 무명 흑인 남성이 자신의 정체성을 탐색해 가는 이야기다. 흑인 남성이 자기 삶의 이야기를 해 나가는 1인칭의 자전적 형식을 띠고 있다. 이 작품의 주인공이자 서술자인 '나'는 세상과 고립된 지하 방에서 그동안 자신이 겪었던 지난한 경험을 거슬러 올라가 이야기해 보겠다며 자전적 서술을 시작한다. 프롤로그에서 '나'는 백인들의 "내적 눈의 구조" 때문에 자신이 보이지 않게 되었다고 고백하면서, 어떤 백인 남자와 부딪친 이야기를 들려준다.

　어느 날 밤, 주인공은 우연히 "키가 큰 금발 사내"와 부딪치는데 그

---

11) 『보이지 않는 인간』에 집중되어 온 엘리슨 연구는 『그림자와 행동Shadow and Act』(1964)과 평론집 『변경을 향해서Going to the Territory』(1985), 유작 단편집 『집으로Flying Home and Other Stories』(1996), 『6·10 해방절Juneteenth』(1996), 최초의 전기 『천재의 출현Emergence of Genius』(2002)을 연결하여 논의하는 쪽으로 확대되고 있다. 그러한 시도를 하고 있는 국내 논의로는 김상률, 「엘리슨의 민족을 넘어 세계로: 『집으로』를 중심으로」, 『폭력을 넘어서』, 245~281쪽 참조.

금발 사내는 주인공에게 냅다 욕설을 퍼부어 댔다. 분노한 주인공은
사내의 멱살을 잡고 사과하라고 을러댔지만 그 백인 사내는 사과는커
녕 "푸른 눈으로 거만하게" 주인공을 노려보며 계속 욕설을 퍼붓는다.
격분한 주인공은 백인 남자에게 폭력까지 가하며 사과하라고 소리를
지른다. 그러다 주인공은 그 백인이 사실은 자신을 보지 못했던 것은
아닐까 하는 생각에 이른다. 백인에게 자신과 같은 흑인은 굳이 사과
할 만한 동등한 인격체로 보이지 않는다는 점을 깨닫게 된 것이다.

백인의 시선에서 흑인은 인격을 지닌 인간으로 보이지 않고 피부
색으로만 보인다. 따라서 이 예는 주인공의 이름이 없는 데서도 암시
되듯, 개인의 정체성이 부정되는 미국 흑인의 상황을 보여 주는 것이
라 할 수 있다. 주인공은 남부에서 대학을 다니기 위해 흑인 학장인
블레드소우Bledsoe의 불합리한 요구에 따른다. 하지만 결국 대학에서
쫓겨나 뉴욕 할렘가, 리버티 페인트 공장, 메리라는 모성적인 흑인 여
성의 집을 전전하다가 진보적인 백인 모임인 〈형제애단Brotherhood〉
에 들어가 활동하게 된다. 그러다 흑인성을 부인하는 백인 지도부 남
성인 잭에게 환멸과 배반감을 느껴 단체를 나온다. 그는 거리를 헤매
다가 흑인성만을 강조하는 흑인 민족주의자 라스에게 쫓겨 도망치다
맨홀에 빠진다. 이러한 흑인 남성의 이야기를 따라가다 보면 독자는
그가 왜 '보이지 않는다'고 했는지, 또 왜 굴속에 칩거하고 있는지를
이해하게 된다.

그러면 '나'라는 흑인 남성의 이야기를 통해 백인 중심 사회에서
'보이지 않는 인간'으로 겪는 혼란과 고통에, 그 내면 세계에 다가가
보자. 이 때 우리는 흑인 남성성을 재현하는 '삼보'와 '강간자'라는
두 가지 상투형이 재구성되는 방식에 초점을 맞출 필요가 있다. 먼저

주인공은 자신이 다녔던 대학의 학장인 블레드소우를 자기 삶의 본보기로 여겼다. 학장은 흑인 문제에 관해서 자문을 요청받는 흑인 지도자였는데, 지역 부호들에게 영향력을 과시했고, 캐딜락도 타고 다니며 상냥하고 아름다운 크림빛 얼굴의 부인까지 두고 있었기 때문이다. 말하자면 주인공은 흑인 교육가로서 블레드소우가 누리는 중산층의 물질적 부와 지위를 이상으로 삼았던 셈이다.

그러나 실상 블레드소우의 권위와 권력은 흑인으로서 흑인에 대한 백인의 기대와 시선에 부응한 결과였다. 학장은 백인들 앞에서 굽실거리며 백인의 환심과 인정을 받음으로써 자신이 얻고자 하는 것들을 얻어냈던 것이다.[12] 학장은 젊은 흑인 학생들에게 비인간적인 백인 중심 사회에 저항하라고 가르치기보다 현재 처지와 분수에 순응하며 높은 지위의 백인 혹은 자신과 같은 흑인에게 순종하는 삶의 방식을 강요한다.

주인공은 학장의 심부름으로 대학의 창립자인 백인 남성 노턴을 차에 태우고 가다가 옛날의 노예 지구로 가서 비참한 흑인의 실상을, 남부의 실상을 보여 주게 된다. 이 사건으로 말미암아 그는 대학을 불명예스럽게 했다고 학장에게 퇴학당한다. 그런데도 주인공은 학장 추천서를 가지고 북부에 가서 학비를 마련한 다음 모교로 돌아오겠다

---

12) 급기야 학장은 학교를 움직이는 것은 흑인들도, 학교를 후원하는 백인들도 아니고 '거물급' 백인들을 움직이는 자신의 권력 구조라고 말한다. 그래서 주인공이 자기 말을 듣지 않고 대든다면 백인 부호들의 권력에, 국가 권력에 대드는 것이라고 말한다. 그러면서 "자네는 교육받은 멍청이 흑인이라서, 자기들의 생각을 퍼뜨릴 수 있는 신문, 잡지, 라디오, 대변인을 다 가지고 있는 백인들이 얼마나 능수능란하게 거짓말하는지 모른다"고, 백인들이 모든 사람들에게 무엇을 어떻게 생각할지를 가르치는 사회에서 '주인공'은 아무 것도 아닌 존재라고 말한다. 송무 옮김, 『보이지 않는 인간』, (문예출판사, 2004), 192~193쪽 참조. 이후 이 책에서의 인용은 본문 중에 쪽수만 표기한다.

는 순진한 희망을 갖는다. 주인공은 뉴욕에 가서 학장의 추천서를 뉴욕의 한 학교 이사인 백인 남성 에머슨에게 제출하는데, 에머슨의 아들이 말해 준 추천서의 내용[13]을 알게 되면서 큰 충격에 빠진다.

주인공은 먹고살기 위해 뉴욕의 리버티 페인트 공장에서 일하게 되는데 권위적인 인물 브록웨이와 싸우다 보일러 폭발로 부상을 입고 공장 병원에서 전기 치료를 받았다. 그 후 육체적으로나 심리적으로 약해져 있는 상태에서 우연히 메리를 만났고, 그녀의 도움을 받는다. 흑인 아이를 양육하고 보살피며 거둬 먹이는 대리모인 메리는 주인공에게 흑인 젊은이로서의 책임감을 일깨워준다. 주인공은 흑인들의 '우리' 보다 '더 큰 우리' 를 위해 〈형제애단〉에 가입한다. 이 단체는 흑인 차별에 반대하며, 흑인들도 부조리한 사회 개혁의 당당한 주체임을 인정하는 급진적인 성향의 정치단체다.

주인공은 〈형제애단〉을 이끄는 잭이 주인공에게 부여한 '흑인 사회의 대변인' 이라는 역할을 수행하기 위해 애쓴다. 잭은 '노래 부르는 흑인' 이라는 상투형을 주인공에게 씌우는 데 반대하고, 주인공은 '노래 부르지 않는' 흑인에 대한 백인의 기대와 욕망에 부응하고자 노심초사한다. 그러다 보니 주인공은 추운 날씨에 난방을 해 주지 않는 건물주에게 항의하는 할렘 흑인 거주자들의 정당한 집단적 행위를, 그저 불평불만을 일삼는 원시적이고 미숙한 수준이라고 비하하면서 홧김에 삼보 인형을 부순다. 검은 피부에 붉고 두툼한 입술로 히죽거리는 삼보 이미지는 흑인 남성을 경멸하기 위해 사용되는 상투형이

---

13) 주인공에게 헛된 환상을 주어 지금처럼 백인의 기대에 부응해 계속 달리게 할 것을 부탁하는 내용의 추천사였다. "계속 달리라"는 것은 백인 사회의 비위를 거스르지 않고 굴욕을 견디면서 출세하기 위해 다른 사람들이 시키는 대로 하라는 것이었다.

다. 따라서 각성된 인식이라고는 없는 바보 같은 삼보를 거부하고 백인 남성과 동등하게 진보적인 의식을 가지고 행동하기를 바라는 주인공이 백인의 대열에 함께하기 위해 삼보 인형을 부수는 것은 필수적인 과정처럼 보인다.

그렇지만 삼보 이미지에 저항하는 주인공의 반응은 '흑인 공동체와의 교류와 유대'에서 단절될 수 있는 위험을 안고 있다. 그 점은 할렘 구역에서 카리스마를 발휘하는 흑인 청년 토드 클리프톤Tod Clifton의 길거리 삼보 인형 놀이와 주인공의 반응을 비교해 보면 확인된다. 클리프톤은 '더 큰 우리'를 위해 흑인 남성에게 흑인성을 지우고 백인화할 것을 강요하고, 그래서 흑인 남성을 철저하게 무력화하는 〈형제애단〉에 맞서 삼보 인형이 당신(백인)의 모든 우울과 박탈감을 날려줄 노리개라고 노래한다. 그리하여 클리프톤은 흑인 남성에 대한 경멸 섞인 상투형을 폐기하기는커녕 그것을 흑인 남성 정체성의 중요한 부분으로 부각한다. 이 행위는 흑인 공동체를 헌신짝 버리듯 버린 〈형제애단〉에 대한 "강한 항변과 조롱, 백인들 손에 놀아난 아둔함에 대한 신랄한 자기비판, 무엇보다 착취당하고 이용당하는 흑인 공동체 전반과 엘리트로 분류될 수 있는 자신의 밀착"[14]을 드러낸다.

주인공은 〈형제애단〉에서 금지하는 클리프톤의 장례식을 치른 후, 조직의 규율을 위반했다고 잭에게 비난을 받는다.[15] 그때 주인공은

---

14) 안수진, 「『보이지 않는 인간』: 삼보를 통한 흑인 남성성 찾기」, 『미국 소설』 13권 2호(2006), 78쪽. 그러므로 〈형제애단〉이 주인공에게 제시했던 "더 큰 우리"라는 구호는 결국 흑인을 그들의 고통의 역사에서 분리시켜 그들의 '다름,' '개체성'을 지우고 그것을 통해 백인 남성이 정점에 선 권력 체제의 동질성과 안정성을 구축하는 데 유용한 개념적 도구"로 판명되며 "이러한 교묘한 성격의 인종적 이기성은 외면상으로 인종차별적 요소를 지움으로써, 흑인들의 이론적 실질적 저항을 최대한 무력하게 만드는 가공할 파괴력을 지닌다."(같은 글, 81쪽)

잭의 왼쪽 눈이 의안이라는 사실을 알게 되고, 잭의 보이지 않는 유리
눈을 통해서는 실제로 자신의 모습이 보이지 않는다는 사실을 비로소
명확하게 인식하게 된다.

그래, 나는 존재했으나 보이지 않았다. 그것이 근본적인 모순이었다.
나는 존재했지만 보이지 않았다. (…) 지난날 굴욕적인 일들의 영상들이
머릿속에서 희번득거렸고, 그것들이 서로 동떨어진 체험들이 아니라는
사실을 깨달았다. 그것들은 바로 나 자신이었다. 나를 규정하는 것이었
다. 나는 내가 겪은 체험이었고, 나의 체험은 곧 나였다. 그 어떤 인간
들도, 그들이 제아무리 강해진다 한들, 또 그들이 세상을 정복한다 한
들, 그걸 빼앗아 갈 수는 없다. 단 하나의 가려움, 비웃음, 웃음, 외침,
상처, 고통, 분노도 바꿔 놓을 수 없다. 그들은 장님이었다. 자기 목소
리의 반향에 의해서만 움직이는 박쥐처럼 그들은 눈먼 자들이었다. (…)
나는 그들이 피부색을 중시하지 않아서 나를 받아들였다고 생각했다.
피부색을 중시하지 않는 것처럼 보였던 것은 그들이 피부색도 사람도
보지 못했기 때문이었지만 말이다. (…) 내 마음을 돌아보니 잭과 노턴
과 에머슨이 한 사람의 백인 형상으로 뒤얽힌다. 그들은 비슷비슷한 사
람들이었다. 제각기 자기들이 보는 현실의 모습을 내게 강요하려 했고,
실제로 어떻게 보이는가에 대해서는 전혀 관심이 없었다. 나는 이용 가

---

15) 잭은 조직의 규율을 어긴 클리프톤의 장례식에 반대했을 뿐만 아니라 죽음을 추도하기 위해 장례
식에 모인 수많은 군중을 해산하는 데 급급했다. '검은 연대'의 요소와 흑색의 역사를 지우려는,
"흑인의 완전한 탈색decoloration을 위한 그와 같은 시도는 흑인 남성성 창조의 근간이 될 인종 정
체성을 소멸시킨다는 점에서, 지극히 위험적인 백인 중심의 기획이라 할 수 있다."(안수진, 80). 결
국 흑인의 상투형 폐기에 앞장선, 미국 북부의 진보적인 백인 지식인들의 교묘한 인종주의는 초보
적이고 거친 인종차별주의보다 더욱 위험하다.

능성이 있는 재료, 천연자원에 불과했다. 나는 노턴과 에머슨의 그 오만한 불합리로부터 잭과 〈형재애단〉으로 옮겨 갔던 것이고, 결과는 마찬가지였다. 이제 나는 내가 보이지 않는 인간이란 사실을 깨달았을 뿐이다. 그래, 나는 내 불가시성을 받아들이리라.(285~287)

과거의 주인공은 자신의 '불가시성' 을 보지 못한 채, 타자인 백인의 기대와 시선에 순응하면서 자신을 확인하려 했다. 현재의 주인공은 이제 자신의 '불가시성' 을 능동적으로 볼 수 있는 주체가 된 것이다. 그래서 이 주체는 흔히 흑인들이 느낀다고 가정되는 것이나 흑인들에게 느끼라고 권장되는 것이 아니라 진실로 느끼는 바를 말할 수 있게 되었다. '나' 는 마지막 장에서 다음과 같이 말한다.

이제 나는 내가 누구인지, 어디에 있는지 알았다. 또 이제 더 이상 잭이나 에머슨, 블레드소우, 노턴 같은 사람들을 위해서 달릴 필요가 없다는 것을 알았다. 그들에게서 달아날 필요가 없으며 달아나야 하는 것은 다만 그들의 혼돈과 조급성이라는 것을 알았다. 그리고 그들의 미국인으로서의 정체성과 나의 정체성이 갖는 아름다운 불합리성을 인정하려 들지 않는 그들의 태도라는 사실을 알았다. (…) 그리고 나는 암흑 속에서 눈을 떴다. (…) 그렇다, 나는 메리 아줌마에게도, 학교로도, 〈형제애단〉으로도, 고향으로도 돌아갈 수 없었다. 앞으로 움직이든지, 아니면 여기 지하에 그냥 머물러 있을 것이다.(355, 356, 371)

에필로그에서 '나' 는 너무 오래 동면하는 것은 범죄일지도 모른다며 낡은 살 껍질은 굴속에 남겨 두고 밖으로 나가겠다고 밝힌다. 그러한 결단은 앞으로 움직일 가능성을, 새로운 미국적 남성 정체성을 세워 나갈 가능성을 표명하는 것이다. 하지만 그 가능성은 희박할뿐더러 그 움직임 역시 순탄하지는 않을 것이다.

그렇다면, 흑인 남성이 자전적 글쓰기에서 서술의 주체일 때, 그 흑인 남성 서술자의 시선은 백인 남성 지배 사회의 또 다른 약자인 흑인 여성과 백인 여성에게는 어떻게 투사될까? 흑인 남성 서술자는 타자들을 같은 약자로서 동정하고 그 고통과 수치에 공감하면서도 시선의 주체이기 때문에 그들을 타자화하는 이중성을 갖는다. 『보이지 않는 인간』에서 트루블러드Trueblood의 아내 케이트와 딸 메티 루Matti Lou는 미개하고 우매한 이미지의 흑인 여성이다. 주인공이 노턴을 흑인 구역에 데리고 갔을 때, 노턴이 그녀들에게 말을 걸려고 하자 주인공은, "무지한 여자들이니 그러지 말라"고 만류한다. 노턴은 자신이 흑인 사회에 관심을 갖고 흑인 대학을 돕는 이유는 아름답고 순결했던 딸의 죽음을 기념하기 위해서라고 설명한다. 백인 남성은 백인 여성을 찬미하고, 흑인 남성 서술자는 흑인 여성을 별 볼일 없는 여자로 볼 뿐이다.

문제는 케이트와 메티 루의 열등하고 천한 이미지와 노턴 딸의 순결한 이미지가 대비된다는 점이다. 특히 메티 루는 근친상간이라는 폭력의 상처를 자신의 몸으로, 임신으로 드러내는데도 그 사건에 대해 주체적으로 말할 기회는 아예 주어지지 않는다. 대신 그 사건을 변명하고 나아가 자신을 긍정하는 기회는 가해자인 트루블러드에게 주어진다. 트루블러드는 가난과 추위로 떨면서 가족들이 서로 부둥켜안고 자다가 꿈에 본 백인 여자에 대한 욕망을 떨치고 도망쳤는데 그 비몽사몽 상황에서 딸을 '강간한 고통'을 찬송가와 블루스로 삭히며 가족을 부양해 온 가장이라고 자신을 설명한다.

　노턴은 그 이야기를 듣고 그에게 백 달러를 상으로 준다. 트루블러드가, 흑인 남성은 절대로 백인 여성에게 접근해서는 안 된다는 금기를 지킨 동시에 백인의 근친상간 욕망을 대신 만족시켜 주었기 때문이다. 백인 남성에게 인정받는 흑인 남성의 자기 합리화는 침묵하는 케이티와 루를 타자화하는 가운데 가능해진다. 백인 여성은 현실과 동떨어지게 관념화되고, 흑인 여성은 무지하고 미개하며 추한 형상으로 전형화된다.[16]

　주인공은 성적 금기와 백인의 기대라는 굴레에 갇혀 여성에 대한 백인 남성의 이데올로기에 부응하는 가운데 백인 여성을 타자화한다. 주인공에게 백인 여성들은 백인 남성의 현존을 지시하는 대상일 뿐이다. 그러니 주인공이 백인 여성을 응시하는 것은 흑인 남성을 처벌하는 백인 남성에 대한 두려움과 연관된다. 『보이지 않는 인간』에 등장하는 백인 여성 중에 주인공이 가장 직접적으로 의미 있는 관계를 맺는 것은 시빌Sybil이다.

　주인공이 시빌을 만난 것은 자신의 불가시성을 깨달은 후 〈형제애단〉의 대안으로 라인하트Rinehart를 찾았을 때였다. 주인공은 라인하트 식의 끊임없이 다양한 변신 전술에 따라 〈형제애단〉 핵심 위원회의 정보를 알아내는 데 이용할 여자로 시빌을 선택한다. 시빌은 평판이 안 좋았고 평상시라면 주인공이 피해 다녔을 여자인데, 취한 상태에서 주인공에게 자신을 강간해 달라고 요구함으로써 주인공에게

---

16) 정혜란, 「흑인의 실존과 '시선'의 폭력: Ralph Ellison의 *Invisible Man*과 Toni Morrison의 *The Bluest Eye*를 중심으로」, 고려대학교 대학원 박사 학위 논문 (1998년 12월), 57~65쪽 참조.

'흑인 강간자'를 강요한 인물이다.

이렇게 흑인 남성과 백인 여성의 관계가 반전된 상황에 처하자 주인공은 오히려 시빌에게 연민을 느낀다. 모든 유형의 권력을 숭배하도록 배워서 폭력적이면서 강력한 성적 지배를 받기를 원하는 시빌의 수동성이 자기 처지와 동일하다는 인식 때문이다. 주인공은 이 백인 여성을 단지 백인 남성의 현존을 지시하는 대상으로만 보지 않는다. 주인공은 시빌을 통해 백인 남성 중심 사회에서 흑인과 백인 여성 둘 다 서로를 볼 수 없는 존재라는 것을 깨닫는다. 결국 주인공은 시빌의 립스틱으로 그녀의 배에 "시빌, 당신은 산타에 의해 강간당했다. 놀랍지SYBIL, YOU WERE RAPED BY SANTA SURPRISE"라고 써 놓음으로써 자신에 대한 시빌의 상상적 욕망에 상징적 방식으로 대응한다.

백인 남성을 상징하는 산타클로스에 의해 강간당함으로써 시빌의 환상이 실현된다. 시빌의 환상은 '백인 여성을 강간하고 싶은 욕망에 굶주린 흑인 남성'이라는 백인 남성의 편견에 공모하고 있다. 주인공은 흑인 남성의 남근을 서사로 대체하는 전술로 시빌의 환상을 실현시킨 것이다. 이 상징적인 작업은 주인공이 흑인 남성의 상투형에 대한 백인 남성과 백인 여성의 공모를 간파하고 거기에 적절하게 복수한 것[17]이라고, "주인의 요구나 명령을 어떤 식으로든 수용하고 실행하면서, 동시에 주인의 우스꽝스럽고 지극히 자기중심적인 욕구를 해학적으로 조롱하는 이중의 역할"[18]을 수행한 것이라고 볼 수 있다. 그래서 '삼보'와 '강간자' 이미지가 겹쳐지는 이 장면은 흑인 남성의

---

17) 정혜란, 89쪽.
18) 안수진, 83쪽.

진정한 남성성 발현을 철저히 막는 인종적 거세를 보여 준다기보다, 물리적인 남근에 매몰된 채 남근에 과도하게 집착하는 편협하고 인습적인 백인 중심적 남성성에서 탈피하는 씨앗을 품고 있다.[19]

혹인 남성 주인공은 흑인 여성들의 고통과 험난한 처지를 생각하거나 이해하려고 하기보다 일방적으로 무시하는 편이었다. 주인공을 보호해 주고 먹여 주는 양육자 역할을 하면서 주인공에게 세상 속으로 나갈 것을 촉구한 메리는 그저 모성적 존재만은 아니었다. 주인공에게 세상과 만나고 부딪치라는 더 각성된 의식을 불어넣는 새로운 여성상이었다. 그런데 이 면모는 흑인 남성 주인공에 의해 제대로 자리매김되지 않는다. 또한 흑인 남성 주인공은 백인 여성 시빌과의 관계에서 시빌의 환상에 공감하면서도 어쩔 수 없이 시빌을 타자화하는 양면성을 보여 준다. 이것은 흑인 남성이 서술 주체로 기능하는 자전적 서술 형식 때문이다.

흑인 남성인 주인공은 자기 체험을 진술하면서 이를 통해 백인 남성이 지배하는 사회에서 흑인 남성으로서 자신의 존재론적 위상을 성찰하고 있다. 이러한 성찰은 권력 주체인 백인 남성에게 자신이 어떻게 억압받고 있는가를 의식하면서 이루어진다. 주인공의 갈등과 자기 발견이 주로 백인 남성과 흑인 남성의 지배·종속 관계에서 성립되면서 흑백 여성의 모습은 주변화되고 만다. 이러한 흑인 남성 서술자의 시선이 지닌 한계가 흑인 여성들이 서술자로 기능하는 『칼라 퍼플』에서는 어떻게 극복되는지 살펴보자.

---

19) 안수진, 84쪽.

03 이중으로 소외된 흑인 여성들의 이야기: 『칼라 퍼플』(1982)

『칼라 퍼플』은 씰리와 네티라는 두 자매의 편지로 구성된 서간체 소설이다. 씰리Celie와 네티Nettie는 20세기 초중반 미국 남부 조지아 주 작은 마을에 살면서, 먹고사는 데는 큰 지장 없는 흑인 가정에서 성장했다. 이 소설에서는 흑인 여성들이 백인 남성 중심 사회에서 인종 차별과 성차별이라는 이중고를 겪는 자신의 삶과 느낌에 대해 서술하는 주체로 나온다. 흑인 여성들은 서술 주체일 뿐만 아니라 내면적 · 외면적 억압과 고통을 딛고 성장하는 삶과 역사의 주체이기도 하다.

이 소설의 맨 첫 구절은 "너, 하나님 말고는 절대로 누구한테도 말하면 안 돼, 엄마가 알면 엄마를 죽이고 말 거야"[20]로 시작한다. 흑인 가부장 사회가 흑인 여성에게 강요하는 침묵은 씰리가 하나님에게 편지를 쓰면서 깨지고, 근친상간이라는 금기가 백일하에 드러난다. 흑인 특유의 소박하고 아름다운 구어체를 사용하는 이 소설은 흑인 공동체 내부의 근친상간 문제는 물론 흑인 여성 사이의 유대와 자매애를 그리면서 서구 기독교의 남성 중심적 신 개념을 거부한다. 또한 네티의 편지를 통해 서구 제국주의가 아프리카에서 행하는 약탈과 파괴를 신랄하게 비판한다.

소설가이자 시인인 저자 앨리스 워커는 토니 모리슨과 함께 현대

---

20) "You better not never tell nobody but God. It' d kill your mammy." Alice Walker, in *The Color Purple* (Harcourt Brace Jovanovich, 1982), p. 3. 이후 이 책에서의 인용은 본문 중에 쪽수를 표기하기로 한다. 번역은 내가 한 것이다.

흑인 문학을 대표하는 여성 작가이며 또 1960년대 흑인 민권운동부터 시작하여 이라크 침공에 반대하는 반전운동, 평화운동에도 적극적인 활동가이기도 하다. 흑인 여성들의 삶이 지금보다 훨씬 힘겨웠던 1944년 미국 남부 조지아 주에서 8남매 중 막내로 태어난 워커는 여덟 살 때 오빠가 쏜 장난감 총에 눈을 맞아 한 쪽 시력을 잃었고, 남들의 시선을 피해 외톨이로 지내면서 독서와 시에서 위안을 찾았다. 앨리스 워커는 장애 학생에게 주는 장학금을 받아 애틀랜타의 흑인 여자 대학인 스펠먼에서 공부하면서, 급진적인 역사가인 하워드 진과 스토튼 린드의 영향으로 1960년대 흑인 민권운동에 뛰어들었다.

그러나 워커는 곧 흑인 민권운동 내부의 성차별주의와 백인 중산층 여성 중심의 페미니즘에 스며 있는 인종차별주의를 깨닫고 그것을 바꾸기 위해서는 '우머니즘Womanism'이라는 독자적인 유색인종 페미니즘이 필요하다고 주장하게 된다. 1964년 첫 시집 『언젠가Once』를 냈으며, 1967년 함께 민권운동을 하던 유태인 법률가 멜빈 로즈벤 리벤톨과 결혼했다. 이들은 미시시피 주에서 다른 인종끼리 합법적으로 결혼한 첫 번째 부부였다. 1970년에 첫 번째 장편소설 『그랜지 코플랜드의 제3의 인생The Third Life of Grange Copeland』을 출간한 이후 많은 소설과 시집을 내놓았고, 웨슬리 대학과 매사추세츠 대학에서 문학을 강의했으며 1980년대에는 글로리아 스타이넘과 함께 페미니스트 저널 『미즈』의 편집인으로 활동했다. 1982년에 『칼라 퍼플』[21]을, 1983년에는 1966년부터 1982년 사이에 쓴 수필을 모은 『어머니의 꽃

---

21) 『칼라 퍼플』은 '전미 도서 비평가 상National Book Critics Award' 후보작으로 올랐으며 '전미 도서상American Book Award'과 퓰리처상을 수상했고, 『뉴욕타임스』 베스트셀러 목록에 25주나 올랐다. 워너브라더스에서 이 작품의 판권을 35만 달러에 사들였고, 스티븐 스필버그 감독이 영화로 만들었다. 3부 10장 2절 참조.

밭을 찾아서*In Search of Mother's Gardens*』를 출판했다.

하나님에게 쓴 씰리의 편지, 아프리카에서 보낸 네티의 편지, 네티에게 보낸 씰리의 편지들로 되어 있는 『칼라 퍼플』의 줄거리는 이렇다. 천성적으로 착하고 순종적인 씰리는 열네 살 때 아버지에게 강간을 당한다. 계부에게 강간당한 씰리가 낳은 두 아이는 새뮤엘 목사와 코린 부부에게 입양되고 씰리는 '미스터' [22]라는 남자에게 시집간다. 씰리와 잠깐 같이 지내던 네티는 곧 형부에게 쫓겨난다. 네티는 언니에게 편지를 쓰기로 약속하고 새뮤얼 부부와 아프리카로 간다. 그 사이 네티가 아프리카에서 보낸 편지를 받지 못한 씰리는 남편의 성욕을 위한 배설구로 이용되면서, 남편 아이들의 등쌀과 난폭한 남편의 무시와 냉대 속에 외롭게 지냈다. 그러면서 남편의 애인 '슈그' 까지 사랑으로 따뜻하게 보살펴 준다.

슈그는 자신을 정성껏 돌보아 준 씰리를 위해 "씰리의 노래"를 만들어 불러 주고, 씰리가 새로운 삶에 눈뜨게 하며, 씰리에게 자기 존재의 소중함을 일깨워 주고, 잃어버린 이름도 되찾아 준다. 씰리는 슈그와 함께, 숨겨 둔 네티의 편지를 발견해 읽음으로써 자신의 아이들이 살아 있음을 확인하고 넓은 바깥 세상도 간접적으로 체험하게 된다. 네티에게 편지를 쓰게 된 씰리는 네티를 통해 친아버지가 린치를 당해 죽었다는 사실을 알게 되고, 의붓아버지에게 당했던 성폭력과 근친상간의 정신적 고통에서 벗어난다. 씰리는 이런 모든 소식을 수십 년간이나 차단한 '미스터' 와 결별하기로 결심하고 슈그와 함께 멤피스로 떠나 바지를 만들어 팔기 시작한다. 계속 편지를 나누던 네티

---

22) 흑인 여성은 흑인 가부장적 사회에서 남편의 이름을 친근하게, 또 함부로 부르지 못했고 이름도 알지 못해서 "Mr.-"로 표현된다.

가 마침내 아프리카에서 함께 지내던 썰리의 아들 아담과 딸 올리비아를 데리고 미국으로 와 모두 재회한다.

썰리가 더 이상 하나님한테 편지를 쓰지 않고 네티에게 편지를 쓰게 된 것은 전체 245쪽 중에서 100쪽 이후부터이며, 분량으로나 비중으로나 아프리카 이야기는 중요하게 다루어져야 한다. 그런데『칼라 퍼플』에 대한 관심은 주로 썰리가 고통과 억압을 딛고 주체로 성장해 나가는 과정에 집중되면서 네티의 편지는 썰리라는 흑인 여성의 성장 이야기 중 일부로 축소되고 만다. 이 작품의 의미가 온전하게 파악되려면 네티의 아프리카 이야기 또한 비중 있게 살펴야 한다. 116쪽에 나오는 네티의 편지에는 다음과 같은 내용이 나온다.

영국인들은 백 년도 훨씬 넘는 오래전에 선교사들을 아프리카와 인도와 중국과 세계 각처로 파견했기 때문에 우리가 할 일은 어느 정도 분명하게 드러나는 듯 싶었어. 영국인들은 선교하러 갔다가 별의별 물건들을 다 가지고 돌아왔던걸! 우리는 런던 어느 박물관에서 하루아침을 보냈는데, 보석과 가구와 털융단과 바구니, 조각품을 가득 전시해 놓았어. (…) 그런데도 영국인들은 그것들을 만든 아프리카 사람들은 존재하지 않는다고 확신을 갖고 우리한테 말해. 한때 아프리카 사람들은 유럽 사람들보다 더 훌륭한 문명을 이룩했지만 (…) 몇 세기 동안 고난의 시기를 거쳤다는 거야. (…) 그 고난의 시기가 바로 영국인들 때문에 야기되었다는 사실을 그들은 잘도 잊어버리지. (…) 수백만 명의 아프리카 사람들이 붙잡혀 노예로 팔려갔대. 언니와 나도 그들 가운데 한 사람이야. 그리고 노예들을 잡으려고 전쟁을 벌여 도시들이 통째로 파괴되었어. 가장 튼튼한 사람들이 살해되거나 노예로 팔려가 버렸으니 지금의

아프리카에는 질병이 만연하고 정신적 · 육체적 혼란 속으로 빠질 수밖
에 없었던 거야. (…) 그들은 왜 우리를 팔아 버렸을까? 사람이 사람에게
어떻게 차마 그런 짓을 했던 것일까?(116~117)

이 편지는 이 소설의 인종 관계를 미국이라는 국가 안의 흑백 문제
가 아니라, 제국과 식민지라는 전 지구적 관계 속에서 읽어야 한다는
점을 말해 준다. 작가는 이 편지 외에도 네티가 보낸 편지 곳곳에서
미국의 흑인 차별은 서구의 패권주의 전반에 깔려 있는 오랜 인종주
의와 이어져 있다는 것을 거듭 강조한다. 네티가 씰리에게 보낸 또 다
른 편지에는 백인들이 조지아에서 살던 체로키 족을 서부로 강제 이
주시켰던 1838년의 '눈물의 행렬' 이야기가 서술되고 있다.

조지아에 살던 체로키 원주민들은 강제로 고향에서 쫓겨나 눈 속을 걸
어서 오클라호마의 새로운 정착지로 가야만 했어. 3분의 1은 길 위에서
죽었지. 그들 가운데 많은 사람들이 조지아를 떠나기를 거부했어. 그들
은 흑인들과 함께 숨어 살았지.(232)

슈그도 약사이자 연하의 애인인 저메인Germaine과, 애리조나 주 투
손의 원주민 보호구역에서 교사로 일하는 아들 제임스와 함께 사는
동안 "사막과 원주민들과 바위투성이 산들에 관한 이야기들"(267)을
씰리에게 편지로 보낸다. 워커는 이러한 이야기를 통해서 백인들의
패권적 힘에 희생당한 역사는 흑인들만의 역사가 아니라는 사실을 말
하고 있다. 백인 중심의 미국 역사에서 원주민들의 목소리는 공허한
울림이 되어 철저히 배제되어 왔다. 이 점을 잘 알고 있는 작가는 미

국 원주민을 희생양으로 삼아 온 백인들의 추한 역사를 기술함으로써 백인들의 패권 의식을 타자적 경험과 인식으로 타파하고자 한다. 또한 인종적 소수집단의 역사적 · 문화적 인식을 공유하고 그 폭을 확장하고자 한다.[23] 이러한 시도는 미국의 유색인종차별을 국가 정체성에 국한시키지 않고 전 지구적 관계 속에서 이해하게 함으로써 독자들에게 초국가적 시각을 선사한다.

물론 그동안 많은 평자들이 주목해 왔듯, 『칼라 퍼플』에서 썰리가 말하고 글 쓰는 주체로 성장해 가는 과정은 중요하다. 썰리의 집은 흑인이 노예 신분에서 해방된 지 오륙십 년이 지난 뒤에도 남부에서 살기 힘들어 북부로 이주해야 했다. 썰리의 부모와 남편은 작은 농장과 집을 가지고 있어서 최하층 흑인들이 겪어야 했던 고난과 처참함은 겪지 않았다. 그렇지만 썰리는 흑인 가부장 사회가 가하는 젠더 억압 때문에 혹독하고 처참한 상황에 처한다.

백인에게 대들었다가 감옥살이를 했던 썰리의 며느리 소피아를 제외하면 『칼라 퍼플』에서 흑인 여성에게 가해지는 인종차별은 그려지지 않고 있는 것처럼 보인다. 하지만 계부와 남편이 썰리를 대하는 태도의 근간에는 흑인 남성이 백인 중심 사회에서 받는 압력과 열등감을 자신보다 더 약자인 여성에게 쏟아 붓는 폭력이 내재해 있다. 그들은 썰리의 몸을 폭력적인 성적 욕구의 대상으로, 또 가사노동의 도구로 물화한다. 썰리는 흑인 가부장 사회의 젠더 억압과 백인 중심 사회의 인종 억압이라는 이중 억압 속에서 그 고통을 누구에게라도 털어놓고 싶은 강렬한 욕구 때문에 하나님에게 글을 쓰기 시작한다.

---

23) 두창준, 「엘리스 워커의 『더 컬러 퍼플』: 흑인 여성의 목소리 재현과 신식민 상황에 대한 담론」, 『영미문화』 제6권 3호(2006. 12. 31), 115쪽.

가혹한 현실에서 살아남고, 고통을 해소하기 위해 온몸의 피와 땀으로 써내려 가는 글쓰기는 씰리의 필사적인 생존 수단이자, 자신을 표현하는 방법이며, 삶을 변화시키는 도구다. 처음에는 생존 수단이었던 글쓰기가 나중에는 씰리의 의식을 변화시켜 씰리를 당당한 주체로 만들어 주는 매개가 된다. 그리하여 "당신 꼴 좀 봐. 당신은 흑인이고, 가난하고, 못생겼고, 거기에다 여자라고, 젠장. (…) 당신은 아무 것도 아니란 말이야" 하는 남편의 가부장적 권위에 맞서 씰리는 "나는 가난하고, 흑인이고, 못생기고, 음식 솜씨도 별로일지 몰라. (…) 하지만 난 여기 있어!"라고 대꾸하며 멤피스로 떠난다.[24]

집을 나간 씰리는 자신감에 가득 차 자립적이고 건강하게 살아 나간다. 또한 다른 여성들의 삶을 통해 자기 삶을 확장시킨다. 못 쓰는 천 조각들이 모여 쓸 만한 조각보로 변화되어 가듯, 차츰 여러 자아들이 모이는 가운데 힘과 지혜와 아름다움을 나누게 된다. 이 과정에 남성도 함께 할 수 있다. 씰리가 변화하고 성숙하는 것과 달리 남편 앨버트는 엉망이 되어 씰리 주변을 맴돌기만 한다. 무서운 가부장적 권위로 횡포를 부리던 앨버트가 이렇게 변화하는 과정[25]은 씰리와 새로운 관계를 맺는 기반이 된다. 씰리는 앨버트의 진심 어린 청혼을 거절

---

24) "Look at you. You Black, you pore, you ugly, you a woman. Goddam, he say, you nothing at all." "I'm pore, I'm black, I may be ugly and can't cook, a voice say to everything listening. But I'm here." (176)

25) 특히 남성 비평가들은 『칼라 퍼플』의 초반부에서는 흑인 남성을 강간자로 그리다가 결말에서 지나치게 나약하게 그리는 인물 묘사를 혹독하게 비판한다. 이 점은 서술자와 작가가 흑인 여성으로서의 시각과 시선을 견지하는 데서 연유하는, 흑인 남성 및 백인 남성에 대한 타자화의 불가피한 일면으로 수긍되어야 할 것이다. 워커보다 흑인 남성성의 재현 문제에 좀 더 심혈을 기울이는 토니 모리슨에 대해서는 이명호, 「흑인 남성성의 재현-토니 모리슨의 『푸르디푸른 눈』과 『빌러브드』를 중심으로」, 『현대 영미 소설』 제14권 1호(2007), 49~73쪽 참조.

하지만 함께 서 있을 수 있는 자리는 허용한다. 그래서 앨버트와 슈그와 씰리가 포치에 함께 서 있게 된다. 이 평화로움은 바로 보라색의 분위기와 색깔로 나타난다.

이 작품에서 보라색은 상징적이다. 보라색은 어두운 느낌이다. 권위자들이나 힘을 가진 자의 상징으로 사용되지 않아 소수자의 색으로 불리기도 한다. 적색(좌파)과 청색(우파) 사이에서 어둡고 차분한 분위기의 보라색은 소외된 자들에게는 따뜻한 보살핌을 받는다는 느낌을 준다. 강하게 밀어붙이는 적색이나 청색과는 달리 보라색은 양의 색이 아니라 유연한 음의 색이며, 상대를 제압하기보다는 이해하고 포용하며 감싸 주는 색이다. 어둠의 공간 속에 슬퍼하는 소외된 자들에게 적색은 권리를 되찾기 위한 투쟁을 이야기하고, 청색은 기존 질서에 순응하라고 한다면, 보라색은 그대의 움직임과 사랑으로 새로운 문화의 주인이 될 수 있다고 이야기한다.

보라색은 또한 치유의 색, 강렬한 자극 대신 뭔가 부드럽게 감싸 안아 준다는 느낌을 주는 색이다. 밤의 색이고, 휴식을 취하고 지친 몸과 마음을 회복시키는 색이다. 덧붙여 보라색은 사랑의 색이기도 하다. 붉은 빛 사랑이 뜨겁고 격렬한 사랑, 분홍빛 사랑이 낭만적이고 달콤한 사랑, 노란 빛 사랑이 화사하고 명랑한 사랑이라면, 보랏빛 사랑은 차분하게 마음을 교환하는 심오한 사랑이다. 육체적이기보다는 정신적인 사랑, 뜨겁게 사랑을 나누기보다는 차분하게 서로의 아픔을 보살펴 주고, 함께 꿈을 꾸며 같은 길을 걸어가는, 깊고 풍부한 맛을 지닌 아름다운 사랑 말이다.

강렬하거나 강한 느낌이 아니라 따뜻하고 다정한 색이 바로 보라색이다. 뭔가 주류를 선도하는 강한 권위와 힘을 추종하기보다 비주류 문화의 세계, 소외된 자들의 세계, 사람들이 잘 모르는 심오한 꿈의 세계를 나타내는 것이 보라색이다. 제국과 식민지의 전 지구적 관계 속에 있는 흑백 관계라는 시야를 놓치지 않으면서도 보라색의 이러한 상징성은 독자를 감싸안아 정말로 자유롭고 평화로운 세상을 꿈꾸게 한다. 이것이 『칼라 퍼플』의 문학으로서의 존재성이다.

07

국가를 거부하고 대륙을
횡단하는 미국 문학

01 중서부 백인 농부와 땅을 통해 본 미국 사회의 모순: 『분노의 포도』(1939)

존 스타인벡의 『분노의 포도』는 1930년대 미국 대공황 시절, 중서부 백인 농민들이 참혹한 현실에서도 인간의 존엄성을 지키려고 애쓰고 희망을 포기하지 않는 모습을 생생하게 그리고 있다. 이 작품은 오클라호마 주에서 목화와 옥수수를 키우던 땅을 대지주와 은행에 빼앗긴 수많은 농민들이 서부 캘리포니아로 이주하면서 과일 농장의 농업 노동자로 전락해 가는 과정을 통해 20세기 초중반에 제국으로 부상하는 미국 사회의 모순을 다루고 있다. 1939년에 발행된 이 작품은 퓰리처상을 수상하였다.

『분노의 포도』는 인간 존재 자체에 대한 깊이 있는 통찰이나 문제제기가 없고, 인물도 평면적이며, 결말은 감상적이라는 이유로 정전 소설이면서도 가치가 떨어지는 작품이라고 치부되어 왔다. 그렇지만 이 작품은 제1차 세계대전이 끝나고 산업자본주의가 위력을 발휘하던 시기에 미국 농촌과 농민들에게 닥친 변화를 핵심 주제로 삼아 농부의 일과 땅이 우리 삶에 갖는 근본적이고 근원적인 의미를 제시하고 있다. 그런 점에서 이 작품은 다시 논의될 만하다.

존 스타인벡은 1902년 캘리포니아 주 살리나스에서 태어나 1919년에 미국 서부의 명문 스탠포드 대학에 입학했다. 하지만 학교에는 잘 나가지 않고 목장, 도로 공사장, 공장 등에서 일하며 하층계급 사람들의 삶을 경험하였다. 끝내 대학을 자퇴하고 1925년에 뉴욕에서 신문 기자로 일하다가 문제가 된 기사 때문에 더 이상 기사를 쓰지 못하게 되자 노동자, 화물선 선원, 산장지기 등 여러 가지 일을 전전한다. 1929년에 첫 번째 소설 『황금의 잔Cup of Gold』을 출간한 뒤, 1936년에 노동 쟁의 문제를 다룬 『승부 없는 싸움In Dubious Battle』을, 1937년에

『생쥐와 인간Of Mice and Men』을, 1947년에 『진주The Pearl』를, 1952년에 『에덴의 동쪽East of Eden』을 출간하며, 1962년에 노벨 문학상을 수상하였다. 1968년에 뉴욕의 자택에서 사망하였다.

『분노의 포도』의 줄거리를 보자. 주인공 톰 조드Tom Joad는 실수로 사람을 죽이는 바람에 7년형을 받고 교도소에서 4년을 지낸 뒤 가석방된다. 톰은 고향집으로 가던 길에 어린 시절부터 알고 지내던 케이시 목사를 만나 톰의 부모가 사는 농가로 향한다. 하지만 식구들은 서부의 큰아버지 집으로 이미 떠나고 없었다. 톰은 개구리, 다람쥐를 잡아먹고 연명하던 친구 멀리의 집에 며칠 기거하면서, 모래 바람과 한발 때문에 흉작이 들어 땅이 은행으로 넘어갔는데도 사람들이 농장을 떠나지 않자 은행이 집과 농장을 트랙터로 밀어 마을 사람들을 쫓아냈다는 이야기를 듣는다. 톰은 농민들이 겪는 문제를 해결할 생각은 않고 이익만 챙기는 정부를 비난한다. 사실 더 큰 문제는 트랙터로 농장이 기계화되면 트랙터 한 대당 열두 가구에서 열네 가구의 노동자 백여 명이 거리에 나앉아야 한다는 사실에 있었다.

톰은 겨우 식구들을 만나 함께 트럭을 타고 캘리포니아로 향한다. 톰네 식구들과 비슷한 형편의 수많은 사람들이 도로를 가득 메우고 있었다. 캘리포니아로 향하는 고된 여정 중에 할아버지와 할머니는 세상을 떠났고, 정비 공장에 취직하고 싶어하던 톰의 형 '앨'도 웨인라이트라는 여자와 도망쳐 버렸다. 임신한 여동생 로즈의 남편 코니까지 도망친 뒤, 톰이 로즈, 어린 동생 루티와 윈필드, 부모님과 함께 캘리포니아에 도착했을 때는 일하려는 이들이 너무 많아 농장 임금이 턱없이 낮아져 있었다.

굶주린 아이들은 병들어 가고 가족은 뿔뿔이 흩어진다. 농업 노동자들은 조합에 합류하기 시작한다. 파업을 이끌던 케이시 목사가 삽에 맞아 숨지고, 그 현장에 있다가 어떤 남자를 곡괭이로 친 톰은 식구들과 헤어져 도망친다. 로즈는 아기를 사산하고 자신의 불은 젖을 굶어죽어 가는 남자에게 물려주는 장면으로 작품은 끝난다.

당시 농부들에게, 땅과 일이라는 것이 어떤 의미였던가를 중심으로 『분노의 포도』를 읽어 보자. 톰 가족이 고향을 떠나 이주하기 직전, 은행과 지주를 대신해 농장을 떠나라는 말을 전하던 지주 대리인에게 농부들은 성난 얼굴로 말한다.

> 우리 할아버지가 이 땅을 개척했습니다. 인디언들을 죽이고 내쫓았다고요. 우리 아버지는 여기서 태어나 잡초도 뽑고 뱀도 죽였습니다. 그러다 흉년이 들어 돈을 조금 빌렸죠. (…) 하지만 이건 우리 땅입니다. 우리가 측량하고 우리가 개간했어요. 우리는 여기서 태어났고, 또 여기서 죽을 거예요. 땅이 나빠졌다 해도 여전히 우리 겁니다. 우리가 여기서 태어나 여기서 일하고 여기서 죽으니까 우리 땅이에요. 땅의 주인이라는 건 그런 겁니다. 숫자가 적힌 서류로 주인이 되는 게 아니란 말입니다.[1]

트랙터 운전사는 소작인에게 하루에 3달러를 벌 수 있는 다른 일을 찾아보라고 말한다. 그 말에 소작인은 돈 때문이 아니라 '땅 냄새와 온기' 때문에 땅과 함께 하는 것이라고 말한다.

---

1) 김승욱 옮김, 『분노의 포도』1, 2권 (민음사, 2008), 1권 70~71쪽. 이후 이 번역본에서의 인용은 쪽수를 본문 중에 표기함.

참, 웃기는 일이구먼. 사람이 땅뙈기라도 조금 갖고 있으면 그 땅이 바로 그 사람이고, 그 사람의 일부고, 그 사람을 닮아 가는 법이지. 자기 땅을 걸으면서 땅을 관리하고, 흉작이 들면 슬퍼하고, 비가 내리면 기뻐하고, 그러면 그 땅이 바로 그 사람이 되는 거야. 그 땅을 갖고 있다는 이유로 사람이 더 커지는 법이고, 농사가 잘 안 되더라도 땅이 있어서 사람이 크게 느껴지는 법이지. 원래 그런 거야. (…) 하지만 사람이 땅을 갖고 있으면서도 그 땅을 직접 보지 않거나 시간이 없어서 땅을 손으로 만져 보지 못하거나, 땅 위를 걸어볼 수 없다면, (…) 그 사람은 자기가 원하는 일을 할 수 없고, 자기가 생각하고 싶은 걸 생각할 수도 없어. 땅이 그 사람이니까. 그 사람보다 더 강하니까. 그 사람은 커지는 게 아니라 오히려 작아져. 그냥 재산이 많을 뿐이야.(78)

뜨거운 태양 아래 모래 폭풍이 휘몰아치는 가운데서도 농사를 짓거나 목화를 심어서 목숨을 연명해 왔던 농민들은 노동력을 착취하는 지주와 이윤 챙기기에 급급했던 은행의 횡포에 굴복할 수밖에 없다. 농민들은 말 대신 트랙터가 등장하면서 땅과 집을 빼앗기고 거리로 내몰린다. 자연과 함께 살고자 하는 인간의 소망은 기계화로, 농업의 산업화로 여지없이 무너져 내린다.

말이 일을 마치고 헛간으로 들어갈 때는 아직 생기가 남아 있기 마련이다. 말들이 숨 쉬는 소리가 들려오는 헛간에는 따스함이 있고, 말들은 짚자리 위를 서성이며 건초를 먹는다. 말들의 귀와 눈은 살아 있다. 헛간에는 생명의 따스함과 열기, 냄새가 있다. 그러나 트랙터는 모터가 멈추면 트랙터가 되기 전의 쇳덩어리처럼 죽어 버린다. 시체가 싸늘하게 식어 가는 것처럼 열기도 사라져 버린다. (…) 트랙터를 몰던 운전사는 (…) 몇 주, 몇 달씩 와 보지 않아도 상관없다, 트랙터는 죽어 있으므로. 너무 쉽고 효율적이다. 일에서 느끼는 경이가 사라져 버릴 만큼 쉽고, 땅을 경작하면서 느끼는 경이가 사라져 버릴 만큼 효율적이다. 경이가 사라지면 땅과 일에 대한 깊은 이해와 다정함도 사라진다. 트랙터를 모는 사람들은 땅을 알지 못하고, 땅에 애정도 없는 이방인만이 느낄 수 있는 경멸이 자라난다. (1권, 239~240)

톰 가족에게 땅은 훈훈한 기운을 내뿜어 힘든 노동도 즐겁게 만들어 주는 경이로운 존재였다. 톰 가족이 캘리포니아에 도착했을 때도 그곳의 봄은 아름다웠다. "캘리포니아의 봄은 아름답다. 과실수들이 꽃을 피우는 계곡은 향기로운 분홍색을 띠고, 수심이 얕은 바다에는 깨끗한 물이 흐른다."(2권, 249) 그런데 버찌, 서양자두, 배, 포도 과수원이 즐비해 있던 캘리포니아에서도 작은 과수원들은 빚에 쪼들려 은행에 넘어가는 대신 살아남은 대지주들은 통조림 공장까지 운영해 더 많은 돈을 벌고 있었다. 반면 "나무를 접붙일 줄도 알고 씨앗을 심어 크고 풍요로운 열매를 길러 낼 줄도 아는 사람들은 아무리 애를 써도 굶주린 식구들에게 자신이 기른 열매를 먹일 수 없었다."(2권, 253)

더욱 기가 막힌 것은 "과일 값을 유지하기 위해, 덩굴과 나무의 뿌리가 만들어 낸 열매를 파괴"(2권, 254)하고, 땅바닥에 버려지는 오렌지들을 배고픈 사람들이 주워 가지 못하게 불태운다는 사실이었다. 톰 가족을 비롯해 많은 농업 노동자들은 일곱 명이 달라붙어 복숭아 한 상자를 따고 5센트를 받았다. 그것으로 저녁 식사를 해결하는 동안, 썩는 과일 냄새가 일대를 가득 채운다. "굶주린 사람들의 눈 속에

분노가 점점 커져 간다. 분노의 포도가 사람들의 영혼을 가득 채우며 점점 익어 간다."(2권, 255)

케이시 목사를 다시 만난 톰은 "어떤 사람은 혼자서 백만 에이커나 되는 땅을 갖고 있는데, 수십만 명이나 되는 훌륭한 농부들은 굶주리고"(2권, 401) 있는 모순된 현실을 인식하면서부터 노동자 운동에 눈뜨게 된다. 톰은 파업을 방해하는 사람들에 의해 위험에 처한 케이시를 구하려다 곡괭이 자루로 어떤 남자를 치는데 여동생 루티가 얼결에 톰이 사람을 죽이고 숨어 있다는 이야기를 함으로써 더 멀리 도망쳐야 했다. 톰은 어머니와 마지막으로 만나서 "사람은 자기만의 영혼을 갖고 있는 게 아니라 커다란 영혼의 한 조각인지도 몰라요. 그렇다면 (…) 저는 사방에 있을 거예요"(2권, 401~402)라고 말한다. 비록 파업에는 실패하더라도 그 정신만은 살아남아 사방에 퍼질 것이라는 꿈과 희망, 그리고 신념을 드러내고 있는 것이다.

톰의 식구들은 석 달 동안 일자리를 구하지 못해 굶주림과 질병, 폐렴, 눈과 유두에 돋는 발진에 시달리며 천막과 헛간에서 살다가 구호소로 간다. 때마침 홍수가 나 도랑을 파고 둑을 쌓아 봤지만 물이 차서 다른 헛간으로 간다. 톰의 어머니는 로즈와 함께, 죽어 가는 남자에게 생명의 온기를 나누어 주려고 애쓴다. 케이시가 톰을 사회적 인간으로 성장시켰던 것도, 톰에게 불의에 대항해 투쟁해 나갈 힘을 제공하였던 것도 가족을 존속시키려는 어머니의 노력 덕분이었다. 미래에 대한 두려움에 떨면서 고생하는 가족에게 불평만 늘어놓던 로즈도 어머니의 영향으로 생명력을 나누어 주는 사람으로 변모한다. 그렇지만 모성적 생명력을 작품의 결말로 제시하는 것은 초반부의 강렬한 사회 비판의식을 흐릿하게 만든다. 또한 이러한 결말은 여성에 대한 남성 작가의 다소 일방적인 소망 성취로 보인다. 말하자면 하층계급에 속하는 백인 농부 여성의 내면에서 일어나는 여러 모순된 감정과 정서는 충분히 그려지지 못하고 있다.

지금까지 미국의 정전 소설인 『분노의 포도』를 미국 중서부 지역의 땅과 농민에 대해 작가가 어떠한 인식과 반응을 보여 주었는가에 초점을 맞추어 거론하였다. 이는 백인 여성과 치카나의 작품을 『분노의 포도』와 연결하고 비교하기 위해서였다. 『분노의 포도』 2권 19장에서 인디언 땅을 빼앗은 백인 조상에 대해 "그건 옳은 일이 아니야"라고, 도둑질이라고 말하는 대목이 나온다.(20~21) 2권 19장의 첫 대목에서는 "한때 캘리포니아는 멕시코의 영토였다. 그 땅은 멕시코 사람들의 것이었다. 그런데 누더기를 입은 미국인들이 떼 지어 마구 몰려 들어왔다. 미국인들은 땅을 너무나 갈망한 나머지 이 땅을 빼앗아 버렸다"고 단도직입적으로 말한다. 그렇지만 『분노의 포도』는 백인들에게 땅을 빼앗긴 멕시코 원주민들과 자기 땅인데도 미국이라는 국가의 영토로 이민해야 했던 멕시코계 미국인들, 즉 '치카노'들을 피부에 와 닿는 이웃으로 그리고 있지 않다.[2] 대신 땅을 빼앗았던 백인들에게 일어난 변화만을 그려 준다.

시간이 흐르면서 땅을 무단으로 차지한 사람들은 더 이상 무단 점유자가 아니라 땅의 주인이 되었다. 자식들이 자라 그 땅에서 또 자식을 낳았다. 이제 그들에게 갈망은 없었다. 땅과 물과 아름다운 하늘과 쑥쑥

---

[2] 원주민과 치카노들을 캘리포니아에서 함께 오래 살아 온 이웃으로 그리고 있는 작품은 『진주』, 『생쥐와 인간』이다. 그 부분에 대해서는 김준년, 「존 스타인벡의 캘리포니아 소설을 통해 본 정전 텍스트의 '불안'과 비정전 비평의 '위안'」, 『영어영문학』 제53권 3호 (2007) 참조.

자라는 초록색 풀과 통통하게 물오르는 식물의 뿌리에 대한 흉포한 갈 망은 (…) 사라졌다. 이제는 날이 밝기도 전에 일어나 잠에서 덜 깬 새들 이 처음으로 지저귀는 소리를 듣는 사람도 없었다. (…) 흉작, 가뭄, 홍 수도 이제는 사람이 죽고사는 문제가 아니라 금전 손실을 뜻할 뿐이었 다. (…) 이제 그들은 농부가 아니라 농작물을 파는 장사꾼, 물건을 만들 기도 전에 팔아야 하는 소규모 제조 업자가 되었다. 장사꾼 노릇을 잘 하지 못한 농부들은 장사를 잘한 사람들에게 땅을 빼앗겼다. 땅과 농작 물을 아무리 사랑해도, 장사를 못 하면 살아남을 수 없었다. (…) 이제는 농업이 산업이 되었다. (…) 농장은 점점 커지고 지주의 숫자는 계속 줄 어들었다. (2권, 9~11)

이렇게 수많은 백인 농부들이 자급하던 삶을 유지하지 못하고 대 지주의 지배를 받게 된 것은 지주들이 흑인 해방 이후 흑인 외의 다른 인종 노예들을 수입하면서부터다. 백인 지주들은 흑인 대신 중국인, 일본인, 멕시코인, 필리핀인들을 수입했다. 사업가들은 이 새로운 노 예들이 쌀과 콩만 먹는다고, 그놈들에게는 필요한 것도 별로 없다고, 임금을 많이 줘도 그 돈을 어떻게 해야 하는지도 모른다고, 여차하면 추방해 버리면 된다고 생각했다. 그래서 새로운 노예들은 두려움 속 에서 굶주리다가 고향으로 돌아가기도 했고, 죽임을 당하거나 국외로 추방당하기도 했다. 캔자스, 오클라호마, 텍사스, 뉴멕시코, 네바다, 아칸소 등 남부에서 땅을 빼앗긴 사람들까지 서부로 몰려오자 상황은 더 악화되었다.

남부에서 이주해 온 굶주린 백인 농부들은 땅과 먹을 것을 위해서 라면 "짐을 드는 일이든, 밀거나 잡아당기는 일이든, 과일을 따는 일이든, 작물을 베는 일이든 가리지 않았다." 그런데 그들은 "우린 외국인이 아닙니다. 7대째 미국에 살고 있는 미국인이에요. 그전에는 아일랜드, 스코틀랜드, 잉글랜드, 독일에서 살았지만 (…) 모두, 미국인이에요."(2권, 13)라며 새로운 노예들과 다르다고 주장했다. 소수의 백인 대지주 밑에서 일자리를 찾아 서로 경쟁해야 했기 때문이다. 이 관계를 경쟁이 아니라 협력으로, 인종·계급·젠더로 분리되고 지배되는 사회적 관계 자체를 지배가 아니라 평등한 유대로 바꾸기 위해서는 초국가적 차원의 운동이 필요하다는 인식을 보여 주는 작품이 바로 『대지의 딸』이다.

02 억압을 뚫고 대륙을 횡단하는 백인 하위 주체 여성: 『대지의 딸』(1929)

『대지의 딸』의 배경은 『분노의 포도』의 배경인 오클라호마에서 캘리포니아에 이르는 지역 근방인 미주리, 뉴멕시코, 애리조나와 뉴욕 등지를 망라한다. 『대지의 딸』은 20세기 초중반 미국 사회에서 농민 및 광산촌 노동자 계층의 처지를 개선하고자 사회운동에 눈떠 가는 진보적 백인 여성 활동가의 의식 세계를 그리고 있다.

아그네스 스메들리는 1892년에 암석 구릉으로 둘러싸인 미주리 주 가난한 농가에서 둘째딸로 태어났다. 아그네스 스메들리의 아버지는 토착 미국인의 피를 조금 이어받았으며, 어머니는 검푸르고 아름다운 눈을 가진 조용한 분이었다. 스메들리는 누구라도 '미국의 꿈'(평등한 기회가 주어지는 나라인 미국에서는 열심히 일하면 성공해서 잘살 수 있다는 믿음과 희망)을 실현할 수 있는 '자유롭고' '민주적인' 나라에서 가난한 백인 여성이 부딪혀야 하는 비참한 노예 같은 삶의 근원을 이해하기 위해 애쓴다. 이 과정에서 스메들리는 피부색이나 남녀의 차이와 무관하게 사회의 밑바닥에서 척박하게 살아가는 사람들에게 강한 유대 의식을 느낀다. 이러한 깨달음을 통해 아그네스 스메들리는 서구 자본주의 국가들의 제국주의 침략에 맞서는 인도와 중국 독립운동에 직접 가담한다. 산간 벽지 출신의 가난한 백인 여성으로서는 특이한 경력을 가진 스메들리는 1950년 런던에서 파란만장한 생애를 마감했으며 지금은 북경 근교에 묻혀 있다. 묘비에는 '중국 민중의 친구'라고 쓰여 있다.[3]

『대지의 딸』은 스메들리가 해방운동에 적극적으로 가담하기 직전까지의 삶을 자전적으로 그리고 있다. 소설의 여주인공 마리 로저스 Marie Rogers는 몇몇 사소한 부분만 빼면 스메들리 자신과 일치한다. 스메들리의 소설적 자아인 마리는 가난과 소외 때문에 생긴 무지에서 벗어나 자신의 현실을 이해하고 나아가 현실을 변혁하기 위해 애쓰는 주인공이다. 작가는 이 소설을 통해 문학 작품의 형식미를 추구하기보다 사랑과 결혼에서 파국에 이른 자신의 삶을 이해하고 치유하고자 한다. 그래서 "나는 그저 말에 지나지 않는 것은 쓰지 않는다. 나는 인간의 살과 피에 관해서 쓴다. 경험과 신념에 뿌리를 두고 있는 미움과 한이라는 게 있다. 말은 그 경험을 지워 버리지 못한다"[4]고 말한다.

---

3) 아그네스 스메들리의 생애에 대한 좀 더 자세한 내용은 번역본 『대지의 딸』(한울, 1993)에 실려 있는 옮긴이 해설이나 스메들리의 전기 『세계와 결혼한 여자』(실천문학사, 1995) 참조.
4) Agnes Smedley, *Daughter of Earth* (Feminist Press, 1993); 태혜숙 옮김, 『대지의 딸』(한울, 1993): 247쪽. 이후 번역본에서의 인용은 본문에 쪽수만 표시한다.

가난한 백인 여성이 경험하는 인간의 살과 피, 신념, 미움과 한을 다루는 이 소설은 스타인벡이 표현하지 못한 가난한 미국 백인 여성의 내면 세계를 내부자의 시선으로 보여 준다. 그리하여 『대지의 딸』은 가난한 미국 백인 여성을 통해 결혼의 진면목을 파격적으로 드러낼 뿐만 아니라 계급 문제, 인종(민족) 문제와 얽혀 있는 성관계의 복잡한 양상을 면밀하고도 생생하게 제시하는 남다른 면모를 보여 준다.

『대지의 딸』은 신화적(어린 시절, 1부와 2부), 소설적(처녀 시절, 3부에서 5부), 자전적(아내와 여성 활동가 시절, 6부와 7부) 형식으로 옮겨가는 구조를 취하고 있다. 이러한 형식 변화는 일관된 이야기 서술을 기대하는 독자의 예상을 깨뜨린다. 특히 어린 시절의 중요한 사건들과 사람들에 관해 회상하는 부분은 일관성이 거의 없다. 처녀 시절 이야기는 어린 시절 이야기보다는 좀 더 시간 순으로 그려져 있고, 성장 소설의 규범에 따라(집을 떠나 일을 찾고 연애를 하면서 성숙하는) 여주인공의 성장 과정을 그리고 있다. 마지막 6부와 7부는 자전적 형식으로 저널리스트인 화자의 입을 통해서 정치적 분석, 여러 종류의 사회운동 단체의 회합, 논쟁들, 가난한 사람들이 겪는 시련, 사법 절차에 대한 묘사를 곁들이고 있다. 이와 같은 서술 구조의 변화는 산만해 보일 수도 있지만 작가는 주인공의 무의식 세계에서 나오는 반복되는 이미지들(꿈, 불, 지평선, 어둠)로 작품 전체의 일관성을 유지하고 있다.

『대지의 딸』은 솔직 담백한 감정과 정치적 분석을 통해 어른이 되기까지 여성의 성 본능을 혼란스럽게 하는 계급 억압과 젠더 억압을 보여 준다. 마리는 유년 시절부터 '사랑'(결국은 결혼에서의 성행위)이라는 것이 여성을 노예 같은 굴종의 삶으로 밀어 넣는다는 사실을 배우면서 자란다. 남편은 아내를 경제적으로 보호하는 대신 아내에게 성

행위를 요구하며 그것을 사랑이라 부른다. 이런 깨달음은 민요의 후렴구처럼 소설에서 계속 나타난다. "아내인 여자들의 흐느낌보다 더 한스러운 것이 있을까?" (196)

마리는 어릴 때부터 수컷 동물이 암컷보다 비싸고, 남동생이 태어났을 때 아버지가 의기양양해한다든가, 아버지는 언제든지 어머니를 때릴 수 있고 아버지의 명령에 따르지 않으면 어머니가 버림받을 수 있다는 것을, 무능한 아버지가 창녀 이모의 돈으로 먹고 살면서 그 돈이 더럽다고 욕하며 이모를 내쫓을 수도 있다는 것을 알게 된다. 그러나 어린 마리에게 가장 적나라하게 결혼의 정치 경제를 드러내 주는 사건은 마리가 식모로 일하게 된 어느 신혼부부의 싸움이다. 남편은 아내를 부양하는 능력을 남성다움의 상징으로 여기며 아내가 나가서 일을 하고 싶어 해도 남편의 체면을 깎지 말라며 아내를 소유물 신세로 전락시킨다. 남편이 "내가 사 준 옷 다 내 놔." (75) 하고 아내에게 소리를 지르면 임신한 아내는, "바보같이. 내가 당신을 얼마나 사랑하는지 몰라욧!" (75) 하고 눈물을 흘리며 '사랑'으로 옷에 대한 권리를 구걸하는 대목이 나온다. 임신한 아내는 이제 일을 하고 싶어도 직장으로 돌아갈 수 없기 때문이다.

마리는 신혼부부를 통해서 아내나 어머니인 여성들이 형편없이 무기력한 존재이며, 제공받는 옷과 음식 값으로 가족을 돌보아야 하며, 결혼이라는 계약 조건에 따라 복종해야 하는 존재임을 깨닫는다. 이런 깨달음은 마리의 정치의식의 핵심을 구성한다. 마리가 결혼 관계에서 가장 싫어하는 지배와 복종은 계급 관계, 사회당의 정치, 서구 제국주의에도 있었다. 그러나 마리에게 무엇보다 중요한 것은 여성이 존엄한 인격체로서 독립적으로 살아야 한다는 자각과 실천이었다. 마리의 친척들 중에서 왕고모와 이모 헬렌은 독립적인 여성들이었다. 왕고모는 남성들을 꼼짝 못하게 지배하고 남편 외의 남자를 사귀는 식으로 여성의 자유를 남용한다. 이모는 창녀로서 기혼 여성들이 못 누리는, 자기 몸에 대한 권리를 갖는다. 그러나 이모 역시 남성에게 성적 서비스를 제공하는 삶을 사는 셈이며 나이가 들자 초라한 공장 노동자가 된다. 그러므로 왕고모도, 이모도 마리가 꿈꾸는 자유롭고 평등한 남녀 관계를 지도하는 인물이 되지 못한다.

마리는 어머니의 불행한 삶을 반복하지 않기 위해 자신이 확실한 능력을 갖출 때까지는 가족을 위해 자신을 희생해서는 안 되며 누군가를 보호하고 보살피는 일 대신 공부하는 길을 택하겠다고 거듭 다짐한다. 마리는 결혼 생활이 공부를 방해하지 않는다는 조건을 확실하게 한 다음 동료 너트와 결혼한다. 실제 결혼 생활에서 남편이 아내의 고통보다 자신의 체면을 더 중시하자 마리는 남편을 용서하지 못한다. 그리하여 6부까지 마리는 사랑이라는 명목으로 여성을 예속시키는 어떤 시도와도 맞서 싸울 것이며, 가족이나 남자와의 정서적 밀착이 부당하게 여성을 자유롭지 못하게 한다면 차라리 바람을 자기 동료로 삼겠다는 결심을 분명히 한다.

주인공의 이런 각오는 결혼과, 결혼으로 인한 여성의 경제적 의존을 거부해야 한다는 생각으로 이어진다. 그러면서 마리가 거듭 제기하는 의문은 여성이 자율성을 잃지 않고도 자신을 필요로 하는 사람들을 도울 수 있는가 하는 것이다. 7부에서 사랑하는 관계의 가능성을 탐구하기 시작한다. 7부의 전개 과정은 독자들을 당혹하게 한다. 6부까지 서부에서 펼쳐지던 목동들과, 광부들, 모험가들과 만나는 흥미진진한 드라마는 첫 남편 너트와의 만남으로 끝나고 소설은 새로운 지평으로 나아가기 때문이다. 전에 마리는 경험과 자신의 날카로운 느낌을 통해 세상을 배웠지만 이제는 모든 노동자들의 삶과 자신의 삶을 묶어 주는 책과 관념의 세계로 눈을 돌리게 된다. 말하자면 마리는 역사의 무대에서 생동하는 존재가 된 셈이다.

마리의 지적 각성은 제1차 세계대전, 사회주의 운동의 성장과 후퇴, 인도 독립운동과 더불어 일어난다. 마리의 세계는 더 이상 서부의 황량한 사막이나, 산, 대학 캠퍼스가 아니라 뉴욕의 잡지 사무실, 정치 회합이 열리는 아파트다. 따라서 마리의 주요 화제도 개인적인 이야기가 아니라 경제, 사회사, 철학 등이 된다. 그리고 일차적으로 중요한 관계는 가족이나 연인이 아니라 선생이나 혁명가들이다. 이제 개인적 관계들은 뒷전으로 물러나고 일과 배움이 전면에 나선다.

소설은 7부에서 더욱 명확하게 자전적 양상을 띠고 구체적인 상황과 시간을 갖는다. 독자들은 르포 스타일의 7부를 재미없다고 느낄지도 모르지만 오히려 마리의 공적인 삶을 준비하는 단계로 앞부분의 전개가 필요했다고 보는 편이 타당할 것이다. 7부는 마리가 자신의 지적·정신적 고향으로서 인도 독립운동을 선택하게 된 까닭과 그로 인해 지식과 사랑, 일과 개인적 친밀함을 통합하려는 마리의 최종 시도가 비극으로 끝나게 되는 과정을 보여 준다.

마리는 자신이 다니던 서부 학교의 강연장에서 처음으로 인도인을 만나는데, 나중에 그를 뉴욕에서 또 만나게 된다. 사르다르 란지뜨 씽이라는 인도인 교수는 식민 지배를 받고 있는 인도 남자로, 그가 품고 있는 독립 사상뿐만 아니라 피부색 때문에 자유롭지 못하다. 하지만 생명의 위험을 무릅쓰고 조국의 자유를 외친다. 사르다르의 고독과 소외를 통해 마리는 자신이 선택한 삶의 어려움들을 실감하게 된다.

고통과 혼란스러움을 느끼면서도 자유를 위해 가족을 버리고, 아내에게 명령하려는 남편과 이혼하고, 스스로를 강철같이 굳건히 하는 마리는, 추방당한 인도인이나 마찬가지다. 마리는 인도인 교수에게서 자신의 외로움과 고행을 보지만 좀 더 근본적으로 그를 이끌고 있는, 지식을 좋은 사회적 목적에 쓴다는 사상이 너무 생소한 것이라 처음에는 잘 이해하지 못한다.

사실 마리의 지적 발전은 이미 남편 너트, 올캐 카린과의 만남에서 시작된 것이었다. 그들과 함께 연극을 보면서 마리는 추상적인 '관념들'이 존재한다는 것을 인식하게 되며 이 관념들의 세계는 직접 경험해서 생기는 지식이나 책에서 얻은 지식과 다르다는 것을 어렴풋이나마 느낀다. 나중에 뉴욕의 여러 정치 회합에서 마리는 논쟁도 잘하지 못하고 사실들이나 수치, 도표를 잘 끌어들이지 못하는 자신을 질책하기도 한다. 그렇지만 인도인 교수의 가르침으로 마리는 비로소 체계적인 공부와 사고하는 법을 배우게 되며 그런 능력이 갖는 힘에 대해 이해하게 된다. 영국 사회의 철저한 백인종 중심주의에 의문을 갖게 되면서 마리는 영국 사회사에서 인도를 빼면 그 역사가 얼마나 불완전해지는가를 깨닫는다. 이런 과정을 통해 마리는 조국과 자신의 모습을 꿰뚫어보게 되며 처음으로 생존을 넘어서는 어떤 목적을 위해 헌신하는 운동과 일이 있다는 것을 인식하게 된다.

마리는 해외에서 독립운동에 헌신하고 있는 인도인들의 명단을 숨기고 있다는 스파이 혐의를 받아 투옥되기도 한다. 그렇지만 자신이 가담한 운동이 올바른 방향이며 그 과정에서 인도인들과 느낀 유대감은 여성을 노예로 만들기 일쑤인 남녀 간의 사랑과는 다른 차원의 깊은 사랑임을 깨닫고 진정한 해방감을 맛본다. 여기서 마리는 남녀 간의 사랑이 일과 통합될 수는 없을까 하는 의문을 가지게 되며, 한때 아예 포기했던 사랑의 가능성을 새로 탐색하다가 인도 혁명가 아난드를 만나게 된다. 그러나 작품 결말에서 드러나고 있는 것처럼 마리가 디아즈라는 다른 인도 운동가와 맺은 단 한 번의 육체 행위 때문에 아난드와의 관계는 파국에 이르고 만다. 마리는 백인 사회뿐만 아니라 인도 사회에도, 인도 독립운동가들에게도 한결같이 굳건히 존재하는 여성에 대한 특별한 요구의 무게를 견딜 수 없었다. 그런 절망적인 상황에서 마리는 조국을 벗어나야겠다고 결심했다.

이렇게 실패한 사랑의 절망과 한을 품고 끝나는 소설은 마리가 그렇게 벗어나고자 했던, 흐느끼는 부인의 모습으로 되돌아가는 순환 구조를 갖는다. 『대지의 딸』은 "여성이 해방되지 않고는 진정한 해방이란 없으며, 아시아 민중이 해방되지 않고서는 전 세계 해방이란 없다."는 강력한 메시지를 분명히 전하고 있다. 게다가 백인 여성 소설로서는 보기 드물게 광범위한 초국가적 시야를 펼쳐 보인다. 하지만 구체적인 사회운동 프로그램보다 개인의 힘으로는 어쩔 수 없는 행위가 빚어낸 상처를 이해하고 치유하는 데 더 많은 무게를 두고 있다. 그러면서도 소설 첫머리[5]에서 작가는 다음과 같이 자신의 입장을 밝힌 바 있다. "나는 아름다움과는 다른 이유, 즉 가난에 지쳤거나 부와 권력에 희생되었거나 대의를 위해 싸워야 하는 사람들 편에 속한다. 우리 모두 그렇듯이 묘한 인연으로 우연히 발붙이고 살게 된 대지에 관해 쓰려고 한다. 그중에서도 비천한 사람들의 즐거움과 슬픔, 외로움과 고통, 그리고 사랑에 관해 쓰려고 한다." (11~12)

---

5) 이 작품은 자신의 행적을 한 단계 정리하는 의미에서 과거를 회상하는 형식으로 되어 있어서, 이야기 전개상으로는 첫머리가 마지막이 된다.

그러므로 작가나 그 소설적 자아인 마리가 혼신을 다해 추구했던 사랑의 아름다움을 완벽하게 경험할 수 없었고, 앞으로도 영원히 그럴 수 없다고 할지라도, 잃어버린 사랑과 잡을 수 없었던 아름다움 때문에 한탄만 하고 있지는 않을 것임을 시사한다. 작가 자신이 자살을 시도할 만큼 큰 절망에 빠졌던 것처럼 작품 첫머리에 나타나는 모든 것을 삼킬 듯한 끝없는 수평선의 암울한 이미지는 인간 삶의 덧없음과 무력감을 표현하고 있다. 그렇지만 여기에 압도당하는 대신 마리는 자신이 대지에서 나왔으며 자신의 싸움이 곧 대지의 싸움이라고 말한다. 우리는 이 대목에서 비단 미국만이 아니라 전 세계의 이름 없고 힘없는 남녀들이 삶에서 겪는 온갖 고통과 모순을 헤쳐 나오려고 하는 강인한 힘을 느끼게 된다.[6]

03 경계 지대로서 치카나 문학의 새로운 지평:
『나의 등이라고 하는 이 다리』(1981)

앞에서 가난한 백인 여성이 미국이라는 국가에 맞서 행동하는 활동가로 성장해 가면서 겪는 슬픔, 고뇌, 환희, 절망을 살펴보았다. 그러한 감정들은 사적인 것이 아니라 피부색, 젠더, 계급, 국가, 문화의 차

---

6) 작품 논의에서는 『대지의 딸』의 번역 대본인 *Daughter of Earth* (New York: The Feminist Press, 1987)에 붙어 있는 낸시 호프먼Nancy Hoffman 교수의 후기와 Lee Edwards, *Psyche as Hero: Female Heroism and Fictional Form* (Middletown: Wesleyan University Press,1984)을 참조했다.

이로 인한 반목과 갈등에서 연유한다. 『대지의 딸』은 그 복잡한 삶의 과정에서 분열과 환멸을 극복해 나가는 불굴의 투지, 초국가적 시야를 갖는 해방운동의 전망을 제시한다. 이러한 초국가적 · 정치적 해방운동의 시야는 『나의 등이라고 하는 이 다리』[7]가 제시하는 미국 에스닉 민족주의 운동의 새로운 지평과 대조되는 동시에 연결된다.

이 책은 미국 서부 캘리포니아 지역의 치카나 편집인들을 포함해 30명의 필진이 써 낸 다양한 형식의 글을 모은 선집이다. 치카나뿐만 아니라 흑인 여성들, 아시아계 미국 여성들이 공동으로 참여하고 있다. 이 공동의 작업에는 여성들 사이의 공통성을 바탕으로 차이를 끌어안으려는 확장된 시선이 담겨 있다. 그래서 이 작품은 잘게 분화된 주변부 집단의 '차이들'이 어떻게 결집되어야 하는 것인지에 대해 중요한 시사를 던져 주는, 고도로 비판적이고 의식적인 문화 정치 행위인 동시에 의미 있는 문화 서사적 행위가 된다.

『나의 등이라고 하는 이 다리』의 편집자이자 글쓴이인 체리 모라가 Cherrie Moraga와 글로리아 안잘두아Gloria Anzaldua는 백인 남성 중심의 정전 및 중산층 여성 중심의 백인 강단 페미니즘 진영[8]에서 상정하는 동일성의 논리를 경계하면서 여성들 사이의 유사성뿐만 아니라 차이들을 존중하고 그 상호 관계를 창조적 · 논쟁적 · 이론적으로 쓴 글들을 묶었다. 이 선집의 문화정치적 의미는 기존 백인 남성 중심적인 『노튼 선집』을 보충할 목적으로 여성 작가들의 작품들을 따로 모아

---

7) Cherrie Moraga & Gloria Anzaldua eds., *This Bridge Called My Back: Writings by Radical Women of Color* (Persephone Press, 1981, 1983). 이후 『다리』로 약칭하며 이 책에서의 인용은 본문에 그 쪽수를 표기하기로 한다.

8) *Conflicts in Feminism, Feminism Beside Itself, Essentially Speaking* 등의 책에서 이론적인 논쟁을 펼치고 있는 백인 여성들만의 언어는 대다수 유색 여성들의 삶과 상당히 동떨어진 것이었다.

놓은 『노튼 여성 문학 선집』[9]과 비교할 때 분명하게 밝혀질 것이다.

『노튼 여성 문학 선집』의 편집자들은 시, 이야기, 에세이, 회상록, 드라마, 소설, 편지를 망라하고 영국, 미국, 캐나다, 뉴질랜드, 아프리카의 몇몇 나라들, 오스트레일리아 같은 영어권 나라를 포괄하는 가운데 인종, 계급, 성적 취향에 열린 태도로 흑인, 레즈비언, 노동계급, 아메리카 인디언 작가의 글도 선정했다고 한다. 편집자들은 이 선집이 남성 문학과 공존하면서 또한 "우리가 여기 포함시킨 텍스트들은 많은 다른 여성 작가들의 작품들을 동화시킬 수 있는 정전의 윤곽을 제시할 것"[10]이라고 확신한다.

『노튼 여성 문학 선집』을 자세히 들여다보자. 전문이 수록된 장편소설 중에 『제인 에어』가 384쪽을 차지한다. 반면, 진 리스Jean Rhys의 글은 3쪽에 지나지 않는다. 또한 흑인 여성의 작품들 중에서는 토니 모리슨의 소설 『가장 푸른 눈』에 무려 216쪽을 할애하여 우대하는 데 비해 린다 브렌트Linda Brent, 프랜시스 하퍼Frances Harper의 글에는 5, 6쪽 밖에 할애하지 않는 불균형을 보여 준다. 해리엇 비처 스토우 Harriet Beecher Stowe에게는 12쪽을 할당하고 있다. 결국 이 선집은 외면적으로는 장르의 다양성을 표방하고 있지만 정통 문학 장르에 대한 전통 기준을 고수하는 정전 지향적인 입장에 따라 치카노, 아시아계 미국, 토착 미국 작품을 홀대하고 있는 것이다.

이러한 선정 결과는 미국에서 1970년대와 1980년대에 주변부의 비

---

9) Sandra M. Gilbert & Susan Gubar eds., *The Norton Anthology of Literature by Women: Tradition in English* (Norton, 1985). 노튼 출판사는 영미 문학 작품들의 선집 작업을 집중 담당해 옴으로써 백인 헤게모니의 도구로서 선집들이 영향력을 발휘하게 했다. 이 선집은 총 2,457쪽이다.
10) 앞의 책, p. xxx.

판적인 목소리들이 가하는 압력을 해소하기 위한 일환으로 백인 남성, 백인 여성 중심 학계가 주변부 유색여성 작가들의 작품들을 구색 맞추기로 끼워 넣으려 했던 데서 연유한다. "다른 여성 작가들의 작품들을 동화시킬 수 있는 정전의 윤곽을 제시"하여 또 다른 중심이 되려는 일에 집착하기보다 다양한 여성 작품들이 중요하고 가치 있음을 설득하고 입증할 근거들을 구체적으로 밝혀 나가야 할 것이다.[11] 즉 문학적 질과 수준을 둘러싼 근본적인 재정의 작업에 따라 문학 영역 및 장르 전체를 새로 고려하는 작업이 필요하다.

『노튼 여성 문학 선집』이 전통적인 영미 문학의 틀 안에 있는 강단 백인 페미니스트들의 인식을 반영한다면 『나의 등이라고 하는 다리』는 그 바깥에서 '정체성', '차이', '문학', '진리', '가치' 등을 둘러싼 새로운 인식과 실천을 보여 준다. 이 선집은 학문 공동체 바깥에 위치한 여성 집단을 주요 대상으로 설정하고 기존에 문학을 정의하는 방식에 깔려 있는 편견을 넘어서기 위해 문학을 '글쓰기'로 재정의한다. 그래서 이 선집에 실리는 작품을 선별하는 기준은 소위 문학적·심미적 탁월함이나 복잡한 서술 구조가 아니라 글쓰기를 하는 주체가 공동체와 정체성과 만나게 되는 정밀한 노정이다. 이 선집은 "글쓴이들을 위한 적극적인 (공통의) 정체성을 구축하고 표현하는 자리" 혹은 "고향이나 공동체를 발견하거나 창조하는 장소들"이 된다.[12]

이미 1970년대에 『검은 눈의 수전들』[13]과 같은 흑인 여성 문학 선

---

11) Lillian S. Robinson, "Treason Our Text: Feminist Challenges to the Literary Canon", in Elaine Showalter ed., *The New Feminist Criticism: Essays on Women, Literature, and Theory* (Pantheon Books, 1985), p. 105.

12) Cynthia G. Franklin, *Writing Women's Communities: The Politics and Poetics of Contemporary Multi-Genre Anthologies* (The University of Wisconsin Press, 1987), pp. 9~10.

집들이 나온 바 있다. 그러한 작업을 바탕으로 『다리』는 흑인 여성만이 아니라 치카나, 아시아계 미국 여성을 아우르고 있다는 점에서 독보적이다. 『다리』 이후에 쏟아져 나온 많은 선집들[14]은 대체로 여전히 인종적으로 동질적인 집단만 다루고 있기 때문이다. 『다리』는 다양한 인종적 소수 집단 여성들 사이의 대화와 연대를 모색한다는 자체의 지위와 목적을 강력하고 명확하게 인식하며 그 여성들을 '유색/제3세계' 여성이라고 부른다. 미국 유색인종 여성들은 제3세계적 위치에 처해 있기 때문이다. 『다리』에 실린 글들은 미국 유색인종 여성들의 '제3세계적' 위치라는 공통성을 바탕으로 차이들을 인식하는 동시에 연대로 나아가는 과정을 보여 줌으로써 20세기 후반 미국 사회에 필요한 새로운 개별적·집단적 주체들을 생산하는 창조적인 문화 운동 양식을 예시한다.

모라가와 안잘두아는, 책머리에(3편)와 서문, 서론을 통해 이 선집의 역사, 의의와 동기를 설명한다. 『다리』는 한 편의 영원한 문학이 아니라 "역사 속 특정 순간의 결과, 과정의 결과"(38)로 제시된다. 이 선집에 글을 쓴 여성들이 보여 주는 정체성 개념은 다중적이며, 종종 전략적이고 비판적이면서도 복합적인 것으로 여러 모순을 충분히 인식하고 있다. 여러 겹의 억압에 시달리는 이들의 분열된 자아는 라캉

---

13) Mary Helen Washington ed., *Black-Eyed Susans* (Anchor Press, 1975).

14) 그 몇 가지 예를 들자면 Chung, C. A. Kim and A. K. Lemeshewsky eds., 『경계선들 사이에서 *Between the Lines: An Anthology by Pacific/Asian Lesbians of Santa Cruz, California*』(Dancing Bird, 1987); Beth Brant ed., 『혼을 모으기 *A Gathering of Spirit: A Collection by North American Indian Women*』(Firebrand, 1988); Jo Cochran & Mayumi Tsutakawa eds., 『땅을 다지며 *Gathering Ground: New Writing and Art by Northwest Women of Color*』(The Seal Press, 1984); Asian Women United of California eds., 『물결을 만들며 *Making Waves: An Anthology of Writing By and About Asian American Women*』(Beacon Press, 1989)를 들 수 있다.

식으로 본래 그런 모습이라기보다 인종, 계급, 젠더, 국가의 억압에서 비롯된다.

이들이 실험하는 글의 형식 또한 다양하다. 그것은 주류 문학사나 선집들이 비가시화해 온 문화적 차이를 직접 표현하기 위해 다양한 범주의 언어, 형식, 스타일, 목소리를 망라하면서 창조적인 글과 논쟁적인 글을 독특하게 결합시킨다. 이 선집에 실린 글들이 구현하는 새로운 가치, 문학적 질은 그동안 위대하다고 인정되어 온 기념비적 작품들이 정말로 그렇게 위대한 것이었던가를 재고하게 한다. 『다리』의 편집자 중 한 사람인 글로리아 안잘두아가 쓴 「다언어로 말하기 – 제3세계 여성 작가들에게 쓰는 편지」를 통해 안잘두아가 주장하는 새로운 가치와 문학적 질을 살펴보자.

먼저 글로리아 안잘두아는 백인 페미니즘 추종자들이 자신들의 기대와 언어에 맞춰 주기를 기대하면서 유색/제3세계 여성들을 자신들의 '대의명분'으로 채택하는 현실에 맞섬으로써 그들의 문학사에서 토큰화되지 않기 위해서(167)[15] 이 선집을 만들게 되었다고 밝힌다. 안잘두아는 미국의 여성들이 처한 현실에서 보편성을 쉽게 상정하기보다 여성들 사이의 차이를 인정하는 가운데 여성들 사이의 관계를 새로 만들어가는 제3세계 여성 주체와 글쓰기를 다음과 같이 정의한다.

우리는 아주 유사하면서도 다른, 우리가 직면한 이슈들에서는 유사하

---

15) '토큰화'란 특정 부류를 대표로 선택하고 인정해 주류에 동참시킴으로써 주류에 대한 새로운 비판적 문제제기를 무마시키는 방식을 말한다.

지만 접근법과 스타일에서는 다른 제3세계 여성 작가들이다. 우리는 글쓰기에 대한, 유색 여성의 문학에 대한 사랑을 공통으로 갖고 있다. 우리의 공통된 투쟁과 글쓰기에서 우리는 우리의 언어를 다시 주장한다. 우리는 펜을 도구로서, 무기로서, 생존 수단으로서, 힘을 끌어당기고 우리 몸들에 대한 자기 사랑을 끌고 올 마술지팡이로서 사용한다. (…) 우리의 글쓰기가 드러내는, 3중 혹은 4중의 억압을 겪고 있는 여성의 두려움, 분노, 힘은 무서울 테니 글쓰기란 위험한 것이다. 하지만 바로 그 행위 속에서 우리는 생존한다. 글을 쓰는 여성은 힘을 갖고 있기 때문이다.(163, 171)

여기서 안잘두아가 말하는 '우리'란 미국 내 유색인종 여성들 사이의 차이에서 출발하고 그 차이를 존중하면서도 백인 – 흑인 – 이성애 – 퀴어 – 여성 – 남성과 연결되고 거기에 의존하는 '우리'를 가리킨다. 그리하여 차이들로 '분리'를 일삼으며 세계를 지배했던 백인 남성 중심의 모든 면에 도전하고 그것을 넘어설, 미국의 다양한 소수자들 사이의 연대 가능성을 열어 놓는다. 그렇기 때문에 안잘두아는 주변부 정체성에서 흔히 보이듯, 억압적 제도 비판에 모든 에너지를 집중하기보다 희생자들 자신의 책임을 인식하는 가운데 원천적인 힘들을 일구어 낼 것을 역설한다. 이러한 인식 전환은 그동안의 희생자 모델에서 벗어나게 해 준다.

삶이 나의 갈증과 배고픔을 가시게 해 주지 않아서 나는 글을 쓴다. 내가 말할 때 다른 사람들이 지워 버린 것을 기록하기 위해 나는 글을 쓴다. 나에 대해, 여러분에 대해 다른 사람들이 잘못 써 온 이야기들을 다시 쓰기 위해 글을 쓴다. 나 자신과 여러분에게 더 친밀해지기 위해 글을 쓴다. 나 자신을 발견하고 보존하며 나 자신을 만들어 가서 자아의 자율성을 획득하기 위해 글을 쓰는 셈이다. 미친 예언자, 혹은 불쌍하게 고통받는 영혼이라는 나에 관한 신화를 축출하기 위해, 내가 가치 있는 사람이며 내가 꼭 해야 할 말이 허접쓰레기가 아님을 확신시키기 위해, 내가 글을 쓸 수 있으며 글을 쓸 것임을 보여 주기 위해 쓴다. 그들이 나더러 그러지 못할 거라고 훈계해도 상관하지 않고 말이다(169).

이러한 논의에 앞서 안잘두아는 "우리 책이 출간되는 것만으로는 충분하지 않다. 우리는 우리 작품을 조망할 기준과 수준을 확립하는 데 적극 개입해야 한다"(163)고 말하면서 기존 문학이 강조하던 가치와 대비되는 새로운 문학의 질을 다음과 같이 제시한다.

1. 나 자신과의 친밀성/뜻 모를 허풍과 거짓말
2. 즉각성과 직접성/거리와 의사–지성화pseudo-intellectualizing
3. 정직함과 단순함/복잡함과 세련됨, 애매모호함과 이중성
4. 상황적 진실/예술을 위한 예술의 형식, 프레임과 메타프레임들
5. 특정한 역사적 순간의 구체적인 것과 여성적인 것/보편성과 영원성
6. 반항아, 영웅, 전사 이미지/백인들에게 안전함과 편안함을 느끼도록 해 줄 상투적 이미지
7. 편린, 조각, 간극, 열림과 잠정성/완벽함과 완전함
8. 어디서건 글쓰기/자기만의 방에서 글쓰기
9. 살아남기 위한 글쓰기/아름다움을 위한 글쓰기
10. 얼마나 많이 나를 집어넣는가에 따라 결정되는 글쓰기의 의미와 가

치/몰개성, 추상화, 학문적 배움, 규칙, 지도, 컴퍼스

11. 적나라함/메마른 엘리트 지식

12. 피와 땀/수사학

여기서 오른쪽 가치들은 학계 담론이 추구하는 것이며, 왼쪽 가치들은 학계 담론에 명백하게 대항하고 학교가 자신의 글쓰기에 세뇌시킨 비밀스러운 헛소리와 의사–지성화를 폭파하는 내용이다. 이처럼 『다리』가 중시하는 피와 땀의 글쓰기에 구현되는 친밀성, 직접성, 단순함은 가짜 지성의 복잡함, 세련됨, 모호함, 이중성, 추상성을 뚫고 나가는 힘과 진실의 영역을 제시한다. 이 영역에 대한 생생한 인식은 앞에서 강조한 전통 문학 장르에 얽매이지 않고 문학을 다시 정의하는 데 소중한 밑거름이 될 것이다.

안잘두아가 강조하는 왼쪽 가치들은 피츠제럴드, 포크너, 헤밍웨이와 같은 미국 남성 작가들이 한참 활동할 때, 그들과는 전혀 다른 삶의 궤적을 그려 간 가난한 미국 백인 여성의 작품인 『대지의 딸』(1929)에서도 천명된 바 있다. 그 점에서 유색인종 여성들의 집단 서사 행위는 가난한 백인 여성의 외로운 서사 행위와 대비되면서도 연결된다고 하겠다.

『대지의 딸』이 지닌 복합적·창조적인 서술 구조에서 보았듯, 인종, 계급, 젠더의 축에서 하위에 해당하는 여성 글쓰기가 자전적이라고 해서 문학적 수준이 떨어지는 것은 아니다. 『다리』에 실린 글들도 미국 내 유색인종 여성들의 다양한 경험과 역사 사이의 상호 관계와 충돌의 복합성을 보여 주는 과정에서 독특한 형식을 구사하게 된다. 여기서 독특한 형식이라 함은 기존 정규 문학 장르와 비정규 문학 형

식들이 복잡하게 상호 교차하는 가운데 기존 장르들의 경계를 가로지르는 새로운 방식에서 생겨난다.

『대지의 딸』과 『다리』가 공통으로 갖는 주제와 형식의 새로움에도 분명한 차이가 있다. 『대지의 딸』이 제시하는 초국가적 시야에는 인종, 계급, 젠더의 축에서 하위를 구성하는 미국 남녀들과 실제 제3세계 남녀들 사이에 있는 갈등, 그리고 연대 지향이 녹아 있다. 반면 『다리』에서 미국 유색인종 여성들의 사회 문화적 위치를 '제3세계'로 표상하는 것은 상당히 비유적인 것으로 끝나고 있다. 물론 치카나, 흑인, 아시아계 미국 유색인종 여성들은 라틴아메리카, 아프리카, 아시아 대륙과 연관되고, 그런 점에서 '제3세계적' 인식과 완전히 무관하다고 할 수 없다. 하지만 '유색'과 '제3세계'를 별 구분 없이 쓰고 있는 것은 문제다.

안잘두아의 「다언어로 말하기 - 제3세계 여성 작가들에게 쓰는 편지」라는 글 제목만 보면 제3세계의 각 지역들에서 그 경험과 역사를 쓰고 있는 여성 작가들에게 말을 걸고 있다고 기대하게 된다. 그런데 안잘두아의 제3세계는 미국 유색 여성들에 국한되고 있다. 그렇다면 『다리』가 표방하는 '공통성과 차이의 문화 정치학'이 수용하는 차이들이란 상당히 제한된 것이라 하겠다. 과연 『다리』가 미국 학계 바깥으로 얼마나 멀리 나갈 수 있을 것인가?

아이러니하게도 『다리』는 학계와 운동계의 다리 역할을 하고자 스스로 거리를 두어 온 백인 남녀 중심의 학문 공동체에 의해 많은 관심과 환영을 받는 사이 전유되어 온 측면이 있다. 비단 외부의 포섭 전략만이 그러한 빌미를 제공한 것은 아니다. '유색'과 '제3세계'를 별 구분 없이 사용하는 가운데 둘 사이의 엄연한 차이와, '제3세계'의 거대하고도 다양한 사회 문화적 의미가 지워졌기 때문에 발생한 일이기도 하다. 이 점은 미국 유색인종 여성들의 문학 운동이 왜, 그리고 어떻게 대항 지구화 운동의 일환으로 자리 매겨져야 하며 자리 매김할 것인가를 묻게 한다. 이 물음에 대한 답을 다음 논의에서 찾아보자.

08

미국 문학 속에 등장하는
아시아계 미국인의 형상들

01 남북 전쟁 탈영병과 하위 주체들의 만남: 『콜드 마운틴』(1997)

미국 남부 백인 남성인 찰스 프레지어의 첫 번째 작품 『콜드 마운틴』[1]은 대중소설로 출간되었다가 대학 강단에서 많은 관심을 받은 특이한 경로를 밟았다. 찰스 프레지어는 1950년 노스캐롤라이나 애쉬빌Ashevill에서 태어나 1973년에 노스캐롤라이나 대학을 졸업한 뒤 사우스캐롤라이나 대학에서 1986년에 영문학 박사 학위를 받았다. 『콜드 마운틴』은 작가의 고향이기도 한 노스캐롤라이나 및 사우스캐롤라이나 지역을 다루고 있는 '지역 소설'로 분류할 수 있다.[2]

『콜드 마운틴』은 남북전쟁의 마지막 해에 프레데릭스버그Fredericksburg 전투에서 목을 다친 인먼Inman이 군 병원에서 회복하는 장면에서 시작된다. 인먼은 무의미한 살육을 치를 만큼 치렀다고 보고 탈영해 고향 콜드 마운틴을 향한다. 그리고 고향으로 걸어 돌아가면서 해체 중인 남부 사회에서 다양한 층위의 사람들을 만나 끔찍한, 또는 고마운 경험을 한다. 전쟁 동안 각자의 길을 가던 인먼과 연인 아다Ada는 작품 마지막에서야 만난다. 작품의 각 장에는 일련 순서가 없으며 각 장의 한 구절이 장의 제목을 이룬다.

백인 하층계급의 탈영병이 고향으로 돌아가는 중에 탈영병, 체로키 인디언, 농촌 여성, 집시, 사냥꾼, 장사꾼, 순회 극단원 및 음악인들과 같이 성, 계급, 인종적으로 하위에 속하는 사람들[3]과 만나고 헤어

---

1) Charles Frazier, *Cold Mountain* (New York: Atlantic Monthly Press, 1997). 1997년에 간행된 이 작품은 그해 전미 도서상National Book Award을 받았다. 이후 이 책에서의 인용은 본문에 쪽수만 표기하며, 나의 번역임을 밝힌다.

2) 최근 미국 소설의 동향을 포스트모던 계열, 더티 리얼리즘dirty realism, 지역 소설로 분류한 박인찬, 「최근 미국 소설의 지형도: 백인 작가들을 중심으로」, 『안과 밖』 22권 (2007년 상반기), 283~292쪽 참조.

지는 과정이 작품의 주요 플롯이다. 그러한 만남을 통해 그려지는 하위 주체들의 미시적 움직임은 미국 주류 역사 속에 파묻혀 있던 주변부의 이질적 존재를 드러낸다.

『콜드 마운틴』은 남북전쟁 당시의 공식 역사가 간과하고 침묵시킨 하위 주체들을 전면에 내세워 그들 사이의 차이와 관계를 다룬다. 그러기 위해 작가는 전쟁 영웅 오디세우스가 아내 페넬로페가 있는 집으로 돌아오기까지 겪는 온갖 무용담을 담은 『오디세이*Odyssey*』의 구조를 따른다. 그러면서도 그러한 서구 정전의 구조를 변형·확장하고 있다. 『콜드 마운틴』은 전쟁 영웅과는 거리가 먼, 평범한 백인 하위 주체 반反영웅 남성이 작은 농촌 마을의 연인에게 돌아가는 구조를 택하되 고향에 남은 여성의 삶에 똑같은 비중을 두고 각 장을 번갈아 서술하는 방식을 취한다.

이 서술 구조에 따라 『콜드 마운틴』은 자유와 지배, 평등과 차별, 탈식민과 식민이라는 가치 지향 사이에서 모호함과 이중성으로 점철되는 미국 정전 문학과 달리, 대지와 땅에 뿌리박은 명쾌하고 직접적인 세상을 보여 준다. 그러면서 전쟁에서 드러난 미국 자본주의의 제국주의적 남성주의를 비판하고 있다. 그리하여 이 작품은 백인 엘리트 남성의 경험과 세계관 중심인 정전의 원리를 바꾸어 낼 새로운 기준과 가치를 제시하고자 한다. 그렇다면 그 새로운 내용은 7장 2, 3절에서 논의한, 학계 바깥에서 모색되는 가치 기준과 이어지는 셈이다.[4]

---

3) 이와 같은 부류의 사람들을 다양한 민중이나 하층 사람들이라고 하기보다 '하위 주체subaltern'라고 부르는 것은 그들에게 상정되는 일원화된 동질성과 통합성에 반대하고 성, 계급, 인종적으로 다양한 존재들의 이질성, 유동성, 혼성성을 부각하기 위해서다.

4) 반면,『콜드 마운틴』의 국내 번역서(이은선 옮김, 『콜드 마운틴의 사랑』 1, 2권, 문학사상사, 1998)는 이 작품의 의미를 남북전쟁 중에 피어난 러브스토리로 국한하고 있다.

월러스틴Wallerstein이 오래 전에 지적하였듯, 자본주의 경제는 주변부 인종·국가들과 농업의 식민화, 주변화, 착취에 근거한 세계 체계이고, 미국 자본주의도 그 일환이다. 남북전쟁이야말로 농업과 공업 사이의 식민 구조가 미국 내부에 정착되도록 하는 결정적 계기였다. 노예해방을 통해 흑인의 자유와 인권을 보장한다는 것은 표면적인 목적에 불과했고 노예 농업과 성장하는 산업자본주의 체계 사이의 갈등과 모순을 은폐하는 것이 그 본질이었다. 결국 전쟁은 북부 산업주의의 승리로 귀결됨으로써 남부 농업 문화 세계는 역사의 뒤안길로 사라지게 됐다.

이후 미국 자본의 성장, 혹은 축적의 내적 논리는 그 힘과 권력을 전 지구적 삶으로 확장해 나간다. 이러한 미국 자본의 공격 앞에 백인 남녀 농민, 토착 미국인, 집시, 하층 백인 남성 병사들은 압도되고 비가시화되면서도 각기 특이한 방식으로 지역 공동체에서 저항해 왔다. 이 가려진 면면을 세밀하게 포착해 내는 『콜드 마운틴』은 미국 남부의 자연과 미국 자본주의의 제국주의적 식민화의 강력한 기제였던 '전쟁'을 새로운 시선으로 다루고 있는 셈이다.

『콜드 마운틴』은 남북전쟁으로 전통적 미국 남부 노예 농경 사회가 해체되어 가는 시점에서 그동안 고정되어 있던 성, 계급, 인종 사이의 경계선이 풀리고 느슨해지는 가운데 새로운 주체들이 만나고 접촉하는 세계를 보여 준다. 남북전쟁이라는 역사적 사건을 주도한 남부 인물들인 노예 소유주, 혹은 노예제도 옹호론자나 전쟁 영웅들은 거의 나타나지 않는다. 대신 탈영병, 스위머Swimmer를 비롯한 토착 미국인, 백인 소농 농부들(스왕거Swanger 부부), 백인 중산층 목사(비시Veasey), 황인종 노예, 흑인 하녀를 사랑한 농장주 출신 행상꾼(오델Odell), 흑인 창녀들의 포주 주니어Junior, 결혼 제도를 벗어나 유랑하며 술과 음악으로 사는 스토브로드Stobrod, 남부 수비대 소년 티그Teague 등 다양한 형태의 하층 남성 인물들로 넘친다.[5]

남북전쟁 당시 흑인 노예 인구는 남부 전체 인구의 10퍼센트였다. 이 작품의 배경인 노스캐롤라이나 서쪽 지방의 흑인 노예 비중은 6.7퍼센트였으며 인먼의 고향 헤이우드Haywood는 4퍼센트도 되지 않았다.[6] 큰 농장의 노예 소유주나 전쟁 영웅은 노예제도 존속에 사활을 걸었는지 모르지만, 대다수 남부 사람들은 고향을 지키기 위해 전쟁에 자원하여 나가 싸웠던 것이다.[7] 이러한 배경에서 인먼에게 인종차별 의식[8]은 거의 없었다. 인먼은 전쟁 전에도 흑인들과 접촉이 없었고 집으로 돌아가던 중에도 흑인 노예들과는 만나지 못한다. 남부군에 입대하지 않은 흑인 노예들이라면 숨어 다닐 테니 만날 수가 없다.

---

5) 작가는 남부 사회에 새로 구성되는 다양한 주체들의 개연성을 확보하고 지금과는 아주 다른 그 시대를 전달하기 위해 역사적 배경을 탐사하는 데 많은 노력을 기울였다. 작가는 노스캐롤라이나 및 사우스캐롤라이나의 지형들, 농업 및 농장 생활의 습관과 일정, 노예제도에 관한 남부 사람들의 견해 등에 관한 자료들은 물론 남부 여성들의 변화를 일러 줄 여성들의 편지와 일기 등을 섭렵했다. 또한 실제 탈영병이었던 증조부에 관한 짤막한 이야기에서 '인먼'이라는 인물을 창조하되 그 개연성을 확보하기 위해 치밀하게 역사적 자료를 탐색하였다. 작가와의 인터뷰 내용을 게재한 인터넷 자료 (http://readinggroupguides.com/guides/cold_mountain-author.asp#interview) 참조.

6) Ed Piacentino, "Searching for Home: Cross-Racial Boundary in Charles Frazier's *Cold Mountain*," *Mississippi Quarterly* 55.1 (Winter2001/2002), pp. 101~102.

7) 「그 일을 하기the doing of it」에서 염소 할머니가 인먼에게 "내로라하는 사람의 검둥이the big man's nigger"를 위해 싸운 것이냐고 묻자 아니라고, 자신은 노예를 소유하지 않았고 노예를 소유했던 사람들을 알지도 못한다고 답한다. 그런데 왜 죽음을 감수하면서까지 싸우게 되었냐고 할머니가 묻자 "우리 중 많은 사람들이 고향을 침입한 자들을 쫓아내려고 싸우러 갔다고 생각해요" (275)라고 대답한다.

8) 주로 백인 남성 노동자들로 구성된 〈KKK〉단과 같은 극렬한 인종차별주의 단체의 배경에는 남북전쟁 후 재건 시기에 새로운 지배 계층이 헤게모니를 잡기 위해 성, 계급, 인종적 하위 주체를 서로 분리시키려는 이데올로기적 조작이 버티고 있었다.

그는 전쟁 전에 체로키 인디언 스위머와 알고 지냈고 전쟁 중에도 토착 미국인들이나 황인종 노예만을 만날 뿐이다.[9]

작품의 서장에 해당되는 「까마귀의 그림자the shadow of a crow」에서는 인먼이 체로키 친구 스위머와의 경험을 회상하는 대목이 나온다. 거기서 백인 하위 주체 남성이 토착 미국인에게 품을 법한 잘난 척하는 태도나 편견 같은 것은 나타나지 않는다. 인먼이 스위머를 처음 만난 것은 카탈루치Catalooch에서 인먼과 함께 왔던 백인 남자들 무리가 암소 떼에 풀을 먹이고 있던 땅(발삼Balsam 산 근처)에, 코브 크릭Cove Creek에서 온 체로키 남자들이 합류하면서였다.[10] 이때 백인 하위 주체 남성들은 토착 미국 남성들과 평화롭게 소 떼에 풀을 먹이고 저녁에는 같이 밥을 지어 먹고 술을 마시고 게임을 하면서 평등하게 지낸다. 이들은 자연스럽게 소통을 하면서 유대감을 형성할 수 있었다. 이렇게 공유하는 자급적 삶의 바탕 때문에 토착 미국 남성들에 대한 인먼의 태도는 그들을 '고상한 야만인'으로 미화하는 인종차별주의와 거리가 멀다.

전쟁 중에 만난 쇼 단원, 노숙자, 아일랜드 집시 장사꾼 등은 사기를 치기도 하고 음식을 훔치기도 하지만 인먼에게 음식을 나누어 주고 잠자리도 제공한다. 인먼은 그들에게 혈연 같은 감정을 느낀다. 인

---

9) 찰스 프레지어의 두 번째 작품 『열세 개의 달Thirteen Moons』(2006)은 오클라호마로 추방되기 직전과 추방 과정, 그 이후의 체로키 인디언들과 만난 백인 남성의 이야기를 그리고 있다.

10) 이렇게 떠돌아다니는 체로키 인디언들은 19세기 중반까지 미국 정부가 집요하게 꾀하여온 인디언 분리 정책을 거부하는 무리들로, 인디언 중에서 하위 주체에 속한다. 미국의 인디언 추방 및 분리 정책에 동조하는 엘리트 인디언들의 움직임과 병행하는 미국의 법 정책에 관한 흥미로운 논의로는 Mark Rifkin, "Representing the Cherokee Nation: Subaltern Studies and Native American Sovereignty", *boundary 2* 32.2 (2005), pp. 47~80 참조.

먼이 만난 또 다른 인종의 남자는 황인종 노예[11]다. 이 황인종은 미국 동서 횡단 철도 건설이 한창일 때 미국으로 이주해 와 남부 농장에서 일하게 된 아시아 출신 노동자로 보인다. 「싸움닭처럼 사랑하기to love like a gamecock」에서 악한 주니어가 쳐 놓은 함정에 빠져 구사일생으로 목숨을 건진 인먼은 지치고 약해져 유령처럼 보일 지경이었다. 이때 황인종 노예는 인먼에게 멜론을 주고 수레를 태워 주며 주인 농장에 데리고 가 헛간에 숨겨 주며 음식도 준다. 게다가 이 노예는 서쪽 길은 위험하니 일단 북쪽을 향해 돌아가도록 중요한 충고를 조심스럽게 해 주며 먹을 음식과 지도까지 챙겨 준다. 타인종에 대한 편견이나 의심 없이 도움이 절실히 필요한 인간을 따뜻한 배려와 친절로 대하는 이 노예에게 힘을 얻은 인먼은 결국 고향으로 돌아갈 수 있었다.

『콜드 마운틴』에서는 남부 사회의 극히 일부에 지나지 않는 상층의 엘리트 남성들이나 대규모 농장주 남성과 분명한 차이를 가지고 있었던, 광범위한 층위에서 하위 주체로 구성되어 가던, 다인종 다문화적 남성들의 혼성적이고 유동적인 위치를 보여 준다. 그 이질적이고 복잡한 위치에서 간혹 서로 도움을 주고받음으로써 힘을 얻는 관계들이 맺어지고 있다. 적어도 이 관계들에서는 남성주의적 측면을 찾아보기란 힘들다. 이러한 양상은 여성, 자연, 이민족에 대한 식민화를 기반으로 약탈과 전쟁을 일삼는 남성주의적 자본주의 구조에 맞설 수 있는 저항적 유대의 가능성을 열어 준다.

---

11) 사실 아시아 대륙에서 온 이 남자는 노예 신분은 아니었다. 하지만 백인들 눈에 유색인종은 흑인과 같은 노예로 보였을 것이다.

이 가능성에 이 작품의 귀결점이자 중심축인 백인 하위 주체 여성들은 어떻게 연관되는지 살펴보자. 『콜드 마운틴』에는 전쟁 중에 하위 주체가 된 아다를 비롯해 루비, 사라, 염소 할머니 등 19세기 중반 미국 남부 사회의 격변 속에서 새로 형성되었을 법한 하위 주체 여성들이 등장한다. 이들은 말없는 비가시적인 존재가 아니라 변화해 가는 역사와 자연 속에서 주체적으로 행동하는 여성들이다.

「그녀 양손 아래의 땅the ground beneath her hands」에 그려지듯, 아다는 예술(그림과 피아노), 정치, 문학 분야에서 상당한 교육을 받으며 아버지의 지적ㆍ정신적 동반자이자 활발하면서도 섬세한 딸로 자라난다. 6년 전에 건강 때문에 콜드 마운틴을 끼고 있는 블랙코브Black Cove로 이사 와서 목회 일을 하던 아버지가 갑자기 죽고, 아다는 농장을 떠맡게 된다. 농장을 관리할 지식은 물론 음식을 만들 줄도 몰라 굶어 죽을 상황에 내몰린 아다는 "삶에 노출된 인간 존재한테 요구되는 것들이 있기 마련인데 인간이 어떻게 이보다 더 비실용적으로 키워질 수 있담?"(22) 하고 자문한다. 농장을 생계 수단이 아니라 일종의 이상향처럼 대했던 아버지[12]가 죽고 농장에 홀로 남게 된 아다는 "자급의 기술"(the craft of subsistence, 23)에 전혀 준비가 되어 있지 않은 자신의 현실을 인정하게 된다. 거기서부터 아다의 자급적 주체화가 시작된다.

아다는 자신을 도와주러 온 루비에게서 삶에 필요한 자급적 기술들을 하나씩 익혀 나갔고 도시의 지식이나 교양을 환기하는 책들이나

---

12) "아버지는 많은 힘들고 지겨운 농사에 별 관심이 없었다. 사료용 옥수수와 식량을 살 돈이 있는데 뙤약볕 아래 땀 흘려 가며 농사지을 필요가 있느냐, 베이컨과 고기를 살 돈이 있는데 귀찮게 돼지를 키워야 하느냐는 것이 아버지 생각이었다."(23)

피아노 연주, 그림 그리기가 아니라 자연 세계의 동식물로 시선을 돌렸다. 아다는 루비에게 농장 일을 배우고 함께 농장 일을 해 나가는 과정에서 먹고사는 것 자체가 몹시 힘든 일임을, 루비 같은 하위 주체 여성들이 내내 익히고 깨쳐 온 자급적 기술들과 살아 움직이는 자연 세계의 다양함이 삶의 기본임을 알아 간다. 그리하여 아다는 자연 세계와 더 많이 접촉하고 더 많이 알아 가면서 인간과 자연 사이의 상호 작용을 체득해 간다. 이러한 변화는 아다의 자급적 주체화 과정에서 핵심이며, 이는 루비의 도움이 없었더라면 불가능했다.

루비는 어머니도 없이, 또 떠돌아다니는 아버지에게 제대로 보살핌도 받지 못한 채 숲, 강으로 먹을 것을 찾아다녔다. 덕분에 열 살 때는 근방 산의 모든 지세를 속속들이 알 만큼 자연과 함께 하는 삶을 살아 왔다. 루비는 교육이라고는 받은 적이 없지만 자율적이며 독립적이다. 루비는 아다와 처음 만난 자리에서 "난 일꾼이나 하녀로 일해 본 적 없거든요. 그런 일들에 대해 좋은 소리라고는 들어 본 적도 없고요. (…) 말했다시피 난 돈을 받고 일해 줄 생각은 없어요. 자기 요강은 각자 알아서 치워야죠."(52)라고 똑 부러지게 의사를 밝힌다. 말하자면 루비는 평등하고 자율적인 관계를 요구하고 있으며, 아다는 그 요구를 공평하다고 보아 수락한다.

블랙코브로 옮겨 온 루비는 스스로 알아서 일을 한다. 그래서 "어쩌다 아다가 끼어들어 주인처럼 명령을 내리면 루비는 날카로운 눈빛으로 아다를 쏘아보다가 하던 일을 계속하곤 했다. 그때 루비는 자신이 한순간 사라지는 아침 안개처럼 가 버릴 수도 있다는 표정을 지었다."(80) 루비는 그저 묵묵히 일을 하는 수밖에 없다고, 겨울을 이기고 살아남을 수 있도록 힘을 길러야 한다고, 그래서 "씨를 뿌리다, 괭이질하다, 베다, 통조림으로 만들다, 먹이다, 죽이다" 등 지겹도록 동사들만 말한다. 매일 밥을 먹고 삶을 유지하는 것 자체가 얼마나 힘든 일인가를 아다에게 일러 주려는 듯, 루비는 머리가 잘려 피 흘리는 닭을 가리키며 "저게 당신을 먹여살리는 거야"(That's your sustenance there, 80)라고 말한다.

루비는 특이하게, 돈이 아니라 물물교환에 대한 믿음, 점성술과 같은 민간 전통에 대한 근거 있는 믿음, 책에서 얻은 지식과는 다른 종류의 박학함 등을 지녔다. 루비는 "항상 주변 사람들에게서 물건을 샀고 아무리 좋은 시절이라고 하더라도 돈이라는 것에 의혹을 품었다. 사냥하고, 채집하고, 식물을 심고 곡식을 수확하는 일이 지니는 견실함과 대조할 때 특히 그랬다."(73) 아다는 화폐경제에 속박되지 않고 사용가치에 기반을 둔 교환 원리를 이해하기는 힘들었지만 그것이 돈의 압박에서 해방되는 느낌을 주어서 좋다고 생각한다.

루비에게는 농사일뿐만 아니라 비실용적인 분야, 예컨대 쓸데없는 동식물의 이름과 생존 방식에 대해서도 알고 있는 것이 굉장히 많아 조그만 생물 이야기를 끊이지 않고 한다. 예컨대 돼지풀 줄기에 붙어 있는 버마재비, 인주솜풀 이파리로 작은 천막을 만들어 놓고 붙어 있는 조명충나방, 실개울 바위 밑에서 다정하게 웃고 있는 줄무늬와 점박이 불도마뱀, 죽어 가는 나무의 축축한 껍질에서 자라는 작고 복슬복슬하고 독이 있는 암갈색 식물과 곰팡이, 나뭇가지나 돌멩이나 풀잎에 집을 짓고 혼자 사는 유충, 곤충, 벌레 등 자연이 잉태한 모든 생명에 관심을 가지고 움직임을 알아보고 즐거워한다. 자연과 생물에 대한 다양한 지식을 어떻게 얻게 되었느냐고 아다가 묻자 루비는 이렇게 대답한다.

마을 사람들이 일하는 모습을 할머니와 지켜보다 루비가 질문하면 대답하는 식으로 이야기를 나누던 중에 알게 된 지식이라고 했다. 루비는 스왕거 아줌마가 아주 평범한 잡초들에 이르기까지 많은 것들의 이름을 수없이 많이 알고 있다고, 아줌마 일을 도와주다가 얻은 지식도 많다고 했다. 하지만 세상 논리가 작동하는 방식에 대해 자기 마음속으로 이리저리 궁리하다가 얻게 된 지식도 좀 있다고 했다. 결국 대부분은 주의 깊게 관심을 기울인 덕분이었던 것이다.(106)

루비는 미국 남부 하위 주체 중의 하위 주체 여성으로, 어릴 때부터 자연 속에서 체득한 생존 기술과 지식을 자급적 생산과 농장 운영에 활용했다. 아다는 전쟁 중에 하위화의 과정을 겪지만 루비의 기술과 지혜를 배워 감에 따라 자급적 주체가 되어 간다. 두 사람은 유대와 협력으로 해체되어 가던 남부 사회를 지속가능하게 하는 원천과 장소를 제공하고 있다.

아다와 루비의 유대로 가능했던 자급적 주체화는 여성들만의 공동체에 머물지 않는 친절과 환대로 확대된다. 두 여인의 친절과 환대는 이웃 테네시 주에서 도망친 피난민 여자들과 아이들에게로 향한다. 아다와 루비는 복수와 약탈을 일삼는 북군, 집을 잃고 고난을 겪는 여자들과 아이들한테 잠자리와 음식을 제공하며 동행한 흑인 노예들에게도 그렇게 한다. 또한 에필로그에서 보듯, 아다와 루비의 여성 공동체에 인먼, 스토브로드와 조지아 소년까지 합류한다. 아다는 딸을 낳고 루비는 세 아들을 낳는다는 작품의 에필로그는 남부 사회의 자급 공동체가 확장될 가능성을 암시한다. 아다와 루비의 자급적 지역 경제와 공동체는 미국 자본주의의 식민화 공략에 맞선 하위 주체들의 저항성을 구현한다.

『콜드 마운틴』에서 타인종 여성들은 아다와 루비의 삶의 반경에 들어오지 못한다. 블랙코브를 중심으로 그곳에 밀착되어 사는 아다와 루비의 정황이 타인종 여성들과 접촉할 수 있는 기회를 제한했기 때문일 것이다. 대신 고향으로 돌아오기 위해 이동하는 인먼은 작품의 첫 대목에서 악한들에게 쫓기는 인먼의 부탁을 받고 위험을 무릅쓰고 강을 건너게 해 주는 인디언 소녀, '빛나는 돌'의 전설을 이야기하는 체로키 여성, 흑인 여성 루신다, 흑인 창녀들과 마주친다. 하지만 그저 스쳐 지나가는 정도다. 백인 하층 남성인 인먼은 당시 유색인종 여성과 접촉하면서도 제한된 느낌과 생각을 가질 수밖에 없었다.

그렇지만 『콜드 마운틴』에 그려진, 자연과 함께 하는 인간 삶의 기술들과 지혜를 갖춘 두 백인 여성의 삶은 자연과 전쟁의 역사 속에서 비가시화되어 온 하위 주체 여성들의 자급 노동/생존 능력, 주체성을 재현한다. 거기서 구현되는 '자급의 가치' 야말로 미국을 넘어 전 세계 하위 주체 여성, 나아가 하위 주체 남성들을 서로 연대할 수 있게 하는 원천이다. 또한 지금도 곳곳에서 벌어지고 있는 약탈 전쟁을 이겨 낼 수 있게 하는 힘일 것이다. 다음으로 이 작품에서 황인종 노예라 불렸던 사람의 후손이라 할 수 있을, 일본계 이민 2세인 존 오카다 John Okada가 경험한 전쟁은 어떤 것이었는지 일본계 미국 남성의 시선으로 그려 낸 작품을 통해 보도록 하자.

02 세계대전 참전을 거부한 일본계 미국 남성의 고뇌: 『노 노 보이』(1957)

존 오카다가 경험한 전쟁은 제2차 세계대전이다. 아메리카 대륙에 이민 온 일본계 사람은 '니케이Nikkei'라고 불렸다. 주로 1885년에서 1924년 사이에 이민 온 이민 1세대는 '이세이Issei', 1920년대 이후에 태어나 2차 세계대전 시기에 사춘기나 성년기에 진입하는 이민 2세대는 '니세이Nisei', 전후에 태어난 이민 3세대는 '산세이Sansei'라고 한다. 일본계 이민자들 중에서 니세이는 2차 세계대전 중 일본의 진주만 공격 이후 수용소에 갇히고 미군으로 참전하는 경험을 함으로써 인종 문제와 국가 개념을 심각하게 재고하게 된다. 특히 니세이들은 일본계라는 한정사가 따라 다니더라도 스스로를 최소한 미국인이라고 생각하고 있었는데, 강제로 수용되는 경험을 겪으면서 엄청난 충격과 상흔을 가지게 된다.

존 오카다는 바로 이 니세이 세대에 속한다. 따라서 『노 노 보이』에 그려진 니세이를 통해 일본계 미국인의 정체성을 탐구할 수 있을 것이다. 존은 1923년에 워싱턴 주 시애틀에서 태어났다. 존의 가족은 1942년에 미니도카Minidoka 수용소에 감금된다. 존 오카다는 제2차 세계대전 때 미 공군에 복무하였고 전쟁 후 워싱턴 대학 영문과에서 학사 학위를, 컬럼비아 대학원 영문과에서 석사 학위를 받는다. 컬럼비아 시절에 도리스를 만나 결혼하며 1957년에 『노 노 보이』를 완성해 찰스 터틀Charles Tuttle 사에서 출간한다.

오카다의 유일한 작품인 『노 노 보이』는 일본계 미국 공동체에서도 거의 아무 관심을 받지 못한 채 묻혀 있었다. 아시아계 미국 문학의 선두주자였던 중국계 미국 작가 프랭크 친Frank Chin이 『노 노 보이』를 읽은 후 작가를 찾아 나섰으나 불과 몇 달 전인 1971년에 오카다가 심장마비로 죽었다는 사실을 알게 된다. 프랭크 친은 오카다의 선구적인 작품 세계를 "1957년에 오카다는 지금의 아시아계 미국인들이 말하기는커녕 생각하기조차 두려워하는 것들을 다 말했다"[13]고 평가한다. 아내 도리스가 오카다의 두 번째 소설 원고를 불태워 버렸다는 소식을 듣고 프랭크 친은 아쉬움을 금하지 못한다.

먼저 이 작품 제목이 무엇을 의미하는지부터 살펴보자. 그러기 위해서는 일본의 진주만 공격(1941년 12월 7일)과 관련된 역사적 사실을 먼저 알아야 한다.[14] 진주만 공격이 있은 지 몇 달 후 의회 압력에 시달리던 루스벨트 대통령은 '명령 9066호'를 발동한다. 이 명령은 워싱턴, 오리건, 캘리포니아, 애리조나 주 남단에 살고 있는 일본계 미국인 만 2천 명을 감시하기 위하여 열 개의 캠프에 나누어 일본계 미국인들을 집단 수용하는 내용을 골자로 한다. 일본계 미국인들의 수난은 아시아계 이민자로서 힘들게 몇 십 년 동안 구축해 놓은 새 거주지를 강제로 떠나 감시초소 아래 집단으로 수용되는 것으로 끝나지 않는다. 1943년에 일본계 남성들은 '미국에 대한 충성심을 확인하는

---

13) 1976년에 워싱턴 대학 출판부에서 나온 『노 노 보이』의 후기 중 254쪽. 이후 이 책에서의 인용은 본문 중에 (쪽수)로 표기한다.
14) 『노 노 보이』의 서문은 이날을 다음과 같이 묘사하며 시작된다. "그날을 시작으로 미국의 일본인들은 자신들이 어찌할 수 없는 갈색성browness과 가느다란 눈 때문에, 다른 족속의 동물이 되고 말았다. 자세히 보면 그 눈이 그다지 가느다란 것도 아닌데 말이다. (…) 그 순간 일본과 관련된 모든 것과 모든 사람은 경멸스러운 것이 되고 말았다." 프랭크 친이 후기에서 자주 쓰는 '황색'은 여기의 '갈색성'을 수정하고 있는 셈이다.

질문서Statement of United States Citizenship of Japanese Ancestry' 에 답해야 했다. 그중 27, 28번 문항 모두에 "아니No"라고 답한 이들을 칭하는 말이 "노 노 보이"다.

27번 문항은 "당신은 어디에 배치되건 전투 임무에 따라 미국 군대에 기꺼이 복무하겠는가?" 였고, 28번 문항은 "당신은 미국에 무조건적 충성을 맹세하고 외국군이나 국군에 의한 어떠한, 혹은 모든 공격에서부터 미국을 충실하게 수호할 것이며, 또한 일본 천황은 물론 어떤 외국 정부, 권력이나 조직에 어떤 형태로건 결코 충성하거나 복종하지 않을 것인가?" 였다. 이 질문에는 미국 땅에서 살기 위해 애써 왔던 일본계 미국인들[15]을 '적'으로 취급하여 강제 수용해 놓고는 미군 병사가 되어 일본에 대항하여 싸우는 미국 시민이 되라고 하는 모순된 태도가 역력하다.

일본계 미국 남성들의 '반쪽 미국성'을 부정하기도 하고 이용하기도 한 미국 국가권력은 거기에 저항한 '노 노 보이'들을 수감시킴으로써 역사의 폭력을 행사한다.[16] 미국 사회의 편견과 불합리한 인종차별 때문에 캠프 수용과 감옥 생활이라는 이중의 수난을 겪은 후 고향에 돌아온 "노 노 보이"의 심경은 이 3인칭 소설의 주인공인 이치로 야마다Ichiro Yamada의 말에서 알 수 있다.

납득할 수가 없어요. 처음에 그들은 우리를 서부 해안에서 쫓아내 캠프

---

15) '일본'과 '미국' 사이에서 미국적인 것을 수용해 거기에 동화하고 순응하는 정서를 그리고 있는 작품으로는 Monica Sone, *Nisei Daughter* (Seattle:University of Washington Press, 1979)를 들 수 있다. 1957년에는 이 정서가 일본계 미국인 사이에 지배적이었다.

16) 박진임, 「존 오카다의 『노 노 보이』에 나타난 일본계 미국인의 어두운 자화상: 아시아계 미국 문학의 특수성에 대한 한 고찰」, 『현대 영미 소설』 제10권 2호(2003), 16쪽 참조.

에 보냈거든요. 우리는 신뢰해도 될 만큼의 충분한 미국인이 아니라는 거지요. 그 다음에는 징집을 하는 거예요. 쓰러렸지요. 화나고 비참했어요. 많은 사람들이 군에 갔어요. 나는 거부했지요.(152)

오카다는 미 공군 비행기를 타고 일본군들에게 항복하라고 일본어로 권고하는 일을 했기 때문에 미국 정부의 요청에 순응했던 "예스 보이"에 속한다. 오카다가 이치로라는 인물을 그려 낼 수 있었던 것은 실제로 두 문항의 요구를 거부하고 2년 동안 감옥 생활을 했던 하지메 짐 아쿠추Hajime Jim Akutsu라는 친지의 개인사 덕분이었다.[17]

일본계 – 미국인이라는, 하이픈으로 연결된 이중적 · 혼종적 주체의 중간자 위치는 둘 다이면서 둘 다가 아니다. 작가는 이치로를 통해서 공공연한 국가 폭력에 배반당한 '반쪽 미국인'의 심경과 처지를 잘 드러낸다. 오카다는 미국 역사의 격심한 모순을 견디고 살아남아 그 모순을 증언하는 이치로라는 인물을 창조함으로써 공공연히 인종차별을 했던 시대를 고발하고, 반복되어서는 안 되는 과거를 기억하라고 촉구한다.[18] 하지만 그 역사가 진정 새로운 것이 되려면 이치로의 어머니를 비롯해 일본계 미국 여성의 말과 경험이 제자리를 찾아야 한다.

이치로가 거부한 길을 택한 참전 퇴역 군인인 겐지Kenji는 "메달, 차, 연금, 그리고 심지어 교육까지" 받게 된 것을 좋아하기보다 "단순히 총대를 맸다는 것만으로 그게 괜찮은 거야?"라며 미국 사회의 인종차별과 모순을 비판한다.(86) 겐지와 이치로의 행적은 대조적이지

---

17) http://goldsea.com/Personalities/Pigs/okadaj.html
18) 박진임, 17쪽.

만 전쟁을 통해 역력히 드러난 불합리한 미국의 모순을 비판한다는 점에서는 같은 선상에 있다. 그런데 작가는 이치로가 아니라 겐지를 통해 다른 세상에 대한 염원을 전한다. 겐지는 "내가 어디로 가든지 축배를 들어 줘. 거기에 일본인이나 중국인, 유태인, 흑인, 프랑스인, 폴란드인 등이 없게 해 줘. 단지 사람들만 있게 해 줘"(165)라고 토로한다.

겐지가 말하는 '인종은 없고 사람들만 있는 곳'은 궁극적으로 미국이 추구하는 이상향이다. 그곳은 좀 더 엄밀히 말하자면 '인종, 계급, 젠더 차별이 없는, 사람들만 있는 곳'이다. 다른 세상을 지향하는 아시아계 미국 여성이 자신의 정체성을 탐색하는 과정을, 『여성 전사』를 통해 살펴보자.

03 언어로 싸우는 중국계 미국 여성의 태평양 횡단 서사: 『여성 전사』(1975)

『노 노 보이』보다 20년 후에 나온 『여성 전사』[19]는 1960년대 말 이후 미국에서 활발하게 펼쳐진 에스닉 민족주의 운동을 배경으로 태어났다. 이 작품은 두 가지 측면에서 이정표가 된다. 첫째, 남성 작가들의 독무대였던 아시아계 미국 문학 구성체에서 아시아계 미국 여성들이 침묵을 깨고 인종차별과 젠더 차별의 이중 억압을 알리는 첫 성공

---

19) Maxine Hong Kingston, *The Woman Warrior: Memoirs of a Girlhood Among Ghosts* (Vintage Books, 1975). 이 책에서의 인용은 본문 중에 쪽수를 표기하기로 한다. 번역은 내가 한 것이다.

적인 시도였다. 둘째, 이 소설을 기점으로 이민 1세대 작가들 중심의 문학 활동이 좀 더 미국화된 1.5세대와 2세대(어린 나이에 부모를 따라온/ 미국에서 태어난) 작가 중심으로 옮겨 감으로써 아시아 문화와 미국 문화라는 두 상반된 문화 사이의 중간자 혹은 매개자 위치에 대한 본격적인 탐색이 시작되었다.

저자 킹스턴은 캘리포니아 주 스톡튼Stockton 태생으로 중국 광저우에서 1924년에 미국으로 이민 온 집안의 8남매 중 처음으로 미국에서 태어난 자녀였다. 킹스턴은 버클리 대학 영문과를 졸업했으며 지금은 명예교수로 있다. 킹스턴은 『여성 전사』에 이어 발간한 『중국 남자들China Men』로 1981년 전미 도서상을 받았다.

『여성 전사』는 캘리포니아의 미국 문화와, 고모, 이모, 어머니, 전설 속의 화무란Fa Mu Lan,[20] 중국 역사 속의 채연[21] 등의 중국 문화 사이에서 2세대 아시아계 미국 여성이 펼치는 정체성의 탐색 과정을 그리고 있다. 아시아계 미국 여성의 위치에서 말하고 글을 쓰게 하는 복잡한 사회 문화적 조건들은, 여러 차이 중 젠더 차이만 강조하는 백인 여성의 글쓰기와는 분명 다른 면모를 보여 줄 것이다. 그 면모는 작품 내용뿐만 아니라 장르에 대한 실험과 변형으로 수행된다.

미국의 주변부 유색 여성들은 자기 삶에 대해 말하고 글쓰기 위해 자전적 장르를 즐겨 써 왔다. 그런데 자전적 장르에 대한 일면적 이해[22]

---

20) 화무란은 중국 전설 속의 용감한 여성전사로, 킹스턴은 그 전설을 현대 중국계 미국 여성의 삶 속에서 재생시켜 언어로 싸우는 전사 이미지를 만들어낸다.
21) 채연은 중국 역사 속에 실존했던 여성인데 오랑캐 족에 끌려가 자식까지 낳고 살면서 고향을 잃은 슬픔과 한을 노래로 불러 사람들을 감동시켰다. 채연은 타향에서 아름다운 노래를 부르는 예술가 이미지를 재현한다.
22) Laura Hyun Yi Kang, *Compositional Subjects: Enfiguring Asian/American Women* (Duke University Press, 2002).

는 주변부 유색 여성들의 자기 글쓰기를 그 여성이 속한 인종 집단의 경험에 대한 투명한 표현이자, 진정한 기록으로 여기게 하여 그 집단의 복잡하고 애매한 차이를 무화하는 손쉬운 인종적·성적·문화적 본질주의를 만연시켰다.

사실 전통적 자서전은 백인 남성 주체의 제국주의적·서구적 '나'를 통해 서사적으로 고정된다.[23] 그러한 정통적인 자전적 서술은 개인주의화되고 미학화된 것인데, 특정 주체성에 대한 공식적 요청에 따라 연속적이고 통합된 자아를 정상화하기 쉽다. 그렇게 전승된 자전적 형식들에 주변부 여성들이 적극 개입해서 자서전 장르의 서사적 탄력성과 전복 가능성을 살려 내는 것은 전 지구적 자본주의 가부장제 사회에서의 새로운 문화 정치를 위해 중요하다. 여기에서 『여성 전사』가 꾀하고 있는 문화 서사의 대항적 실천을, 그 형식적 실험이나 위법적 실천을 규명하려고 하는 것도 그 때문이다.

주변부 유색 여성들의 새로운 실험적 글쓰기(자서전)야말로 백인 중심 정전에서 지워진 존재를 다시 기억하고 재구성해 자기 존재를 발명하고 만들어 내려는 시도이며 바로 거기서 새로운 형태의 주체성과 공동체가 생성되고 의미화될 수 있다. 정전은 지배적인 주체 모델에 모든 것을 동화시킴으로써 성, 계급, 인종 차이를 묻어 버리는 서사를 통해 물질적 모순을 해결하는 기능을 한다. 그러므로 주변부 유색 여성들의 새로운 글쓰기는 백인 중심 정전을 구성하는 제도화된 소설 장르와 공식적 역사 기술에 깔려 있는 백인 남성 중심의 통합과 발전

---

23) Sidonie Smith, *A Poetics of Women's Autobiography: Marginality and the Fictions of Self-Representation* (Indiana University Press, 1987).

을 위한 동일화의 재현 체제를 대치할 수 있다[24]는 점에서 중요한 정치성을 갖는다.

아시아계 미국 여성 주체가 자전적 '나'로 나타날 때 특정 몸이 주장된다. 몸은 주체성의 전개와 밀착되어 있다. 그래서 자전적 실천은 주체성의 전개와 밀착된 몸의 위치가 생생하게 드러나는 문화영역 중 하나가 된다. 『여성 전사』가 순응적이며 복종적인, 혹은 고도로 성애화된 아시아 여성의 몸에 대한 기존의 제국주의적·오리엔탈리즘적 재현을 거부하고 새로이 구성해 가는 아시아계 미국 여성 몸의 공간을 어떠한 글쓰기로 제시하는지, 그 과정을 실제 작품 분석을 통해 살펴보자.

먼저 각각 다른 여성 인물이 나오는 다섯 편의 이야기로 구성된 『여성 전사』의 서술 구조를 보자. 첫 번째 「이름 없는 여인No Name Woman」은 간통죄를 범하여 가족사에서 삭제된 킹스턴의 고모 이야기를, 두 번째 「흰 호랑이들White Tigers」은 중국의 전설적인 여성 전사 화무란의 일대기를, 세 번째 「무당Shaman」은 기혼 여성이면서 뒤늦게 중국에서 의학 공부를 계속하여 산부인과 의사가 되었고, 미국 이민 후에는 마흔다섯 살이 넘어 여섯 아이를 키운 킹스턴의 어머니 브레이브 오키드Brave Orchid의 이야기를, 네 번째 「서방궁에서At the Western Palace」는 먼저 이민 와 다른 여자와 결혼한 남편을 찾아왔지만 소극적이라 잘 대처하지 못하고 신경쇠약증에 걸리는 이모 문 오키드Moon Orchid의 이야기를, 다섯 번째 「오랑캐의 갈대 피리를 위한 노래A Song for a Barbarian Reed Pipe」에서는 변방 오랑캐 족에게 끌려가 자식까지 낳은

---

24) Lisa Lowe, *Immigrant Acts*, (Duke Univ. Press, 1996), p. 101 참조.

아픔을 노래하는 채연의 이야기를 하고 있다.

『여성 전사』에는 이 다섯 편의 이야기를 처음부터 끝까지 일관되게 이끌고 가는 단일한 '나'가 나타나지 않는다. 중국계 이민 2세대인 서술자에게 작가 이름 "맥신Maxine"이 바로 붙어서 나오지도 않으며 그나마 어떤 때는 1인칭으로, 또 어떤 때는 3인칭으로 나온다. 이 작품은 중심인물이 없는 상태에서 킹스턴 가족 주변의 일련의 여성 인물들을 그리고 있다. '맥신'[25]은 여성 친척들의 삶을 보면서, 또 어머니에게 가족사를 듣거나 중국 신화와 전설에 나오는 여성들과 자신의 상상력으로 대화하는 가운데 자기 정체성을 만들어 나가고자 한다.[26] 그리하여 이 작품에 등장하는 여성 주체들은 킹스턴이기도 하고 아니기도 하면서 복합적이고 공동체적인 독특한 주체를 형성해 나간다.

'맥신' 같은 미국 태생 중국인들은 중국 문화와 미국 문화 사이에 끼여 있는 그들 고유의 문화적 위치가 무엇을 의미하는지부터 이해해야 했다. 『여성 전사』가 구축해 나가는 자전적 주체인 중국계 미국 여성 "나"는 도입부에서 자신의 정체성 중 어느 부분이 중국적인 것이며, 또 어느 것이 미국적인 것인지 확연히 구분할 수 있겠느냐고 반문한다.(5~6) 미국 태생 중국계인 이 주체는 대체로 차이나타운의 중국인들이나 부모에게 듣는 이야기를 통해 중국 문화를 전수받는다. 이 소설에서 '나'라고 말하는 여성 주체의 중국 경험은 특히 어머니를 통해 얻은 간접적인 것이다. 그래서 나름대로 어머니의 여러 이야기

---

25) 작가와 연관되지만 일치하지는 않는, 『여성 전사』의 일인칭 서술 주체로서 자전적 '나'를 작가 맥신과 구분하여 '맥신'이라고 표기한다.

26) Donald C. Goellnicht, "Blurring Boundaries: Asian American Literature as Theory," in King- Kok Cheung ed., *An Interethnic Companion to Asia America Literature* (Cambridge University Press, 1996), p. 343

를 미국 환경에 맞게 끊임없이 재구성해야 한다. 이것은 당연히 모호함, 갈등, 모순을 초래한다.

미국 태생인 이 여성 주체는 어머니(나이 마흔이 넘어 미국에 이민 왔으며 고국에 대한 향수를 버리지 못하는)와도 현저하게 다른 위치에 있다. 이중 문화의 양가성 속에서 이 2세대 주체는 가족이나 차이나타운에서도, 미국 주류 사회에서도 안전하고 편안한 소속감을 가지지 못하며, 특히 여성으로 성장해 나가는 과정에서 갖게 되는 섹슈얼리티의 혼란 속에서 자신의 '기형'과 '광기'에 두려움을 갖는다. 이런 감정들은 『여성 전사』의 자전적 주체로 하여금 중국에도 미국에도 탈동일시하는 입장을 취하게 한다. 이와 같은 이중적 비판 의식이 어떻게 뿌리 없이 유랑하는 '탈지역'으로 귀결되지 않고 새로운 형태의 공동체, 혹은 '거주할 만한 장소'를 만들어 나가는 추동력으로 이어질 것인가 하는 점은 『여성 전사』의 의미를 규정할 때 중요한 사안이다.

『여성 전사』의 자전적 주체는 여성 자아를 노예로 규정하는 성차별적인 중국어가 드러내는 여성 주체 구성(47)을 거부한다. 상형문자인 중국어에서 여성이라는 단어는 노예라는 뜻을 담고 있다. 이는 미국 사회에서 이미 2급 시민인 '맥신'을 젠더 때문에 더 열악한 처지에 놓이게 한다.[27] '맥신'은 "계집애를 먹여 키우는 것은 찌르레기를 먹이는 것과 다름없다"(46), "딸을 키우는 것은 얼굴도 모르는 사람들을 위해 좋은 일은 하는 셈"(46)이라는 속담을 통해 "가난한 사람들이 홍수에 떠내려가는 이웃의 물건을 장대로 끌어올리면서도 갓난 계집애

---

27) Lee Quinby, "The Subject of Memoirs: The Woman Warrior's Technology of Ideographic Selfhood", in Sidonie Smith and Julia Watson eds., *De/Colonizing the Subject: The Politics of Gender in Women's Autobiography* (University of Minnesota Press, 1992), p. 305.

들은 강물 속으로 밀어 넣는 광경을 그린 묵화"(53)를 통해, 그리고 갓 난 여아 학살 제도와 소녀 노예제를 통해 차이나타운에서 중국의 성차별주의를 간접 경험한다. 이와 같은 중국 전통은 다소 과장되고 유머가 가미된 측면도 있지만 자기 정체성을 찾아 나가려는 여아들에게는 존재감을 뒤흔드는 폭력이자 상처로 남는다. '맥신'은 어린 시절부터 주입된 열등감 때문에 고통을 겪다가 어머니는 물론 가족들의 사랑도 믿지 못하게 된다.

좀 더 자란 '맥신'은 어린 시절부터 열심히 들었던 어머니의 현란하고 미신적인 중국 이야기들에서 벗어나 논리와 단순함을 찾아 나선다.(202, 204) 이것은 적어도 단순 명료하고 합리적인 미국적 환경에서는 개인적인 성공으로 자신의 존재를 확인하는 것을 말한다. 이제 '맥신'에게 주어진 대안은 공동체보다는 개인을, 개인의 성공을 중시하는 미국적 개인주의가 표상하는 미국적 주체화 방식이다.

이 방식을 통해 '맥신'은 자신을 부양할 정도로 성공하지 못하면 여분의 존재로 '팔려 나가야 하는' 처지의 딸들이 느끼는 불안감에서 해방된다. 그렇다고 '맥신'이 미국적 성공 이데올로기에 완전히 동화된 것은 아니다. "내가 가진 숱처럼, 나의 주변을 미국적 성공들로 휘감았다"(47)는 아이러니한 서술을 보면 그렇다.

'맥신'은 대문자 'I'의 가운데 획이 곧추선straight 데서부터 드러나는, 미국적 주체화의 제국주의적·남근적 방식을 문제화하며 자신은 그것을 도저히 받아들일 수 없다고 밝힌다.(166~167) 이와 같은 미국적 주체화 방식은 중국 이민자들에 대한 차별과 압박으로 드러난다. 즉 이민국에서 공산주의와 연계된 중국인들을 색출하려고 '변발' 여부를 캐묻는 불합리한 태도(96, 183~184)라든가, 어렵사리 운영하는 중국인들의 세탁소를 토지 개발 계획에 따라 일거에 철거하는 무자비한 인종차별주의적 처사(48, 104)로 나타나고 있다. 이에 대해 '맥신'은 무력한 주변인 중에서 가장 무력한 주변부 유색 여성이 마음으로만 품을 수 있는 강한 증오와 복수심을 느낀다.

게다가 미국에서 태어난 이들 역시 미국적 환경에서 살아남기 위해 영어를 습득하는 과정에서 극심한 고통을 겪는다는 점이 '맥신'의 고백에서 밝혀진다. 2세대 아시아 출신 아이들은 영어로 말하려고 하면 목소리가 쪼개지며 소리가 안 나와 부끄러움 속에 침묵하는 비참함을 겪는다. 선생님이 좀 더 큰소리로 말하라고 하면 할수록 목소리는 더욱 기어들어가게 된다. 이러한 경험은 자신이 중국계라는 데서 연유함을 '맥신'은 일찍이 깨닫는다.(165~166) "우리의 혀를, 그들을 위해 말할 수 있도록 고정시키고 싶어 하는"(169) 미국 사회의 압력을 일찍부터 느끼기 때문이다.

이와 같은 언어 문제와 함께 중국과 미국의 여성성에 관한 모순된 관념들은 걷는 자세와 목소리의 크기에 이르기까지 '맥신'을 속박하며 분열을 일으키게 한다. 미국식으로 똑바로 곧은 자세로 자신감 있게 걸으면 중국식으로는 남자 같다고 눈총을 받으며, 미국식으로 부드럽게 속삭이는 목소리를 내려고 하면 아예 목소리가 나오지 않아 완전히 침묵하거나 "목 졸린 오리 목소리"(155)를 겨우 내는 지경에 이른다.[28]

'맥신'이 중국계 미국 여성으로서 겪은 이와 같은 이중, 삼중의 고통에 대한 자전적 묘사를 볼 때, 중국 전설의 '화무란' 같은 여성 전사

---

28) Antje Lindenmeyer, "The Rewriting of Home: Autobiographies by Daughters of Immi- grants", *Women's Studies International Forum* 24, 3/4 (2001), p. 429.

이미지가 주변부 유색 여성들에게 새로운 형상으로 환영받는 것은 당연하다. 하지만 이 작품의 자전적 주체가 혼란스러운 자기 탐색 과정을 통해 확인하게 되는 자기 정체성은 화무란처럼 전쟁에 나가 싸우는 전사가 아니라 힘겹게 습득된 언어로 싸우는 전사, 말의 전사다.

그 여성 전사와 나는 그리 다르지 않다. 내 고향 사람들이 그 유사성을 빨리 깨달아 내가 그들에게 돌아갈 수 있기를 바란다. 우리의 공통점은 등에 새겨진 말들이다. "복수復讐"라는 한자는 "죄를 보고하다", "다섯 가족에게 보고하다"라는 뜻을 가지고 있다. 보고하는 것이 곧 복수하는 것이다. 칼로 머리를 베는 것도, 찌르는 것도 아니고 말로 복수하는 것이다. 그런데 내게는 말이 너무 많아 "엉성한" 말들과 "바보 같은" 말들도 있다. 그러니 전부 내 등에 새길 만한 것은 아니다.(53)

몸에 글자가 살아 움직이는 여성 전사의 몸/텍스트는 (백인) 남근 로고스 중심의 상징적/사회적 질서에서 침묵하는 타자의 자리로 쫓겨난 여성에게 언어와 자기 재현의 수단을 제공해 준다. 나중에 아이까지 잉태하는 여성 전사의 몸/텍스트는 여성들의 몸에 가해지는 폭력을 폭로하는 몸 언어의 현장이면서 모성, 여성성, 사회성을 아우르는 새로운 성 윤리를 주조할 토대가 된다.

이러한 여성 전사와 동일시하는 '맥신'은, 몸에 다 새길 수 없을 만큼 많은 언어를 간직한, 살아 있는 언어 구조물이다. 위 인용문에서 보듯 '여성 전사'는 킹스턴 자신의 몸을 환유한다. 이와 같은 텍스트적 몸은 실제 몸보다 더 강력하고 영속적이다. 한번 인쇄되면 절대 침묵하지 않기 때문이다. 몸/텍스트는 그것을 생산해 내는 여성의 상상

력, 꿈, 신화를 물질적으로 입증하는 대리 몸으로 기능한다.[29]

그렇지만 전통 중국 사회의 문화권에 속한 전설 속의 '화무란' 만으로는 새로운 환경에 처해 있는 '맥신'을 주체화하는 데 역부족이다. 『여성 전사』의 자전적 '나' 주변에는 중국의 성 규범을 위반하고 결혼 전에 임신해 우물 속에 빠져 죽는 고모, 미국에 왔지만 적응하지 못하여 정신 이상이 된 이모, 미국에서 살아남기 위해 토마토 농장에서 힘들게 일하며 고통을 받는 어머니 등, 여러 여성 이미지들이 함께 어른거린다. 또한 『여성 전사』의 마지막 장 「오랑캐의 갈대 피리를 위한 노래」에 나오는 채연을 통해서는 노래 부르는 예술가 이미지가 제시된다. 그러므로 『여성 전사』에서 전사 이미지만 강조되어서는 안 된다.

채연은 한족이면서 변방 문화를 접하는 이중 문화권에 속했던 여성이다. 그런 점에서 채연은 '맥신'과 비슷한 문화적 위치에 있다. 다소 황당무계한 화무란 전설과 달리 채연은 역사 속에 실존했던 여성이다. 채연은 변방의 오랑캐들에게 포획되어 강간당하고 아이들까지 낳으며 12년을 유랑한 희생자다. 한족 사람들은 채연이 썼다는 노래를 듣고 즐기지만 그 속에 담긴 슬픔과 분노는 사라지고 망각된다.

'맥신'은 채연의 이야기를 듣고서 그 이야기가 공식 역사와 사회에서 추방된 채 이름 없이 사라지지 않도록, 그 탈향의 아픔과 한을 여성의 입장에서 부각하고 승화시켜 채연을 불멸의 명성을 얻는[30] '노래 부르는' 예술가 이미지로 복원해 낸다. 그리하여 '나'는 전사의

---

29) Paul Outaka, "Publish or Perish: Food, Hunger and Self-Construction in Maxine Hong Kingston's The Woman Warrior", *Contemporary Literature* 38. 3 (Fall 1997), p, 460, p. 461.

30) King-Kok Cheung, *Articulate Silences: Hisaye Yamamoto, Maxine Hong Kingston, Joy Kogawa* (Cornell University Press, 1993), p. 95

이미지를 채연의 이미지로 보충함으로써 자신의 정체성을 좀 더 복잡한 형태로 구축하여 간다. 이러한 재구성을 가능하게 하는 출발점은 바로 어머니가 들려 준 이야기들이다. 『여성 전사』 전체가 이야기하기storytelling를 통해 주체를 구성해 간다. 그렇지만 어머니에게 들은 수많은 이야기들은 어디까지나 출발점일 뿐이다. "시작은 어머니의 이야기이지만 끝은 나의 이야기다."(240)

『여성 전사』에서 젊은 여자 예술가의 초상인 채연이 부르는 노래야말로 딸 세대가 어렵게 획득한 언어 능력인 글쓰기를 특권화하기보다 글쓰기/말하기가 서로 교류하는 경계 지대를 보여 준다. 그리하여 이 작품은 어머니와 딸이 차이를 유지하면서도 함께 말하는 독특한 언어 지대에, '두 입술의 언어'에 가깝다. 이것은 이질성을 통해 정체성을 추구하는 가운데 타자를 지배하지도 동화하지도 않는, 자아와 타자의 공동 작업을 보여 준다. 또한 『여성 전사』는 말하기와 글쓰기 사이에서 어느 한 쪽을 우위에 놓지 않으며 오히려 그 경계를 허물어 유동적인 교류가 일어나게 한다.

이처럼 『여성 전사』는 자서전 장르의 선형linear 구조와 관습을 흐트러뜨림으로써 백인 남성(여성) 중심의 정전이 의존하고 있는 형식상의 안정감과 통합성에 혼란을 가져온다. 이 작품은 일기, 회상록, 편지, 저널, 사진 등과 같은 무시되어 주변화된 여성 장르들을 다각도로 사용함으로써 문학 장르를 둘러싼 전통적인 백인 남성 중심의 위계질서를 주변부 여성의 위치에서 강력하게 비판한다. 그리하여 구축되는 다중적 서사 양식과 담론들은 통합된 선형적 자아라는 백인 남성주의적 개념을 대치하며, 불연속적인 찢어진 주체로서 말하기/글쓰기를 교차하는 새로운 영역을 제시한다.[31] 그러한 교차 과정에서 '나'는 더 이상 '나' 에 국한되지 않는 이질적인 주체성들을 넘나들며 새로운 형태의 집단적 주체로서 주변부 유색 여성들의 복합적인 정체성을 가시화한다.

『여성 전사』는 이러한 주변부의 가시화 방식을 섬세하고 복합적으로 실천하는 데서 끝나지 않는다. '맥신' 의 복합적이고 매개적인 위치는 중국도 미국도 아닌 새로운 지역, "나는 (…) 내가 속한다고 생각되는 (…) 그런 곳을 몇 군데 찾았어요"(47)라고 말하는 곳으로 나아가며, "여기 있는 차이나타운보다 더 큰 곳"(109)을 상상하고 찾게 한다. '중국계 미국' 이라는 새로운 지대의 문화적 의미를 탐색하는 『여성 전사』야말로, 미국을 유럽 이주민의 나라로 구성하면서 아시아계 이주민을 억압해 온 헤게모니적 역사 기록에서 망각의 바다였던 태평양을, 다시 기억해야 할 정치 공간으로 분명하게 드러나게 한다.

이 공간에서 아시아계 미국 여성들은 남성 중심적 에스닉 민족주의의 젠더화된 침묵을 깨는 주체로 부상하여 태평양을 가로질러 생존한 여성 전사/예술가의 탈민족적 열망으로 채색된 초국가적 공간을 다음과 같이 열어 보인다. "우리가 더 이상 한 줌의 땅에 연연해하지 않는다면, 우린 행성에 속하는 사람들 아닌가요? 또 우리가 서 있게 된 이 자리가 어느 곳이건, 다른 어떤 지점만큼이나 우리에게 속하는 것이잖아요."(107) 그리하여 『여성 전사』는 태평양을 상기하며 횡단하는 초국가적 공동 기억의 서사가 되며, 나눌 수 없는 두 세계에 사는 독자들을 적극적으로 이어 주는 문화 서사의 공간이 된다. 한국 독자들이 『여성 전사』를 읽는 것이 유의미한 이유도 바로 그 때문이다.

---

31) Goellnicht, pp. 349~350.

꽃처럼 피어나는
미국 문학의 지형도를 위해

병행, 연관, 비교

2부에서는 "백인 정전으로 규정된 미국a white canonical America"의 가장자리에 있던 토착 미국, 아프리카계 미국, 치카노 미국, 아시아계 미국 문학이라는 네 영역을 중요하고 의미 있는 문학 활동의 장으로 부각하고 병행시키되 각 영역을 백인 정전의 미국 문학과 연관시켜 비교하는 작업을 시도했다. 이 작업은 미국이라는 국가의 흥미진진한 드라마에서 주변으로 밀려났던 타자들의 문학을 미국 다문화 다인종 서사 범주 내부에 위치시키되 백인종의 미국 정전 또한 배제하지 않고 정전과 비정전을 서로 연결하고자 한 것이었다. 그렇게 한 이유는 유럽과 연결된 백인 미국 문화에 대한 지식뿐 아니라 다른 에스닉 역사와 문화 지식 또한 갖고 있는 네 영역의 문화적 위치가 문학에 대한 새로운 포괄적 정의를 구성하는 데 기여할 수 있다고 보았기 때문이다.

처음부터 다인종 다문화 국가로 출범한 미국이라는 나라는 내부에 불일치하는 문화들이 병존하며 각기 다른 소리들을 내면서도 서로 보충하는 역동적인 과정을 겪으면서 발전해 왔다. 그런데도 백인성에만, 단일하거나 고정된 문화와 정체성에만 집착한다면 미국 문화는 불리한 위치에 처하게 될 것이다. 오히려 유색 에스닉 집단의 문화적 위치는 미국의 다인종 문화성multiethnicity을, 세상을 보는 다른 방식들과 다른 시각을 포용하게 하여 미국 문화가 살아남을 가능성을 더 크게 한다.

'에스니시티'를 불변의 본질이 아니라 모순과 경합 속에서 분주하게 살아 움직이는 인간의 역동성으로 받아들인다면, 그것은 인종 문화 체제인 미국을 변화시키는 원동력이 될 수 있다. 미국의 다인종 문화성을 인정할 때, 공동으로 함께 내는 목소리들의 다양한 양상과 종류와 정도를, 그 목소리들 사이의 겹침과 연관을 포착할 수 있을 것이다. 그때야 비로소 미국 자체가 이데올로기, 정치, 인구통계학을 포용하고자 하는, 경쟁하는 해석의 주제가 되고, 다인종 다문화적인 상상을 확대하는 아카이브가 된다.[1]

이러한 생각에 따라 네 영역을 병행시키고 백인 정전과 연관시키며 작품들을 비교해서 읽어 본 결과, 백인 우월주의, 백인성, 인종화를 반대하고 거기에 저항하는 문화정치 의식을 읽을 수 있었다. 이 공동의 의식을 근간으로, 2부에서는 인종주의, 제국주의, 군사주의, 성

---

1) Robert Lee, *Multicultural American Literature* (Edinburgh UP, 2003), p. 14.

차별주의와 연루되어 있는 전 지구적 자본주의 가부장제 질서에 대항하는 초국가적 연대 운동이라는 맥락에서 미국 문학을 새로 읽을 수 있었다. 이 맥락과 좀 더 깊이 있게 연결할 작품들은 무수히 많다. 이 작품들을 좀 더 세밀하게 병행시키고 연관시켜 비교할수록 미국 문학의 지형도는 더 풍성하고 아름다운 꽃처럼 그려질 것이다.

문학에 대한 재정의, 문학 장르의 확장, 문학의 가치

이런 작업을 뒷받침하는 문학에 대한 새로운 정의는 픽션fiction으로서의 문학 개념에 반대한다. 허구/사실의 강력한 이분법은 문학의 영역을 협소하게 정의하고 있기 때문이다. 문학은 사실에 기반을 두면서도 인물과 이야기를 창조하는 과정에서 사실을 상상적으로 재구성한다. 그 상상적 형상화 과정에서 작가는 다양한 종류의 자유를 누린다. 문학에 대한 그러한 정의는 문학을 좁은 의미에서의 픽션과 논픽션을 결합하는 실험의 장이 되게 하여 픽션과 논픽션 사이의 위계적인 경계를 허물게 함으로써 문학 범주를 넓힐 수 있다. 문학이 좀 더 광범위한 문화 서사의 중요한 영역으로 자리매김할 수 있는 것도 그 때문이다. 2부에서 읽어 본 작품들은 전통적인 소설만이 아니라 짧은 소설, 이야기, 자서전, 일기, 회상록, 편지 등의 다양한 글쓰기 형태를 결합하거나 변형 · 확장하고 있다.[2]

---

2) 이 형태들 외에 시로 된 연대기들, 증언 문학, 에스노그라피, 생물 신화biomythology, 규정적 심리 전기regulative psychobiography 등도 언급될 수 있다. Caren Kaplan, "Resisting Autobiography: Out-Law Genres and Transnational Feminist Subjects", in Sidonie Smith and Julia Watson eds, *De/Colonizing the Subject: The Politics of Gender in Women's Autobiography* (Minneapolis: University Press of Minnesota, 1992), pp. 115~138 참조.

이와 같은 문학 장르의 확장은 문학적 형식 자체를 실험하기 위한 것이 아니다. 그동안 배제되어 온 주변 장르를 창조적으로 활용하여 삶의 주요한 가치를 정밀하게 제시하기 위한 것이다. 2부에서 백인 정전 문학과 네 영역의 작품을 서로 비교하며 읽어 본 것도 결국은 그 가치를 우리의 내면세계에 밀착시키기 위한 것이다. 2부의 작품 논의를 거치면서 우리는 약탈적·권위적 남성주의 가치관을 위장하는 온갖 미화된 이상, 명분, 대의를 둘러싼 애매모호한 정신적 갈등과 모순 운운하는 사이비 가치를 꿰뚫어보고 그것을 단숨에 넘어서는 새로운 지평과 만날 수 있었다.

삶은 다양하고 복잡하지만 지향하는 가치는 단순하고 명백하며 간단하다. 한마디로 그 가치란 뜬구름 같은 거창한 것들에 현혹되지 않고 주위의 작은 것들에 섬세한 관심을 지속적으로 가짐으로써 갈등과 마찰 속에서도 상호작용하고 공존하는 삶의 흐름들과 함께 호흡하자는 것이다. 이것은 현란하고 복잡한 수사에서가 아니라 피와 땀으로 쓰는 글쓰기에서 배어 나온다. 이런 글쓰기에서 구현되는 친밀성, 직접성, 단순함이야말로 가짜 지성의 복잡함, 세련됨, 모호함, 이중성, 추상성을 꿰뚫는 힘이다. 이러한 문학적 질들이야말로 전통 문학 장르에 얽매이지 않고 문학을 다시 정의하는 데 소중한 밑거름이 되어 줄 것이다. 그럴 때, 현 지구화 시대의 위기를 극복하게 하는 자원이자 가치를 일깨우는 방법으로서 문학 읽기가 중요한 지평으로 제시될 수 있을 것이다.

다중 장르 선집의 공동 작업

7장 3절에서 살펴본 바, 주변부 중의 주변부인 미국 유색인종 여성들의 문학 서사를 모아 낸 『나의 등이라고 하는 이 다리』는 백인 남녀 중심 학계의 동질적 언어와 배타적인 엘리트주의에 맞서 유색 여성들이 자신들의 공동체 의식을 집단적으로 모색하는 공동 작업을 보여 주고 있었다. 이 선집을 기점으로 쏟아져 나온 집단적인 작업의 결과물들은 대체로 다중 장르 포맷multi-genre format을 따르고 있다.[3] 다중 장르 선집 출간으로 새로운 문학 운동을 이끌고 있는 미국 유색인종 여성들은 선집을 통해 개인적·공동체적인 자신들의 정체성을 세상에 알릴 수 있었고, 공동체들과의 대화에 참여하여, 그들 사이의 차이들이나 백인 남성/여성들과의 차이를 말할 수 있었다.

이 선집들에 글을 쓴 여성들은 자신들의 문화적 차이를 표현하고 직접 말하기 위해 창조적 글쓰기와 논쟁적 글쓰기를 종종 결합시켰다. 그리하여 다양한 목소리, 언어, 형식, 글쓰기 스타일을 망라하느라 글쓰기의 서로 다른 부분들이 종종 모순을 일으키면서도 독창적인 방식으로 글쓴이들의 다양한 정체성들과 관심사들이 가시화되었다. 이 다중 장르 포맷은 다양한 장르를 통해 다양하게 드러나는 글쓴이들의 다양성을 포괄함으로써 차이를 억누르지 않으면서도 공동의 문화 정치 의식을 지속시키는 방법을 제시해 준다. 이 새로운 선

---

3) 치카나들은 『다리』 이후에 Gloria Anzaldua ed., *Making Face, Making Soul/Haciendo Caras* (San Francisco: Aunt Lute, 1990)를 출간했으며, 흑인 여성들은 Barbara Smith ed., *Home Girls: A Black Feminist Anthology* (New York: Kitchen Table: Women of Color Press, 1983)를 출간했다. 또한 아시아계 미국 여성들은 Lim, Shirley Geok-lin, Mayumi Tsutakawa, and Margarita Donnelley eds., *The Forbidden Stitch: An Asian American Women's Anthology* (Corvallis, OR: Calyx Books, 1989); Asian Women United of California eds. *Making Waves: An Anthology of Writing and About Asian Women American Women* (Boston: Beacon Press, 1989)을 토착 미국 여성들은 Beth Brant ed., *A Gathering Spirit: A Collection by North American Indian Women* (Ithaca: NY: Firebrand, 1988)를 출간했다.

집 작업들은 말하자면 **비판적 다문화주의**를 실천하는 가운데, 비판적·위반적·변혁적·생성적인 문화 행위를 하고 있는 셈이다. 그 작업은 정체성, 국가, 대륙의 경계들을 횡단하는 방법에 대한 통찰을 제공해 준다.

그러한 작업의 근간에 있는 것이 바로 '**공통성과 차이의 문화정치학**'이다. '**공통성과 차이의 문화정치학**'은 그릇된 보편주의와 동질적 전체주의를 거부하는 만큼 편협한 특수주의와 분리주의 역시 경계한다. 이를 통해 '**공통성과 차이의 문화정치학**'은 "제국, 국가, 지역, 인종, 젠더, 나이, 성적 방향을 가로질러 새로운 종류의 연결, 친화성, 공동체를 구축"[4] 한다. 물론 공동체에 대한 투신은 이상주의적이고 구식이며 순진하게 보일 수 있다. 또한 공동체 자체에는 내부 지향적이고 배타적인 면도 분명 존재한다. 그러므로 자신들의 정체성이나 경험에 자의식적이고 비판적인 태도를 견지함으로써 정치적인 목적에 따라 정체성을 잠정적으로 구축해 나가되, 동시에 공동체가 개인 정체성에 불어넣을 수 있는 연속성, 유대, 정서적 자양분을 유지해 나갈 수 있어야 한다. 그래야만 소수자들 사이에서 변화하고 잠정적이며 효과적이고 지적인 제휴가 가능할 수 있기 때문이다.

이러한 맥락에서 현대 미국 내부의 주변부 유색 여성들이 작업한 최근 선집들에 관심을 가지고 그 작품들 사이의 상호 관계를 살펴보는 것은 중요하다. 서로 다른 정체성 모델들이 모순을 일으키고 경쟁하는 가운데 서로를 재형상화는 몇몇 방식들을 봄으로써 그 정체성들 사이의 제휴 혹은 수렴 지점을 찾아내는 방법을 알 수 있기 때문이다.

---

4) Cynthia G. Franklin, *Writing Women's Communities: The Politics and Poetics of Contemporary Multi-Genre Anthologies* (The University of Wisconsin Press, 1987), p.160.

그때 상호 교차와 연결의 놀라운 지점들을, "연합 가능성을 시사하는 몇몇 중첩되는 동일시 지점들을 지도로 그리는 것"[5]이 가능해진다.

이렇게 미국 내부의 주변부 여성들 편에서 다중 장르 선집을 엮어 내는 작업은 주변부 여성들의 사회적 생활을 불균등하게 조직하는 인종, 계급, 젠더 구조의 힘을 포착할 수 있게 해 주고 백인 남성/여성 중심의 국가적 기억과 헤게모니적 역사를 해체하고 대체할 수 있게 해 준다. 이 작업은 좁게 정의된 정통 문학 공간을 재정의하고 확장하는 문화 서사 공간에서 좀 더 광범위하게 이루어질 수 있다. 말하기/글쓰기를 통해 개인적·집단적 행위 주체성이 일상적으로 실천되는 공간으로서 문화 서사야말로 가장 정치적인 공간이 될 수 있다. 그 공간은 젠더화와 계급화를 통해 작동되는 인종 정치와 밀접한 관련을 맺고 있기 때문이다.

---

5) "map out some overlapping points of identification that suggest possibilities for coalition" (Franklin, p. 28)

3부
미국 영화

백인 남성 중심의 고전 할리우드에서
다인종 다문화의 뉴 할리우드로

영화는 백 년이라는 짧은 역사를 갖고 있지만 역사와 문학보다 훨씬 더 대중적인 문화 양식으로 미국 대중의 일상과 밀착되어 있다. 오죽하면 미국을 "영화 없이는 살 수 없는 사회"[1]라고까지 말하겠는가. 미국 영화는 그 초창기부터, 미국에 사는 여러 인종들을 통합하기 위한 정신적·문화적 토양을 배양하고 전파하는 매체로 중요한 역할을 해 왔다. 19세기 말, 20세기 초에는 앵글로 외의 유럽계 이민자들이, 20세기 후반에는 비유럽계 이민자들이 미국에 쏟아져 들어오면서 영화는 다양한 인종의 사람들을 '미국인'으로 바꾸어 내는 역할을 했다.[2]

---

1) 박성학, 『헐리웃 바로 보기』 (집문당, 2003), 43쪽.
2) 김영철 편역, 『마이너리티의 헐리웃』 (한울, 1993), 17쪽.

미국에서 영화는 이민자들에게 민주주의나 개인의 자유라는 아메리카적인 가치관이나 정착자들의 생활양식, 의회제도 등 사회 메커니즘을 가르쳤고, 동시에 '아메리칸 드림'이라는 환상에 젖어 힘든 일상을 견디게 했다. 한편 먼저 와서 정착한 사람들도 영화에서 그려지는, 필사적으로 살아가는 이민자들의 모습을 통해서 새로운 이민자들을 받아들일 수 있는 정신적 소양을 기르기도 했다. 미국의 영화는 이질적인 사람들을 통합하는 데 필요한 교육 장치, 새로운 아메리카 문화를 창조하는 데 유용한 장치였다.[3]

미국 영화의 탄생과 발전을 이야기할 때 할리우드를 빼놓을 수 없다. 할리우드는 이민자들이 실현하려는 '미국의 꿈'을 생산해 내는 공장으로서 때로는 순응적으로, 또 때로는 혁신적으로 사회 변화에 대응하는 가운데 미국 사회의 성공과 딜레마, 실패를 함께 한 곳이다. 19세기 말에 미국 영화 산업이 시작된 곳은 뉴욕이었고 그곳에서 유태계 이민자들은 MCA(유니버설), 콜럼비아, 20세기 폭스, MGM, 워너 브라더스를 창설했다. 그런데 영국계 파라마운트사, 아일랜드계 케네디가의 ROK와 밀착된 뉴욕의 금융가가 특허 회사를 차려 경쟁 상대인 유태계 영화사들의 진입을 봉쇄하자 뉴욕에서 쫓겨난 유태인들이 일조량 조건이 좋은 서부 로스앤젤레스 지역으로 옮겨 갔다.

할리우드는 로스앤젤레스 중심지에서 12킬로미터 떨어진 곳에 위치한, 사람이 거의 살지 않던 곳이었다. 그곳은 1903년에 시로 승격되었다가 1910년에 로스앤젤레스에 편입되었다.[4] 말하자면 할리우드는 백인 앵글로색슨 신교도(WASP)에 속하지 않는 비주류 백인 마이너

---

3) 앞의 책, 322쪽.
4) 다니엘 로요 지음, 유지나 옮김, 『할리우드』(한길사, 2000), 14~15쪽.

리티들로 출발했다. 그러한 할리우드는 20세기 내내 고도의 기술과 산업적 재조정을 거치며 미국 영화를 발전시켜 나갔다. 비주류가 주류가 되는 역전이 일어난 셈이었다. 20세기 후반은 이 역전이 비백인 마이너리티로 확장되는 시기였다.

할리우드는 스튜디오 시스템과 스타 시스템을 바탕으로 관객이 좋아할 만한 영화를 만드는 데 주력하면서 영화 자체를 정형화, 표준화, 공식화함으로써 비슷한 서사 구조를 지니는 영화 장르들을 만들어 냈다.[5] 1930년대부터 1950년대 후반까지 할리우드 영화가 장르를 통해 비교적 동질적인 대중과 지속적으로 만났던 시기가 바로 고전 할리우드 시기다. 1960년대 이후 1990년대를 정점으로 현재까지 이어진 '뉴 할리우드' 시기에는 소수 인종의 문화 민족주의와 포스트모더니즘 때문에 고전 할리우드를 지배하여 온 장르 체계가 변형을 겪게 된다. 뉴 할리우드 시기는 대항문화 운동과 그 여파로 점철되는 1960년대 ~1970년대와 본격적으로 다인종 다문화 시대로 넘어가는 1980년대 ~1990년대로 나누어 볼 수 있다.

먼저 1960년대 대항문화 운동은 청년 컬트 영화, 언더그라운드 영화, 모터사이클 영화, 정치 영화를 만들어 냈다.[6] 청년 컬트 영화, 언

---

5) 샤츠는 "하나의 영화 장르는 하나의 내러티브 체계일 수밖에 없기 때문에 플롯, 캐릭터, 무대(배경), 주제, 스타일 등의 기본 구성 요소들로 분석될 수 있다"(41)고 하며 웨스턴, 갱스터, 탐정, 스크루볼 코미디Screwball Comedy, 뮤지컬, 가족 멜로를 할리우드 영화의 중요한 장르로 제시한다. Thomas Schatz, *Hollywood Genres* (Austin: The University of Texas, 1981); 국역본으로 한창호 · 허문영 옮김, 『할리우드 장르의 구조』(한나래, 1995) 참조.

6) 대표적인 청년 컬트 영화 〈이지 라이더〉(1969)에서는 "한 남자가 미국을 찾으러 떠났으나 어디서도 찾을 수 없었다"는 자막이 나온다. 정치 영화로는 〈블랙 팬더〉(1968), 〈콜롬비아 반란〉(1968), 〈딸기 선언〉, 〈혁명가〉 등을 들 수 있다. 좀 더 자세한 내용은 John Belton, *American Cinema/American Culture*, (McGraw-Hill, 2000); 국역본으로 이형식 옮김, 『미국 영화/ 미국 문화』(경문사, 2003) 13장 「1960년대: 반문화의 반격」, 294~317쪽 참조.

더그라운드 영화, 모터사이클 영화에 나타난 백인 청년들의 반항은 내용보다는 스타일에 치중했다. 1960년대 영화의 비백인 도시 거주자들은 범죄와 폭력 주체, 아니면 희생자거나 그 어느 쪽이건 하이퍼섹슈얼한 문제아로 나온다. 이런 영화에서 백인 남성은 비백인 거주자들이 야기하는 일상적인 위험에 용감하게 대처하면서 그 우월성을 드러낸다.

한편 정치 영화들은 흑인 문화와 삶에 관심을 가지고 인종차별주의를 폭로했지만 그 근원을 밝히려고 하지는 않았다.[7] 소수 인종의 역사와 삶을 조금 끼워 넣거나 서사 배경으로 활용하는 식이었다. 그래서 소수 인종 문화에 관심을 보여 주는 듯하지만 거기에는 왜곡이 병행하거나 오락성을 뒤섞는 양태가 나타나곤 하였다. 메이저 영화사들이 젊고 더 많은 교육을 받고, 유복하고 풍요로운 백인 중산층 관객의 구미에 맞추어 지나치게 과격하지 않은 진보주의를 표방하며 인종차별주의를 교묘하게 고수하는 정치적 보수주의를 택했기 때문이다.[8] 그러면서 1960년대에 급진성을 표방하던 대다수의 영화들은 그 정치적 비판 의식이나 반체제적 입장을 상실하여 갔다.

아마도 미국 역사상 1960년대 젊은이들만큼 엄청나게 복잡한 삶의 문제들에 직면했던 세대는 없었을 것이다. 대부분의 문제들은 무계획적이며 종종 무분별하게 이루어진 2백 년간의 성장 과정에서 축적된 것이었다. 그런데 1960년대 말에 그렇게 놀랍도록 한꺼번에 분출

---

7) 앞의 책, 311, 303쪽.
8) 대표적인 작품으로 시카고의 백인 동네로 이사 가려는 흑인 가족의 이야기를 그리는 〈태양 속의 건포도A Raisin in the Sun〉(1961), 부당하게 범인으로 몰린 흑인 남성을 구하려는 백인 변호사의 이야기를 그리는 〈앵무새 죽이기To Kill a Mockingbird〉(1962)를 들 수 있다.

되었던 새로운 사회에 대한 열망과 변혁 에너지가 1970년대에는 조용히 가라앉고 말았다. 물론 1970년대 흑인 착취 영화Blaxploitation의 흑인 주인공들은 부정적인 흑인 삶과 결부되는 게토가 아닌, 자기 규정에 따르는 흑인 공동체에서 자신들의 힘과 통제력과 권위를 보여 주기도 했다. 하지만 그 새로운 재현은 주로 백인 관객들에 의해 소비되고 메이저 영화사들에 수익을 안겨 주는 결과를 낳았을 뿐이다. 마약상이나 창녀 같은 상투형은 미국 할리우드 영화를 계속해서 지배해 나갔다.

1960년대의 엄청난 에너지가 견고한 미국 체제에 작은 흠집도 내지 못하자 이에 낙담하고 환멸을 느낀 대다수 백인 관객은 냉담과 우울함에 빠지게 된다. 행동하고 결정하며 사유하는 책임에서 벗어나게 하는 판타지, 선악의 이분법에 기대어 누구나 쉽게 접근할 수 있는 익숙하고 단순한 서사, 그리고 새롭게 도입된 사운드 시스템과 눈을 자극하는 스펙터클은 당시 관객층의 번뇌를 잊게 하여 주었다.[9] 1975년 〈조스〉와 1977년 〈스타워즈〉가 엄청난 흥행 성공을 거둔 것도 스티븐 스필버그 감독과 조지 루카스 감독이 다른 형태의 오락을 바라고 있었던 미국 관객의 취향을 포착했기 때문이다. 이 영화들로 시작된 '블록버스터'라는 장르의 발전은 비단 미국 관객만이 아니라 전 세계의 관객을 대상으로 한 영화의 전 지구적 산업화 단계를 예시하는 것이었다.

이 단계에서 할리우드 영화는 이제 많은 수가 중산층에 진입한 흑인 및 그 외 미국의 소수 인종 관객을 고려해야만 했다. 그래서 1980

---

9) 문재철 외, 『대중 영화와 현대 사회』 (도서출판 소도, 2005), 200쪽.

년대에 유행하게 된 "두 인종의 경찰 영화biracial buddy cop film"에는 백인/흑인 경찰이 동등한 파트너로 등장하여 인종 통합과 평등을 과시한다. 하지만 겉으로만 그렇게 보일 뿐, 자세히 들여다보면 현존하는 인종 질서의 문화적·도덕적 경계를 은밀하게 다시 긍정하고 있다.[10] 1990년대 게토 영화, 갱스터 드라마, 흑인 도시 드라마는 글로벌 지향의 엔터테인먼트에 의해 전 지구상의 젊은이들에게 호응을 받게 된 랩 예술가들을 캐스팅함으로써 힙합 패션, 음악, 주제를 통합한다. 할리우드 영화의 지구적 시장 개척을 위해 힙합 문화 미학, 사운드트랙, 팝스타가 활용되며 홍콩 액션 영화 미학이 수용된다.

이와 같은 장르 혼성화와 함께 짙은 피부색의 배우들이나 인종이 혼합된 배우들도 주인공으로 많이 등장한다. 그리하여 백인 남성은 주도적인 위치에서 좀 더 남성적으로 나오고, 비백인·다인종 남성은 좀 덜 남성적인, 그래서 여성적이거나 부차적인 위치를 차지한다. 또한 비백인·다인종 남성이 주인공으로 등장하는 〈매트릭스〉의 경우에서 보듯, 백인 피가 섞인 다인종 남성이 구원자 역할을 하고 그 밖의 순수 유색인종 남성과 백인 남녀가 그 구원자를 돕는다. 강력하면서도 부드럽고 섬세한, 독특한 남성성을 발휘하는 키아누 리브스라는 중국계 백인 남성 배우는 백인 여성의 사랑과 헌신을 받는 데 부족함이 없는, 새로운 유형의 주인공으로 각광받는다. 〈매트릭스〉가 그렇듯, 1960년대 이후 최근에 이르기까지 제작된 도시 액션 영화의 다인종 다문화 세계에서는 백인종 중심주의와 남성 중심주의가 교묘하게 강화되고 있다.

---

10) 대표적인 영화로 멜 깁슨과 대니 그로버가 주연한 〈리설 웨폰Lethal Weapon〉 시리즈를 들 수 있다.

1960년대 이후 이와 같은 미국 할리우드 영화의 다양한 흐름들은 산업화된 전 지구적 엔터테인먼트를 추구한 결과였다. 엔터테인먼트 산업은 관객을 현혹시킬 수 있으면 인종 질서를 깨트리는 일도 불사한다. 그 현란한 스펙터클과 박진감 넘치는 장면 구성, 외견상 자유롭고 평등한 인종 관계는 관객의 호응을 쉽게 끌어낼 수 있다. 그래서 영화를 통한 비판적 성찰이나 아이러니는 도외시하고 일회적 오락에 탐닉하며 영화를 소비하는 관객을 부정적으로 보기도 한다. 하지만 블록버스터 장르만 해도 관객이나 감독 어느 한편의 일방적인 욕구에 의해서가 아니라 둘 사이의 상호작용으로 탄생하고 발전한 것이다. 물론 감독의 시각과 카메라의 시선이 핵심적으로 중요하지만, 그렇다고 관객이 거기에 수동적으로 종속되어 있기만 한 것도 아니다. 사회가 변하면서 일상도 변한다. 그러므로 영화에서 당대 사회의 일상과 욕망을 적극적으로 읽어 내면서 성찰과 재미를 새롭게 정의하고 배열하는 문화적 지식 능력cultural literacy을 갖는 관객성spectatorship을 의식적·이론적으로 상정할 필요가 있다.

관객은 고정된 의미로 정의되는 대상이 아니라, 구체적이고도 특수한 역사적·사회적 상황에 따라 다양하게 형성된다. 또한 여러 형태의 연결망을 형성하는 가운데 각기 특유한 판단과 취향을 표출하는 주체다.[11] 그러한 관객은 볼거리(스타와 스펙터클)를 통한 재미를 추구하기도 하지만 감독의 시대적·사회적 재해석으로서 영화라는 대중 서사가 짚어 내는 당대 신화와 이데올로기를 성찰하기도 한다. 거기서 관객은 성차, 언어, 문화의 재현을 가로지르고, 계급적·인종적 관

---

11) 장일, 조진희, 『대중문화와 영화 비평』 (한국방송통신대학 출판부, 2007), 14쪽.

계를 경험하면서 젠더화되는, 다중적·모순적·복합적 주체로 구성된다. 그러한 관객 주체는 할리우드 영화가 첨단으로 보여 주는 미국적 삶이라는 매혹적 허구를 점검하며 카메라의 움직임을 인종적·계급적·젠더적 관점에서 날카롭게 주시한다. 그 시선은 백인종 우월주의적·자본주의적·제국주의적 가부장 시선에 저항하고 그것을 되받아치는 '비판적이면서 대항하는 응시'다.

다인종 다문화 사회로 나아가는 1980년대와 1990년대는 바로 이러한 관객이 원하는 엔터테인먼트 형태들과 교섭하는 영화들이 내용으로나 형식으로나 본격적으로 실험되었던 시기다. 그동안 말소되어 온 인종성을 정면에 부각하여 아메리카인으로서 소수 인종 문화의 진정성 찾기를 핵심 테마로 놓는 새로운 움직임이 일었고, 장르들의 본격적인 혼성화가 일어난다.[12] 둘 다 미디어의 포화에 반응하며 나온 것인데 전자는 거의 잊혀졌던 진정성을 의도적으로 추구하면서 현재의 지형을 피하려는 것이었고 후자는 정면으로 맞서 세련되고 아이러니한 미디어의 도상적 배열을 조종하고 지배하려는 것이었다. 두 흐름 중에 전자는 백인 감독이건 유색인종 감독이건 소수 인종의 입장에서 포근한 일관성, 자연스러운 이야기 진행, 카타르시스, 개연성 등을 고수한다. 반면 후자는 낡은 서사 규칙을 거부하는 통제 불능의 과잉 의식적인 포스트모던 실험을 지향한다. 후자의 흐름은 확

---

12) 샤츠 책에 붙어 있는 짐 콜린스의 보론 「1990년대의 장르성: 절충적 아이러니와 새로운 진정성」(샤츠, 415~446)에서는 이 두 흐름 중에 전자를 '고전 장르의 에스노그라피적 다시 쓰기'(샤츠, 420)라고 정리하며 〈늑대와 춤〉을 그 예로 든다. 후자는 서로 어울리지 않는 요소들이 절충적으로 병치되고, 이질적인 것들이 모순적이고 일탈적인 방식으로 혼합되며 균일하지 않는 텍스트들이 뒤섞임으로써 장르를 넘나드는 변형, 잡종화가 일어나는 것을 말하는데, 〈배트맨〉, 〈백 투 더 퓨처 III〉를 그 예로 들 수 있다. 이후 콜린스의 보론에서 인용할 경우 본문 중에(콜린스, 쪽수)로 표기하겠다.

실하게 '인지 가능한 도덕적·물리적 지평' 같은 것을 부정하고 과도한 자극, 무정부성, 자기 패러디, 자기 반영성을 즐기는 새로운 관객의 존재를 입증한다.

1980년대와 1990년대 미국 할리우드 영화는 사실 확연하게 구분되는 앞의 두 가지 흐름만이 아니라 두 흐름이 서로 겹쳐져서 아이러니하면서도 비판적이며 자의식적인 방식으로 조명된 진정성 찾기라는 흐름을 보여 준다.[13] 이 점을 주시할 때, 현 '정보의 시대'에 엔터테인먼트와 문화적 지식 능력, 두 가지를 구성하는 방식에 일어난 근본적인 변화를 간파하고 엔터테인먼트와 서사의 성격을 재공식화할 수 있을 것이다.(콜린스, 426~427) 광범위한 대중 호소력과 배급망을 완비한 할리우드 영화는 이상화된 미국인의 이미지를 매혹적으로 투사하기 위해 끊임없이 대중적 이야기를 재작업하게 하는 갖가지 전략을 개발하여 왔다. 고전 장르를 다양하게 변형하는 작업이라는 최근 추세도 문화적 기능의 균일성에 의거하는 신화와 거의 유사한 지위를 갖는 장르의 성격에서 조성되는 것이었다.

레비스트로스는 신화를 문화적 대립 항목을 통해 작동되는 거대한 준거 체계로 정의하고 신화의 목적은 모순의 극복을 가능하게 하는 논리적 모델을 제공하는 데 있다고 주장한 바 있다. 신화에 대한 레비스트로스의 정의를 통해 신화의 문화적 기능과 서사 구조 사이의 긴밀한 연관을 파악해 낼 수 있다. 신화는 "인간의 경험을 확연하고 지속적인 방식으로 구조화하는 기본적인 인간 활동", "현실의 사회적 이데올로기적 갈등을 해결하는 독특한 관념 체계"다. 그러한 신화는

---

13) 〈꿈의 구장〉, 〈델마와 루이스〉, 〈똑바로 살아라〉 등을 예로 들 수 있다.

"일상의 갈등을 작동시키고 해결하도록 고안된 이야기들과 이미지들의 망을 발전시키면서 스스로를 향해 발화하는 결집체"(샤츠, 407)가 된다. "역사를 자연으로 변형하는 것이 신화의 기본 원리"라는 바르트의 주장에 따르자면, 신화란 인간 행동의 복잡성을 제거하고 인간 행동에 단순화된 핵심을 부여한다.

한 사회 질서에 논리적 응집력을 제공하는 이와 같은 신화 만들기야말로 할리우드 상업 영화 장르에 꼭 들어맞는다. 할리우드 영화는 장르의 확립과 또 그 이후 장르의 수많은 변형을 통하여 시대마다 미국인의 신화 만들기에 기여해 왔다. 미국 이데올로기를 그때 그때 재조정해 강화하는 형식으로서의 할리우드 영화 장르는 미국의 인종적 · 계급적 · 젠더적 통합을 꾀하는 사회적 제의 역할을 효과적으로 수행해 왔다. 이처럼 장르 영화 만들기와 문화적 신화 만들기라는 두 활동 사이의 근본적 유사성을 짚어 냄으로써 영화의 대중성과 상업적 성격을 도외시하지 않고 장르들의 사회적 기능과 서사 구성을, 다시 말해 대중 영화의 서사 구조가 근본적인 사회문화적 이슈들을 자기 공식에 담아내는 방식을 탐구할 수 있다.(샤츠, 409)

이러한 탐구는 상업/예술, 대중/고급, 할리우드/비할리우드(저예산 독립영화 집단),[14] 재미와 오락/비판과 아이러니, 흥행과 자극/성찰과 전복이라는 이분법에 빠지지 않고, 할리우드 영화를 '동시대 미국 신화 만들기의 형식'이자, '변화하는 문화 속에서 반복과 변천을 거듭

---

14) 1950년대에 일어난 스튜디오 체제의 붕괴를 기반으로 떠오른 "주류 영화, 또는 지배 영화의 미학적 · 이념적 · 상업적 규범을 거부하며 제도권 바깥에서 자기 존재를 선포하는 독립영화"(박성학, 163)가 "더 폭넓은 관객들을 찾아 상업 영화로 파고든 움직임도 의미 있는 일부를 이루고 있다"(박성학, 166)는 지적에서 보듯, 주류 할리우드 영화/독립 영화의 경계는 그리 분명하지 않다.

하는 서사 체계'로 볼 때 가능하다. 그때 할리우드 영화는 미국 이데 올로기를 재조정해 강화하고 그 가치와 모순을 점검하게 하는 현대 미국 사회의 세속화된 신화 텍스트가 된다.

페미니즘은 이러한 미국 신화 만들기에 백인 가부장 남성의 시선 이 배여 있다는 비판적 인식을 촉발시켰다. 대다수 할리우드 영화들 은 '시네마 인종주의' 뿐만 아니라 '시네마 성차별주의'의 온상이었 다. 그 영화들에서 여성은 욕망의 대상이 되어 왔다. 더군다나 영화 속 여성이 백인 여성성과 동일시되는 사이 유색 여성은 부재하거나 희생자의 위치로만 재현되었다. 이와 같은 동일시를 의식적으로 거 부하고 비판적 공간을 창출하는 유색 여성 관객은 "수동적인 소비를 넘어 격렬하게 대면하고 도전하며 질문할 수 있는 비판적인 흑색(유 색) 응시를 발전"[15]시킨다. 유색 여성 관객성은 '응시의 대상으로서 (유색) 여성/시선의 담지자로서 남성'이라는 이분법을 해체한다. 또한 유색 여성 관객성은 해체하고 저항하며 새로운 쾌락을 구가하는 동시 에 다르게 보기를 실천함으로써 새로운 이미지들을 만들어 낼 수 있 고, 인종적 · 젠더적 · 계급적 평등을 위한 정치적 운동을 진전시킬 지 도를 그릴 수도 있다. 비판적인 유색 여성 관객성은 백인 우월주의 · 자본주의 · 제국주의를 주도하는 지배적 시선에 대항하는 실천적 지 점이 될 수 있는 것이다.

미국 영화에 대한 이러한 생각에 따라 3부에서는 토착 미국인들,

---

15) 훅스의 '흑색 응시' 개념은 '유색 응시' 개념으로 확대할 필요가 있다. bell hooks, *Outlaw Culture: Resisting Representations* (Routledge, 1994), p. 156: "the development of a critical black gaze, one that would be able to move beyond passive consumption and be fiercely confronting, challenging, interrogating" the white supremacist capitalist imperialist patriarchal dominating gaze.

아프리카계 미국인들, 치카노들, 아시아계 미국인들이 영화에서 어떻게 재현되어 왔는가를 통해 고전적 할리우드 시기/1960년대, 1970년대/1980년대, 1990년대의 영화에서 일어나는 변천을 다루어 보고자한다. 고전적 할리우드 시기와 1960년대, 1970년대 영화는 짤막하게 언급하는 대신, 다인종 다문화 관점을 천명하는 1980년대, 1990년대 영화를 좀 더 자세하게 논의할 것이다. 3부에서는 할리우드를 지배해 온 백인 남성 감독들과 최근에 부상하는 유색인종 남녀 감독들이 인종, 계급, 젠더 문제를 다루는 태도에 논의의 초점을 맞출 것이다.

09

스크린에 구현된
토착 미국인들

01 비인간에서 인간으로: 〈솔저 블루〉(1970)

고전적 할리우드 시기의 장르 중에서도 웨스턴 영화, 혹은 서부영화는 지극히 미국적인 내용과 정서를 담고 있다.[1] 액션의 비중이 크고 대사가 적은 특징을 지닌 서부영화에서 인디언들은 백인들이 지배하고 정복해야 할 미개하고 야만적인 종족으로, 죽어 마땅한 악인들로 손쉽게 처리된다. 그러한 처리는 앵글로색슨 족 중심인 미국 서부의 신화 만들기와 밀접하게 연관된 서부영화에서는 지극히 자연스러운 일이었다. 서부영화의 표상인 존 포드 감독의 〈역마차〉에서 보듯, 마차를 습격해 존 웨인을 추격하며 괴성을 지르던 아파치 족 인디언들은 서부의 황야를 용감하게 개척해 지배해 나가는 존 웨인에게 방해가 되는 적대자로 죽어 없어져야 했다.[2]

고전 할리우드 시기에 토착 미국인은 역사의 주체나 일상의 존재이기는커녕 살육과 제거의 대상이었다. 때문에 토착 미국인은 아무렇게나 처리되어도 무방하였다. 그 시절 백인들의 눈에 비친 인디언은 약탈자, 머리 가죽을 벗기는 야만인, 백인 여성의 납치자, 문명을 거부하는 열등한 족속, 사악한 범죄자였다. 백인 감독들은 그러한 상투적이고 부정적인 전형을 그냥 사용하기만 하면 되었다. 그러다가 1960년대, 1970년대 소수 인종의 목소리가 부각된 이래 그러한 상투적인 인디언들 대신 나름의 문화와 인간적인 면모를 가진 인디언들이 등

---

1) 할리우드 주류 서부영화는 백인 영웅과 서부의 공간을 신화적으로 재구성한다. 샤츠에 따르면 서부영화는 "미국의 건국 의식을 담는 동시에 국가의 무한한 가능성과 막힘 없는 전망에 대한 형식화된 비전을 투사한다. 그렇게 함으로써 서부 팽창주의 정책과 '명백한 운명'을 자연스럽게 하는 데 기여했다."(샤츠, 84)
2) 그 시기 서부극에 나오는 인디언을 연기한 배우가 백인이라는 것도 인디언들의 인간적 존재감이라고는 전혀 인정하지 않는 태도를 반영한다.

장한다. 그 대표적인 예로 〈솔저 블루〉를 잠깐 살펴볼 필요가 있겠다.

〈솔저 블루〉는 미국 기병대가 샤이언 족의 마을을 습격하여 백 명이 넘는 마을 주민들을 학살한 '샌드크리크의 학살'을 클라이맥스로 담은 영화다. 영화의 관심은 부당한 학살을 당한 인디언 자체에 있다기보다 학살을 서사적 배경으로 활용하여 군대의 비인도적인 만행을 밝히는 데 있다. 인디언은 그 만행을 투영하는 거울 역할을 할 뿐이며 인디언 인물은 추장 외에는 피상적이고 임시방편적으로 그려지고 있다. 그나마 추장도 '백인과 맺어지는 인디언은 죽는다'는 불문율에 따라 미국 기병대에 살해되고 만다. 영화에서 가장 인디언다운 복장을 하고 있는 사람은 추장의 부인인 백인 여성 크레스타인데 조악한 백인 옷을 입은 인디언 여성들이 크레스타를 둘러싸고 있는 장면은 이상하기 짝이 없다.[3] 이러한 비현실성과 왜곡은 인디언이라는 소수 집단에 관심을 갖기는 했으나 희화화 단계를 벗어나지 못했기 때문에 발생한다.

〈솔저 블루〉는 미국 기병대가 인디언을 얼마나 부당하게 대하였는지를 대중에게 널리 인식시키는 데 공헌했다는 점에서 고전 할리우드 시기의 영화가 인디언을 묘사하던 수준에서는 진일보했다. 그렇지만 인디언에 대한 만행의 역사적 근원을 제대로 파헤치기보다 학살의 원인을 군 지휘자의 이상 성격과 병사의 광기 탓으로 처리하는 것은 한계다. 영화의 마지막은 "육군참모총장인 마일즈 장군은 샌드크리크의 학살을 미국 역사상 최악의 범죄라고 지적했다"는 논평으로 끝맺는다.

---

3) 김영철 편역, 『마이너리티의 헐리웃』, (한울, 1993), 150~151쪽 참조.

그러한 논평 역시 미국에 정의가 살아있음을 환기하며 그 범죄를 합리화하는 방편일 뿐이다. 따라서 인디언 문제, 혹은 미국이라는 국가의 근원에 있는 심각한 인종 문제와는 대면하지 않는다. 인종차별주의는 미국의 발전과 팽창을 이끌어 온 미국의 정신에 처음부터 결부되어 있었던 문제다. 그러나 이 영화 역시 인종차별주의를 극복하려는 의식과 의지가 미미했던 것이다. 이 부분은 타인종 사이의 남녀 관계를 어떻게 처리하느냐 하는 문제와도 연결된다. 백인과 맺어진 인디언은 (남녀를 불문하고) 꼭 죽어야 한다는 불문율이 영화를 지배하는 것은 유색인종과의 혼혈 금기를 극복하려는 진지하고 깊이 있는 성찰과 실험이 부재한 사회 분위기를 반영한다.

02 인간으로 다루어지지만 피상적인 재현:
〈제로니모〉(1993), 〈늑대와 춤을〉(1990), 〈가을의 전설〉(1994)

1990년대에 이르러 다문화주의가 본격 천명됨에 따라 인디언을 주제로 한 작품은 백인 남성 감독들에 의해 더욱 많이 제작되었다. 〈늑대와 춤을〉을 필두로 〈제로니모〉, 〈가을의 전설〉 등이 그러한 경우다. 웨스 스투디Wes Studi가 인디언 주인공을 맡은 〈제로니모〉가 흥행에서 실패한 반면, 〈늑대와 춤을〉과 〈가을의 전설〉은 케빈 코스트너, 브레드 피트의 활약에 힘입어 큰 성공을 거둔다. 2장에서는 〈제로니모〉, 〈늑대와 춤을〉, 〈가을의 전설〉을 비교하는 방식으로 각 영화들이 어떤 수준에서 어떤 방향으로 인디언을 재현하는지 살펴봄으로써 그러한 재현이 함축하는 할리우드 문화 서사의 문제 지형을 그려 보기로 하자.

제로니모는 '하품하는 사람'이라는 뜻을 지닌 인디언 전사다. 월터 힐Walter Hill 감독은 1829년부터 1909까지 살았던 아파치 족 최후의 전사를 주인공으로 영화 〈제로니모〉를 만들었다. 남북전쟁이 끝난 후 혼란스럽던 미국에서 제로니모는 아파치 부족의 땅을 침범하는 백인이나 멕시코 사람들과 계속 전투를 벌이다가 어머니와 처자식 등 일가족 모두를 잃는다. 제로니모는 크룩 사령관과 협상한 몇 가지 조건의 이행을 믿고 1881년에 애리조나 주 중동부 사막 지대의 인디언 보호구역으로 이주한다.

하지만 막상 협상 조건이 제대로 지켜지지 않자 제로니모는 30여 명의 남자와 백여 명의 여자를 이끌고 보호구역을 탈출한다. 미국 정부는 대대적으로 제로니모 일행의 소탕 작전을 벌인다. 5개월 후 1886년 9월 3일에 애리조나의 스켈리턴 캐니언에서 열린 항복 회담은 제로니모를 최후의 인디언 전사로 만든다. 제로니모는 34명의 아파치와 함께 플로리다행 기차를 타고 감옥을 향해 가면서 "왜 신은 백인에게 우리 땅을 주는 것일까? 왜 백인들에게는 총과 말이 그렇게도 많이 있을까? 우리 신은 나를 전사로 만드셨고, 총알도 나를 죽이지 못했다. 그게 나의 신통력이었으나 이제 내 시대는 끝난 것 같다. 아니, 우리 시대가 끝난 것 같다"고 참담한 심정으로 말한다.[4] 아파치 전사들이 타고 가는 기차가 멀어지고 인디언들의 구슬픈 노래가 흘러나오는 가운데 영화는 끝난다.

---

4) 연동원, 『영화 대 역사: 영화로 본 미국의 역사』 (학문사, 2001), 126, 128쪽.

〈제로니모〉는 아파치 인디언 전사를 주인공으로 등장시키고 인디언 문제를 핵심 주제로 부상시켜 새로운 인디언을 그리고자 한다. 하지만 백인들이 인디언들에게 저지르는 잔학상에 대한 제로니모의 분노와 용맹스러움은 깊이 있게 느껴지지 않으며 미국 정부의 약속 불이행에 대한 제로니모의 깨달음도 가슴에 와 닿지 않는다. 오히려 두세 번씩 반복해서 불이행의 피해를 당하기만 하는 결과로 미루어 보건대, 제로니모에게 지도자로서 특별한 신통력이 과연 있었는지 의심스러울 정도다. 제로니모는 후반부로 갈수록 기개 높은 전사라기보다 사색적인 인물이 되어, 인디언 전사의 생동감을 떨어뜨리면서 어색한 느낌을 준다.[5]

이렇게 제로니모라는 인디언의 재현이 미흡하게 느껴지는 것은, 1904년에는 활과 화살을 만들어 팔고 1907년에는 자서전[6]을 미국 대통령에게 헌정하는 등 동화된 미국인으로 변모했던 제로니모의 실제 삶과 무관하지 않다.[7] 변해 가는 역사에 적응하고 순응해 가는 대다수 인디언들의 삶에서 보이는 단조로운 암울함은 인디언 정복 전쟁에서 양심의 가책을 느끼는 백인 남성들의 재현에서도 나타난다. 찰스와 데이비스 같은 미국 장교들은 미국 기병대와 정부의 인디언 정책이 지닌 기만성과 잘못에 대해 양심을 지닌 인간으로서 번민하며 책

---

5) 앞의 책, 130쪽.

6) *Geronimo: His Own Story* (Meridian, 1996); 국역본으로 최준석 옮김, 『제로니모 자서전』 (우물이 있는 집, 2004).

7) 1969년에 일단의 인디언 젊은이들이 형무소가 있었던 샌프란시스코 만의 알카트라스 섬을 근 2년간 점거하면서 그 땅을 인디언의 직업훈련소로 활용할 것을 요구했고, 1972년에는 연방정부의 〈인디언 문제 위원회〉에 만연한 관료주의를 청산하고 조직을 개혁할 것과 과거에 정부가 인디언 부족과 맺은 협정을 준수할 것을 주장하면서 워싱턴 본부를 점거했다. 이들의 급진적 행동은 동화적인 제로니모의 행적과 대조된다.

임을 느끼고 환멸하며 항의하지만, 무기력할 뿐이다. 그래서 인디언들을 사라지게 하려는 미국 역사의 약탈적 물꼬의 방향을 틀기에는 역부족이다. 결론적으로 감독은 백인의 인디언 침략과 약탈로 점철된 서부 개척 역사를 수정주의 관점으로 접근한다고 하지만 백인과 인디언 사이에서 적당히 타협함으로써 결국 백인 입장에서의 정당화, 변명, 마지못해 반성하는 정도[8]를 구현할 뿐이다. 그래서 약탈적이고 폭력적인 미국 자본주의와 민주주의를 바꿔 내는 데 필요한 가치와 인식과 행동의 지평을 적극적으로 시사하지 못한다.

〈늑대와 춤을〉은 이 어정쩡함을 떨쳐 버린다. 백인 중위인 주인공 존 던바는 확실하게 인디언의 입장에 서고자 한다. 무엇보다 이 영화에서는 인디언들이 사람답게 그려지고 있다. 수우 족의 대사도 기이하거나 이상하다기보다 자연스럽고 인간의 대화다운 풍부함과 정감을 주며 인디언의 의식 역시 흥미 본위로 다루어지지 않는다. 존 던바는 수우 족 인디언 세계에서는 일개 전사 자격도 갖지 못하며 인디언들에게 인도되어 인간으로서의 삶의 방식을 배우는 존재로 그려진다. 남북전쟁 당시 백인 대위였던 존 던바는 진토카라 나파(Kicking Bird, 땅을 박차는 새)라는 이름의 인디언과 우정을 나누면서 인디언 문화와 삶에 대한 깊은 이해를 갖게 되는데, 마지막 장면에서 던바에게 붙여지는 인디언 이름이 바로 '늑대와 춤을'이다. 던바는 인디언 이름을 갖게 되면서 인디언으로 다시 태어나게 된다. 타인종과의 공존과 화합을 도모하는 새로운 영웅이 되는 것이다. 던바는 백인 사회에서는 찾을 수 없었던 '진정한 인간의 길'을 찾아 따라간다.[9]

---

8) 연동원, 129쪽.

이와 같은 〈늑대와 춤을〉의 서사는 서부영화에서 전통적으로 무시되어 왔던, 백인 이전의 미국 원주민들의 생활에 초점을 맞춤으로써 고전 웨스턴을 탈신화화한다. 존 던바는 미국 국가주의 이데올로기와 개인주의, 독립 정신으로 무장한 백인 정착민 역할을 거부한다. 존 던바는 인디언 삶을 배경이나 오락으로 대하지 않고 그 자체를 진지하고도 정확하게 그리려는 최초의 인종 문화 기술학자ethnographer다. 존 던바에 의해 "서부 정착과 관련된 모든 고전적 웨스턴을 통해 암시적으로, 또는 명시적으로 등장하는 '명백한 운명' 이데올로기는 여기서 잔인한 제국주의로 다시 쓰인다."(콜린스, 437) 미국 원주민의 시각에서 다시 쓴 서부 팽창주의 역사는 백인의 문화가 아니라 수우 족의 문화가 바람직한 문명의 모델이 되는 전복을 일으킨다.

이러한 다시 쓰기는 그 자체가 목적이 아니다. 영화 후반부에 본격적으로 진행되는 던바의 자아실현이 그 다시 쓰기와 완전히 섞여 새로 짜인다.(438) 토착 미국인의 역사 다시 쓰기는 백인 남성의 자아실현 과정과 상호 의존하는 관계다. 역사 다시 쓰기는 반복적으로 자아실현 과정으로 바뀐다. 주인공은 수우 족의 언어를 쓰며 수우 족을 찬양하는, 회복할 수 없는 과거 속의 이상화된 상상계 속에서만 치유되고 조화 속에 있을 수 있다. 그렇게 되기 위해서 수우 족들은 우아한 야만인들로 틀지워지고 동정적인 백인만이 강조된다.

잃어버린 과거의 진정성은 이제 더 이상 가능하지 않다. 이 시점에서 백인 남성 주인공은 그 잃어버린 과거에 대한 자아도취적 투사를 꾀하지 않을 수 없다. 그리하여 1990년대 백인 미국의 문제가 인디언

---

9) Roh Heongyun, "Dances With Wolves: A Ceremony on Dunbar's Metamphosis and Regeneration", 『문학과 영상』 (2000년 가을), 278쪽 참조.

화된 백인 전사의 상상계 속에서, 말하자면 거의 잊혀졌던 진정성을 의도적으로 추구하는 가운데, 존재하지도 않았고 존재할 수도 없었던 과거를 통해 현재의 문제가 상징적으로 해결된다.(436) 신화 속에서, 상상 속에서 1990년대 백인 미국 남성의 욕구가 충족된다. 이러한 새로운 문화 서사 방식은 더욱 교묘하고 음험하게 인디언 문화를 신화화함으로써, 그 실상을 은폐한다.

〈늑대와 춤을〉에서 던바는 아름다운 인디언 여성을 손쉽게 넘보는 오만함을 보이지 않고 백인 여성을 아내로 맞는다. 이러한 관계는 이 백인 여성의 남편이었던 인디언 남성이 전사했기 때문에 가능해진다. 그리하여 이 영화에서는 적어도 백인 남성과 결혼하는 유색인종 여성의 죽음이라는 구도는 반복되지 않는다. 그렇지만 이 영화에서 던바의 아내가 갖는 비중은 백인 남성과 인디언 남성의 우정이라는 더 중요하고 깊은 관계에 의해 축소된다. 〈가을의 전설〉은 백인 남성 주인공이 인디언 남성과 우정을 나누는 관계를 그리면서도 백인 여성 또한 비중 있게 다루고자 한다. 그러한 서사 구도가 결과적으로 어떤 의미를 갖게 되는지 살펴보자.

〈가을의 전설〉은 주로 캐나다 캘거리에서 64킬로미터 떨어진 목장에서 촬영되었다. 여기에 밴쿠버와 자메이카에서 촬영한 것이 덧붙여졌다. 〈가을의 전설〉은 광활한 자연을 배경으로 펼쳐지는 한 폭의 그림과 같다. 이 영화는 존 포드의 서부극을 연상케 하며 고전적 할리우드의 고풍스런 스타일을 따르고 있다. 영화 속에 자주 나오는 평화로운 풍경과 한가한 평원은 영화를 보는 이들로 하여금 아름다운 자연 세계에 도취되게끔 한다. 영화의 장면들은 장엄한 하늘과 평원을 배경으로 물 흐르듯 흐른다. 이 영화는 수려한 풍광을 그대로 필름에 충실하게 옮기고 있으며 심지어 조명도 자연 상태로 느껴지도록 때로는 인공적인 조명을 전혀 쓰지 않기도 했다고 한다. 덕분에 이 영화에서는 자연의 위대함과 신비로움이 인물을 압도한다.

흔히 자연은 도시나 문명과 대립되는 것으로, 나아가 더 우위에 있는 것으로 여겨진다. 자연/문명, 원주민/백인, 여성/남성의 이분법 구도에서 자연은 원주민 혹은 여성의 세계와 연결된다. 이 구도를 따른다면 자연친화적이라는 인디언과 우정을 나누는 백인 남성은 여성 친화적인 존재가 된다. 과연 그런가 하는 질문은 이 영화를 새로 읽는데서 주요한 초점이 될 수 있다. 이 초점은 도시와 문명 중심으로 자연과 유색인종을 억압하고 착취하는 데 앞장 서 온 미국 중심의 자본주의 가부장 체제와 〈가을의 전설〉이 어떠한 관계 속에 있는가 하는 질문과도 연관된다.

〈가을의 전설〉은, "자신의 내부에서 나오는 소리를 들으며 사는 사람들은 결국 미쳐 버리거나 아니면 (…) 전설이 된다"는 인디언 노인의 내레이션으로 시작된다. 〈가을의 전설〉은 백인 사회를 버리고 인디언 친구들과 함께 아름다운 초원에서 조용히 살아가는, 미국 사회로 보면 이단아이자 반항아인 '내티 범포' 형의 백인 러드로 대령과 그 세 아들이 꾸려가는 가족의 삶을 그리고 있다. 인디언 학살에 반대하고 자연적인 삶을 추구하는 러드로 대령, 춥다는 이유만으로 원시적 삶을 거부하는 어머니 이사벨, 몇 년 동안의 도시 생활로 성공하여 부유한 삶을 누리게 되는 맏아들 알프레드, 인디언의 손에서 성장하여 백인 문명사회의 삶을 거부하는 둘째아들 트리스탄, 지성적이며 엘리트적인 이상주의자 새뮤얼 등, 자연과 문명을 각기 추구하는 두 유형의 인간상이 대조적으로 제시되고 있다.

아버지 러드로 대령은 19세기 말 미국의 비인간적인 인디언 정책에 반감을 품고 서부에 정착하여 인디언을 가족처럼 인정하고 존중하며 사는 전형적인 '내티 범포' 형이다. 외로웠던 러드로 대령은 인디언 가족들과 함께 식사하기 위해 먼저 그들에게 다가간다. 러드로 대령은 미국을 주도하는 백인 도시 문화에 등을 돌린 채 아직 완전히 훼손되지 않은 천연의 자연 배경 속에서 인디언들과 함께 낙농을 하며 살아간다. 말하자면 인디언들과 함께 산천을 누비는 '내티 범포'의 세계가 아니라 역사 속에 거의 절멸하여 얼마 남지 않은 인디언들과 변방에서 함께 정착하는 프런티어 백인 남성의 세계를 보여 준다. 여자(아내)는 그러한 러드로 대령의 세계에서 빠져 있지만 부계는 세 아들로 이어지고 있다. 여자와 아이에게서 훨훨 벗어나 자연 속에 사는 러드로 대령과 같은 백인 남성의 세계는 인종 화해라는 버릴 수 없는 꿈을 표상하면서 부계를 지속시켜 나간다.

백인 사회를 거부하고 인디언 가족과 함께 사는 러드로 대령은 인디언 학살의 어두운 기억을 잊게 해 주면서 미국인의 특징적인 자질이라는 평등주의, 독립성, 낙천성을 실현하는 인물이다. 제3세대 내티 범포로서 트리스탄이 러드로 대령을 잇는다. 트리스탄은 인디언들과 피로 맺은 관계를 통해 처음부터 자연의 아들로 묘사된다. 대령이 가장 사랑하는 트리스탄은 그 내부에 깊고 어두운 곰의 목소리가 깃들어 있는, 야성과 자유와 생명력이 넘치는 인물로 나온다.

그런데 이 집안에 새뮤얼의 약혼녀 수잔나가 들어오면서 갈등과 고통이 발생한다. 트리스탄은 애원하는 수잔나를 뿌리치고 몇 년간 남태평양 쪽으로 배를 타고 다니는 선원 생활을 하거나, 어느 오지에 내려 사냥꾼 생활을 하면서 미국의 전원에까지 밀려들어오는 백인 문명사회를 거부한다. 트리스탄은 나중에 인디언 혼혈아인 이사벨 2세와 결혼함으로써 백인종 중심의 관습과 전통에 반항하는 자세를 유감없이 보여 준다. 머리를 휘날리며 초원을 가로지르는 트리스탄의 매혹적인 이미지는 지금까지 연면히 살아 있는 '내티 범포'라는 미국인의 자기 이미지이자 신화다. 트리스탄은 미국의 문화 영웅이자 전설이다.

〈가을의 전설〉은 한 여성과 삼형제 사이의 사랑이라는 주제의 선정성을 무마하려는 듯, 트리스탄을 둘러싼 신비한 영상 효과를 내는데 집중한다. 그리고 관객은 자신도 모르는 사이 그 효과에 빠져든다. 대도시에 사는 미국인의 삶에서뿐만 아니라 우리의 주변에서도 찾아볼 수 없는 푸른 초원의 장엄함과 신비함을 배경으로 러드로 대령 가족의 삶을 회상하는 인디언 '단칼'의 신비한 목소리는 관객에게 깊은 여운을 남긴다. 곰의 원시적이고 신비한 영상은 현실의 대도시 가을에서는 도저히 볼 수 없는 전설적인 가을 풍경의 매력에 흠뻑 젖게 해 준다. 이 전설에 과잉 투사된 영상 효과를 벗겨내면 과연 무엇이 남을까?

〈가을의 전설〉에서는 예전의 인디언 영화보다 인디언이나 여성의 비중이 크다. 그렇지만 이 영화가 추구하는 세계는 결국 여성을 배제한다. 트리스탄의 어머니 이사벨, 수잔나, 이사벨 2세가 자기주장이 뚜렷한 인물로 나오는 것은 사실이다. 하지만 어머니 세대인 이사벨이 황야를 거부하고 도시로 가 버린 반면, 황야를 좋아하는 열정과 활력을 가진 20세기 초반 신세대 여성인 수잔나는 자신이 뿌리내리고자 한 자연에 뿌리내리지 못하고 남자들 사이에서 내몰릴 뿐이다. 트리스탄과 알프레드 사이에 갈등을 일으키는 원인인 수잔나가 죽어 없어져야만 형제애가 회복된다.

백인 문화에 다분히 동화된 이사벨 2세도 러드로 가의 어머니 이름을 이어받기는 했지만 인디언 여성은 백인 남성과 결합할 수 없다는 불문율을 피해가지 못한다. 백인의 교육을 받고 백인 남성과 결혼하여 아들까지 낳으며 백인의 삶 속으로 들어가려 한 이사벨은 러드로 가와 다른 집단이 갈등과 충돌을 일으키는 와중에 총을 맞고 죽는다. 인디언 여성이 미국 사회의 시민으로, 백인 남성의 아내로 살아남지 못하고 결국 희생되는 것은, 백인과 인디언은 결코 화합할 수 없다는 통념을 반영할 뿐이다. 백인이건 인디언이건 여성을 거부하고 여성을 죽게 함으로써 이 영화가 정말로 제시하고 싶었던 것은 아버지와 아들, 형제들 사이에 회복되는 화해와 질서다. 인디언 여성이 낳은 아들을 형에게 맡기고 트리스탄은 아이들과 가정의 구속에서 벗어나 다시 자유로운 삶을 찾아 나선다.

백인 우월주의적 가부장 사회의 대다수 관객은 이러한 결말에 안도의 한숨을 내쉰다. 대중은 일상의 지루함과 괴로움을 잊기 위해 전설을 필요로 한다. 그 전설을 계속 공급하여 사람들에게 위로와 활기를 주는 것이 대중 영화의 중요한 사회적 기능이기도 하다. 어쩌면 〈가을의 전설〉이란 미국인의 현재를 힘겹게 붙들어 매어 주는 역할을 하는 것인지도 모른다. 다 쓰러져 가는 것 같던 러드로 대령이 총을 쏘아 극적으로 아들을 구하고, 가정에 안주하는 것 같던 트리스탄이 가정을 박차고 나와 다시금 용기와 독립성을 보여줄 때 그러한 신화와 상상 속에서 관객은 행복하게 잠들 수 있다. 이와 같은 감정 구조는 현실에서는 여성과 가정에서 떠나지 못하고 속박되어 살면서도 마음속으로는 대자연을 자유롭게 누비며 다니기를 열망하는 현대 미국 남성상을 축약한다. 미국 남성들은 자신들의 원초적 소망과 신화를 상실해 가고 있기 때문에 이 전설에 더욱 얽매인다.

하지만 전설이 어떠하든 새뮤얼의 실패는 의미심장하다. 제1차 세계대전은 독일이 영국을 침공한 전쟁으로 미국과는 직접 관련이 없는 전쟁이다. 하지만 자신의 뿌리를 영국에 두고 있다고 생각하는 미국은 영국 편에 가담하게 된다. 여기에는 미국이 세계의 평화를 도모할 수 있다는 이상주의가 개입되어 있다. 새뮤얼은 그 당시 미국 젊은이들의 이상주의 기질을 표출한다. 아들은 아버지의 만류를 뿌리치고 전쟁에 참가한다. 전쟁에 대한 회의 속에서 자기 파괴적인 죽음으로 자신을 몰고 가는 새뮤얼의 행동은 미국 이상주의의 패배와 허무, 한계를 보여 준다. 미국의 이상주의는 팽창주의와 제국주의에 연루되어 있으면서 동시에 허무주의를 내포한 것이었다.

남성의 실패 못지않게 현대 미국 여성들은 어머니 세대보다 더 위축된 형상으로 나타난다. 〈가을의 전설〉을 이끌어 가는 세 형제인 부와 성공을 추구하는 야망의 사나이 알프레드, 인생의 성공보다는 자연적인 삶을 추구하는 야성적인 트리스탄, 지성적이고 엘리트적인 이상주의자 새뮤얼은 남성으로서 의지적이고 주체적이다. 남편 러드로 대령이 추구하는 자연에서의 삶을 받아들일 수 없었던 어머니는 남편을 떠나 도시로 간 주체적인 여성이었다. 그런데 어머니보다 더 많은 교육을 받은 수잔나는 아들 삼형제와 사랑에 빠진 결과 남성에게 이끌려 가는 수동적이고 피동적인 삶을 살다가 자살하고 만다. 수잔나는 테니스, 승마, 피아노 등을 즐기며 그 시대의 보통 여성들보다 세련되고 깨어 있는 신세대 여성처럼 보인다. 하지만 수잔나의 지성이란 진정한 지식을 추구하거나 거기에 따라 살아가려는 노력으로 나타나기보다는 고상함과 우아함에 그칠 뿐이다. 수잔나의 삶은 1920년 대 미국의 교육과 도시 문화의 피상성과 허약성을 입증하고 자연으로 의 귀환이 정당성을 갖게 해 준다.

결국 〈가을의 전설〉은 인디언/백인, 여성/남성, 자연/문명의 이분 법을 해체하는 것 같지만 결국에는 철저하게 백인 남성의 문명세계로 귀착되는 퇴행적인 영화다. 이 이분법적 대립 구조야말로 미국 자본 주의 사회의 근간을 이루면서 모든 억압과 차별을 합리화해 왔다. 이 대립을 철저하게 해체하고 그 자리에 좀 더 심오하면서도 포괄적인 휴머니즘의 가치를 새로 세워 나가는 작업에서 인디언들의 문화와 삶 이 제 자리를 찾게 하는 것, 이것이 1990년대 이후 할리우드 영화가 부딪쳐야 할 도전이다.

03 토착 미국 남성 감독의 손으로 만든 영화: 〈봉화〉(1999)

앞에서 살펴보았듯, 할리우드 상업 영화의 역사적 배경과 특성상 백인남성 감독은 인종 문제와 여성 문제에 아무리 진보성을 표방해도 토착 미국인들의 문화와 삶을 제대로 재현하는 과제를 사실상 성취하 기 어렵다. 토착 미국인들이 자신들의 삶과 문화를 그리는 영화를 만 든다면, 현대 미국 문화에 순응하는 것도 그것을 배격하는 것도 아닌 새로운 삶의 방식을 향해 나아가는 인디언들의 내면세계와 새로운 삶 의 이미지를 제대로 그려 낼 수 있지 않을까? 1998년에 나온 〈봉화 Smoke Signals〉라는 영화는 토착 미국인들의 집단 창작물이다. 이 영화는 〈섀도우 캐처 엔터테인먼트Shadow Catcher Entertainment〉가 제작하고, 크리스 아이어Chris Eyre 감독[10]이 만든 독립 영화며, 선댄스 Sundance 영화제에서 제작상과 관객상을 받자 미라맥스가 배급 회사로 나섰다.

〈봉화〉는 토착 미국 남성 작가 셔먼 알렉시Sherman Alexie[11]가 쓴 단편소설 모음집 『외로운 방랑자와 천국의 톤토 주먹질The Lone Ranger and Tonto Fistfight in Heaven』 (Athlantic Monthly Press, 1993)에 들어 있는 「애리조나, 피닉스라고 말하는 것의 의미What it Means to Say Phoenix, Arizona」에 나오는 인물들과 이야기들을 각색한 것이다. 이 영화는 토착 미국인들이 주축이 되어 만들어 낸 최초의 작품이며 빅터 조셉 Victor Joseph 역은 애덤 비치Adam Beach, 토머스Thomas Builds-the-Fire 역은 이반 애덤스Evan Adams, 수지 송Suzy Song 역은 아이린 베다드Irene Bedard, 아놀드 조셉Arnold Joseph 역은 개리 파머Gary Farmer, 아린 조셉 Arlene Joseph 역은 탠투 카디널Tantoo Cardinal이 맡았다.

영화는 아이다호 주 플룸머Plummer에 사는 두 젊은 인디언 남성 빅터와 토머스를 중심으로 전개된다. 빅터는 사색적인 성향에 자기주장이 강한 축구 선수며 토머스는 좀 기이한 부족의 이야기꾼이다. 이두 젊은이는 빅터의 아버지 아놀드 조셉을 통해 연결된다. 아놀드는

---

10) 1968년 오리건 주 포틀랜드 태생으로 Cheyenne/Arapaho 부족으로 등록되어 있다. 크리스 마이어는 가난하고 술에 젖어 도박하는 인디언이라는 상투적인 면 외의 모든 측면을 그려 내고자 한 감독인데 〈봉화〉가 데뷔작이다. 공식 웹사이트 http://www.chriseyre.org

11) 1966년에 Spokane/Coeur d' Alene 족으로 태어나 와이오밍 주 스포카네Spokane의 80킬로미터 북서쪽인 웰피니트Wellpinit에 있는 스포카네 인디언 보호구역에서 자랐다. 스포카네에 있는 곤자가 Gonzaga 대학에 다니다가 1985년에 워싱턴 주립대학에 편입해 시를 쓰기 시작했다. 〈봉화〉의 성공 이후 지금까지 계속 활발하게 작품을 쓰고 있다.

불이 난 집에서 아이 토머스를 구해 내고 토머스의 영웅이 된다. 반면 술주정, 가정 폭력, 급기야 아버지에게서 버림받는 고통을 겪어야 했던 빅터는 아버지에 대한 사랑과 적개심을 동시에 갖는다. 토머스와 빅터는 서로 싸우면서, 가까운 이웃이자 친지로 함께 자란다. 빅터와 어머니를 버린 후 애리조나 피닉스에서 친구 아린과 함께 살던 아버지가 죽는다. 빅터와 토머스는 아놀드의 유골과 소유물을 챙겨 오기 위해 함께 여행을 하게 된다. 둘 다 '인디언'으로서 자신들의 정체성을 놓치지 않고 있지만 둘의 관점은 다르다. 빅터는 좀 더 금욕적이면서 실용적인 반면, 토머스는 좀 더 이상주의적이고 (〈늑대와 춤을〉 영화를 수없이 볼 정도로) 전통적이다.

이들의 상반된 성격은 영화 내내 나타나는데 빅터가 토머스를 보면서 화를 내는 이유가 되고 토머스가 빅터에게 매혹되는 원천이 된다. 피닉스에 도착하자 빅터는 자신의 정체성뿐만 아니라 아버지에 대해서도 서로 갈등을 일으키는 감정들과 대면하게 된다. 빅터는 또한 아버지의 친구인 수지 송이 들려준 이야기도 붙잡고 늘어져야 했다. 토머스의 부모님을 죽게 한 불을 낸 당사자가 아버지라는 것이었다. 아버지가 어느 날 밤 술에 취해 거실의 장작을 잘못 던졌고, 그 때문에 이웃집에 불이 붙었다는 것이다. 이번 여행으로 빅터는 아버지가 알코올중독자가 되어 자신을 때리고 버린 이유를 이해하게 됨으로써 결국 자신의 음울한 성향을 치유하게 된다. 빅터가 아버지를 그렇게 무조건적으로 경외하는 토머스를 좀 더 이해하게 되면서 영화는 끝난다.[12]

---

12) 영화 줄거리는 위키피디아 자료에서 따온 것이다: http://en.wikipedia.org/wiki/Smoke_Signals_(film)

이 영화의 주요 인물들은 관객에게 현재 토착 미국인들이 무슨 생각을 하고 서로에게 어떤 말을 하며 보호구역의 삶은 어떤지를 보여준다. 그중에서도 빅터의 관점이 중심이 되어 플래시백으로 이야기, 꿈, 미래가 제시되며 아버지와 아들의 관계 회복이라는 주제를 둘러싼 빅터의 변화가 중요하게 제시된다. 아버지에게서 받은 상처 때문에 비사회적인 성향을 가지고 토머스를 경멸하던 빅터는 아버지가 그렇게 행동한 까닭을 알게 되면서 아버지를 용서하고 화해함으로써 토머스와의 관계도 경멸에서 존중으로 바뀐다. 두 젊은 토착 미국인 남성들의 여행은 낙관적인 결말로 귀결되지만 그러한 결과에 도달하는 과정에는 토착 미국인의 절망감이 깊게 드리워져 있다. 때로는 절망과 곤경의 코믹한 수용 사이에서 흔들리기도 하지만 영화는 로드 무비로서 잘 짜인 구성을 보여 주고 있다. 무엇보다 이 영화의 강점은 토착 미국인들의 내면에서부터 쏟아져 나오는 리얼한 열정과 감정, 기백과 활기가 살아 있다는 점이다.[13]

이 영화의 대본 작업과 제작 과정에 참여한 셔먼 알렉시는 원작의 긴 제목을 그대로 쓰는 것은 좋지 않다고 보고 인상적인 영화 타이틀을 만들기 위해 고심했다고 인터뷰에서 밝힌다.[14] 담요를 두른 토착 미국인들이 평원에서 불을 붙여 보내는 봉화의 이미지는 유머러스하기는 하지만 상투적이기도 하다. 하지만 제목만으로도 이 영화가 토착 미국인에 관한 영화라는 것을 알릴 수 있고 현대적 삶에서 '봉화'란 어려운 상황에서 누군가에게 도와달라는 요청이 되기도 한다는 이

---

13) Dennis Schwartz's review (1999, 7, 5): http://www.sover.net/~ozus 참조.
14) Dannis West & Joan M. West, "Sending Cinematic Smoke Signals: An Interview with Sherman Alexie", *Cineaste* vol. 23, no. 4 (Fall 1998) 참조.

유에서 이 제목을 붙였던 것이다.

현대 인디언의 삶에서 부재하는 아버지 상은 현실의 것이기도 하다. 아버지 없는 두 젊은 토착 미국 남성들의 미래는 어떻게 될까? 이 질문에 대해 알렉시는 현대 미국 사회에서 인종을 막론하고 남자들은 사냥꾼과 전사와 같은 그들의 전통 역할들을 상실했기 때문에 무엇을 하기에는 현대 여성들보다 심리적·사회적 여건이 좋지 않다고 말한다. 그래서 아버지의 부재가 인종마다 양상은 좀 다를지 몰라도 결국 모든 미국인들의 문제이므로 그것을 인정하고 받아들이는 데서부터 시작해야 한다는 것이다.

빅터가 자신은 술을 한 모금도 입에 댄 적이 없다고 말하는 대목은 아버지와 자신의 과거에서 떨어져 나오겠다는 선언이자 실천이다. 보통의 토착 미국인들과는 다른 인물로 제시되는 빅터는 현대 토착 미국 남성의 새로운 상이 될 수 있다. 알코올중독의 결과에 연연하기보다, 중요한 것은 공동체 내부에서 중독이나 역기능을 일으키는 정서적·사회학적·심리학적 이유들을 탐색하는 작업이다. 〈봉화〉가 찾으려는 것도 바로 그것이다. 빅터는 친구와 함께 한 여행에서 수지 송의 이야기를 통해 아버지를 이해하게 되고 아버지와 친구와 화해함으로써 새로운 삶의 관계를 형성하게 될 힘을 얻는다.

이 영화의 내적이고 유기적인 부문으로서 노래와 음악은 바로 토착 미국인들이 자신들을 표현하는 또 다른 방식이 된다. 여행이 시작될 때 플래시백에 따라 "수백만 마일 저 멀리서A Millin Miles Away"라는 노래가, "부서지기 쉽고 약한 당신이지만 같이 차를 타고 가자"고 하는 가사로, 일종의 러브 송으로 자리한다. 이 노래는 피닉스에 살고 있는 토착 미국인들과 보호구역의 토착 미국인들 사이, 토착 미국인

들과 다른 인종의 미국인들 사이의 거리를 환기하는 동시에 인간적
약함과 좌절과 상처로 그들을 함께 묶어 준다.

오늘날 토착 미국 사회가 직면하고 있는 가장 큰 도전은 예술적·
정치적·사회적·경제적 주권을 다양한 방식으로 찾는 것이다. 토착
미국인들은 언제나 미국 내부의 민족들이었고 지금도 그렇다. 그 사
실에 어떠한 위협도 가해서는 안 된다. 한편으로 할리우드 영화를 비
롯한 주류 미국 대중문화는 토착 미국인들의 예술적 창조성에 큰 영
향을 미쳐 왔다. 토착 미국인들도 그 문화 속에 있기 때문이다. 미국
대중문화는 '공통된 문화 통화a common cultural currency'와 같은 것이
다. 대중문화는 토착 미국 인물들과 타인종 관객 사이의 문화적 거리
를 이어 주는 다리로 사용될 필요가 있다. 관객들이 새로운 것을 듣고
볼 때 고수할 무엇인가를 주기 위해 영화는 인물들을 통해서 관객에
게 말을 건다. 그때 너무 진지한 감정이나 태도보다 유머 전략이 기성
체제를 의문시하는, 효과적이고 정치적인 도구가 된다. 항상 누군가
의 속을 뒤집고 이런저런 개념에 도전하며 자신과 자신의 정치, 삶에
안주하지 않는 태도가 요청된다.

이러한 태도와 기법은 〈봉화〉의 두 젊은 토착 미국 여성이 역주행
하는, 짧지만 인상적인 장면에서 엿볼 수 있다. 이 장면은 〈델마와 루
이스〉에서 차용한 것이다. 이렇게 과거 영화의 여성 중심 장면을 집
어넣음으로써 〈봉화〉는 백인 마초적인 로드/버디 무비를 해체하는
안티 로드 무비의 양상을 나타내는 동시에 과거와 현재를 교차시킴으
로써 순환적인 시간을 환기한다. 이 장면은 때로 앞으로 전진하기 위
한 역주행이라는 시각적 메타포를 제시하기도 한다. 항상 말썽을 일
으키는 고물 차를 운전하는 토착 미국인들에게 이 메타포는 다분히

인디언적인 것이 된다.

잠깐 스치듯 나오는 역주행 장면의 토착 미국 여성들에 비해 수지 송은 〈봉화〉에서 중요한 역할을 행한다. 수지 송은 빅터를 교육시키고, 그에게 변화를 가져오는 인물이기 때문이다. 그렇지만 수지 송의 역할이 단순한 대리 어머니이자 빅터의 재생을 위한 매개로만 활용되고 있다는 점에서 남성 중심적 재현의 위험이 엿보인다. 물론 수지 송 자신의 내면 세계가 전혀 그려지지 않고 있는 것은 아니다. 앞서 언급한 바, 이 영화의 대본 작업을 한 셔먼 알렉시는 현대 미국인들 중에 남성이 더 어려운 곤경에 처해 있다고 말한 바 있다. 이 지적은 토착 미국 남성의 입장을 반영한다. 과거의 역사 속에 흔적조차 별로 남아 있지 않은 토착 미국 여성들과 현대 토착 미국 여성들의 복잡한 내면과 심리를 좀 더 섬세하면서도 새롭게 제시하는 작업들이 축적되어야 한다. 그래야만 다인종 다문화 미국 사회의 진정한 문화적 잠재력을 거론할 수 있을 터이다.

10

아프리카계
미국인들의 재현

01 상투형에 갇힌 검은 몸들의 풍경: 〈바람과 함께 사라지다〉(1939)

흑인들은 미국 건국 시기부터 노예 신분으로 백인들과 함께 살아왔다. 또한 확연히 대비되는 피부색과 생김새 때문에 다른 유색인종보다 더욱 격심하게 고통을 겪어야만 했다. 백인의 시선에 압도당하는 검은 몸은 부정적 이미지와 존재의 안정감을 뒤흔드는 불확실성의 분위기로 에워싸인다. 자기 몸이 자신의 몸이 아닌 '그것'으로 인식되는 분열된 상태가 흑인의 정체성을 압도하고 저주한다. 이러한 정체성의 저변에 자리 잡고 있는 것은 바로 "북소리, 식인 습관, 지적 능력의 부족, 물신주의, 인종적 결함, 노예선"[1] 등이었다. 백인들은 하얀 피부색과 검은 피부색 사이에는 절대적인 차이가 있다는 환상적인 이분법에다 선/악, 우월함/열등함, 아름다움/추함, 인간/동물, 정상/비정상의 의미를 실어서 흑인의 이미지를 부정적으로 고정시켜 왔다. 그러한 백인 시선의 힘은 그저 개인의 심리적인 분열만이 아니라 몸의 분열까지 야기하며 흑인의 주체성을 심각하게 파편화한다.[2]

이런 식의 부정적인 흑인성은 아프리카에 대한 제국주의적 침략의 결과로 생긴 사회 역사적인 것이자 문화적으로 구성된 것이다. 그토록 강력한 백인의 '시선'이 구성된 것이라면 그 시선은 바뀔 수 있다. 검은 피부색을 가지고 태어나는 흑인들의 몸을, '불행하며 열등한 저주받을 것'으로 해석해 온 과정을 규명한다면 그러한 해석에 부과된 문화적 의미 또한 바꿀 수 있다는 말이다. 그러려면 백인 우월주의 체제는 자연스럽고 자명한 것이 아니라 인종차별주의, 식민화, 문화 제

---

1) Franz Fanon, *Black Skin, White Masks* (New York: Grove Press, 1967), p. 112.
2) 파농은 이를 절대적 탈인격화absolute depersonalization라고 부른다. Franz Fanon, *Toward the African Revolution* (Penguin, 1970), p. 63.

국주의의 근간에 깔려 있는 '백인성' 중심의 재현 체계와 연관된 '문제'로 분석되어야 한다. 그러한 분석은 흑인성에 대한 부정적인 정의, 즉 흑인을 두려워하는 백인 지배 문화가 불법적인 섹스와 폭력의 문화적 지표로 만들어 버린 검은 몸에 대한 정의를 전복하고 다시 의미화하는 작업의 출발점이 된다.[3] 이 재의미화 작업은 인종차별주의에 결부되어 있는 억압된 욕망의 위반적 계보를 드러냄으로써 비천한 검은 몸을 새로운 욕망의 장으로 재현하는 것이다.

이러한 작업은 1960년대 흑인 문화 민족주의에서 강조한 '흑인성 negritude'을, 즉 흑인성 자체를 재정의할 것을 요청한다. 흑인성은 "'원시적인 것'을 나타내기 때문이 아니라 지배 체제에 도전하고 그것을 와해하려는 혁명적 에토스에의 참여를 고무하기 때문에 살아 있는 것"이다. 따라서 "'흑인성'을 '사랑하는 것'은 '정치적 저항'"이며, 흑인의 삶을 지배해 왔던 자기 증오와 "죽음의 힘을 거슬러 움직임으로써 흑인의 삶을 다시 주장하는 데 필요한 조건을 창출하는 것"이다.[4] 바로 그렇기 때문에 백인 이데올로기를 더욱 교묘하게 변형하여 답습하는 미국 할리우드 영화에 나타나는 흑인 남성성, 흑인 여성성을 비판하고 재구축하는 작업이 필요하다.[5]

---

3) 스튜어트 홀은 이 작업에 대해 다음과 같이 말한다. "언어, 재현, 이미지, 음성, 담론에서 '타자화'의 구조들을 전복하고, 고정된 인종적 의미화의 메커니즘을 흑인들 자신에게로 맞대면시키는 것은 새 주체성을 만들고, 새로운 언표와 동일시 포지션을 형성하기 위해서이다. 이런 작업이 없다면 민족 해방의 가장 '혁명적인' 순간들도 그 포스트식민적/역행의 방향으로 금방 미끄러져 들어갈 것이다." Stuart Hall, "The After-life of Franz Fanon: Why Fanon? Why Now? Why Black Skin, White Masks?" in Alan Read ed. *The Fact of Blackness*, (Bay Press, 1996), p. 19.

4) bell hooks, *Black Looks: Race and Representation* (South End Press, 1992), p. 37, p. 20.

5) 앞의 책, p. 177.

백인 우월주의 미국 사회에서 백인 남성들은 흑인 여성의 섹슈얼리티와 몸을 마음대로 유린함으로써 흑인 남성의 남성성을 빼앗고 무력화, 여성화하면서 잔인한 지배를 계속해 왔다. 그러한 지배는 흑인 남성이 직면하는 많은 문제를 흑인 여성 탓으로 돌리는 여성 혐오적, 성차별주의적 생각을 초래하였고 흑인 남성 가부장제를 제도화했다. 인종차별주의와 백인 우월주의가 지배하는 사회에서 성적 침범과 비인간화는 가부장적 수사를 통해 명료화됨으로써 흑인 남성들은 여자와 아이를 지배할 권리를 누리게 되었다. 흑인 가부장제는 여자와 아이들을 보호한다는 명목으로 흑인 남성에게 흑인 여성에 대한 통제권을 넘겨준 셈이었다.

그렇지만 흑인 남성은 흑인 여성에 대해 두려움, 증오, 불신을 계속 가지고 있었다. 그러한 심리에는 통제력의 상실, 즉 여성화나 나약함에 대한 공포가 깔려 있었다. 백인 남성들은 백인 여성들이 흑인 남성들의 원시적이고 야성적인 섹슈얼리티에 유혹받을까 봐 흑인 남성 섹슈얼리티를 비하하고 두려워했다. 동시에 흑인 여성들의 섹슈얼리티를 수치스럽고 야만스럽다고 여기면서도 언제든지 접근 가능한 것으로 손쉽게 이용했다. 미국 할리우드 영화에서 흑인 남성들이 강간자나 범죄자로, 흑인 여성들이 창녀로 재현되어 온 이유도 그러한 섹슈얼리티 관념 때문이었다. 또 다른 한편으로 흑인들은 아예 섹슈얼리티와는 거리가 먼 무성적인 존재로 취급되어 흑인 남성들은 바보 같고 유순한 '삼보'로, 흑인 여성들은 유모나 여가장으로 재현되어 왔다.

〈바람과 함께 사라지다〉[6]에서는 이러한 상투형들이 그대로 나온다. 〈바람과 함께 사라지다〉의 배경은 미국 남부 조지아 주 타라 플랜테이션과 애틀랜타 시다. 활기차고 명랑하며 생기 있고 정열이 넘치는 스칼렛 오하라, 독실한 기독교 신자이며 박애주의자인 어머니, 아일랜드 출신답게 싸우고 죽을 만한 가치가 있는 것은 땅뿐이라는 아버지가 이루었던 평화롭고 기품 있던 세계는 남북전쟁으로 산산이 부서진다. 남북전쟁에서 패배하자 미국 남부의 부와 영광은 하루아침에 잿더미로 사라지고 노예가 없어진 지주들은 농장을 포기한다. 반면, 남부로 몰려든 북부의 뜨내기들은 헐값에 그 토지를 가로챈다. 불타 버린 저택과 몰락한 가문, 갑자기 찾아온 빈곤 속에서 남부 사람들은 자신들의 문화와 명예와 자부심이 바람과 함께 사라지는 것을 무력감 속에서 목격해야만 했다.

〈바람과 함께 사라지다〉의 관객들은 스칼렛 오하라와 남부 사회의 신흥 신사 레트 버틀러라는 매력적인 두 백인 남녀 주인공의 이루어지지 않은 사랑에 몰입한다. 그 사랑의 배경을 이루고 있는, 남부의 부와 영광에 대한 꿈도 관객을 매혹하는 요소다. 남부의 부와 영광이 있기까지, 또 그 기품과 평화가 유지되기까지 흑인들은 섹슈얼리티와 노동과 몸을 바쳐야 했다. 그럼에도 영화에서 흑인들은 분명 있으면서도 없는 것이나 마찬가지인 존재일 뿐이다. 열정적이고 활기찬 스칼렛의 화려함을 떠받쳐 주기 위해 흑인 유모는 백인 여성 주인을 헌신적으로 돌본다. 남북전쟁 전후로 흑인 남녀에게 일어나는 변화는 영화에서 작은 일부분도 차지하지 못한다.

노예 신분에서 해방된 흑인 여성들은 더 이상 바깥에서 노동을 착

---

6) 마거릿 미첼(Margaret Mitchell, 1900~1940)이 1926년부터 10년간 쓴 『바람과 함께 사라지다Gone with the Wind』(1936년에 퓰리처상 수상)를 원작으로 빅터 플레밍Victor Fleming 감독이 1939년에 영화로 제작했다. 스칼렛 오하라 역을 비비안 리Vivien Leigh가, 레트 버틀러 역을 클라크 게이블 Clark Gable이 맡았다.

취당하지 않고, 집안에서 가족들을 돌보면서 그동안 한 번도 누리지 못했던 '모성'의 가치를 실현하며 흑인 공동체를 지키고 싶어 했다.[7] 그러려면 흑인 남성들은 약속된 땅을 받아 농사를 짓거나 다른 일을 해서 가정을 책임져야 했다. 그러나 백인 중심의 자본주의 가부장 체제는 흑인 남성들에게 땅은 물론 그럴듯한 직업도 제공하지 않았다. 여기서 비롯되는 좌절 때문에 흑인 남성은 공격성을 띠게 되고 스스로를 강간자, 범죄자라는 상투형으로 옭아맨다. 흑인 가장이 책임을 질 수 없는 구도 속에서 그 짐은 또다시 흑인 여성에게 떠넘겨진다. 인종적·젠더적으로 주변부에 속하는 흑인 여성의 노동을 착취하지 않고서는 미국 자본주의 가부장제 체제는 유지될 수 없다. 그래서 해방 이후 20세기 중반까지 흑인 여성의 주체성과 여성성을 체계적으로 제한하는 '여가장'과 '유모'와 같은 특정 상투형들은 굳건히 유지된다.

02 주인공으로 부상한 흑인 남녀와 백인 사회의 관계:
〈칼라 퍼플〉(1985), 〈정글 피버〉(1991), 〈맬컴 엑스〉(1993)

1960년대 흑인 문화 민족주의 운동 이후 흑인 남성이 영화 주인공으로 등장하기 시작한다. 예컨대 〈앵무새 죽이기To Kill a Mockingbird〉

---

7) Patricia Hill Collins, *Black Feminist Thought: Knowledge, Consciousness, and the Politics of Empowerment* (Routledge, 2000), p. 54.

(1962)에서는 가난한 백인 여성에게 유혹당한 흑인 남성이 강간범으로 구속되자 백인 변호사 남성이 흑인 남성의 무죄 방면을 위해 애쓴다. 결국 유죄 판결을 받은 흑인 남성은 항소하자는 변호사의 말을 듣지 않고 탈주한다. 이 영화는 원시적인 섹슈얼리티로 백인 여성을 넘보며 강간하는 흑인 남성 상투형을 활용하면서도 동시에 그것을 비판한다. 하지만 진보적인 백인 남성의 선의만이 돋보일 뿐 흑인 남성성의 재현은 답보 상태에 머무른다.

〈초대받지 않은 손님Guess Who's Coming to Dinner〉(1967)은 수입과 교육, 기품의 면에서 백인성을 오염시킬 수 있다는 이유로 공포의 대상이 되었던 원초적인 흑인 남성성과는 확연히 다른 흑인 남성성을 제시한다. 주인공인 흑인 엘리트 남성이 자유주의자 부모를 둔 상층 백인 여성과 맺어지면서, 획기적인 인종 화합을 보여 준다는 것이 이 영화의 주요 줄거리다. 그러나 결혼의 성사 여부가 백인 여성의 최종 결단에 달려 있는데도 백인 여성의 획기적인 의식 변화를 그려 주지 못하고 있고, 흑인 남성은 백인 지배계급의 입맛에 맞는 온건하고 순화된 인물로 그려지고 있다. 흑인 남성은 "백인의 예의와 관습을 따라야 하며 흑인 정체성의 남자다움을 포기해야" 하는 구도 속에 있다.[8] 무엇보다 이 영화 속의 흑인 남성과 백인 여성의 관계는 인종 통합 측면, 성관계 측면에서도 비현실적인 것이어서 기만으로 느껴질 정도다.[9]

---

8) 김영철 편역, 『마이너리티의 헐리웃』(한울, 1993), 279쪽; 이형식, 「미국 영화에 나타난 타인종 간의 이성 관계」, 『문학과 영상』(2005년 봄 · 여름), 34~38쪽 참조.

9) 이 영화를 비롯해 같은 해 개봉한 다른 영화 〈밤의 열기 속에서〉, 〈언제나 마음은 태양〉이 거둔 상업적 성공은 영화를 보러 가는 흑인 관객과 표준말을 쓰고 매너 좋은 흑인에게 위협을 느끼지 않는 백인 관객들이 있었기에 가능했다.

1980년대, 1990년대에는 흑인 남성성과 흑인 여성성을 재현할 때, 소재나 기법 면에서 좀 더 현실성 있는 확장적인 시도가 이루어진다. 스티븐 스필버그 감독이 만든 〈칼라 퍼플The Color Purple〉은 백인 남성 감독이 흑인 남성성과 흑인 여성성을 재현했다는 점에서, 흑인 남성인 스파이크 리 감독이 만든 〈정글 피버Jungle Fever〉는 흑백 남녀 관계를 재현했다는 점에서, 〈맬컴 엑스Malcolm X〉는 흑인 남성 민족주의 액티비스트의 삶을 다루고 있다는 점에서 자세히 살펴볼 만하다.

〈칼라 퍼플〉은 앨리스 워커의 소설 『칼라 퍼플』을 영화로 각색한 작품이다. 소설이 발표된 1982년에 앨리스 워커는 특히 흑인 민족주의 남성 진영에게 흑인 남성 인물을 부정적인 강간자로 그렸다고 많은 비판을 받은 바 있다. 흑인 삶의 내부적 치부를 억압할 게 아니라 해결할 길을 찾아야 한다는 주장은 영화에서도 마찬가지다. 그런데 스필버그 감독은 강간자로서 흑인 남성을 오히려 더 강력하게 부각한다. 그래서 스필버그 감독의 영화에서는 흑인 남성뿐만 아니라 흑인 여성도 비하되고 있다. 그런데 흑인 인권 단체 〈전미 유색인 지위 향상 협회(National Association for the Advancement of Colored People, NAACP)〉는 흑인을 소재로 한 영화가 백인 감독이 만든 주류 할리우드 영화가 되어 흑인 지위를 향상시키는 데 기여했다면서 〈칼라 퍼플〉에 이미지 상을 주기도 하였다.

앞에서 말했듯이 백인 인종차별주의적 규범, 성차별주의적 규범에 의해 형성되어 계속 강력한 힘을 발휘하고 있는 상투형을 벗어나는 흑인 남녀의 재현은 인종 관계를 바꾸어 내는 데 중요한 역할을 한다. 그렇지만 흑인 남녀의 이미지가 긍정적이냐, 부정적이냐 하는 기준에 얽매여 흑인 차별이라는 커다란 역사적 맥락을 놓쳐서는 안 될 것이다. 여러 겹의 억압과 노동에 시달리는 흑인 여성들이 겪는 참혹한 현실은 스필버그의 영화에서는 우스꽝스럽게 묘사되는 흑인 남녀 때문에 좀 더 밝은 분위기로 대체된다. 의붓아버지에 의해 임신한 썰리와 여동생 네티가 아름답게 꽃핀 들판을 천진난만하게 웃으며 뛰노는, 영화의 첫 장면이 그러한 분위기를 조성하는 데 한 몫 한다. 또한 의붓아버지의 강간 위험을 피해 형부 앨버트의 집으로 온 네티를 넘보다가, 거부하는 네티에게 앙심을 품은 앨버트가 네티를 내쫓는 장면도 처절하기보다 다소 우스꽝스럽게 나타난다. 썰리가 남편의 전 애인이었던 슈그와의 관계에서 자신의 정체성을 찾아가는 과정이 좀 더 섬세하고 역동적으로 그려져 있지 않아 썰리가 바지 공장을 차려 당당한 사회적 주체가 되는 결말의 설득력 역시 떨어진다. 앨버트가 썰리에게 진 패배자, 썰리의 행복을 쓸쓸하게 지켜볼 수밖에 없는 방관자로 처리되는 것도 좀 과장되어 보인다.

　　스필버그 감독이 축소한 것은 흑인 남녀뿐만이 아니다. 스필버그의 아프리카 장면들은 너무나 비현실적이며 이국적이고 신비하다.[10] 그래서 형부 집에서 쫓겨난 다음 선교사로 아프리카에 가게 된 네티의 편지를 통해 자신의 뿌리와 아프리카의 역사와 문화, 서구 식민주의에서 비롯된 백인과 흑인의 잘못된 인종 관계에 관한 많은 것을 알게 되는 썰리의 각성은 생략되고 배제된다. 영화에서 아프리카는 기린, 코끼리가 돌아다니는 야만의 대륙으로 신비화된다. 그리하여 영국 제국주의에서부터 비롯되어 아프리카 대륙 흑인들이 겪어야 했던 역사적인 모순과 갈등은 사라지고, 아프리카에 대한 서구 제국주의적

---

10) Woong Ki Park & Jee Hyun An, "What's History Got to Do With it?: A Comparative Study of the Novel and the Film The Color Purple", 『문학과 영상』 4권 1호 (2003년 봄 · 여름) 참조.

지배의 현실성은 떨어지게 된다. 아프리카 흑인들이 전 세계 곳곳으로 강제로 끌려가 흩어져 살았던 삶의 맥락 속에 바로 미국 흑인들의 고통과 아픔이 놓여 있다. 다시 말해 씰리, 네티, 앨버트, 슈그가 제한된 여성성과 남성성 때문에 억압받고 비난받아야 했던 삶은 미국이라는 국가 내부에 국한된 것이 아닌, 백인종 중심의 제국주의 역사와 결부된 것이다.

〈정글 피버〉는 〈초대받지 않은 손님〉에서 다루어지지 못했던 흑인 남성과 백인 여성 사이의 육체적 관계를 노골적으로 다루는, 파격적인 시도를 한다. 깍지 낀 흰색과 검은색 손가락의 도발적인 이미지를 포스터로 내건 이 영화는 흑인과 백인의 성적인 이끌림을 '열병'이라 표현하고 그것이 가져다주는 심각한 결과를 부각시킨 후 각각 자신의 인종으로 돌아가는 결말을 시사하고 있다.

할렘에 사는 건축 디자이너 플리퍼는 백인 친구들과 동업자로 설립한 디자인 회사에서 성공적인 삶을 영위하는, 중산층으로 상승한 몇 안 되는 흑인 남성이다. 아내 드루와 아침마다 소란스럽게 인사를 나누며 딸을 학교에 데려다 주는 장면은 미국 중산층의 전형적인 모습이다. 그러다 비서로 오게 된 이탈리아계 백인 여성 앤지와 야근을 하던 중에 사무실에서 충동적으로 육체 관계를 맺게 된다. 이것이 알려지면서 플리퍼는 아내에게 쫓겨나고 앤지는 가족들에게 구타당한다. 영화에서는 이탈리아계 사람들의 인종 모독적인 발언, 드루와 친구들의 흑백 관계에 대한 담론 등 흑백 결합에 대한 무성한 담론이 쏟아져 나온다. 이로써 감독은 미국 사회가 이전보다 다인종 다문화적으로 되었다고는 해도 여전히 뿌리 깊은 인종차별의 지배를 받고 있음을 보여 준다.

영화에서 가장 두드러지는 담론은 드루가 지적하듯, 성공한 흑인 남성들이 자신들의 성공을 상징하는 트로피로서 백인 여성을 차지하고 싶어하는 심리와 행동이다. 즉 "백인의 피부가 상징하는 백인의 가치 체계, 백인의 영역에 편입되고 싶은 무의식적 욕망을 백인 여성을 차지함으로써 실현"[11]하느라 흑인 여자보다는, 아무리 하층민이라도 백인 여자를 선호한다는 것이다. 드루는 백인 여성이 자기 남자를 빼앗은 데 분노하며, 흑인 남성을 질타한다. 이러한 유색인종 여성의 질시는 타인종 간의 로맨스라는 주제로 백인 우월주의적 가부장 사회에 도전하려는 시도를 가로막는다. 또한 단지 성적인 욕망 외에는 그다지 나눌 것이 없는 찰나적이고 충동적인 타인종 간의 성관계는 한낱 일탈에 지나지 않는다. 그리하여 인종의 벽을 넘어선 남녀 관계라는 이슈는 다인종 관객의 관심을 끌지만 그 이슈의 진짜 중요성은 무마된다. 영화는 플리퍼와 드루의 성관계 장면으로 마무리됨으로써 같은 인종 간의 관계로 회귀하는 정치적 보수주의에 안착한다.[12]

1990년대 미국 사회는 타인종 간의 결합에 대한 인식을 바꾸어 가고 있었다. 당시의 인식 수준을 반영하는 이 영화는 격렬한 논쟁거리

---

11) 이형식, 42쪽.
12) 백인 남성과 흑인 여성 사이의 로맨스를 다룬 〈보디가드〉(1992)는 음악에서부터 두 사람이 이루어질 수 없는 관계임을 암시한다. 케빈 코스트너가 배역을 맡은 보디가드의 아버지까지 주인공인 흑인 여성을 온정주의적으로 보호하는 설정, 물라토 흑인 여성의 유혹을 끝내 물리친 보디가드가 국가의 주요 인사를 보호하는 마지막 장면은 스파이크 리의 정치적 보수주의와 맞닿아 있다. 할리우드 영화감독들은 다인종 관객의 무의식적 욕망을 건드릴 남녀 관계를 소재로 택하더라도 기존 체제를 위협하지 않는 안전하고 온건한 노선을 유지한다. 압도적으로 많은 백인 관객, 주류화되려는 중산층의 보수적 흑인 관객과 다른 비백인 관객의 심기를 불편하게 하지 않아야 흥행에서 성공할 수 있기 때문이다.

를 제시하면서, 다인종 관객들이 계급과 젠더와 얽혀 있는 인종 문제를 다시 생각하게 한다. 〈초대받지 않은 손님〉의 현대판이라 할 수 있는 〈정글 피버〉가 그린 흑인 남자와 백인 여자의 성관계는 할렘 게토의 스트리트 키드[13]들에게는 그림의 떡이다. 총알이 날아다니고 폭력과 마약이 난무하는 게토의 젊은이들에게 타인종 간의 남녀 관계가 무슨 의미가 있을 것이며, 엄연한 인종차별 현실과 미국 흑인 문화의 뿌리와 삶을 직시하고 '똑바로 살라' 고 외치는 스파이크 리의 목소리가 얼마나 제대로 들릴 것인가? 중산층으로 상승한 흑인은 소수이고, 주류는 게토화된 거리에서 살고 있었다. 따라서 중산층 흑인들과 가난한 흑인들에게 똑바로 사는 방법은 같은 것이 될 수 없다.[14] 주류백인 할리우드 영화계에서 성공한 스파이크 리는 흑인 음악과 흑인 문화의 정수를 백인의 입맛에 맞게끔 변형했다는 비난을 받는다. 스파이크 리 감독이 맬컴 엑스의 삶을 영화로 만든다고 했을 때 흑인 진영에서 "맬컴 엑스를 돈 버는 수단으로 이용하지 말라"고 질타한 것도 바로 그러한 변형 때문이다.

〈맬컴 엑스Malcolm X〉는 〈워너브라더스〉와 캐나다 백인 감독 노먼 주이슨Norman Jewison이 손을 잡고 진행하였으나, 제대로 진척되지 못했다. 이때 스파이크 리 감독이 나서서 영화의 제작을 맡고 빌 코스비, 오프라 윈프리, 마이클 조단, 자넷 잭슨, 프린스 등의 유명 흑인들

---

13) Street Kid, 슬럼가에서 어슬렁거리는 흑인 청소년들의 별칭.

14) 스파이크 리 감독의 〈똑바로 살아라The Right Thing〉(1989)는 흑인과 이탈리아계 미국인과의 인종 갈등과 폭력을 다루고 있으면서 인종의 벽을 넘어 흥행에 성공하는데, 그 타이틀 장면에서 호전적인 랩 음악 그룹인 〈퍼블릭 에너미〉의 "파이트 드 파워Fight the Power"를 사용하여 젊은 흑인을 관객으로 끌어들이는 데 성공한다. 하지만 그러한 성공은 실제 할렘의 칠칙한 냄새와 분위기를 희생해 얻어진 것이다. 『마이너리티의 헐리웃』, 130~132쪽 참조.

이 제작비를 후원하게 되어 세 시간이 넘는 영화로 만들어지게 된다. 1965년 후반에 나온 『맬컴 엑스의 자서전』과 아놀드 펄Arnold Perl의 대본을 놓고, 스파이크 리가 마침내 감독으로 결정되었을 때, 시인이 자 극작가인 아미리 바라카Amiri Baraka는 스파이크 리가 맬컴 엑스를 제대로 그려 낼지 몹시 염려스럽다고 했다. 할렘에서는 2백여 명의 사람들이 반대 시위를 하기도 했다. 1992년 11월 18일에 출시된 영화 〈맬컴 엑스〉는 그 주 박스 오피스에 〈나 홀로 집에 2〉와 〈브램 스토 커의 드라큘라〉에 이어 3위에 오름으로써 기대 이상으로 흥행에 성 공한다.[15)]

영화 〈맬컴 엑스〉는 흑인 남성 범죄자를 넘어 흑인 남성 운동가로 성장하고 변모해 나가는 액티비스트 주체를 그려 낸다. 영화의 첫 장 면에서는 백인 경찰이 로드니 킹을 구타하는 장면과 성조기가 불타는 장면이 나온다. 성조기가 불태워지면서 맬컴 엑스의 "X" 자가 보이고 "흑인들이 미국에서 경험하는 것은 '미국의 꿈'이 아니라 '미국의 악 몽'"이라는 선동적인 연설이 들려온다. "나에게는 꿈이 있습니다"라 며 통합을 주장한 마틴 루터 킹의 모습을 교차시키며 대비되는 맬컴 엑스의 일생은 모두 3부로 나뉘어 영화로 재현된다.

어린 시절을 다루는 1부에 나오는 맬컴의 성은 리틀Little이다. 네브 래스카 주의 설교자였던 아버지가 〈검은 여단Black Legion〉에 의해 살 해되고 어머니는 정신병원에 입원한다. 리틀은 풀먼 포터로 일하는 자신을 "디트로이트 레드Detroit Red"라 부르는데, 〈웨스트 인디언 아 치〉라는 할렘 갱스터와 연루되어 1940년대 미시간에서 전시 보스턴

---

15) 위키피디아 참조: http://en.wikipedia.org/wiki/Malcolm_X_(film)

으로 도망친다. 리틀은 길거리 사기꾼 쇼티Shorty[16]와 다니며 도둑질하다 경찰에 체포되어 10년형을 받는다. 2부는 맬컴의 감옥 생활을 그리는데, 감옥에서 베인스Bains를 만나 〈이슬람 국가Nation of Islam〉의 가르침에 입문하게 된다. 3부는 엘리자 무하매드Elijah Muhammad의 사도로서 이슬람교로 개종하는 과정과 운동가로서의 활동을 그린다. 맬컴은 우선 백인 노예 주인이 붙인 것 같은 "리틀"이라는 성을 아프리카인의 잃어버린 역사와 뿌리를 상징하는 "X"로 바꾸고, 백인의 기독교 대신 이슬람교 목사로 길거리 설교를 하며, 〈이슬람 국가〉의 대변인이자 선동적인 연설가로서 블랙 파워 운동[17]에 앞장선다. 그 사이 베티 샤배즈Betty Shabazz와 결혼한다. 철저한 분리주의를 견지했던 맬컴 엑스는 메카를 순례한 이후 이슬람 교도는 인종을 불문한다고 믿게 됨으로써 〈이슬람 국가〉의 엄격한 도그마와 거리를 두게 된다.

〈이슬람 국가〉와 결별을 선언한 후 맬컴과 가족은 살해 협박을 받고 집도 폭파된다. 1965년 2월 21일에 뉴욕 오두본Audubon 무도회장에서 연설하려던 맬컴은 아내와 딸들 앞에서 암살된다. 이 영화의 마지막 장면은 1990년대의 아프리카다. 남아프리카공화국의 인종차별 반대 운동에 앞장선 운동가이자 미래의 남아프리카공화국 대통령인 넬슨 만델라가 소웨토Soweto 시의 교실에서 맬컴 엑스의 연설을 인용한다. 맬컴 엑스의 정치적 사유가 지닌 강점은 인종차별주의를 제국주의, 식민주의, 자본주의와 연계하여 비판한다는 것에 있다.

---

16) 스파이크 리 감독이 직접 연기했다.
17) 백인 미국 사회와의 통합과 비폭력 저항이 아니라 분리와 폭력적 저항을 주장하며 흑인의 뿌리와 문화를 중시하고 흑인의 자존심 회복과 권력 획득을 목표로 이슬람교에 기초한 흑인의 독자적인 사회를 건설하고자 급진적 혁명을 추구한 운동을 말한다. 이 운동 노선에 따른 당이 흑표범당The Black Panther Party이다.

다양한 인종으로 형성된 1990년대의 관객층을 고려한다고 해도 그 상업적 성공을 무시할 수 없는 할리우드 영화사로서는, 백인의 욕구와 욕망에 제대로 말을 거는 작품을 제작해야 한다. 그러한 분위기에서 〈맬컴 엑스〉를 영상 이미지로 제작하는 것은 호전적인 흑인 민족주의자, 반제국주의자, 반자본주의 정치 의식에 손상을 가져올 위험을 다분히 갖는다. 맬컴 엑스의 이미지와 개념들이 그 모든 급진적 혁명적 내용을 제거하는 보수적 시장의 힘에 의해 상품화되고 판매되기 쉽기 때문이다. 인종 관계와 계급 관계를 둘러싼 맬컴 엑스의 정치적 사유의 힘, 교육적 힘에 담긴 그 급진적 내용이 추상적인 이미지, 혹은 아이콘에 의해 압도되면서 탈정치화된 이미지만 남을 수도 있다. 정치적으로 진보적인 흑인 여성, 호전적인 흑인 남성의 정치적 분노가 제자리를 잡을 수 있는 공간을 허용하지 않는 할리우드의 속성상, 맬컴 엑스와 같은 역동적인 운동가는 교묘하게 순화되는 보수화 과정을 거쳐야만 상업적 가치를 갖게 된다. 그러므로 흑인 남성 감독이 제작한다고 해도 그 영화에서 제시되는 흑인 남성상을 비판적인 시선으로 볼 수 있어야 한다. 즉 "수동적인 소비를 넘어 격렬하게 대면하고 도전하며 질문할 수 있는 (…) 비판적인 흑인의 응시"[18]가 필요하다.

그런 관점에서 〈맬컴 엑스〉를 살펴보면 우선 이 영화가 다큐멘터리를 허구적 드라마와 잘 결합시킨 뛰어난 작품이라는 것만은 부정할 수 없다. 하지만 백인 감독이 만든 다른 할리우드 서사시적 드라마,

---

18) bell hooks, "Spike Lee Doing Malcolm X: Denying Black Pain", *Outlaw Culture: Resisting Representation* (Routledge, 1994), p. 156: "a critical black gaze, one that would be able to move beyond passive consumptions and be fiercely confronting, challenging, interrogating"

특히 허구적 자서전과 비슷해져, 흑인 감독에 의해 더욱 생생하고 친숙하게 포착될 수 있는 흑인성과 흑인 삶의 재현과 통찰이 별 달리 부각되지 않고 있다. 흑인의 서사시적 드라마가 백인 할리우드 서사시와 경쟁하면서도 그것을 되비추어 줄 수 있도록, 맬컴 엑스의 정신과 사상의 온전함을 전달하려는 갈망이 그다지 두드러지지 않는다. 그래서 좀 더 전복적이고 의미 있는 정치적 혁명성이 실감나게 다가오지 않는다. 스필버그 감독의 〈칼라 퍼플〉에서 흑인 남성 인물 앨버트는 할리우드가 흑인 남성을 상투적으로 재현하는 강간자라는 이미지에 들어맞았다. 스파이크 리 감독의 맬컴 엑스도 흑인들이 보고 싶어 하는 것보다 백인들의 할리우드가 만들고 싶어 하는 것에 더 가까워졌다. 말하자면 상투형과 해방형 사이에 중간 지대란 없다.

스파이크 리 감독은 직접 맬컴 엑스의 친구 쇼티 역할을 코믹하게 연기함으로써 새로운 민스트럴 쇼의 오락성을 가미하고 스펙터클의 감각을 제공하며, 소피아라는 백인 여성과의 낭만적인 성관계를 경박하게 제시한다. 또한 맬컴 엑스의 배역을 진지함과 강렬함을 전달하기에는 역부족인 덴젤 워싱턴에게 맡긴다. 이러한 방식으로 맬컴 엑스는 덜 호전적이고 따뜻하며 열린 남자로 그려져 백인 관객이 그를 받아들이기 쉽게 만든다. 또한 맬컴 엑스의 어머니와 누나 엘라Ella 이야기가 빠지고, 그의 형제자매가 이슬람교도가 되는 과정도 생략한 채 "디트로이트 레드"로서의 면모만 부각되어 있다. 그리하여 자본주의와 식민주의에 대한 강력한 비판은 극화되지 않고 앙상한 인종 분리주의만 남는다. 맬컴 엑스는 이제 외로운 영웅이 되어 가족과 공동체에 정서적으로 개입하지 않는 할리우드 영웅 전통 내부에 자리잡는다. 할리우드 영화계에는 정치적으로 진보적인 흑인 여성 엘라를 재

현할 공간은 말할 것도 없고, 정치적 분노로 뒤끓는 호전적인 흑인 남성을 위한 공간도 없다.[19)

〈맬컴 엑스〉는 백인 우월주의 가부장 문화에서 흑인이 겪게 되는 삶의 고통, 슬픔, 번뇌에 감정을 이입하지 않으며, 분노하고 저항할 필요성도 강력하게 환기하지 않는다. "감상적으로 낭만화된 드라마로서 〈맬컴 엑스〉는 흑인의 분노와 호전성을 창조했던 잔인한 현실을 잊어버리라고 우리를 격려하면서 유혹한다. 이 영화는 관객에게 이 현실과 대면할 것을 요청하지 않으며 도전하며 변화시킬 수 있는 기회도 주지 않는다. 이것은 수동적 반응을, 아무 행동도 하려들지 않는 세태를 감싸 안는다. 이 영화는 우리에게 눈물을 흘리라고 고무하지만 싸우라고 하지는 않는다. (…) 할리우드 영화에는 '흑인 해방의 진지함'을 위한 장소가 없다. 스파이크 리의 영화도 예외가 아니다. 해방을 진지하게 고려하기 위해서 우리는 먼저 고통스러운 흑인의 현실을 진지하게 고려해야 한다. 결국 이 영화가 부인하는 것은 바로 이 현실이다."[20)

이처럼 위협적이지 않은 흑인 남성성을 보여 주고자 고통스런 현실과 투쟁 의식을 약화시킨 〈맬컴 엑스〉에서는 흑인 여성성 또한 충분히 재현되지 못하고 있다. 이 점은 감독뿐만 아니라 맬컴 엑스 자신의 여성관 탓이 크다. 맬컴 엑스는 「투표냐 총알이냐」라는 연설에서 "흑인 민족주의의 정치철학은 흑인 남성이 자신의 공동체에서 정치와 정치가들을 통제해야 함을 뜻한다"고 말한다. 또한 자서전에서는 "남성의 진정한 본성은 강한 것이고, 여성의 본성은 약한 것이라고

---

19) 앞의 글, 159~161쪽 참조.
20) 앞의 글, 164쪽.

이슬람은 가르친다. 남자가 자기 여자를 항상 존중해야 하면서도 동시에 남자가 여자의 존중을 받기를 기대한다면 여자를 통제해야 한다는 점을 이해할 필요가 있다"고 말한 바 있다.

이렇듯 맬컴 엑스는 초기에 흑인 남성이 일반적으로 갖는 성차별주의적 생각을 갖고 있다. 하지만 자서전에서 나중에 밝히고 있듯[21] 맬컴 엑스가 변화를 위해 기울인 헌신에 유념할 필요가 있다. 특히 젠더에 대한 생각은 〈이슬람 국가〉와 결별한 이후 패니 루 해머Fannie Lou Hamer라는 흑인 여성 운동가, 그를 지지해 준 많은 흑인 여성들, 많은 흑인 조직에서 열심히 일하고 있는 여성들을 만나면서 변화한다.[22] 이제 맬컴 엑스는 흑인 남성 리더십이 흑인 해방에 필수적이라는 성차별주의적 생각을 버리며 자유를 위해 싸우는 과정에서 꼭 남자가 될 필요는 없다고 말한다. 더 나아가 "백인의 마음을 바꾸는 것은 필요하지 않다. 우리 자신의 마음을 바꾸어야 한다. (…) 우리는 서로에 대한 우리 자신의 생각을 바꾸어 왔다. 우리는 새로운 눈으로 서로를 보아야 한다. 서로를 형제자매로 보아야 한다. 우리는 따뜻함으로 함께 가야 한다."고 말한다. 〈맬컴 엑스〉가 보여주지 못한 "흑인 남녀의 따뜻함으로 힘차게 함께 가기"가 흑인 여성이 감독한 영화에서는 어떤 식으로 제시되고 있는지 살펴보기로 하자.

---

21) "내 인생 전체가 변화들의 연대기였다. 나는 늘 열린 마음을 지녀 왔다. 그 마음은 진리를 향한 모든 지적인 탐색과 병행해야 하는 유연함에 필수적이다." 벨 훅스의 앞의 글에서 재인용함.

22) bell hooks, "Malcolm X: The Longed-for Feminist Manhood", *Outlaw Culture*, p. 193.

03 흑인 여성이 감독한 영화의 새로움: 〈먼지의 딸들〉(1991)

〈먼지의 딸들〉은 흑인 여성인 줄리 대쉬Julie Dash 감독이 직접 대본을 쓰고 독자적으로 제작한 독립 영화인데 영화제에 상영되는 수준을 넘어 대중성을 확보하게 된 특별한 작품이다.[23] 이 작품은 독립 영화이면서 상업적으로 배포된 최초의 유색인종 여성 영화다. 대쉬 감독은 할렘 스튜디오 박물관에서 영화공부를 한 다음 〈UCLA 미국영화연구소〉의 〈고급 영화학 센터〉에서 공부하였다. 대쉬는 성적으로 난잡한 흑인 여성이라는 해롭고 만연된 이미지들을 근절하고자 주류 미디어에 대항하여 흑인 여성들의 능력, 저항, 집단적 행동이라는 주제로 흑인 여성들의 창조적 전통을 만들어 가고 있다.[24]

〈먼지의 딸들〉은 1991년 선댄스 영화제에서 개봉되어 최우수 촬영상을 받았고 1992년 1월에 뉴욕시 필름 포럼에서 상영되었다. 이 영화의 배경은 1902년 사우스캐롤라이나와 조지아 해변에서 떨어져 있는 시 아일랜드Sea Islands라는 신비한 섬이다. 1800년경부터 이 섬에 살아온 서아프리카 굴라Gullah 부족은 더 나은 삶을 위해 북부로 이주

---

23) 이 영화의 제작은 감독이 따온 기금으로 시작되지만 제작비의 대부분은 나중에 텔레비전 상영권을 주기로 하고 '공익방송 서비스'의 'American Playhouse' 분과에서 받은 65만$, '공익방송 회사'에서 받은 15만$로 충당된다. 영화의 배급을 맡은 Kino 회사는 KJM3 Entertainment Group에 홍보를 맡기는데 이 그룹은 영화의 타깃 집단인 흑인 여성 관객을 잘 겨냥해 많은 관중을 확보하고 대대적인 선전 효과를 거두며 텔레비전에 상영되기 전에 극장 상영에서 큰 수익을 얻는다. Jacquline Bobo, *Black Women as Cultural Readers* (New York: Columbia University Press, 1995), p. 9 참조.
24) 앞의 책, 서론 5쪽 참조.

하기로 한다. 이 흑인 공동체의 터전이었던 이보 랜딩Ibo Landing에서 보내는 마지막 날에, 조상을 기리며 이주를 축하하는 가족 소풍 모임이 해변에서 열린다. 이러한 배경을 갖는 〈먼지의 딸들〉은 이 섬에 살아온 4세대의 흑인 여성들을 중심으로, 그들의 노예적 과거를 현재의 상황과 화해시키려는 시도들을 그리는 데 초점을 맞추고 있다. 이 영화의 화자는 특이하게도 '태어나지 않은 아이Unborn Child'인데 선형적인 서술 대신 여러 특정한 계기들에 대한 회상과 추억들을 통해 죽은 조상들을 산 자들과 함께 현존하게 한다.

이 아이는 작품 중에 다섯 살 난 여아로 등장하기도 하는데 첫 장면에서는 백인 지주에게 강간 당한 젊은 아내 율라 페전트Eula Peasant의 뱃속에 있다. 이 영화에서는 율라의 남편 엘리 페전트Eli Peasant, 목사, 이슬람 교도인 빌알 무하메드Bilal Muhammed, 쿠바의 부잣집 백인 주인 남자 등과 함께, 페전트 가족의 여가장이자 율라의 시할머니인 나나 페전트Nana Peazant, 여자 애인 트룰라Trula를 데리고 귀향한 손녀딸 옐로우 메리Yellow Mary, 옐로우 메리의 사촌으로 도시로 가서 지배 기독교 신앙을 갖게 된 비올라 페전트, 구식 종교도 기독교도 못마땅해 하는 강인한 올캐 하가Haagar 페전트(나나의 올캐), 체로키 부족의 마지막 아이와 도망친 하가의 딸 이오나Iona 등 다양한 흑인 여성들이 등장한다.

〈먼지의 딸들〉에 등장하는 흑인 여성들의 섹슈얼리티는 기독교 근본주의에서부터 이슬람으로 또 불가지론에 이르기까지 다양한 종교적 실천들과 교차되는 가운데 재현된다. 그러한 재현의 목표는 흑인 페미니즘의 문학적·정치적 액티비즘을 통해 흑인적인 것의 부정적 상투형에서 벗어나 흑인의 역사, 문화, 전통들을 영예롭게 하는 것이다. 그렇게 하기 위해 〈먼지의 딸들〉은 이미지들의 겹침과 다중화를 꾀한 할렘 흑인 사진 작업들, 초기 민중 종교 드라마 제작 작업들을 제시하며, 비정통적 시네마 비전을 바탕으로 흑인의 역사와 문화 전통, 그리고 흑인 인물을 찬양한다.[25]

영화는 바람소리를 배경으로 느리게 용해되는 화면에 클로즈업되는, 바람에 흩날리는 흙으로 뒤덮인 양손을 비추며 시작된다. 이어 활짝 펼쳐지는 양손 이미지는 강에서 옷을 입은 채 몸을 씻는 늙은 여성(나나 페전트) 이미지와 겹쳐진다. 침실의 스탠드 같은 것이 보이는 다른 화면이 시작될 때까지, 그 이미지는 잠시 지속된다. 그물이 쳐진 침대가 나오고 그 침대에 있는 율라와 그녀의 남편 엘리의 모습이 보인다. 이어 아주 큰 강의 입구가 보이고 저 멀리 아주 작아 보이는 보트 하나에 고고하게 서 있는 옐로우 메리의 모습이 나타난다. 메리의 목에 두른 성 크리스토퍼St. Christopher의 메달이 세세하게 클로즈업된 다음, 영화 제목이 나온다. 이러한 장면 변화들은 정확하게 진행되며 각 화면의 끝에 나오는 이미지는 보이스 오버Voice-Over로 들리는 말들과 일치한다. 할머니가 목욕하는 동안 그 소리Voice는 "내가 처음이자 마지막이며 나는 영예로운 사람이자 경멸받는 사람"이라고 말하고는 침묵이 흐른다. 침실 장면의 보이스 오버는 "나는 창녀이자 거룩한 자다. 나는 아내이자 처녀다. 나는 아이를 낳지 못하지만 많은 이들이 나의 딸들"이라고 말한다. 이러한 말들은 이 영화가 흑인 여성들의 운명을 이야기하는, 흑인 여성들의 이야기라는 사실을 관객에게 알리기 위한 것이다.

---

25) 앞의 책, 서론 30쪽 참조. 이후 〈먼지의 딸들〉 논의는 앞의 책 4장 "Daughters of the Dust" 133~165쪽 논의를 요약한 것임을 밝혀둔다.

강에서 목욕하는 늙은 여자 나나는 페전트 가족의 여가장인데 재생을, 옛것과 새 것의 통합적 연결을 상징한다. 나나는 손자며느리 율라가 임신한 아이, 즉 자신의 증손녀를 불러내며 아직 '태어나지 않은 아이'가 섬사람들 사이의 증가하는 불화들을 치유하는 존재임을 암시한다. 이 영화는 백인 지주가 흑인 여성에게 저지른 강간을 고발한다기보다 부부와 가족이 그것을 어떻게 다루어 나가는지, 그들이 살아남는 데 필요한 힘이란 어떤 것인지를 보여 주고자 한다. 이들에게는 속박의 공포를 알리는 인디오 쪽색Indio dye의 상처 자국들이 여전히 남아 있다. 그렇지만 할머니의 세례 장면은 사람들이 신앙을 통해 그 상처를 극복하고 세상을 살아가는 힘을 북돋우고 있음을 암시한다. 이 장면은 기독교도들이 무하메드를 무시하고 기독교 신앙을 강요하는 장면과 겹쳐져 나오는데 이는 미국 남부의 주류 기독교의 위치를, 할머니의 신앙과의 차이를 보여 준다.

섬 주민들이 이보 랜딩에 도착한 이래 전승되어 온 세 가지 신화는 노예의 삶을 살기를 거부해 물위를 걸어서 아프리카로 돌아갔다는, 또 날아갔다는 이야기와, 노예들이 탈출하다가 족쇄를 찬 채 물에 빠졌다는 이야기로 되어 있다. 이 신화는 엘리와 율라의 트라우마를 해결하는 데 사용된다. 옷감을 만들어 내고 그것을 염색하는 플란테이션에서 노예로 일하던 초기 섬주민들을 회상하는 장면에 '태어나지 않은 아이'가 나온다. 그 아이는 "우리는 살아남기로 선택한 자들의 아이들이었어요. 나를 보낸 것은 오랜 영혼들임을 엄마는 알고 있었다고 수년 후에 내게 말했어요"라고 말한다. 두 세계를 여행하는 이 아이의 옷차림새는 계속 하얀 색이고 머리에는 푸른 색 리본이 달려 있다. "엄마가 당신 곁에 있는 나를 느낀다고 말했어요"라고 말하는 보이스 오버가 이 아이의 존재를 알린다. 아이는 할머니의 부름을 받고 율리와 엘리에게로, 가족의 소풍 장소로 왔다고 말한다. 이 아이는 가족의 새 멤버인 셈인데 엘리는 이 아이를 따라 묘지로 가고 율라는 이모습을 지켜본다. 엘리는 어머니의 무덤 앞에 무릎을 꿇는다. 율라는 강둑에 앉아 아이를 받아들일 준비를 하고 이보랜딩 이야기를 아이에게 해 준다. 나나는 엘리에게 "조상이 보내지 않으면 아이를 갖지 못한다"고, "조상과 자궁은 하나이고 같다"고, "(노예선의 뱃머리에 달려 있던 아프리카 전사의 나무) 형상을 둘러싼 기억들은 우리의 내면을 흐른다"고, "이 무덤 속의 사람들과 바다를 건너온 자들은 우리와 함께 있다"고 말한다.

나나의 아프리카적 신앙은 "내 이야기는 내가 태어나기 전에 시작되며 오랜 영혼이 나를 신세계로 이끌었고 영적인 것은 살아 있는 현재 속에 존재한다"는 것이다. 이 오랜 신앙은 하가Haagar와 비올라Viola에 의해 그 진위가 겨루어진다. 엘리는 할머니 나나와 이야기를 나눈 후 짚bottle 나무를 뭉개어 버리는데 하가가 그 뭉개진 나무 근처에 있을 때 '태어나지 않은 아이'가 그 프레임에 들어와 하가의 옷을 끌어당기지만 하가의 불신앙이 너무 완고해서 이 아이는 다른 임무를 수행하기 위해 가 버린다. 하가는 큰 나무 꼭대기를 쳐다보며 가슴에 자기 손을 얹고 "신이 나의 증인이다. 내가 이곳을 떠날 때 당신의 땅에서 결코 다시 살 수 없을 것"[26]이라고 선언한다. 하가의 의지와 힘은 딸 이오나에게도 그대로 발휘되는데 그것을 벗어나기 위해 이오나는 체로키 부족의 마지막 아이St. Julian Last Child와 도망친다. 하가는 이

---

26) 《바람과 함께 사라지다》에서 스칼렛 오하라가 폐허가 된 백인 남부를 일으켜 세우겠다는 강인한 의지를 표명하기 위해 한 말을 패러디하고 있다.

오나를 찾아 나서고 딸을 찾지 못하자 비올라 앞에서 나나의 이교도적 실천을 비판하기 시작한다. 강인한 소저너 트루스Sojourner Truth를 연상시키는 하가는 더 나은 삶이 있을 거라고 낙천적으로 믿는 단순함을 갖고 있지만 옐로우 메리에 대한 태도에서 보듯 다른 주민들과 똑같이 편협하며 나나는 섬에 남아야 한다고 주장한다.

옐로우 메리는 이보랜딩을 떠나 백인 부잣집에서 보모로 일하다 그 주인에게 강간을 당한 후 임신한 아이를 사산하게 되고 그 집이 쿠바로 갈 때 따라가서 아이들 젖을 먹이는 일을 하다 그 집을 탈출하기 위해 창녀 일을 하게 된다. 좀 옅은 색 피부를 지닌 트룰라Trula를 데리고 귀향한 옐로우 메리는 창녀이자 레즈비언으로서 이보랜딩 사회의 경멸을 받고 배척된다. 옐로우 메리를 통해 섬사람들의 아프리카 전통, 원리들이 지니는 고립성, 편협성, 완고함이 또한 검토된다. 율라는 오래 전에 돌아가신 어머니가 어젯밤에 자신에게 와서 손을 잡았다고, 아프리카 사람들이 걸어서 고향으로 돌아갔다는 이보랜딩 신화를 말한다. 이 말을 들은 메리는 율라를 편협하다고 꾸짖는다.

이처럼 조상에 대한 신앙이 깊은 나나, 성적으로 타락한 여성이라는 낙인을 거부하지만 크리스토퍼 메달에 집착하는 옐로우 메리, 어머니의 영혼을 불러내어 임신과 아이로 인한 괴로움을 피하려고 하는 율라, 자신을 믿는 강인한 의지의 여인이지만 새 것도 옛 것도 받아들이지 못하는 하가, 지배 신앙체계에 자신을 맡기며 빌알 무하메드의 종교를 경멸하고 엄격한 종교적 신앙으로 자신의 성적 감정과 자아를 억압하는 비올라 등 다양한 흑인 여성들의 삶과 경험들이, 흑인 여성성의 다양한 형태들이 〈먼지의 딸들〉에서 그려지고 있다.

이들의 이야기는 흑인 여성성을 폄하하는 신화를 재구축한다. 〈먼지의 딸들)은 우리가 예전에 결코 보지 못했던 방식으로 흑인 여성들을 새롭게 보여 준다. 영화의 마지막 대목에서 노예 시절 아기였을 때 팔려 나갔던 나나가 갑자기 머리를 사방으로 흔들며 가슴을 누르고 산만한 모습을 보여 주자 깜짝 놀란 사람들이 나나의 고뇌가 어디서 비롯되는지 알아내려고 애쓴다. 옐로우 메리가 할머니를 붙잡고서 위로하며 "나 옐로우 메리 페전트는 자존심이 센 여자이지 냉혹한 여자는 아니에요. (⋯) 나는 여기 남고 싶어요. 나는 할머니랑 여기 머물고 싶어요"라고 말한다. 섬을 떠나 다른 세계에서 살다 돌아온 옐로우 메리가 이제 섬에 남는다는 것은 트룰라와 헤어짐을 뜻하지만 할머니와 함께 남아서 할머니의 친숙한 과거 속에서 위안을 찾고자 한다. 할머니는 다른 식구들이 섬을 떠나고 싶어 한다는 데 혼란스러워하면서 "너희들은 어떻게 이 흙을 떠날 수 있니? 이 흙을 말이다. 우리가 사랑하는 이들이 있는 이 흙을, 이 흙에 그들이 있는데 말이다"라고 묻는다. 그리고는 "너희들이 가기를 고집한다고 할지라도 너희들이 내 자식들이니 나는 너희들을 사랑한다. 오랜 나무의 열매인 너희들을 말이다"라고 말한다. 검열이나 기대나 판단 없이 할머니는 옐로우 메리의 머리칼을 톡톡 치면서 손녀를 다정하게 응시하며 신세계로 떠났던 메리의 여행이 메리의 내적 존재를 파괴하지 않았다는 점을 확신시켜 준다.

옐라는 옐로우 메리가 귀향했을 때 가족들에게서 받은 냉대를 탐사하면서 "당신들은 몸을 망친 메리를 몹시 수치스러워했어. 이제 나에 대해서는 뭐라고 말할 건데?"라고 묻는다. 그런 다음 옐라는 "이곳에 관한 한 우리는 결코 순수한 여자가 아냐. 우리의 깊은 내면에서는 그들이 우리의 어머니들과 그녀들의 어머니들을 망친 것이라고 믿고 있으니까"라고 말한다. 율라는 흑인 여성들의 과거가 강요된 것이었고 따라서 그들의 미래는 그만큼 더럽혀지지 않을 수 있음을, "우리는 할머니가 깡통에 넣어 갖고 다니는 낡은 것들의 딸들이지만 그 딸들에게도 그들이 밟는 인생의 길들에서 나오는 좋은 것은 무엇이건 취할 자격이 있다"는 것을 다시 확신한다. 그 이유는 "우리는 모두 좋은 여자들"이기 때문이다.

엘로우 메리가 고통스러워하는 율라를 위해 쿠바에서의 자신의 경험을 이야기해 준 후에 메리와 트룰라가 해변을 따라 걸으며 메리가 트룰라의 머리칼을 만지고 트룰라의 얼굴을 들여다보며 포옹하는 장면이 나온다. 다음 쇼트에서 트룰라는 혼자 해변을 걸어 나가고 율라와 메리가 프레임에 들어와 트룰라를 뒤따라 함께 걷는 모습이 나온다. 세 여자는 해변에 버려진 낡은 우산을 발견하는데, 다음 장면에서 그녀들은 쓰러진 나무 위에 함께 앉아 있다. 이와 같은 영화의 마지막 장면들은 섬을 떠나서 흑인 여성들은 노예제도와 가부장 제도에서 살아남았으며, 그 생존의 기억들은 이어질 것이기에 흑인 여성들의 미래는 자유롭고 충만할 것이라는 깊은 감정을 관객에게 불러일으킨다. 이러한 현현은 영화의 첫 장면들과 균형을 이룬다. 영화가 시작할 때, 처음과 마지막에 관해 말하는 여성의 보이스 오버는 "많은 이들이 나의 딸들"이라고 말한다. 해변가를 걷는 4세대 흑인 여성들은 무엇인가 새로운 것을 환기하며 영화의 적절한 결말을 이룬다. 나나 페전트는 이 가족 중 가장 나중 아이의 탄생을 볼 때까지 살았다. 이 영화는 주류 영화에 만연한 왜곡된 흑인 여성 이미지를 타파하고 흑인 여성들에게 진정한 힘을 부여하기 위한 문화 운동의 강력한 일부가 된다.

11

치카노 · 치카나 영화들

01 희화화 · 상업화되어 온 치카노와 치카나:

〈황야의 무법자〉(1964), 〈엘 마리아치〉(1992)

치카노는 미국에 살고 있는 멕시코계 남자들을, 치카나는 멕시코계 여자들을 일컫는 말이다. 이들은 미국 문화 판도에서 점점 더 큰 비중을 차지하며 새롭게 부상하고 있다. 미국 영화의 상상적 지형은 사실 인종적 타자들의 현존에 의해 형성되어 왔다. 토착 미국인과 아프리카계 미국인 못지않게 멕시코계 미국인도 중요한데, 멕시코계 미국인은 더욱 많이 부인되어 왔던 편이다. 치카노, 치카나들의 현존을 부인하는 것은 캘리포니아, 뉴멕시코, 텍사스 주의 19세기 식민주의적 통치를 공고히 하고 20세기의 인종 질서를 유지하는 주요한 메커니즘이었다. 앵글로들이 캘리포니아, 뉴멕시코, 텍사스 주의 땅을 침략하기 전에 그 땅은 멕시코의 통치 아래 있었다. 그 땅에 먼저 살고 있었던 멕시코인들의 역사를 기억하는 것은 그 땅이 백인 땅이라는 것을 부정하는 결과로 이어진다. 그러므로 앵글로들은 이 사실을 의도적으로 망각해야만 멕시코 '불법' 이민자들을 외국인 침입자라고 정의내릴 수 있다.

멕시코 전쟁 이후, 이전까지는 자기 땅이었던 곳에서 외국인처럼 살아야 하는 이상한 운명에 처해야 했던 치카노, 치카나들은 국경 의식이 희박했다. 그들에게 미국과 멕시코의 국경을 넘는 것은 자연스러운 일상사였고, 1924년에 멕시코인의 월경을 막기 위한 〈국경수비대〉가 창설되었어도 지금까지 국경을 넘는 일은 계속되고 있다.[1] 물

---

1) 영화 〈국경The Border〉(1982)은, 미국으로 불법 입국하는 멕시코인들을 단속하는 국경 경비원과 밀입국 중개인 사이의 유착 관계를 그리고 있다. 이 영화에서 미국에 밀입국하기 위해 리오그란데 강을 헤엄쳐 들어오느라 몸이 젖은 멕시코인들을 '웨트 백wet back' 이라 부르고 있다.

론 가장 큰 이유는 경제적인 이유다. 1910년대 멕시코 혁명 때문에 정치적 동기로 미국에 이민 온 사람들을 제외하고 대부분의 멕시코 이민자들은 1942년부터 1964년까지 실시된 '브라세로Bracero 프로그램'에 따라 미국 남서부 농업 지대의 수확에 필요한 노동력을 채워 주었다. 그 이후 도시 근교 소규모 공장 노동력을 채우기 위한 이민이 계속됨에 따라 불법 체류자 문제가 생겼다. 1980년대 멕시코 경제 위기로 다양한 계층의 많은 멕시코인들이 또다시 미국으로 대규모 이동을 한다. 이들은 할리우드 영화의 새로운 관객으로, 또 스페인어와 영어를 넘나들며 자유롭게 구사하는 이중 언어자로 미국 문화의 중요한 세력이 되고 있다.

미국의 국가 형성 과정에서 서부로 내몰린 토착 미국인들 중에 부족 공동체를 떠나 카우보이로 살아갔던 남성들이 많았던 만큼, 치카노들 중에서도 미국 서남부 농민들[2] 외에 카우보이로 대규모 목축업자나 부동산 자본가들에 고용된 경우가 꽤 많았다. 미국 서부 카우보이들은 1860년대부터 1880년대 사이에 형성되었는데, 실제 당시 카우보이들의 상당수가 치카노였다. 다시 말해 미국 영화의 역사와 운명을 함께 해 온 웨스턴 장르의 주요 인물 유형인 카우보이 자체가 오래 전에 이미 다인종으로 구성되어 있었던 셈이다.

치카노를 그리는 영화 가운데 빼놓을 수 없는 〈알라모의 순교자들 Martyrs of the Alamo〉(1915)을 보자. 이 영화는 '알라모' 전투[3]를 최초로 그린 영화다. 백인을 우월한 인종으로, 비백인은 열등하고 일탈적인 인종으로 보는 이 영화는 인종 이데올로기를 명료하게 하기 위해 미

---

2) 1848년 미국-멕시코 전쟁은 과달루페 히달고 조약 체결로 매듭지어진다. 이 조약에 따르면, 그동안 멕시코 땅에서 경작하던 농민들은 그대로 그 토지에서 정착하여 농사를 지을 수 있었다.

장센, 편집, 쇼트 구성과 같은 영상 기술을 잘 구사하고 있다. 예컨대 짧은 쇼트에 의해 포착되는 앵글로들은 심리적 깊이와 개별성을 갖는 반면, 길고 먼 쇼트로 외부에서 포착되는 멕시코인들은 서로 잘 구분되지 않으며, 어둡고 불길하며 공격적이고 희화화되는 식이다. 무엇보다 알라모 전투의 원인이 멕시코인들의 성적 타락에 있는 것처럼 그려진다. 〈알라모의 순교자들〉 중간에 "독재자의 통치 아래, 미국 여성들의 영예와 삶이 경멸받았다"고 나온다. 이 대목은 다른 인종 남성에게 끌리는 백인 여성에 관한 식민주의자의 환상에서 비롯된 불쾌한 인종 서사다.

〈알라모의 순교자들〉은 멕시코 남성을 성에 굶주린 남자로, 천사 같은 백인 여성을 삼켜 버리는 약탈자로, 아이와 함께 있는 백인 어머니를 놀려 먹는 자로 그린다. 영화는 멕시코인들의 성적 타락이 백인 여성성과 인종적 순수성의 미덕을 위협한다고 주장하기 위해 인종적이고 제국적인 은유를 끌어오고 있다. 멕시코의 산타아나 장군은 "상습적으로 약에 취하는 악마", "부끄러운 난잡함으로 악명 높은 멕시코의 독재자"로 항상 술에 취해 멍한 상태에 있다고 묘사된다. 장군 옆에는 검은 만틸라 조끼와 스카프를 이국적으로 차려입은 네 명의 멕시코 여자들이 춤추고 있다. 산타아나가 잡히는 결말에서 드러나듯, 텍사스를 둘러싼 정치적 투쟁을 백인 여성성, 나아가 백인 국가의

---

3) 미국-멕시코 전쟁이 본격화되기 전이었던 1830년대에 앵글로들이 멕시코의 영토 텍사스로 계속 불법으로 들어와, 앵글로들이 멕시코인 숫자를 능가했다. 당시 멕시코 중앙 정부의 산타아나 장군은 독재자로 멕시코 지주들과 농부들의 반감을 사고 있었는데, 텍사스에 들어와 정착한 앵글로들은 산타아나 장군의 독재에 맞서 일어난 멕시코 사람들과 함께 싸웠다. 그렇지만 기존 미국 역사에서는 '알라모 전투'를 앵글로 민병대들이 자신들의 독립을 위해 알라모 요새에서 13일간 싸우다 모두 전사한 전투라고 기록한다.

수호 행위처럼 쓰고 있으며 그리하여 앵글로의 텍사스 점령을 합리화한다. 〈알라모의 순교자들〉을 지배하는 이와 같은 앵글로의 가부장적 인종주의 상상계는 수많은 영화들에 재현되어 왔고 치카노들의 관점과 시선을 생략하는 것을 당연하게 여겨 왔다.

이러한 경향은 본격적인 고전 할리우드 시기에도 마찬가지였다. 미국 서부 역사를 서사화하는 웨스턴 영화에서 그 역사 형성에 중요한 구성원이었던 치카노는 여전히 주변부에 배치되어, 있어도 없는 것이나 다름없었다. 1960년대까지 웨스턴 장르에서는 치카노들의 배역까지 백인이 맡았다. 고전 할리우드 웨스턴에서는 판초 비야 같은 멕시코의 역사적 인물조차 회화화되거나 성적 리비도를 통제하지 못하는 인물로 그려진다. 이는 타락하고 방탕한 피를 타고난 열등한 인종이라는 치카노에 대한 관습적 이미지를 그대로 따르고 있는 것이다.[4] 이와 달리 1960년대 이후에는 치카노 의식[5]에 부응하기 위해서인지 멕시코 국경이라는 공간과 멕시코 혁명사가 새로운 소재로 등장하기 시작했다.[6]

〈황야의 무법자〉는 서부의 백인 영웅과 서부라는 신화적 공간을 치카노 인물과 멕시코의 역사로 대체한다. 1960년대, 1970년대 관객에게 서부라는 신화적 공간은 그 유효성을 상실했다. 고전적 웨스턴

---

4) 전기순, 「할리우드 웨스턴과 치카노 웨스턴」, 『세계 문학 비교 연구』 17권(2006), 362쪽.

5) 1960년대 흑인 인권 운동을 표상하는 것은 '블랙', 치카노 인권 운동을 표상하는 것은 '브론즈' 다. *The Bronze Screen: Chicana and Chicana Film Culture* (Univ. of Minnesota Press, 1993) 참조. 또한 흑인 인권 운동이 도시 노동자 중심인 반면, 치카노 운동은 세자르 차베스César Chávez가 이끈 농장 노동자 중심이다. 멕시코 혁명 시기의 모렐로스 지역 농부들에게 영향을 미친 사파타와 비슷한 존재인 차베스는 도시 노동자보다 결속력이 취약할 수밖에 없는 농장 노동자에게 정신적으로 사파티즘을 전파하고 실천적 투쟁 전략을 제시한다.(전기순, 366쪽)

의 프런티어 신화가 서부에서 서사적 가치를 상실함으로써 새로운 프런티어로 멕시코가 등장한 셈이다. 〈황야의 무법자〉는 베니토 후아레스Benito Juarez 대통령 사후, 멕시코 국경의 무법천지를 배경으로 한다. 미국과 밀접한 관계 속에 있는 멕시코를 진지하게 고찰하기보다, 폭력과 야만의 공간으로 만들고 멕시코 역사를 극단적인 선악의 이분법으로 왜곡한다. 또한 멕시코를 무차별한 폭력 미학을 위한 공간으로 사용함으로써 멕시코를 탈역사화한다. 멕시코에 대한 이와 같은 서사 행위는 서부를 백인 영웅의 공간으로 일원화했던 고전 웨스턴의 서사를 다양하게 하되, 멕시코를 관객의 호기심을 충족시키는 오락거리로 만드는 셈이다. 이러한 오락성을 넘어 웨스턴에 반영된 미국 소수 인종의 왜곡된 역사와 이미지에 대항하는 좀 더 전복적이고 비판적인 치카노 웨스턴이 만들어지는 것은 1980년대부터였다.

1980년대 치카노 영화는 저예산 독립 영화와 '히스패닉 할리우드'라는 두 흐름 속에서 제작된다. 첫 번째 흐름에 속하는 영화로는 1982년에 나온 〈세긴Seguín〉과 〈그레고리오 코르테스의 발라드The Ballad of Gregorio Cortéz〉를 들 수 있다. 둘 다 전기 영화로 할리우드 웨스턴에 반영된 백인 중심의 서부 역사를 비판한다. 〈세긴〉은 알라모 전투의

---

6) 당시 상업 영화는 '브론즈'와 거리가 멀다. 예컨대 1960년에 제작되어 나온 〈알라모〉에서는 데이 빗 크로켓(존 웨인이 배역을 맡았다), 제임스 보위, 윌리엄 트래비스 같은 앵글로 군인들의 용기와 희생이 강조되며 관객들에게 알라모를 기억하라고 한다. 이 영화에는 한 명의 앵글로 군인이 수십 명의 멕시코 군인들을 총알 한 개로 압도하는 장면까지 나온다. 2004년에 존 리 행콕 감독이 총 제작비 1억 달러를 들인 초대형 액션물로 개봉된 〈알라모〉는 "제작진은 우리가 알라모를 기억해야만 하는 이유를 그려 내지 못했다"고, "사실적 묘사를 하느라 박진감이 부족하다. (…) 영화 속의 멕시코인은 하품을 하다가 총기를 써서 집으로 돌아가려고 하는 사람들처럼 보인다"는 악평을 받는다. 알라모를 잊어버리자고 하는 편이 나을 정도다.

| 다인종 다문화 시대의 미국 문화 읽기

치카노 영웅 세긴을 주인공으로 내세워 백인 영웅 중심의 서부 역사를 전복한다. 이 영화는 세미 다큐멘터리 형식을 채택해 웨스턴 사극 〈알라모〉에 잘못 재현된 알라모 전투의 영상들을 치카노의 시각에서 해체하고 당시의 역사를 재구성하고자 한다. 〈그레고리오 코르테스의 발라드〉는 캘리포니아 주정부의 오해로 사형 선고를 받고 처형된 실존 인물인 치카노 카우보이 코르테스를 주인공으로, 골드러시 시대 치카노 카우보이의 관점에서 치카노의 시대적 정체성을 탐색한다.[7] 이 영화들은 실존 인물을 다루는 다큐멘터리의 진정성으로 할리우드 주류 웨스턴이 고착시켜 온 특정한 시각을 해체하지만 대중성은 떨어진다는 한계를 갖는다.

두 번째 '히스패닉 할리우드'[8]의 형성은 치카노 영화인들에게 치카노의 독립된 서사와 정서를 재현하는 영화 제작을 가능하게 했다. 미국 인구의 13퍼센트에 해당하는 멕시코계뿐만 아니라 라틴아메리카 출신의 다양한 혼혈 혼성 인종들로 된 히스패닉 인구가 존재하기 때문이다. '히스패닉 할리우드'에서 제작된 영화는 치카노 고유의 역사와 문화를 중심 소재로 삼고 있으면서도 서사의 모티브들은 미국의 주류 영화에서 차용하는 전략을 쓴다.[9] 대표 영화로 로베르토 로드리게스 감독의 〈엘 마리아치〉를 들 수 있다. 로드리게스 감독은 텍사스 주의 산안토니오에서 태어나 자란 전형적인 치카노로, 스페인어와 영어를 사용하며, 앵글로와 멕시칸의 혼혈이다. 로드리게스 감독은 지

---

7) 전기순, 367쪽.

8) 『마이너리티의 할리우드』, 120쪽 참조.

9) 그러한 전략으로 상업적으로도 성공한 히스패닉 할리우드 영화는 많은 인종들(스페인, 포르투갈, 인디언, 흑인, 동구계 및 유태계 등)의 혼혈로 이루어질 인류의 미래상을 체현한다. 이들 영화는 히스패닉을 다문화 시대의 진정한 주역으로 제시하는 데 기여할 것이다.

배적인 할리우드 영화에 저항하면서도 그것을 차용하는 이중적 · 혼성적인 성향을 복잡하게 지니고 있다. 7천 달러라는 초저예산 독립영화로 제작된 장편 데뷔작 〈엘 마리아치〉가 '선댄스 영화제'에서 호평을 받으면서 할리우드 공식 배급망을 통해 많은 다양한 관객들과 만나는 성공을 거두게 되었다는 것 자체가 혼성성의 문화적 가능성을 입증한다.

　〈엘 마리아치〉에는 고요한 마을과 영웅의 등장, 악당의 현현과 복수, 결투의 라스트신 같은 웨스턴의 주요 서사 모티브들, 앵글로 특유의 정의감 실현과 같은 주제 의식, 마리아치라는 직업과 관련된 멕시코의 토착 의상과 노래에 대한 향수 등이 뒤섞여 있다. 이 영화는 마리아치 가문의 한 젊은이가 고요하고 낯선 마을에 들어오면서 시작된다. 마을을 지배하는 모코에게 배반당한 아술은 모코의 죄를 대신 지고 감옥에 갔다 오는데 모코는 그를 제거하려 한다. 복수를 다짐하고 마을에 잠입하는 아술을 모코의 부하들은 알아보지 못한다. 그들이 검은 마리아치 의상을 입고 검은 기타 가방을 든 마리아치와, 마리아치 의상은 아니지만 검은 옷에 검은 기타 가방을 든 아술을 혼동하기 때문이다. 이 영화는 웨스턴의 공식 서사와 B급 웨스턴의 무협 플롯이라는 기본 축에다 치카노 민속 의상에 대한 오해와 음악과 총의 대조를 절묘하게 덧입힘으로써 흉내 내기와 비웃음에 의한 묘한 재미를 유발한다.[10] 그렇지만 치카노의 민속 정서와 그 낯선 이질감에 함축된 주류 미국 문화에 대한 비판적 거리감은 상업적 이유로 축소되고,

---

10) 전기순, 369쪽.

11) 그 우려를 입증하는 영화로 〈데스페라도〉(1994)가 있다. 이 영화에 나오는 마초적 마리아치는 여성을 성적 대상으로 대하고 있다.

마리아치라는 치카노가 내뿜던 변방의 분위기도 거세되고 정형화될 우려가 있다.[11]

02 백인 중심 역사의 건망증과 가부장적 시선: 〈론스타〉(1997)

존 세일즈John Sayles 감독의 〈론스타Lone Star〉는 변경 지대 공동체의 과거와 현재를 다인종 다문화 관점에서 포괄적으로 그려내려는 시도다. 웨스턴, 탐정, 스릴러, 로맨스의 요소들이 함께 섞여 있는 이 영화에서는 살인 미스터리가 주 플롯이면서 앵글로 보안관들, 치카나 역사 교사, 흑인 대령을 통해 다세대 드라마가 펼쳐진다. 세일즈 감독이 미국이라는 국가 형성의 주체들이자 협력자들로서 서로 얽혀 있는 치카노와 앵글로를 묘사한 것은 멕시코 현존을 부인하고 삭제해 온 인종의 정치를 인종 관계에 대한 대안적 관점과 다문화주의적 재현을 통해 수정하기 위해서다.

국가를 재정의하고 중심과 주변의 권력관계를 재형상화하고 있는 진정한 다문화주의는 다중적이고 복수적인 정체성 사이의 상호작용을 주장한다. 경계에 대한 진정한 물음은 인종, 계급, 젠더, 섹슈얼리티의 경계 표시들에 의문을 제기한다. 다문화주의의 견지에서 국가를 재형상화할 때 그 중심에는 인종 순수성, 동일성, 단독성의 신화가 아니라 혼종성, 차이, 복수적 동일시가 존재하기 때문이다. 다문화주의 기획이 새로운 사회질서를 재현하여 단일 문화적, 에스노 중심적 사회 비전에 충격을 주려 한다면 무엇보다 백인성과 남성성을 탈중심화해야 한다.

〈론스타〉의 배경인 텍사스 주 변경 지대의 국경은 미국과 멕시코의 문화적 상상에서는 '절대적 타자성의 비유the trope for absolute alterity'로 형상화되어 왔다. 미국 입장에서 보면 그 국경은 에로틱한 저개발, 길들여지지 않은 타자성, 억압되지 않은 리비도 에너지로 넘치는 지점이다. 그곳의 주민은 추방자, 타락한 자들, 성에 굶주린 하위층 사람들이나 범법자들로 코드화된다. 이렇게 국경을 타자화된 영토로 재현하는 것은 식민주의적·인종주의적 상상계의 징후다. 세일즈는 그러한 정체성을 해체하고 변경 지대의 복합성, 뉘앙스, 다차원성을 포착하면서 그 지대를 "경계를 가로지르는 접촉 지대a transborder contact zone"[12]라고 묘사한다.

이 개념에 따라 세일즈는 역사 수정주의 기획의, 또는 대안적인 인종의 기억을 다시 주장하려는 노력의 중심 요소들로 국경 지대의 형상들을 선택한다. 세일즈는 현재 만연하는 역사적 건망증에 도전하여 끊임없이 현재의 상황을 압박하는 지난 역사들과 과거의 신화적 유산이 현재의 진리를 가리는 경위를 해명하고자 한다. 세일즈 감독은 플래시백 시퀀스를 매끄럽게 편집하는 영상 기법을 효과적으로 사용함으로써 현재에 미치는 과거의 힘을 보여 주는 문화정치적 기획을 강조한다. 그는 텍사스 역사에서 테하노Tejano[13] 주체들을 지워 온 앵

---

12) Rosa Linda Fregoso, "Reproduction and Miscegenation on the Borderlands: Mapping the Maternal Body of Tejanas," in *Chicano Feminisms* (Duke UP, 2003), p. 331. 뒤에 나오는 논의는 대부분 이 논문의 내용(pp. 333-346)을 요약한 것임을 밝혀 둔다.

13) 테하노Tejano는 '텍사스인Texan'의 스페인어로, 히스패닉 혹은 라티노 후손인 텍사스 주민을 가리킨다. 1821년 멕시코 독립전쟁이 끝났을 때 텍사스 주에는 약 4천명의 테하노들이 살고 있었는데 미국 정착자들이 몰려 들어와서 1830년에 3만 명을 육박했다.

글로 식민주의자나 그러한 배제의 민족주의적 역전(테하노를 정복의 피해자로만 보는)과는 아주 다른 인종적 기억을 담아내려고 한다. 세일즈의 영화에서 앵글로와 치카노는 둘 다 백인종의 지배에 공모하고 협상한 주체들로 형상화된다. 세일즈에게 미국의 다인종 다문화 현실은 어제 오늘의 일이 아니기 때문이다.[14]

〈론스타〉는 텍사스 주 변경의 리오 읍을 배경으로, 보안관 샘 디즈 Sam Deeds가 마을 너머 사막에서 발견한 25년 된 유골의 살인 사건을 수사하게 되면서 벌어지는 일을 다루고 있다. 이 마을의 앵글로, 치카노, 흑인, 멕시코인들 사이에 복잡하게 얽힌 인종, 세대, 계급, 성관계의 비밀이 하나하나 밝혀져 나간다. 샘은 이 마을의 전설적인 보안관 버디 디즈Buddy Deeds의 아들인데, 플래시백으로 비춰지는 아버지는 부보안관이었을 때 치카노와 흑인들을 차별하던 타락하고 잔인한 인종주의자 보안관 찰리 웨이드를 쫓아냄으로써 마을의 영웅이자 전설이 된다. 샘은 수사를 하면서 이 전설에 의문을 갖게 되고, 아버지를 둘러싼 진실을 찾아 나선다. 그 과정에서 샘은 예전에 아버지의 반대로 이루어지지 못한 연인 필라 크루즈Pila Cruz와 만나게 되고 그녀에 대한 사랑의 감정에 휩싸이게 된다. 필라는 치카노로, 한번 결혼했다가 지금은 혼자 사는 교사다. 샘의 아버지 버디와 필라의 어머니 메르세데스가 샘과 필라의 만남을 극구 반대했던 것은 필라의 아버지가 버디였기 때문이다.

---

14) "내가 말했듯이 미국은 점차 다문화적으로 되어 가고 있는 게 아닙니다. 미국은 항상 그래 왔습니다. 예컨대 당신이 돌아가 바위 하나를 뒤집어 본다면 3분의 1 이상의 흑인이 또한 토착 미국인이며, 훨씬 더 높은 비율의 흑인들이 또한 백인들이라는 것을 알게 될 겁니다." Dennis West and Joan M. West' s interview with John Sayles for *Cineaste*.

샘의 살인 사건 수사는 예상치 못한 결말로 나아간다. 모든 증거가 아버지를 용의자로 지목하고 있다. 하지만 샘은 찰리 웨이드의 인종차별적 만행들의 증인이자 그의 신참 부관이기도 한 홀리스 포그Hollis Pogue가 웨이드의 살인자임을 알게 된다. 말끔하게 편집된 플래시백 이야기를 통해 홀리스가 흑인 오티스 페인(Otis Payne, 빅 오즈 로드하우드 Big O's Roadhouse의 주인이자 다크타운Darktown의 시장)을 죽이려 하는 웨이드를 할 수 없이 살해했다는 사실이 밝혀진다. 흑인 남자의 생명을 구하기 위해 백인 남자가 다른 백인 남자를 죽이는 장면은 텍사스 변경 지방 백인의 자비로운 선심을 상징하는 것으로, 텍사스의 인종 관계를 다시 쓰면서 백인종주의에 대한 흑백의 협동, 저항, 공모의 역사를 드러내 준다. 버디와 샘의 적대와 갈등 관계 한 편에서 오티스 페인과 그의 아들 델모어 페인Delmor Payne 대령 사이의 적대적 부자관계가 그려진다. 그리하여 이 영화의 오이디푸스 드라마를 백인성만이 아니라 흑인성으로도 채색한다. 하지만 아들이 결국 아버지의 결백함을 발견한다는 결말은 백인성을 공고하게 한다. 백인들은 흑인들과 의미 있는 상호작용을 하지만 흑인들은 백인성 바깥에서는 아무 접촉도 하지 못한다. 〈론스타〉의 백인들은 치카노들과 상호작용하지만 그것은 백인성의 틀 안에서 이루어질 뿐이다.

〈론스타〉에서 부자 관계의 세대 갈등은 해결되지만 모녀 관계의 갈등은 생략되거나 등한시된다. 그리하여 영화는 남성주의적 오이디푸스의 저음을 재긍정한다. 영화 구조는 샘을 의식의 중심이자 서사적 정보의 필터로 위치시킨다. 플래시백 시퀀스를 통해 현재 사건들을 꿰매는 것은 인물들에게 복합적 주체성을 부여한다. 필라와 어머니의 주체성도 이러한 방식을 통해 구축되며 필라의 회상은 샘의 회상과도 연결된다. 샘이 회상하는 인종적 기억들은 아버지의 '전설'을 탈신화화하는 아들의 탐색 과정과 겹쳐진다. 그리하여 텍사스의 인종차별의 역사를 드러냄으로써 다문화적 사회질서로 수정을 꾀하고 있지만 그 질서는 서사에서 이미 특권적인 위치를 차지하고 있는 백인성과 남성성의 관점 내부에 봉쇄되어 있다.

지배적인 인종적 젠더 담론의 도구로서 백인 남성 주체가 인종 갈등과 공모의 기억을 갖기에는 한계가 있다. 따라서 테하노와 테하나의 심리적 갈등이나 육체성은 오이디푸스화된 백인 남성성 틀 바깥에서는 그려질 수 없다. 백인성은 유색인들과 양성 사이에서 상호 인종적 접촉을 매개하는 조항으로 특권화된다. 〈론스타〉에서 특권화된 백인성은 예전 시대 인종관계를 틀 짓는 백인 인종주의적 남성성은 아니지만 멕시코인들과 흑인들의 친구라는 보호자 형상으로 재현되는 셈이다.

세일즈는 상호 인종적이고 포스트 식민적인 텍사스를 그리기 위해 플래시백으로 비추어진 과거의 이야기들을 현재와 겹겹이 교차시키는 풍부하고도 복잡한 서사 구조를 택하며 이를 통해 변경 지대의 인종적 얽힘과 복잡성을 포착해 낸다. 감독은 그렇게 재생된 이야기로 새로운 사회질서를 찬양한다. 여기서 새로운 사회질서란 토착 미국인, 흑인, 테하노, 앵글로를 포괄하는 복수 문화적이고, 경계를 횡단하는 혼성적·다문화적인 것이다. 그렇지만 〈론스타〉에 각인된 새로운 다인종 다문화 국가로서 미국 서사에는 메르세데스와 필라 같은 인종화된 치카나들의 관점을 배제하는 '백인 가부장 시선'이 침투해 있으며 여전히 '식민주의적이고 남근 중심적인 기획'이 자리잡고 있다.

법을 구현하는 보안관인 버디 디즈와 샘 디즈의 갈등과 화해 이야기가 주된 플롯인 〈론스타〉에서 남성성은 핵심이자 특권적 기표다. 이 영화에 침투된 남성 중심주의는 법의 상징적 구조를 문자 그대로 보여 주며 상징적 오이디푸스 구조를 재생산한다. 국경이 다문화주의, 횡단, 상호 문화 교환들, 혼종성의 상징으로 형상화된다고 해도, 중심에 있는 과거의 역사는 가부장적 전통 속에서 은유화되고 있기 때문이다. 표면적으로 〈론스타〉는 다문화 국가를 위해 차이를 포괄하는 사회질서를 다시 쓰고자 시도한다. 하지만 백인 아버지와 백인 아들 이야기 구조는 중심을 그대로 둔 채, 다중성을 주변부에 유지시킨다. 영화는 오이디푸스 이야기와 백인종의 특권적 목소리를 중심에 각인시킴으로써 백인성의 남성주의적 경계를 재긍정하여 차이를 봉쇄하고 타자성의 와해적 양상을 규제한다.

〈론스타〉는 시네마 텍스트, 문화적 생산물이다. 세일즈는 영화에서 사회를 재구축하고 그 사회의 비전을 그린다. 영화는 다중적 문화 담론, 서로 경쟁하는 다양한 역사, 재현 전통에 의해 교차되고 있다. 또한 제도적 · 역사적으로 결정된 코드, 관습, 말 걸기 양식, 비전 메커니즘, 관람 주체, 관점을 포함해 시네마 장치들에 의해 조직된다. 그러므로 우리는 백인 이성애 남성 주체만 가시화하는 지배적 메커니즘에, 영화의 가부장적 시각 경제에 유혹되지 않고 저항하는 관객성을 상정해야 하며 관객성과 동일시의 시네마 메커니즘을 인식해야 한다.

필라가 말하는 "우리가 긁힌 자국에서 시작된 것이라고? 전에 있었던 모든 것, 그 모든 것들, 그 역사를 없애 버리라는 말이지? 알라모를 잊어버리자"는 마지막 대사는 국가의 상상계 내부에 깊숙이 박혀 있던 억압된 상호 인종 서사를 부활시킨다. 영화는 배제의 인종 정치를, 인종들 간의 사회적 관계들을 부인한 인종 순수성 담론을, 상호 인종적·정치적·사회적·성적 관계들에 대한 고의적 억압을 드러낸다. 산타 바바라 카페의 여주인 메르세데스 크루즈와 샘의 아버지는 오랜 연인 관계였다. 변경 지역의 경계를 횡단하는 접촉 지대들은 언어적·문화적·사회적일 뿐만 아니라 성적인 교차들과 혼합들에 의해 표시된다. 〈론스타〉는 이종 잡혼의 은폐된 역사를, 상호 인종적인 사회적·성적 관계들의 억압된 역사를 드러냄으로써 인종적으로 혼합된 변경 지역의 사회질서를 다시 쓴다. 이 영화는 인종 관계에 대한, 좀 더 계몽된 비전을 제공하는 것처럼 보인다.

그러나 앵글로 남성과 멕시코 여성 사이의 혼외정사는 지배 질서의 문화 정체성에 질문을 던지기보다 식민주의적 남성성을 재궁정하는 데 도움을 준다. 영화가 아주 오랜 인종 서사에 의해 구조화되어 있기 때문이다. 즉 사회적 기입 모델로서 이종 잡혼의 이야기는 갈색 여성의 몸에 대한 백인 남성의 접근을 자연스럽게 만들고, 국가는 여성의 몸에 접합되며 그 위에 새겨진다. 이 영화는 국가를 여성적인 것으로, 여성으로 젠더화하는 가부장 전통을 따르는데 이 경우에는 혼혈 인종의 메스티사(mestiza, 멕시코, 토착(아스텍과 마야), 유럽 피가 섞인 사람을 묘사하는 mestizo의 여성형)의 몸 위에 형상화되는 다문화 국가라는 새로운 판타지를 보여 준다.

또한 영화는 인종화된 성적 관계들을 포괄하기 위해 상징적 판타지를 확장한다. 샘과 필라의 근친상간적 사랑은 텍사스의 인종 관계에 대한 알레고리다. 앵글로와 멕시코 인종 관계에 대한 알레고리로서 샘과 필라의 연인 관계는 가부장적 견지에서 텍사스의 인종관계를 재코드화한다. 영화는 이 알레고리적 근친상간 관계를 통해 인종적으로 얽힌 앵글로와 치카노의 진실을 그려 내려고 한다. 하지만 그 진실은 텍사스 역사를 재생산하고 아버지를 특권화하는, 부분적이고 신비화하는 진실이다.

이 영화는 섹슈얼리티를 남근 중심 권력을 이전하는 지점으로 상상한다. 이종 잡혼이 갈색 여성 몸에 대한 백인 남성의 접근을 특권화하고 권위를 부여하는 가부장적 식민주의 판타지에 근거를 두고 있는 한 그렇다. 영화에서 비백인 남성과 백인 여성 사이의 관계는 결국 금지된다. 새로운 다문화 신화 만들기 기획으로 볼 수 있는 〈론스타〉는 백인 남성주의 특권을 재생산한다. 샘은 인종 순수성 신화를 구현한다. 이종 잡혼의 무게는 여동생이자 연인인 필라만이 부담한다.

이 영화에서 모성 담론은 억압되어 있다. 샘의 어머니는 이상화된 어머니지만 부재하며, 필라의 어머니는 변경 지역을 늘 배회하는, 인종화되어 있는 존재며 부정적인 존재다. 필라와 같은 혼혈 여성의 몸은 인종과 다문화 국가의 몸체로서 현존하지만 말하는 주체는 아니다. 필라는 민족 국가와 텍스트를 재현한다는 측면에서 현존인 동시에 부재다. 모성적 현존이 혼혈 여성의 계보에서 소외되어 있기 때문에 모녀 관계는 가려진다. 이러한 텍스트적 재현은 여성의 형성화를 가로막는 핵심 열쇠다. 필라와 메르세데스의 경우 모성은 긴장으로 가득한 관계라서 서로 등을 돌리며 다문화 국가의 문화 상상계 내부에 여성을 종속시킨다. 그래서 메르세데스의 주체성은 더 진전되지 못한다.

백인 남성성을 탈중심화하고, "다양한 관객들과 다중적 동일시의 시네마적 정교화를 위한 공간을 열어젖힐"(Fregoso, 344) 때, 여성 사이의 유대를 그릴 수 있다. 메르세데스는 과거에 대해 거짓말하고 과거를 감춤으로써 근친상간을 막는 데 결국 실패하며, 근친상간을 막지 못했다고 비난받게 된다. 영화에서는 근친상간의 터부보다 낭만적 사랑의 요구가 더 크다. 그리하여 다문화 국가의 새로운 주체를 재현하는 필라는 모계와 부계에서 소외된다. 백인 우월주의가 다문화 국가에 대한 헤게모니 권력을 다시 주장하려고 격렬하게 시도하는 이때, 필라 또는 다인종 다문화 관객은 그저 '알라모를 잊을' 수는 없다.

03 치카나 감독이 재조명한 멕시코 문화: 〈라 오프렌다〉(1989)

〈론스타〉에서 배제된 치카나 관점을 영화의 주요한 요소로 배치하는 작품들을 보노라면 앞서 지적된 〈론스타〉의 '백인 가부장 시선'의 한계를 더욱 분명하게 느낄 수 있다. 루르드 포르티요Lourdes Portillo 감독은 주로 샌프란시스코에서 텔레비전 다큐멘터리부터 풍자적인 비디오-필름 콜라주에 이르기까지 다양한 형식들을 실험하고 있는 치카나다.[15] 포르티요는 1944년에 멕시코에서 태어나 열세 살 때 식구들과 로스앤젤레스로 이민 와서 스물한 살까지 그곳에서 살았다. 스물한 살 때 할리우드에 있는 친구의 다큐멘터리 작업을 도와주면서 처음으로 영화를 제작하게 된다. 그때 자신이 앞으로 해야 할 일을 알게 된 포르티요는 샌프란시스코 〈전미 방송직 종사자 및 기술인 연합

---

15) 이하 www.lourdesportillo.com 참조.

(National Association of Broadcast Engineers and Technicians, NABET)〉에서 교육을 받다가 〈시네메이페스트Cinemaifest〉라는 좌파 독립 영화 제작팀 소속인 스티븐 라이트힐Stephen Lighthill의 카메라 보조로 일하게 된다.

저예산 독립 영화를 만들어 온 포르티요 감독에게 영화 제작은 예술가로서 원칙과 윤리를 갖고 임해야 하는 것이지, 그 밖의 할리우드 영화계의 시네마 실천과 적당히 타협하는 길이란 없다.[16) 포르티요에게 영화 제작은 과거의 삶을 다시 만들어 내고 멕시코의 기억을 재구축하여 다시 창조하기 위한 것, 잃어버린 대륙을 찾기 위한 것이다.[17) 또한 치카나 감독으로서 포르티요는 남성 감독과는 다른 목적을 가지고 영화 제작에 임함으로써 미국 유색 여성의 관점을 새로운 맥락에서 펼쳐 놓는다.

1989년에 완성된 〈라 오프렌다: 망자들의 날La Ofrenda: The Days of the Dead〉은 고인들을 기리는 멕시코와 치카노 휴일을 1부와 2부로 나누어 그리는 다큐멘터리다. 〈라 오프렌다〉는 과거의 멕시코 기억과 전통을 현재 미국 서부 도시에서의 치카노 경험과 교차시키면서 치카노와 치카나 화자들의 관점을 동시에 보여 준다. 이를 통해 백인 가부장 시선에서의 재현과는 다른 재현을 제공한다. 이 영화는 더 이상 희생자로서 치카나를 말하지 않는다.[18) 〈라 오프렌다〉는 어린 시절 멕

---

16) 위 사이트에 실린 "You Can Only Make a Good Film If You Look Inward"라는 제목의 인터뷰 참조.

17) 위 사이트에 실린 포르티요의 "Film as Reflection" 참조.

18) 감독 자신이 설명하듯 〈라 오프렌다〉는 "문화에 관한 작품이다. 이 영화는 불의와 불평등과는 아무 상관이 없다. 그것들을 찾으려고 영화를 보는 것은 선정주의적이다. 우리를 인간으로 보기 위해 탐색되어야 할 것들은 라틴아메리카 문화 안에 있다. 우리는 미국 대중의 희생자가 될 수 있겠지만, 내내 그러한 관계를 맺은 채 지낼 수는 없다." "You Can Only Make a Good Film If You Look Inward" 참조.

시코에서의 기억과 현재 샌프란시스코의 치카노와 라티노 바리오가 있는 미션 구역Mission District을 둘러싼 감독 자신의 문화적 유산을 탐색하는 작품이다.[19] 이 영화의 대본을 쓴 포르티요와 펜톤 존슨Fenton Johnson, 루비 리치Ruby Rich는 익명의 보이스 오버 논평을 창조함으로써 영화의 주된 요소로 전기 형식을 부정한다. 이름 없는 두 명의 남녀 화자들이 번갈아 나와, 영화에 제시된 공동체 사건들과 많은 인터뷰들에 숨어 있는 역사적 · 문화적 연속성을 강조한다.

이와 같은 젠더화된 서사 행위를 토대로 이 영화는 치카노 공동체에 말을 걸며, 또 라틴아메리카에서 미국으로 여행 왔거나 두 문화권을 동시에 살고 있는 모든 남녀들에게 말을 건다. 이 영화는 서사의 후손들인 아이들에게도 말을 함으로써 미국 사회 내부에 있는 치카노 문화와 역사를 긍정하고 인종차별이 없는 미래의 다원적 사회를 성찰한다. 〈라 오프렌다〉는 사회적으로 '건강한' 친밀함과 겸허한 죽음을 중요하게 고려하고 멕시코인들과 치카노들이 죽음을 대하는 유쾌한 태도를 재현하는 가운데 백인 관객을 조롱한다. 이 영화는 시간성과 주체성을 다르게 개념화하면서 전체 공동체를 위해 더 나은 삶을 살도록 우리 모두를 자극한다. 멕시코 사람들은 대체로 죽음을 무섭게 여기지 않으며 사랑과 유머로 대한다는 점에서 앵글로와 대조된다. 죽음에 대한 치카나의 태도는 치카노와도 좀 다르다.

영화의 1부는 멕시코의 망자들을 기리는 날을 50분 동안 그리고 있는데, 모두 일곱 개의 단편들로 이루어져 있다. 2부는 샌프란시스코에서 치러지는 기념일이 네 개의 단편들로 그려진다. 1부의 주요 내

---

19) 이하 〈라 오프렌다〉에 관한 논의는 위 사이트에 실린 Kathleen Newman, "Steadfast Love and Subversive Acts: the Politics of La Ofenda:The Days of th Dead"를 참조했다.

용은 다음과 같다. (1) 오하까Oaxaca라는 시골에 사는 할머니가 제사를 지내기 위해 묘지 터를 깨끗하게 치우고, 꽃과 특별한 음식을 준비하고, 고인이 된 할아버지를 기억하며 기도한다. 밤에는 촛불이 켜진 묘지에 마을 사람들과 함께 가서 밤을 샌다. (2) 미틀라Mitla라는 망인들의 땅을 비롯해 죽음에 관한 토착 개념들의 종합적인 역사가 나온다. (3) 테노치티틀란Tenochtitlan이라는 아스텍 제국 도시의 정복과 패망에 관한 영상이 나온다. (4) 호세 과달루페 포사다José Guadalupe Posada의 조각에서부터 디에고 리베라Diego Rivera의 위대한 벽화들과 멕시코시티의 리나레스Linares와 같은 민속 예술가들의 현 혼응지[20] 등에 이르기까지 문화 아이콘으로서 카라베라[21]의 계보가 나온다. (5) 멕시코시티 중앙의 폐허가 된 템플로 마요Templo Mayor에서 나이 많은 백인 미국 관광객들이 아스텍의 죽음 개념을 어떻게 이해하고 있는지를 인터뷰하는 장면이 나온다. (6) 끈으로 조정되는 손발이 달린 나무 해골을 만드는 사람과 나누는 대화가 나온다. (7) 여자 역할을 하는 남자가 치르는 모방 장례식의 길거리 축하가 그 행렬에서 미망인 역할을 맡은 남성과의 긴 인터뷰를 통해 분석되고 있다.

1부 일곱 번째 단편에서 미망인 역할을 하는 남자가 인터뷰에서 밝히는 '선물'의 의미는 전복적이다. 이 단편의 서두에서 남성 화자는, '망자들의 날'을 축하하면서 사람들은 죽음과 젠더를 조롱한다고 말한다. 미망인 역할의 남성은 카메라에 사과를 선물로 바친다. 이와 같은 제스처는 유머러스하면서도 진지하고, 문자 그대로 엄밀하면서도

---

20) 混凝紙, 송진과 기름을 먹인 딱딱한 종이.
21) Carabera, 해골의 스페인어로 11월 1일과 2일인 멕시코 '망자의 날'에 등장하는, 여러 유형의 해골과 관련된 문화적 현상을 가리킨다.

은유적인데 영화에 재현된 멕시코 공동체와 관객의 젠더, 성, 계급 관계들을 일시적으로 재정의한다. 이를 좀 더 자세히 살펴보자. 오하까의 길거리 축하 이미지는 군중을 가로지르며 가면을 쓰고 의상을 차려입은 춤추는 남자 중심으로 시작된다. 그 가운데 해골 의상을 입은 아이들이나, 어른과 춤추는 처녀가 나오기도 한다. 그러다가 남성 화자와 여성 화자가 토착 과거를 축하하는 대신 정복의 공포를 탄식한다.

> 남성 화자: 망자의 날을 축하하는 이 날에 사람들은 죽음과 젠더를 조롱하고 있는데 무엇이건 약간의 압력은 필요한 셈이지요. 우리는 삶을 찬양함으로써 고인을 기억합니다. 이 축제의 전반적인 무질서 속에서 누구나 자신을 잊고 금지된 상황들과 장소들에 들어갑니다. 음악과 소음이 각기 자체를 재창조하거나 인정하기 위해서가 아니라 각자를 집어삼키기 위해 연합하고 있군요.

> 여성 화자: 수천 년 동안 행동 규범을 규정해 왔던 엄격한 멕시코 사회에서 우리가 잠시나마 자유롭게 되어 공동체의 나머지 사람들에게 우리 내면의 자아를 드러낼 수 있게 되는 것은 축제와 거리 춤추기에서입니다.

남성 화자의 말에서는 계급, 여성 화자의 말에서는 젠더의 엄격함이 암시되어 있다. 계급 체계는 축제의 무질서 속에서 사라질 운명에 처한다. 멕시코 축제에서 찬양되는 인간 모두의 운명, 즉 누구나 죽는다는 사실은 축제가 끝난다고 권력의 자리로 돌아갈 수 있는 것은 아니라는 점을 말한다. 거리 춤추기에서 여성 역할을 맡고 있는 남자 또한 남자를 권력의 위치에 각인시키는 가부장적 젠더 체계를 패러디한다. 관에 들어가 있는 이미 죽은 남자의 다리 사이에 의사가 바나나를 끼워 넣는 행위는 가부장적 부계는 물론 남성 섹슈얼리티를 웃음거리로 만든다. 미망인은 섹슈얼리티에서 해방됨과 동시에 남편의 부를 받아 새로운 경제 정체성을 갖게 된다. 그렇지만 미망인은 해골 의상을 입고 춤을 추면서 자신 역시 축제의 모든 사람들과 똑같이 언젠가는 해골이 될 운명임을 말한다.

해골 의상을 입고 춤추던 미망인 남성이 베일과 가발을 벗는 장면에서 실연되는 혼합된 젠더는 남성 젠더와 여성 젠더 사이 중간쯤에 있는 미결정적 젠더가 된다. 이러한 미결정 상태에서 그/그녀는 이웃에게 줄 과일을 고르면서 선물의 의미를 다음과 같이 정의한다.

> "가난한 사람조차 선물을 바칠 의무를 느낀다. 그들이 당신에게 사과를 바칠 때, 웃으면서 그렇게 한다. 그들은 아무 보답도 기대하지 않고 당신과 나눈다. 그것이 전통이다. 그것이 전설이다."
> "선물이라는 단어는 우리 인디언 문화에서 또 모든 문화에서 아주 특별한 의미를 지닌다. 선물은 사랑이며, 사랑에는 값이 없다. 멕시코 사람들이 마음 속 깊이 지녀 온 이 전통은 절대 끝나지 않을 거라고 나는 믿는다. 선물은 계속된다."

그런데 검은 옷을 입고 하얗게 화장한 그/그녀가 해골임이 밝혀지고 카메라에 사과를 건네주는 것도 해골이다. 미망인으로서, 해골로서, 죽음으로서 이브가 주는 이와 같은 선물은 어떤 종류의 유혹인가? 미망인으로서의 남성, 해골로서의 남성, 이브로서의 남성은 앞서의 미망인 역할과 어떻게 연결되는가? 이 이브는 복장을 전환한 해골인 셈이다. 이브는 축하식에서의 제한 없는 섹슈얼리티를 관객에게 선물한다. 축하식에서의 섹슈얼리티는 무제한적이기 때문에 사회적으로 정의되지 않는다. 그 섹슈얼리티는 이성애 섹슈얼리티나 동성애 섹슈얼리티로 범주화되지 않는 섹슈얼리티다.

그런데 또한 이 이브는 제사를 준비하는 미망인 할머니로서 "아무 보답도 기대하지 않고" 무조건적으로 사랑하며, 모든 사람, 모든 세대, 산 자와 죽은 자를 사랑한다. 복장 전환한 해골과 할머니의 형상들이 정의하는 견실한 사랑은 라티노와 앵글로 문화들 사이의 문화 구분을 넘어 평등에 대한 투신을 의미한다. 사회적 구분으로서 계급, 젠더, 성적 지향은 전복되는 동시에 정체성으로서 찬양된다. 할머니로서 이브는 모든 사람을 포괄하면서 공동체의 연대를 육화한다. 이와 같이 일시적으로나마 성, 젠더, 계급의 중립성과 미결정성을 실현함으로써 구분선으로서의 경계는 잠재력으로서의 경계로 상징적으로 변형된다. 이 영화는 사과라는 선물을 받아들이려는, 차이와 다양성의 지식에 들어가려는, 아무 보답도 바라지 않고 선물을 바치려는 동료 축하객인 관객에게 말을 건넨다.

2부는 샌프란시스코의 '망자들의 날' 축하 행사를 담고 있는데 미션 구역 갤러리 공간의 제단들과, 전통이 된 저녁 퍼레이드 장면이 등장한다. 미션 구역 거리 장면에서는 포사다Posada의 '유행을 쫓는 숙녀'라는 유명한 카라베라 카트리나Calavera Catrina가 있는 라사Raza 벽화 갤러리가 나온다. 디에고 리베라Diego Rivera의 벽화에는 프리다 칼로Frida Kahlo, 어린 리베라, 호세 마르티Jose Marti 외 여러 역사적 인물들이 카라베라 카트리나를 둘러싸고 있다. 경계에 의해 아무런 제한도 받지 않고, 미션 거리에 나온 해골 미망인은 예술가들에 의해 샌프란시스코의 '치카나 카라베라'가 된다. 이렇게 멕시코에서 미국으로 장소를 이동하면서 2부의 서두에 나오는 여성 화자는 관객에게 카라베라로서 치카나 관점을 취할 것을 요구한다.

이 관점은 프리다 칼로나 돌로레스 델 리오Dolores del Rio와 같은 여자들을 위한 제단을 설치한 것으로 유명한 예술가 아말리아 메사 베인즈Amalia Mesa-Bains와의 인터뷰를 통해 잘 이해될 수 있다. 메사 베인즈는 여러 다른 지점들에서 왜 망자의 날 축하가 많은 비치카노들을 끌어들이고 있는지를 논의한다. 메사 베인즈는 "죽음은 앵글로 문화에서는 음란한 것인 데 반해, 라티노와 치카노들 사이에서는 특히 미션 구역에서는 (…) 사랑스러운 것, 생명을 주는 것, 기쁜 것, 아이러니한 것 (…) 다른 사람들은 가질 수 없는 모든 것이랍니다. (…) 삶과 죽음은 사실 사람들을 함께 묶어 줄 핵심 경험입니다. 삶과 죽음 사이에는 일종의 공간이 있는데 바로 그 공간이 우리를 치유해 준다고 봐요."라고 말한다. 전쟁의 폭력과 경제적 폭력은 외부에서 미션 구역 공동체를 위협한다. 정부의 배제의 정치, 우리의 배제의 정치, 다른 국가들의 배제의 정치는 치카노 공동체의 건강을 위협한다. 춤추는 카라베라들과 유쾌하게 선물 바치기로 창출되는 공동체 연대야말로 이러한 죽음의 위협에, 뿌리 뽑기의 위협에 맞설 수 있는 방법이다.

죽음이 카라베라로서의 치카나와 더불어 멕시코에서 미국으로, 과거에서 현재로 넘어올 때, 관객 또한 경계들을 횡단해야 한다. 주체성들이 복잡하게 역사적 지식을 활성화하는 이 횡단에서 그 주체성이 얼마나 다양하건 간에 관객은 그것을 카라베라로서 치카나의 시간성 내부에서부터 봐야 한다. 그럴 때라야 아말리아 메사 베인즈처럼 다음과 같이 주장할 수 있다. "서사, 가정 공간과 정신의 제한, 비난, 의식은 끊임없이 변하는 언어 속에서 종종 파열되고 있다. 치카나 예술가들은 드넓은 감성과 의도 내부에서 자유롭게 움직이며 기존 범주를 깨고 여성적인 것을 확대하고 있다. 우리의 문화와 삶을 통해 우리의 과거를 다시 주장하고 우리의 경험을 표시하는 것은 치카나 예술가들의 진정한 기여였다. 이 예술가들의 작업은 전통과 혁신이 함께 살아야 하는 열린 정체성을 계속 다시 주조하고 있다."

영화 〈라 오프렌다〉는 가까운 미래에 집단성으로서 미국에 손상을 가져올 배제의 정치를 비판하는 동시에 "열린 정체성을 다시 주조하는" 작품이다. 영화의 마지막 부분은 샌프란시스코의 다인종 다문화 교실을 배경으로 한다. 선생님이 학생들에게 죽기 전에 자신들에게 무엇을 바랄지, 혹은 얼마 전에 어머니가 돌아가신 학생을 위해 무엇을 바랄지 생각해보라고 요구한다. 한 아이가 그 친구가 학교에 다시 올 때 기분이 나아지기를 바란다고, 다른 아이들은 자기 아이들이 건강하게 지내고 형이 어머니를 돌보기를 바란다고, 아무도 죽지 않기를 바란다고, 가장 좋은 친구를 보거나 친구가 이미 결혼해 있기를 바란다고 했다. 그 아이의 마지막 소원은 자신이 죽기 전에 자기 친구들을 모두 초대해 화합하게 하는 것이다. 선생님은 웃으면서 선생님을 초대할 거냐고 아이에게 묻자 웃으면서 조용히 어깨를 들썩이고 학생들이 모두 함께 웃는다. 남성 어른이 여기에 초대될 것인가? 카라베라로서 치카나는 분명 모두를 초대하려고 하겠지만 관객이 속한 세대를 아이들이 과연 초대할 것인가? 모든 이를 축제에 데리고 올 미래의 조건들은 무엇일까?

영화의 끝부분에 오하까 묘지와 샌프란시스코 교실 이미지를 편집한 몽타주가 나온다. '망자의 날' 축하 시퀀스에서 음악을 연주했던 친숙한 지역 음악 밴드가 한 번 더 음악을 연주하고 2부의 서두에서 처음 소개된, 카라베라로서 치카나를 육화하는 여성 축하객의 짤막한 이미지가 다시 나온다. 그녀의 얼굴은 이제 완전히 칠해져 있다. 그녀는 앞 시퀀스에 나온 아이들의 웃음과 비슷한, 빛나는 웃음을 짓는다. 영화의 주요 서사 관점을 육화하는 이러한 카라베라로서 치카나는 의도적이건 아니건 영화감독의 장난기 어린 마지막 웃음을 떠오르게 한다. 이 영화가 관객에게 바치는 선물은 치카나 시간성이다. 관객은 거기에 참여함으로써 감독의 유쾌하게 전복적인 공동체의 정치에 가담한 셈이 된다.

12

아시아계 미국인들의 재현

01 백인들의 영화에서 아시아계 배우들의 영화로: 〈찬이 실종되다〉(1982)

앞에서 살펴보았듯이 토착 미국인, 아프리카계 미국인, 치카노의 삶은 미국 문화의 분명한 일부인데도 고전 할리우드 시기 영화에서는 지극히 사소한 부분으로 왜곡되어 취급되어 왔다. 이는 비백인종 남녀 인물들의 배역을 백인들이 도맡아 왔다는 데서 단적으로 입증된다. 대개 치켜뜬 눈 꼬리를 하고 '누렇게 칠한' 얼굴의 백인 배우가 무표정한 아시아인을 연기해 왔다.[1] 백인에게 그 무표정한 얼굴은 한편으로는 근거 없는 신비감을 조장하기도 하고, 한편으로는 그 무표정의 이면에 어떤 모략이 숨어 있을지도 모른다는 의혹을 야기했다. 두 시각 모두 아시아인은 백인이 이해할 수 없는 이질적인 존재라는 식으로 아시아인을 타자화한다.

아시아계 여성의 경우 이국적 섹슈얼리티로써 사악하고 파괴적인 힘을 지닌 '드래곤 레이디'나 오페라 〈나비 부인Madam Butterfly〉에 등장하는 여주인공과 같이 순종과 정숙함의 미덕을 지닌 여인으로 정형화된다. 아시아계 남성은 하급 노동자, 요리사, 하인 등에 머물거나 그 경향과 정반대로 술수에 능한 악의 화신, 백인 사회를 위협하는 악당, 또는 전쟁광으로 기괴하리만치 획일적으로 제시된다. 우스꽝스러운 아시아 남성의 모습은 강한 남성성을 보여 주는 백인 남성보다 열등하게 비춰지는데 아시아 남성을 '소년'의 이미지로 재현하는 것도 같은 맥락이다.[2] 그리하여 아시아계 남녀는 아시아계 미국인으로

---

1) 아시아인을 연기한 백인들이 보여 주는 황색의 얼굴은 1767년 볼테르Voltaire의 희극 『중국의 고아 Orphan in China』 이후 백인들의 상상 속에 존재하는 이미지에 근거한 것이었다. 서경숙, 「〈찬이 실종되었다Chan is Missing)에 나타난 실험적 영화 기법과 아시아계 미국인의 정체성」, 『문학과 영상』 (2005년 가을 · 겨울), 185쪽.

서 자신들이 가진 정체성의 복합성, 이질성, 혼종성을 부정당한 채 어느 한쪽의 단일한 정체성만을 강요받아 왔다.

제2차 세계대전 당시 일본이 진주만을 공격한 이후로 일본계 미국인들은 자신들이 미국을 위협하는 전쟁광이 아니라 미국의 중요한 일원임을 입증하기 위해 목숨을 걸고 참전하여야 했다. 영화 〈니세이 부대〉(1951)에 잘 그려져 있듯, 제442 전투부대의 일본계 병사들은 가장 치열한 전선으로 보내져 미국 역사상 최다 훈장을 받는 전과를 올린다. 이 부대의 활약은 전후 일본계 미국인의 지위를 향상시키는 한 요인이 되기도 한다. 그러나 1945년 한 해 동안 일본계 미국인들은 24건의 테러를 당한다.[3) 또한 태평양 연안에 모여 살아왔던 일본계 미국인들은 전쟁 기간 중 수용소에 갇히면서 생활의 뿌리를 송두리째 뽑힌 채, 그 후 전국 각지로 흩어져 살게 된다.

제2차 세계대전 당시 미국의 동맹국이었던 중국은 펄 벅의 소설을 영화화한 〈대지〉(1944) 등을 통해 마치 서부 개척 시대의 미국을 투영한 것 같은 '가혹한 운명과 싸우는 중국인' 상을 만들어 냈다. 그러나 전쟁이 끝나고 중국 공산당이 정권을 잡게 되자 중국과 일본의 위치는 역전되어 일본에 주둔한 미군 병사와 일본 여인의 로맨스 영화가 줄줄이 만들어졌다. 이 분위기를 틈타 일본은 물론 홍콩, 차이나타운 혹은 하와이를 무대로 한 일련의 영화들이 속속 탄생했다. 〈플라워 드럼 송Flower Drum Song〉(1962)처럼 출연진이 일본계와 중국계로 이루

---

2) 앞의 글, 185쪽 참조.
3) 백인 감독 존 스타제스 감독의 〈블랙 락에서의 불운Bad Day at Black Rock〉(1954)은 "유럽 전선에서 일본계 병사에 의해 생명을 건진 상이군인(스펜서 트레이시)이 전사한 그 일본계 병사의 아버지에게 훈장을 전하기 위해 서부의 한 마을을 찾아가지만 그 아버지는 백인의 린치를 받아 살해된 후였다는 내용이었다."(『마이너리티의 헐리웃』, 93쪽)

어지는 획기적인 영화도 나왔다. 그렇지만 1950년대와 1960년대 할리우드에 만개한 이국적 취향을 따르는 당시 영화들 대부분에서는 백인이 아시아인으로 분장하고 빙글빙글 웃는 남성이나 정숙한 여성을 연기했다.[4] 영화에 나오는 샌프란시스코의 차이나타운은 범죄와 마약과 수수께끼로 가득한 거리였다. 그리고 차이나타운의 아시아인들은 "얼굴 없는 집합적 무리인 '차이나 맨'으로 통칭되는 변방 이미지"[5]를 지닌 기괴한 엉터리 상투형 인물에 지나지 않았다.

백인종 중심의 미국 주류 사회에서 타자로 주변화되고 억압되어 온 아시아계 미국인들은 1960년대 후반의 소수 인종 문화 민족주의에 힘입어 주류에 맞서게 된다. 그 저항의 일환으로 아시아계 미국인들은 자신들의 문화 정체성을 출신국의 문화에서 찾고자 했다. 그러나 주류에 저항하기 위해 자전적 사실주의 기법에 의존하여 모국의 역사와 전통을 드러내고 자신의 존재를 알려 자긍심을 회복한다는 전략은 확정된 불변의 정체성 개념을 전제한다. 여기서 자전적 사실주의 형식이란 선형적인linear 성장과 발전 논리를 따르는 서사 구조를 핵심으로 하는 서사의 형식을 말한다. 이러한 서사의 형식이 내부의 이질적 요소를 제거하여 단일한 정체성을 주장하는 백인 지배 이데올로기를 강화하게 되는 것이다.

1960년대와 1970년대 아시아계 미국 예술가들은 미국 대중에게 익숙한 사실주의 서사 공식을 빌어 자신들의 고유한 문화와 민족성을 표현했다. 이를 통해 지배 문화에 의해 쉽게 받아들여지고 있는 형식에 맞추어 아시아계 미국인을 미국 사회에 긍정적인 인간으로 부각시

---

4) 『마이너리티의 헐리웃』, 95쪽.

5) 서경숙, 183쪽.

키고자 한 것이다. 다시 말해 출신국의 문화를 고수하려는 민족주의 진영은 아시아계와 같은 소수 인종의 정체성을 방어하는 수단으로 사실주의 형식을 답습한 것이다. 그 결과 서구의 오리엔탈리즘 이미지를 그대로 따르는 아시아 정체성과 문화를 마치 현실인 양 제시함으로써 결과적으로 그 오리엔탈리즘을 자연스러운 것으로 받아들이게 했다.

민족주의와 동화주의는 동전의 양면으로, 단일하고 고정된 정체성 이데올로기를 따른다. 그러므로 이러한 배타성과 외부성을 깨뜨리고 아시아계 남녀들과 그 삶의 내면적이고 구체적인 실상과 느낌에 다가가기 위해서는 전통 영화 기법이나 장르 규범을 넘어서 새로운 서사 구조를 실험할 필요가 있다. 예를 들어, 인위적인 카메라 시선의 조작이나 몽타주 기법, 장르 혼합 등과 같은 실험은 불변의 것으로 고정되지 않고 시간과 장소에 따라 변화하는 복합적인 정체성과 삶을 재현할 수 있게 해 준다. 물론 그러한 정체성에 이미 침투되어 있는 차별과 억압의 역사를 어떤 식으로든 붙들고 늘어져야, 끝없이 부유하는 정체성의 유희에 빠지지 않을 것이다.

미국 할리우드 영화계가 1970년대 말부터 1980년대에 이르기까지 흑인과 치카노 인물, 그리고 그들의 삶에 기울인 관심에 비하면 아시아계 미국인들과 그들의 삶에 기울인 관심은 그 질과 양에서 훨씬 떨어진다. 아시아계 미국 영화감독들은 흑인, 치카노 영화감독들보다 인적·물적·언어적 자원이 많이 부족한 편이다. 예술적으로나 상업적으로 성공할 수 있는 가능성이 거의 부재한 1980년대 아시아계 미국 영화 진영에서 홍콩 출신 웨인 왕 감독은 자신의 첫 번째 장편영화 〈찬이 실종되다〉를 만들고 영화의 배역을 전부 아시아계 배우들

에게 맡겼다.[6)]

웨인 왕은 미국 영화를 좋아한 아버지의 영향으로 어릴 적부터 영화를 많이 보고 자랐다. 또한 캘리포니아 예술 대학 시절에 막 개관한 〈태평양 필름 아카이브〉[7)]에서 좋은 영화를 많이 본 것도 뒷날 영화 작업에 큰 영향을 주었다. 웨인 왕은 할리우드 영화계에서 바로 일자리를 얻지 못해 지역 텔레비전 방송국에서 다큐멘터리 작업을 조금 하다가 홍콩으로 갔는데, 그곳에서도 제대로 역량을 발휘할 수 없었다. 웨인 왕은 다시 미국으로 와서 생계를 위해 5년 동안 중국 이민자들에게 영어를 가르치는 일과 상담하는 일을 했다. 이 기간은 이민자들의 생활을 속속들이 알게 해 준 소중한 시간이었다. 〈찬이 실종되다〉는 1982년에 〈미국영화협회〉와 〈국립예술기금〉의 지원금을 받아 제작되었다.[8)]

이후 웨인 왕 감독은 소재뿐만 아니라 기법과 형식 면에서도 지속적으로 다양성을 추구하며 미국 할리우드 영화계의 상업 영화와 교섭

---

6) 1990년 여름 런던에서 대히트한 뮤지컬 〈미스 사이공〉이 뉴욕의 브로드웨이에 상륙하고자 했을 때, 〈마담 버터플라이〉를 쓴 중국계 극작가 데이비드 황과 중국계 배우 B. D. 웡은 유럽과 아시아인의 혼혈 역을 백인이 연기하고 아시아계 미국 배우들이 연기하지 않는다는 데 대해 〈전미배우조합〉에 항의했다. 이 안건을 놓고 〈전미배우조합〉은 이사 총 79명 중 44명이 출석하여 격론 끝에 23 대 19로 황 측의 요구를 인정하기로 하였다. 그러나 그 결정에 반박하는 뜻으로 공연 자체가 취소되고 말았다. 이 사건을 두고 미국 배우들 사이에 격론이 벌어졌다. 사실 아시아계 미국 배우들의 항의는 아시아계 주역을 아시아계가 반드시 맡아야 한다기보다, 철저하게 백인 중심으로 맡기는 배역 관례를 깨고 배역의 상호 교환을 자유롭게 해서 다인종 사회로 나아가자는 뜻을 담고 있었다. 이와 관련해 좀 더 자세한 내용은 『마이너리티의 헐리웃』, 「미스 사이공 함락의 전말」, 291~305 참조. 뮤지컬의 상업적 이익이라는 요소 때문에 배역 문제에 엄청나게 민감해진다. 반면, 1982년 웨인 왕 감독의 영화는 상업성과는 거리를 둔 독립 영화라는 점에서 아시아계에게 배역을 맡길 수 있었다.

7) 뉴욕의 〈현대 예술 박물관Museum of Modern Art〉과 비슷한 곳이다.

8) 2001년 4월 18일 IGN FilmForce의 Kenneth Plume의 웨인 왕 감독과의 인터뷰 http:movies.ign.com/articles/057/057167p2.html 참조.

하는 중국계 미국 영화를 실험한다.[9] 웨인 왕의 실험 정신은 내부자이면서도 외부자라는 시선으로 미국 할리우드 영화와 교섭하는 가운데 중국인과 차이나타운에 대해 판에 박힌 이미지를 씻어 내는 데 필요한 것이었다. 웨인 왕은 그 이미지에 저항하며 중국계 미국인의 삶과 내면을 파고들었다. 웨인 왕은 백인이 본 이미지가 아니라 1980년대 미국 사회에 실재하는 중국계 미국인의 삶을 보여 주고자 했다. 다시 말해 미국 문화의 일부를 이루고 사는 중국계 미국인들의 복합적이고 다면적인 주체성을 드러내고 그들의 일상적 삶의 공간인 차이나타운 거리가 지니는 다양성과 역동성을 제시하고자 한 것이다.

1982년에 영화 〈찬이 실종되다〉가 발표된 것은 중국계 미국인들뿐만 아니라 미국 전체의 소수 인종 출신 시나리오 작가들과 감독들에게도 획기적인 사건이었다. 웨인 왕 감독이 첫 번째로 만든 장편영화인 〈찬이 실종되다〉는 2만5천 달러의 저예산으로 찍은 80분짜리 16밀리 흑백영화로, 개봉된 해에 〈현대 예술 박물관〉이 주최한 '뉴 디렉터즈New Directors 영화제'에서 특집으로 상영되어 호평을 받았으며, 본격적으로 미국 영화계에 진출한 최초의 아시아계 미국 영화로 손꼽히게 된다. 우선 이 영화는 고전 할리우드 시기인 1926년부터 1949년까지 만들어진 46편의 〈찰리 찬Charlie Chan〉 시리즈를 패러디하며 거기에 나타난 아시아인의 왜곡된 이미지를 비판한다. 23년 동안 중국

---

9) 중국계 미국 영화 〈찬이 실종되다〉(1982), 〈차 한 잔 드시죠Eat a Bowl of Tea〉(1987), 〈조이 럭 클럽The Joy Luck Club〉(1993); 미국 독립 영화 〈스모크Smoke〉(1995), 〈우울한 얼굴Blue in the Face〉(1995); 할리우드 상업 영화 〈맨해튼의 처녀Maid in Manhattan〉(2002), 〈마지막 휴일Last Holiday〉; 중국계 미국 영화 〈천 년 동안의 훌륭한 기도A Thousand Years of Good Prayers〉, 〈네브래스카의 공주The Princess of Nebraska〉; 할리우드 영화 〈바로 여기Anywhere but Here〉. 올리버 왕과의 인터뷰 www.aaiff.org/2008/post/interview-with-wayne-wang 참조.

계 미국인 찰리 역을 중국계 미국인 배우가 연기한 적이 한 번도 없었다는 사실은 아시아인들 사이의 민족적·문화적 차이를 무시하고 아시아인들을 모두 동일한 황색인으로 뭉뚱그리는 태도를 입증한다.

〈찬이 실종되다〉는 이와 같은 백인 중심의 캐스팅에서 벗어나 중국계 미국인 우드 모이Wood Moy와 일본계인 마크 하야시Marc Hayashi에게 이민 1세 조Jo와 그의 조카이자 파트너인 이민 3세 스티브Steve 역을 맡긴다. 그들은 미국에 이주해 온 사람들이 대부분 첫 직업으로 삼는 택시 운전수 역할을 맡는다. 이들 택시 운전수들은 미국에 이민 와서 미국이라는 국가를 형성하고 발전시키는 데 일익을 담당해 왔고, 미국 사회의 엄연한 일원인데도 백인 중심 미국의 주류 삶에 가려 잘 보이지 않는다. 그들의 내면에 있는 남모르는 무엇과, 일상적인 삶을 영위하며 사회적 관계를 맺고 살아가는 주무대인 차이나타운, 마닐라타운의 모습은 중국계 미국 감독의 손에 의해 처음으로 생생하게 포착된다.[10]

〈찬이 실종되다〉의 기본 줄거리는 조와 스티브가 택시 운전 면허증을 받기로 하고 지불한 4천 달러를 가지고 사라진 찬 홍Chan Hung을 추적하는 단순한 이야기다. 하지만 찬의 정체성은 복잡하고 모호하게 재현되고 있으며 차이나타운도 혼돈되고 파편화된 이미지로 나타나고 있다. 영화 서두에서 조는 찬이 중국에서 미국으로 이민한 사람이 미국 이민 생활에서 겪는 문화적 차이와 정체성의 혼란 속에서 문제를 겪었을 것이라고 짐작한다. 조와 스티브는 찬의 주변인을 찾다가 일본계 여성 변호사를 통해 찬이 실종되기 며칠 전 교통사고를 내

---

10) 이하 다섯 문단의 내용은 서경숙의 논의를 정리한 것이다.

고 경찰 조사를 받던 중에 언어 소통에 문제가 있었음을 듣게 된다. 변호사 말로는 "당신은 신호등에서 멈추지 않았죠, 그렇죠?"라는 경찰관의 부정의문문에 부정으로 대답해야 할 것을 중국어 어법에 따라 찬이 "그렇다"는 식으로 대답했다고 한다. 조는 찬이 윽박지르는 경관에게 취조당하는 상황에다 부정의문문에 어떻게 답해야 할지 당황스러워 도망쳤을 거라 추측하고, 찬에게 공감을 느낀다.

조는 스티브의 그러한 추측이 초기 이민 시절이면 몰라도 지금은 말이 되지 않는다며 손해 본 돈에만 집착한다. 이 대목은 이민 1세와 3세 사이의 차이를 드러내는데, 찬의 딸이 돈을 갖고 왔을 때 스티브의 잘못된 판단이 입증됨으로써 찬은 어떤 사람이고, 왜 사라졌는지 하는 문제가 다시 표면화된다. 조와 스티브는 찬의 문제를 탐색하게 된다. 이 과정에서 조와 스티브를 탐정의 자리에 위치시키는 탐정 미스터리, 수사와 추격의 긴박감과 긴장감을 야기하기 위해 카메라를 조작하는 느와르 기법, 사회적 · 정치적 상황[11]을 풍자하는 블랙 코미디 요소, 보이스 오버 내레이션을 사용하는 흑백 다큐멘터리 기법, 차이나타운의 몽타주 이미지들과 클로즈업 쇼트 및 임의로 끼워 넣은 삽화 등 여러가지 기법이 사용된다.

다양한 장르와 영화 기법들이 혼합된 이 영화는 찬 홍의 정체성을 명확하게 규정할 수 있는 구체적이고도 납득할 만한 근거를 제시하지 않는다. 찬 홍은 영화에 직접 등장하지 않으며 조의 보이스 오버나 다

---

11) 음력 설날에 열리는 시가 퍼레이드에서 대만기, 중국기 중에 어느 나라 국기를 들고 나갈 것인가를 놓고 벌인 논쟁이 발단이 되어 83세의 중국계 남성이 79세 된 이웃 남자를 죽인 살인 사건과 관계된다. 1980년대 당시 미국의 친대만 정책에 대한 본토 중국인들과의 정치적 갈등을 보여 주며 대만, 중국, 홍콩 등에서 이민 온 중국인들 사이에 단일한 민족 정체성이 존재하지 않음을 보여 주는 이 사건 기사가 실린 신문이 찬 홍이 묵었던 호텔에서 발견된다.

른 등장인물의 증언과 묘사를 통해서만 관객들에게 제시된다. 조와 스티브가 만나 본 찬의 주변 인물 중 어느 누구도 찬에 대해 같은 정보를 제공하지 않는다.[12] 게다가 찬 홍 자신이 남긴 몇 가지 단서들도 논리적 서사를 제공하지 못하고 조각난 파편으로만 존재한다. 마닐라 노인 복지회관에 남겨진 재킷, 그 속에서 발견된 살인 사건 기사, 그가 묵었다던 호텔에서 발견된 신문에서 오려 낸 사진, 부인과 별거하고 다른 여인과 살았던 호텔 주소가 적힌 중국에서 온 편지, 차 뒷좌석에서 발견된 총 등의 단서들은 오히려 사건 해결을 지연시킨다.

이와 같은 영화 속 찬 홍의 이미지는 명확한 어떤 것을 바라는 관객을 좌절시키지만 다양한 특성을 지닌 중국계 미국인을 재현하여, 중국계 미국인의 '하이픈으로 연결된 정체성의 본성'을 시사한다. 즉 확정되고 고정된 실체나 본질이 아니라 '되어 가는 과정'으로서의 정체성을 보여 준다. 영화 속 찬 홍의 다중적 이미지는 획일화되고 고정된 중국계 미국인의 정체성이 사실은 환상이라고 말한다. 그 환상은 단일한 아시아인의 정체성을 전제한다는 점에서 백인 지배 문화의 오랜 상상과 타협하고 있다는 것이다. 그러므로 감독은 단일함과 실증주의적 명확함을 해체하는 새로운 이미지를 만들고 받아들여야 한다고 말한다.

그런데 수수께끼 같은 찬의 정체성을 해석 불가능한 미궁과 같은

---

12) 찬은 부인에게는 미국의 생활방식에 동화되지 못한 실패자이고, 딸에게는 정직한 사람이며, 찬을 "히 호Hi Ho"라고 부르는 마닐라 복지 회관의 매니저 프레스코에게는 마리아치 음악을 좋아하는 이상한 사람이고, 중국식 애플파이를 만들고 있는 조지에게는 너무 중국적인 사람이며, 에이미라는 여성에게는 정치 활동가다. 프랭키라는 친구는 찬이 중국에 돌아갔을 거라고, 교사인 퐁 선생은 중국식 워드 프로세싱 시스템을 만든 찬을 천재라고 생각하는 반면 미스터 이는 그를 어리석다고, 호텔 주인은 강박관념에 시달리고 있었다고 말한다. 서경숙, 190쪽.

열린 공간 속에서 기호로만 부유하게 하는 것은 아시아계 미국인들의 차별과 억압의 역사를 무화하고 망각하는 결과를 가져올 위험이 있다. 〈찬이 실종되다〉에서 찬이라는 중국계 미국인의 정체성은 외부에서 부여한 획일성과 단일함을 넘어서야 하지만, 그렇다고 1980년대 미국의 역사, 문화, 권력들과의 상호관계 속에서 얽혀 들어가는 그 복잡한 과정을 건너뛰어서는 안 되며 그 과정은 좀 더 구체적으로 그려져야 한다. 그 과정은 미국이라는 토양 및 문화와, 모국에서 물려받고 물려받을 다양한 정신적·문화적·경제적 요인들과 상호작용하는 과정이다. 아시아계 미국인들의 정체성은 두 현실뿐만 아니라 그 현실들 위에서 아시아 민족들 간의 차이와 상호관계 또한 교차되는 역사적·문화적인 과정들을 통해 형성되어 나간다. 이 과정을 바탕으로 전복적이고 파격적인 아시아계 미국인 이미지가 만들어져야 한다.

02 중국계 미국 여성들의 동화된 삶: 〈조이 럭 클럽〉(1989)

〈찬이 실종되다〉가 새롭게 보여 준 아시아계 미국인의 정체성 찾기는 남성 인물 중심이며 여성 인물에 대한 탐색은 부족하다. 반면 〈조이 럭 클럽〉은 여덟 명의 중국계 미국 여성이 중심이며 남성인물들은 미약하다. 이 차이를 염두에 두고 〈조이 럭 클럽〉에서 보여 주는 중국계 미국 남녀의 정체성 형성 과정은 어떤 지평 속에 있는지 살펴보기로 하자. 웨인 왕 감독은 1989년에 에이미 탄Amy Tan의 소설 『조이 럭 클럽』을 읽고 나서 때마침 샌프란시스코에 있던 작가에게 바로 연락하여 대본 작업을 하자고 제안했다. 이 영화에 나오는 여덟 명의 중국계 미국 여성 배우들이 그리 어렵지 않게 섭외된 것은 1990년대 다인종 다문화 사회라는 문화 환경 덕택에 아시아계 미국 여성 배우라는 인적 자원이 상당히 축적되어 있었기 때문이다.

〈조이 럭 클럽〉에 나오는 이민 1세대 중국계 어머니들은 중국의 중매결혼과 그 폐해로 인한 가족 관계의 파괴, 전쟁으로 인한 굶주림과 가족 상실을 겪은 세대다. 또한 미국 사회에서는 문화적으로도 단절되고, 소외되어 딸 세대와도 잘 소통하지 못하고 정체성의 혼란과 갈등을 겪는다. 이민 2세대인 딸들은 어머니들이 이야기하는 중국적인 것, 중국 문화, 중국 가부장 전통과 자신들이 직접 부딪히는 현대 미국의 개인주의 문화 사이에서 삶의 방향을 잡지 못하고 심리적 억압을 느끼며 방황한다. 중국계 아버지와 아들과 마찬가지로 중국계 어머니와 딸도 중국 문화와 미국 문화를 동시에 살고 있으며 두 문화를 넘나들 수 있고 아우를 수 있는 위치에 있지만, 그 위치의 긍정적인 가능성을 실현하는 작업은 그리 만만치 않다.

〈조이 럭 클럽〉에 나오는 네 쌍의 어머니와 딸은 린도와 웨이벌리, 잉잉과 리나, 안메이와 로즈, 징메이와 준이다. 딸들은 태어나면서부터 영어를 듣고 배웠으며, 코카콜라를 마시고 자라 이미 미국 생활에 동화되어 있다. 딸들은 중국의 전통과 문화를 직접 체험하지 못한 채 주로 어머니를 통해 접하는데 그 전통과 문화가 미국적 사고방식을 제한하고 억압한다고 느낀다. 딸들에게 중국적인 것은 명확하지 않은 미스터리이자 비정상으로, 미국의 논리, 질서, 단순함은 정상으로 다가온다. 거기서 생기는 중국 문화에 대한 반발로 청소년 시기 딸들은 미국인 정체성을 추구하며 모녀 갈등을 야기하기도 한다. 〈조이 럭 클럽〉에서 그러한 갈등은 중국 고유의 마작 놀이를 하기 위해 모인 테이블에서나 명절 때 음식을 나눠 먹는 자리에서 한 명씩 자기 이야기를 늘어놓음으로써 점차 해소된다.

어머니 세대 역시 중국과 미국이라는 상이한 두 문화 사이에서 갈등과 모순을 많이 느끼면서 그 어려움 속에서도 스스로를 치유하고 살아남기 위해 노력한다. 동시에 어머니 세대는 딸들은 자신들과 달리 두 문화의 강점을 잘 활용하기를 바라는 마음으로 딸들에게 가슴 아픈 중국 경험을 이야기해 준다. 이 이야기들을 통해 딸들은 어머니가 대변하는 중국 문화, 중국적인 것과의 거리를 좁히게 되고 오해의 폭을 줄여 나가게 된다. 먼저 린도는 가난한 집안 형편 때문에 어린 나이에 부잣집에 시집가서 부모와 이별하는데, 부모를 원망하기보다 중국의 전통과 가치를 지키며 지혜와 꾀로 그 집안을 나와 미국으로 왔다. 린도와 딸 웨이벌리의 갈등은 웨이벌리가 어릴 때부터 시작되었는데, 웨이벌리가 어머니가 원해 결혼했던 중국계 미국 남성과 결국 이혼하고 백인 남성과 결혼하고자 할 때 절정에 이른다. 이 모녀의 갈등은 어머니 자신이 주체적으로 삶과 결혼을 선택했듯 딸이 선택한 백인 남자를 어머니 자신도 좋아한다고 말하게 되면서 해소된다.

잉잉과 리나, 안 메이와 로즈는 린도와 웨이벌리 모녀만큼 갈등이 그리 크지 않다. 잉잉은 중국에서 바람둥이 남편 때문에 자신의 순결과 사랑을 빼앗기고 아들마저 잃은 아픔을 겪는다. 잉잉은 미국에 와서도 어둡게 산다. 착하고 효성 깊은 딸 리나는 어머니를 안심시키기 위해 좋은 집을 가지고 있고 큰돈을 버는 중국계 미국 남성 리처드와 결혼한다. 그러나 잉잉은 딸이 철저한 물질주의에 빠져서 아내에 대한 존중이나 다정함이라곤 전혀 없는 남편 때문에 힘들어하는 모습을 보고 딸에게 스스로를 찾기 위해서는 이 집을 나가야 한다고 말해 준다. 리나는 리처드와 결별하고 자신을 존중하고 사랑하는 다른 중국계 남자와 재혼한다. 안 메이는 자신의 어머니(로즈의 외할머니)가 아버지 제사를 지내러 절에 가던 길에 부잣집 남자에게 강간을 당하고 임신까지 해 버려 결국, 그 남자의 첩으로 살다가 자살했다는 이야기를 딸에게 들려준다. 이는 자신의 가치를 알고 그 가치에 당당해져야 백인 남자 테드와의 결혼 관계가 제대로 될 수 있다는 점을 딸에게 알려주기 위해 꺼낸 이야기였다. 이에 로즈는 인종적·경제적으로 우위에 있는 테드의 눈치를 더 이상 보지 않고 자신이 원하는 것을 당당하게 말함으로써 두 사람의 관계는 회복된다.

징 메이는 중일전쟁 때 피난길에 올랐던 이야기를 해 준다. 징은 병들어 더 이상 두 아기를 데리고 갈 수 없게 되자 금붙이와 주소를 남긴 채 나무 밑에 아이를 두고, 자신은 거기서 떨어져 죽으려고 했다. 그 순간 누군가 징 메이를 구해 주었고, 그녀는 나중에 미국으로 오게 된다. 미국에 와서 재혼하여 낳은 딸이 준이다. 준은 어릴 적부터 웨이벌리와 비교되어 왔고 서로 경쟁하는 위치에 있었는데, 웨이벌리는 큰 광고 회사의 커리어우먼으로 성공한 데 비해 준은 카피라이터로 스타일도 없고 창의성도 없다고 웨이벌리한테 비판받는다. 준은 별볼일 없는 자신이 어머니의 성에 차지 못할까 봐 괴로워한다. 준의 어머니는 죽기 얼마 전, 준에게는 웨이벌리에게 없는 착한 천성이 있다는 것을 일깨워 주고 딸에게 그 이상 기대하는 게 아무것도 없다고 말해 준다.

징 메이와 준의 관계가 〈조이 럭 클럽〉의 처음과 마지막을 장식한다. 영화의 첫 장면에 나오듯, 징 메이가 딸에게 주려고 간직한 백조

깃털은 미국 사회에서 화려하게 성공한 딸이 아니라 천성이 착한 딸 자체에 대한 희망과 염원을 담고 있다. 준은 어머니가 죽은 후에 아버지로부터 중국에서 어머니가 겪은 경험을 듣는다. 준이 전쟁 통에 어머니가 버린 아기들, 즉 준의 언니들이 중국에 살고 있다는 이야기를 듣고 어머니 친구들의 주선으로 중국에 가서 언니들을 만나는 장면으로 영화는 끝난다. 영화의 결말은 이렇듯 중국적 뿌리를 인식하고 받아들이게 된 딸 세대가 어머니 세대와의 이질감과 갈등을 잠정적으로 해소함으로써 중국 문화와 미국 문화를 연결하고 융화하게 된다는 삶의 전망을 함축한다.

그런데 이 영화의 그러한 전망은 심각한 문제를 갖고 있다. 〈조이 럭 클럽〉에서는 중국의 삶과 문화에 뿌리 내리고 있는 가부장 전통과 결부된 중국 남성이나 미국의 물질주의에 동화된 중국계 미국 남성 리처드가 지나치게 부정적으로 나온다. 반면 웨이벌리와 결혼하는 백인 남성이나 로즈와 재결합하는 테드는 긍정적으로 그려진다. 그러한 상반되는 태도는 백인 남성이 위기에 처한 황색 여성을 야만적이고 원시적인 황색 남성에게서 구해 준다는 가부장적이고 식민주의적인 발상을 깔고 있다. 리처드만 물질주의적이라 비판받을 수 없다. 미국적 삶에 확고하게 저항하고 비판하는 의식이 없을 경우, 중국계 미국 여성들이라고 그 물질주의를 비켜 가지는 못한다. 게다가 〈조이 럭 클럽〉은 어머니들을 괴롭히고 힘들게 했던 중국 이야기를 큰 비중으로 다루면서 백인 관객들의 중국에 대한 호기심을 충족시켜 주는 반면, 미국 이민 생활에서 여성으로서 겪었을 여러 고초나 어려움은 생략되어 있다.

이러한 문제점을 안고 있는 〈조이 럭 클럽〉은 중국 문화와 미국 문화 사이의 차이와 경계를 넘어 두 문화를 융화하자는 문화 혼성주의를 함축하고 있다. 그러나 이 문화 혼성주의는 이질적인 두 문화를 어설프고 피상적으로 융합할 뿐이다. 1990년대 미국을 살아가는 아시아계 미국인의 정체성을 찾아 나가는 가운데, 그리고 그 정체성을 형성해 나가는 가운데, 무엇보다 미국이라는 국가가 소수 인종 사람들에게 가한 인종차별과 억압의 역사를 지우거나 망각해서는 안 된다. 다시 말해 미국 문화의 근간에 있는 가치들을 근본적으로 점검하거나 비판하지 않은 채 아시아계 미국인의 정체성을 손쉬운 문화 혼성주의에서 구하는 것은 동화주의의 자장 속에 함몰되는 결과를 가져올 것이다. 그러한 동화주의는 결국은 특정한 인종 정체성을 '절멸'로 이끈다.[13]

〈조이 럭 클럽〉은 1990년대 미국 사회에서 백인 관객뿐만 아니라 비백인 관객으로 구성되는 다인종 관객이 원하는 바를 잘 포착함으로써 크게 성공한다. 이 영화가 그리는 중국계 미국 여성의 삶은 20세기 후반 미국 사회에서 중산층으로 상승한 중국계 미국 남녀들의 동화주의 시각을 따르고 있다. 따라서 이 영화는 백인 관객의 심기를 건드리지 않으면서 다른 인종의 삶에 대한 백인 관객의 호기심 역시 충족시켜 주고 있으며 당시 페미니즘적 관심에도 부응하고 있다. 할리우드 영화 관객들의 바뀌어 가는 기호와 욕망에 부응한 이 영화의 상업적 성공 덕분에 웨인 왕 감독이 미국 독립 영화를 실험하고 3세대 중국 이민자들의 다양한 생활을 더 세심하게 파고드는 영화를 만들 수 있었던 것은 참으로 아이러니하다.

---

13) Richie Peréz, "From Assimilation to Annihilation", in Clara E. Rodriguez ed., *Latin Looks: Images of Latinas and Latinos in the U. S. Media* (Westview Press, 1997)에서 따옴.

〈조이 럭 클럽〉이 그리는 중국계 미국 공동체는 음식을 마련해 사람들을 모이게 하는 중국계 미국 여성 중심으로 유지되며, 거기에 중국계 미국 남성과 일부 백인 남성들이 끼어 있다. 이 중국계 미국인 공동체는 더 큰 세계와 역동적으로 대면하고 교섭하기보다 자족적으로 존재한다. 백인 여성이나 흑인 남녀, 치카노 남녀는 이 공동체에 부재하다. 이 공동체가 좀 더 열린 공간으로 확장되어 다른 소수 인종 남녀들, 다른 아시아계 미국 남녀들과 함께 미국 주류 사회와 일상적으로 교섭해야 1990년대 이후 다인종 다문화 미국 사회를 형성하는 데 의미 있는 구심점이 될 수 있을 것이다. 그러한 전망과 지평이 구축되는 가운데 새로운 유형의 아시아계 미국 남녀들이 영상으로 나타날 것이다.

03 다인종 남녀들의 새로운 배치와 아시아계:
〈로미오 머스트 다이〉(2002), 〈패스트 앤 퓨리어스〉(2001)

새천년에 접어들면서 아시아계 미국인들이 자신들만의 소수 공동체에 갇혀 있지 않고 백인들, 다양한 유색인종 남녀들과 함께 어울리면서 싸우기도 하는 역동적인 삶이 다문화 도시 액션 영화에서 나타난다. 〈로미오 머스트 다이Romeo Must Die, Andrzej Bartkowiak〉(2000)의 러셀 왕Russell Wong과 〈패스트 앤 퓨리어스The Fast and the Furious, Rob Cohen〉(2001년)의 빈 디젤Vin Diesel 같은 두 중국계 미국인은 영화에서 비중 있게 등장하는 다인종 배우다. 스타일화된 밀레니엄 도시를 배경으로 하는 두 영화에서 영화 주인공은 문화적 경계들을 횡단하고 패스티시pastiche로 넘치는 환경들에서 번창하는 능력을 습득함으로써 살아남는다.

〈로미오 머스트 다이〉는 샌프란시스코의 베이 구역에서 벌어지는 아프리카계 미국 범죄 조직과 중국 범죄 조직 사이의 싸움을 다루고 있다. 새천년 도시 환경에서 싸우면서도 같이 어울리는 두 에스닉 집단은 에스닉 지향의 옷들과 음악을 파는 데 이용되는 재료가 된다. 두 에스닉 집단 사이의 싸움이라는 서사 내부에 두 비백인 스타, 즉 홍콩 영화 스타인 제트 리Jet Li와 힙합 예술가 알리야Aaliyah가 부상한다. 중국계 한 싱Han Sing과 아프리카계 미국인 트리쉬Trish는 서로 적대하는 범죄 조직의 아들과 딸인데 여러 인종들 사이를 횡단하고 포용하기보다는 결국은 가족에 등을 돌림으로써 인종 갈등을 초월하고 살아남는다.

그들의 에스니시티는 음악, 패션, 중국 무술과 같은 문화 형식을 소비하고 공유함으로써 획득된다. 다인종 미국을 상징하는, 중국과 (네덜란드계) 미국인 사이의 혼혈인 러셀 왕은 '카이Kai' 역을 맡아서 권력을 위해 중국 주인을 배반하고 한 싱의 동생을 죽임으로써 백인의 특권을 누리기 위해 속임수를 쓰는 위험한 혼혈 비백인의 전형을 그대로 답습한다. 또한 한 싱이 중국 무술을 통해 많은 아프리카계 미국인들을 일거에 제압하는 장면은 다른 소수 인종을 우습게 폄하함으로써 상징적으로 백인성을 획득하는 과정을 보여 준다.

〈패스트 앤 퓨리어스〉는 〈로미오 머스트 다이〉보다 인종적으로 좀 더 조화로운 밀레니엄 도시 로스앤젤레스를 배경으로 비합법 자동차 거리 경주 세계에 잠입한 젊은 백인 경관 브라이언의 이야기를 그린다. 이 영화는 내부 도시에서 서로 웃으면서 경쟁하는 다양한 인종의 젊은이들이 살아가는, 탄력 있고 활기 넘치는 삶을 박진감 있게 보여 준다. 이 영화에서는 아시아계 미국인, 흑인, 라티노들이 백인의 수를 압도한다.

그런데 이렇게 문화적·인종적으로 다양한 유토피아적 하부 문화 세계를 이끌어 가는 지도자는 실제로 중국계와 네덜란드계 백인 피가 섞인 배우 빈 디젤이다. 실제 자동차 경주 실력으로 유명한 릭 윤Rick Yune이 배역을 맡은 아시아계 미국인 대니Danny는 경주 경쟁에서 초반부터 젖혀진다. 흑인 에드윈(힙합 음악가 룰Ja Rule이 배역을 맡은)은 코믹하게 처리되며, 치카노인 헥토르는 경기에서 아예 빠지게 된다. 여러 다양한 인종의 여성들이 나오지만 주요 남성 배역들의 여자 친구들은 라티나들이어서 아시아계 미국 여성은 자동적으로 배제된다. 라티나들도 별 개성이 없다.

빈 디젤이 배역을 맡은, 다인종 미국을 상징하는 도미닉Dominic은 흑인과 이탈리아계 미국인의 혼혈로 나온다. 도미닉의 혼혈성은 자기 팀을 이끌어 가는 데 중요한 자원이 된다. 도미닉과 대조적으로 브라이언(Brian, 폴 워커Paul Walker가 배역을 맡은)은 순수한 앵글로색슨계 백인인데 그야말로 다인종 젊은이들 세계에 어느 날 갑자기 끼어들어 도미닉에게 경주 기술을 배워 금방 탁월한 능력을 보여 준다. 백인 피가 섞인 도미닉과 순수 백인 브라이언이 함께 주도하는 소위 다문화 세계에서 백인 피가 전혀 없는 사람들은 더 하부에 놓여 백인 피가 섞인 이들의 지도를 받는다. 그러다가 결국 브라이언은 감옥에 가게 될 도미닉을 구하기 위해 자신의 경찰 경력을 희생시키는 영웅이 된다. 결국 우월한 백인 남성의 영웅적 에토스가 여전히 이 영화의 강력한

참조 틀로 작동하고 있다.[14)

　두 영화는 음지에 있던 다양한 소수 인종 남녀들을 현혹되기 쉬운 R&B 사운드트랙, 현란한 힙합 패션, 멜로드라마 스토리, 성적 금기, 폭력 등으로 가시화하고 있다. 거기서 유색인종 중에서도 좀 더 옅은 색[15)의 남녀들이 주요 인물로 나오며, 그 다인종 남성의 여자 친구로 나오는 유색 여성은 백인 여성성의 규범에 맞추어 키가 크고 아름답고 말랐다. 그렇게 배역을 맡기는 최근 다문화 영화들은 유색인종 사이의 차이, 말하자면 작고 뚱뚱한 못생긴 에스닉 여성들이나 좀 더 피부색이 짙은 남녀들을 지운다. 그렇다면 미디어와 패션에 능통한 도시적 취향을 가진 젊은 다인종 관객들에게 호소력을 갖고자 현란한 장면을 연출한 두 영화는 백인 우월주의적 가부장제의 시선을 벗어나지 못하고 있는 셈이다. 이렇게 뿌리 깊은 시선에 대항하기 위해 다인종 다문화 관객의 비판적 시선이 더욱 요청되는 시점이다.

---

14) Mary C. Betrán, "The New Hollywood Racelessness: Only the Fast, Furious, (and Multiracial) Will Survive", *Cinema Journal* 44, No. 2 (Winter 2005), p. 56. 〈로미오 머스트 다이〉와 〈패스트 앤 퓨리어스〉 분석은 이 논문의 내용을 요약한 것이다.

15) 베트란은 이 현상을 '백색의 갈색화'(a bronzing of whiteness, 56)라고 재치 있게 표현한다.

백인 우월주의적 가부장적 시선에 대항하는 다인종 다문화 관객

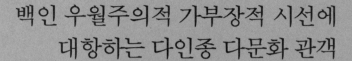

　매순간 감독의 철저한 통제하에 만들어지고 편집되는 영화는 관객의 입장에서 거의 절대적인 독재자다. 백인 남성 감독들은 전 세계를 지배하는 미국 할리우드 영화계에서 월등한 인적·물적 자원을 가지고 영향력을 발휘해 왔다. 이들은 진보성과 실험성을 표방한다고 하지만 단지 피상적인 수준에 머물 뿐, 뿌리 깊은 백인 우월주의적 가부장적 시선을 뒤흔들지는 못한다. 이 시선의 오만함은 유색인종이 동등한 입장에서 백인종을 응시할 권리를 부인하여 왔으며 유색인종을 둘러싼 할리우드의 전통적·상투적 재현은 끈질기게 지속되어 왔다.

　1960년대 미국 백인 중산층은 교외로 갔고 교외로 가지 못한 하층계급 흑인들이 주로 도시 중심에 남았다. 그 구역은 게토라 불렸으며 범죄와 마약의 온상으로 여겨졌다. 1990년대에 개발 업자들이 도시 중심을 재개발하자 흑인뿐만 아니라 그 밖의 많은 소수 인종 사람들이 몰려들었고 그들은 다문화 시대의 주요 세력으로 가시화되기 시작했다. 그중에서 'Y 세대, 에코 부머즈eco boomers, 밀레니엄 세대'라 불리는 미국 젊은이들은 인종과 에스니시티에 훨씬 열린 태도를 가지고 있었다.

이러한 변화는 지난 20년간 미국의 인구 통계학에 일어난 변화에서 비롯된다. 20세기 초반 14퍼센트이던 비백인 비율은 1999년 18세 이하 비백인 비율이 36퍼센트에 이르게 되면서 계속 증가 추세에 있다. 영화 산업 및 다른 글로벌 엔터테인먼트 프로듀서들의 고향인 캘리포니아는 2000년에 백인이 소수자인 두 번째 주가 되며 1999년 이후로 라티노 인구가 백인 인구를 백만 명 가까이 앞서게 된다. 또한 인종이 혼합된 다인종 가족들과 개인들도 계속 증가하여 2000년에는 미국 전체 인구의 2.4퍼센트를 차지하는 680만 명이 두 인종 혹은 그 이상의 다인종으로 자신을 정의하고 있다.[1]

이와 같은 에스닉 부흥은 소비 패턴에 변화를 가지고 와서 영화계에도 패러다임의 변화가 일어난다. 비극적인 혼혈 물라토 주인공들과 달리 이제 다인종의 영화 주인공들은 오히려 관객들의 특별한 관심을 끌고 관객을 현혹시키는 제재가 된다. 순수 백인보다 인종이 섞이면서 피부색이 옅어진 유색인종처럼 에스니시티가 모호하게 된 배우, 모델, 가수들이 더 큰 문화적 가시성을 획득한다. 그리하여 오히려 백인 배우들이 '에스닉 룩'을 증진하기 위해 애쓸 정도다. 미국의 많은 엔터테인먼트 프로듀서, 제작자, 광고주는 에스닉 패션, 에스닉

---

1) Betrán, p. 55.

상품들, 대중문화적 텍스트를 상품화함으로써 자본을 축적한다.

3부 말미에서 살펴보았듯 2000년에 접어들어 할리우드 액션 영화에 등장하는, 에스티시티가 모호한 비백인 유색 주인공들의 영웅주의와 우월성은 이제 타고난 인종에서가 아니라 다언어 환경과 다양한 에스닉 공동체를 자유롭게 누비고 다니는 문화 횡단 능력에서 드러난다. 이 능력은 진정한 다인종 다문화 사회로 나아가는 길에 주요 동력이 된다는 점에서 중요하다. 하지만 앞에서도 제기했듯, 새로운 추세의 영화들이 과연 전통적인 인종적 추문들을 극복하고 다양한 인종 문화적 속성들이 지닌 독특한 힘을 통합하는 가운데 인종적·젠더적·계급적으로 좀 더 평등한 관점을 시사하고 있는 것인가 하는 비판적인 질문은 계속되어야 한다.

여러 인종이 혼합되어 인종 구분이 모호한 새로운 유형의 영화 주인공들이 한 문화에 고착되어 있지 않고 여러 문화 사이를 유동하는 탄력적인 주체들로 재현되는 사이, 그 주인공들은 어느 인종에도 폐쇄적으로 결박되지 않음으로써 엄연히 현실에 존재하는 인종 갈등을 초월한다. 그러한 다인종 주인공을 이상화하는 것은 현실을 왜곡하는 관념론에 지나지 않으며 일상의 삶과 문화적 현실에 뿌리박고 있는 "인종적 구분들과 물질적 역사들을 집어삼킬"[2] 위험을 내포한다. 상업화 및 자본화가 추동하는 다문화적 통합의 매혹은 강력하다. 이 매혹에 저항하고 비판하며 도전하는 시선을 견지해야만 무인종racelessness이라는 새로운 다문화 영화 미학의 맹점을 돌파하는 대항적이고 대안적인 에스닉 정체성과 이미지를 만들어 나갈 수 있을 것이다.

---

2) Betrán, p. 57: swallow racial divisions and material histories.

다문화 담론의 세례를 받은 최근 관객 중에는 소수 인종뿐만 아니라 비백인 인종과의 공존을 지향하는 백인종도 있다. 이들은 유색인종의 삶이(인종뿐만 아니라 계급, 젠더의 축을 따라) 제대로 그려지고 있는지 비판적으로 질문하는 유색인종의 시선, 유색인종의 대항적 응시 권리를 그 어느 때보다 민감하게 의식하고 실현하고자 할 것이다. 3부의 논의는 이와 같은 '비판적이고 대항적인 응시'의 행위성과 주체성을 상정하는 유색인종 여성 관객의 위치에서 진행된 것이다.

3부의 그러한 논의 구도 때문에 1990년대 이후 나온 대중 장르의 관습적인 구조들을 아이러니하게, 혹은 과잉 의식적으로 재절합하는, 종종 모순되고 일탈적인, 무질서하고 부조화스러운 영화들은 배제되었다. 하지만 그 영화들 중에는 이미 있는 친숙한 개념에 의해서가 아니라 현대의 미디어 기술에 의해서만 성공적으로 그려질 수 있는, 새롭게 중재된 지평을 제시하는 작품도 있을 것이다. 장르는 관객의 집단적 대응에 의해 만들어지지만 영화는 영화 제작진과 감독에 의해 만들어진다. 직업적 영화 제작진과 감독의 계산된 표현으로서 영화는 오늘날의 기술 과잉에 정면 대응해 서사의 구조상의 변화와 기능의 변화를 담아낸다. 이러한 영화는 서사 오락의 새로운 형식으로 전화하여 역동적으로 새로운 인간과 문화를 추구한다.

영화는 예전의 케케묵은 요소들을 최근의 새로운 도상 구도 속에 결합시키고 배열하여 "무한대로 새로운 조합을 만들어 낼 수 있는 (…) 일종의 총체 예술"이다. 영화는 "실질적으로 자신과 다른 그 어떤 장르라도 전부 이용하고, 합병하고, 흡수할 수 있다."[3] 1990년대 이후 미국 영화에서 특기할 사안은 역사, 문학, 음악 사이를 단선적으로 구분하고 경계를 짓기보다, 서로 견제하면서도 동시에 서로의 영역을 넘나드는 긴밀한 관계나 밀접한 연관을 꾀함으로써 독특한 영역을 개척하고 있다는 점이다. 그중에서도 영화와 음악의 만남은 더욱 역동적이다. 문화 영역들, 혹은 장르들 사이의 접합, 횡단, 접목을 통해 각 고유 영역을 보완하고 확장하여 이제껏 보지 못한 새로운 지평을 열 수 있는 것도 역사, 문학, 영화, 음악이 문화 서사로서 갖는 공통성 때문일 것이다. 4부에서 살펴볼 미국의 대중음악도 그러한 맥락에 있다.

---

3) 수전 손택, 이민아 옮김, 『해석에 반대한다』 (이후, 2008), 364쪽.

4부
미국의 대중음악

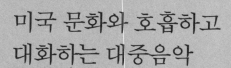

4부 들어가며

미국 문화와 호흡하고
대화하는 대중음악

변화를 거듭해 온 미국의 대중음악

인간은 문자에 앞서 눈으로 보고 귀로 들으며 주위 세계를 접해 왔다. 이미지와 소리는 문자보다 직접적으로, 또 감각적으로 우리의 감성을 울리고 촉각을 세우게 한다. 눈으로 제대로 보기에 앞서 우리는 기쁨과 충격, 놀라움과 절망 등 다양한 감정을 불러일으키는 소리부터 듣는다. 그러다가 우리는 문화 형식으로서 더욱 체계화된 음악을 접하게 되며 세계 각 지역에서 발생하고 발전된 음악 형식들과 교류하고 영향을 받으면서 더 풍부한 소리의 세계를 만난다. 인간과 끊임없이 다양하게 교섭하는 음악은 정적인 스타일로 고정되지 않는다.

음악은 특정 시간과 공간 속에서, 즉 사회적·역사적 틀 속에서 변화하고 발전하는 역동적인 문화적 과정을 거친다. 그 과정에서 많은 음악 스타일과 장르들이 생기고 사라지며 변형된 모습으로 다시 부상하기도 한다. 대중음악의 체계를 구성하는 장르와 스타일은 명확한 경계를 가진 고정된 전통을 가리키지 않으며 서로의 요소를 통합해 나간다. 장르와 스타일 사이의 상호 영향과 상호작용 속에 형성되는 새로운 음악 형식은 생성적인 통합 혹은 융합 과정의 진수를 보여 준다. 그 활발하고 역동적인 과정은 근대의 소통 기술 발전으로 국가 간, 지역 간 교류에 박차를 가하게 된 20세기 이후 더욱 단적으로 실현된다.

20세기 음악의 중요한 특징으로 클래식 음악을 압도하는 대중음악의 성장, 미국 음악의 부상, 흑인 음악의 석권을 들 수 있다. 그런 점에서 미국의 대중음악은 진지한 관심을 받을 만하다.[1] 여기서 대중음악이란 대중문화(popular/mass culture)와 긴밀하게 연관되어 있다. "mass"가 대량생산되는 평균적이고 상업적인 것을 가리킨다면, "popular"는 과거의 민속·민족 문화와의 연계 및 문화의 민주화라는 의미를 갖는다. 둘은 구분되면서도 혼용되어 쓰여 왔다. "popular music"의 약자로 탄생했던 팝음악이라는 개념은 1950년대 중반까지 거의 사용되지 않다가 로큰롤의 탄생과 더불어 쓰이기 시작했다. 십대들의 음악이었던 로큰롤은 한때 인기를 누리다 사라지는 유행이라는 의미로 팝음악이라고 불렸다. 20세기 중후반에 미국의 대중음악으로서 팝 음악은 틴 팬 앨리[2] 음악과 같은 20세기 전반부의 백인 주류 음악뿐만 아니라 그 백인 음악과는 다른 수많은 흐름들이 때로는 정체되어 있다가도 또 때로는 극심하게 주류에 반발하며 새로운 소리와 느낌을

---

1) 임진모, 『젊음의 코드, 록』(북하우스, 2003), 35쪽.
2) 뉴욕 맨해튼의 음악 출판 업자들이 밀집한 거리 이름으로, 미국 대중음악의 메카다.

분출하는 거대한 영역이 된다.[3] 다시 말해 주류화, 안정화, 균질화하는 음악들과 그 음악들에서 분기되어 나오는 이질적 차이들로 탈안정화하는 다른 음악들이 끊임없이 교차되는 가운데 새로운 음악 경향들이 생성되어 나간다. 팝의 새로운 영토들은 변화해 가는 미국 문화 속에서 지금도 계속 창조되고 있다.

문화 서사로서 미국의 대중음악

4부에서 다룰 미국의 대중음악에서 음악이란 순수한 소리로서의 음악이 아니라 사회적 · 역사적 전통과 유산을 이어받아 공생적 긴장, 영속적인 대화 속에 무수한 변화를 거듭하는 음악이다. 특정 시간과 공간에 박혀 있지만 변화에 열려 있는 텍스트로서 음악의 의미와 맥락을 읽는 작업은 미국 문화 양식들을 문화 서사로 이해한다는 이 책의 기본 입장을 따르는 셈이다. 다시 말해 미국의 대중음악을 음악 자체로서가 아니라 미국 문화 전체와의 좀 더 넓은 관계 속에서 논의하겠다는 것이다.

음악은 시대와 문화를 반영하면서 동시에 형성한다. 음악은 문화와 정치가 고찰되고 판단되는 맥락을 수립한다. 사회의 형식과 관심이 음악에 각인된다. 성적 · 인종적 · 계급적 정체성, 인종차별주의, 성차별주의, 국가의 저항 정치, 지구화의 효과 같은 문제는 음악과 긴밀한 관계를 맺고 있다. 따라서 음악이 제공하는 리듬, 목소리, 이미지, 가사는 대중에게 영향력을 행사하며 사회에 저항하고 그 사회를

---

3) 신현준 외, 『얼트 문화와 록 음악 2』 (한나래, 1997), 24쪽.

위반할 수 있는 위험한 감응력을 내포하고 있다. 특히 텍스트로서 노래/가사는 특정한 정치적 순간, 이슈에 좀 더 직접적으로 관여하며 감정과 정서를 명확하게 표현한다. "가사는 단순히 경험을 드러내는 방식이 아니라 이를 표현하는 방식이다. 가사는 일종의 재료이며, 가수는 음절의 사운드를 목소리로 탐구함으로써 정서를 그려 낸다."[4] 이러한 맥락에서 가사를 미국 대중음악의 주요한 요소로 다루는 것은 문화 서사로서의 음악을 논의하는 이 책의 입장을 구체화하기 위한 전략이기도 하다.

좀 더 큰 테두리에서 미국의 대중음악을 구성하는 토대는 테크놀로지, 음악 산업, 소비다. 그래서 "'인종'의 개념과 인종차별의 실제가 음악 산업의 조직과 음악 형식의 일부가 되는 방식, 테크놀로지 변화로 대중 음악이 변화하는 방식, 대중음악 정치 경제학의 '글로벌' 효과가 음악이 경험되고 사용되는 방식을 변화시키는 핵심 요소로 자리 잡는 방식"[5] 등이 미국 대중음악 논의의 가장 주요한 주제로 제시된다. 테크놀로지를 기반으로 하는 대중음악 산업은 미국 음악에서 분명 중요한 역할을 담당하지만 그렇다고 대중음악을 완전히 통제하지는 못한다. 산업도 문화 변화에 끊임없이 반응한다. 대중음악 문화는 대중의 소비 메커니즘에 지나지 않는 것이라기보다 광대한 소통의 네트워크다. 그래서 "대중음악 문화가 대중음악 산업의 효과가 아니라 (…) 오히려 음악 산업은 대중음악 문화의 한 측면"[6]이 된다. 다시

---

4) 존 스트리트, 「록, 팝, 그리고 정치」, 사이먼 프리스, 윌 스트로, 존 스트리트 엮음, 장호연 옮김 『케임브리지 대중음악의 이해』, (한나래, 2005), 395쪽.
5) 사이먼 프리스, 윌 스트로, 존 스트리트, 「서문과 팝과 록의 연대기」, 『케임브리지 대중문화의 이해』, 21쪽.
6) 사이먼 프리스, 「대중음악 산업」, 『케임브리지 대중문화의 이해』, 69쪽.

말해 음악 산업으로 돈을 벌 수 있는 이유는 단지 이익을 창출하겠다는 의지 때문만이 아니라, 타자와 관계를 맺고 느끼며 이상적인 사회성을 획득하는 인간이라는 개념 때문이기도 한 것이다. 음악은 우리의 일상과 밀착되어 있는 소중한 것이기 때문에 그 가치는 결과적으로 상업적 관점에서 실현될 수 있다. 사회적 활동으로서의 오락과 소비가 음악 산업에 의해 형성되는 만큼 음악 산업을 형성하기도 한다.

음악의 문화적 · 정치적 맥락과 음악 산업 환경을 염두에 둘 때, 미국 대중음악의 가사, 스타일, 장르는 어떻게 보아야 할 것인가? 미국 대중음악을 구성하는 다양한 스타일 요소들과 장르 형식들은 음악 자체의 담론 작용과 밀접하게 연결된 가사를 담아내는 틀이 된다. 18세기 흑인들의 노동요와 영가, 19세기 중반 이후 20세기에 접어들어 블루스, 포크, 미시시피에서 시카고로 가서 좀 더 빨라진 템포의 리듬 앤 블루스, 미국 남부 뉴올리언스에서 북상하여 클래식과 접한, 경제적으로 여유 있는 흑인들이 만들어 낸 재즈, 전자 기타로 빠른 리듬을 내면서 백인의 블루스인 컨트리를 연주한 로큰롤,[7] 록, 소울, 펑크Punk/훵크Funk, 또 랩에 이르기까지 다양한 스타일 요소들과 장르들은 화학적 결합을 거쳐 탄생한 것들이다. 그리하여 미국의 대중음악은 스타일과 장르의 통합, 퓨전, 크로스오버를 그 어느 영역보다 잘 보여 준다. 우리는 이와 같이 다수의 '목소리들'이 텍스트 속에 얽혀 들어가 말을 하게 되는 텍스트화 과정을 파악할 필요가 있다. 그렇지만 음악의 이러한 텍스트화 과정은 더 큰 범주인 사회역사적 틀과 긴밀한 관계 속에 있다는 점 또한 항상 염두에 두어야 한다.

---

7) Rock' n' roll, 치고 구른다는, 남녀 간의 성행위를 가리키는 흑인들의 속어.

이러한 접근 방법은 미국 대중음악의 의미를 파악하고자 할 때 텍스트 '안' 보다는 해당 음악이 창조되고 공연되는 '일반적인 사회 역사적 맥락' 속에서 서로 교차하는 (또 종종 경합하는) 담론들의 절합[8] 과정에 주시하게 한다.[9] 이러한 분석 방법론은 음악 자체가 담론 작용이라는 생각을, 음악 텍스트의 목적을 이미 존재하고 있는 어떤 실재를 표현하는 데 있다고 보는 음악적 재현을 거부한다. 음악 텍스트는 사회적 · 역사적 틀 속에서 담론적 맥락들에 의해 규정되는 동시에 그 맥락들을 창조한다. 그 맥락들에 개입하는 이슈들은 거의 항상 인종, 계급, 젠더, 섹슈얼리티, 정치, 국가, 지역 등과 연관되어 있다. 이 이슈들의 공통성이 각기 다른 문화양식들인 역사, 문학, 영화, 음악을 문화 서사로서 통합적으로 다룰 수 있게 한다는 점은 이 책에서 계속 강조되었던 대목이다.

결론적으로 문화적 서사, 담론, 형식으로서의 대중음악은 정치적 투쟁, 정치적 저항의 지점이면서 사회 역사적 대화의 장이다. 대중음악은 주어진 역사적 계기에서 촉발되는 저항과 선취co-optation 사이의 긴장을 매개한다. 다시 말해 대중음악은 "문화적 수단들을 통해 정치적 헤게모니를 논박하고 실현하는, 사회적 현실의 상징적 재생산을 위한 경합하는 투쟁 영역"[10]이다. 또한 대중음악은 아무도 처음, 혹은

---

8) 서로 다른 담론들이 이어지면서도 달리 나아가는, 다시 말해 연속성과 불연속성이 교차하는 과정을 말한다.

9) 안젤라 데이비스가 강조하는 음악의 '일반적인 사회 역사적 맥락the general socio-historical context'은 해당 시대의 객관적 조건뿐만 아니라 과거 음악 전통에 이르는 연속체, 음악의 문화적 연속체를 포괄하는 것이다. 시대마다 형성되는 특정 담론의 절합 과정에 대한 미들턴의 강조는 이 연속체에 대한 인식을 바탕으로 할 필요가 있다. Angela Davis, "Black Women and Music: A Historical Legacy of Struggle", *Black Feminist Cultural Criticism* ed. Jacqueline Bobo (Blackwell, 2001), p. 230; 리처드 미들턴, 「팝과 록, 그리고 해석」, 『케임브리지 대중문화의 이해』, 350쪽.

마지막 말을 하지 못하는 지속적인 역사적 대화의 산물이다. 현재의 미국 대중음악에 침투해 있는 과거의 흔적들은 바로 이러한 대화 과정을 반영한다. 그 과정은 대중의 집단적 기억에 박혀 있으며 "저항의 아이콘을 주조하는"[11] 데 관심을 갖는 음악인들의 창의적 기예에 의해 촉진된다.

미국 대중음악의 뿌리, 흑인 음악

미국 대중음악은 포크, 컨트리, 록 음악 등 소위 백인 음악이라 불리는 장르를 중심으로 많이 논의되어 왔다. 그 과정에서 흑인 음악은 록 음악의 주변부로 축소되고 말았다. 백인 문화 일변도의 미국 문화 논의를 비판하는 시각이 어느 정도 형성된 이 시점에서는, 흑인 음악을 현 미국 대중음악의 역사적 뿌리로 제대로 자리매김하고 좀 더 체계적으로 이해할 필요가 있다. 흑인들에게 음악은 개인적인 것이 아니라 흑인 공동체의 집단의식을 생생하고 지속적으로 알리는 수단이었으며, 그들의 에스닉한 사회 역사적 유산을 담고 있는 친숙한 문화였다. 한마디로 흑인 음악은 흑인 존재를 형성하고 정의하며 흑인의 표현을 위한 문화적 구조들을 창조하는 데 핵심적으로 관여해 왔다.[12]

20세기 미국 대중음악은 19세기 미국 대중음악, 또 그전의 미국 음악이 없었다면 결코 존재할 수 없었다. 미국 대중음악의 역사를 거슬

---

10) Dennis, p. 292: "a contested field of struggle for symbolic reproduction of social reality, disputing and realizing, through cultural means, political hegemony".

11) George Lipsitz, *Time Passes: Collective Memory and American Popular Culture* (Univ. of Minnesota Press, 1990), p. 99.

12) Angela Davis, "Black Women and Music: A Historical Legacy of Struggle", pp. 217~218. 이후 이 책에서의 인용은 본문 중에 (데이비스, 쪽수)로 표기한다.

러 올라가다 보면 그 근원에는 흑인 음악이 도도히 자리 잡고 있다.[13] 사실, 미국 대중음악사 자체가 새로운 시대의 추세를 따르는 백인 음악가와 청중들이 흑인 문화의 스타일과 가치들을 재발견하여 대중음악을 원기왕성하고 풍성하게 만들었던 역사적 변천의 지속적인 과정이라고 해도 과언이 아니다. 미국 대중음악을 18세기부터 20세기 말에 이르는 3백 년의 장구한 역사 속에서 폭넓게 본다면, 흑인 음악은 미국 대중음악의 원천이자 거대한 맥이다.

미국 대중음악에서 흑인 음악은 큰 비중과 영향력을 차지하고 있지만, 대다수 사람들은 흑인 음악의 가치를 깊이 있게 논의하기보다 무관심하게 대하거나, 심지어 경멸해 온 것이 사실이다. 특히 고급 클래식 음악과 저급한 대중음악 사이의 굳건한 경계로 말미암아 학계가 대중음악에 관심을 기울이게 된 지도 얼마 되지 않았으니 미국 대중음악의 흑인 음악적 요소를 비중 있게 다루기도 힘든 형편이었다.

서구를 지배하는 기독교적 가치 체계 속에서 검은 색은 악마와 사탄 등 부정적 개념의 상징물이었다. 백인들이 17세기 무렵부터 흑인을 노예로 잡아 가기 위해 아프리카 대륙을 침입했을 때도, 악을 응징하고 다스린다는 정의감과 당당한 마음을 가지고 있었다. 백인들에게 검고 못생긴 흑인은 교화 대상이었고 지배와 착취의 대상에 지나지 않았다. 그러나 오랜 시간이 지나가면서 유럽 백인들은 흑인 문화

---

13) 아놀드 쇼(Arnold Shaw, 거물급 악보 출판업자이면서 흑인 음악 연구의 권위자)는 그의 저서 『미국의 흑인 대중음악*Black Popular Music in America*』(Schirmer Books, 1986)의 서문에서 민스트럴 노래에서부터 로큰롤에 이르기까지 미국 대중음악사의 중요한 시기마다 유태, 아일랜드, 이탈리아, 라틴아메리카 등 수많은 이국異國 음악이 유입되었지만 미국 대중음악에서 흑인 음악처럼 결정적인 역할을 하면서도 그것만큼 평가 절하된 음악은 없었다고 주장한다. 쇼는 20여 년간 흑인 뮤지션들과 접촉한 결과, 힘겹게 앞의 책을 출간하였다.

의 가치를 조금씩 깨달아 가기 시작했다. 피카소는 흑인 미술품에서 백인들의 예술 세계에서는 도저히 찾을 수 없었던 깊은 영감을 받았고, 스트라빈스키도 흑인 음악(원시 음악)에서 리듬의 위대성을 발견하였다. 널리 알려져 있듯이, 스트라빈스키는 자신의 스튜디오를 세계 각지에서 가져온 타악기로 가득 채워 놓을 만큼 리듬에 지대한 관심을 가지고 있었다. 리듬에 대한 스트라빈스키의 관심은 바로 아프리카의 타악기에서 비롯된 것이었다.

돌이켜보면 아메리카 신대륙에서의 대중음악이란 거대한 문화 융합을 암시한다. 그것은 인류 음악사에서 지금까지 일어난 모든 사건들과 조류 중에 가장 규모가 크고 가장 경이로운 과정이었다. 그 역사적 과정을 추적해 보면 돌발적이거나 우연한 것이라고는 없으며 체계적인 축적과 변용을 거쳐서 새로운 음악 양식이 생긴다는 것을 알 수 있다. 오늘날 전 지구에 강력한 영향을 행사하고 있는 미국 대중음악은 하나의 커다란 문화적 사건이다.

미국 대중음악을 문화 융합으로 보는 것은 융합의 재료가 된, 융합이전의 많은 문화적 요소를 당연히 전제한다. 거기에서는 19세기의 유럽 예술 음악, 영국, 독일, 이탈리아, 프랑스 등 각국에서 유래된 민요적 요소, 아프리카 흑인 음악, 아메리카 인디언과 아시아와 라틴아메리카 여러 나라들의 민속음악 등, 많은 요소들이 융합되어 있다. 하지만 그중에서도 가장 지속적이고 강력하며 결정적인 융합을 일구어 낸 핵심 재료가 바로 흑인 음악이다. 미국 대중음악을 특징짓는 강렬한 리듬적 요소와 가창시의 특이한 선율 장식, 그리고 허스키 음색은 거의 모두가 흑인 음악적인 요소다.

이러한 음악적 요소는 그저 음악만으로 규정될 수 없다. 그 요소는 원래 아프리카 대륙에서 주조된 전통이 사회 역사적으로 재구축되는 과정에서 생겨난 것이다. 미국 흑인들이 노예제도의 조건, 재건기, 두 차례의 세계대전을 거치면서 수없이 겪었던 혹독한 삶의 고통과 황폐함을 이겨 낼 수 있었던 것은 바로 음악 덕분이었다. 흑인 음악은 "미국의 특이한singular 영적spiritual 유산으로, 니그로 민중의 가장 위대한 재능으로 남아 있다."[14] 미국 흑인들은 노래를 통해서 자신들의 에스닉한 유산을 보전할 수 있었고 아프리카적 문화의 뿌리들을 증언하고 긍정했다. 특히 서아프리카의 전통적 음악은 단순히 오락이나 엔터테인먼트가 아니라 공동체 삶의 핵심 요소였고 함께 하는 경제 행위, 공동체적 상호 관계들, 영적 추구와 떼려야 뗄 수 없이 항상 연결되어 있었다. 그래서 일상 삶과 노동과 떨어진 심미적 추상으로서 음악이라는 것은 알려져 있지도 않았다. 말하자면 음악은 심미적 · 외부적인 도구가 아니라 항상 일과 결부되어 있었고 그 자체가 바로 인간 행위의 일부였다.(데이비스, 218~219)

안젤라 데이비스의 설명에 따르면 "말word의 마술적 힘"[15]이 음악의 기초였다. 서아프리카 문화의 세계관에서 삶의 힘은 단어의 힘에 의해 현실화된다. 노래가 바로 '놈모'의 실천이다. 노래는 일상의 발화와 엄격하게 구분되지 않는다. 대부분의 서아프리카 언어들은 음악의 기본적인 요소들인 가락(고저, pitch), 음색timber, 타이밍(timing, 속도 조절) 중 여러 가지를 병합하고 있기 때문이다.

아프리카와 유럽 음악을 구분짓는 또 하나의 요소가 바로 리듬이다. 리듬의 핵심 역할은 사물들에 생명력을 불어넣어, 환경을 인간화

---

14) W. E. B. Du Bois, *The Souls of Black Folk* (New York: New American Library, 1969), p. 265.

15) 서아프리카의 철학적 개념인 놈모Nommo.

하는 '이름 부르기naming' 과정에 참여하는 것이다. 이 과정은 노동을 '살아 있는 형성의 불길'로 규정한 맑스의 정의를 떠오르게 한다. '이름 부르기' 과정은 노동 과정을 영적으로 변환하는 어떤 것이며, 사회 속에서 인간 노동이 성취할 수 있는 것의 이데올로기적 표현이다.(219~220)

'이름 부르기'의 능력은 남성에게만 국한된 것이 아니었다. 이 능력을 독자적으로 지니고 있었던 흑인 여성들은 자신들의 음악에 집단의식과, 자유에 대한 아주 구체적인 공동체적 갈망을 병합시켰고 그 갈망을 다른 사람들에게 나누어 주었다. 흑인 여성들이 노래를 통해 흑인 여성성의 특별한 의미를, 흑인 여성성의 현실, 흑인 여성성의 한계, 흑인 여성성의 사회 역사적 유산을, 경제적 · 인종적 · 성적 평등성에 기초한 새로운 사회의 주조와 관련된 흑인 여성성의 집단적 잠재성을 표현할 수 있었던 것도 '놈모' 덕분이었다.(220) 상업화 추세에 따라 그 활기와 대항성이 떨어진 점도 없지 않지만 흑인 여성 래퍼들의 놀라운 비판력과 특별한 재능은 바로 이러한 사회 역사적 유산을 창조적으로 이어받은 데서 연유한다.

이렇게 아프리카 대륙에서 기원한 흑인 음악은 흑인 남녀 민중의 즐거움과 슬픔을, 사랑과 증오와 절망을 융합하여 총체적 해방의 방향으로 흑인 민중을 움직여 왔다. 흑인 음악은 흑인 존재Black being를 형성하고 정의하며 흑인 표현의 창조적 구조를 만들어 낸다. 흑인 음악은 개인을 흑인 실존과 대면하게 한다. 흑인의 실존이란 공동체적 맥락에서만 가능하기 때문에 흑인 음악은 통합하는unifying 기능을 갖는다고 볼 수 있다.[16] 그러한 아프리카 음악은 비단 미국만이 아니라 전 지구를 여행하며 곳곳에 뿌리를 내리는 과정에서 변모하고 확장되어 왔다. 원형질 그대로의 아프리카 음악이란 어디에도 없다. 이 책의 4부 미국의 대중음악 논의에서 흑인 음악에 특별히 관심을 갖는 것은 지구화 시대에 새로운 형태로 다시 작업된, 우리 지구의 삶을 지속 가능하게 할 소중한 가치나 원리를 흑인 음악에서 찾을 수 있다고 보기 때문이다. 그 가치나 원리를 발견하여 그것에 공감하고 나아가 그 가치나 원리를 널리 퍼지게 하는 것, 그것이 4부의 궁극적인 목적이다. 그 과정에서 그 가치나 원리를 피상적으로 상품화해서 막대한 상업적 이익을 거두는 백인 주도의 음악 산업 경향과, 많이 나아졌다고는 하지만 여전히 차별받는 흑인 음악가들의 불평등한 음악 환경을 잊지 않아야 할 것이다.[17]

4부를 여는 13장에서는 미국 대중음악의 역사적 뿌리라 할 수 있는 흑인들의 노동요, 영가를 바탕으로 전개되는 재즈, 블루스, 리듬 앤 블루스를 대략 살펴봄으로써 1950년대까지의 미국 대중음악을 다룬다. 14장에서는 1960년대부터 1980년대까지 록, 포크, 소울, 헤비 메탈, 펑크/헝크의 전개 과정을 살펴본 다음, 그 음악들의 남성주의를 비판하는 여성 음악가들의 활동을 음악에서의 성차와 인종, 계급 문제라는 틀로 짚어 본다. 15장에서는 1980년대, 1990년대에서부터 지금까지 미국뿐만 아니라 전 세계 대중음악을 주도하는 힙합 문화

---

16) James Cone, *The Spirituals and the Blues* (New York: The Seabury Press, 1972), p. 5.

17) 영화 〈시스터 액트Sister Act 2〉에서는 흑인 음악사의 슬픈 현실을 표현하는 인상적인 장면이 나온다. 가톨릭 수도원 학교의 말썽꾸러기 흑인 소년이 옆자리의 백인 소년에게 "너희 백인들은 우리 흑인들에게서 재즈, 블루스, 로큰롤까지 다 빼앗아 갔어. 또 빼앗아 갈 게 더 남았니?" 하고 묻는다. 그러자 백인 소년은 짓궂은 미소를 지으며 "여자들까지 빼앗아 갈지 모르니 조심해"라고 대답한다. 이 흑인 소년은 잠시 후 흑인 음악 교사 우피 골드버그의 지도를 받아 멋들어진 "O Happy Day"의 절창을 들려준다.

의 문화사적 특징을 살펴보고 랩 음악의 뿌리와 전개 과정을 짚어 본다. 16장에서는 흑인 여성 래퍼들의 문화정치 양상을 힙합 페미니즘과 액티비즘 맥락에서 살펴본다. 이러한 논의 과정을 거쳐 부각하고자 하는 것은 미국 대중음악의 상업성 이면에 면면히 흐르고 있는 백인 우월주의적 · 성차별주의적 미국 사회에 대한 비판이며, 그 비판적 집단의식을 발휘하는 공공 영역으로서 랩 음악과 힙합 문화의 가능성이다.

13

미국 대중음악의
역사적 뿌리와 전개 과정

01 아프리카에서 직접 유래된 흑인 음악: 노동요와 영가

흑인 음악의 출발점은 17세기 말 미국 남부 노예 농장에서 흑인 노예들이 부른 노동요로 거슬러 올라간다. 흑인들은 결혼식 음악이나 놀이 음악은 아프리카에서 거의 원형 그대로 가져왔지만, 노동요는 그와는 별개로 형성되었다. 노동요는 생산성의 향상을 도왔기 때문에 백인 주인들도 권장했다. 이 노동요들은 주로 독창 선창자(獨唱先唱者, Singing Leader)와 응답 합창군Responding Work Gang 사이의 교창 관계 Antiphonal Relationship, 혹은 부름과 응답Call-and-response 패턴에 따라 불려졌다. 노예 시절에는 노동요와 조금 다른 필드 홀러(field holler, 들판의 고함소리)라는 것도 있었다. 이것은 반쯤은 고함을 치듯, 반쯤은 요들송을 부르듯 고음 팔세토(가성)로 소리를 내는 외침, 부름, 독백, 감탄과 같은 음성적 요소로 이루어졌다. 이와 같은 소리들은 각종 메시지를 전달할 뿐만 아니라 멀리 떨어진 동료에게 자기 존재를 알리는 수단이기도 했다. 노동요와 필드 홀러 둘 다 칼칼한 목구멍 소리 Guttural voice를 내고 음정이 미끄러져 올라가거나 내려오는 성음Sliding tonalities을 낸다. 이러한 양상들은 노동요와 필드 홀러가 모두 아프리카에서 직접 유래된 것임을 보여 준다.

흑인 노예들은 목화 농장, 쌀 농장, 담배 농장에서 아침 일찍부터 밤늦게까지 괭이질하고 도끼질하며 씨 뿌리고 추수하였다. 그리고 미시시피 강 위의 배에서 팔다리가 떨어져 나가도록 노를 젓고, 페달을 밟고 감독의 눈치를 보며 통나무를 실었다. 그때 그들의 노고와 비참함을 덜어 준 것이 바로 노동요였다. 미국 흑인들에게 노동요는 힘든 육체노동의 고통을 덜어 주는 수단 이상의 것이었다. 노동요는 그들의 억압 조건을 구체적으로 반영하면서도 집단적 어려움을 변화시키려는 욕망을 반영하고 있었기 때문이다. "니그로 노동요는 노예제도의 고뇌를 아프리카적 과거와 통합시킴으로써 노예제도의 고뇌를 참을 만한 것으로 만들려는 또 다른 시도였다. 노예들은 남부 농장 노동의 참혹함에서 벗어날 길이 달리 없었다. 그래서 노동에 스며들어간, 좀 더 나은 날들의 노래들이 노예들과 그 후손들의 음악에 영향을 끼쳤던 것이다."[1] 노동요는 미국 흑인 노예들 사이에서만 맴돌았으며 특별히 흑인 여성을 혐오한다든가 성차별주의 같은 요소는 없었다.

노동요 발생 이후 백 년간 백인과 음악 교류라고 할 만한 것이 거의 없었다. 그러다가 혁명적 기운이 일기 시작했던 18세기 중엽부터 서서히 교류가 이루어졌다. 노예 농장주 연합에서 발간하는 여러 신문에 도망친 노예를 찾는 현상 광고나 노예 경매 광고가 실렸는데 문제의 흑인이 바이올린이나 플루트, 심지어 프렌치 호른을 갖고 있다는 대목이 나오곤 했다. 그 대목은 흑인 노예들이 신대륙에서 여러 세대를 거치면서 백인들의 문화인 기독교회 찬송가나 유럽 전통음악에 가까워졌다는 사실을 입증한다. 18세기 초 백인 미국 사회에서 일어났던 대각성운동Great Awakening이라고 불리는 종교 부흥 운동의 여파는 흑인들에게도 미쳐 바로 저 위대한 최초의 아프리카계 미국Afro-American 음악 양식인 '흑인 영가Negro Spiritual'가 생겨난다.

18세기 초 백인들 중에 회중파Congregational나 장로교로부터 개종한 사람들은 여전히 교단 조직 내부에 머물면서 온건한 부흥 운동을 전

---

1) Ernest Borneman, "The Roots of Jazz", in Nat Hentoff and Albert J. McCarthy eds. *Jazz*, (New York: Da Capo Press, 1975), p. 3.

개했다. 한편 분리주의자Separatist라고 불리는 좀 더 과격한 개종자들은 또 다른 과격파 교단인 침례교[2] 신자들과 더불어 천막 집회 운동 Camp Meeting을 벌였고 찬송가도 전통적인 찬송가와는 달리 민요 찬송가folk hymn와 종교 발라드Religous ballad를 사용했는데 이것이 바로 '백인 영가White Spiritual' 였다.

루터 이래의 개신교회 찬송가가 의식적이고 근엄한 클래식이었다면, 이 백인 영가는 신앙의 희열을 토로하는 재즈적 의의를 갖는 음악이라고 말할 수 있다. 백인 영가 중에서도 민요 찬송가는 민요 선율을 갖는 비교적 차분한 노래였고, 종교 발라드는 당시의 세속적 선율을 가미한 이야기체 노래였다. 이 종교 발라드가 곧이어 천막 집회 영가로 발전하였고 천막 집회 영가는 19세기 말에 복음성가Gospel Song로, 복음성가는 20세기에 들어와 기독교회의 포크, 록 뮤지컬로 계속 발전해 나갔다.

천막 집회 운동은 개척 시대 신개척지 주민들이 겪어야 했던 고립감과 힘든 노동에서 오는 괴로움을 완화시키려는 사회적 목적에서 일어났다. 강한 설득력을 가진 복음 설교와 천막 안에서 끝없이 부르는 찬송가는 신도들을 종교적 광분 상태로 몰아갔다. 천막 집회의 이런 분위기 속에서 신도들 사이에서 일어나는 뜨거운 감정에 따라 가사와 선율이 순간적으로 변주된 노래가 바로 영가였다.

이 천막 집회에는 백인과 흑인이 섞여 있는 경우가 많았다. 흑인들이 자기들이 부를 영가의 기본적인 선율적 소재나 가사를 백인 영가에서 많이 차용하게 된 것도 이런 배경에서였다. 천막 집회 영가에서

---

2) Baptist, 이들은 너무 과격하여 신자들의 시민권까지 박탈했다.

는 민요 찬송가, 혹은 종교 발라드의 가사를 한 행씩 끊어 낸 다음, 그 사이사이에 한 줄 혹은 두 줄의 후렴구를 삽입하였는데 경우에 따라 신도들이 즉흥적으로 후렴구의 단순한 선율을 변주했다. 그리하여 이 노래는 복음 설교자와 회중 사이에서 부름과 응답 형식으로 불려졌다.

이렇게 18세기에 발생하여 19세기 초에 절정에 이른 대중 선교 집회를 통하여 흑인들은 주로 영국국교회 쪽에서 유래된 백인 찬송가류를 광범위하게 접하게 된다. 이때 흑인들이 본격적으로 발전시킨 음악이 바로 흑인 영가였다. 아이작 왓츠(Isaac Watts, 1674~1748) 박사가 일찍이 1709년과 1719년에 출간했던 『시편 찬송가 영가집』은 그 당시 흑인 노예들의 열광적인 반응을 이끌어 내는 데 결정적인 역할을 했다. 하지만 흑인 영가는 19세기 초에 이르러서야 본격적으로 자리 잡게 된다. 왜냐하면 이 시기에 이르러서 흑인 회중들은 북부의 흑인 독립 교회에 모여서 백인 목사들의 감독과 간섭에서 벗어나 백인 찬송가를 흑인 식으로 부르는 등, 예배 의식을 자기들이 원하는 방식대로 할 수 있었기 때문이다.

리처드 알렌Richard Allen 목사는 교회에서의 흑백 차별주의에 대항하여 흑인 교회를 독립시키자는 분리주의 운동을 이끌었고 1801년에 두 권의 성가집을 발간했다. 알렌 목사는 이 두 성가집에 침례교, 감리교, 회중파, 심지어 천막 전도 집회 운동 등, 교파를 불문하고 흑인들이 애송하는 찬송가를 모두 실었다. 이 노래집이 흑인 영가의 출현을 고무했다. 그러므로 흑인 영가를 남부 목화 농장에서 일하던 흑인들의 노래로만 보는 것은 잘못된 상식이다. 흑인 영가 역시 이미 백인 문화와의 접촉을 거친 복합 문화적 산물인 셈이다. 결국 흑인 영가는

'백인 영가의 재즈화'라는 방식으로 출현하였고 남부 지방에 신앙 운동 열풍이 몰아쳤을 때 강력한 음악 양식으로 또 한 번 성장하여 노예 시대 이후 흑인들의 삶을 잘 표현하게 된다.

이렇듯 2백 년 이상의 세월에 걸쳐 준비되고 숙성되고 발효된 흑인 영가는 남북전쟁 기간 중인 1862년에 최초로 악보의 형태로 나타났다. 1865년 북군이 승리하고 그해 1월 수정 헌법 제13조의 제정으로 노예 해방령이 선포되었다. 그 몇 년 뒤인 1871년에 흑인 영가가 전 세계에 그 위대한 모습을 드러낸 경이적 사건이 발생한다. 1871년 10월 6일 테네시 주 네시빌에서 다섯 명의 흑인 여성과 네 명의 흑인 청년으로 구성된 9인조 흑인 합창단이 문 닫을 위기에 처한 피스크 대학[3]의 기금 마련 공연을 하기 위해 기차에 오르고 있었다. 조지 화이트George L. White는 피스크 대학의 서무 과장이었는데 기금 마련을 위한 순회 연주를 제안하였고 자신이 단장을 맡았다. 초라하게 시작된 이 합창단의 연주 여행이 미국 대중 음악사에 길이 빛날 획기적인 사건이 될 줄은 아무도 예측하지 못했다.

〈화이트 합창단〉은 〈주빌리 싱어즈Jubilee Singers〉라는 단명團名을 가지고 오하이오 주 오벌린, 브룩클린, 워싱턴, 뉴욕, 보스턴 등지에서 성공적인 공연을 하였다. 이 합창단은 나중에 유럽 공연을 하고 주빌리 기념관까지 짓게 되면서 이 이름으로 세상에 널리 알려지게 되었다. 흑인 남녀가 함께 한 〈주빌리 싱어즈〉가 놀라운 성공을 거둔 이 사건은 흑인 음악의 풍부한 음악적 가능성을 백인 문화계에 널리 알린 첫 번째 계기였다. 그렇다면 흑인 노예들의 슬픈 노래라고만 막

---

3) 해방 흑인들의 자녀를 가르치는 대학들 중의 하나였다.

연히 알려져 있는 흑인 영가는 도대체 어떤 음악이기에 "대서양 서안(西岸, 아메리카)에서 잉태된 가장 아름다운 인간 체험을 표현하고 있으며 전 세계인의 가슴에 영원히 잊을 수 없는 깊은 감동을 안겨 주었다"는 극찬을 들었던 것일까?

흑인 영가의 가사와 선율을 악보로 인쇄하려고 시도해 본 사람들은 한결같이 난감함을 토로한다. 번번이 나타나는 미끄러지는 음과 목구멍에서 일어나는 음의 기묘한 방향 전환, 한 파트의 가창만으로도 충분히 효과를 발휘하는 신기한 리듬을 제대로 악보에 옮길 수 없기 때문이다. 흑인 영가의 가사를 살펴보면 우울한 분위기가 강하다. 그 때문에 흑인 영가는 일반적으로 '슬픈 노래Sorrow songs'라고 알려져 있다. 널리 알려진 "내가 겪은 고통은 아무도 몰라Nobody Knows the Trouble I Seen" 같은 노래는 십자가에서 고통 받는 예수와 동일시하는 마음을 잘 표현하고 있다. 그러면서도 흑인 영가의 가사 이면에는 저항과 탈출의 갈망이 강하게 숨어 있다. 예컨대 "오 가나안, 꿀이 흐르는 가나안, 나는 가나안으로 가리라"와 같은 가사에는 천국에 가고 싶다는 가사 아래에 노예제가 없는 북부로 가고 싶다는 소망을 숨기고 있다.

그러나 영가는 가사 내용보다는 노래가 불리고 있는 링샤우트(ring-shout, 원무가圓舞歌)의 연행演行 현장에서 그 아름다움과 신선함이 돋보인다. 링샤우트는 흑인들의 몸 자체에서 배어 나오는, 아프리카에서 미국 대륙으로 건너온 운동 음악, 혹은 무용 음악이며 악무일체樂舞一體의 놀이 예술이다. 제임스 웰던 존슨(James Weldon Johnson, 1871~1938)은 『미국 흑인 영가 책The Book of American Negro Spirituals』에서 링샤우트의 현장을 다음과 같이 묘사하고 있다.

"몇 사람의 흑인 남녀가 벤치를 한쪽으로 밀쳐 놓고 얼마간의 공간을 확보한다. 그 다음, 대체로 남자와 여자가 한 사람씩 섞여서 둥글게 원을 만들며 어깨가 서로 맞닿을 정도로 몸을 밀착해서 둘러선다. 음악이 시작되면서 원이 돌기 시작한다. 처음에는 천천히 돌다가 점점 빨라진다. 원이 돌아갈 때 발바닥은 땅 위를 질질 끌면서도 한쪽 발은 뒤꿈치로 4분의 2박자를 꼭 지키며 쿵쿵 친다. 음악은 손뼉소리로 보강된다. 원이 계속 돌아감에 따라 사람들 사이에 광란의 징후가 보이기 시작한다. 처음에는 영가를 부르더니 점점 거칠고 단조로운 노래로 바뀌어 간다. 끝없이 반복되는 동일한 악구가 한 시간, 두 시간, 세 시간, 네 시간, 다섯 시간까지 지속된다. 가사도 알아듣기 힘든 외침으로 바뀌어 간다. 소리와 동작의 단조로움 그 자체가 황홀의 상태를 만들어 낸다. 여인들은 비명을 지르며 땅바닥에 쓰러져 엎드려서 몸을 부르르 떤다. 남자들은 외치다가 탈진해 잠시 물러나 앉기도 한다. 그러나 좁혀진 원은 계속 돌아간다."

이 링샤우트에서 영가를 특징짓는 고유한 음악적 틀과 가창 양식의 원형을 발견할 수 있다. 영가의 본질은 바로 집단 참여이고, 음악과 동작의 상호작용이며 노래와 무용의 동시 진행이다. 이러한 음악과 동작의 상호작용에서부터 거친 성음과 추진력 있는 리듬, 고양된 정서적 반응과 부름 - 응답의 교창 형식, 둘 이상의 선율이 동시에 불리고 겹쳐지는 다성음(polyphony, 폴리포니)과 즉흥 변주와 피라미드의 구조적 반복 등, 영가의 기본 요소들이 나타나고 있다.

그런데 〈주빌리 싱어즈〉에 의해 흑인 영가가 온 세계에 본격적으로 소개되기 30년 전에 이미 미국의 백인들은 흑인 음악의 기이한 매력에 눈떠서 그것을 상업화하기 시작하였다. 유럽식 연예 쇼의 형식에다 흑인 음악을 담은 아메리칸 민스트럴American Minstrel이 바로 그것이다.[4] 미국 민스트럴의 원조는 1843년 2월 6일, 뉴욕 맨해튼의 앰피시어터Amphitheatre에서 데뷔 공연을 가진 〈버지니아 민스트럴Virginia Minstrel〉이었다. 이 최초의 민스트럴에서 백인들은 코르크 검정burnt cork을 얼굴에 바르고 흑인들의 말과 노래와 춤과 동작을 흉내 냈다. 이것이 바로 '흑면 민스트럴Blackface Minstrel'이었다. 이 '흑면 민스트럴'의 핵심은 흑인들을 풍자하는 것이었다. 흑인들을 우스갯거리로 만드는 동시에 흑인들의 춤이나 노래의 흥겨운 부분을 즐기려는 이중적 목적을 가진 연예 형태라 할 수 있다.[5] '흑면 민스트럴'이 백인 대중음악이라면, 1860년대에 등장한 '흑인 민스트럴Black Minstrel'은 문자 그대로 흑인 음악이다.

'흑인 민스트럴'은 상류계급 흑인들에게는 별 인기가 없었던 반면 흑인 민중들에게서는 큰 인기를 끌었다. 흑인들에게 민스트럴 쇼의 단원이 된다는 것은 연예인 신분을 얻고 이동의 자유를 누리며 어느 정도의 경제적 안정에 이를 수 있는 기회를 의미했기 때문이다. 민스

---

4) 원래 민스트럴이란 12세기에서 17세기에 걸쳐 유럽에서 역사적으로나 지리적으로 산재했던 민속 곡예단을 말한다. 서양 음악사에서는 조금 더 구체적으로 주로 기악을 담당했던 중세 말 르네상스 초의 직업적 세속 음악가를 지칭한다. 19세기 미국에서의 민스트럴은 흑인 음악을 자원으로 한 대중적 연예 쇼를 가리킨다.

5) '흑면 민스트럴'의 인기는 1840년대와 1950년대의 미국을 완전히 휩쓸었다. 민스트럴은 고유한 미국적 연예 형식을 창조했고 미국식 대중음악의 작곡가와 연주가가 출현하게 되는 전통과 토대를 마련했다. 1850년대에 들어서면서 민스트럴 쇼에서 흑인 음악이 차지하는 비중은 점차 줄어들고 백인 취향의 '고상한genteel' 음악이 많이 도입되었다. 스티븐 포스터Stephen Foster가 출현하여 "금발의 제니", "오 수잔나"라는 곡으로 큰 성공을 거둔 것도 바로 이런 맥락에서였다.

트럴 쇼는 흑인 작곡가와 가수, 희곡 배우, 무용수들에게 미국 쇼비지니스계에 입문할 수 있는 절호의 기회를 제공해 주었다. 지속적이고 안정된 최상급 흑인 민스트럴 쇼단이 조직된 것은 1865년의 〈브룩커와 클레이튼의 조지아 민스트럴Brooker and Clayton's Georgia Minstrel〉이었다. 〈조지아 민스트럴〉은 많은 청중을 끌어 모으고 압도적인 성공을 거두면서 흑인 민스트럴의 대명사가 되었다. 1880년대는 흑인 민스트럴의 전성기였고 백인 연주자는 얼씬도 하지 못했다.

1840년대에서 1890년 사이에 민스트럴 쇼를 위해 작곡된 밴조 음악의 활기찬 리듬적 요소는 그 이후 미국 대중음악에 큰 영향을 미쳤다. 또 민스트럴 쇼의 댄스 음악인 '지그jig'는 한편으로 영국의 전통 무용에 크게 의존하면서도 신코페이션[6]을 구사함으로써 민스트럴 이후 블루스와 초기 재즈 같은 흑인 음악에 리듬의 모델을 제시했다.

02 자발성, 긴장감, 세련된 즉흥성: 재즈

민스트럴 외에도 재즈가 발생할 수 있는 토양을 이루었던 중요한 흑인 음악 양식으로 '래그타임ragtime'을 먼저 언급해야 한다. 래그타임이라는 용어는 타임을, 즉 음악에 사용되는 시간인 박자를 "찢다", "찢어발기다"란 뜻을 갖고 있다. 결국 래그타임은 유럽 고전음악에서의 정박(正拍, Authentic Upbeat)을 나누고 쪼개어 너덜너덜한 걸레처럼

---

6) 당김음, 프레이징과 휴지부와 장식음과 박자 이동으로 이루어지는 불규칙한 악센트 배분을 일컫는다.

만들어 놓는 것을 말한다. 주로 피아노를 사용하는 래그타임은 1890년대에 발생한 흑인 가요인 '쿤송Coon Song'에서 발전해 나온 음악이다. '쿤'이란 흑인을 일컫는 말로, 니그로보다 더 심한 별칭이다. 흑인 해방 이후 흑인들을 두려워한 백인들이 흑인들을 통제하고 지배하기 위하여 깜둥이(니거Nigger), 쿤 같은 말을 만들어 냈는데 쿤은 라쿤(Raccoon, 너구리)에서 파생된 말이다. 백인 여가수 메이 어윈, 흑인 여가수 마마 루, 소피 터커 등이 유명한 쿤송 가수들이다. 이들이 부르던 노래는 당시 백인 상류층의 고상한 숙녀들이 즐겨 부르던 감상적인 왈츠 류의 팝음악과 날카로운 대조를 이루었다. 래그타임은 미국 대중음악계에 리듬적 충동과 환락의 분위기를 몰고 왔다.

래그타임의 양식적 토대를 이루는 또 하나의 음악 양식은 '케이크워크Cakewalk'다. 원래 케이크워크는 노예 농장 시절에 농장 주인이 일요일에 교회에 가기 위하여 점잖은 옷을 걸친 흑인 노예들을 걸어 보게 하여 가장 멋있게 걷는 사람을 뽑아 케이크를 상으로 준 데서 유래한 명칭이다. 케이크워크 경연에 나가는 사람들은 화려한 의상을 뽐내며 모자와 지팡이를 소품으로, 걸음걸이의 멋을 겨루었다. 여기서 백인은 자기보다 훌륭한 사람과 겨루어 보려는 무식한 흑인의 과욕을 비웃었고, 흑인은 의심할 여지없이 백인들의 거드름 피우는 태도를 풍자하였다. 케이크워크는 노예 농장에서 민스트럴의 무대로, 민스트럴 무대에서 다시 길거리 대회[7]로 이어졌다. 마칭 밴드의 밴드걸drum majorette이 상체를 45도 뒤로 젖혀서 걷거나 바통을 돌리거나 던져 올리는 동작에 이르기까지 케이크워크 전통은 면면히 살아 있다.

---

7) 1892년에는 제1회 케이크워크 축제가 메디슨 스퀘어 가든에서 열렸다.

1897년 뉴욕 14번가의 토니 패스터즈 뮤직홀에서 래그타임의 창시자인 로버트슨 하아니(1871~1838)의 공연이 있었다. 1900년 1월 23일 뉴욕의 태머니홀에서는 래그타임 피아노 세계 챔피언 대회가 있었다. 시간적으로 하아니의 뉴욕 공연과 래그타임 피아노 세계대회 사이인 1899년에 세인트루이스 옆 미주리 주의 한 소읍에서 곧 최초의 베스트셀러 래그타임 곡이 될 "단풍잎 래그Maple Leaf Rag"가 흑인 피아니스트 스콧 조플린(Scott Joplin, 1868~1917)[8]에 의해 연주되었다. 우연히 이곳을 지나가던 출판업자 존 스틸웰 스타크가 이 곡을 낱장 악보로 써 내자 백만 부 이상이 팔려 나갔고, 조플린은 '래그타임의 황제'라는 칭호를 얻게 되었다. 쿤송, 케이크워크, 조플린의 음악은 팡팡 뛰는 새로운 사운드를 미국 대중음악계에 확실하게 선보였다.

20세기에 들어와 제1차 세계대전 때까지 미국에서는 녹음, 레코드 제작 등 음악 생산 산업이 눈부시게 발전하였다. 이 발전에 힘입어 전쟁 후에는 미국 대중의 음악 소비 형태에 커다란 변화가 일어났다. 특히 1920년대부터 1950년대 초까지, 라디오와 전축이 가정오락의 중심 매체로 자리 잡게 되면서 온 가족이 부담 없이 즐길 수 있는, 부드럽고 잘 다듬어진 경쾌한 음악이 '틴 팬 앨리'를 중심으로 많이 생산

---

8) 스콧 조플린은 흑인 대중음악가에게 주어지는 출세와 돈벌이와 향락에 빠지지 않았고 자신의 음악을 예술의 경지에 끌어올리려는 진지하고 학구적인 태도를 일생동안 견지했다. 이 점에서 스콧 조플린은 후일 재즈 시대의 듀크 엘링턴Duke Ellington에 비견할 수 있는 특이한 위치와 무게를 가지게 된다. 음악에 소질이 풍부한 부모 밑에서 삼형제의 막내로 태어난 조플린은 어렸을 때부터 음악, 특히 피아노에서 재능을 발휘했다. 어려운 형편에 중고 그랜드피아노를 구해 준 부모의 뒷받침에 힘입어 열심히 공부하던 중, 독일인 음악 교사에게 장학생으로 선발되어 정규 음악 교육을 받을 수 있었다. 그리하여 흑인으로서는 보기 드물게 견실한 이론적 바탕을 가진 음악가로 출발할 수 있었다. 조플린은 클래식 음악이 가진 고유한 가치와 흑인 음악 특유의 리듬을 결합할 수 있는 능력을 가졌다. 조플린은 단순히 빠르고 신나는 래그타임이 아니라 우아하고 격조와 깊이를 갖춘 서정주의적 음악을 추구하였다.

되었다. 당시 백인 음악은 빅 밴드와 솔로 가수로 유지되었는데, 프랭크 시나트라 류의 음악을 연상하면 된다. 이러한 종류의 팝음악은 일상을 정서적으로 비판하지 않고 일상 언어의 리듬에 따라 평범한 가사로 제한된 감정을 관습적으로 표현한 경우가 많았다. 또한 상업적 가능성을 많이 고려해서 기교를 넣었다. 이러한 팝음악이 1950년대 로큰롤 이전에 미국 대중음악의 주류를 이루었던 백인 음악이었다.

20세기 초반에 감상적인 발라드 중심으로 음악 활동을 하던 백인 음악 제작자, 작곡가, 다양한 예술가들은 새로운 흑인 소리가 갖는 호소력을 재빨리 감지하고 래그타임의 영향을 받아 래그타임을 지향하는 노래를 제작하였다. 이들 중 일부는 사실 스타일로서 래그타임과 거의 상관없이 상업적인 이익을 위해 노래 제목에 '래그'와 관련된 단어를 쓰기도 하였다. 래그타임 음악에는 신나는 춤이 따랐는데 이 음악은 1917년 이후로는 그 인기가 쇠퇴하였다. 조지 거슈인George Gershwin[9]은 래그타임을 세련되게 활용하여 개인적인 감정과 느낌을 표현하는 양식으로 변형시켜 1919년에 전형적인 오프비트 리듬(재즈의 4박자 곡으로 강세를 붙이지 않는 박자)을 가진 "스와니Swanee"라는 곡을 히트시켰다. 포효하는 1920년대의 재즈 리듬과 열광적인 속도는 래그를 뿌리로 하는 거슈인의 음악 속에서 이미 원기왕성하게 표현되

---

9) 백인 음악가인 거슈인의 곡 중에서 가장 잘 알려진 "놀라Nola"(1916)는 피아노 노블티즈 스타일로 연주되었다. 이 곡의 특징은 세련된 하모니, 밴조banjo와 코드음의 음형(音形, figuration)으로부터 결별한 점, 단속적인 멜로디에 대한 관심, 의사疑似 재즈 사운드 등이다. 거슈인의 뮤지컬 〈포기 앤 베스Porgy and Bess〉는 사우스캐롤라이나 찰스턴의 어느 흑인 게토에서 일어난 이야기를 담고 있는 '미국 포크 오페라'인데, 거리의 외침 소리, 노동요, 영가, 고함 소리, 블루스 조의 아리아 등을 사용하였다. 거슈인은 흑인 포크 사운드와 재즈를 융합시키기 위해 찰스턴의 슬럼에서 시간을 보냈고 흑인 교회 음악을 직접 흑인 교회에 가서 들었으며 흑인들의 소풍이나 낚시에도 따라다녔다.

고 있었다. 이렇게 래그타임은 리듬과 기법의 면에서 재즈 음악의 토대를 마련해 주었다.

1920년대 초반 미국 대중음악의 기본 스타일로 자리잡은 래그타임은 두 가지 피아노 연주 스타일을 낳았다. 하나는 흑인들이 개발한 스트라이드 피아노[10]와 그것을 백인들의 터치로 종합한 피아노 노블티즈Piano Novelties다. 재빠르고 활기찬 속도로 연주되는 피아노 노블티즈 곡은 래그타임의 정규적인 네 박과 저음bar bass을 쓰면서 가끔 '휴지'를 끼워 넣지만 전체적으로 멜로디에 흐름을 주었다. 1920년대에 피아노 노블티즈가 유행하게 된 이유는 미국 중산층 가정에서 피아노가 차지하는 특별한 위치 때문이다. 라디오와 음반, 영화가 본격적으로 발전하기 전에 피아노 노블티즈는 가정에서 즐길 수 있는 몇 안 되는 오락 중 하나였다.

뛰어난 스트라이드 피아노 연주자였던 88명의 흑인 중에서 아트 태튬(Art Tatum, 1910~1956)은 팝 재즈 음악인들뿐만 아니라 클래식 음악인들까지 사로잡았다. 아트 태튬은 스트라이드 피아노에 뿌리를 두면서도 그것을 유려하고 우아하게 쳤다. 아트는 스트라이드의 스윙 리듬에 대담한 기발함을 덧붙임으로써 멜로디, 리듬, 하모니의 신선함을 도모하였고 음악인들의 상상력을 자극했다. 아트의 빠른 아르페지오의 속도감이나 미묘함, 번개 같은 스트라이드 저음, 코드를 바꿀 때 조성되는 하모니의 아름다움과 풍부함을 따라갈 사람이 없었다. 오하이오 태생인 아트는 끝없는 창안 능력을 가지고 있었다. 특히 많은 코러스를 위해 리듬감 있는 하모니와 멜로디를 바탕으로 튠을

---

10) Stride Piano, 왼손을 둥글려서 양손을 다 쓰며 블루스와 재즈로 가는 한 단계로서 흑인 할렘가의 재주꾼들이 썼다.

다시 만들고 변형시키는 재주를 갖고 있었다. 아트는 발을 톡톡 치는 리듬감 있는 스트라이드의 맥박을 피아노 노블티즈의 장식적인 현란함과 결합시킴으로써 재즈를 만들었다. 재즈야말로 자발성, 예측할 수 없는 긴장감, 세련된 즉흥성이 그 본질이었다.

재즈 음악의 토대가 되는 또 하나의 양식으로 흑인 뮤지컬이 있다. 〈서플 얼롱Shuffle Along〉은 1921년 5월 23일, 뉴욕에서 세팅과 장면도 별 볼일 없고 의상도 초라한 가운데, 전후의 인종차별 분위기로 말미암아 브로드웨이의 중심가에서 멀리 떨어진 63번가의 황폐한 공연장에서 겨우 공연되었다. 그런데 노블 시슬Noble Sissle과 유비 블레이크 같은 카리스마적 공연자와 히트송, 유쾌한 코미디 스케치, 격렬한 춤을 곁들인 〈서플 얼롱〉의 단순함에 브로드웨이의 백인 비평가들은 압도되고 말았다. 〈서플 얼롱〉은 504번이나 연장 공연되었다. 노래들의 충일감과 춤의 정확성과 폭발적인 에너지는, 이후 백인 뮤지컬뿐만 아니라 흑인 뮤지컬의 기준을 확고하게 세웠다.

〈서플 얼롱〉에서는 처음으로 여성 코러스가 나왔다. 또한 무대에서 처음으로 흑인 남녀가 낭만적인 감정을 공개적으로 드러냈다. 이 쇼가 보여 주는 속도감 있고 빠른 춤에서는 흑인의 활력이 느껴졌다. 〈서플 얼롱〉 공연에서 가장 의미심장한 것은 오로지 흑인들의 힘으로 만든 이 쇼가 브로드웨이에서도 돈을 벌 수 있다는 사실이었다. 그리하여 백인 기획자와 흑인 기획자들은 너도나도 흑인 뮤지컬을 제작하기 시작하였다. 그러한 흑인 뮤지컬들은 성공작이든 실패작이든 루이 암스트롱Louis Armstrong을 비롯한 그 시대의 가장 훌륭한 흑인 예술가들을 선보이는 역할을 했다. 흑인 뮤지컬은 미국 음악 극장에 새로운 템포와 소리와 도약을 가져왔다. 이 시대나 그 이후 어느 뮤지컬도 〈셔플 얼롱〉의 격렬한 춤과 속도감이 주는 도전을 무시할 수 없다. 이 뮤지컬이 갖는 더욱 근본적인 중요성은 재즈의 소리와 리듬과 자발성을 극장에 도입한 점이었다.

1920년대에는 보통 시민들도 엄격한 금주법을 비웃으며 불법적으로 술을 소비했다. 밀주업자, 주류 밀매 점포, 포켓 위스키 병, 주류 밀수업자, 강탈, 군중 폭도, 폐쇄되는 나이트클럽의 명멸 등 주연酒宴과 환락의 분위기가 미국 사회에 만연한 시대였다. 가속이 붙은 리비도의 시대에 재즈야말로 완벽한 동반자 같아 보였다. 뉴욕에서 재즈가 처음 연주된 것은 1917년이었다. 유명한 드럼 주자 자니 스타인Johnny Stein이 활동했던 〈오리지널 딕시랜드 재즈밴드(Original Dixieland Jazz Band, ODJB)〉라는 열정적인 밴드가 58번가의 식당이자 춤 광장이었던 라이젠웨버Reisenweber에서 재즈곡을 처음 연주하였다.

〈ODJB〉가 불러일으킨 재즈 선풍은 1917년, 재즈 음악 최초의 레코드 작업으로 이어졌다. 〈ODJB〉의 〈라이브리 스테이블 블루스Livery Stable Blues〉와 〈오리지널 딕시랜드 원 스텝Original Dixiland One Step〉 또한 솔로 없이 여러 악기들이 한 멜로디의 변주들을 동시에 연주하는 뉴올리언스의 다성적 스타일을 따르고 있었다. 〈라이브리 스테이블 블루스〉는 새로운 음악의 이색적인 면을 강조하느라고 흐느끼는 코넷과 우는 듯한 트롬본으로 레코드를 만들었다. 〈ODJB〉 이후에 가장 중요한 백인 재즈밴드는 〈뉴올리언스 리듬 킹즈(NORK)〉였다. 이 밴드는 〈ODJB〉가 시카고를 떠나 뉴욕으로 간 후 시카고에서 연주를 시작하였고 정식으로 백인 딕시랜드 재즈를 출범시켰다. 시카고와 다른 중서부 지역에서 발전된 뉴올리언스 재즈를 백인들이 계속 모방함에 따라 '딕시랜드'는 특정한 음악 스타일로 자리 잡게 되었고 이 스타일은 상승하는 템포, 원기 왕성함, 투 비트[11]를 의미하게 되었다.

　재즈의 주요 토대였던 래그타임 자체는 미국과 스페인 전쟁 때 뉴올리언스의 행진 밴드에서 파생된 형식을 따르고 있었다. 그래서 이 행진 밴드야말로 재즈 음악의 토대라고 할 수 있다. 뉴올리언스에서는 금관악기와 목관악기 값이 그리 비싸지 않아서 행진 밴드가 많이 생기게 되었고 뉴올리언스 재즈 콤보(코넷, 클라리넷, 트롬본) 전설도 나오게 되었다. 재즈 음악이 본격화된 것은 1922년 솔로 피아니스트 젤리 롤 모턴(Jelley Roll Morton, 1885~1941)과 코넷 주자 루이 암스트롱에 의해서였다. 킹 올리버King Oliver의 유명한 〈크레올 재즈밴드Creole Jazz Band〉는 풍부한 다성음을 내는 뉴올리언스 재즈 스타일의 음악을 만들어 내었다.

　피츠제럴드가 1920년대를 '재즈 시대'라고 불렀을 때, 그는 특정 음악보다는 새로운 사회 분위기, 즉 성에 대한 분방한 태도, 단발머리 여성의 등장, 미니스커트, 흡연, 자동차의 뒷좌석에서 음주와 애무, 무엇이든 괜찮다는 그 시대의 정신을 염두에 두었을 것이다. 그러나 음악의 관점에서 보면 젤리 롤 모턴과 킹 올리버를 통해 뉴올리언스에서 큰 소동을 일으킨 재즈 음악이야말로 재즈 시대를 상징한다. 그리고 재즈 시대의 소리는 흑인 재즈맨들보다도 오히려 백인 각색자들에 의해 널리 퍼지게 되었다. 이 시대 백인들의 재즈 음악 역시 자유자재로 구사하는 음의 풍성함, 높이 비상하는 활기, 찰스턴이나 블랙바텀 같은 빠른 템포의 춤을 고무하는 탄력성을 이어받았다. 백인들은 전후 사회의 질서를 지나치게 인위적으로 통제하려는, 정서적으로

---

11) 재즈에서 두 번째 박자와 네 번째 박자에 악센트를 두는 것을 말한다.

유예된 분위기에 반항하였으며, 이러한 반항이 대체로 재즈 시대의 본질이었다는 점에서 흑인 재즈 음악과 백인 재즈 음악은 유사성을 갖게 된다.

이러한 재즈의 탄생과 발전을 통해 원래 흑인들의 음악 스타일이었던 것을 백인들이 각색하고 종합하여 주류 음악 흐름으로 만드는 패턴이 확립되기 시작한다. 이 패턴은 뉴올리언스 재즈의 경우에도 대체로 들어맞았다. 그렇지만 간과하지 말아야 할 사실은 재즈는 흑인이 만든 음악이고 탁월한 연주자 대부분이 흑인이었으며, 가장 중요한 발전을 주도한 것도 흑인이라는 사실이다. 초창기 뉴올리언스 트럼펫 주자들 중 한 사람인 폴 마레스Paul Mares는 흑인 음악을 모방하려고 아무리 애를 써도 진짜 흑인 음악을 연주할 수 없었다고 고백하고 있다. 다만 백인들은 재즈에 일정한 음악적 형태를 부여하는 데 중요한 역할을 했다.

비평가 콜리어J. L. Collier는 트롬본 주자 잭 티가든(Jack Tea-garden, 1905~1964)을 흑인 재즈 연주의 본질을 철저하게 이해한 최초의 백인 연주자로 보았다. 티가든은 백인 남성 재즈 가수로 독특한 업적을 이루었는데 그보다 더욱 완벽하게 재즈 시대를 상징하는 백인 재즈 음악인은 빅스 베이데르벡Bix Beiderbecke이라고 알려진 레온 베이데르벡이었다. 레온은 창조적이고 특출한 음악인이었는데, 술과 방탕한 삶, 결핵으로 28세에 요절한 이후에야 재즈 시대의 상징으로 세상에 알려졌다.[12] 빅스 이후 재즈와 유럽 모더니즘의 융합을 꾀했던 존 루이스John Lewis는 '제3의 재즈 흐름Third Stream Jazz'을 출범시켰다. 루이스는 호른 주자였는데, 흑인 음악과 백인 음악(유럽 음악)을 새로운 형태로 융합시켰다. 이러한 문화 융합이야말로 미국 대중음악의 주요 작동 방식이다.

재즈 음악이 흑인 연주자들이 아니라 백인 연주자를 통해서 미국 팝음악계의 주류로 들어오게 된 까닭은 두 가지다. 첫 번째 이유는 흑인 밴드보다 백인 밴드가 클럽과 극장에 훨씬 더 접근하기 쉬웠다. 뉴욕에서조차 흑인 연주자들은 스윙가가 생길 때까지는 맨해튼에 진출하지 못했다. 연주곡들의 차이 또한 주요한 요소였다. 흑인 재즈 밴드가 뉴올리언스의 표준 가락과 블루스 지향의 음을 연주하는 동안 백인들은 그 시대의 인기 있는 노래들을 집중적으로 불렀고 유행하는 춤곡을 연주하며 대중에게 다가갔다.

흑인 재즈 가수로는 루이 암스트롱과 사치모Satchmo 같은 남성들과, 에덜 워터즈Ethel Waters와 빌리 홀리데이Billie Holiday 같은 흑인 여성들이 유명하다. 특히 빌리는 당대의 유행하는 노래들에 표현성과 날카로운 깊이를 더하여 재즈의 행로를 바꾸어 놓았다. 빌리는 할렘가에서 어머니와 어렵게 살면서 어린 시절부터 여급 일을 했는데 주인의 성적 요구를 거절했다가 쫓겨나거나 아파트 주인에게 강간당하는 등 자긍심의 결핍으로 고통을 받았다. 과거의 고통을 보상받듯 훗날 빌리는 '레이디 데이Lady Day' 라는 별명을 얻었다. 빌리는 1930년대와 1940년대의 격심한 인종차별 때문에 괴로움을 겪었다. 때문에 빌리의 노래에는 흑인의 고통이 진하게, 때로는 감상적으로 배어 있

---

12) 그 밖의 백인 남성 재즈 가수들로는 스탄 켄튼Stan Kenton, 버니 베리건Bunny Berigan, 바비 핵컷 Bobby Hackett, 팻츠 월러Fats Waller, 에디 콘튼Eddie Condon, 백인 여성 재즈 가수들로는 준 크리스티June Christy, 헬렌 코넬Helen Connell, 페기 리Peggy Lee, 로즈마리 클루니Rosemary Cloony, 테레사 브루어Teresa Brewer 등이 있다. 특히 테레사는 백인 여성인데 카운트 배시(Count Basie, 1904~1984) 밴드와 함께 블루스의 여왕 베시 스미스의 노래를 부르는 기묘한 결합을 통해 흑인 음악을 잘 소화해 냈다.

었다. 빌리는 마약중독으로 비참하게 생을 마감했지만 미국 보컬 재즈 전통의 중심에 서 있었다.

03 아무리 비참해도 음악과 함께 이겨 내자: 블루스

〈제너럴 포노그래프 코퍼레이션General Phonograph Cooperation〉의 레코드 감독 프레드 해거Fred Hager는 1920년 2월에 매미 스미스Mamie Smith라는 흑인 여가수의 음악 두 곡을 취입하였다. 반응이 좋자 프레드는 8월에 뉴욕의 오케Okeh 스튜디오에서 매미 스미스의 "크레이지 블루스Crazy Blues"를 취입하였다. 첫 녹음에는 백인 악단을 썼다가 이때는 흑인 그룹을 썼다. 이 흑인 밴드는 악보에 의존하지 않고 흥얼거리며 머릿속에 떠오르는 대로 연주했는데 놀라운 센세이션을 일으켰다.

제1차 세계대전 동안에 흑인들은 남부에서 북부로 대이동을 하였다. 북부는 남부가 주지 못했던 고용 기회를 흑인들에게 제공했고, 흑인들은 레코드를 구매할 자금력을 갖게 되었다. 블루스에 친숙하지 못했던 백인들에게 매미 스미스의 앨범은 호소력 있는 이국적인 사운드로 다가왔다. 매미는 신시내티에서 태어나 1920년대에 고전적인 블루스 가수로 인정받은 전형적인 흑인 여성 보컬리스트였다. 매미는 보드빌과 카바레 가수로 출발해 1917년에 페리 브래드퍼드Perry Bradford가 제작하는 뮤지컬에 출연했다. 페리는 해거에게 매미의 노래를 취입하도록 종용했고 이것을 계기로 매미의 매니저로 일하게

된다.[13]

"크레이지 블루스"는 세 가지 의미에서 당대의 레코드 사업계를 뒤흔들어 놓았다. 우선 일련의 '인종race' 레코드를 재빨리 출범시켰다. 이 곡으로 말미암아 흑인 지향의 새로운 레이블[14]과 흑인 가수들에 대한 탐색전이 시작되었다. 그리하여 당대 〈오케〉 외에 〈파라마운트〉, 〈콜롬비아〉, 〈브룬스빅〉, 〈빅터〉는 수천 시리즈에 이르는 흑인 음악 레코드를 제작하였고 블루스의 어머니 거트루드 "마" 레이니Gertrude "Ma" Rainy, 블루스의 여왕 베시 스미스Bessy Smith를 탄생시켰다.

레이니는 최초의 흑인 전문 엔터테이너였다.[15] 레이니는 흑인의 어려움에 관한 모든 것을 노래로 표현하는 가운데 노래 속에서 시련을 견뎌 내고 새로운 희망과 열망들을 명료하게 드러낼 수 있는 공동체 형성의 기초를 확립한다. 영가가 노예제도하에서 자유를 위해 싸워야 한다는 집단적·사회적 의식을 강화하였듯, 블루스는 개인적 고통을 나누는 소통을 통해 아무리 어려운 문제라도 이겨 나갈 수 있다는 흑인들의 공동체 의식을 주조하였다. 레이니의 음악은 가난한 남부 흑인 민중이 경제적 안정을 이루기 위해 북부로, 서남부로 이주하더

---

13) 브래드퍼드는 1893년 앨라배마 태생으로 오랫동안 창조적으로 활동하다가 1970년에 죽었다. 브래드퍼드는 능력 있는 연예인, 자질 있는 매니저, 재능에 대한 탁월한 감각과 판단력을 갖춘 감정가, 상업적인 작사가, 성공적인 제작자, 재즈와 블루스와 춤곡의 선구자였다. 열두살 때부터 열다섯 살까지, 애틀랜타 대학 재학 시절 노래하고 춤추고 피아노 치며 뉴올리언스 민스트럴을 따라다닐 정도였다. 브래드퍼드는 1908년에서 1919년까지 보드빌 팀의 일원이었으며 '노새'라는 별명을 얻었다. 흑인 작사가/매니저가 많은 활동을 할 수 없었던 때에 고집스럽게 활동을 지속했기 때문이다.

14) 흑인이 소유하는 레코드 레이블을 말한다. 최초의 흑인 레이블은 〈페이스 앤 핸디Pace and Handy〉였다.

15) 이하 레이니에 관한 분석은 Angela Davis, "Black Women and Music: A Historical Legacy of Struggle", in Jacqueline Bobo ed. *Black Feminist Cultural Criticism* (Blackwell, 2001), pp. 224~230 을 요약한 것임을 밝혀 둔다.

라도 흑인들의 삶은 통합과 투쟁이라는 남부의 전통에 근거한다고 말하고 있다. 이는 레이니의 음악이 이룩한 가장 중요한 사회적 성취다. 노예제도라는 잔혹한 현실에서 벗어나기 위해 고향을 떠나야 했던 흑인들은, 낯선 시카고에서 레이니의 노래를 들으며 남부 흑인 문화를 기억하고 긍정할 수 있었다.

블루스의 기원은 레코드 취입이 있기 훨씬 전의 옛날로 거슬러 올라간다. 노예 시절에 흑인 민중은 마소와 같은 소유물에 지나지 않아서 자신을 '나'로 생각할 수조차 없었다. 개인화된 표현을 할 수 있는 길이 열린 것은 노예가 주체성을 갖고, 기존 흑인들의 삶의 터전이었던 농장 공동체에서 떨어져 나오면서부터였다. 하지만 해방 노예가 처음 획득한 자유란 탐색하는 자유였지, 누리는 자유는 아니었다. 또한 일을 찾는 자유였지, 일을 보장받는 자유는 아니었다. 해방된 노예가 인권을 누리는 주체가 되기까지 폭력, 위협, 린치, 차별적인 법을 타파하는 오랜 노력이 필요했다. 그 사이 부양가족을 거느린 흑인 가장들은 두려움을 이기고 생계를 스스로 해결해야만 했다.

이 힘든 과도기에 미국 흑인들은 신세계의 약속과 그 박탈에 대해 생각했을 것이다. 바로 여기서 블루스 음악의 풍부한 표현력이 나온다. 19세기 후반만 해도 블루스는 구전 음악으로, 시골 민중 예술에 지나지 않았으나 20세기에 들어와서 델타 블루스맨들이 개인적인 정서를 표현함으로써 시적 음악으로 바뀌었다. 즉 1865년에서 1877년까지 변해 가는 미국 흑인들의 처지에서 우러나온 감정과 정서를 포크 블루스를 통해 표현했다가 대체로 1892년에서 1903년 사이에 창조적인 주체성으로 나아가는 블루스 음악이 본격 태동하였으며 1920년대와 1930년대에는 주로 미시시피 주, 텍사스 주, 테네시 주, 루이

지애나 주를 중심으로 발전해 갔다.

흑인 민중이 겪는 고통의 사회적 성격에 대한 인식은 1920년대에 분명하게 드러난 정치적 항의 운동의 선결 조건이 되었다. 1920년대에 짐 크로우 인종 분리 제도가 공고해지면서 흑인 민중은 체계적으로 권리를 박탈당하였으며 〈큐 클럭스 클랜(Ku Klux Klan, KKK)〉과 그밖의 테러 집단들이 수많은 린치를 저질렀다. 남부 흑인 민중은 당시 처한 경제적 곤궁 때문에 일자리를 찾아갔던 북부에서 남부 못지않은 격심한 인종차별을 목도해야 했다. 1919년 여름 내내 얼마나 많은 잔혹한 폭동이 있었는지 '1919년의 붉은 여름' 이라는 이름이 붙을 정도였다.

"여보세요, 내가 뉴스를 말할 테니 들어봐요Hey, people, listen while I spread my news(반복) / 나는 당신들에게 나의 운 나쁜 블루스를 말하고 싶어요I want to tell you people all about my bad blues(반복)"로 시작되는 "운 나쁜 블루스Bad Luck Blues"는 당시 전반적으로 힘겨웠던 흑인의 상황을 은유한다. "아빠와 엄마의 구빈원 블루스Ma and Pa's Poorhouse Blues"는 돈이 한 푼도 없는 흑인 아버지와 어머니가 어떻게 할까 고민하다 함께 구빈원으로 가자며, 경제적 곤궁을 유머러스하게 노래한다.

이처럼 레이니의 블루스 메타포들은 20세기 초반 흑인들이 맞닥뜨린 여러 경제적 · 사회적 · 심리적 상황들을 의미화했다. 레이니의 노래들은 흑인들의 집단적 · 사회적 의식을 일깨우는 촉매 역할을 하였을 뿐만 아니라, 자아의식, 남녀 유대의 역학, 여성 관계를 중심으로 흑인 여성의 정서적 삶에 차원을 부여하였다. 레이니는 노래를 통해 흑인 여성들에게 자신들의 인격적 자원을 발전시켜 사회 독립성을 획득하라고 권고하기도 했다. 레이니의 노래 가사와 연주들은 여성의 인격적 자질을 더 강력하게 이해하고, 남녀 관계들에 더 명확한 관점을 갖게 하고, 흑인 여성 삶에서 흑인 중심 연대의 중요성을 촉진하는 도구 역할을 하였다.

레이니의 블루스에서는 개인적 관계 중에서도 성적 사랑의 의미가 좀 더 핵심적이다. 흑인들에게 창조적 표현을 위한 다른 선택지들이 더 많이 제공되었다면 성적 사랑이 그렇게 큰 의미를 지니지는 않았을 터이다. 노예 신분에서는 해방되었다고 해도 흑인들 대다수가 소작인이거나 북부에 가서도 착취되는 노동자 처지였다. 따라서 흑인들에게 즉각 가능한 행복과 희망은 남녀 관계뿐이었다. 성적 사랑을 담는 레이니 블루스의 언어는 포스트 남북전쟁 시대에 흑인들이 겪고 있었던 경제적·사회적·심리적 어려움을 은유적으로 드러내고 표현한다. 좋은 남자를 찾고 싶은 욕망은 가난과 차별의 물질적 원인들이 제거된 삶을 살아 보겠다는 필사적인 욕망을 상징한다. 이러한 레이니 음악을 이끄는 동력은 사적 고민들을 공적으로 소통하려는 의지다. 이 역학은 흑인들의 개인적 상황들이 지니는 사회적 성격을 은연중에 인정하고 있으며 흑인 인구 내부에서 집단적·사회적 의식이 전개되도록 돕는다.

레이니의 노래 대부분은 흑인 민중의 비참함을 초래한 원인을 드러내놓고 가리키지는 않고, 그 비참함을 그저 '블루스'라고만 언급한다. "블루스 오 블루스Blues Oh Blues"에서 '블루스'를 스무 번이나 되풀이하는 것은 자신을 비참한 궁지로 몰아넣은 모든 다양한 원인을 '블루스'라는 단어의 힘을 이용하여 주술적으로 통제하려는 의지다. 우울한 마음과 상황에 대한 통제를 이렇게 마술적·미학적으로 재현하는 것은 그 뿌리에 있는 객관적 조건을 변혁하고자 하는 실제 욕구를, 즉 새로운 사회질서에 대한 위장된 꿈을 은밀하게 표현하는 것이다. 이것이 블루스의 강력한 유토피아적 기능이다. 이 꿈을 표현하는 언어는 "언젠가 다정한 날에 사랑하는 남자를 찾을 거야"라는 성적 사랑의 언어다.

고난의 시기에 함께 구빈원에 갈 거라던 흑인 남녀는 북부의 도시로 함께 떠난다. 하지만 흑인 남성은 흑인 여성을 낯선 곳에 돈 한 푼 없이 홀로 남겨 놓고 떠나 버린다. 그러한 처지의 흑인 여성이 느끼는 슬픔과 분노는 "남부행 블루스South Bound Blues"에 잘 표현되어 있다. 이 노래에서 흑인 여성은 슬픔과 분노를 딛고 남부의 식구들이 보내 준 차비를 가지고 고향으로 돌아가서 새 삶을 시작하겠다고 한다. 이 노래는 아프리카에서 끌려와 끔찍한 인종차별을 겪게 했던 남부 경험에 뿌리박고 있는 아프리카계 미국 문화야말로, 민족으로서 흑인 민중의 창조적 에너지와 생존 능력의 원천이라는 메시지를 전달하고 있다. 이 노래에서 흑인 남성이 겪는 역경은 물질적인 장애이며 이것을 극복하는 데 필요한 것은 바로 이 아프리카계 미국 문화의 힘을 인식함으로써 얻어지는 영감이다. 따라서 이 노래에서 흑인 여성이 기차를 타고 남부 조지아로 돌아가는 것은 남부 흑인 에토스와의 영적인 동일시이기도 하다. 이 에토스야말로 흑인 민중이 집단적으로 수세기 동안 축적해 왔던 투쟁을, 흑인 민중의 생존을 확실하게 해 주었던 투쟁을 병합한다. "남부행 블루스"에서 흑인 남성에게 버림받은 흑인 여성은 자립적인 흑인 여성성의 기준을 지켜왔던 남부 문화와 자신을 동일시함으로써 선배 여성들의 용기와 독립심을 배우자고 호소한다.

이와 같은 맥락에서 흑인 여성들의 자립정신은 "남자를 믿지 마

Trust No Man"[16]라는 노래에서 확인할 수 있다. 이 노래는 흑인 여성들이 남성의 부속물로 가정에 감금되어 감내해야 했던 죽음과도 같은 고통의 역사를 상기시키면서 그 역사 내내 흑인 여성들이 주조했던 독립이라는 역사적 유산을 전승해야 한다고 말한다. 이는 흑인 여성의 경제적·심리적 독립의 성취라는 깊은 의미를 담고 있는 노래다. 또한 "나의 블루스에 증명해 봐요Prove It on My Blues"[17]에 나오는, 여성들과의 정서적·성적 유대는 여성과 동일시하는 정서적·성적 관계를 과시하면서도 그 성적 동일시에 상관없이 흑인 여성들 사이의 긍정적이고 정서적인 연계를 표현하는 것이기도 하다.

레이니뿐만 아니라 블루스 여성들의 다양한 노래들에 배어 있는 삶과 정서는 당대의 흑인 삶에 관한 필수 정보를 전달했을 뿐 아니라 당대 사회가 흑인 여성을 대하는 태도를 비판했다. 블루스 여성 가수들의 존재 자체가 흑인 여성에게 정기적으로 일어났던 사건을 증언하였다. 흑인 여성들의 블루스는 미국에서의 흑인 여성 삶에 함축된 깊은 중층의 의미들과 아이러니, 배신, 쓰라림, 갈망 등을 표현했다. 흑인 여성들의 섹시하면서도 빛나는 언어와 관점 덕분에 블루스 여성들은 낭만적 성적·정치적 수사에 관여할 수 있었다.[18] 한마디로 "젠더

---

16) 모든 여성들이 내 말을 들어 보면 좋겠어요, / 당신의 눈으로 볼 수 있는 한, 남자들을 아무도 믿지 말아요, / 난 가장 친한 내 친구와 함께 내 남자를 믿었어요, / 하지만 그게 결국 나빴던 거예요 // 아무 남자도 믿지 말아요, 당신의 눈으로 볼 수 있는 한, 아무 남자도 / 당신의 눈으로 볼 수 있는 한, 어떤 남자도 믿지 말라고 난 말했어요. // 그 남자는 당신을 사랑한다고, 그게 진실임을 맹세한다고 당신에게 말할 거예요 / 바로 그 다음 순간, 그는 당신을 갖고 놀 거예요 / 아, 당신의 시야에 들어오는 남자를 아무도 믿지 말아요.
17) 난 지난밤 한 무리의 내 친구들과 놀았어요, / 그들은 여자들이었던 게 틀림없어요, 난 남자를 좋아하지 않으니까요 / 팬처럼 내 옷을 입고 / 그저 노인이 하듯 소녀들에게 말을 걸어 봐요 / 소녀들이 말하니까 나도 그렇게 해요, 아무도 나를 잡지 못해요 / 그것을 내게 증명해 봐요.
18) Marcyliena Morgan, p.434 참조.

와 섹슈얼리티의 정치에 관한 미학적 재현들이 인종과 계급에 관한 흑인 여성들의 재현들과 (…) 얽혀 있다는 점이 흑인 여성들의 작품을 더욱 더 도발적인 것으로 만든다"[19]는 안젤라 데이비스의 비평적 틀은 비단 블루스뿐만 아니라, 재즈, 록, 랩 여성들에게도 적용될 만한 것이다.

백인 레코드 회사들은 레이니와 스미스 외에도 수많은 흑인 예술가를 발굴하였고, 그들은 미국 대중음악을 풍부하게 하였다. 그런데도 〈모타운 콤플렉스Motown complex〉가 만들어진 1960년대에 이르기까지 흑인 소유 레이블이 실질적인 기획으로 발전하지 못했다는 것은 냉혹한 아이러니다. 모타운 이전에는 약 10년간 번창하다가 파산한 시카고의 〈비 제이 레코드Vee Jay Records〉라는 레이블이 있었을 뿐이다.

블루스 음반 시장이 계속 확장함에 따라 재능 있는 가수를 발굴하는 일이 중요해졌다. 백인 레코드 회사는 고전 블루스 가수들을 다 써먹자 가수들을 스카우트해 오기 위해 주로 레코드 가게 주인들을 블루스의 본고장인 남부 각 지역으로 파견했다. 이들이 취입한 수많은 블루스 음반은 일부를 제외하고는 곧바로 잊혀지고 말았다. 1926년에서부터 대공황 전까지 많은 가수들이 등장하였다. 블루스의 델타 사운드가 미국 대중음악에 들어온 것도 이때였다. 델타 블루스 가수들은 백인 팝/재즈의 영향과 동떨어져 있었다. 그 스타일은 들판에서 선창하는 사람을 따라 노예들이 부르던 노동요에서 파생된 것이었다. 분위기는 무겁고 무정하였으며 톤은 목 뒤에서 나오듯 거칠고 으

---

19) Angela Davis, *Blues Legacies and Black Feminism: Gertrude "Ma" Rainy, Bessie Smith, and Billie Holiday* (New York: Pantheon, 1998), p. xv.

르렁거렸다. 목소리는 콘트라스트나 강한 정서를 표현하는 가성 falsetto이었다.

델타 블루스를 형성하는 유명한 블루스맨 중에 찰리 패튼Charley Patton, 부커 워싱턴 화이트Booker Washington White, 로버트 존슨Robert Johnson의 블루스들[20]이 보여 준 특징적인 자기 묘사, 자기 탐색, 자기 투사 등은 남북전쟁 후가 아니었으면 표현하기 힘든 것이었다. 노예들이 해방된 후에 새로 얻은 자유를 현실적으로, 구체적으로 실현시키려는 투쟁 과정은 간단하지 않은 심리적 문제를 담고 있었다. 블루스는 박탈, 어려움, 고통 가운데서 생기는 짙은 갈망을, 즉 서로 반대되는 우울과 즐거움, 좌절과 기대, 절망과 다짐, 고통과 인내, 패배와 희망의 융합을 나타낸다.[21] 바로 이 대조적인 감정들에서 블루스의 정서적인 강렬함과 지속적인 호소력이 나온다.

공황기 이후 블루스의 중심지는 시카고였다. 시카고를 중심으로 블루스는 도시화하여 시골 분위기를 벗게 된다. 도시 블루스Urban Blues에서는 기타 대신 피아노가 쓰이고, 멜로디 악기로 하모니카 대신 색소폰이나 클라리넷을 쓰게 된다. 도시 블루스는 블루스와 재즈가 수렴하면서 발전된 것이다. 블루스의 아버지라는 윌리엄 크리스토퍼 핸디William Christopher Handy가 발행한 『블루스 선집』(1926)은 할렘 르네상스 기간에 흑인들이 자기 정체성을 찾아가는 과정을 소개하고 백

---

20) 1926년에 제작된 『블루스 선집Blues: An Anthology』에 집대성되어 있다.

21) 블루스 음악 형식의 특징은 12저음 시퀀스에서 세 코드와 세 라인(A-A-B) 형식의 단순함과 단일성이다. 블루스 음악 하면 '슬픔'이라는 단어가 제일 먼저 떠오르며 흐느끼는 듯한 고음의 콧소리가 연상된다. 음악적으로 보면 세 코드가 장조라서 블루스의 전체 분위기는 슬픈 것일 수 없다. 블루스 음악의 특성은 세 코드의 장조와 내림조의 멜로디가 갖는 역설적이고 애매한 관계에서 나온다. 여기서 감지되는 것은 긴장이다.

인 세계로 하여금 흑인 민중 음악의 풍요로움을 인식하게 만든 분수령격인 선집이었다. 핸디의 〈세인트루이스 블루스〉는 베시 스미스[22]를 비롯한 유명한 인기 가수들을 블루스로 끌어들였다. 그 시절 어떤 재즈 밴드는 핸디의 "멤피스 블루스"를 연주하기도 하였다. 핸디의 블루스 곡들이 누린 인기는 1920년대 틴 팬 앨리를 블루스로 범람하게 했다. 흑인인 핸디는 대중적 소비를 위해 블루스 음악을 각색하고 세련되게 다듬어 부드럽게 백인화하였다.

04 흑인들의 자존심과 위엄이 담긴 음악: 리듬 앤 블루스

리듬 앤 블루스는 1949년경에 이르러 성숙한, 새로운 흑인 음악 양식이다. 이 음악은 대중음악의 앞 강세를 폐기하고 뒤 강세를 채택함으로써 팝의 부드러운 공명 대신 거칠게 소리치는 스타일을 특징으로 하는 토착적 흑인 음악이다. 리듬 앤 블루스에서 중요한 위치를 차지하는 두 가지 악기는 전자 기타와 테너 색소폰이다. 초기 리듬 앤 블루스의 테너맨들은 테너 색소폰이 내는 크고 쉰 소리 때문에 이 악기를 선호하였다. 그들은 보프[23]가 부상할 때 구체화된 감정들, 즉 흑인의 지위에 대한 전후의 환멸감을 표현하기 위해 테너 색소폰을 사용했다. 나중에 리듬 앤 블루스에서 테너 색소폰의 소리가 부드럽게 바뀌었듯이 노래 스타일도 철저한 변화를 겪었다. 선구적인 델타 블루

---

22) 루이 암스트롱과 함께 1925년에 레코드를 취입했다.

스맨들은 신음하며 한숨짓고 울었다. 도시의 블루스맨들은 여기에 전율과 함께 팝재즈의 영향력을 가미하였다. 여기서 나오는 테너 소리는 감미롭고 따뜻하여 듣기 좋았다. 이 소리는 백인들의 '달콤한' 스윙[24] 밴드에서 나는 소리와 유사했다.

그러나 리듬 앤 블루스 방식의 노래에 가장 강력한 영향을 미친 것은 복음성가였다. 리듬 앤 블루스 가수들은 복음성가의 흥분과 환희를 포착하고자 했다. 이들은 머리를 뒤로 젖히고 입을 크게 벌린 채 소리 질렀다. 조 터너Joe Turner라는 가수는 1930년대에 캔자스시티 바에서 노래를 불렀는데 12번가 너머에 있는 청중에게까지 들릴 정도였

---

23) Bop, 새로운 재즈. 1920년대와 1930년대 스윙 시대의 백인 주도 분위기에 맞섰던 흑인 음악인들 (Dizzy Gillespie, Al Haig, Curley Russell, Stan Levey, Charlie Parker)에 의해 시작된 새로운 흑인 재즈가 보프Bop다. 그들은 청중을 비웃듯 당혹스러운 음악을 추구하였다. 흑인 음악가들은 스윙 시대 내내 그들의 백인 동료들이 영광과 보상을 받는 모습을 지켜보아야 했다. 그들은 전쟁 중에 새로운 세상에 대한 약속을 들으면서 인종차별주의를 끝내기 위해 싸웠다. 그러나 일단 전쟁이 끝난 후에는 미국 전역에서 또다시 차별과 분리, 착취가 감행되었다. 명목상의 상징적인 몇몇 경우를 빼면 백인들이 스튜디오 오케스트라와 레코드 산업을 계속 독점하였다. 흑인들이 심포니 오케스트라나 콘서트에 들어갈 기회는 좀처럼 생기지 않았다. 흑인들이 이러한 사회 분위기를 반격하면서 나타난 새로운 재즈야말로 분노, 좌절, 원망과 도전을 표현한다. 모던 재즈의 개시를 공공연하게 알리는 보프는 즉흥성이 반복되면서 더 이상 놀람과 경이의 소리를 담지 못하게 된 재즈 음악이 정체하는 상황에서 신선한 멜로디, 깜짝 놀라게 하는 리듬, 복잡한 코드 패턴과 새 레퍼토리를 가져다주었다.

24) 스윙은 제2차 세계대전이 시작되기 전, 희망에 부푼 탄력 있는 춤곡 위주의 음악으로 시작되었는데 1930년대에 52번가의 주류 밀매점이 나이트클럽으로 바뀌는 등, 클럽들이 계속 생기면서 52번가를 스윙가로 바꾸어 놓은 시절의 음악이었다. 이 시절의 베니 굿맨Benny Goodman, 아티 쇼Artie Shaw, 글렌 밀러Glenn Miller, 도르시Dorsey 형제들, 찰리 바넷Charlie Barnet, 해리 제임스Harry James, 우디 허만Woody Herman, 진 크럽파Gene Krupa와 같은 백인 스타 연주자들의 빅 밴드가 스윙 음악을 주도하였다. 이들의 커다란 음악 밴드는, 노래들을 유행곡으로 만들고 대중가수를 스타로 만드는 매개체가 되었다. 하지만 이들 이전에 활동했고 스윙 음악의 기원이었던 플레처 헨더슨Flether Henderson, 카운트 배시, 듀크 엘링턴, 칙 웨비Chick Webby 같은 흑인 밴드들은 그러한 대열에서 배제되고 있었다. 스윙 시대는 커다란 백인 밴드들이 등장했고 그들에게 커다란 보상을 안겨 주면서 백인 음악인들이 미국 대중음악의 실질적인 주도권을 잡기 시작한 때였다.

다. 1950년대에 들어와 조 터너의 목소리는 전후 흑인들이 느끼는 실망과 좌절감으로 꽉 차 있었다. 곳곳에서 흑인이라고 거부당하는 경험 때문이었다. 1950년대 미국은 여전히 흑인을 차별하였다. 브로드웨이 극장, 영화관, 나이트클럽은 흑인을 좀처럼 받아들이지 않았다.

흑인들은 점차 리듬 앤 블루스 음악을 통해 자존심과 위엄을 표현하기 시작했다. 리듬 앤 블루스 스타일로 고함지르는 남성가수는 더 이상 시골의 콧소리 블루스와 같은 흐느끼는 소리를 내지 않았다. 이제 새롭고 강한, 남성이 포효하는 듯한 "셰이크, 래틀 앤 롤Shake, Rattle and Roll"을 부르기 시작했다.

이런 형식의 리듬 앤 블루스를 차용한 백인 가수들이 바로 초기 엘비스 프레슬리Elvis Presley와 롤링 스톤스Rolling Stones였다. 전후의 고뇌와 희망, 이별의 슬픔은 발라드의 낭만주의나 감상주의와 맞아 떨어졌으므로 리듬 앤 블루스의 발라드 스타일 또한 유행하였다. 이 스타일에서는 백인 남성 가수 프랭크 시나트라, 시나트라에 맞먹는 흑인 가수 퍼시 메이필드Percy Mayfield가 유명했다. 흑인 여성 가수로는 디나 워싱턴Dinah Washington이 유명했다.

리듬 앤 블루스는 흑인 음악뿐만 아니라 미국 주류 음악에 흥분과 충동, 탄성과 춤의 들썩임을 가져왔으며 1940년대에 시작해서 1949년에 이르러 성숙되었다. 빅 밴드, 복음성가, 조용한 블루스에서 파생된 스타일이, '고함치는' 노래 소리와 전자 기타와 시끄러운 테너 색소폰에 혼합되어 흑백 음악 모두에 큰 파급력을 미치면서 대중적인 예술 형식으로 발전되었다.

리듬 앤 블루스의 성장을 가능하게 한 기술적 배경에는 녹음 기술의 발전이 있었다. 전쟁 동안 녹음테이프가 통신용으로 광범위하게 활용된 덕분에 싼 값의 녹음테이프 기계가 많이 생산되었던 것이다. 비싸고 묵직한 장치 대신 간단한 녹음 장치로 창고나 거실에서도 녹음을 할 수 있게 되었다. 디스크자키가 좋은 직업으로 떠오르고 트랜지스터라디오가 보급되면서 네트워크 라디오나 텔레비전을 통해 얼마든지 새 노래를 세상에 선보일 수 있었다. 그래서 직원과 재정이 부족한 작은 레이블도 얼마든지 대중에게 다가갈 수 있었다. 흑인들의 토착적인 방식으로 레코딩 작업을 하려는 욕구가 컸고 작은 독립 레이블들이 생겨났다. 1940년대에는 약 4백 개의 작은 레이블들이 음반을 냈는데, 그중 약 백 개는 1950년대까지 유지되었다. 이와 같은 사회적·기술적 배경에서 리듬 앤 블루스가 성장했다.

백인들이 리듬 앤 블루스 양식을 수용하는 데는 커버 신드롬Cover Syndrome 현상, 즉 히트한 흑인 리듬 앤 블루스 음악을 백인 가수가 뒤쫓아 다시 녹음하는 현상을 거쳐야 했다. 알란 프리드Alan Freed라는 클리블랜드의 방송 디스크자키는 십대들에게 인기를 끌고 있는 이와 같은 백인 커버 음악을 자기 프로그램에서 "로큰롤Rock 'n' Roll"이라고 부르기 시작했다. 이어 클리블랜드뿐만 아니라 미국 전역에서 백인 가수와 백인 십대 청중이 백인이 커버한 리듬 앤 블루스 음악에 폭발적인 관심을 보였다. 미국의 다양한 지역들(대부분 남부)의 백인 십대들은 이러한 음반들을 통해 리듬 앤 블루스를 접했으며, 그것에 열광했다. 백인들은 리듬 앤 블루스에서 새로운 흥분과 전자성, 비트를 간파했다. 엘비스 프레슬리는 백인 음악인 컨트리에다 리듬 앤 블루스의 이러한 면모를 절묘하게 섞어 넣음으로써 흑백 음악의 융합을 극적으로 만개시켰다.

컨트리 음악은 서부 개척 시대에 백인들이 영국(유럽)에서 전해진 민요에 춤과 노래를 덧붙인 것으로 "컨트리 앤 웨스턴"이라고도 불린다. 민속음악으로 시골 생활을 잔잔하게 그리던 컨트리 음악은 도시로, 미국 전체로 퍼져 나가면서 방랑, 성관계, 인종차별, 음주 등 새로운 주제를 끌어들였고 악기 또한 간단한 민속 악기에서 전기 기타를 사용한 사운드를 많이 쓰게 되면서 거칠고 빨라졌다.[25] 도시의 컨트리 음악은 거칠고 다듬어지지 않은 목소리로 클래식 가수의 완벽한 음정과 분명한 발성, 틴 팬 앨리 팝 가수들의 정확성을 비웃었다. 남부의 교회에서는 흑인과 백인 가스펠 그룹들이 개인적·집단적인 열정들을 인종적으로 융합시킬 수 있는 화음을 발달시키기도 하였다. 그래서 백인의 컨트리 음악은 남부 시골 흑인 음악과 확연히 구별되기 어려울 정도로 흑인적 요소를 많이 갖고 있었다.

하지만 전반적으로 보아 백인 컨트리 음악이 담고 있는 소수자들의 목소리는 소극적이고 보수적이었다. 컨트리 음악은 반항이나 쾌락을 위한 확실한 공간을 제공하지 않았으며 젊은이의 사회적 관심과 끊임없는 활동을 시사하는 상징도 제시하지 않았다. 컨트리 음악은 가난한 하층 백인의 문제를 그리면서도 새로운 가능성을 표현하지 못했다. 대부분의 백인 컨트리 음악은 창조성을 추구하기보다는 이미 시도되고 검증된 기준들을 기교적으로 다루는 데 그쳤을 뿐이다. 엘비스 프레슬리 역시도 하루 종일 춤추며 즐기자[26]는 것 이상의 무엇을 창조하지 못했다는 점에서 흑인 음악을 상업적으로 잘 이용한 백인 가수에 머문다.

---

25) 문지훈, 「68 운동과 록 음악의 역할」, 한국외국어 대학교 교육대학원 석사 학위 논문(2008), 15쪽.
26) 대표적인 곡으로 1954년의 "하루 종일 흔들자Rock Around The Clock"를 들 수 있겠다.

14

1960년대~1980년대까지의 미국 대중음악

01 히피와 신좌파, 흑인에게 생명력을 불어넣은 음악: 록과 포크, 소울

1950년대에 컨트리와 리듬 앤 블루스를 합쳐 만들어진 로큰롤 음악은 1960년대 중반에 이르러 "록"이라는 용어로 대체된다. 젊음과 폭발, 저항을 키워드로 삼은 1960년대와 1970년대 록의 시대는 1950년대와 달리 음악을 통해 사회성, 공동체성, 비판 정신을 보여 주었다. 록의 정신은 전후 1950년대의 풍요 속에서 순응, 속물근성, 권위주의를 벗어 던지고 음악과 춤을 즐기자는 로큰롤의 열광과는 다른 새로운 시대정신을 반영하는 셈이었다. 1960년대 당시 대다수 미국 젊은이들은 1950년대까지 미국을 풍미했던 부드럽고 안온한 감상과 결별하고, 투박하면서도 거친 록 음악에서 미국 자본주의적 일상에서는 느낄 수 없었던 생동감과 생명력을 만끽했다.

1960년대 미국 젊은이들의 태도와 생활 유형에 일어난 이러한 급격한 변화는 '히피'와 '신좌파'라는 용어로 집약된다. 2차 대전 중, 또는 그 직후에 태어난 미국 젊은이들은 폭력과 격변의 시대를 지나 원자탄, 냉전, 월남 참전과 뒤얽혀 있는 풍요로운 사회의 모호함을 학교, 교회, 가정에서 배운 전통적인 도덕과 윤리적 이상에 조화시켜야 했다. 이런 어려움 속에서 수많은 젊은이들이 부모의 이상과 목적을 거부하였고 연장자들의 생활양식에 저항하였으며, 개발과 일방적인 교육, 물질적 성공 같은 전통 가치를 불신한다는 의미에서 종종 집단 생활로 뭉쳤다. 이들이 바로 '히피'다. 히피는 머리와 수염을 기르고 원시적이며 기묘한 옷차림을 하는 등, 표준 행동 양식에서 일탈하려고 애썼다. 또한 전통 미국 교육을 거부하고 사회적 기능 체계에 통합되기를 거부했으며 지성적 경험보다 감성적 경험을 추구하여 육체노동, 미술과 공예, 음악 그룹의 조직이나 잡무를 선호하였다. 이들은 대체로 음식, 의복, 일, 때로는 섹스까지도 공유하며 집단, 공동 부락, 소규모의 가족 안에 있으려 했다. 이들은 자본주의적 핵가족의 파편화한 개인주의와 이기적인 가족주의를 거부하였다. 또한 공동체와 형제애의 정신이 있었는데, 이것이야말로 히피 운동에서 가장 호소력 있고 참신한 국면 가운데 하나였다.

감성적 경험을 선호하는 히피 젊은이들은 자유로운 예술적 실험을 삶의 중요한 일부로 생각했다. 특히 음악을 통해 억제되지 않은 감성을 표현하거나 민속적 주제들을 추구하였다. 1960년대에 널리 퍼진 록 그룹의 매력은 음악적인 신선함과 창의성에 있었다. 1969년 8월, 뉴욕 주 북부의 화이트 레이크에서 열린 우드스톡 페스티벌[1]에는 40만 명이 모여 록과 마리화나, 섹스와 해방감을 만끽했다. 어떤 정치적 이슈를 공표하지도, 경찰이나 권력 기구와 대면하지도 않았다. 억제와 억압 없이 자연스럽게 질서가 형성되었고 정신적으로 조화를 이루는 축제였다. 제도와 권력에 얽매이지 않은 인간 공동체 그 자체였다. 우드스톡 페스티벌이 보여 준 사랑과 공동체 정신은 1960년대 미국 젊은이들의 엄청난 에너지가 긍정적으로 발산된 결과였다.

공동체 음악으로서 록의 예술적 충동은 자본에 의해 파괴당하지 않았다. 록 음악은 공동체의 정서를 바탕으로 '록 형제애'라는 신화를 실현시켰다. 노동과 생산 윤리에 치중하는 금욕적인 미국 자본주의적 생활양식에 염증을 느낀 젊은이들은 곧바로 이 신화에 열광했

---

1) '3days of Peace & Music'을 내걸며 히피와 신좌파라는 이질적인 두 집단의 이상을 록 음악으로 한데 모은 이 페스티벌의 응집력은 대단한 것이었다. 참가자들은 수백 킬로미터를 히치하이킹으로 달려왔으며 빗속에서 잠을 자고 거친 음식을 먹고 자유롭게 섹스를 즐겼다. 조안 바에즈, 산타나, 재니스 조플린, 더 후The Who, 지미 핸드릭스 등 남녀 흑백 록 가수들이 대거 참여하여 평화와 해방을 열정적으로 노래하였다. 문지훈, 47쪽 참조.

다. 록 공연장에서의 광적인 반응과 쾌락의 추구, 관능적인 육체 표현 등은 반자본주의적 요소의 집단 양식이었다. 더군다나 록 음악을 구성하는 주요한 맥이 흑인 음악인 리듬 앤 블루스였으므로 록 음악 양식 자체가 백인과 흑인의 융합이라는 메시지를 담고 있었다. 미국 기성세대들은 록 음악의 반항적이고 난잡해 보이는 요소를 일찌감치 비난하였으며 탄압에 앞장섰다. 그러나 1960년대, 1970년대 록 음악은 팝 록, 모던 록, 얼터너티브 록, 포크 록, 펑크 록 등의 다양한 실험을 거쳐 눈부시게 발전하였으며, 젊은이들이 미국 대중음악계의 중심이 되는 계기를 마련했다.

록 음악을 중심으로 하는 미국 젊은이들의 대항문화는 단순히 폐쇄적이고 체제 순응적인 고급 기성 문화에 반대하고 대중문화 매체로서의 음악이 갖는 힘을 공표한 것 이상의 의미를 갖는다. 1960년대 미국 청년들은 제도 예술의 좁은 테두리를 파괴하고 그 영역을 넘어서는 포괄적인 일상·생활문화로 관심을 확대함으로써 예술 문화의 개념이나 그 제도적 분할 형태를 획기적으로 변화시키는 문화 충동을 표출하였기 때문이다.

하지만 1960년대 미국 젊은이들이 추구한 대항문화는 기존 문화/대항문화의 대립 구도 속에서 이데올로기적으로 점차 제도화됨으로써 지배적인 정치 경제 관계에 종속되고 만다. 말하자면 이들의 뿌리 깊은 문화적 보헤미안 전통과 무정부주의적 자기 탐닉 때문에 젊은이들의 대항문화는 1970년대의 보수주의와 소비 자본주의를 이기지 못하고 현실에서 멀어져 갔다. 일부 젊은이들은 스피드 경주, 들치기, 오토바이 폭주에 몰두하였고, 종교적 신비주의나 아예 은둔하는 삶을 택했으며, 일부는 더욱 새로운 감각 경험을 위해 마약에 빠진 것이 그

단적인 예다. 이렇게 1960년대 미국 젊은이들을 추동했던 공동체의 건전한 경험과 육체적 해방 욕구가 수동적이고 개인화된 소비 압력에 굴복하여 자기 방종으로 전락하는 과정이야말로 대항문화가 상업화되는 여지를 제공하였다. 록 음악의 경우, 점차 그 생동감 넘치는 비트와 분노가 거세되어 투박함과 촌스러움을 벗고 세련된 도시 감각과 아름다움으로 장식되었으며 공동체의 환상을 대량으로 파는 대중매체가 되고 말았다.

그러나 1960년대 젊은이들의 모든 집단행동이 도피주의적 성질을 갖는 것은 아니었다. 더 나은 사회를 향한 자신들의 비전을 보여 주기 위하여 종종 위험한 환경에서 영웅적이며 헌신적인 활동을 펼치며, 다양한 대의명분에 몰두하는 젊은이들도 있었다. 이러한 젊은이들이 전개한 1960년대의 중요한 운동 중에 시민권, 더 나은 교육, 신뢰할 만한 정치, 환경보호, 여성해방, 베트남전쟁 종결을 위한 사회운동 등이 있다. 이러한 모든 운동에서, 젊은이들은 일부 대중매체의 지지뿐만 아니라 서른 살이 넘은 상당수의 기성세대에게서 아낌없는 격려를 받았고 그들과 적극적인 협력 관계를 유지하기도 하였다.

특히 캘리포니아 만의 급진 젊은이들은 세계 전역에 걸친 신좌파의 정치적 전망과 문화 양식의 선봉에 섰다. 그들은 전후의 편협한 냉전 정치와 해외에서의 제국주의 팽창과 단절하면서 군국주의, 인종주의, 성차별, 동성애 공포증, 무분별한 소비주의와 공해에 반대하는 투쟁을 전개하였다. 그들은 전통 좌파의 엄격한 위계 대신 집합적 · 민주적 구조를 창출하였다. 무엇보다 캘리포니아의 신좌파는 정치 투쟁을 문화 반역과 결합하였다. 말하자면 정치와 문화를 분리시키지 않았고 사회적 자유의 일부로서 개인의 자유를 지지했으며 근본적인 사회 변동에 대한 신념과 희망을 견지했다. 하지만 이들 역시 문화적 보헤미안주의의 오랜 전통에 따라 자유지상주의적 개인주의, 무정부주의라는 미국적 자기모순을 완전히 벗어나지 못했다.

이들은 "우리 승리하리라We shall overcome"와 "오오, 자유Oh Free"와 같은 프리덤 송과, 밥 딜런Bob Dylan 부류의 저항적인 포크 음악을 즐겨 불렀다. 제1차 세계대전 후 백인 중심으로 유행한 포크 음악은 처음에는 '지방 낭만주의의 부흥'이라는 의미에 한정되었다. 포크 음악은 도시의 부패, 상업주의, 대중음악에 대항할 수 있는 가치와 방법을 제공하려고 했으며 이미 있었던 민중 예술의 유산인 토착 포크 의식과 전통에 정치적·계급적 의미를 불어넣었다. 진보적 성향의 미국인들은 자본주의 체제가 야기하는 불황과 빈곤에 저항하는 이들의 참여를 이끌어 내기 위해 포크 음악을 택했다. 급진주의자들에 의해 단순한 지방 음악이 도시 노동자들의 공동체적 정서와 욕구를 가장 적절히 표현하는 양식으로 채택된 셈이었다.

미국 포크 음악의 급진적 전통은 특히 좌파 보헤미안이었던 1930년대 도시 지식인들로 구성된 포크 그룹에 의해 만들어졌다. 사실 공동체적이고 유기적인 미국 사회에 대한 염원을 담는, '민중'에 대한 그들의 이야기는 건전한 부르주아의 신화로, 미국의 시골 사회에 대한 향수를 정치적·음악적으로 이용한 것이었다. 포크는 되도록 가장 단순하게 진실을 노래하는 가사들과 평이한 연주를 강조하였다. 거기에는 스타나 히트곡도 없었고, 연주자와 청중도 딱히 구분되지 않았다. 포크 공동체는 노래 부르기뿐만 아니라 음악 연주 자체를 위해 창조된 공동체였다. 포크 음악은 1940년대 이후 미국에서 정치적 급진주의가 붕괴하면서 그 영향력이 줄어들어 대학 캠퍼스에만 머물다가 1960년대에 부활했다.

1960년대 흑인 인권 운동에 동조하는 백인 음악인의 대표 주자였던 딜런의 노래 중 "바람만이 아는 대답Blowing in the Wind"[2]은 저항적인 포크송의 낙관적인 믿음보다 "대답은 바람에 실려 간다"[3]는 회의적인 음조가 더 지배적이다. 훗날 딜런은 "말깨나 한다는 이들이 그 대답이 있는 곳을 가르쳐 줄까요. 나는 그런 건 믿지 않습니다"라고 말했다. 그런데도 딜런의 노래에는 1950년대 미국 대중음악으로는 절대 채울 수 없는 요소가 있었다. 그것은 날카롭게 현실을 꿰뚫는 눈과 시적인 비유와 풍자의 미학이었다. 기교와 상업성보다는 진실과 연주자의 음악적 솔직함을 강조하는 포크적 가치들은 1960년대에 정치적인 백인 젊은이들에 의해 다시 울려 퍼졌다. 하지만 이들이 대변하던 가치들은 미국 사회의 기본 원리로 뿌리내리지 못하고 대중음악 제재로 팔려 나갔을 뿐이다.

백인 젊은이들이 우드스톡 페스티발, 베트남 반전운동, 캘리포니아 신좌파 급진 운동에 참여하고 있을 때, 흑인 인권 운동의 한가운데 있을 수밖에 없었던 게토의 흑인 젊은이들은 백인 사회에 동화하

---

2) 1963년에 발표된 이 곡은 같은 해 빌보드 차트 1위에 올랐다. 작사, 작곡을 할 뿐만 아니라 통기타 연주에다 육성의 화음을 곁들이는 노래를 동시에 하는 밥 딜런의 퍼포먼스는 노래만 하던 로큰롤 음악과는 다른 감흥을 자아낸다. 특히 밥 딜런의 가사는 윌리엄 블레이크, 키츠, 엘리엇, 딜런 토머스, 케루악, 긴스버그 등 영미 시인들의 모든 장점을 함축했다는 점에서 특별한 가치를 지닌다. 한대수, 『영원한 록의 신화 비틀즈, 살아 있는 전설 밥 딜런』(숨비소리, 2005), 133쪽 참조.

3) 얼마나 여러 번 올려 봐야 / 푸른 하늘을 볼 수 있을까? / 얼마나 큰 소리로 외쳐야 / 사람들의 울음소리를 들을 수 있을까? / 얼마나 많은 사람들이 죽어야 / 죽음의 뜻을 알 수 있을까? / 내 친구여, 그 대답은 바람 속에 실려 가고 있어 / 대답은 바람 속에 실려 가고 있어How many times must a man look up, / Before he can see the sky? / Yes, 'n' how many ears must one man have, / Before he can hear people cry? / Yes, 'n' how many deaths will it take till he knows / That too many people have died? / The answer, my friend, is blowin' in the wind / The answer is blowin' in the wind.

려는 노력 대신 주체성을 선언함으로써 미국 사회의 변화를 견인하고자 하였다. 그 단적인 예로 1968년, 제임스 브라운James Brown은 "흑인인 것이 자랑스럽다고 큰소리로 말하라Say it Loud, I'm Black and I'm Proud"는 싱글 앨범을 발표하였다. 이것은 흑인의 정서적인 독립 선언이었다. 이 소울 앨범은 리듬 앤 블루스 차트에서 12주 연속 1위를 기록하였다. 이 앨범은 1960년대 미국을 거대한 소용돌이로 몰고 갔던 흑인 민족주의와 흑인 파워 운동의 성장을 음악으로 증언한 것이었다.

1960년대는 거리, 부엌, 무대, 모텔 발코니, 자동차가 피로 물든 시대였다. 쉽사리 오지 않는 변화로 고통 받고 분열되던 사회 분위기 속에서 제임스 브라운은 주체성을 선포하면서 비명을 지르고 악을 썼다. 리듬 앤 블루스 가수들이 고함을 쳤다면 소울 가수들은 울부짖었다. 복음성가가 리듬 앤 블루스를 형성하는 음악 자원 중 하나였다면, 소울 음악에서는 전체를 이루었다. 소울 음악에서는 노래 자체보다도 거룩하게 진행되는 예배와 같은 황홀한 스타일이 더욱 중요했다. 리듬 앤 블루스 음악이 주연酒宴의 음악이었다면 소울은 황홀의 음악이었다. 소울은 흑인의 깊은 정서적 반응을 촉발하였다. 1960년대에 강화된 흑인 인권 투쟁은 긴장감을 촉발하였으며 흑인 가수들치고 이에 반응하지 않은 사람은 없었다. 가수들은 그저 엔터테이너가 아니라 시대의 증인들이었다. 그들의 음반은 주제에 상관없이 감정으로 흘러넘쳤으며 그들의 노래는 비명, 외침, 신음, 흐느낌, 날카로운 소리에 가까웠다.

1960년대 소울 음악은 두 가지 소리(모타운 사운드와 스택스 사운드, 혹은 디트로이트 사운드와 멤피스 사운드)로 발전하게 된다. 모타운이 매끄러운 자동차와 현란한 클럽의 백인 세계로 확장된 북부 게토라면, 스택스는 1960년대에 강둑을 범람시킨 미시시피 강이다. 스택스 사운드가 모타운 사운드보다 흑인 음악의 핵심과 진수를 더 강하게 지니고 있는 셈이다. 스택스는 멤피스 시의 흑인 구역 이름이다. 스택스 사운드란, 블루스와 흑인 교회 음악, 백인 컨트리 음악을 이어받아 종합한 독특한 소리를 일컫는다. 복음성가를 로큰롤 비트에 맞추어 부르는 스택스 사운드를 택한 팝 소재는 전시적이기보다 내향적이고 부드러운 소울로 바뀌었다. 이러한 변화는 폭넓은 청중을 확보하기 위한 전략이기도 하였다.

모타운 사운드는 흑인 소울을 백인 방식으로 부드럽게 마무리한다. 베리 고디Berry Gordy라는 사람이 디트로이트 시에서 1959년에 이 작업을 시작하였다. 고디는 자기 휘하의 예술가들이 백인 중산층 사회에 편안하게 영입되도록 학교를 세워 예절과 에티켓, 적당한 의상을 입는 법과 대화법을 가르쳤다. 녹음할 작품의 소재도 당대의 논쟁적인 이슈를 피하고 낭만적인 것으로 골랐다. 짧게 말해 고디는 흑인 요소들로 일단 흑인 청중을 확보하고 흑인적 요소에 운치를 더해 백인 시장에서 음반이 팔려 나가게 하였다. 모타운 사운드가 팝 소울, 혹은 팝 복음성가 양쪽으로 흘러들어가자 고디는 엄청난 수익을 올리게 된다. 모타운 사운드를 대표하는 흑인 음악가가 스티비 원더Stevie Wonder다. 스티비 원더의 관점이나 소리는 분명 흑인적인 기초를 갖고 있다. 하지만 스티비 원더는 모타운 사운드의 좁은 틀을 벗어나는 넓은 폭과 개성을 소유하고 있다.

02 록의 변주들: 헤비메탈, 하드코어, 펑크/횡크

　권위주의, 인종차별주의, 전쟁에 반대하며 시대의 양심이자 자극제
가 되기를 원했던 청년들의 열기는 1960년대 말, 한순간에 잠잠해졌
다. 1970년에 비틀즈는 해체되었고 같은 해 흑인 남성 가수 지미 헨드
릭스Jimi Hendrix와 백인 여성 가수 재니스 조플린Janis Zopplin이 약물로
사망했다. 1970년대에 등장한 록의 다양한 변주들 중에 헤비메탈 밴
드는 대부분 백인 연주자들로 구성되어 있다. 소리 현상으로 보자면
헤비메탈은 1970년대가 보여 준 증폭기(앰프, Amplifier)와 신시사이저
(합성기, Synthesizer) 전자음의 승리였다. 음악 스타일로 보자면 헤비메
탈은 흑인 소울 음악과 유사한 감정을 표현했다. 헤비메탈은 성난 음
악이며, 공격적인 음악이다. 헤비메탈은 내적인 혼란, 아마도 대부분
좌절을 표현한다. 소울이 음성 수준에서 극단적이었다면, 헤비메탈
은 악기 수준에서의 극단적인 표현 형식이었다. 헤비메탈이 가장 큰
호소력을 발휘했던 계층은 역시 젊은이들이었다. 젊은이들은 우레
같은 고음을 들으며 즐거워하였다.

　거의 모든 헤비메탈 밴드는 이상한 옷차림새를 하고 다녔으며 기
이한 골동품에 심취하거나 스캔들을 불러일으키는 등, 방종에 가까운
행동을 보였다. 이 경향은 1970년대 중반 이후 런던의 백인 펑크들
Punks에게서 시작되었고, 그 스캔들과 기이한 머리 모양과 옷매무새
는 미국으로 건너가 뉴웨이브 흐름으로 변주되었다. 예컨대 "분노와
거만의 미국적인 대가들"로 묘사된 그룹 〈키스〉는 괴상한 분장을 하

고 나왔다. 뱀파이어처럼, 고양이처럼, 우주인처럼, 네 번째는 외계인처럼 기괴한 옷을 입고 부츠를 신고 쭉쭉 뻗거나 총천연색 머리카락을 아주 짧게 자르거나 심지어는 빡빡머리를 했는가 하면, 문신도 했다. 그러나 펑크나 뉴웨이브 그룹의 도발과 분노는 1980년대 미국 대중음악계에 새로운 에너지를 가져다주기에는 역부족이었다. 길베르가 주장하듯 펑크 음악은 "모던 록 최후의 헐떡임이며, 지나치게 백인화된 기진맥진한 음악의 유언장이었다. 그리고 1970년대에서 1980년대로 힘겹게 넘어가던 소수의 반항아들이 진정성을 획득하기 위해 마지막으로 시도했던 몸부림" [4]과도 같았다.

헤비메탈은 큰 소리와 잡음을 좋아하는 미성숙한 유아적 상태에 호소한다고 비난받아 왔지만 제대로 연주된 헤비메탈은 오히려 청중을 압도하여 잠잠하게 가라앉히는 효과를 얻기도 한다. 사정없이 울리는 커다란 소리는 일시적이기는 하지만 일상적인 삶, 노동의 지겨움과 단조로움과 쓸데없음에서 벗어난 듯한 해방감을 준다. 헤비메탈 청중들은 육체적으로, 음성적으로 일반 록 청중보다 음악에 더욱더 큰 반응을 보인다. 쇼가 절정에 다다랐을 때 청중과 연주자에게서 흘러나오는 소리는 황홀의 폭발 속에서 합쳐진다. 그럴 때는 소울 연주자들의 공연이 그렇듯 종교적인 의식에 가깝다. 모두가 비슷하게 포효하는 소리에 사로잡히고 포위되어 더 강렬한 실존의 수준으로 고양된다.

하드코어는 백인 펑크(혹은 흑인 훵크)에 헤비메탈이 합쳐진, 강한 사운드가 총집결된 음악이다. 하드코어는 1970년대 말을 강타한 펑크

---

4) 조르주-클로드 길베르, 김승욱 옮김, 『포스트모던 신화 마돈나』(들녘, 2004), 52쪽.

와 뉴웨이브보다 더 강렬하고 무섭게, 또 격렬하게 춤을 추며 머리를 뒤흔들고 땀으로 온통 뒤범벅이 된 상태로, 절망과 허무 일색의 분위기를 연출한다.[5] 그렇지만 하드코어 록 그룹 중에는 정치적으로 혁명적이고 반체제적인 기치를 내건 그룹도 있다. 〈레이지 어겐스트 더 머신Rage Against the Machine〉은 기존 미국 체제를 완강히 거부하는 저항의 몸부림을 역력히 표출하였다. 정치적 집단으로 이목을 끈 이 그룹은 1990년대 하드코어 랩 그룹의 정치적 행동주의에 영향을 미쳤다. 말하자면 음악을 통한 급진적 행동주의와 비판 정신은 시대마다 재생되어 지속되었던 셈이다.

'훵크Funk'라는 말은 흑인 게토 슬랭(은어)으로 거슬러 올라간다. 이 말은 입으로 내뱉기 곤란한 지상의 풍경, 소리, 냄새, 특히 성적 흥분이나 성교 때 생기는 몸 냄새를 가리킨다. 음악 용어로서 '훵키funky'는, 보프와 제3의 재즈 흐름Third Stream Jazz 음악에 도입된 차가움, 복잡함, 지성주의에 대항하는 스타일을 가리키며 1950년대에 처음 선보였다. 훵크 스타일의 연주는 전통적인 블루스의 표현과 감정으로 돌아가서 블루스의 그늘과 울림을 사용하면서 비트에 따라 연주하는 것을 의미했다. 1967년과 1971년 사이에 '훵크'라는 용어가 흑인 예술가들 사이에 쓰이기 시작했다. 이 시기는 디스코 바람이 미국을 휩쓸기 시작하던 때였다. 훵크는 디스코에 적대적이라 할 수 있다. 훵크는 디스코의 부드러운 빅 밴드 사운드를 피하고 리듬 앤 블루스의 울부짖는 듯한 고함 소리로 되돌아갔기 때문이다.

훵크는 기본적으로 악기로 춤을 유발하는 스타일이다. 헤비메탈이

---

5) 임진모, 『젊음의 코드, 록』(북하우스, 2003), 216~218쪽 참조.

록에서 나왔듯, 횡크는 리듬 앤 블루스에서 나왔다. 최면적으로 반복되는 리듬 악절, 삐걱거리는 기타 소리, 우레와 같은 드럼 소리와 아우성치는 청동 악기 모두가 상당히 높은 수준의 관능성을 확보하면서 춤을 유발시켰다. 1980년대 부드러운 디스코 댄스의 열풍 속에서도 횡크의 리듬과 충동을 따르는 솔로 가수들은 생생하고도 열정적이며 성적인 에너지로 가득 찬 박력 있는 노래를 불렀다.

소울 음악의 주요 인물이었던 제임스 브라운은 횡크가 부상하는 데 핵심적인 기여를 했다. 그는 "아빠는 새 가방을 가졌네Papa's Got a New Bag"(1965)와 더불어 코드에 따라 최면에 걸린 듯 반복 악절을 연주하는 밴드 소리, 호른에 의한 스타카토 구두점, 기타에 의한 날카롭고 숨이 끊어질 듯한 코드를 생생하고 육감적인 리듬적 충동의 강력한 표현 속에 모두 융합시켰다. 제임스 브라운이 "식은 땀Cold Sweat"[6]을 녹음했을 즈음, 횡크는 원시적인 리듬 앤 블루스처럼 세속적이고 시끄러우며 더욱 서걱거리는 섹시한 방향으로 나아갔다. 이처럼 횡크는 특히 모타운으로 하여금 제국의 지위를 누리게 했던 팝 복음성가 부류의 부드러운 소리에 반대하였다. 1970년에 발표한 "횡키한 드러머Funky Drummer"와 1971년에 발표한 "횡키하게 만들자Make it Funky"는 제임스 브라운을 횡크 음악의 효시로 확고하게 인정하는 계기가 되었다.

제임스 브라운 외에 아이슬리Isley 형제, 니나 사이먼Nina Simon, 템테이션즈Temptations 같은 흑인 횡크 예술가들은 노래에 흑인 민족주의의 정서를 담았다. 록 시대의 백인 펑크Punk와 비슷하게, 흑인 횡크

---

6) 1967년 리듬 앤 블루스 차트 1위곡이었다.

Funk는 처음에는 레코드 스튜디오와 새롭고 세련된 기술에 의존하는 데 반대했다. 물론 이 적대감은 곧 사라졌고 이들은 신시사이저를 비롯해 전자 악기 등 새로운 기술 장치를 활용하기 시작했다. 유명한 마이클 잭슨Michael Jackson, 프린스Prince, 차카 칸Chaka Khan도 이러한 새로운 흐름 안에서 활동하였다. 1980년대에 들어와 특히 프린스와 마빈 게이Marvin Gaye, 차카 칸 같은 예술가들이 새로운 녹음 방식과 소리 발생 기술을 많이 쓴 결과, 펑크는 상당히 변모했다. 컴퓨터로 조종하는 전자 드럼, 다성적인 신시사이저와 세련된 시퀀서(음 배열기)들은 펑크의 리듬적 충동과 진동을 고양시켰다.

03 록의 새로운 성 정치: 록에서의 여성들

1970년대 이후 록의 실험적 갈래들(포크 록, 모던 포크, 안티 포크, 하드 록, 인디 록, 펑크, 소울, 펑크, 헤비메탈, 하드코어 등)은 성적인 에너지로 가득한 노래를 들려주었지만 록의 지배적 섹슈얼리티는 남성이었다. 다른 분야와 마찬가지로 록에서도 여성이 '부재'하거나 '배제'되었고 백인 청년 중심의 반란이었던 록에는 미국 사회 전반에 팽배한 백인 우월주의적 성차별주의가 배어 있었다. 이러한 록의 영토에 멜리사 에서리지Melissa Etheridge와 재니스 조플린 같은 여성들이 첫 발을 내딛었다. 그 방식은 남성들의 거친 행동과 반항을 흉내냄으로써 남성성의 파워를 드러내거나 자유로운 섹스가 가져다주는 쾌락을 추구하는 것이었다.

멜리사 에서리지는 우드스톡 페스티벌에 헐렁한 티셔츠, 청바지, 카우보이 부츠 복장으로 등장하여 열정적으로 노래하였다. 이 '아메리칸 톰보이'에게 따라다니는 별명이 '여자 브루스 스프링스틴'이었다는 점은 그녀가 남성 록의 관습적 스타일을 그대로 따랐음을 암시한다. 히피 문화 속의 여성은 여전히 남성적 시선에 의해 정의되었고 제약받았다. 가장 극적인 청년 반란의 양상을 띠는, 자유로운 개인들의 자유로운 섹스라는 성 해방 이데올로기에서도 자유로운 섹스는 남자들의 특권이었을 뿐이다. 재니스 조플린은 남자처럼 섹스의 쾌락을 추구하다 마약의 희생자가 되었다.[7] 여성 로커들은 '남자처럼 되기'의 결과 여성성을 긍정하지 못하고 억압하였으며 미국 사회의 여성 혐오까지 받아들이게 되었다. 여성성을 부정하는 자기혐오는 여성 혐오적 지배 체제에 대항하기는커녕 그 체제를 지탱하게 만든다.

백인 우월주의적 가부장제 사회에서 남성성이라는 것은 처음부터 본질적으로 정해져 있는 게 아니라 여성성과의 관계 속에서 정의되며, 사회와 문화가 변화함에 따라 그 내용은 바뀌고 확대된다. 음악에서 구현되는 남성성, 여성성은 시대에 따라 달라진다. 록 음악에서도 마찬가지다. "록 음악은 고정되거나 본질적인 방식으로 남성적인 것이 아니라, 사회 관습과 이데올로기를 통해 적극적으로 남성적으로 만들어진다. 록은 다양한 남성의 역할과 범주가 규정되고 도전받고 변모되는 순환 과정의 일부다."[8] 그 도전과 변모 속에서 여성성이라는 것도 고정되어 있지 않다.

1990년대 록 장면에서 여성의 괄목할 만한 등장을 보건대 록의 여

---

7) 신현준 외, 『얼트 문화와 록 음악 2』 (한나래, 1997), 342~343쪽 참조.

8) 새러 코언, 「대중음악과 성차, 섹슈얼리티」, 『케임브리지 대중음악의 이해』 10장, 371쪽.

성성은 진지하게 검토되어야 한다. 그러한 검토는 남성 중심주의에 도전하면서 록에서 여성의 공간을 확대하는 과정을, "남성을 모방하지도 여성성을 거부하지도 않으면서 관습적인 여성성의 덫을 피해 가는 전략"을, "남성 지배적 섹슈얼리티에 도전하는 대안 섹슈얼리티의 하나로, 여성성의 다양한 발현 궤적"[9]을 살펴보는 데서 가능해질 것이다. 이러한 문제의식은 남성의 흉내 내기, 자기혐오와 부정이라는 초기 단계를 넘어 다양한 여성성을 추구하는 단계를 가리킨다. 이 두 번째 단계에서 여성 록의 진전은 네 가지 양상을 나타낸다.[10]

첫 번째 "포크 리바이벌과 안티 포크"에서는 1960년대식 모성이 동요하는 가운데 연약하고 미약하기는 하지만 새로운 모습의 여성성이 추구된다. 즉 1960년대 조운 바에즈식의, 사회적 소통을 위해 자연의, 대지의 모성을 보여 줌으로써 성적 대상과는 거리가 먼 '무성성'과 백인 중산층의 깐깐하고 히스테리하고 배타적이며 남성 혐오적 독신 페미니스트라는 상투형 둘 다를 넘어 개인적인 여성적 정서를 드러내는 '자기 고백적' 싱어송 라이터[11]를 예로 들 수 있다. 두 번째 "1990년대의 포크 록 얼터너티브 싱어 '록'" 단계에서 싱어송 라이터인 리즈 페어Liz Phair는 인디 록, 기타 록을 통해 하드코어와 펑크적 공간에 여성 지대를 구축해 성 학대, 성희롱 이야기를 풀어놓는다. 다만 그 음악적 아이디어는 빈약하다.

세 번째 "소녀의 폭동, 창녀의 고백"이라고 제목 붙일 만한, 코트니 러브Courtney Love나 라이어트 걸스 같은 소녀 펑크는 록의 탈신비화,

---

9) 『얼트 문화와 록 음악 2』, 340, 342쪽.
10) 앞의 책 345~367쪽에서 그 4단계가 잘 설명되어 있다. 이하 본문의 내용은 그 설명을 요약한 것이다.
11) 모던 포크 장르에 속하는, 어쿠스틱 기타를 사용하는 아니 이프라노Ani Difrano.

여성의 탈신비화를 꾀함으로써 록의 여성적 형태를 추구한다. 미디어 여성상을 거부하고 성적으로 도발적인 공격을 펼치는데, 수많은 소녀 펑크 밴드들이 등장해 소비사회를 비판한다. 네 번째 "괴짜 여성 솔로 아티스트들"은 록이나 포크 뮤지션들과 달리 발라드나 댄스를 마다하지 않으며, 특정 장르를 가리지 않는 '크로스오버'를 감행한다. 이들은 고전적 여성 싱어송 라이터들과 달리 쇼 비지니스계를 혐오하거나 거리를 두지 않으며 '프로근성'을 통해 그 내부에서 독자적 영역을 적극 개척한다.

마돈나는 이와 같은 여성 록 계열의 종착점에 우뚝 서면서도 그 계열의 반자본주의, 반성차별주의와 대척하는 묘한 지점에 서 있다. 음악적으로, 또 음악 외적으로 재능이 뛰어난 마돈나는 "끊임없이 성적 이미지를 변화시켰으며 그 이미지를 다양한 문화적 아이콘에 의탁함으로써 여성성의 표현 범위를 [노골적이고 대담하게] 확장시켰다."(신현준 외, 368쪽) 주로 가사나 이미지를 통해 여성성을 드러냈을 뿐인 앞의 세 단계 여성들과 달리 마돈나는 특히 MTV를 잘 활용했다. 마돈나는 다양한 여성성을 연출하고 연기함으로써 독보적인 위치에 올랐다는 점에서 집중적으로 논의할 만하다. 그 논의를 이끌어 갈 축은 "록의 남성적 표현과 대결하면서, 그것을 여성적 추동력과 결합"시키는가, "록의 남성성을 거부하면서도 관습적인 여성성에 고착되지 않는 새로운 록의 여성성"(373쪽)을 개척하고 있는가 하는 것이다.

우선 마돈나는 1987년 결혼 전까지는 남성의 시선을 가지고 놀면서 대도시 독신녀의 느낌과 쾌락을 의도적으로 선전하는 선정성을 추구함으로써 가부장적 욕망의 수동적 대상이 되기를 거부한다. 그런 점에서 마돈나는 가부장적 통제에서 독립된 여성의 자유로운 해방적

이성애의 가능성을, 남성 시선을 피하고 외면하기보다 대면하는 여성 섹슈얼리티의 가능성을 보여 준다. 그리하여 자신을 "창녀"라고 부르는 사람에게 도전하는 마돈나의 반항적 섹슈얼리티는 타자의 시선이 아니라 자신이 정의하는 행복을 추구하는 자가 구가하는 것이다.[12] 마돈나는 독립적으로 당당하게 자신을 섹스 심벌로 드러낸다. 그리하여 마돈나는 여성의 욕망을 금지하는 가부장적 사회의 규율을 위반하며 페미니즘적 자의식을 발휘한다.

그런데 마돈나는 결혼 후 미국 사회가 새롭게 선호하게 된 마르고 날씬한 여성 몸의 기준에 자신을 맞추어 타이트한 근육질 몸매를 만들기 위해 고투한다. 여성의 몸을 성애화하여 전시 대상으로 만드는 지배 문화에 순응하는 쪽으로 선회한 것이다. 말하자면 마돈나는 여성 섹슈얼리티를 대상화하는 성차별주의를 비판하기보다 가부장적 통제 체계인 당대 미국 사회의 이미지 생산 구도를 따르는 '물질적인 소녀Material Girl'의 모습을 구가한다.[13]

가난한 노동계급 집안 출신인 마돈나는 스타가 되기 위해 필사적으로 노력한다. 마돈나는 사람들 앞에 자신을 구경거리로 내놓고 끊임없이 연기를 하며 여러 가면을 통해 자신의 정체성을 다중적으로

---

12) "라이크 어 버진Like a Virgin"(1984)의 가사 "당신은 멋져요, 당신은 내 것이에요 / 세상이 끝날 때까지 난 당신 것이에요 / 그러한 느낌 때문에 / 그래요, 당신에게서 그러한 느낌을 받기에 / 난 숨길 게 하나도 없어. (…) 당신이 나를 안고 당신의 심장이 고동치며 / 당신이 나를 사랑할 때 / 난 기분이 이렇게 좋을 수가 없어요." 참조.

13) Susan Bordo, "'Material Girl': Madonna as Postmodern Heroine", in *Women's America*, pp. 660~663 참조. "물질적인 소녀"의 가사 "어떤 남자는 키스하고 어떤 남자는 안아 줘요 / 그건 괜찮죠 / 내게 적당한 만큼의 돈을 주지 않으면 / 난 그냥 떠나 버릴 뿐이죠 / 물질적인 세계에서 살고 있는 / 난 물질적인 소녀랍니다 / 우리가 사는 곳이 물질적인 세계라는 걸 당신도 알죠 / 난 물질적인 소녀랍니다." 참조.

구축하는 전략을 구사해 왔다. 마돈나는 현 미국 사회의 전통적인 성 역할을 떠받치고 있는 교묘한 술책에 정통하며 그 술책을 이용하면서 조롱한다.

마돈나는 여성 섹슈얼리티에 편협한 백인 가부장의 태도를 맘껏 조롱하고 풍자하는 반면 여타의 섹슈얼리티들에는 개방적인 태도를 보여 준다. 그래서 마돈나는 사슬에 묶인 채 복종하는 사도마조히즘 (SM) 장면을 연출하기도 하고 여장 남자, 동성애자, 특히 흑인과 라틴계 여장 남자들의 문화를 옹호하며 그 문화에 기꺼이 동참한다. "전사이며 미국식 승리자"[14]인 마돈나는 또한 다문화주의자[15]가 되어 여성비하나 여성 혐오, 인종차별주의에 구애받지 않고 모든 주변적인 것들을 환호하고 찬양한다.

마돈나가 흑인성에 대해 표하고 있는 "매혹과 부러움"은 백인 특권의 기호이며 결과적으로 흑인 문화의 양상들을 전유하고 상업화하려는 위험하고도 위협적인 시도다. 그 시도는 미국 땅에서의 오랜 저항의 결과 창출된 풍부한 대항문화 이면에 있는, 백인 지배로 인한 흑인들의 아픈 상처를 무시하고 있기 때문이다. 흑인들이 겪는 고통과 차별을 눈으로 보면서도 실제로는 전혀 보지 못하는 백인들은 흑인들의 쾌락이 지니는 복합성 또한 제대로 이해하지 못한다. 그러므로 삶의 기쁨을 깊이 예찬하는 '소울soul'이라는 흑인성의 본질을 피상적으로 모방하는 백인들의 문화 생산물들은 "사기와 거짓의 분위기"를 자아

---

14) 길베르, 『포스트 모던 신화 마돈나』, 276쪽.

15) 마돈나의 댄스 파트너 중에는 흑인과 라틴계 여장 남자들이 많으며 스태프 또한 대다수가 흑인이거나 라틴계 미국인, 남성 동성애자였다. 나머지는 레즈비언이거나 이성애자 여성, 아시아계 남녀 등으로 구성되어 있다. 홍보 담당자는 유대인이다. 길베르, 『포스트 모던 신화 마돈나』, 293쪽 참조.

낸다.[16)]

예컨대 "기도처럼Like a Prayer"의 뮤직비디오에서 마돈나는 백인 가부장제와의 유대를 깨고 흑인 남성과의 유대를 확립한다고 시사함으로써 백인 남성을 놀리는 동시에 흑인 남성을 선택하는 자신의 성적 행위성을 과시한다.[17)] 그러한 선택은 외견상 위반적인 것으로 보이지만 실제로는 흑인 남성은 백인 여성의 성적 주체성에 의해 선택되는 대상이 된다. 이러한 대상화는 야성적인 흑인 남성(섹슈얼리티)을 정복하겠다는 욕망과도 관계되기 때문에 백인 우월주의적 가부장적 지배 체제를 깨는 게 아니라 오히려 그것을 인정하고 영속화하는 데 기여한다. 마돈나가 욕망하는 권력은 전통적인 백인 우월주의적 자본주의 가부장 노선을 따른다.

백인 노동계급 출신 여성인 마돈나가 자신이 겪은 착취·지배·복종과 관련된 기억의 정치를 더욱 깊이 탐사할 때, 대항적 흑인 문화와 더 깊은 연관을 맺게 될 것이다. 이 급진적·비판적 자기 탐문을 거쳐야만 진정으로 위반적인 문화 생산물을 창조할 능력을 갖출 수 있으며, 그저 유혹하기보다 변혁적인 저항성을 갖출 수 있다.[18)] 그럴 때에야 마돈나는 1990년 이후 사라져 버린 격렬함이나 흥미로움, 전복성과 급진성을 회복하여 "도전과 저항의 대안으로서 만연한 쾌락주의"와 "경박한 전시주의"를 극복할 수 있을 것이다.[19)]

마돈나의 크로스오버 음악에서 이슈는 인종이나 젠더/섹슈얼리티,

---

16) bell hooks, "Madonna: Plantation Mistress or Soul Sisters?" *Black Looks: Race and Representation* (South End Press, 1992), pp. 157~158.

17) 가스펠과 댄스 록을 혼합한 "기도처럼Like a prayer" (1989)의 한 구절 "한밤중에 / 난 당신의 힘을 느낄 수 있어요 / 마치 기도처럼 / 알잖아요, 난 당신을 그곳으로 데려갈 거예요." 참조.

18) bell hooks, *Black Look*, pp. 161~164.

인종차별주의나 성차별주의라기보다 '상업성'이다. 마돈나는 섹슈
얼리티와 몸의 재현을 통해 이윤을 생산해 내는 마케팅의 연쇄 고리
중 일부다. 가부장적 포르노그래피는 이익을 위해서 동성애를 항상
전유해 왔고 착취해 왔다. 포르노적 성의 쾌락주의라는 더 큰 맥락에
서 보자면 성 금기야말로 쾌락을 부추긴다. 그래서 마돈나의 다문화
주의는 일탈적·전복적·야생적이고 공포스러운 것으로 동성애 경
험을 재현하면서도 거기에 매혹되는 이성애를 그려 넘으로써 이성애
중심주의의 쾌락을 강화한다. 다시 말해 마돈나의 포르노적 시선에
서 게이다움은 가부장적 포르노적 성의 쾌락주의 서사 안에 일종의
비유로 각인된다.[20] 이 쾌락주의의 문화 서사를 비판적으로 심문하고
깨 나가려는 노력과 결부되지 않는 음악적 실험은 상업화라는 다인종
다문화 시대의 블랙홀 속으로 빨려 들어가고 만다. 1950년대의 '백인
검둥이White Negro' 신드롬을 대체하는 형태로 1990년대에 나타난
'록 음악에서의 여성 신드롬'은 미국의 주변부들이 지녀야 할 다인종
다문화 관점의 내용을 다시 채울 것을 요청하고 있다.

---

19) bell hooks, "Power to the Pussy: We Don't Wannabe Dicks in Drag", *Outlaw Culture* (Routledge,
   1994), pp. 161~164. 훅스는 마돈나가 출간한 『섹스』라는 책에서 두드러지는, 성적 쾌락의 무제한
   생산을 추구하는 문화적 쾌락주의, 흑인 여성에 대한 비하와 모욕을 강하게 비판한다.
20) 앞의 책, pp. 14~16 참조.

15

1980년대와 1990년대의
힙합 문화와 랩 음악

01 힙합 문화의 시작과 문화사적 의미

　1970년대 록 음악의 다양한 갈래에서 강렬하게 전개되었던 섹스, 마약, 폭력과 같은 주제나 기성 체제에 대한 반항이라는 주제는 1980년대와 1990년대 랩 음악을 더욱 강도 높게 주도한다. '록'이 제2차 세계대전 후 구축된 미국 체제에 대한 베이비붐 세대의 저항을 나타낸다면 랩은 레이건 이래 보수화된 미국 체제에 대한 XY 세대의 저항을 나타낸다.[1] 록에 비해 랩에서는 정치 경제적으로 불이익을 받는 집단의 삶의 공간에 뿌리박힌 흑인 요소가 더 두드러진다. 록을 즐겼던 20대, 30대의 청년보다 랩의 XY 세대는 더 어리다. 대체로 1965년에서 1984년 사이에 태어난 XY 세대는 길거리 하위문화에 바탕을 둔 힙합 세대 의식을 힙합 문화 및 스타일로 만들어 나갔다.[2] 이들의 힙합hip-hop은 비단 음악만이 아니라 패션, 댄스, 생활양식으로 확장되어 갔으며 자유로움과 즉흥성과 결합된 독특한 대항적 감성을 표출하는 가운데 비단 미국만이 아니라 전 세계의 21세기 문화 키워드로 부상한다. 힙합은 아프리카계 및 라티노의 기원을 넘어 광범위한 글로벌 현상으로 전개되면서 "새로운 지구적 문화의 지배소"(O. C., 253)가 된다.

　미국에서 힙합은 1960년대 인권 운동과 흑인 권력 운동의 약속들

---

1) Layli Phillips, Kerri Reddick-Morgan, and Dionne Patricia Stephens, "Oppositional Consciousness within an Oppositional Realm: The Case of Feminism and Womanism in Rap and Hip Hop, 1976~2004", *Meridians: Feminism, Race, Transnationalism* Vol. 90, No. 3 (Summer 2005), p. 261: the new global cultural dominant. 이후 이 글에서의 인용은 본문 중에 (O. C., 쪽수)로 표기한다.
2) 힙합 세대라는 용어는 *The Source*라는 힙합 잡지의 주간 바카리 키트와나Bakari Kitwana가 1990년대에 처음 썼다. Patricia Collins, *From Black Power to Hip-Hop: Racism, Nationalism, and Feminism* (Temple Univ. Press, 2006), p. 2. 이후 이 책에서의 인용은 본문 중에 (콜린즈, 쪽수)로 표기한다.

이 실망으로 끝나고 1970년대 중반, 포스트 산업 시대가 쇠퇴하면서 경이롭게 생겨난 새로운 흑인 문화다. 힙합 문화가 창조되고 있었던 중요하고도 역사적인 순간에, 뉴욕을 비롯해 미국 전체가 포스트 산업 시대의 쇠퇴로 고통을 겪고 있었다. 산업 경제에서부터 서비스, 정보, 금융 경제로 변천함에 따라 일자리는 급격하게 줄었고 노동자들은 해고되었다. 공장들과 사업체들, 백인들은 도시 구역을 떠나고 있었다. '백인들의 도주'라는 이 현상으로 백인들이 도시 중심부를 대거 빠져 나감으로써 도시는 더 가난하고 황폐해졌다.[3]

1970년대 중반, 뉴욕은 거의 파산 상태였고 공립학교 제도는 예술 기금을 삭감했다. 밴드를 찾아 어슬렁거리거나 아주 적은 돈으로 클라리넷을 배우는 것은 옛날이야기가 되었다. 사회복지 예산이 삭감되면서 모자 가정에만 보조금이 나왔다. 흑인 남성들은 길거리를 배회하며 중상층 백인들에게만 일자리와 성공을 허용하는 사회구조에 대한 분노를 삭여야 했다. 그럼에도 사우스브롱스와 할렘의 아이들은 그러한 상황에 좌절하거나 패배하지 않고 새로운 것을 가지고 나타났다.

1973년 여름, 브롱스 리버 하우스Bronx River House 174번가 1595번지에서 아프리카 밤바타Afrika Bambaataa라는 흑인 십대가 1층 거실 창문 쪽에 스피커를 달고 자기 방 턴테이블에 전선을 연결하여 3천 명이 참석하는 파티 음악을 기획하고 실행하였다. 동시에 몇 킬로미터 남쪽에서는 그랜드마스터 플래쉬Grandmaster Flash라는 신동이 부상하고 있었고, 자메이카 출신의 십대 쿨 허크Kool Herc가 디제이로서 동부

3) Brenda Kwon, "Worth It and Workin' It: Hip-Hop Feminism in Urban Culture", presented at The 4th Korean Association for Feminist Studies in English Literature on June 8~9, 2007 (Korea University), p. 120. 이후 이 글에서의 인용은 본문 중에 (권, 쪽수)로 표기한다.

브롱스에 소동을 일으키고 있었다.[4] 브롱스는 푸에르토리코, 자메이카, 도미니카, 아프리카계 미국인을 위한 음악을 자석처럼 끌어들이는 곳이 되었다. 그 무리들 중에 러브벅 스타스키Lovebug Starski라는 엠시가 있었는데, 음악이 쉬는 중에 박자를 맞추기 위해 '힙합'이라는 말을 처음 썼다[5]고 한다.

이 시대 그라피티graffiti 예술가들은 미술 수업 같은 것을 받지는 못했지만, 도시의 빌딩들과 기차, 지하철역을 캔버스로 삼을 줄 알았다. 그라피티 예술은 제2차 세계대전 때 생겨나 곳곳에서 튀어나오더니 곧 도시의 풍경을 새로 만들어 나가기 시작했다. 어느 누구도 사우스브롱스의 젊은 흑인과 라티노 작가들의 작업들이 '새롭고 다른 무엇'이라는 점을 반박할 수 없었다. 물리적인 싸움이 아니라 갱들의 배틀 방식으로 시작되었던 격렬한 브레이크 댄스도 새로운 스타일이 되었다. 그리하여 다른 댄스 장르들도 브레이크 댄스에서 영감을 받고자 눈독을 들였다. 도시의 젊은 흑인, 라티노 젊은이들은 당시 우아하고 배타적인 디스코 클럽에서 거절당했을(실로 쫓겨나다시피했을) 때, 공원에서 가로등에 의지하여 파티를 열었다.

사우스브롱스의 이 젊은 흑인들, 라티노들은 지금은 전 지구적 현상이 된 독특한 문화를 거의 무에서부터 창조했다. 자신들에게 주어진 단편들로, 풍부하고 활기찬 새로운 문화 운동을 열었다. 유색인종 젊은이들이 보잘것없는 것을 갖고, 그렇게 대단한 것을 창조하게 된

---

4) 1974년경에 사우스브롱스에 "마당 음악yard music" 전통을 가지고 온 자메이카 이민자 디제이 쿨 허크가 '스크래칭'이라는 기술을 창안한 것으로 알려져 있다. 앞의 글, p. 255

5) James McBride, "hip-hop planet", *National Geographic*, vol. 211, no, 4 (April 2007): http://www.usembassyirc.co.kr/ar7028.htm

경위를 이해하는 과정에서 우리는 그 문화를 다른 무엇으로 확장할 수 있을 것인가를 생각하게 된다. 그리고 지금 이 시점에서 어떠한 문화 운동을 펼쳐야 할지 윤곽을 그려 볼 수 있게 된다.[6]

1970년대 중반 미국의 일자리 부족과 실직은 많은 유색인종 젊은이들에게 결핍과 욕망이 교차하는 정서를 발생시켰고 궁극적으로는 '힙합'을 만들어 냈다. 힙합은 '사회적 소외, 예언적 상상, 갈망'을 횡단시키는 탈산업화 현장에서 부상하였다. 힙합 스타일, 음향, 가사, 주제에는 포스트 산업 시대 미국 도시의 주변부 삶이 각인되어 있다. 힙합은 아프리카계 미국과 카리브해의 역사, 정체성, 공동체의 명령 내부에서 겪는 주변화, 잔인하게 잘려 나가는 기회, 억압의 경험을 협상하고자 하는 문화 형식이다. 그러므로 힙합 문화의 위상을 제대로 자리매김하는 비평적 틀은 포스트 산업 시대의 억압이 생산한 문화 균열과 흑인 문화 표현 사이의 긴장을 포착해 내야 한다.[7]

힙합 문화 자체가 대학 교육뿐만 아니라 학업, 적절한 주거, 오락 행위, 음악 레슨에 접근을 거부당한 흑인, 라티노 젊은이들의 반응이다. 힙합 문화는 이들의 소외를 말한다. 그렇지만 이 젊은이들은 패배하거나 권리를 박탈당한 채 머무는 대신 그들이 물려받은 조각들에서 새로운 예술을 창조해 냈다. 높은 질의 교육을 거부당해 왔던 흑인·라티노 젊은이들에게 학교란 더 이상 지식과 정치를 배우는 장소가 아니다. 오히려 많은 젊은이들에게 길거리의 생생한 문화 현장이나

---

6) Gwendolyn D. Pough, *Check It While I Wreck It: Black Womanhood, Hip-Hop Culture, and the Public Sphere* (Boston: Northeastern UP, 2004), p. 7. 이후 이 글에서의 인용은 본문 중에 (Pough, 쪽수)로 표기한다.

7) Tricia Rose, *Black Noise: Rap Music and Black Culture in Contemporary America* (University Press of New England, Hanover, 1994), p. 21.

대중매체가 교실이 되어 왔다. 이 세대 문화의 창조력과 끈질김은 흑인·라티노 젊은이들의 탄력성을 나타낸다.(콜린즈, 191)

힙합은 20세기 후반, 포스트 산업화 및 지구화 때문에 경제적으로 불이익을 받아야 했던 도시 흑인 젊은이들의 사회 정치적·역사적 경험 속에 뿌리를 둔 대항적 문화영역이다. 주변부의 저항, 생존과 결부된 문화적 의미를 갖는 문화 형식인 힙합에는 주권 운동이나 민주화 운동을 추동할 수 있는 상상계가 작동하고 있다. 힙합을 통해 탈식민화된 차이들이 상상되고 수행될 수 있다. 힙합은 주변화된 실존을 문화 저항의 창조적 지점으로 변화시키는 데 성공할 수 있는 문화적 표현 수단을 제공하기 때문이다.

문화적 지구화의 정치 경제에 의해 전위된displaced 사회 집단의 표현을 채널화하는 것을 돕고 힙합 상상계를 유포하는 래퍼들의 경우, 미국 헤게모니에 도전하는 대안적·대항적 지구화의 지평을 예시할 수 있다.[8] 그러한 지평에서 구축되는 힙합의 상상계는 억압된 현실들의 현존을 명료화하는 "반자본주의 윤리"와 "급진적 민주주의 윤리"[9]로 묘사할 수 있다.

그라피티 한 편보다 손쉽게, 더 많이 팔 수 있는 랩은 힙합 문화가 전 세계적 성공을 거두는 과정에서 견인차 역할을 했다. 그렇지만 랩을 힙합과 혼동하지 말아야 한다. 힙합이 청년운동이자 문화이며 삶의 방식이라면, 랩은 그 음악이다. 랩은 힙합 문화에서 형성된 하나의

---

8) 이 대항적 지구화는 현재 좌파 남미 지도자들(베네수엘라 우고 차베스Hugo Chavez, 쿠바 피델 카스트로Fidel Castro, 볼리비아 이보 모랄레스Evo Morales) 사이에 형성되고 있는 정치적 제휴를 통해 현실화되고 있다.

9) Rohan Kalyan, "Hip-hop Imaginaries: a Genealogy of the Present", *Journal for Cultural Research*, vol. 10, no. 3 (July 2006), p. 253, p. 256.

음악 형식이며, 힙합은 다양한 장르를 포괄하는 문화 현상이다. 따라서 힙합은 랩 음악 이상이며 랩 음악보다 더 크다.(pough, 3~6)

힙합의 창시자 쿨 허크는 "힙합은 항상 즐기자는 것이었지만 또한 책임에 관한 것이기도 했다. 이제 우리는 우리의 마음을 말할 플랫폼을 갖고 있고 수백만 명의 사람들이 우리를 보고 있다. 강력한 뭔가를 들어 보자. 사람들이 들을 필요가 있는 것을 그들에게 말하라. 우리는 어떻게 공동체를 도울 것인가? (…) 이 문화는 게토에서 탄생했다. 우리는 여기에서 죽기 위해 태어났다. 우리는 지금 생존하고 있지만 아직 일어서지는 못하고 있다"[10]고 말한 바 있다. 쿨 허크의 말에서 드러나는 힙합 정신은 백인 우월주의적 자본주의 가부장제라는 미국 체제에 대항하는 태도와 윤리일 것이다. 이 정신이 지속되고 있는가 하는 점은 힙합 논의에 필수적인 질문이 되어야 한다.

02 힙합과 랩의 상업화

힙합을 구성하는 그라피티, 브레이크 댄스, 디제이, 랩이라는 네 요소는 1970년대에 신선함과 활기로 빛나다가 1980년대 이후 주류에 의해 전유된다. 디제이는 우아한 디스코 클럽으로, 길거리나 지하철, 빌딩에 펼치던 그라피티는 아트 갤러리로, 브레이크 댄스는 댄스 영화들로, 공원이나 집에서 벌어지던 파티의 현장감 있던 랩 음악은 레

---

10) 앞의 글, p. 253.

코드 회사로 넘어가 상업화된다.

미국 문화산업의 강력한 지배하에 1979년부터 십 년에 걸쳐 형성된 지구적 문화, 대중매체는 힙합을 길거리 하위문화에서 상업 레코드 프로덕션의 세계로 넘어가게 했다. 또한 흑인 음악에 미친 기업의 영향력은 활기 있는 흑인의 문화적 형식들을 와해시켰다.(콜린즈, 2) 힙합 비전에 진실하게 남아 있고자 하는 '구식' 흑인 래퍼들과, 힙합 문화에 매혹된 사람들의 욕구를 채우는 데 급급한 상업 래퍼들 사이의 분열은 역력하다.(권, 120)

힙합과 랩이 상업화된 결과 흑인 젊은이들은 미국 사회에서 초가시화되면서 동시에 흑인들의 게토화와 고립은 비가시화되는 기이한 현상이 발생한다. 미국 흑인 젊은이들이 비가시화되는 동시에 초가시화되고 실제 인종 분리와 차별은 비가시화되는 모순은 콜린즈에 따르면 새로운 인종차별주의의 다음 세 가지 주요한 특징을 반영한다. 1. 지구화가 미국 흑인 젊은이들에게 미친 불이익이 개인의 실패로 무마된다. 2. 새로운 인종차별주의의 지구적 사회관계는 대중매체와 밀접하게 연관된다. 불평등을 정당화하는 다문화주의, 사유화, 그 밖의 다른 이데올로기들이 영향력 있는 지구적 대중문화 산업에 의해 점점 더 많이 생산되고 있다. 3. 동화, 흑인 민족주의 기획, 사회주의, 흑인 페미니즘과 같은 정치적 전략은 이제 더 이상 효과적이지 않다.(콜린즈, 9~12) 이 세 가지 특징을 지니는 새로운 인종차별주의는 피부색을 의식하던 인종차별주의에서 '피부색을 보지 않는colorblind 인종차별주의'로 바뀐 것이다.

피부색을 더 이상 왈가왈부하지 않는 새로운 인종주의는 외견상 평등주의를 표방한 듯 보이지만 인종 위계질서를 효과적으로 유지 ·

반복시킨다. 피부색을 거론하지 않음으로써 피부색 아래에 깔려 있는 차별과 착취의 역사를 문제 삼지 않겠다는 이 새로운 인종차별주의는 상당히 (백색)국가주의적이다. 1980년대 이래 미국이라는 국가의 정체성은 (백색)국가주의, 백인성, 기독교, 부, 남성성, 이성애에 의해 정의되고 있다.(3) 이러한 정의는 미국식 자유주의와 자본주의에 공통된 광범위한 이데올로기적 틀로서 개인주의, 문화주의, 다문화주의와도 연결되어 있다.

힙합의 창시자 중 한 명인 아프리카 밤바타는 "백인들이 모든 레코드 회사를 통제하기 때문에 백인 산업이 힙합을 소유하는 셈이다. 그리고 돈을 버는 흑인은 벤츠 자동차나 큰 집, 약삭빠른 소녀들 걱정만 한다. 우리는 우리의 사업을 되찾을 필요가 있다"[11]고 주장한 바 있다. 랩 산업을 흑인이 운영하자는 밤바타의 요청은 음악 산업의 오랜 노예제를 거부하자는 것이다. 그렇지만 산업을 되찾아야 한다는 밤바타의 선언은 유색인종, 여성, 이민자, 가난한 자들의 노동에 기생하는 현 미국 자본주의의 틀을 전면적으로 재구성할 수 있는 비판적이고 변혁적인 문제의식을 요구한다. 음악 행위에는 돈을 지불해야 하지만, 시장 경제의 수용으로 억압적 권력 구조들과 공모해야 하는 문제에 대해서는 체계적이고 지속적인 자기 성찰이 필요하다. 그렇지 않으면 현존 미국 사회의 근본적인 변화보다는 백인이 독점해 온 권력의 자리에 끼어들려는 욕망만 실현할 수 있을 뿐이다.[12]

---

11) George Nelson, "Hip-Hop's Founding Fathers Speak the Truth", Murray Forman and Mark Anthony Neal eds. *That's the Joint!: The Hip-Hop Studies Reader* (Routleldge, 2004), p. 55.
12) 〈퍼블릭 에너미〉의 척 디Chuck D는 물질적 부를 찬양하며 현존하는 자본주의 제도 안에서 상황을 개선하는 것만을 청중에게 고무할 뿐, 제도 자체에 맞서는 말은 하지 않는다. (권, 121) 참조.

경제적·문화적 지구화 과정은 흑인 문화 상품들의 상업화, 물화, 소비를 강화시켜 왔다. 힙합 문화를 환호하고 즐기는 사람들이 아프리카계 사람들과 동일시하는 것은 바로 이 경제적·문화적 지구화의 결과 상업화된 아프리카계 미국 문화다. 미국의 문화 수출은 통신 체계에서의 새로운 기술 발전에 힘입은 초국가적 대중매체의 영향력 덕분에 더 용이해졌다. 그 영향력하에 이루어지는 상업화는 백인화에 가깝다. 백인화된 래퍼들 사이에서 힙합 문화와 랩의 '흑인' 요소는 종종 치환(탈구)되거나 무시된다. 미국 문화 산업은 '흑인' 상상계를 물화하고 식민화한다. 백인과 흑인 사이의 문화 교환은 평등하지도, 공평하지도 않다.[13] 이 점을 염두에 두면서 랩 음악의 뿌리와 탄생 과정을 살펴보자.

03 랩 음악의 뿌리와 탄생

랩 음악의 뿌리는 수세기 전 노예선을 타고 서아프리카에서 아메리카 대륙으로 전해진 '낭송 음악spoken-word music'에 있다. 에스노 음악 연구자들은 랩 음악의 뿌리가 서아프리카 이야기꾼들의 춤, 드럼, 노래에 있다고 본다. 서아프리카 흑인들이 먼 거리를 고통스럽게 여행하는 사이 그 고통을 이기고 살아남기 위해 말과 음악을 번갈아

---

13) Christopher Dennis, "Afro-Columbian Hip-Hop: Globalization, Popular Music and Ethnic Identities", *Studies in Latin American Popular Culture*, vol. 25 (2006), p. 280, p. 291.

했던 행위speech song에서 랩은 시작된다. 아메리카 대륙에 온 초기 흑인 노예들의 링샤우트, 필드 홀러, 영가는 부름 – 응답과 즉흥성 같은 아프리카 음악의 요소들을 갖고 있다. 미국 흑인들의 더즌,[14] 토스트,[15] 구어적 시그니파잉,[16] 운에 맞춰 노래하기rhyming, 자기를 깎아내리는 이야기, 백인들을 속여 먹는 흑인들의 이야기 등은 방어적이기는 했지만 흑인들에게 힘을 주는 전략들이었다.[17]

많은 랩 음악 학자들은 서아프리카의 구전 전통과 드럼의 리듬, 노동요와 영가에서부터 재즈와 리듬 앤 블루스 같은 아프리카계 미국 음악에 기원을 둔 랩 음악(과 더 광범위하게는 힙합 문화)에 이르기까지 흑인 민족주의 전통들과의 연관성도 찾아낸다. 예컨대 모리스 존스는 랩의 계보를 "노예 포크 이야기 속에 숨겨진 메시지, 흑인 교회의 부름 – 응답, 블루스의 기쁨과 고통, 자키들jockeys, 스윙 팬들hipsters, 재즈 음악가들의 은어와 속어, 코미디언들의 포복절도케 하는 위트, 흑인 운동가들의 웅변술"[18]로 추적해 들어간다. 랩 음악의 계보와 유산을 구체화하는 과정에서 파헤쳐지는 이와 같은 종류의 연관들은 랩

---

14) dozen, 흑인들끼리 서로 말을 주고받는 게임. 상대방의 가족, 특히 어머니에 대한 농담과 욕설을 중심으로 구성된다.

15) toast, 흑인들의 구어적 시로 주로 거리의 삶과 관련된 이야기를 리듬감 있게 읊조리는 스타일을 말한다.

16) signifying, 공동체에 전제된 지식과 담론을 이야기하면서 뒤집고 풍자한다.

17) 아프리카적 기원을 갖는 그 밖의 양식들로는 수쿠, 라이, 주주, 주크 등이 있다. 수쿠soukou는 콩고 지역의 댄스 음악으로 룸바의 영향을 많이 받았다. 라이rai는 알제리의 대중음악으로 전통적인 아랍풍 보컬과 서양 팝의 리듬이 혼합된 양식이며, 주주juju는 나이지리아 요루바 족의 음악으로 전자 기타와 아프리카 토킹 드럼이 두드러진다. 프랑스령 카리브해 지역의 댄스 음악인 주크Zouk는 아프리카, 미국, 카리브해 음악이 혼합된 특징을 보인다. 조슬린 길보트, 「월드 뮤직」, 『케임브리지 대중음악의 이해』, 8장, 295쪽.

18) K. Maurice Jones, Say It Loud: *The Story of Rap Music* (Millbrook, 1994), p. 17.

음악의 문화사적 위치를 잡아 주기 때문에 중요하다.

예술 프로그램들이 뉴욕 학교의 교과과정들에서 퇴출되고 있었던 1970년대 중반, 흑인 십대들은 창조적 에너지를 표현할 다른 방식을 찾아야 했다. 음악 수업도, 악기도 없는 그들은 스테레오에 레코드나 얹고 트는 것을 넘어서는 새로운 수준으로 디제이를 끌고 갔다. 흑인 십대들은 레코드를 믹스하고 커트하는 방식들을 발견했다. 그들은 두 개의 턴테이블과 믹서를 사용함으로써 브레이크 비트를 유지하는 방법을 찾아냈다.

디제이 그랜드매스터 플래쉬는 턴테이블을 음악 도구로 바꾸었다. 여기에다 초창기 래퍼들은 아프리카계 미국의 구전 음악 전통에 기초한 토크를 새로운 예술 형식으로 작동시킨다.(pough, 7) 이제까지 무시되었던 토스트toast를 옛 음반(훗날에는 '비트박스' 혹은 드럼 신시사이저)에서 훔쳐 온 브레이크 비트와 결합시켜 새로운 사운드[19]와 강렬하고 춤추기 좋은 비트로 만들었다.[20] 트리샤 로즈의 말처럼, 1970년대 중반 미국 대도시의 피폐한 주변 지역에서 상호 교차되고 있던 "사회적 소외, 예언적 상상력, 갈망"의 흐름들이 포스트 산업 조건, 테크놀로지의 혁신, 아프리카계 디아스포라의 문화적 틀과 합쳐져 '테크노 – 블랙 문화 종합주의'(O. C., 25)로서 랩 음악이 탄생된 것이다.

래퍼들은 음악이라는 공적 담론에서 침묵하는 주변부였던 젊은 흑인 남녀 목소리들에서 두려움, 쾌락, 약속을 해석하고 명료하게 한다. 우리는 이러한 랩 음악에 세심한 관심을 기울임으로써 "젊은 아프리카계 미국인들이 섹슈얼리티 문제, 경제적 기회 상실, 인종차별주의

---

19) 많은 이들이 처음에 랩의 사운드를 '노벌티' 액트라고 비웃었다.

20) 러셀 포터Russell A. Potter, 「소울에서 힙합으로」, 『케임브리지 대중음악의 이해』, 253쪽.

와 성차별주의의 고통을 창조적으로 다루는, 상대적으로 안전하고 자유로운 유희 지대를 스스로 제공하여 자유의 육체적 표현을 통해 일상의 억압과 고뇌를 해소하는 경위"[21]에 약간의 통찰을 얻을 수 있을 것이다. 그러한 랩 음악은 록 랩, 하드코어 랩, 갱스터 랩, 지 – 횡크와 같은 랩 장르들로 전개되어 나간다.

04 남성 랩 음악의 발전: 록 랩, 하드코어 랩, 갱스터 랩, 지 횡크

1970년대 뉴욕을 중심으로 흑인들과 라틴계 젊은이들의 소수 하위 언더그라운드 랩 음악을 1980년대에 대중화한 그룹이 제2세대 아티스트들인 뉴욕 출신의 랩 트리오 〈런 디엠시Run-DMC〉다. 1세대는 1970년대 중반 당시 미국 사회에 불었던 디스코 음악의 열풍에 맞춰 디스코, 혹은 브레이크 댄스와 결합된, 어디서나 춤추기 좋은 일종의 파티 음악으로 랩을 발전시켜 나간다. 반면 1980년대에 활동한 2세대는 브롱스에서 출발하여 퀸즈와 브루클린으로 확대된 지역에서 흥겹고 비트 있는 춤곡을 넘어 사회비판적 가사에 참신한 래핑 기술을 더했다. 낡은 턴테이블로 아날로그 사운드를 주조하던 '올드 스쿨' 방식은 전자악기 중심의 고급스럽고 세련된 음의 확장을 가능하게 했던 '뉴 스쿨'로 진화했다.[22]

디지털 리코딩과 샘플링이 비약적으로 발전하기 시작한 시대적 ·

---

21) Tricia Rose, "Never Trust a Big Butt and a Smile", p. 237.

기술적 배경을 바탕으로 〈런 디엠시〉의 "이렇게 걸어 봐Walk This Way"(1986)는 랩 음악을 흑인과 라틴계만이 아니라 미국 대중음악의 주류로 올라서게 한다. 이 노래로 말미암아 흑인들이 주절거리는 말장난이라던 랩 음악의 위상이 바뀐다. 이 곡은 랩 역사상 최초로 빌보드 싱글 차트 탑 10에 진입함으로써 상업적으로도 성공한다. 흑인들의 초스피드 래핑과 백인들의 고출력 사운드가 어우러지는, **록과 랩의 크로스오버**를 실험한 이 노래는 엉뚱하면서도 참신하였고 흑인들의 전유물이라는 랩의 한계를 벗어나 백인들에게까지 확장된다.(김정훈, 5~6) "이렇게 걸어 봐"의 가사를 보자.

> 이제 뒷좌석에 항상 숨겨 놓은 애인이 있어.
> 아빠가, 넌 네 애인의 가슴에 덤벼들 때까진 아무것도
> 보지 못한 거야, 하고 말할 때까지 난 떠들기만 해.
> 여러 면에서 확실히 변화가 있어.
> 이젠 내가 기억할 수 있는 한
> 진짜 굉장히 즐겁게 해 주는 멋진 치어리더가 있어.
> 하지만 내 애인의 여동생인지 사촌인지 그 애가 최고로 좋았어.
> 그 애와 살짝 키스를 하기 시작했어.
> 그녀는 소년들과 호흡을 맞추며 몸을 돌리기 시작했어……
> 그러다 난 고등학교 댄스장에서

---

22) 김정훈, 『위대한 힙합 아티스트』(살림, 2004), 11~12쪽. 20대 초반의 흑인 젊은이들이었던 〈런 디엠시〉의 트레이드마크는 헐렁한 아디다스 운동복을 걸치고 검은색 중절모를 꾹 눌러쓰고, 금목걸이를 한 패션이었다. "Walk This Way"의 오리지널은 록 밴드 〈에어로스미스Aerosmith〉의 1975년 음반에 수록된 하드록 넘버다. 이후 이 책에서의 인용은 본문 중에 (김정훈, 쪽수)로 표기한다.

놀 준비가 되어 있는 숙녀와 만나는 엄청난 기회를 잡았지……

그녀는 나한테 말했어.

이렇게 걸어 봐!

이렇게 걸어 봐!²³⁾

    1980년대 말 랩 음악은 〈런 디엠시〉의 록 랩 분위기와 달리 거칠고 급진적인 정치적 메시지를 담는 〈퍼블릭 에너미〉의 하드코어 랩, 〈N. W. A.〉의 갱스터 랩을 만들어 낸다. 1982년 뉴욕의 롱아일랜드에서 결성된 〈퍼블릭 에너미〉는 1980년대 말부터 1990년대까지 흑인 편에서의 급진적 행동주의의 표본이 되어 준 하드코어 랩 그룹이다. '정치'와 '혁명'을 힘 있게 노래하는, 이제껏 유례를 찾아보기 힘든 과격하고 혁명적인 집단으로 비춰진 이 그룹은 흑인들의 분노와 고통을 치료하고 자긍심을 고취시켜 흑인들의 권리를 수호하고 세상을 뒤바꾸겠다는 선언을 육중하고 거친 어조에 담았다.

    〈퍼블릭 에너미〉의 랩 음악은 '흑인들을 위한 흑인 음악'이었다. 대부분의 가사를 쓴 리드 싱어 척 디는 "흑인 사회를 정말 인간다운 세상으로 만들기 위해 노래한다"고 공공연히 말하면서 랩을 '흑인 CNN'에 비유한다. 척 디 외에 나머지 네 명의 핵심 멤버들은 앨범 재킷에서 완전무장한 전투복 차림에 베레모를 착용한 군인 모습을 보여

---

23) Now there's a backseat / lover / That's always under / cover / And I talk til my daddy say / Said you ain't seen / nuthin / Til you're down on her / muffin / And there's sure to be a change in ways / Now there's a cheer/leader / That's a real big/pleaser / As far as I can remi / nisce / But the best thing / love it / Was her sister and her/cousin / And it started with a little kiss, like this / She starts / swingin // With the boys in/tune…… / So I took a big/chance / At the high school / dance / With a lady who was ready to play / [Chorus: Run-D.M.C. and Aerosmith] / She told me to / Walk this way! / Walk this way!

줌으로써 백인 사회와 보수 체제에 대응하는 '투사'를 연상시킨다.

〈퍼블릭 에너미〉는 랩의 메시지로 혁명과 흑인 민족주의를 외쳤으며 전투적이고 투쟁적인 태도로 일관했다.(21~22) 그들은 정치적인 메시지로 랩의 가치를 되새겼다. 그런 점에서 〈퍼블릭 에너미〉는 과격한 폭력과 자극적인 내용으로 일관한 갱스터 랩과는 다르다. 〈퍼블릭 에너미〉의 음악은 하드코어 성향이 강했으나 섹스와 폭력이 주조를 이루지는 않았다. 그들은 라디오 방송 잡음, 사이렌 소리, 메탈리프, 휭키한 리듬, 일상의 대화 등을 요란한 스크래치와 뒤섞어 현장감을 강조하는 기법을 사용하여 시끄럽지만 독특한 음향을 창조했다. 〈퍼블릭 에너미〉음악의 가치는 강렬하고 힘찬 척 디의 랩 보컬에 그러한 음향을 결합시켜 메시지를 효과적으로 전달한 데 있다.(25)

〈퍼블릭 에너미〉의 3집 앨범 『검은 행성에 대한 두려움Fear of a Black Planet』에 나오는 "권력과 싸우자Fight the power"(1989)는 엘비스 프레슬리와 존 웨인은 영웅이 아니라 인종차별주의자이며, 우표에 흑인은 한 명도 찍혀 나오지 않은 잘못된 백인 중심 역사를 맹렬히 비판하면서 흑인 정체성이 자랑스럽다는 급진적 정치 메시지를 다음과 같이 전달한다.

> 많은 사람들에게 엘비스는 영웅이었어.
> 하지만 알아 둬, 나한테는 아무것도 아니었지.
> 빌어먹을 그 녀석은 확실한 인종차별주의자였어.
> 그건 단순하고 명백한 사실이야.
> 존 웨인이랑 둘이 같이 엿 먹으라지.
> 왜냐하면 난 흑인이고 그게 자랑스러우니까……

내 영웅들은 대부분 우표에 찍혀 있지 않아.

살짝 뒤돌아보면 발견할 수 있을 거야.

확인하면 거기에는 지난 4백 년 동안 백인밖에 없었어⋯⋯

내가 그렇게 말하면 당신은 바로 내 따귀를 때릴 테니

(맞아야지) 이 파티를 바로 시작하도록 하자.

자, 바로 당장 우리가 해야 할 말은

지체 말고 민중에게 권력을 주라는 거야.

현 권력과 싸우기 위해서는

모두 그것을 깨닫게 해야 해.24)

〈퍼블릭 에너미〉로 인해 '정치적 랩'이라는 용어가 부상하며 랩과 힙합의 미래상이 제시되고 뉴욕을 메카로 하는 하드코어 랩 아티스트뿐만 아니라 웨스트코스트west coast 갱스터 랩이 성장한다. '뚜렷한 이념을 갖고 행동하는 흑인들'이라는 뜻을 지닌 〈N. W. A.(Niggaz With Attitude)〉는 웨스트코스트 하드코어 갱스터 랩을 창조한 주역이다. 이 그룹은 보수적인 레이건 정부에 맞서는 젊은이들의 반란을 통렬한 목소리와 과격한 가사로 노래함으로써 방송 금지 처분을 받기에 이른다. 그들의 앨범 재킷에는 "세상에서 가장 위험한 그룹"이라는 문구가 새겨져 있다. 아이스 큐브Ice Cube를 비롯한 이 그룹의 멤버들

---

24) Elvis was a hero to most / But he never meant shit to me you see / Straight up racist that sucker was / Simple and plain / Mother fuck him and John Wayne / Cause I'm Black and I'm proud⋯⋯ / Most of my heroes don't appear on no stamps / Sample a look back you look and find / Nothing but rednecks for 400 years if you check⋯⋯ / Damn if I say it you can slap me right here / (Get it) lets get this party started right / Right on, c'mon / What we got to say / Power to the people no delay / To make everybody see / In order to fight the powers that be

은 흑인들의 불평등보다 백인들의 구미를 맞추는 음악 경향을 강력히 비판하면서 흑인 사회와 흑인들의 관점을 대변한다. 이 점에서 그들의 음악성은 높이 평가된다.(51~52) 경찰들의 인종차별과 가혹 행위에 대한 분노를 표출하고 있는 "엿 먹어라, 경찰Fuck the Police"의 가사를 보라.

> 그들은 약자를 죽일 권력을 가졌지.
> 엿 먹으라고 해.
> 왜냐하면 난 배지와 총을 가진
> 빌어먹을 너희들에게 두들겨 맞고
> 감옥에 끌려갈 놈이 아니니까.
> (…)
> 내가 십대라는 이유로 나를 엿먹이면서
> 얼마 안 되는 돈과 호출기를 가지고
> 노획물을 찾으려고 내 차를 마구 뒤지지.
> 그들은 검둥이들은 모두 마약 판매상이라고 생각해.
> 날 차라리 감옥에서 보는 게 나을 거야.
> (…)
> 자, 경찰을 두들겨 패서 묵사발을 만들어라.
> 내가 다 끝냈을 때 노란 테이프를 가져와서
> 학살의 현장에 둘러쳐 놔.[25]

이처럼 공격적인 메시지를 노래하는 흑인들로 구성된 서부 하드코어 갱스터 그룹 〈N. W. A.〉는 동부 하드코어 랩 그룹과 실제로 폭력적으로 대립하기도 한다. 그 대립이 완화된 시점에서 〈N. W. A.〉의 래퍼이자 프로듀서였던 닥터 드레는 솔로로 전향해 1993년 앨범 『크로닉The Chronic』으로 크게 성공했다. 또 신인 랩 가수 스눕 독Snoop Dog을 발굴하여 큰 성공을 거두는데 바로 지-횡크(G-Funk, gangsta funk)라는 신종 랩 사운드의 뒷받침 덕분이었다. 지-횡크는 하드코어 갱스터 랩의 기반 위에서 신시사이저로 주조된 매끈한 디지털 음향과 두터운 베이스 라인, 그루브groove를 강조한 횡키 리듬이라는 사운드 패턴을 결합시키며 화려한 여성 백 코러스를 쓴다. 이것이 흔히 웨스트코스트(캘리포니아) 갱스터 랩을 대표하는 용어로 정착된 랩 스타일이다. 이러한 지-횡크의 태동으로 갱스터 랩은 한층 더 다양해졌다. 당시 팝 인구가 신종 장르인 얼터너티브 록에 열광했듯, 랩 청중도 신선한 사운드의 지-횡크를 열렬히 환호했다.(54~55)

1990년대 '랩 혁명'의 중심인 갱스터 랩과 지-횡크 음악인들로는 저스틴 팀브레이크, 브리트니 스피어스, 크리스티나 아길레라, 핑크, 조스 스톤, 아웃캐스트, 비욘세, 어셔, 알리샤 키즈를 들 수 있다. 여기에는 흑백 가수가 섞여 있다. 최근 랩 음악의 다양한 분위기는 흑인은 흑인대로 백인 다수의 가치관, 태도, 관심사들에 개입하거나 영합하며, 백인은 백인대로 흑인 문화와 접촉하거나 그것을 전유하는 데서 비롯된다. 그러므로 갱스터 랩의 폭력성을 흑인들 탓이라고 비난하는

---

25) They have the authority to kill a minority. / Fuck that shit, cuz I ain't tha one, / For a punk muthafucka with a badge and a gun, / To be beatin on, and throwin in jail. (…) / Fuckin with me cuz I'm a teenager, / With a little bit of gold and a pager. / Searchin my car, lookin for the product. / Thinkin every nigga is sellin narcotics. / You'd rather see me in the pen, / Beat tha police outta shape, / And when I'm finished, bring the yellow tape, / To tape off the scene of the slaughter.

것은 잘못이다.[26] 갱스터 랩이나 다른 랩 갈래들이 보여 주는 폭력과 성차별주의는 미국 사회의 백인 우월주의적 자본주의적·가부장적 가치관과 태도를 반영한다. 이 점은 백인 랩 음악에서도 마찬가지다.

백인이면서 흑인보다 래핑을 더 잘하는 에미넴은 대도시 빈민가의 가난하고 불우한 백인 노동자 계급 출신인데 닥터 드레와 만나 한 시간 만에 첫 싱글 앨범 『내 이름은My Name is』의 녹음을 끝냈고 음반이 나오는 데 6개월도 걸리지 않았다. 이 곡에서 에미넴은 흑인보다 더 흑인처럼 래핑을 하는 실력을 발휘한다. 정치인을 향하건 팝스타를 향하건 톡톡 쏘는 독설을 내뱉는 독특한 코맹맹이 래핑이 최대 장점이다.(89~90) "내 이름은"(1999)을 들어 보자.

> 안녕, 얘들아 너희들 폭력 좋아하니?
> 내가 내 눈썹 위에 9인치 못을 박는 거 보고 싶니?
> 내가 한 짓이랑 똑같은 짓을 해 볼래?
> 마약을 하고, 내 인생보다 더 망가져 볼래?
>
> 내 머리는 쓸데없는 것들로 묵직해서
> 정신을 차려 보려 해도
> 스파이스 걸스 중에 누굴 임신시키고 싶었는지도
> 잘 모르겠어.
> 닥터 드레가 "너 슬림 셰이디, 비열한 놈,"
> "네 얼굴은 왜 그렇게 빨갛지? 넌 인생을

---

26) bell hooks, *Outlaw Culture*, p. 135.

낭비하고 있어"라고 내게 말하더군.

열두 살 이후로 난 내가 다른 사람인 것처럼 느껴 왔지.
왜냐하면 내 진짜 모습은 침대에다 벨트로 매달아 놓았거든.
열 받아서 파멜라 리의 젖꼭지를 찢어 버렸지.
그리고 등판을 후려쳐서 크리스 크로스처럼 그녀의 옷을 헤집어 놓았지.

대마초 한 대 피우고 난 주저앉았지.
뚱보 년이 주저앉을 때보다 더 빨리 말이야.
이리 와 계집년, (셰이디, 잠깐 그 여자는 개 같은 내 여자야!)
난 성교도 하지 않아.
이 세상을 화나게 하려고 신이 날 보낸 거야.[27]

　여기 나오는 에미넴의 다른 자아인 '셰이디'는 에미넴에 따르면
"서로 다른 양면성을 지닌 악마 같은 놈, 비아냥거리는 독설가"다. 가
사에서 보듯, 여성 스타들을 도마에 올려놓고 악독하게 비꼬는 유머
가 가득하다. 에미넴의 독설에 짙게 배어 있는 퇴행적이고 단세포적

---

27) Hi kids! Do you like violence? / Wanna see me stick Nine Inch Nails through each one of my
eyelids? / Wanna copy me and do exactly like I did? / Try 'cid and get fucked up worse that my
life is? // My brain's dead weight, / I'm tryin to get my head straight but I can't figure out which
Spice Girl I want to impregnate / And Dr. Dre said, "Slim Shady you a basehead!" / Uh-uhhh!
"So why's your face red? Man you wasted!" // Well since age twelve, I've felt like I'm someone
else / Cause I hung my original self from the top bunk with a belt. / Got pissed off and ripped
Pamela Lee's tits off / And smacked her so hard I knocked her clothes backwards like Kris Kross.
// I smoke a fat pound of grass and fall on my ass / faster than a fat bitch who sat down too fast /
C'mere slut! (Shady, wait a minute, that's my girl dog!) / I don't give a fuck, God sent me to piss
the world off!

인 성차별주의는 주류 백인 사회의 가치관을 답습하고 있다. 그래서 그의 독설의 비판적인 의미나 저항성은 한계를 갖는다.

그런데도 에미넴의 음반들은 모조리 멀티 플래티넘을 기록했고, 2집과 3집은 천만 장이 넘는 다이아몬드 레코드를 기록한다. 에미넴의 음악이 열렬한 지지를 받는 이유는 직선적이고 솔직한 라임으로 흑백 인종 모두에게 공감대를 형성했기 때문이다. 백인들은 에미넴이 백인이기에 별 거부감 없이 받아들였으며, 흑인들은 흑인들대로 그의 수준급 래핑을 즐겼다. 에미넴의 음악이 성공한 것은 흑인 음악의 강세라는 시대의 조류에 부합하면서 '백인 랩'을 하나의 문화 현상으로 끌어올렸기 때문이다.(91~94) [28]

에미넴의 노래 "화이트 아메리카White America"를 보자.

> 우리의 이 아름다운 나라에 사는 걸 자랑스러워하는 시민들이 얼마나 될까?
> 사람들이 죽으면서까지 지키려고 했던 권리를 위한 성조기
> 말하는 자유를 얻기 위해 자신의 목을 부러뜨린 여자들과 남자들
> 미합중국 정부가 그들을 지키겠다고 맹세했지…
> (이봐, 모두가 이 노래의 가사를 들어주길 바래) (…) 아니면 우리말을 듣든가
> (…)

---

28) 4부의 랩 음악 전개 과정에서 논의된 〈런 디엠시〉, 〈퍼블릭 에너미〉와 〈N. W. A〉, 닥터 드레, 에미넴 부분은 『위대한 힙합 아티스트』를 참조하고 있다. 이 책에서는 남성 랩의 성차별주의 면모는 언급도 되지 않을 뿐만 아니라 '위대한 힙합 아티스트' 중에 여성은 한 사람도 없다. 2004년에 출간된 책인데도 랩 여성을 생략하고 배제하는 구도를 여전히 반복하는 점은 비판받아 마땅하다. 그 구도를 수정하고 랩의 역사를 다시 써야 할 것이다. 그러한 수정 작업의 일환으로 이 책의 16장 「흑인 여성 래퍼들의 문화정치」를 썼다.

백인의 아메리카! 난 네 아이 중 한 명일 수도 있어

백인의 아메리카! 어린 에릭은 딱 이렇게 생겼지

백인의 아메리카! 에리카는 내 노래를 좋아해

난 TRL에 가지. 날 껴안는 사람들이 얼마나 많은지 좀 봐!

이 눈들을 봐, 베이비 블루, 마치 너와 같지

만약 그 눈동자들이 갈색이었다면, 셰이디는 진 거고, 저 선반에 앉아

있을 거야

하지만 셰이디는 귀여워, 셰이디는 그 보조개가 도움이 될 거란 걸 알아

여자들을 기절시키지, (우 베이비!) 이 판매량을 봐

계산 좀 해 보자, 만약 내가 흑인이었으면 반밖에 못 팔았겠지

그걸 알기 위해 링컨 고등학교를 졸업할 필요도 없어

하지만 난 랩을 할 수 있어, 그러니 학교는 집어치워.

돌아가기엔 내가 너무 멋져

마이크 내놔, 그 엿 같은 스튜디오가 어디 있는지 좀 보여 줘

내가 언더그라운드였을 때, 아무도 내가 백인인 것 상관하지 않았어

어떤 소속사도 나랑 계약을 맺고 싶어하지 않아서,

난 거의 자포자기 상태였어

젠장할, 드레를 만나기 전 얘기지, 드레만 나의 가능성을 보았고

내게 기회를 줘서 난 그의 엉덩이 아래 불을 질렀어

그가 다시 정상에 올라가게 내가 도와줬어, 내가 가진 모든 흑인 팬은

어쩌면 드레의 백인 팬을 대신하는 것이었는지도 몰라

그러니까 '젠장, 교환 완료다', 의자에 앉아서 보고 있지, 와우

난 말하지 '내 피부색이 드디어 내게 도움을 주는 건가? 이건……

(…)

전 미국의 부모들에게 고한다

난 에리카의 성품을 공격하려고 조준되어 있는 데린저 권총이다

난 멍청한 부하들을 다루는 서커스 단장으로

국회의사당의 계단을 향한 행진을 이끌고 백악관의 잔디밭에

오줌을 누라고 보내진 사람이야

난 성조기를 태워 버리고 '부모의 조언이 필요함' 이라는 스티커로 바

꿔 버리고

위선으로 가득 찬 민주주의의 얼굴에 술을 뱉어 버리라고 보내진 사람

이야

엿 먹어, 체니 부인! 엿 먹어, 티퍼 고어!29)

이 '부끄러운 분리된 나라' 30)가 나에게

선사해 준 가장 자유로운 말하기의 권리를 갖고 자네들을 욕한다네

엿 먹어!

그냥 장난이야 아메리카, 내가 사랑하는 거 알잖아.31)

"화이트 아메리카" 에서는 에미넴 전성기의 힘과 배짱을 느낄 수 있
다. '자유로운 말하기의 권리' 는 언론, 민주주의의 기본인 표현의 자
유를 말하는 것이고, 이 자유를 지켜냈다는 '건국의 백인 아버지들'
을 에미넴은 비꼰다. 백인이 랩으로 백인 미국을 비꼬는 가사와 공연
장에 수많은 사람들이 열광하니 "내 말이 이렇게 큰 파장을 일으킬
줄 어떻게 알았겠어?" 라고 묻는다. 자신도 이렇게 유명해질 줄 몰랐
기 때문이다. 물론 에미넴의 랩 음악이 정부의 심기를 건드리고 의회

---

29) Ms. Cheney--딕 체니(Dick Cheney, 부통령)의 아내, Tipper Gore--엘 고어Al Gore의 아내.
30) Divided States of Embarrassment = United States of America(미합중국)를 패러디한 말이다.

가 에미넴을 골칫거리로 여겨 에미넴 반대 시위[32]도 일어난다. 에미넴이 "화이트 아메리카"에서 비판하는 대상은 특권을 가진 백인들이 주도하는 미국 정부, 미국 국가다.

　에미넴의 프리 스피치는 위험하다. 가사 중에 나오는 에릭, 에리카는 미국의 전형적인 청소년을 뜻하는데 '나는 에리카'를 뜻하는 "I'M ERICA"를 발음하면 '아메리카'가 된다. 〈TRL〉은 MTV의 프로그램 중 하나인데, 거기에 자신이 게스트로 나간다는 것을 암시한다. 미국 청소년을 놓고 보았을 때 미국의 '골칫거리'는 학교 총기 난사 사

---

31) How many people are proud to be citizens of this beautiful country of ours? / The stripes and the stars for the rights that men have died for to protect / The women and men who have broke their necks for the freedom of speech / the United States government has sworn to uphold / (Yo, I want everybody to listen to the words of this song) or so we're told (⋯) // White America! I could be one of your kids / White America! Little Eric looks just like this / White America! Erica loves my shit / I go to TRL, look how many hugs I get // Look at these eyes, baby blue, baby just like yourself / If they were brown, Shady lose, Shady sits on the shelf / But Shady's cute, Shady knew Shady's dimples would help / Make ladies swoon baby (ooh baby!) Look at my sales / Let's do the math--if I was black, I woulda sold half / I ain't have to graduate from Lincoln High School to know that / But I could rap, so fuck school, I'm too cool to go back / Gimme the mic, show me where the fuckin studio's at / When I was underground, no one gave a fuck I was white / No labels wanted to sign me, almost gave up I was like / Fuck it--until I met Dre, the only one to look past / Gave me a chance and I lit a FIRE up under his ass / Helped him get back to the top, every fan black that I got / was probably his in exchange for every white fan that he's got / Like damn; we just swapped--sittin back lookin at shit, wow / I'm like my skin is it startin to work to my benefit now? It's⋯⋯ // So to the parents of America / I am the derringer aimed at little Erica to attack her character / The ringleader of this circus of worthless pawns / Sent to lead the march right up to the steps of Congress / and piss on the lawns of the White House / To burn the (flag) and replace it with a Parental Advisory sticker / To spit liquor in the faces of this democracy of hypocrisy / Fuck you Ms. Cheney! Fuck you Tipper Gore! / Fuck you with the freeest of speech / this Divided States of Embarassment will allow me to have / Fuck you! / I'm just playin America, you know I love you⋯

32) 뮤직비디오는 피켓을 들고 있는 사람들이 보이는데 엘 고어의 부인 티퍼 고어도 그중 한 사람이다. 지명수배 포스터, 판매 금지 스티커도 보인다.

건, 마약 거래, 그리고 자꾸만 퍼져 나가는 에미넴의 인기라고 말할 법하다. 베이비를 언급하는 가사에 나오는 파란색 눈은 백인을 뜻하고, 갈색 눈은 다른 인종들을 뜻한다. 여기서부터 인종차별 이야기다.

에미넴이 백인들뿐만 아니라 흑인들에게도 큰 인기를 끌다 보니 정부는 망원경으로 에미넴의 가사까지 감시한다. 에미넴은 공공의 적이 된다. 힙합은 할렘에서는 문제될 게 없었는데 보스턴의 백인 아버지들에게는 문제가 되었다. 이에 굴하지 않고 에미넴은 "전 미국의 부모들에게 고한다. 성조기를 태운다"고 외친다. 거의 선전포고에 가깝다.[33] 그러나 이 모든 장황한 독설은 마지막에 "그냥 장난이야, 아메리카, 내가 사랑하는 거 알잖아"로 평화롭게 끝난다. 이러한 빈정거림이나 장난기는 아메리카에 대한 에미넴의 비판을 피상적인 것으로 만들고 무력하게 만든다.

이러한 결과는 인종차별 이야기 대목에서도 마찬가지다. 갈색을 언급했다가 너무 쉽게 더 이상 아무 말도 없이 다른 이야기로 넘어가는 에미넴의 랩은 가혹한 인종차별을 겪었고 지금도 겪고 있는 흑인들(과 유색인종 사람들)의 고통과 슬픔을 아무렇지도 않게 지우고 삭제한다. 흑인들의 아픔을 이해하고 깊이 공감하려는 노력이 없으면 흑인들의 쾌락도 이해할 수 없다. 도시 게토의 피폐하고 궁핍한 삶으로 내몰린 흑인 젊은이들의 분노와 서러움과 아픔은 드러나지 않고 사라질 뿐이다. "화이트 아메리카"는 인종차별적 현실이 변화하기를 바라는 염원과는 거리가 멀다.

한편 제이 지Jay-Z와 같은 상업적 흑인 래퍼의 "아흔아홉 가지 문제

---

33) http://blog.daum.net/dyddnrcjswo1 참조.

들99 Problems" (The Black Album, 2003)에서 보듯 최근 흑인 랩 음악은 거칠고 격렬하다기보다 현실을 부드럽게 풍자하는 경향을 띤다.

네게 여자 문제가 있다면 내 기분이 나쁠 거야

난 99개의 문제를 갖고 있는데, 저 계집은 하나도 없어

난 총 순찰에다 랩 순찰도 받았어

내 금고통이 잘 닫혔는지 확실히 하고 싶은 적들,

랩 비평가들은 저 남자는

"돈, 현금, 창녀들"을 갖고 있다고 말하지.

나는 멍청한 후드 출신인데,

저 따위 말들은 어떤 유형의 사실일까?

네가 엄지발가락에 구멍 뚫린 양말을 신고 자랐다면

네가 돈을 버는 순간 넌 환호할 거야.

난 저 빌어먹을 비평가들과 비슷하고

넌 내 엉덩이에 키스할 수 있어

네가 내 가사를 좋아하지 않는다면, 재빨리 압력을 가할 수 있어……

자본은 내 검은 엉덩이를 시험하고 이용하지

그래서 광고주들이 그들에게 더 많은 현금을 줄 수 있도록 말이야,

빌어먹을!

난 네가 나를 뭐라고 생각하는지 모르고

제이 지가 갖고 있는 지성도 모르지

난 초라한 누더기에서 부자가 되어, 깜둥이도 아닌 거야.

난 99개의 문제를 갖고 있는데 저 계집은 하나도 없어, 날 쳐!⁽³⁴⁾

제이 지와 같은 상업적 래퍼에게서도 흑인 삶의 은폐된 현실을 말하고 드러내려는 비판과 저항의 메시지를 곳곳에서 읽을 수 있다. 그래서 공식 무대에서의 랩 공연은 정치적 행위가 될 수 있고 정치적 변화를 촉발하는 지점이 될 수 있다. 그런데 그렇게 되려면 제이 지의 성차별주의는 비판되고 극복되어야 한다.

흑인 남성 래퍼들의 랩 가사와 뮤직비디오에 나오는 흑인 여성들에 대한 폄하에 대해 많은 논쟁과 비판들이 있다. 그런데 백인이 지배하는 대중매체에서의 그 논쟁은 흑인 청년문화 일반과 특히 흑인 청년들을 비난하고 악마화하는 경향이 있다. 그러나 랩에서 찬양되는 성차별주의적이고 여성 혐오적인 가부장 방식들은 흑인 남성들 탓만이 아니라 미국 사회에 만연되어 있는 가치관, 즉 백인 우월주의적 자본주의 가부장제가 만들어 내어 유지하는 가치관에서 비롯된다.

흑인 남성들은 백인 남성 갱스터들이 중심 무대에서 활약하는 영화, 텔레비전, 쇼를 봄으로써 그들의 갱스터 가치를 배워 왔다. 흑인들의 여성 혐오는 미국 사회의 전반적인 가부장 체제를 유지하는 데 핵심적인 것이기 때문에 조장된다. 여성을 혐오하는 태도들은 가부

---

34) If you havin girl problems I feel bad for you son / I got 99 problems, but a bitch ain't one / I got the Rap Patrol on the gat patrol / Foes that wanna make sure my casket's closed // Rap critics that say he's "Money, Cash, Hoes" / I'm from the hood stupid, what type of facts are those? / If you grew up with holes in your zapper(zapitos?) toes / You'd celebrate the minute you was havin dough / I'm like fuck critics, you can kiss my whole asshole / If you don't like my lyrics, you can press fast forward / Got beef with radio if I don't play they show / they don't play my hits - well I don't give a shit, SO! / Rap mags try and use my black ass / So advertisers can give 'em more cash for ads, fuckers! / I don't know what you take me as / Or understand the intelligence that Jay-Z has / I'm from, rags to riches, niggaz I ain't dumb / I got 99 problems, but a bitch ain't one - hit me! // 99 problems but a bitch ain't one // If you havin girl problems I feel bad for you son // I got 99 problems, but a bitch ain't one - hit me!

장적 사회질서를 유지하는 데 필요한 성차별주의 연속체의 일부다. 그러므로 모든 여성을 "계집bitch, 창녀whore"로 여기게 한 미국 문화 전반의 맥락에 체계적인 관심을 기울이는 일이 중요하다. 그러한 관심을 통해 우리는 흑인 청년들의 성차별주의나 여성 혐오만이 아니라 특정 랩 음악 생산을 돕고 마케팅하는 강력한 백인 성인 남녀들의 여성 혐오적 정치를 볼 수 있다.[35]

젊은 흑인 혹은 백인 남성들의 랩 음악은 남성성을 표현하기는커녕, 가부장적 갱스터주의의 더 강력하고 보이지 않는 힘들을 표현한다. 그들의 여성 혐오와 폭력을 승인해 주고 그들에게 물질로 보상하는 것은 백인 우월주의적 자본주의 가부장제다. 그들의 성차별적인 문화 생산물을 즐기는 대중의 쾌락주의적 소비주의 문화정치는 악의에 찬 성차별주의 형식을 표현하는 랩 가수들에게 유례없는 물질적 권력과 영예를 약속한다. 랩 음악의 산업화와 상업화가 실로 큰 문제다. 이 문제를 제대로 다루려면 우선 랩을 공동 영역으로 불러들여 여성 혐오, 성차별주의, 폭력을 공적 관심과 논쟁거리로 만들 필요가 있다. 또한 랩을 퇴행적·억압적·대항적·해방적 요소를 두루 갖는 모순적이고 복합적인 것으로 보아야 할 것이다.

---

35) bell hooks, "Gangster Culture--Sexism, Misogyny: Who Will Take the Rap?" *Outlaw Culture*, pp, 115~119.

16

흑인 여성 래퍼들의
문화정치

01 인종, 계급, 젠더, 섹슈얼리티를 협상하는 공공 영역

다른 분야에서도 그래 왔듯, 힙합 문화와 랩 음악에서도 흑인 여성들의 역할이나 기여는 삭제되거나 주변화되거나 잘못 규정되어 왔다. 16장은 이러한 오류를 수정하기 위해 흑인 여성 래퍼들에게 초점을 맞춘다. 최초의 흑인 여성 래퍼는 1976년 사우스브롱스에서 열린 디제이 쿨 허크의 파티에 참석했던 샤론 잭슨(Sharon Jackson, 샤 록Sha-Rock)이다. 샤 록은 나중에 〈훵키 4+1 More〉라는 랩 그룹에 합류했다. 이 그룹은 1979년에서 1984년 사이에 여러 개의 음반을 냈으며 토요일 밤 생방송 텔레비전 프로그램에 처음으로 출연했던 랩 그룹이었다.

랩이 점차 대중화되어 미국 대중음악계에 확실한 자리를 잡아 갔던 1978년과 1986년 사이에 60개가 넘는 음반에 30명의 여성 엠시와 디제이들이 등장했다. 그중 사우스브롱스에서 두 명의 디제이와 네 명의 엠시들로 된 〈메르세데스 레이디즈Mercedes Ladies〉 그룹이 결성되었다. 〈메르세데스 레이디즈〉는 여러 해 동안 사우스브롱스의 음악 파티에 참여했는데 1984년에야 남성 래퍼 도널드 디를 보조하는 음반을 겨우 낼 수 있었다. 1984년에 샤 록은 두 명의 흑인 여성 래퍼들과 함께 〈비트 스트리트Beat Street〉라는 랩 영화에 출현했다. 이때쯤 흑인 여성들과 함께 무대에 섰던 라틴계 출신 여성 중에 록산느 선풍을 일으킨 여성이 있었다. 바로 열네 살의 푸에르토리코 출신 록산느 샨떼Roxanne Shante였다. 1985년에 데뷔한 여성 랩 듀엣 그룹 〈솔트 엔 페파〉(Salt-n-Pepa, 그 전신은 Supernature)가 1987년에 낸 데뷔 앨범 『섹시하고, 쿨하며 또 영악한Hot, Cool and Vicious』은 50만 장(골드)이 팔렸다.(O. C., 225~256)

랩이 언더그라운드에서 주류로 전환되면서 1990년 즈음만 해도 여성 래퍼들은 남성 래퍼들의 소개로 많이 데뷔하였다. 동부의 〈퍼블릭 에너미〉는 〈시스터 소울자Sister Souljah〉를, 서부의 〈N. W. A.〉는 〈요요Yo-Yo〉를, 뉴욕의 〈주니어 마피아Junior M. A. F. I. A〉는 릴 킴 Lil Kim을, 제이 지는 폭시 브라운Foxy Brown을 등장시켰다. 그 이후에는 엠시 라이트MC Lyte, 퀸 라티파Queen Latifah, 로린 힐Lauryn Hill, 미시 엘리엇Missy Elliot 같은 유명한 여성 래퍼들이 남성 래퍼들의 도움 없이 자력으로 데뷔하였고 솔로 래퍼로서 골드·플래티늄(백만 장)을 따내는 성공을 거두었다.(257~258) 그런 만큼 여성 래퍼들이 힙합 문화와 랩 음악에 미치는 영향은 무시할 수 없다. 흑인 및 유색 여성 래퍼들은 1980년대, 1990년대 미국 삶에서 느끼는 감정과 주요한 주제들을 공적으로 개진할 플랫폼으로서 랩과 힙합을 사용하고 있었기 때문이다.

흑인 여성 래퍼들은 힙합과 대중음악 일반에 통합되어 있으면서도 거기에 대항하는 목소리들이다.[1] 여성 랩 예술가들은 자신들의 랩 가사를 통해 남성의 랩 가사들과 주류 랩 비평이 주도하는, 흑인 여성들에 관한 특정한 재현들과 경합을 벌인다. 또한 흑인 여성들의 랩 가사에 제시된 주제와 관점들은 정체성과 섹슈얼리티, 이성애적 구애, 몸의 심미적 구축에 관한 지배적 가정들과 관념들에 도전한다.[2] 그렇게 경합을 벌이고 도전하기 위해서는 우선 대화를 시도해야 한다. 그래

---

1) Tricia Rose, "Never Trust a Big Butt and a Smile" in Jacqueline Bobo ed. *Black Feminist Cultural Criticism* (Blackwell, 2001), p. 237.
2) Jacqueline Bobo, "Overview: Music and Spoken Word", in Jacqueline Bobo ed. *Black Feminist Cultural Criticism* (Blackwell, 2001), p. 215.

서 그녀들은 흑인들의 다양한 공동체 내부에 있는 성적 난잡성, 정서적 투신, 배신(간통), 마약 거래, 인종 정치, 흑인 문화사와 같은 의미심장한 논점들에 관해, 청중들과 남성 래퍼들과 대화하기 위해 다양한 담론 전략을 구사하게 된다.

우선 자신들의 랩 음악을 통해, 특히 스트리트 키드 혹은 노동계급 흑인 남녀들과 대화하는 공간을 열어 놓고자 한다. 그렇지 않으면 랩의 성차별주의에 대한 확대된 논의를 할 수 없기 때문이다. 흑인 여성 래퍼들의 뮤직비디오와 라이브 공연은 성의 자유, 독립, 또 때때로 남자들에 대한 공공연한 지배를 과시하면서 공적 공간을 확보해 가는 충일한 여성 공동체를 전시하기도 한다. 또 힙합 세대 흑인 여성들의 성장을 금지하고 흑인 여성성을 폄하하며 젊은 흑인 소녀들의 삶을 위협하는 방식들에 관심을 불러일으키기도 한다. 그리하여 흑인 여성 래퍼들은 소년 소녀들의 삶에 개입하는, 강력하고 문화적으로 성찰적인 새로운 공적 영역을 제공한다.

힙합 세대 흑인 여성 래퍼들은 정서적·심리적 반응과 낭만적인 성 정치적 수사에 개입했던 선배 블루스·재즈 여성 가수들의 경향과 대조되게 의식적·비판적·평가적인 가사를 중시한다. 여성 래퍼들은 선배 블루스 재즈 여성 가수들이 용감하고 재능도 있었고 협상 능력도 갖고 있었지만 행위 주체성을 결핍한 나이브한 여성들이었다고 평가한다. 여성 래퍼들은 그러한 측면을 비판하고 계급과 인종과 젠더/섹슈얼리티를 중요하게 여겨 자본주의, 인종차별주의, 가부장제에 대해 직접 말하고 충분히 평가하고 비판하는 의식적 노력을 기울이며, 가사 기술을 중시한다. 남성과 함께 하면서도 도전하며 여성성을 확대해 나가기 위해서다. 여성 래퍼들에게 랩 음악은 사랑, 투쟁,

로맨스에 관해 공적 논쟁을 하는 공간이며 상대적 자유를 갖고 계급, 인종, 젠더, 섹슈얼리티를 협상할 수 있는 공적 장소다.[3]

흑인 여성 래퍼들은 재치 있고 도발적이며 지적 라임을 구사하는 능력을 갖추고 있다. 그들은 대체로 혁명적인 여성/자매의 진정성을 고무하기, 여성의 자기 존중을 위해 남성에게 말대꾸하기, 여성의 임파워먼트empowerment, 자조self-help, 연대를 증진하기, 더 큰 사회에 맞서 흑인 남성 옹호하기와 같은 네 가지 담론 전략을 구사한다.[4] 이 전략이 그들의 주요 랩 가사들을 통해 어떻게 발휘되는지 차례로 살펴보자.

02 흑인 여성 랩의 네 가지 담론 전략

1) 강하고 혁명적인 여성/자매의 진정성을 고무하기

가부장제와 인종차별주의, 자본주의에 저항하는 여성 래퍼의 목소리 중에 가장 비판적인 목소리는 주류 바깥에 있는, 음반 판매에서 별

---

3) Marcyliena Morgan, "Hip-Hop Women Shredding the Veil: Race and Class in Popular Feminist Identity", *The South Atlantic Quarterly* 104: 3 (Summer 2005), p. 435.

4) 모건은 흑인 여성 래퍼들의 세 가지 담론 전략을 다음과 같이 분석한다. 1. 상투형에 도전하는 강한 여성/자매의 진정성을 급진적으로 제시 2. 흑인 여성의 자긍심을 증진하되 남자와 교육적 대화에 참여하는 비판과 연대 3. 거리의 다양하고 현명한 관점을 제공하거나, 현실적down-to-earth이면서 사려 깊고 의식적인 방식(p. 428). 「대항적 의식」의 저자들은 1. 남성에게 대꾸하기 2. 여성의 임파워먼트, 자조self-help, 연대 3. 더 큰 사회에 맞서 흑인 남자를 옹호하기를 제시한다. 16장에서는 이 두 종류의 제안을 바탕으로 네 가지 전략을 재구성했다.

이익을 얻지 못하는 힙합 예술가들(Sarah Jones의 "Your Revolution", Ursula Rucker의 "What a Woman Must Do", "Untitled Flow")에게서 나온다. 1999년 오리건 주 포틀랜드의 공중파 라디오 방송 KBOO-FM을 탔던 사라 존스의 "여러분의 혁명"이 반복하는 "여러분의 혁명은 허벅다리 사이에서 일어나지 않아"라는 대목은 인종 평등이라는 사회정의의 이름으로 남성들이 여성의 몸을 이용한 방식들(아이 낳기와 성적 욕구 채워주기)을 직접 비판한다. 이어 존스는 "진짜 혁명은 (…) 여러분이 구매하는 베르사체나, 여러분이 운전하는 렉서스에 관한 게 아니"라며 힙합 세대의 물질주의를 부인한다. 많은 사람들이 해방이라고 간주하는, 사치스러운 것들을 소비하고 자본주의 시장에서 이익을 얻는 능력은 똑같은 억압적 권력 구조를 지탱하는 결과를 낳을 뿐인 가짜 혁명이라는 요점을 분명히 한다. 더 나아가 존스는 소비주의를 성차별주의와 연결시켜 "몇 푼의 돈을 벌어 오는" 남성에게 여성 자신의 정체성을 맡기는 것을 거부함으로써 진짜 혁명은 가부장적 자본주의 틀에서는 일어날 수 없음을 분명히 한다.(권, 123)

  여러분의 혁명은 허벅다리 사이에서 일어나지 않아
  허벅지 사이에서 일어나지 않는다구
  여러분은 허벅지를 흔들지 말고
  허벅지 사이에서 그런 척하는 나도 마찬가지[한숨]

  진짜 혁명은
  맞아, 내가 말하는 진짜 혁명은
  그 혁명이 도래할 때

그게 진짜가 될 걸

그게 진짜가 될 걸.

그게 진짜가 될 걸.

혁명이 마침내 도래할 때

그것이 진짜가 될 걸.[5]

우르술라 럭커의 "여자가 해야 할 일What a Woman Must Do"에서 "당신이 그녀의 구두를 신고 걷다가 달리고 싸울 때까지는 / 내 면전에서 여자가 해야 할 일을 나한테 감히 말하지 말라"[6]면서 여성이 직면하고 있는 역사적 도전을 열거한다. 그런 다음 여성은 "어떤 종류의 권력을 추구하거나 성취할 때 (…) 첩Concubine, 계집Bitch, 창녀Whore, 마녀Witch, 레즈비언Dyke이라는 라벨로 축소되어 왔다"고 한다. 럭커의 노래는 인종에 상관없이 모든 남성들의 성차별주의를 부인함으로써 특별히 흑인 남성들을 목표 삼지 않아도 그들을 비판하는 셈이 된다. 럭커는 "제목 없는 흐름Untitled Flow"에서 힙합 세대 흑인 남녀들에게 말을 건다. 우르술라 럭커는 성차별주의적 상투형에 빠져 버린 여성 래퍼들을 비판하면서 여성의 억압에 가담하는 여성들에게 다음과 같이 질문한다.

---

5) Your revolution will not happen between these thighs / Will not happen between these thighs / Will not be you shaking / And me [sigh] faking between these thighs / Because the real revolution // That's right, I said the real revolution / When it comes / It's gonna be real / It's gonna be real / It's gonna be real / When it finally comes / It's gonna be real

6) Until you walk, run, fight a mile in her shoes/ don't you dare stand in front of me and tell me what a woman must do.

자매여, 어떻게 생각해?……

당신이 섹스하기 혹은 무엇인가를 발명했어?

좋아요, 당신은 왜 항상 섹스 이야기만 할까?

당신의 펜을 적실 잉크가 떨어져서?

당신의 정신이 뭔가를 생각하기를 그만둬서?[7]

그런 다음 럭커는 힙합의 물질주의와, 소비를 통해 획득되는 여성의 '가짜 정체성'에 관심을 기울일 것을 촉구하면서 버버리가 여왕을 창조하지 않으며, '창녀whore'는 '전사warrior'와 같지 않다고 선언한다. 그리고 성차별주의는 자본주의를 통해서나 남성의 성적 판타지를 성취하는 방식으로는 결코 싸워 이길 수 없음을 주지시킨다. 덧붙여 럭커는 흑인 남성들이 터프함을 추구하다가 희생자를 만들어 내는 폭력이 난무하는 현상을 놓고 남성 갱스터 래퍼에게 "인생은 충분히 하드코어야 / 터프하려고 갱스터를 녹음할 필요 없어 / 미국에서 흑인으로 산다는 것 자체가 터프한 거야"[8]라고 한다. 럭커는 남녀 모두가 가부장제 이데올로기를 내면화해 왔음을 잘 이해하고 있기 때문에 랩 음악을 부정하고 악마화하는 분위기에 맞서면서도 랩 음악에 깔려 있는 흑인 남성의 성차별주의를 변화시켜야 한다고 주장한다.

이처럼 우르슬라 럭커는 사라 존스와 더불어 가부장제 이데올로기뿐만 아니라 전체 자본주의 인프라를 해체해야 한다고 주장한

---

7) What you think, sis?…… / You invented sexin' or something? / Well, why you always talk about it then? / What your pen ran out of ink? / What your mind has ceased to think?

8) Life is hardcore enough / Don't need to wax gangsta to be tough / Being black in America is tough.

다.(123~124) 반면 폭시 브라운("Candy"), 릴 킴("Magic Stick"), 미시 엘리 엇("Work It")은 현존하는 미국 자본주의 제도 내부에서 흑인 여성 섹 슈얼리티를 드러내고 인정하고 찬양하는 데 몰두한다. 그리하여 그 녀들은 상투적인 흑인 여성의 역할들에 도전하거나, 흑인 남성 성차 별주의를 비판하기보다 그 제도를 지탱하게 된다.(121~122)

2) 여성의 자기 존중을 위해 남성에게 '말대꾸' 하기

여성을 이용하거나 폭력 행위를 저질러 온 남성에 대한 복수나 경 계 행위의 잔혹한 판타지를 구가하는 랩도 있다. 여성의 존엄을 다시 주장하고 상처받은 자존심을 회복하기 위한 전략은 가부장제에 맞서 는 페미니즘 주제에 직접 관여하는 셈이다. 이러한 전략을 구사하는 노래들에서 언급되는 남성들은 유색 남성이므로 그 노래들은 아프리 카계 미국(혹은 라티노) 남성의 성차별주의를 내부에서 비판하는 역할 을 한다. 실제로 이러한 부류의 노래를 부르는 여성 래퍼들은 자신의 노래에 '페미니스트' 라는 라벨을 붙이지는 않지만 남성 권력에 맞서 성차별주의에 대한 여성의 의식을 높이는 메시지를 전달하고자 한 다. 남성에게 여성이 말대꾸함으로써 자신을 변화시키고, 자긍심을 다시 주장하며, 성차별주의적 폭력에 저항하는 이러한 담론 흐름은 사실 랩 내부에서 오랜 역사를 갖는다.

록산느 샨떼는 자신을 깎아내리고 있는 "록산스, 록산느"(3인조 남성 그룹 〈U. T. F. O.〉)에 맞서 지하실에서 "록산느의 복수"라는 노래를 만 들어 자신이 그렇게 만만한 희생물이 아님을 보여 준다. 록산느는 과 도한 자신감을 갖고 있던 세 명의 남성을 무너뜨리고 여성들의 가사 기술을 세상에 알림으로써 남성의 세계로 확립된 영역에서 자신의 능력을 발휘한다. 다음 가사를 보라.

> 야, 나는 파리 같은 존재지만 이것은 받아들이지 않아,
> 모두 알고 있지, 내가 이것을 위해 살지 않는다는 것은,
> 그래서 만약 당신이 깜찍하게 굴고자 한다면
> 또 세련되고자 한다면
> 당신은 이것을 잘라 낼 필요가 있어.
> 이것이 온통 네 생각을 차지하고 있으니까.
> 나처럼 되려고 노력하는 것은, 참 어려워······
> 당신은 자신을 신이라고 생각하지만
> 돼지기름을 먹고 있지.[9]

1985년에 발표한 〈솔트 앤 페파〉의 "쓰레기Tramp"는 "나에게 뭐라고 욕하니?"라는 대꾸로 시작되는데 여성 화자가 '쓰레기'라는 욕을 먼저 듣고 있음을 함축한다. 더 큰 사회 영역에서 여성의 성적 주권이 재협상되고 있던 시절에 이 노래는 욕하는 남성의 말을 되받아침으로써 여성의 성적 주체성과 존중에 대한 요구를 적절히 표현한다.

> 흑인 학생 소녀들, 관심을 갖고
> 내가 하는 말을 귀 기울여 잘 들어.
> 이것을 단순히 노래 구절이라고 받아들이지 마.

---

9) Yeah, I am fly but I don't take this, / and everybody knows I don't go for it. / So if you're tryin' to be cute / and you are tryin' to be fine, / you need to cut it out / 'cause it's all in your mind. / Tryin' to be like me, yeah, is very hard······ / you think you are God, but / you do eat lard.

이런 일은 날마다 일어나고 있으니까.

자, 낯선 이가 안녕 하며 인사를 한다면 여러분은 어쩌겠어?

그 남자를 무시할까, 응대할까?

여러분이 응대한다면, 환경의 희생물이 될 가능성이 있지.

친구들이여, 내 말이 맞지?

진실을 말하자… 그렇지 않으면 내가 여러분이

어떤 존재인지 보여 주고 증명해야 해.

나는 나야.

남자들 대부분이…쓰레기들…일 뿐이야.

여러분은 잘 속는 풋내기! 더러운 정신을 그 소굴에서 빼내야 해.

여러분은 제대로 대접받지 못하면서 그들을 쫓아내지도 못하고 있어,

여러분은 나를 창녀처럼 취급하지는 않잖아! (…)

내가 걸어 나갔을 때, 그 남자는 나를 사기꾼이라고

욕했어, 여러분은 임무 수행 중이야.

남자는 쓰레기! [10]

이 노래는 남자를 얻는 데 몰두하는 종속적 여성들뿐만 아니라 여
성을 사냥감으로 생각하는 속셈을 여성들이 모른다고 생각하는 남성

---

[10] Homegirls, attention you must pay, / so listen close to what I say. / Do' nt take this as a simple rhyme, / cus this type of thing happens all the time. / Now what would you do if a stranger says Hi? / Would you dis him or would you reply? / If you answer, there is a chance that / you' d become a victim of circumstance. / Am I right, fellas? / Tell the truth–or else I' m-a have to / show and prove you are what you are, I am what I am. / It just so happens that most men are… tramps… / You' s a sucker! Get your dirty mind out the gutter. / You ain' t gettin' paid, you ain' t knocking boots, / you ain' t treating me like no prostitute!… / Then I walked away, he called me a teaser. / You' re on a mission, kid–yo, / he' s a tramp!

들에게 정신 차리라고 외친다. 〈솔트 앤 페파〉의 랩은 성차별주의적
언어 사용에 도전하고 여성의 존엄을 주장한다.

　퀸 라티파의 "U. N. I. T. Y."에는 'bitch'와 'ho' (whore)라는 단어
가 나온다. 그런 성차별주의적인 단어를 쓰는 것은 젊은 여성들의 삶,
육체적 · 성적 남용, 질투, 권력 이슈들을 논의하기 위해서다. 라티파
는 "U. N. I. T. Y."에서 그 단어들을 쓰는 남성과 맞대면함으로써, 여
성들에 대한 비하야말로 흑인 공동체를 분열시키는 요인임을 부각하
고 인종차별주의와 성차별주의에 반대하는 통합된 집단으로서 행동
할 흑인 공동체의 욕구를 "unity"에 비유한다.[11] 라티파는 여성을 존
중하지 않는 남자들을 비판하는 동시에 남성이 내뱉는 여성 혐오적인
말에 대꾸할 생각없이 자신을 존중하지 않는 여성들을 비판한다.

> 누가 여러분을 '계집'이라고 욕하고 있지?
> 여러분은 그 남자에게 알려 주어야 해…
> 여러분이 '계집'도 '창녀'도 아님을.
> 본능이 나를 다른 흐름으로 이끌어…
> 형제가 소녀를 '계집'이나 '창녀'라고 욕하며
> 자매를 비참하게 만들려고 하는 소리를
> 내가 들을 때마다
> 여러분은 이 모든 게 어디로 가는지 알 거야…
> 어휴, 나는 형제의 눈을 한 방 치고는
> '네가 뭐길래 계집이라고 욕하니?'라고 말했어. (O. C., 263~264)

---

11) Morgan(2005), p. 438.

남성의 성차별적 폭력에 대한 분노가 극에 달해 폭력으로 응징하고 복수하는 판타지를 랩에 담는 경우들도 있다. 미스 제이드Ms. Jade 와 릴 모Lil' Mo의 2002년 노래 "넌 왜 내게 그런 말을 하니?Why You Tell Me That?"는 사귀다가 임신하자 버림받는 상황에 처한 여성을 위한 노래다. 그 남자에게 "내가 그 상황이었다면 그 자리에서 널 총으로 쏴 죽였을 거야 (…) 들어 봐 (…) 난 너 없이도 훨씬 더 잘 지내 (…) 난 당신을 증오해 (…) 난 녀석들한테 고맙다니까 (…) 우리가 여자로서 얼마나 강한지 깨닫게 해 주었으니까"라고 한다.

또한 트리나Trina의 2000년 노래 "뒤통수 조심해Watch Yo Back"는 가정 폭력을 암시하면서 "내 멍과 상처가 섹스로 치유된다고 넌(남성)생각하는 모양인데 (…) 고통을 멈추려면 (…) 당신(여성)은 강해져야 해 (…) 뒤통수를 조심하는 게 좋을 걸"이라고 노래한다. 이 노래의 메시지는 "소년아boy, 거기 네 뒤통수를 조심하는 게 좋을 걸. 너를 때리든가 총으로 쳐서 널 변화시킬 테니까"라고 코러스를 하는 남성에 의해 더 강화된다. 이브Eve의 1999년 노래 "사랑은 장님Love is Blind"은 여성이 겪는 강간 문제를 정면으로 드러내 "헤이, 너, 난 너를 잘 알지도 못하지만 증오해 (…) 내 여자 친구가 그렇게 애쓰고 애썼는데 너한테서 결코 벗어날 수 없었어 (…) 난 너를 잘 알지도 못하지만 내가 널 죽일 테야. 넌 내 친구를 인형처럼 갖고 놀았어 (…) 난 너를 잘 알지도 못하지만 네가 죽었으면 좋겠어 (…) 네가 또 기회를 잡기 전에 넌 내 총이 철컥 하는 소리를 들을 거야"라며 여성들 사이의 유대감이 남녀 사이의 사랑보다 더 강하다고 주장한다.

흑인 여성 래퍼들은 자신들의 공동체에서 남자들의 손에 의해 일상적으로 겪는 폄하, 비하, 부정, 폭력의 형식들에 말로 대꾸한다. 랩에 관한 주류 담론들은 랩 여성들이 힙합 문화의 남성 성차별주의를 받아들이고 용서하며 성차별주의에 가치를 부여한다고까지 말한다. 하지만 앞서 살펴본 노래들은 훨씬 더 복잡한 그림을 보여 준다.

3) 여성의 임파워먼트, 자조와 연대 증진하기

여성에게 직접 말을 거는 랩 노래들에서는 여성의 자율성과 연대가 좀 더 직접적으로 드러난다. 이 노래들에서 여성 래퍼들은 여성들의 힘을 빼는 메시지들로 그득한 지배 담론에 맞서 서로를 지원하는 메시지를 직접 제공할 뿐만 아니라 여성들 사이에 억압에 대한 의식을 불러일으키고자 한다. 지배 담론의 메시지들은 흑인 남성뿐만 아니라 더 크고 강력한 백인 사회와 대중매체의 다양한 구성원들을 통해서 전달된다. 거리 수준street level의 유색 여성은 남성 지배 담론 흐름의 내부에서 남성들과의 경험을 이야기하지만 여자들이 그 일차적 청중이 된다. 그러하여 흑인 여성의 독특한 관점이 환기된다.

〈솔트 앤 페파〉의 1991년 노래 "섹스 이야기를 해 보자Let's Talk about Sex"는 에이즈에 대한 경각심이 일고 '안전한 섹스'가 여전히 논쟁적인 화제였을 때, 여성도 섹스 화제를 더 이상 피하지 말고 당당하게 말함으로써 힘을 받자는 메시지를 전한다.

> 집에 있거나 군중 속에 있거나
> 사람들에게 이제 섹스 이야기를 해 보자…
> 어쨌건 섹스는 항상 화제였거든.
> 섹스 화제를 빼지 말고, 피하지 말고 공허하게 만들지 말자,
> 그런다고 섹스를 멈추는 건 아니니까.

이제 라디오와 비디오 쇼에서 섹스 이야기를 나누자,

그래서 어떤 이야기든 하자. 섹스가 어떤 것인지,

어떻게 될 수 있는 것인지 말하도록 하자.

섹스를 더러운 것이라고 생각하는 사람들도 기회를 갖도록 하자…

레코드 바늘을 뽑아 내고 잠시 정지를 누르든가 라디오를 꺼 버린다고

우리를 멈출 수 있을까, 펩Pep?

그렇지 않을 걸.

좋아, 그렇다면…스핀Spin! 이리 와 봐…

너, 펩… 난 그들이 이 곡을 라디오에서

틀어 줄 거라고 생각하지 않아.

(왜 그렇지 않겠니? 모든 사람이 섹스를 하니까 그렇지.)

모든 사람이 섹스를 해야만 한다는 뜻이야.

(자, 네가 아는 남자들 중 얼마나 많은 남자들이 섹스를 할지 생각해 봐?)[12]

〈솔트 앤 페파〉의 1995년 노래 "여자다운 것 외엔 아무것도 아니야 Ain't Nuthin' but a She-Thing"에서는 성별이나 섹스 대상으로서가 아니라 여성 내부의 진정 여성적인 것을 보고 인정함으로써 서로 힘을 얻어 영감을 고무하고 연대를 구축하자는 메시지를 제공한다.

---

12) Let's talk about sex for now to the people / at home or in the crowd-- / it keep coming up anyhow. / Don't decoy, avoid, or make void the topic, / 'cause that ain't gonna stop it. / Now we talk about sex on the radio / and video shows--many will know, / anything goes. Let's tell it how it is, / and how it could be. / Those who think it's dirty have a choice-- / pick up the needle, press pause, or turn the radio off. Will that stop us, Pep? / I doubt it. / All right, then-- come on, Spin!… / Yo, Pep--I don't think they're gonna / play this on the radio. / (And why not? Everybody has sex.) / I mean, everybody should be makin' love. / (Come on, how many guys you know make love?)

난 내가 되고 싶은 것은 무엇이든 될 수 있어.

나를 마이너리티라고 생각하지 마.

여러분의 눈을 크게 뜬다면 아마 볼 수 있을 거야

여자다운 것을 말이야, 그게 내 안의 전부거든…

여러분이 동의한다면 숙녀들이여, 날 도와줘…

나를 화나게 하고 미치도록 당황스럽게 만드는 그것이

내 목을 부러뜨린다 해도 내 존중을 받아.

내가 일을 하러 가서 남자가 하는 저 지겨운 일을

똑같이 해도 돈을 덜 받았어.

내가 좀 공격적이 되면, 난 '계집'이 되는 거야.

내가 뻗대면 날 마녀라고 욕해.

날 섹스 대상으로 취급하고(그것은 부드럽지 않아),

나를 바보라며 나의 정신을 깎아 내리지.

더 약한 성이라니, 맞아…

그건 농담이야(하!).

여러분은 산고의 고통을 겪어 보았는지?…

나의 섹스에 속지 말아, 그것은 그리 간단하지 않아, 난 좀 더 복잡해.

우리는 기나긴 여정을 밟아 왔어, 베이비, 그건 사실이야.

소녀들이여, 우리 계속 앞으로 전진하자… 절대 뒤돌아보지 말고.

여러분의 권리들을 위해 싸우고 똑바로 서서

우리가 하는 말이 들리게 하자.

여러분은 어느 남자보다 좋은 사람들이야. 그것을 믿자.

약속해!¹³⁾ 약속해! 13)

퀸 라티파는 여성에게 힘을 주는 다른 종류의 노래를 부른다. 1989년 데뷔 앨범 『모두 여왕을 환영하네All Hail Queen』에 실린 "숙녀 분들 먼저Ladies First"는 여성 랩 담론의 전환점을 제시하며 힙합 공동체의 환영을 받았다. 라티파는 여성의 힘에 대한 메시지를 옴니버스 식으로 잘 요약한 이 노래를 흑인 영국 남성 래퍼 모니 러브Monie Love와 함께 불렀다. 모니 러브의 가사는 이 노래의 의미와 효과에 똑같이 기여했다. 다음은 라티파 부분이다.

> 한 여인이 당신을 감내하고, 상심시키고, 취할 수 있어.
> 이제 운을 맞춰 노래할 시간이야… 당신을 욕하게 하고
> 비명을 지르게 만들 정도로 잘 속는 자매 이야기를
> 할 수 있겠어? ¹⁴⁾

---

13) I could be anything that I want to be. / Don't consider me a minority. / Open up your eyes and maybe you'll see: / It's a she thing and it's all in me…… // Ladies help me out if you agree…… // The thing that makes me mad and crazy upset, / got to break my neck just to get my respect. / Go to work and get paid less than a man / when I'm doin' the same damn thing he can. / When I'm aggressive, then I'm a bitch; / when I got attitude, / you call me a witch. / Treat me like a sex-object(that ain't smooth), / underestimate the mind, oh yeah, you're a fool. / Weaker sex, yeah, right--that's the joke(ha!). / Have you ever been in labor?…… // Don't be fooled by my S-E-X; it ain't that simple, / I'm more complex. / We've come a long way, and baby, that's a fact. / Lets keep moving forward, girls--never look back. / Fight for your rights, stand up and be heard. / You're just as good as any man, believe that. / Word!

14) A woman can bear you, break you, take you; / now it's time to rhyme--can you relate to a sister dope / enough to make you holler and scream?

다음은 모니 러브가 부른다.

강하게 스텝을 밟으며 종종 걸음으로 움직이며,
라임을 맞추고 커트하면서도 잊지 말기를…
우리는 새로운 예언자 세대를 탄생시키는 자들임을,
왜냐하면 '숙녀분들 먼저'니까. [15]

모니 러브의 백업과 함께 라티파는 다음 노래를 부른다.

나는 자유롭게 구사하는 가사 스타일로 빠져들어,
마이크를 붙잡고, 청중을 바라보며 미소를 짓네,
한 여자가 자신의 두 남자를 데리고
서 있는 모습을 청중이 보고 있기 때문이지.
나는 나약하게 늘어지는 짓은 하지 않을 거야…
우린 흐를 수 없다고 누군가 생각하겠지…
상투형들은 계속 가겠지,
가고 말고. 난 그 장면 주위를 혼란스럽게 돌면서
(무엇으로?) '숙녀분들 먼저'라는 약간의 터치로
뒤집어 놓을 거야. [16]

---

15) Strong, stepping, strutting, moving on, / rhyming, cutting, and not forgetting… / We are the ones that give birth to / the new generation of prophets, / because it's 'Ladies First.'

16) I break into a lyrical freestyle, grab the mic, / look at the crowd and see smiles, / 'cause they see a woman standing up on her own two… / sloppy slouching is something I won't do… / Some think that we can't flow(can't flow)… / stereotypes, they go to go, / got to go. I'm-a mess around and / flip the scene into reversez(with what?)-- / with a little touch of 'Ladies First.'

이어, 라티파는 여성의 우월성을 다음과 같이 그린다.

나는 신성하며 내 정신은 확장되고 있어…
우주를 가로질러
나는 세상에 보낼 메시지를 가진 여성 래퍼라네.
라티파 퀸은 그 완벽한 표본! (…)
문명의 여왕이 마이크를 잡고 있어. [17]

영감을 주고 격려하는 자매애 메시지와, 여성의 가치와 존엄성뿐만 아니라 여성의 억압에 대한 고도의 의식을 유도하기 위해 서로에 대한 신랄한 비판 메시지를 담은 노래로는 로린 힐의 데뷔 솔로 앨범『로린 힐의 잘못된 교육』에 실린 "두 웝Doo Wop, That Thing"을 들 수 있다. 로린 힐은 사회의식을 담고 있는 음악을 하는 것으로 유명한 여성 랩 가수다. 이 노래에서 힐은 먼저 극복해야 할 흑인 여성의 현실을 읊으며 여성의 자각을 촉구한다.

당신이 친구를 찾아 헤맨 이후
3주가 흘렀다네…
당신이 만나게 되었으나 다시 당신을 부르지는 않았던 친구를….
베이비 걸이여, 최소한 존중이 필요한 거야.
껌둥이들이 널 갖고 놀았어도

---

17) I'm divine and my mind expands / through out the universe-- / a female rapper with the message to send: / Queen Latifah is the perfect specimen! (…) / Queen of civilization are on the mic.

넌 여전히 그들을 변호해…

내가 똑같은 궁지에 처한 적이 없었다고 생각하지 마…

궁지에 처해 있다고 자신의 영혼을 파는 것은

바보 같은 짓이야.

당신이 있는 곳을 바라봐.

다시 와!…

나의 친구여, 다시 와! [18)]

이 대목에 이어 코러스는 "당신의 내면이 제대로 되어 있지 않는데, 어떻게 이길까?How you gon' win, when you ain' t right within?"라고 노래한다. 이 날카로운 수사적 질문은 남성에게 바치는 가사 속에 들어가 있지만 사실상 남녀 모두를 향한 것이다.

4) 더 큰 사회에 맞서 흑인 남성 옹호하기

흑인 여성 래퍼들은 젠더화된 인종차별주의가 유색 여성뿐만 아니라 유색 남성에게도 영향을 미친다는 점을 깨닫고 있기 때문에 흑인 남성들과 유대를 맺는 정치학을 펼친다. 그 점에서 남성과의 분리와 대립을 함축하는 페미니즘이 아니라 유색 여성 특유의 우머니즘 womanism과 밀접하게 연계되어 있다. 남성과 맺는 여성의 유대 정치

---

18) It' s been three weeks since / you' ve been looking for your friend-- / the one you let hit it and never called you again…… / Baby girl, respect is just the minimun. / Niggas fucked up and you still defending them…… / don' t think I haven' t been / through the same predicament…… / It' s silly when girls sell they souls / because it' s in. / Look at where you be in-- / Come again!…… / My friend, come again!

학이란 페미니즘에서 항상 논쟁을 일으켰다. 남성들을 사랑하면서도 비판하는, '개입'이라고 기술되는 입장은 우머니즘 내부에서 옹호되고 있다.

랩과 힙합에서 이러한 개입은 흑인 남성을 찬양하는 형태를 취하기도 한다. 흑인 사회보다 더 큰 사회에 만연한, 흑인 남성의 열등함과 동물성을 둘러싼 기존의 상투적 메시지들에 맞서기 위해서다. 그래서 주류 문화에 종종 비합법적이고 위험하면서 이질적인 방식들로 개입하여 제도와 맞서 싸우는 흑인 남성들에게 동조하는 심정이 표현되기도 한다. 흑인 여성들이 흑인 남성들과 '함께 가거나 그렇지 않으면 죽는'(ride or die, 보니 앤 클라이드Bonnie and Clyde) 노래들에서 그렇다. 여성 래퍼들은 유색 남성들과의 제휴와 연대를 드러냄으로써 '구매된 것도 아니고 보스도 없는' 복합적인 정치적 의식을 입증한다. 또한 여성 래퍼들은 남녀 모두에게 영향을 미치는 주류 인종차별주의, 계급주의, 인종화된 성차별주의에 맞서 대항한다.

흑인 남성을 칭찬하는 고전적 노래가 〈솔트 앤 페파〉의 1994년 노래 "굉장한 남자Whatta Man"다. 첫 구절 가사는 "나는 1, 2분 시간을 내어 / 나의 세상을 다르게 만든 남자에게 / 큰 경의를 표하고 싶어… / 아무도 완벽하지 않다는 것을 난 알아 / 나는 존경 받을 가치가 있는 사람들을 지지해 / 여러분들, 내 말을 믿어… 그 남잔 그럴 가치가 있어"이다. 다음 대목에서 그 남자는 "연인이자 전사"라고 불린다. 그는 백인 주류 사회에 만연된, 여자에게 폭력이나 가하고 여자를 성적으로 착취하는 무책임함이 아니라 충실하면서도 섹시하고, 관대하면서도 사려 깊고, 현명하게 대화할 줄 아는 자질을 가지고 있다.

여성 래퍼들은 흑인 게토 출신 가운데 가난하건 부자건 상관없이 남성에 대한 특수한 감식안을 보여 주려는 경향을 띤다. 삶의 선택을 제한하면서도 강건함과 취약함을 특이하게 혼합하는 복합적인 힘으로 흑인 게토를 인식하기 때문이다. 그러한 노래로 로린 힐의 소망을 담은 부드러운 노래, "가장 달콤한 것The Sweetest Thing"(1998)을 들 수 있다. 이 노래에서 로린 힐은 "그의 걸음걸이, 그의 옷 스타일"과 "소중하고도 소중한 검은 피부색" 때문에 "게토의 멋진 왕자"를 칭찬한다. 이 노래에는 그 밖에도 전달할 메시지가 많지만 전체 메시지는 흑인 남성을 제대로 평가하자는 것이다.

흑인 여성이 흑인 남성을 지원하는 또 다른 유형인 '보니 앤 클라이드' 노래들에서는 위험한 상황에 처한 남성을 돕기 위해 여성들은 기꺼이 나서 위험을 감수하겠다는 마음을 전달한다. 그 상황은 마약 거래나 갱과 관련된 갈등 속에서 남자의 명예를 지키려는 행위와 관련된다. 이 유형의 랩에서는 요요Yo-Yo와 아이스 큐브Ice Cube의 "보니와 클라이드 주제The Bonnie and Clyde Theme"(1993), 이브Eve와 DMX의 "개의 매치Dog Match"(1999), 폭시 브라운Foxy Brown과 제이 지의 "보니와 클라이드, 2부Bonnie and Clyde, Part II"(1999)를 들 수 있다. "보니와 클라이드, 2부"의 코러스는 폭시 브라운과 제이 지가 일종의 부름-화답 형식으로 번갈아 부름으로써 세상에 맞서 끝까지 함께 가려는 젊은이들의 음산한 분위기 속에서도 충실함과 관계적 상호성을 표현하고 있다.

이와 같이 흑인 남성들과 함께 그들을 찬양하는 흑인 여성 래퍼들의 노래들은 고도로 인종화된 사회에서 흑인 남성들의 젠더화된 취약성을 인식하고서 미국 사회 전반뿐만 아니라 흑인 남성들에게, 흑인 여성들은 흑인 남성들의 동맹자라는 메시지를 보낸다. 이 노래들은 힙합 세대 내부에서 흑인 남녀 관계가 지니는 복합성에 대한 인식을 반영하는 셈이다.

흑인 남성들의 성차별주의는 백인우월주의적 · 자본주의적 가부장제 사회의 가치관들에, 인종차별주의적 · 계급주의적 · 성차별주의적 감성에 종속된 데서 연유한다. 따라서 유색 여성 편에서 공공연히 유색 남성과 함께 한다는 입장은 더 크고 근본적인 주류 사회에 대한 비판과 대항 의식을 깔고 있다. 흑인 여성 래퍼들의 노래들은 흑인 남성들의 성차별주의를 비판하면서도 제휴 가능성을 열어 놓음으로써 주류 사회와 지배 담론의 가장 폭력적이고 억압적인 양상들에 대한 명백한 대항성을 입증한다.

03 힙합 페미니즘과 액티비즘: 여성 래퍼들, 세상과 맞짱 뜨다!

앞의 예들이 보여 주듯 힙합 세대 유색 여성, 특히 아프리카계 미국 여성들은 이미 더 큰 문화 세계에서 순환하고 있는 페미니즘적 개념들을 길거리 문화와 언어에 토대를 둔 랩 가사의 다양한 담론 전략을 통해 번역해 낸다. 흑인 여성 래퍼들은 성차별주의만이 아니라 인종차별주의, 계급차별주의로 얽혀 있는 당대 미국인들과 폭넓게 대화한다는 취지에서 유색 여성의 개인적 · 정치적 투쟁과 열망을 자율적이고 다양한 방식으로 표현한다.

유색 여성 래퍼들은 대체로 네 가지 담론 전략을 구사하여 왔다. 그들은 여성에 대한 성차별주의와 폭력을 타파하기 위해 혁명적인 액티비즘이나 여성 편에서의 폭력을 옹호하며 전투적인 페미니즘을 지향해 왔다. 또는 여성의 자기 존엄을 위해 남성에게 말대꾸를 하거나 서로에게 힘을 부여하기 위해 여성들 사이의 연대를 권고하기도 한다. 또한 여성 래퍼들은 이러한 전통적 페미니즘 담론을 더 밀고 나가 성차별주의적인 남성들과의 제휴를 고무하기도 한다. 주류 사회의 성차별주의, 인종차별주의, 계급차별주의뿐만 아니라 힙합 세계 내부의 성차별주의와도 직면해 있는 유색 여성 래퍼들의 복합적인 위치는 미국 사회를 구성하는 다양한 층위들과 대화하는 동시에 경합하고 도전하는 다중적 관계를 적극 구축해 가게 한다.

그리하여 힙합과 랩에서의 여성들은 페미니즘에 의해 망라되던 담론 영역을 재정의하고 확장한다. 그저 힙합 소비자들을 위해서만이 아니라 모든 사람을 향해서 그렇게 한다. 이 담론들을 재정의하고 확장하는 그들의 능력은 비판과 연대를 동시에 꾀하게 하는 여성 래퍼들의 이중적 대항성에서 함양된다.(O. C., 272) 한결같이 성차별주의만을 말하거나 언제나 여성의 임파워먼트를 증진하는 여성 랩 음악 같은 것은 없다. 랩 음악은 다중적 텍스트들과 맥락 속에 있는 복잡한 전투장이다. 랩 여성들이 자신들을 무엇이라고 부르건 간에 여성의 이해관계와 권리 주장은 여성 래퍼들의 가사와 행동을 통하여 전달된다.

학계와 거리, 이론과 액티비즘 사이의 관계가 이슈가 되고 있는 요즘, 랩과 힙합에서 여성들은 지금까지와는 다른 종류의 의식을 전시한다. 또한 그들은 미세한 수준과 거시적 수준을 오가는 다중적 맥락 속에서 사회 변화를 구현하기 위해 지금까지와는 다른 액티비즘의 형식을 활용한다.[19] 소위 차이성의differential 대항 의식에 기반을 둔 새로운 사회운동은 급속하게 변화하는 이질적이고 착취적·폭력적 힘과 담론에 간섭하고 개입하기 위해 이데올로기적으로 절충적인 철학과 방법을 사용함으로써 포스트 산업사회에서의 억압의 배열을 바꾸어 내고자 한다. 랩과 힙합에서의 여성같은 차이성의 액티비즘들은 '내부'와 '외부', '우리와 함께'와 '우리에게 맞서서'의 노선을 불가 피하게 끌어내는 엄격한 이데올로기를 거부한다.

랩을 통한 여성 래퍼들의 새로운 액티비즘은 다양한 층위의 사람들과 함께 변혁의 관계를 발생시키고 유지하는 능력을, '대중'들과 정치적이고 생산적인 연관을 맺는 능력을 보유한다. 깔끔하게 재정의된, 내부적으로 일관성 있는, 종종 좀 더 아카데믹하고 궁극적으로는 깨끗하게 증류된 유토피아적 담론을 만들어 내지는 못할지라도 말이다. 물론 그녀들의 랩과 힙합이 그 페미니즘적인 비판적 잠재력을 충분히 활용하지 않는 측면도 있다. 하지만 랩 음악과 힙합 문화는 미국만이 아니라 전 세계 젊은이들의 광범위한 구역들에서 해방적 가능성을 생생하고도 영구히 재발명하는 공간으로 창출해 내는 잠재력을 분명 지닌다. 이 해방적 잠재력이 어느 정도로 실현될 수 있을 것인가 하는 물음은 계속 관심을 갖고 검토되어야 하겠지만 틀림없이 유색 여성이 그 최전선에 설 것이다.(273)

그러한 전 지구적 운동의 최전선에 서기 위해서는 유색 여성들 편에서의 좀 더 넓고 깊이 있는 인식이 필요하다. 이 인식은 대학 강단

---

19) 대표적인 예로 Gwendolyn Pough, *Check It While I Wreck It: Black Womanhood, Hip-Hop Culture, and the Public Sphere*, 2004; Joan Morgan, *When Chickenheads Come Home to Roost: My Life as a Hip-Hop Feminist*, 1999; Lisa Jones, *Bulletproof Diva: Tales of Race, Sex and Hair*; Veronica Chambers, *Mama's Girl*을 들 수 있다.

에서 얻는 지식과는 다른 지평과 사유 틀에 기반을 둔다. 온갖 종류의 이분법을 해체하고 대립 항목들 사이의 획일적이고 고정된 폐쇄적 관계를 재구축하는 역동적인 실험은 대학보다 대중문화 매체에서 더 다각도로 진행되고 있다. 힙합 문화는 대학의 여성학 교실을 찾는, 상대적으로 적은 수의 유색 여성들보다 훨씬 많은 여성들에게 영향을 미친다.

미국의 많은 유색 여성들은 여성을 억압하는 동시에 해방시키는 이 새로운 포럼의 힘을 인식하고 페미니즘 감성을 표현하기 위해 대중문화 집결지를 선택한다.(콜린즈, 192) 21세기에 접어들어 흑인 여성들은 부상하는 대중매체 내부에서 흑인 여성의 이미지가 여전히 폄하되고 있는 모습을 보고 있다. 힙합 세대의 흑인 소녀들도 집요한 여성 혐오증과 완강한 인종 위계질서에 위험을 느낀다. 힙합이 이 세대의 목소리라면, 대중문화 매체가 소위 힙합 페미니즘의 부상을 위한 비평적 영역이 되는 것도 전혀 놀라운 일이 아니다.(193)

1990년대 힙합 세대 여성들 사이에서 부상한 힙합 페미니즘은 흑인 남성들과 흑인 공동체 규범에 깃든 여성 혐오적 개념들과 행위들에 도전하기 위해 랩 음악뿐만 아니라 자서전, 영화, 잡지와 같은 힙합 대중문화 장르들을 다양하게 사용한다.(150) 여성 래퍼들은 서구 페미니즘과 흑인 민족주의 내부에서 침묵하기를 거부하며, 서구 페미니즘의 정치에도, 흑인 민족주의 의제들의 기초였던 흑인 공동체 규범들에도 도전한다. 그러한 도전을 구체화하는 작업을 위해 여성 래퍼들은 1960년대, 1970년대 흑인 민족주의 공동체의 여성 액티비스트와 달리 대중문화 쪽을 택하며 새로운 글쓰기를 실험한다. 그녀들의 실험은 개인의 목소리를 중시하면서도 미국적인 개인의 권리 주장에 근간을 둔 백인 페미니즘의 '개인적인 것'의 정치성이 갖는 한계[20]를 새로운 액티비즘으로 극복하고자 한다.

힙합 페미니즘은 에세이, 소설, 랩 음악, 영화, 낭송시로도 말을 한다. 리사 존스의 『총알에도 끄떡없는 디바』(1994)와 베로니카 체임버의 『엄마의 소녀들』(1996), 조안 모건의 『계집애가 보금자리에 돌아왔을 때: 힙합 페미니스트로서 나의 삶』(1999)은 개인 에세이 모음집으로서, 학계의 글쓰기가 아니라 일반 독자를 위한 책이다. 이 책들은 민족주의적 인종 충성과 페미니즘적 자기애의 공간에서 흑인 여성들 사이의 관계들을 검토하는 방식이자 대중을 위한 것이다. '증가하는 힙합 세대 흑인 여성'인 그녀들은 다른 어떤 담론 출구 대신 힙합 문화의 대중매체를 통해 자신들의 페미니즘 사유와 정치를 표현한다.(161)

앞에 언급한 세 권의 책은 페미니즘과 민족주의 신조를 받아들이면서도 특정 측면을 거부한다. 여기서 특정 측면이란 개인들로서의 욕구와 욕망을 흑인 공동체의 더 큰 욕구를 돕는 데 쓰라는 아프리카계 미국 공동체 내부의 획일적 규범을 말한다. 힙합 세대 아프리카계 미국 여성들은 강한 흑인 여성 이미지에 도전하며 앞선 세대 여성들보다 자신들의 욕구와 욕망을 더 많이, 그리고 더 깊이 탐사한다. 대학에서 배운 페미니즘, 서구 페미니즘의 '해방적' 스탠스와 유색 여성 사이의 긴장을 의식하면서도 페미니즘을 논의하는 방법으로 페미니즘적 사회적 논점들이 배어 있는 개인 정체성 서사를 선호한다.(187)

---

20) 이 한계는 집단에 근거를 둔 사회정의 기획들을 배제하고 개인적 권리들과 시장에 근거를 둔 개인적 정치 개념을 중시하며, 권리를 여성이 소유하고 통제하는 소유물로 다루는 것을 말한다.

이처럼 대중문화 집결지 내부에서 표현되는 개인적 정치의 새 판본은 중요하다. 하지만 실제 사회운동과 얽히지 않은 채 남아 있는 재현들은 대중문화 소비자들이 중요하고 새로운 형태의 페미니즘 정치에 참여하고 있는지, 아니면 그저 그 재미에만 빠져 있는지를 분간하는 것을 어렵게 만든다.(193) 따라서 흑인 여성 음악가들은 대중문화와 대중매체 내부에서 영화, 뮤직비디오, 소설, 낭송시, 잡지 등으로 활동하되 에스닉 여성들의 집단적인 정체성 정치의 근본 토대였던 풀뿌리 정치와의 연결 고리를 탐색할 필요가 있다. 집요한 인종 분리에 직면해 있는 아프리카계 미국 여성들을 위한 실질적인 구조 변화는 젊은 흑인 여성들과 소녀들에게 영향을 미치는 매스미디어 환경이라는 새로운 맥락과 연결되어야 한다. 흑인 민족주의 공동체에서의 여성 액티비즘 전통을 그러한 맥락에서 재활력화revitalizing해야만 구조를 변화시킬 수 있는 단초가 제공될 수 있기 때문이다.(159)

흑인 페미니스트 이론가 콜린즈는 인종차별주의, 국가주의, 페미니즘이 융합하고 횡단하는 지도를 새로 그리려는 힙합 페미니즘을 위해 흑인 페미니즘을 수정하고 확대한다. 콜린즈는 페미니즘적 민족주의라는 제3의 공간이 초국가적으로 연계되어 있음을 나타내는 '페미니즘적 민족주의의 더 넓은 지구적 틀a broader global framework of feminist nationalism'(137) 혹은 '지구적 페미니스트 민족주의 틀a global feminist nationalist framework'(152)을 제안한다.

아프리카계 미국 여성들의 다양한 액티비즘 패턴들을 이 틀 내부에 놓는 것은 1. 세대 차이를 느끼고 서로 반대편에 있다고 여기는 흑인 여성 액티비스트들 사이의 대화를 촉진하고 흑인 외의 다른 유색(토착, 치카나, 아시아계) 미국 여성 집단들과 제휴하기 위한 공간을 창출한다. 2. 미국 흑인 여성들의 정치를 글로벌 페미니즘의 주요 추세들과 연결하여 그 정치에서의 공동체 활동을 소수자 안의 소수자 노동으로 보는 대신 전 세계 여성들에 의한 유사한 투쟁들과 연계되어 있음을 알게 한다. 3. 초국가적 맥락에서 아프리카계 미국 여성의 인종차별을 보여 줌으로써 아프리카계 디아스포라와 연결되는 정치적 액티비즘을 구상하게 한다.(154~155)

이러한 맥락에서라면 힙합 페미니즘은 미국 흑인 여성들만이 아니라 아프리카계, 아시아계, 라틴아메리카계 여성들로 확장된다.[21] 힙합 페미니즘으로 이루어지는 다양한 형태의 문화적 활동들은 글로벌 페미니스트 민족주의 감성과 인식을 각 집단 정체성의 정치에 불어넣을 수 있을 것이다. 그리하여 흑인 및 다른 에스닉 민족주의 권력 운동과 함께 힙합의 폭발적 성장이 가리키는 인종주의에 대한 효과적인 정치적 대응을 촉발할 수 있을 것이다. 그렇게 될 때 개인과 집단, 인식과 액티비즘, 문화와 정치, 이론과 운동 사이의 낡은 이분법은 더 이상 작동하지 못한다.

---

21) "미국은 고립되어 있고, 나머지 세계에 대해 잘 모른다. 미국 흑인 여성들도 마찬가지다. 아프리카계 미국 여성들은 미국에 살고 있지 않은 여성들에게 많은 것을 배워야 한다. 지구적 맥락에서 젠더 억압에 대항하는 유색인종의 거대한 다수는 자신들을 구속되지 않은 개인들이 아니라, 역사적으로 형성된 가족들, 공동체들, 인종적/에스닉 집단들 혹은 종교적 집단들의 일원으로 본다."(콜린즈, 152)

미국의 대중음악 ─ 액티비즘 ─ 교실

　4부의 논의는 미국의 대중음악을 문화 서사의 한 영역으로 놓고 미국 문화 전반과 대화하는 관계 속에서 읽되, 미국 대중음악의 뿌리이자 힘찬 맥을 이루는 흑인 음악에 초점을 맞추어 진행하였다. 물론 이러한 논의만으로 미국 대중음악을 충실히 이해했다고 할 수는 없다. 게다가 대중음악은 음악만이 아니라 넓은 의미의 공연 예술 일반을 포괄해야 한다는 점에서도 4부의 논의는 한계를 갖는다. 미국 대중음악을 음악만 가지고 이야기할 경우, 다른 예술이나 매체와 연결되어 화학 변화를 일으키고 있는 음악의 특정 부분을 짚어 낼 수 없기 때문이다. 19세기 미국 대중음악사에서도 그렇지만 20세기에 들어오면서 대중음악은 연극과 춤뿐 아니라 20세기의 기적인 영화, 텔레비전 영상이나 디지털 매체와 더욱 긴밀하게 결합되었다. 그러니 '듣기' 보다

'보기'가 중요해진 현 대중음악에서 가사와 같은 서사 요소 중심의 미국 대중음악 논의는 그 일부만을 다룬 데 지나지 않는다.

이러한 한계를 안고 있지만 미국 대중음악의 뿌리이자 힘찬 맥인 흑인 음악에 초점을 맞추어 글로벌한 음악이 된 랩 음악과 힙합 문화에 큰 비중을 둔 것은, 백인 문화와 끊임없이 융합하면서도 흑인 음악만이 갖는 독특한 요소, 혹은 힘을 찾아보기 위해서였다. 그러한 4부의 목적은 1, 2, 3부 논의를 이끌어 온 다인종 다문화 관점에서의 백인성, 홍인성, 흑인성, 황색성으로 재구성되어야 할 미국 문화라는 인식틀에서 볼 때 흑인성에만 국한된다는 점에서 미흡하다.

그렇지만 랩 음악과 힙합 문화에서 다시 극적으로 모습을 드러낸 흑인성은 아프리카계 미국만이 아니라 아프리카계 디아스포라, 라틴아메리카계 혹은 라틴아메리카계 인디언, 아시아계가 역사적으로 지속하여 온, 백인성과는 다른 타자성의 문화를 가리킨다. 이러한 흑인성은 16장 3절 「힙합 페미니즘과 액티비즘」에서도 언급된 바 있다. 그런 점에서 4부에서 흑인 음악 논의는 1, 2, 3부의 논의 구도와 전적으로 대치된다거나 협소해진 것이라고 생각하지는 않는다.

오랫동안 격심한 억압을 받아 왔으면서도 살아남았을 뿐만 아니라 활기찬 문화 주역으로 당당하게 부상한 흑인 문화가 지닌, 끈질기게 생동하는 힘의 근원은 무엇일까? 노동요에서 랩 음악에 이르기까지 긴 역사 속에서 역동적인 변신을 거쳐 온 흑인 음악의 정수는 무엇일까? 이러한 질문에서 시작된 4부 논의는 다인종 다문화 시대의 지구적 자본주의 가부장제 사회를 바꾸는 운동에 필요한 자원과 가치를 규명해 보려는 이 책 전체의 문제의식과 결부되어 있다. 다시 말해 즐기면서도 책임을 도외시하지 않는 대중음악 같은 것이 있다면, 그것은 사회와 문화를 변화시키려는 액티비즘과도 연관될 수 있다.

미국 흑인의 어떤 역사적 경험이 흑인 음악을 액티비즘과 연결시킨 것인가? 1부에서 논의했듯, 미국 흑인들은 아프리카 대륙에서 노예로 끌려와 건국 초기부터 미국에 정착했는데도 내내 국외자로 차별받았다. 아메리카에 강제로 끌려온 흑인들은 자신의 고유 문화에서 격리되었을 뿐만 아니라 가족 단위의 삶이 금지되었으며, 교육의 권리도 누리지 못한 채 미국 문명의 발전에서 배제되었다.

보호구역에 격리되었던 토착 미국인과 달리, 흑인은 미국 문명에서 완전히 분리될 수도 없었다. 남북전쟁 후 흑인은 노예 신분에서 해방되었지만 천한 노동과 궁핍 속에서 오랫동안 살아왔기에 최근 그들의 지위가 실질적으로 향상되었다고 해도 그 변화를 체감하기란 힘들었다. 그 변화는 최근 일인데다가 너무 임시적이고, 지나치게 인색한 것이어서 노예해방 이후 백 년 동안 혹독하게 겪은 차별과 착취, 신체 폭행의 기억을 누그러뜨릴 수 없었다. 흑인들은 자신들의 고통을 특유의 영적 능력을 통해 말로 풀어내고 몸짓으로 반응하는 방식으로 힘겹게 감내했다.

미국 흑인의 이러한 상황은 「독립선언서」에 공표되었던 모든 인간의 보편적 형제애와 평등에 대한 이상주의적 선언과는 분명하게 대조된다. 식민지 미국인들은 그렇게 뻔한 불일치를 흑인은 인간 이하라는 믿음으로 해소시켰고 스스로 위안했다. 백인 남성 주인들은, 흑인의 인간성을 무시하고 노동을 착취하면서 다소 말쑥한 여성 노예들을 유린하였다. 흑인들이 겪었던 이와 같은 고통스러운 경험을 상기하고 공감해야만 흑인 문화를 특징짓는 폭력과 슬픔을 이해할 수 있다. 역경 속에서도 흑인 문화가 지속되고 최근에 부상한 것 자체가 미국 사회의 개선을 알리는 지표이기도 하다. 그렇지만 흑인 문화 활동에 생명을 불어넣고 있는 심리적 에너지의 대부분은 백인에 대한 증오에서 나온다는 점 또한 분명하다.

이러한 증오와 폭력의 이면에 이어져 온 흑인 문화의 특성은 백인들의 지성적인 '문화적' 접근 방식과는 대조적으로 흑인들의 방식이 눈에 띄게 청각적·촉각적·근육 운동 지각적kinaethetic이라는 점에 있다. 흑인 음악가는 대부분의 백인이 체험하지 못한 정서적 강도로 연주하고 노래할 뿐만 아니라, 자신의 '공연'에 필수불가결한 부분인 일련의 몸짓을 자연스럽게 연기한다. 흑인 가수 그룹들은 일련의 안무 동작을 노래에 꼭 첨가시킨다. 흑인 전도사들은 대부분의 백인 교회에서는 볼 수 없는 강도, 음역, 고도의 몸짓을 가지고 설교한다. 심지어 시낭송까지 공연처럼 잘 훈련된 배우의 기술을 동원해서 시의 정서적 효과를 최대한 전달한다.

흑인 예술이 보여 주는 역동적인 근육 운동의 지각적 특성은 공연에 반응하는 흑인 청중의 참여 본성에 의해 빼어나게 마무리된다. 흑인 관중들이 복음성가 가수들과 함께 손뼉을 치고, 아멘을 외치며, 로큰롤 공연에 신체적으로 몰입하는 것은 흑인의 강한 참여 의식을 입증한다. 흑인 관중의 참여적인 반응을 설명해 주는 동시에 예능인으로서 흑인 예술가에게 중요하게 자리 잡고 있는 또 다른 요소는 적대적 문화의 소수 집단으로서 그들이 공유하고 있는 '곤경'이다. 그래서 대부분의 흑인 유머는 변종의 은어를 사용하고 억양, 몸짓, 풍자에 의존하는 집단 내부의 유머다. 이 유머를 통해 빈민가의 정글에서 살아남기 위해 다양한 역할을 무표정하게 공연하는 '속임수'의 예술도 가능했다.

하지만 흑인 문화를 관통하는 좀 더 근본적인 특성은 '영성spirituality'
으로 알려진 신비로운 영적 요소다. 이것은 흑인 영가에 특히 잘 나
타난다. 백인은 영적인 차원이 천박하다며 억제해 버린다. 흑인이 가
지고 있는, 삶에 대한 강렬한 감정적 반응을 보여 주는 영적 능력이
야말로 백인으로서는 체감할 수 없는 것이다. 이 능력은 3세기 반 동
안 미국 흑인들이 겪어 온 고통의 경험에서 생겨난 것으로, 시혜적인
온정주의나 국외자의 관점으로는 도무지 이해할 수 없는, 흑인 자신
의 눈으로 주변 세계를 이겨 나가는 특별한 방법이라고 할 수 있다.

이러한 흑인적 요소는 최근 상업화의 무차별적인 힘에 의해 피상
적이고 외면적인 것으로 쉽사리 치환되고 전위된다. 예술품, 행위, 지
식의 형태들은 지역 맥락에서부터 뿌리 뽑혀 지구적으로 배포되는 가
운데 상징적 창조의 과정과 문화 혼성화 과정을 거친다. 미국 힙합의
예술품, 행위, 실천은 다른 지역으로 배포되어 거기서의 지역적·창
조적 행위들과 실천을 통해 재전유·재정의·재해석된다. 이 새로운
지역적 맥락들은 다른 지리적 시나리오들의 특정한 서술을 구축하게
하여 특정한 지역에의 소속감을 낳는다. 한마디로 미국 힙합과 랩은
'차이성'을 끌어내는 혼성화 유형들을 통해 지역화된다.[1] 따라서 그
혼성적 형식들, 창조적 각색, 전략적 혁신을 갖는 지역 힙합이 자율적
문화로 유도될 만한가, 아니면 문화제국주의와 그 지구적 동질화를
야기하는 힘에 그칠 것인가, 하는 양자택일적 질문은 잘못된 것이다.
힙합과 랩은 지역적·국가적·초국가적인 경제적·문화적·정치적
요인들과 영향력이 복잡하게 상호 연관되는 가운데 그것의 가치를 실

---

1) Christopher Dennis, "Afro-Columbian Hip-Hop: Globalization, Popular Music and Ethnic
   Identities", *Studies in Latin American Popular Culture*, vol. 25 (2006), p. 286.

현하기 때문이다.[2]

지구화 시대에 지역 래퍼들은 랩 음악과 그 공연을 통해 에스니시티와 인종의 전통적 개념들을 새롭게 작업한다. 이 초국가적인 음악적 실천은 각 지역의 문화적 의미심장함 뿐만 아니라 공연자들의 에스닉 정체성들을 부각하는 방식들로 지역(예컨대 한국 및 각 아시아 국가들) 시나리오 내부에서 재의미화된다. 젊은 공연자들은 음악적 실천을 통해 그들의 문화를 찬양하고 지역성을 재정의하는 가운데 그들의 '황색성'을 드러내기 위해 '지역적' 영향들과 예술품들과 함께 '외래' 영향들과 예술품을 전략적으로 전유하고, 각색하며 결합한다.

미국 대중음악의 글로벌화가 주변부, 혹은 '개발도상' 국가들에 끼칠 수 있는 효과, 즉 외래적인 것이 아시아 국가들에 뿌리내릴 때 "지역 특수성들은 그저 상실되거나 침묵되거나 은폐되지 않고, 새로운 초국가적 음악 형식을 통해 부각되고 협상된다."[3] 궁극적으로는 지역적 요소가, 지역 문화가 정체성, 음악, 문화를 정의한다. 4부의 논의는 그 구체적인 정의 과정에 깊이 있는 관심을 기울임으로써 흑인성이 함축하는 대항성과 결부되는 한국 랩 음악 논의를 촉구하기 위한 것이기도 하다.

상업화가 초래하는 부정적이고 피상적인 영향에도 힙합과 '흑인' 문화의 초국가화는 젊은 지역민들에게 억압 형식들에 저항하고 그들의 의견과 좌절을 말할 수 있게 하는 예술적 채널을 제공함으로써 고무적인 결과를 유도한다. 힙합과 랩은 또 '지역'과 '외래' 요소들이 혼성된 형태를 통해 젊은 지역민들의 도시 정체성을 진전시킨다. 그

---

2) 앞의 책, p. 292.
3) 앞의 책, p. 287.

들의 '흑인성', 혹은 '유색성'은 초국가화 과정과 형식들을 통해 재작업되고 있으며 문화를 느끼고 경험하며 만드는 새로운 방식을 낳는다.

흑인성이나 유색성을 부각하는 것이면 무엇이건 활용하는 이 혼성 형식들은 '유색인종' 정체성이 새롭게 부상하는 것을 도우며 차이를 발생시키고 유지한다. 지역의 젊은이들은 랩 음악과 힙합 문화를 즐기고 향유하는 과정에서 지구적·국가적·지역적 층위들의 복잡한 망을 잘 다루어 전 지구적 자본주의 가부장제에 맞서는 대항 운동에 필요한 반자본주의적·반인종차별주의적·반성차별주의적 감성을 지역 청중에게 불어넣을 책임이 있다.

그러한 책임에 공감한다면 대학이라는 공공 영역에서 수업 시간에 젊은 학생들에게 랩 노래를 틀어 줄 수 있다. 16장 1절에서 살펴 보았듯 랩은 인종, 계급, 젠더, 섹슈얼리티, 정치, 국가, 지역성 등의 다양한 주제들이 어우러져 있어 공적 대화와 논쟁이 가능한 문화 공간의 예를 학생들에게 제공한다. 선생이 문화와 미국 관련 수업 시간에 랩 노래를 학생들에게 틀어 주고, 남성 랩 가수 노래 가사에 나타나는 여성에 대한 대상화와 착취를 살펴보며 여성 정체성과 섹슈얼리티의 구축을 고려하는 것은 성차별주의를 비판하고 논의하는 대안적 도구가 된다.[4]

또한 16장 3절에서 살펴보았듯 여성 래퍼들은 행위 주체성과 반反 성차별주의적 목소리를 내는 공간으로 학생들을 데리고 간다. 여성 래퍼들은 자신의 주체성과 여성 경험을 특권적으로 주장함으로써 공공 영역에서 자신의 쾌락과 공적 현존을 긍정한다. 그러나 자신의 섹

---

4) 대학과 대중문화, 교실과 거리 사이의 이분법을 깨는, 교실에서의 랩에 대한 설명은 Gwendoln Pough의 *Check It While I Wreck It*의 7장에 자세히 나온다.

슈얼리티를 대상화하기도 하는 모순을 보이기도 하는데 그것은 유색인종 여성의 섹슈얼리티를 부인하고 억압해 온 오랜 역사 때문이다.

학생들은 교실을 다양한 대중매체 장르들을 갖고 말하고 논쟁하는 비판적인 사유의 공간으로 만들어 나가야만 이 모순된 양면성을 이해할 수 있다. 비판적 사유를 금지하는 경계를 문제 삼고 그것을 위반하는 수업을 통해 인종, 계급, 젠더를 상호 교차시킴으로써 대중문화에 대한 우리의 독해는 풍부해질 것이다. 그 과정에서 남녀 학생들은 성차별주의적이며 상투화된 이미지들에 공모하는 현실을 논의하고 그러한 공모성을 인정하고 경계할 수 있게 된다. 랩은 여성 혐오적 가사들에 대한 말초적 반응을 넘어 대화와 비판적 탐구 자세를 키우고, '성차별주의와 싸우기' 뿐만 아니라 '물질주의와 싸우기' 에 끈질기게 파고드는 탐색의 장으로서 또한 활용될 수 있다.

그럴 때 남성 래퍼들과 대화를 시작한다는 입장과 음악을 즐기면서도 비판하는 입장을 세울 수 있으며, 그러한 여성 혐오적 말들을 역사적으로 분석하는 가운데 더 잘 이해하게 된다. 더 폭넓은 토론과 연결을 위한 출발점으로 랩 음악을 사용하는 교실은 그저 수동적으로 교재의 내용을 배우는 장소가 아니라 비대칭적인 권력관계들과 얽혀 있는 문화들의 만남, 충돌, 투쟁이 일어나는 사회적 공간이 되어 학생들을 자극한다. 우리 시대 선생과 학생은 공공 영역에서 목소리를 내도록 추동하는 것들을 다시 상상하고 재구성할 필요가 있다.

에필로그

에필로그

총 4부 16장을 거치면서 인종과 계급과 젠더의 역학을 중시하는 '비판적인 다인종 다문화 관점'으로 미국의 역사, 문학, 영화, 대중음악을 각각 읽어 보았다. 그러한 읽기 작업은 자기 전공 분야에 닫혀 있기보다 그 닫힌 경계를 풀고 다른 분야들과 통섭을 시도하기 위한 것이었다. 그러한 시도가 가능했던 것은 역사, 문학, 영화, 대중음악을 문화 서사로 개념화함으로써 서사성narrativity이라는 공통성을 통섭의 기반으로 삼을 수 있었기 때문이다.

1부 미국 역사에서는 백인 남성들의 진보와 발전 이야기 속에 묻혀 버린 인종 말살이나 계급 착취, 성적 억압과 같은 손실을 잠간 언급하고 그냥 지나치는 식의 역사 기술을 답습하지 않기 위해 여러 입장을 참조했다. 먼저 아래로부터, 또 왼쪽으로부터 미국의 역사를 민중의 시각에서 집대성한 하워드 진의 입장, 다문화적 미국의 역사를 포괄적으로 쓴 로날드 타카키의 입장, (백인) 여성의 시각으로 미국 역사를 쓴 자료들과 논문들을 제공하고 있는 『여성의 미국』의 입장, 주로 소수 인종 여성들의 시각을 부각하는 『불평등한 자매들』의 입장을 서로 되비추고 견주는 방법으로 좀 더 정확하고 풍부하게 미국의 역사를 이야기하고자 하였다. 미국의 역사를 전통적 미국(1600~1820), 미국 프런티어들의 산업화 시대(1820~1900), 강력한 산업국가의 건설(1900~1945), 불의에 대한 투쟁(1945~2000)이라는 시대로 구분하고, 당시의 주요 사건들을 주도하는 백인 남성들의 생각, 태도, 실천, 그러한 주류에 의해 억압받고 통제되는 유색 남성이나 백인 여성의 경험 세계와 대응, 유색 하위 주체 여성들의 목소리와 반응을 차례로 기술하여 보았다.

이러한 역사 기술을 통해 토착 미국인, 아프리카계 미국인, 치카노, 아시아계 미국인 남녀는 고난과 희생 속에서도 수많은 투쟁을 했던 미국 역사 속의 어엿한 주체들로 부상한다. 이제 그들은 온갖 역경 속에서도 줄기차게 목소리를 내어 왔던 세력으로, 진정한 다인종 다문화 시대를 이끌어 갈 세력으로 가시화된다. 프롤로그의 '미국 문화의 지형도'에서 암시하였듯, 주류 백인 역사가 그려 온 하나의 원에 다양하게 겹쳐지면서 그 원을 아름답고 풍부하게 확장해 내는 토착 미국, 아프리카계 미국, 치카노 미국, 아시아계 미국의 원은 아프리카, 아시아, 라틴아메리카 대륙의 기운과 소리를 미국 땅에서 새롭게 끄집어내었던 셈이다. 이 기운을 감지하고 그 소리를 들을 수 있다면 지구화 시대의 국가주의 문제를 풀어 나가는 데 필요한 특별한 실마리를 얻을 수 있으리라 본다.

2부에서는 "백인 정전 미국a white canonical America"의 가장자리에 있던 토착 미국, 아프리카계 미국, 치카노 미국, 아시아계 미국 문학 이라는 네 주변부 영역을 중요하고 의미 있는 문학 활동의 장으로 부각하고 병행시키되 각 영역을 백인 정전의 미국 문학과 연관시켜 비교하는 작업을 시도했다. 이 작업의 의도는 미국이라는 국가의 흥미진진한 드라마에서 주변으로 밀려났던 타자들의 문학을 미국의 다인종 다문화 서사 범주 내부에 위치시키되 백인종의 미국 정전 또한 배제하지 않고 함께 연결하고자 한 것이었다. 그렇게 한 이유는 유럽과 연결된 백인 미국 문화에 대한 지식뿐만 아니라 다른 에스닉 역사와 문화 지식 또한 갖고 있는 네 영역의 문화적 위치가 문학을 새로 정의하는 데 기여할 수 있다고 보았기 때문이다.

이러한 생각에 따라 2부의 논의는 1960년대 이후 쏟아져 나온 토착·아프리카계·치카노·아시아계 미국이라는 주변부 소설들을 정전 작품들과 연결짓고 비교하는 가운데 미국 문학의 중심과 주변을 아우르는 좀 더 세밀하면서도 포괄적인 틀을 구축하는 데 초점을 맞추었다. 정전과 비정전은 분리된 채 따로 놓아 둘 게 아니라 연결 고리를 찾아 서로 통합하고 보충해야 하기 때문이다. 미국 정전 작가들의 텍스트가 표방하는 백인성 뒤에 드리워져 있는 인디언성, 흑인성, 치카노성, 아시아성을 드러내어 백인성과 연결짓는 것은 또한 미국 북동부, 남부, 중서부, 서부의 지정학적 특수성을 부각하는 일이기도 했다. 이에 따라 2부의 각 장에서는 차례로 '백인 남성의 정전 작품, 유색 남성 혹은 백인 여성의 작품, 유색 여성의 작품'이라는 서술 구도하에 총 12편의 작품들을 논의하였다.

그러한 논의 결과, 대부분의 작품들에서 백인우월주의, 백인성, 인종화를 반대하고 거기에 저항한다는 문화정치 의식을 읽을 수 있었다. 이 공동의 의식 덕분에 인종주의, 제국주의, 군사주의, 성차별주의와 연루되어 있는 '전 지구적 자본주의 가부장 체제'에 대항하는 초국가적 연대 운동이라는 맥락에 미국 문학을 위치시킬 수 있었다. 이 맥락과 좀 더 깊이 있게 연결될 작품은 무수히 많다. 이 작품들을 좀 더 세밀하게 병행시키고 연관시켜 비교하는 앞으로의 작업은 미국 문학의 지형도를 더 풍성하고 아름다운 꽃처럼 그려 가게 할 것이다.

3부에서 논의되는 영화는 백 년이라는 짧은 역사를 갖고 있지만 역사와 문학보다 훨씬 더 대중적인 문화양식으로 미국 대중의 일상과 밀착되어 있으며 다양한 이민자들을 미국인으로 만들어 내는 데 큰 역할을 해 왔다. 미국에서 영화는 물질 위주의 성공과 결부된 개인주의, 자유주의, 민주주의를 핵심으로 하는 '미국의 꿈'을 효과적으로 전파하는 매체였다. 한 사회의 질서에 논리적 응집력을 제공하는 이와 같은 미국의 신화 만들기야말로 특히 할리우드 상업 영화 장르에 잘 부합하였다. 할리우드 영화는 장르의 확립과 또 그 이후 장르의 수많은 변형을 통하여 시대마다 미국인의 신화 만들기에 기여해 왔다. 미국 이데올로기를 그때 그때 재조정해 강화하는 형식이라 할 수 있는 할리우드 영화는 미국의 인종적·계급적·젠더적 통합을 꾀하는 사회적 제의 역할을 효과적으로 수행해 왔다.

페미니즘은 이러한 미국 신화 만들기에 백인 가부장 남성의 시선이 배여 있다는 비판을 가능하게 하였다. 대다수 할리우드 영화들은 '시네마 인종주의' 뿐만 아니라 '시네마 성차별주의'의 온상이었다. 그 영화들에서 여성은 욕망의 대상이 되어 왔는데, 유색 여성은 백인 여성성과 동일시되는 사이, 부재하거나 희생자의 위치로만 재현되었다. 이와 같은 동일시를 거부하고 비판적 공간을 창출하는 유색 여성 관객은 "수동적인 소비를 넘어 격렬하게 대면하고 도전하며 질문할 수 있는 비판적인 흑색(유색) 응시"로 구축될 수 있다. 비판적인 유색 여성 관객성은 응시의 대상과 주체라는 이분법을 해체할 뿐만 아니라 다르게 보기를 실천함으로써 새로운 이미지들을 만들어 낼 수 있고, 인종적 · 젠더적 · 계급적 평등을 향한 문화정치적 운동을 진전시킬 지도를 그릴 수도 있다.

3부에서는 이와 같은 '비판적인 유색 여성 관객성'의 위치에서 고전적 할리우드 시기의 영화, 1960년대~1970년대의 영화, 1980년대~1990년대의 영화를 차례로 조망하면서 그 변천 과정을 살펴보았다. 총 16편의 작품을 토착 미국인들, 아프리카계 미국인들, 치카노들, 아시아계 미국인들을 어떻게 재현해 왔는가를 중심으로 다루었다. 그러한 논의 결과, 백인 남성 중심의 고전 할리우드가 다인종 다문화의 뉴 할리우드로 변천하고 있는 와중에도 미국 영화들에 교묘하게 지속되는 백인 우월주의적 가부장적 시선을 파악할 수 있었다. 그리하여 그 완강한 시선에 대항하는 다인종 다문화 관객을 주장할 수 있었다.

4부의 논의는 미국의 대중음악을 문화 서사의 한 영역으로 놓고 미국 문화 전반과 대화하는 관계 속에서 읽되, 미국 대중음악의 뿌리이자 힘찬 맥을 이루는 흑인 음악에 초점을 맞추었다. 4부의 논의를 이끌어 가게 한 핵심적 문제의식은 오랫동안 격심한 억압을 받아 왔으면서도 살아남았을 뿐만 아니라 활기찬 문화 주역으로 당당하게 부상한 흑인 문화가 지닌 끈질기게 생동하는 힘의 근원은 무엇인지, 노동요에서 랩 음악에 이르기까지 긴 역사 속에서 역동적인 변신 과정을 거쳐 온 흑인 음악의 정수는 무엇인지 하는 의문이었다. 이러한 질문에서 시작된 4부 논의는 다인종 다문화 시대의 '전 지구적 자본주의 가부장 체제'를 바꾸는 운동에 필요한 자원과 가치를 규명해 보려는 이 책 전체의 문제의식과 결부되어 있다는 점을 여기서 다시 강조하는 바이다.

미국 대중음악계에서 흑인 음악은 그저 단독으로 존재해 온 것이 아니라 백인 문화와 끊임없이 융합되어 왔다. 그러면서도 흑인 음악만이 갖는 독특한 요소 혹은 힘은 여전히 남아 있다. 이것을 탐색한다는 4부의 목적은 1, 2, 3부 논의를 이끌어 온 백인성, 홍인성, 흑인성, 황색성으로 재구성되어야 할 미국 문화라는 인식 틀에서 볼 때 흑인성에만 국한된다는 점에서 미흡하다. 그렇지만 랩 음악과 힙합 문화에서 다시 극적으로 모습을 드러낸 흑인성은 16장 3절 「힙합 페미니즘과 액티비즘」에서도 언급된 바, 아프리카계 미국만이 아니라 아프리카계 디아스포라, 라틴아메리카계 혹은 라틴아메리카계 인디언, 아시아계가 역사적으로 지속시켜 온, 백인성과는 다른 타자성의 문화를 가리키고 있다. 그런 점에서 4부의 흑인 음악 중심 논의는 1, 2, 3부의 논의 구도와 전적으로 대치된다거나 협소해진 것은 아닐 것이다.

그렇지만 사실 4부에서 미국 대중음악이 연극과 춤뿐 아니라 20세기의 기적인 영화, 텔레비전 영상이나 디지털 매체와 갈수록 더욱 긴밀하게 결합되고 있는 양상까지 거론할 수는 없었다. 그러니 '듣기'보다 '보기'가 중요해진 현 대중음악에서 총 스무 곡의 노래 가사를 가지고 그 서사적 요소와 그 담론 전략만을 분석하는 미국 대중음악 논의는 미국 대중음악의 일부만을 다룬 데 지나지 않는다. 이러한 미흡함을 안고 있지만 4부에서는 이제 글로벌한 음악이 된 랩 음악과 힙합 문화에 큰 비중을 둠으로써 문화의 지구 지역화glocalization 현상이 뜻하는 바를 살펴볼 수 있었다.

　예술품, 행위, 지식의 형태들은 지역 맥락에서부터 뿌리 뽑혀 지구적으로 배포되는 가운데 상징적 창조의 과정을, 문화적 혼성화 과정을 거친다. 미국 힙합의 예술품, 행위, 실천은 다른 지역으로 배포되어 거기서의 지역적·창조적 행위들과 실천을 통해 재전유, 재정의, 재해석된다. 이 새로운 지역적 맥락들은 다른 지리적 시나리오들의 특정한 서술을 구축하게 하여 특정한 지역에 대한 소속감을 낳는다. 한마디로 미국 힙합과 랩은 혼성화 유형들을 통해 종종 '차이성'을 끌어내는데, 그 차이성은 이미 지역화된 것이다.

　지구화 시대에 곳곳의 지역 래퍼들은 랩 음악과 그 공연을 통해 에스니시티와 인종의 전통적 개념들을 재작업한다. 이 초국가적 음악적 실천은 각 지역성들의 문화적 의미뿐만 아니라 공연자들의 에스닉 정체성을 부각하는 방식들로 지역(예컨대 한국 및 각 아시아 국가들) 시나리오 내부에서 재의미화된다. 젊은 공연자들은 음악적 실천을 통해 그들의 문화를 찬양하고 지역성을 재정의하는 가운데 자신들의 '황색성'을 드러내기 위해 '지역적' 영향들과 예술품들과 함께 '외래' 영향들과 예술품을 전략적으로 전유하고, 각색하며 결합한다. 궁극적으로는 지역적 요소가, 지역 문화가 정체성, 음악, 문화를 정의한다.

　상업화가 초래하는 부정적·피상적인 영향에도 힙합과 '흑인' 문화의 초국가화는 지구 상의 젊은 지역민들에게 억압 형식에 저항하고 그들의 의견과 좌절을 말할 수 있게 하는 예술적 채널을 제공함으로써 고무적인 결과를 유도한다. 힙합과 랩은 또 '지역'과 '외래' 요소들이 혼성된 형태로 젊은 지역민들의 도시 정체성을 진전시킨다. 그들의 '흑인성' 혹은 '유색성'은 지구 지역화 과정과 형식들을 통해 재작업되고 있으며 '유색인종' 정체성이 새롭게 부상하는 가운데 차이를 발생시키고 유지한다. 지역의 젊은이들은 랩 음악과 힙합 문화를 즐기고 향유하는 과정에서 지구적·국가적·지역적 층위들의 복잡한 망을 잘 다루어 '전 지구적 자본주의 가부장 체제'에 맞서는 대항 운동에 필수적인 반자본주의적·반인종차별주의적·반성차별주의적 감성을 지역 청중에게 불어넣을 책임이 있다.

이와 같은 4부의 논의에는 흑인성이 함축하는 대항성의 맥락에서 한국 랩 음악 논의를 촉구한다는 의도도 개입되어 있었다. 또한 국가의 틀을 벗어나 대륙, 남반구, 행성의 지평에서 아시아, 아프리카, 라틴아메리카의 저항운동을 예시하는 트리컨티넨탈리즘tricontinentalism의 문화 서사를 발굴하고 새로 읽는 작업을 촉진하려는 뜻도 있었다. 말하자면 이제 미국 문화를 발판으로 또 그것을 넘어 월드 뮤직, 나머지 세계의 문학, 월드 시네마에 접근 가능하게 된다면 국가와 인종(혹은 민족)에 관한 우리의 상상계는 유례없는 전환을 겪을 것이다.

이 엄청난 변화와 관련해 특기할 사안은 1990년대 이후 역사와 문학, 음악과 영화, 영화와 문학, 문학과 음악, 문학과 음악과 영화 사이의 장르 접합과 횡단을 실행하는 새로운 문화 서사 작업들이 활발하다는 점이다. 이 작업들은 역사, 문학, 영화, 음악, 영화 사이의 단선적 구분과 경계 짓기보다 서로 견제하면서도 동시에 서로의 영역을 넘나드는 긴밀한 관계나 밀접한 연관을 꾀함으로써 독특한 영역을 열어 가고 있다. 그중에서도 영화와 음악의 만남은 더욱 역동적이다. 문화영역들, 혹은 장르들 사이의 접합, 횡단, 접목을 통해 각 고유 영역을 보완하고 확장하여 이제껏 보지 못한 새로운 지평을 열 수 있는 것도 이 책에서 내내 강조한 역사, 문학, 영화, 음악이 문화 서사로서 갖는 공통성 때문이다.

그렇지만 이 책에는 공통된 서사성을 바탕으로 새로 열리는 이와 같은 역동적인 지평을 다룰 수 없었다. 또한 미술, 사진, 무용 분야를 다루지 못한 것도, 미국의 다인종 다문화 서사들을 네 영역에 국한시킴으로써 **이슬람 미국**Islamic America을 생략한 것도 이 책의 커다란 한계다. 이슬람은 미국만이 아니라 전 세계에 퍼져 있지만 그중에서도 아시아에 집중되어 있다. 그런데도 아시아계 미국 영역을 일본, 중국 중심으로 논의한 것은 21세기에 긴급하게 요청되는 아시아 상상에 미치지 못한다.

공황과 위기를 상시적으로 야기하는 미국 중심의 '전 지구적 자본주의 가부장 체제', 낭비와 불평등의 체제이자 인간의 필요보다 이윤을 우선시하는 체제에 대항하는 운동은 한국인에게 지금까지와는 다른 아시아적 인식과 상상을 요구한다. 그 주요 내용은 이익, 물질, 발전, 개발, 권리와 다른 지평에 있는 **책임의 문화**, 정복과 탈취의 대상인 지구를 고쳐 다시 쓰게 할 **행성의 사유**, 새로운 **집단성** 등이다. 이 집단성 속에서 이슬람은 제자리를 찾을 수 있도록 새로 배치되어야 한다. 그 전까지는 특정 지역, 국가, 아시아라는 대륙, 전 지구성 그 어느 것도 우리에게 그 온전한 정의와 위치를 갖지 못한다.

이 미지의 험난한 문화적 재배치 작업을 위해 곳곳에서 헌신하고 있는 젊은 연구자들과 독자들을 그려 본다. 미진하나마 이 책이 그들에게 영감과 통찰을 줄 수 있으리라는 희망을 품고 있지 않았다면 나는 이 에필로그를 쓸 수 없었을 것이다.

〈영문 단행본〉

Bhabha, Homi K. *Nation and Narration* (New York · London:Routledge,1990).

Bobo, Jacqueline, ed. *Black Feminist Cultural Criticism* (Blackwell, 2001).

_____. *Black Women as Cultural Readers* (New York: Columbia University Press, 1995).

Butler, Judith. *Bodies that Matter: on the Discursive Limits of "sex"* (Routledge, 1993).

Campbell, Neil, and Kean, Alasdair. *American Cultural Studies: An Introduction to American Culture* (Routledge, 1997).

Cheung, King-Kok. *Articulate Silences: Hisaye Yamamoto, Maxine Hong Kingston, Joy Kogawa* (Cornell University Press, 1993).

Collins, Patricia Hill. *Black Feminist Thought: Knowledge, Consciousness, and the Politics of Empowerment* (Routledge, 2000).

_____. *From Black Power to Hip Hop: Racism, Nationalism, and Feminism* (Temple Univ. Press, 2006).

Cone, James. *The Spirituals and the Blues* (New York: The Seabury Press, 1972).

Davidson, Harlan. *We are still Here: American Indians in the 20th Century* (Harlan Davidson, 1998).

Davis, Angela. *Blues Legacies and Black Feminism: Gertrude "Ma" Rainy, Bessie Smith, and Billie Holiday* (New York: Pantheon, 1998).

Diamond, Irene, and Orenstein, Gloria Feman, eds. & intro, *Reweaving the World: The Emergence of Ecofeminism* (San Francisco: Sierra Club Books, 1990).

Douglass, Frederick. *Life and Times of Frederick Douglas* (New York, 1989)

_____. *Narrative of the Life of Frederick Douglas* (New York, 1968; originally published in 1845)

Du Bois, W. E. B. *The Souls of Black Folk* (New York: New American Library, 1969).

Fanon, Franz. *Black Skin, White Masks* (New York: Grove Press, 1967).

_____. *Toward the African Revolution* (Penguin, 1970).

Franklin, Cynthia G. *Writing Women's Communities: The Politics and Poetics of Contemporary Multi-Genre Anthologies* (The University of Wisconsin Press, 1987).

Gilbert, Sandra, and Gubar, Susan, eds. *The Norton Anthology of Literature by Women* (W.W. Norton & Company, 1985).

Grosz, Elizabeth. *Volatile Bodies, Toward a Corporeal Feminism* (Indiana University Press, 1994).

Guillory, John. *Cultural Capital: the problem of literary canon formation* (Chicago: University of Chicago Press, 1993).

hooks, bell. *Black Looks: Race and Representation* (South End Press, 1992).

_____. *Outlaw Culture* (Routledge, 1994).

_____. *Yearning: Race, Gender, and Cultural Politics* (South End Press, 1990).

Jacobs, Harriet A. *Incidents in the Life of a Slave Girl, written by herself* (Cambridge, Mass., 1987; originally published in 1857).

James, Stanlie M., and Busia, Abena P. A., eds. *Theorizing Black Feminisms: the visionary pragmatism of black women* (Routledge, 1993)

Jones, Maurice K. *Say It Loud: The Story of Rap Music* (Millbrook, 1994).

Kang, Laura Hyun Yi. *Compositional Subjects: Enfiguring Asian/American Women* (Duke University Press, 2002).

Kingston, Maxine Hong. *The Woman Warrior: Memoirs of a Girlhood Among Ghosts* (Vintage Books, 1975).

Krech III, Shepard. *The Ecological Indian: Myth and History* (W. W. Norton & Co, 2000).

Lawrence, D. H. *Studies in Classic American Literature* (New York,: Penguin Books, 1923, 1977, 1983).

Lee, A. Robert. *Multicultural American Literature: Comparative Black, Native, Latinola and Asian American Fictions* (Edinburgh UP, 2003).

Lipsitz, George. *Time Passes: Collective Memory and American Popular Culture* (Univ. of Minnesota Press, 1990).

Lowe, Lisa. *Immigrant Acts: On Asian American Cultural Politics* (Duke Univ. Press, 1996).

Mies, Maria, and Bennholdt-Thomsen, Veronika, trans. Patrick Camiller, Maria Mies and Gerd Weih, *The Subsistence Perspective: Beyond the Globalised Economy* (Zed Books, 1999).

Mies, Maria. *Patriarchy and Accumulation on a World Scale: Women in the International Division of Labour* (Zed Books, 1986).

Miller, John. *The Wolf by the Ears: Thomas Jefferson and Slavery* (Free Press, 1977).

Mohanty, Chandra Talpade. *Feminism without Borders: Decolonizing theory, Practicing solidarity* (Duke University Press, 2003).

Moraga, Cherrie, and Anzaldua, Gloria, eds. *This Bridge Called My Back: Writings by Radical Women of Color* (Persephone Press, 1981, 1983).

O' Conner, James. *Natural Causes: Essays in Ecological Marxism* (New York: Guiford, 1998).

Pough, Gwendolyn D. *Check It While I Wreck It: Black Womanhood, Hip-Hop Culture, and the Public Sphere* (Boston: Northeastern UP, 2004).

Rose, Tricia. *Black Noise: Rap Music and Black Culture in Contemporary America* (University Press of New England, Hanover, 1994).

Ruiz, Vicki L., and Dubois, Ellen Carol., eds. *Unequal Sisters: A Multicultural Reader in U. S. Women' s History* (Routledge, 2000).

Salleh, Ariel. *Ecofeminism as Politics: Nature, Marx and the Postmodern* (London & New York: Zed Books, 1997).

Sanger, Margaret. *My Fight for Birth Control* (New York: Farra & Reinhart, 1931)

Schatz, Thomas. *Hollywood Genres* (Austin: The University of Texas, 1981)

Sherron De Hart, Jane, and Kerber, Linda K., eds. & intro. *Women' s America* (Oxford,

2004).

Shiva, Vandana. *Staying Alive: Women, Ecology and Development in India* (London: Zed Books, 1989).

_____. *The Violence of Green Revolution: Third World Agriculture, Ecology and Politics* (Zed Books, 1992)

Silko, Leslie Marmon. *Ceremony* (Penguin Books, 1977).

_____. *Yellow Woman and a Beauty of the Spirit: Essays on Native American Life Today* (New York: Touchstone Book, 1996).

Smith, Sidonie. *A Poetics of Women's Autobiography: Marginality and the Fictions of Self-Representation* (Indiana University Press, 1987).

Sone, Monica. *Nisei Daughter* (Seattle:University of Washington Press, 1979).

Spivak, Gayatri. *A Critique of Postcolonial Reason: Toward a History of the Vanishing Present* (Harvard University Press, 1999).

_____. *Outside in the Teaching Machine* (Routledge, 1993).

Takaki, Ronald. *A Different Mirror: A History of Multicultural America* (Boston: Back Bay Books, 1993).

Torres, Rodolfo D., Miron, Louis F., Inda, Jonathan Xavier, eds. *Race, identity, and citizenship: a reader* (Malden: Blackwell, 1999).

Washington, Mary Helen, ed. *Black-Eyed Susans* (Anchor Press, 1975).

〈영문 논문 / 기고문 / 발췌〉

Alexie, Sherman. "Introduction: Death in Hollywood", *Ploughshares* (Winter 2000).

Antrobus, Peggy. "Women in the Carribean: The Quadruple Burden of Gender, Race, Class and Imperialism" in Achola O. Pala ed., *Connecting Across Cultures and Continents: Black Women Speak Out on Identity, Race and Development* (United Nations Development Fund for Women, 1995).

Bartelt, Guillermo. "Hegemonic Registers in Momaday's House Made of Dawn", *Style*, Vol. 39, No. 4, Winter 2005.

Betrán, Mary C. "The New Hollywood Racelessness: Only the Fast, Furious, (and Multiracial) Will Survive", *Cinema Journal* 44, No. 2 (Winter 2005).

Bobo, Jacqueline. "Overview: Music and Spoken Word" in Jacqueline Bobo ed., *Black Feminist Cultural Criticism* (Blackwell, 2001).

Bordo, Susan. "'Material Girl': Madonna as Postmodern Heroine" in Jane Sherron De Hart and Linda K. Kerber eds. & intro., *Women's America* (Oxford, 2004).

Borneman, Ernest. "The Roots of Jazz", in nat Hentoff and Albert J. McCarthy ed., *Jazz* (New York: Da Capo Press, 1975).

Brewer, Rose M. "Theorizing Race, Class and Gender: The new scholarship of Black feminist intellectuals and Black women's labor" in Stanlie M. James and Abena P. A. Busia eds., *Theorizing Black Feminisms: the visionary pragmatism of black women* (Routledge, 1993)

Brooks, James. "This Evil Extends Especially to the Feminine Sex: Captivity and Identity in

New Mexico, 1700~1846" in Vicki L. Ruiz and Ellen Carol Dubois, *Unequal Sisters: A Multicultural Reader in U. S. Women's History* (Routledge, 2000).

Castañeda, Antonia I. "Gender, Race, and Culture: Spanish Mexican Women in the Historiography of Frontier California" in Vicki L. Ruiz and Ellen Carol Dubois eds., *Unequal Sisters: A Multicultural Reader in U. S. Women's History* (Routledge, 2000).

Clarke, Cheryl. "Living the Texts Out: Lesbians and the Uses of Black Women's Traditions" in Stanlie M. James and Abena P. A. Busia eds., *Theorizing Black Feminisms: the visionary pragmatism of black women* (Routledge, 1993)

Collins, Patricia Hill. "What's in a Name? Womanism, Black Feminism, and Beyond" in Rodolfo D. Torres, Louis F. Miron, Jonathan Xavier Inda eds., *Race, identity, and citizenship: a reader* (Malden: Blackwell, 1999).

Davis, Angela. "Black Women and Music: A Historical Legacy of Struggle" in Jacqueline Bobo ed., *Black Feminist Cultural Criticism* (Blackwell, 2001).

Dennis, Christopher. "Afro-Columbian Hip-Hop: Globalization, Popular Music and Ethnic Identities", *Studies in Latin American Popular Culture*, vol. 25 (2006).

Diamond, Irene, and Orenstein, Gloria Feman. "Introduction." in Irene Diamond and Gloria Feman Orenstein eds. & intro, *Reweaving the World: The Emergence of Ecofeminism* (San Francisco: Sierra Club Books, 1990).

Fregoso, Rosa Linda. "Reproduction and Miscegenation on the Borderlands: Mapping the Maternal Body of Tejanas" in *Chicano Feminisms* (Duke UP, 2003).

Goellnicht, Donald C. "Blurring Boundaries: Asian American Literature as Theory," in King Kok Cheung ed., *An Interethnic Companion to Asian America Literature* (Cambridge University Press, 1996).

Hall, Stuart. "The After-life of Franz Fanon: Why Fanon? Why Now? Why Black Skin, White Masks?" in Alan Read ed., *The Fact of Blackness: Frantz Fanon and Visual Representation* (Bay Press, 1996).

Higginbotham, Evelyn Brooks. "In Politics to Stay: Black Women Leaders and Party Politics in the 1920s" in Vicki L. Ruiz and Ellen Carol Dubois, *Unequal Sisters: A Multicultural Reader in U. S. Women's History* (Routledge, 2000).

Horowitz, Daniel. "Betty Friedan and the Origins of Feminism in Cold War American" in Jane Sherron De Hart and Linda K. Kerber eds. & intro., *Women's America* (Oxford, 2004).

Kalyan, Rohan. "Hip-hop Imaginaries: a Genealogy of the Present", *Journal for Cultural Research*, vol. 10, no. 3 (July 2006).

Kaplan, Caren. "Resisting Autobiography: Out-Law Genres and Transnational Feminist Subjects" in Sidonie Smith and Julia Watson eds., *De/Colonizing the Subject: The Politics of Gender in Women's Autobiography* (Minneapolis: University Press of Minnesota, 1992).

Karlsen, Carol F. "The Devil in the Shape of a Woman: The Economic Basis of Witchcraft" in Jane Sherron De Hart and Linda K. Kerber eds. & intro., *Women's America* (Oxford, 2004).

Kheel, Marti. "Ecofeminism and Deep Ecology: Reflections on Identity and Difference" in

Irene Diamond and Gloria Feman Orenstein eds. & intro, *Reweaving the World: The Emergence of Ecofeminism* (San Francisco: Sierra Club Books, 1990).

King, Ynestra. "Healing the Wounds: Feminism, Ecology, and the Nature/Culture Dualism" in Irene Diamond and Gloria Feman Orenstein eds. & intro, *Reweaving the World: The Emergence of Ecofeminism* (San Francisco: Sierra Club Books, 1990).

Kwon, Brenda. "Worth It and Workin' It: Hip-Hop Feminism in Urban Culture" presented at The 4th Korean Association for Feminist Studies in English Literature on June 8-9, 2007 (Korea University).

Legler, Gretchen T. "Ecofeminist Literary Criticism." in Karen J. Warren ed., *Ecofeminism: Women, Culture, Nature* (Bloomington: Indiana UP, 1997).

Lindenmeyer, Antje. "The Rewriting of Home: Autobiographies by Daughters of Immigrants", *Women's Studies International Forum* 24. 3/4 (2001).

McBride, James. "hip-hop planet", *National Geographic*, vol. 211, no, 4 (April 2007): http://www.usembassyirc.co.kr/ar7028.htm

Mohanty, Chandra Talpade. " 'Under Western Eyes' Revisited: Feminist Solidarity through Anticapitalistic Struggles", *Signs: Journal of Women in Culture and Society*, vol. 28, no. 2 (2002).

Morgan, Marcyliena. "Hip-Hop Women Shredding the Veil: Race and Class in Popular Feminist Identity", *The South Atlantic Quarterly* 104: 3 (Summer 2005).

Morrison, Toni. "Faulkner and Women" in Doreen Fowler and Ann J. Abadie eds., *Faulkner and Women* (Jackson & London: UP of Mississippi, 1986).

Nelson, George. "Hip-Hop's Founding Fathers Speak the Truth" in Murray Forman and Mark Anthony Neal eds., *That's the Joint!: The Hip-Hop Studies Reader* (Routleldge, 2004).

Outaka, Paul. "Publish or Perish: Food, Hunger and Self-Construction in Maxine Hong Kingston's The Woman Warrior", *Contemporary Literature* 38. 3 (Fall 1997).

Park Woong Ki and An Jee Hyun. "What's History Got to Do With it?: A Comparative Study of the Novel and the Film The Color Purple"『문학과 영상』 4권 1호 (2003년 봄 · 여름).

Pascoe, Peggy. "Ophelia Paquet, a Tillamook Indian Wife: Miscegenation Laws and the Privileges of Property" in Jane Sherron De Hart and Linda K. Kerber eds. & intro., *Women's America* (Oxford, 2004).

Peréz, Richie. "From Assimilation to Annihilation" in Clara E. Rodriguez ed., *Latin Looks: Images of Latinas and Latinos in the U. S. Media* (Westview Press, 1997).

Phillips, Layli, Reddick-Morgan, Kerri, and Stephens, Dionne Patricia. "Oppositional Consciousness within an Oppositional Realm: The Case of Feminism and Womanism in Rap and Hip Hop, 1976~2004", *Meridians: Feminism, Race, Transnationalism* Vol. 90, No. 3 (Summer 2005).

Piacentino, Ed. "Searching for Home: Cross-Racial Boundary in Charles Frazier's *Cold Mountain*," *Mississippi Quarterly* 55.1 (Winter2001/2002).

Plane, Ann Marie. "Creating a Blended Household: Christian Indian Women and English Domestic Life in Colonial Massachusetts" in Jane Sherron De Hart and Linda K. Kerber eds. & intro., *Women's America* (Oxford, 2004).

Quinby, Lee. "The Subject of Memoirs: The Woman Warrior' s Technology of Ideographic Selfhood" in Sidonie Smith and Julia Watson eds., *De/Colonizing the Subject: The Politics of Gender in Women' s Autobiography* (University of Minnesota Press, 1992).

Rifkin, Mark. "Representing the Cherokee Nation: Subaltern Studies and Native American Sovereignty", *boundary* 2 32.2 (2005).

Robinson, Lillian S. "Treason Our Text: Feminist Challenges to the Literary Canon" in Elaine Showalter ed., *The New Feminist Criticism: Essays on Women, Literature, and Theory* (Pantheon Books, 1985).

Roh Heongyun, "Dances With Wolves: A Ceremony on Dunbar' s Metamphosis and Regeneration", 『문학과 영상』 (2000년 가을).

Rose, Tricia. "Never Trust a Big Butt and a Smile" in Jacqueline Bobo ed., *Black Feminist Cultural Criticism* (Blackwell, 2001).

Ruiz, Vicki L. "Star Struck: Acculturation, Adolescence, and Mexican American Women, 1920~1950" in Vicki L. Ruiz and Ellen Carol Dubois eds., *Unequal Sisters: A Multicultural Reader in U. S. Women' s History* (Routledge, 2000).

Smith, Barbara, and Smith, Beverly. "Across the Kitchen Table: A Sister-to-Sister Dialogue" in Cherrie Moraga and Gloria Anzaldua eds., *This Bridge Called My Back: Writings by Radical Women of Color* (Persephone Press, 1981)

Smith, Barbara, and Smith, Beverly. "Across the Kitchen Table: A Sister-to-Sister Dialogue" in Cherrie Moraga and Gloria Anzaldua eds., *This Bridge Called My Back: Writings by Radical Women of Color* (Persephone Press, 1981, 1983).

Tape, Mary. "Claiming an Education" in Jane Sherron De Hart and Linda K. Kerber eds. & intro., *Women' s America* (Oxford, 2004).

West, Dannis, and West, Joan M. "Sending Cinematic Smoke Signals: An Interview with Sherman Alexie", *Cineaste* vol. 23, no. 4 (Fall 1998).

Yung, Judy. "Unbound Feet: From China to Sanfrancisco' s Chinatown" in Jane Sherron De Hart and Linda K. Kerber eds. & intro., *Women' s America* (Oxford, 2004).

Yuval-Davis, Nira. "Ethnicity, Gender Relations and Multiculturalism" in Rodolfo D. Torres, Louis F. Miron, Jonathan Xavier Inda eds., *Race, identity, and citizenship: a reader* (Malden: Blackwell, 1999).

"Declaration of Indian Purpose" American Indian Chicago Conference, University of Chicago, June 13~20, 1961.

〈국문 단행본〉

가야트리 스피박, 태혜숙 옮김, 『다른 세상에서』, (여이연, 2003).
김상률, 『차이를 넘어서』, (숙명여대 출판국, 2004).
_____, 『폭력을 넘어』, (숙명여대 출판국, 2008).
김성곤, 『영화 속의 문화』, (서울대 출판부, 2004).
김승욱 옮김, 『분노의 포도』1, 2권, (민음사, 2008).
김영철 편역, 『마이너리티의 헐리웃』, (한울, 1993).
김정훈, 『위대한 힙합 아티스트』, (살림, 2004).

닐 캠벨 외, 정정호 외 옮김, 『미국 문화의 이해』, (학문사, 2002).

다니엘 로요, 유지나 옮김, 『할리우드』, (한길사, 2000).

디 브라운, 최준석 옮김, 『나를 운디드니에 묻어 주오』, (나무심는사람, 2002).

마리아 미즈 · 반다나 시바 공저, 손덕수 · 이난아 옮김, 『에코 페미니즘』, (창작과 비평사, 2000).

문재철 외, 『대중 영화와 현대 사회』, (도서출판 소도, 2005).

박성학, 『헐리웃 바로 보기』, (집문당, 2003).

수잔 손택, 이민아 옮김, 『해석에 반대한다』, (이후, 2002).

스티븐 매키넌, 태혜숙 옮김, 『세계와 결혼한 여자』, (실천문학사, 1995).

신현준 외, 『얼트 문화와 록 음악 2』, (한나래, 1997).

아그네스 스메들리, 태혜숙 옮김, 『대지의 딸』, (한울, 1993).

안유희 옮김, 『노예의 노래: 흑인노예 해방 운동가 프레드릭 더글러스의 증언』, (모티브, 2003).

연동원, 『영화 대 역사: 영화로 본 미국의 역사』, (학문사, 2001).

이은선 옮김, 『콜드 마운틴의 사랑』 1, 2권, 『문학사상사』, 1998.

임진모, 『젊음의 코드, 록』, (북하우스, 2003).

잉그리트 길혀-홀타이, 정대성 옮김, 『68운동』, (들녘, 2006).

장일, 조진희, 『대중문화와 영화 비평』, (한국방송통신대학 출판부, 2007).

제로니모, 최준석 옮김, 『제로니모 자서전』, (우물이 있는 집, 2004).

조르주-클로드 길베르, 김승욱 옮김, 『포스트모던 신화 마돈나』, (들녘, 2004).

존 벨튼, 이형식 옮김, 『미국 영화/ 미국 문화』, (경문사, 2003).

찬드라 탈파드 모한티, 문현아 옮김, 『경계 없는 페미니즘: 이론의 탈식민화와 연대를 위한 실천』, (서울: 도서출판 여이연, 2005).

태혜숙, 『대항지구화와 '아시아' 여성주의』, (서울: 울력, 2008).

토마스 샤츠, 한창호 · 허문영 옮김, 『할리우드 장르의 구조』, (한나래, 1995).

하워드 진, 유강은 옮김, 『미국 민중사』 1권, 2권, (도서출판 이후, 2006).

한국미국사학회 엮음, 『사료로 읽는 미국사』, (서울: 궁리 출판사, 2006).

한대수, 『영원한 록의 신화 비틀즈, 살아 있는 전설 밥 딜런』, (숨비소리, 2005).

〈국문 논문 / 기고문〉

강자모, 「레슬리 마몬 실코의 『의식』」, 『현대영미소설』 제8권 1호, (2001).

김경한, 「영문학 기반 문화 교수-학습모형 개발」, 『영미문학교육』 제11집 2호, (2007).

김우창, 「한국의 영문학과 한국문화」, 『안과 밖』, 창간호, (1998).

김임미, 「에코 페미니즘의 논리와 문학적 상상력」, 영남대학교 대학원 박사 학위 논문, (2003년 12월).

김준년, 「존 스타인벡의 캘리포니아 소설을 통해 본 정전 텍스트의 불안과 비정전 비평의 위안」, 『영어영문학』 제 53권 3호, (2007).

김진경, 「다인종 사회에서의 매개의 가능성 탐색: 실코의 『의식』 연구」, 『호손과 미국 소설 연구』, 12권, 2호, (2005).

문지훈, 「68 운동과 록 음악의 역할」, 한국외국어 대학교 교육대학원 석사 학위 논문, (2008).

박미선, 「지구 지역 시대 젠더 이론의 쟁점: 여성, 민족, 국가, 그리고 재기억의 텍스트 정치」,

『탈경계 인문학』, (2008).

박은정, 「현대 미국 소설에 나타난 인종 갈등과 문화 민족주의: 미국 원주민 작가 실코와 어드
릭의 소수 문화의 지형 그리기:『의식』, 『인디언 대모와 영혼의 아름다움』, 『사랑의 묘약』을
중심으로」, 『현대 영미 소설』, 제9권 1호, (2002).

박인찬, 「중심인가 주변인가: 지구화 시대의 아시아계 미국소설」, 『안과 밖』, 19권, (2005년 하
반기).

_____, 「최근 미국 소설의 지형도: 백인 작가들을 중심으로」, 『안과 밖』 22권, (2007년 상반
기).

_____, 「한국계 미국소설의 좌표와 문학간 소통의 모색」, 『안과 밖』 20권, (2006년 상반기).

베티 프리단 지음, 김현우 옮김, 『여성의 신비』, (이매진, 2005).

사이먼 프리스, 윌 스트로, 존 스트리트 엮음, 장호연 옮김, 『케임브리지 대중음악의 이해』,
(한나래, 2005).

서경숙, 「〈찬이 실종되었다Chan is Missing〉에 나타난 실험적 영화 기법과 아시아계 미국인의
정체성」, 『문학과 영상』, (2005년 가을·겨울).

서동진, 「자본주의의 심미화 기획 혹은 새로운 자본주의의 소실 매개자로서의 68혁명」, 『문화
/과학』 53호, (2008년 봄).

성경준, 「『최후의 모히칸 족』에 나타난 인종과 성, 미국의 정체성 문제: 텍스트와 영화의 비
교」, 『문학과 영상』 3권 1호, (2002년 봄).

심광현, 「68혁명의 문화 정치적 모순과 이행의 문제: 19세기 혁명 이념의 장기 지속과 68혁명
의 역사적 의의」, 『마르크스주의 연구』 제5권 제2호, (2008).

안수진, 「『보이지 않는 인간』: 삼보를 통한 흑인 남성성 찾기」, 『미국 소설』 13권 2호, (2006).

양석원, 「미국의 인종 이데올로기와 인디언의 문학적 재현:『라스트 모히칸』과『호보목』」, 『영
어영문학』 제47권 3호, (2001).

_____, 「『블랙 호크』에 나타난 대안의 미국 역사와 인디언 저항의 목소리」, 『안과 밖』, (2001).

유명숙, 「정전 논쟁의 허와 실」, 『안과 밖』, (1996).

유제분, 「환상과 사실주의 미학: 미국에 있어서 에스닉 문학의 정체성과 재현의 문제」, 『영어
영문학』 제 49권 3호, (2003).

윤조원, 「미국의 성장기成長期: 『나의 안토니아』가 재현하는 이질성과 다양성」, 『안과 밖』,
(2005).

이명호, 「역사의 외상을 말하기: 『앱썰롬, 앱썰롬!』」, 『현대영미소설』, 10권 1호, (2003).

_____, 「흑인 남성성의 재현-토니 모리슨의 『푸르디 푸른 눈』과 『빌러브드』를 중심으로」, 『현
대 영미 소설』 제14권 1호, (2007).

이진준, 「William Faulkner 연구: 「가난한 백인」과 계급상승의 주체를 중심으로」, 서울대 박사
학위 논문, (1995).

이형식, 「미국 영화에 나타난 타인종 간의 이성 관계」, 『문학과 영상』, (2005년 봄·여름).

임진희, 「한국계 미국 문학 연구-생태 미학을 통한 국가의 형상화」, 『영어영문학』 제49권 2호,
(2003).

전규찬, 「미국 중심 미디어 제국 구축의 연대기」, 『문화/과학』 51호, (2007년 가을).

전기순, 「할리우드 웨스턴과 치카노 웨스턴」, 『세계 문학 비교 연구』 17권, (2006).

정혜란, 「흑인의 실존과 '시선'의 폭력: Ralph Ellison의 Invisible Man과 Toni Morrison의 The
Bluest Eye를 중심으로」, 고려대학교 대학원 박사 학위 논문, (1998년 12월).

다인종 다문화 시대의
미국 문화 읽기

지은이 | 태혜숙
펴낸이 | 이명희
펴낸곳 | 도서출판 이후
편집 | 김은주, 신원제
마케팅 | 김우정
표지 · 본문 디자인 | Studio Bemine

첫 번째 찍은 날 | 2009년 8월 28일
두 번째 찍은 날 | 2010년 10월 5일

ⓒ 태혜숙, 2009

등록 | 1998. 2. 18(제13-828호)
주소 | 121-883 서울시 마포구 합정동 412-17 세미텍빌딩 4층
전화 | 대표 02-3141-9640 편집 02-3141-9643 팩스 02-3141-9641
www.ewho.co.kr
ISBN | 978-89-6157-030-5 93940

이 도서의 국립중앙도서관 출판시도서목록(CIP)은 e-CIP 홈페이지
(http://www.nl.go.kr/cip.php)에서 이용하실 수 있습니다.
(CIP 제어번호: CIP 2009002545)

* 본 연구는 2007년 대구 가톨릭 대학교 연구년에 의한 것임.